Stadtforschung aktuell
Band 31

Herausgegeben von:
Hellmut Wollmann
Gerd-Michael Hellstern

Hubert Heinelt
Hellmut Wollmann

Brennpunkt Stadt

Stadtpolitik und lokale Politikforschung
in den 80er und 90er Jahren

Birkhäuser Verlag
Basel · Boston · Berlin

Die Herausgeber:
PD Dr. Hubert Heinelt, Forschungsschwerpunkt Sozialpolitik des Instituts für
Politische Wissenschaft der Universität Hannover, Hannover

Prof. Dr. Hellmut Wollmann, Zentralinstitut für Sozialwissenschaftliche
Forschung, Verwaltungsforschung, Freie Universität Berlin, Berlin

CIP-Titelaufnahme der Deutschen Bibliothek

Brennpunkt Stadt:
Stadtpolitik und lokale Politikforschung in den 80er und 90er Jahren / Hubert
Heinelt; Hellmut Wollmann. – Basel; Boston; Berlin: Birkhäuser, 1991
(Stadtforschung aktuell; Bd. 31)
ISBN 3-7643-2565-8
NE: Heinelt, Hubert [Hrsg.]; GT

Das Werk ist urheberrechtlich geschützt. Die dadurch begründeten Rechte,
insbesondere des Nachdruckes, der Übersetzung, der Entnahme von Abbildungen, der Funksendung, der Wiedergabe auf photomechanischem oder
ähnlichem Wege und der Speicherung in Datenverarbeitungsanlagen bleiben,
auch bei nur auszugsweiser Verwertung, vorbehalten. Die Vergütungsansprüche werden durch die «Verwertungsgesellschaft Wort» München,
wahrgenommen.

© 1991 Birkhäuser Verlag, Basel
Printed in Germany on acid-free paper
ISBN 3-7643-2565-8

Inhalt

Hubert Heinelt/Hellmut Wollmann: Lokale Politikforschung
in den 80er und 90er Jahren. Vorwort — 7

1. Konzepte lokaler Politikforschung - Grenzen und Möglichkeiten lokaler Politik

Hellmut Wollmann: Entwicklungslinien lokaler Politikforschung -
Reaktionen auf oder Antizipation von sozio-ökonomischen
Entwicklungen? — 15

Margit Mayer: "Postfordismus" und "lokaler Staat" — 31

Hartmut Häußermann: Lokale Politik und Zentralstaat.
Ist auf kommunaler Ebene eine "alternative Politik" möglich? — 52

Heinrich Mäding: Finanzielle Restriktionen kommunalen Handelns — 92

2. Stadtpolitik - vertikale Politikverflechtung, Kommunalverwaltung, Parteien, Verbände und soziale Bewegungen

Michael Krautzberger/Manfred Konukiewitz: Europäische Integration
im Städtebau - Auswirkungen auf die Kommune im Bundesstaat — 109

Dieter Grunow: Sozialverwaltung als Typus kommunaler Verwaltung — 128

Hans-Georg Wehling: "Parteipolitisierung" von lokaler Politik und
Verwaltung? Zur Rolle der Parteien in der Kommunalpolitik — 149

Roland Roth: Städtische soziale Bewegungen und grün-alternative
Kommunalpolitik — 167

Rolf Heinze/Helmut Voelzkow: Kommunalpolitik und Verbände.
Inszenierter Korporatismus auf lokaler und regionaler Ebene? — 187

Rudolph Bauer: Lokale Politikforschung und Korporatismus-Ansatz.
Kritik und Plädoyer für das Konzept der Intermediarität — 207

Adalbert Evers: Pluralismus, Fragmentierung und Vermittlungsfähigkeit. Zur Aktualität intermediärer Aufgaben und Instanzen
im Bereich der Sozialund Gesundheitspolitik — 221

Heinrich Ganseforth/Wolfgang Jüttner: Kommunale Selbstverwaltung - zwischen Parlamentarismus und Marketing — 241

3. Beschäftigungskrise und lokale Politik

Hubert Heinelt: Die Beschäftigungskrise und arbeitsmarkt- und sozialpolitische Aktivitäten in den Städten — 257

Adrienne Windhoff-Héritier: Policy-orientierte Konzeptionen und Hypothesen im Licht lokaler Arbeitsmarktpolitik. Ein Kommentar — 281

Wolfgang Jaedicke: Kommunen und Arbeitslosigkeit. Ein Kommentar — 286

Friedhart Hegner: Notwendige Parallelität von Beschäftigungs- und Arbeitsmarktpolitik in Ost- und Westdeutschland. Zur Bewältigung des Gegensatzes zwischen hohem Beschäftigungsniveau und anhaltend hoher Arbeitslosigkeit — 291

Olaf Sund: Chancen und Grenzen lokaler Beschäftigungspolitik. Ein Kommentar — 311

4. Kommunale Ebene und lokale Politikforschung in der DDR

Helmut Melzer: Lokale Politikforschung in der DDR zwischen Zentralismus und kommunaler Selbstverwaltung — 321

Klaus Lüders: Zur sozialpolitischen Funktion der kommunalen Ebene in der DDR — 336

5. Zu Perspektiven städtischer Entwicklungen

Dietrich Thränhardt: Die "eine Welt" und die Kommunen. Die Universalisierung von Wirtschaft und Gesellschaft als Herausforderung lokalen Handelns — 343

Walter Siebel/Hartmut Häußermann: Polarisierung der Städte und Politisierung der Kultur - Einige waghalsige Vermutungen zur Zukunft der Stadtpolitik — 353

Lokale Politikforschung in den 80er und 90er Jahren

Vorwort

Im letzten Jahrzehnt hat in der politischen und wissenschaftlichen Diskussion die lokale Politikebene bzw. kommunale Politik eine bemerkenswerte Bedeutung erlangt. Ursache dafür waren zum einen Politikprozesse, die dadurch zu charakterisieren sind, daß sich die gesetzgebenden Ebenen der Bundes- und Landespolitik aus Politikfeldern zurückzogen bzw. unzureichend aktiv wurden und die politische Bearbeitung der vorhandenen Problemlagen der örtlichen Ebene überließen. Besonders deutlich wurde dies bei Arbeitslosigkeit und ihren sozialen Folgeproblemen. Zum anderen ergab sich in Folge einer um sich greifenden politischen und wissenschaftlichen Kritik an verrechtlichten, ökonomisierten und bürokartisierten Formen staatlicher Interventionen eine Orientierung auf Besonderheiten von sozialen Dienstleistungen (vgl. u.a. Franz-Xaver Kaufmann, 1979), "pädagogischen" und "sozial-ökologischen Interventionen" (vgl. Franz-Xaver Kaufmann, 1982) sowie auf Selbsthilfeaktivitäten und intermediäre Instanzen (vgl. u.a. Franz-Xaver Kaufmann, 1987). Auch daraus resultierte eine gezielte Hinwendung zur lokalen Politik.

Ob vor diesem Hintergrund eine "Erneuerung der Politik 'von unten'" (Joachim Jens Hesse, 1986) erfolgte bzw. erfolgen könnte, wurde zwar in Frageform formuliert, und auch die mögliche Entwicklung hin zu einer "Zweiten Stadt" (Bernhard Blanke et al., 1986) wurde durchaus ambivalent gedeutet: Es fehlte nicht an Hinweisen auf die eingeschränkten und noch knapper werdenden finanziellen Ressourcen der Kommunen und ihre begrenzten (rechtlichen) Kompetenzen oder auf Polarisierungstendenzen zwischen und in den Städten. Die Forschungspraxis und die wissenschaftliche Diskussion konzentrierte sich jedoch weitgehend einseitig auf das "Neue" und "Innovative" örtlicher Politik. Dies gilt besonders für die Forschungsfelder der Arbeitsmarkt- und Sozialpolitik (vgl. z.B. Jürgen Krüger und Eckart Pankoke, 1985 sowie Hans E. Maier und Hellmut Wollmann, 1986).

Der vorliegende Band ist das Ergebnis einer Tagung des Arbeitskreises "Lokale Politikforschung" der Deutschen Vereinigung für Politische Wissenschaft, die unter dem Titel des Buches am 9. und 10. Februar 1990 in Hannover stattfand. Die Tagung nahm, obgleich die zeitliche Periodisierung nach "-er Jahren" zweifellos künstlich ist, den Übergang von den 80er in die 90er Jahre zum Anlaß, den theoretischen und empirischen Ertrag der lokalen Politikforschung der 80er Jahre am Beispiel einiger Forschungsfelder zu "bilanzieren" und Fragestellungen künftiger Untersuchungen zu erörtern.

Ein Versuch, die Erträge theoretischer und empirischer Arbeiten zusammenzutragen und zu "kumulieren", scheint umso wichtiger, als die Spezialisierung und "Sektoralisierung" der empirischen Forschung sowohl im gegenständlichen Fokus als auch im fachdisziplinären Zugriff in den letzten Jahren zugenommen zu haben scheint. Mit der Tagung und diesem Tagungsband ist die Absicht verfolgt worden, dieser gegenständlichen und disziplinären Verengung und Vereinzelung der sozialwissenschaftlichen Forschung zur lokalen Politik und lokalen Ebene entgegenzuwirken. Aus diesem Grund ist die Tagung zwar im Zusammenhang des Arbeitskreises "Lokale Politikforschung" der Deutschen Vereinigung für Politische Wissenschaft vorbereitet worden, an dessen Diskussionen und Arbeiten die Tagung auch unmittelbar anknüpft. Es wurden jedoch bewußt theoretische Ansätze und empirische Arbeiten einbezogen, die in anderem Kontext, in den Sektionen "Stadt- und Regionalsoziologie" und "Sozialpolitik" der Deutschen Gesellschaft für Soziologie, diskutiert und vorangetrieben worden sind.

Um die angestrebte "Bilanzierung" sozialwissenschaftlicher Diskussionen im Felde der lokalen Politikforschung vorzunehmen, sind die Beiträge - in unterschiedlicher Form bzw. mit unterschiedlichen Schwerpunktsetzungen - insofern "historisch" angelegt, als einerseits reale Entwicklungen und vorherrschende politische Problemdefinitionen nachgezeichnet werden und andererseits skizziert wird, ob, zu welchem Zeitpunkt und mit welchen Fragestellungen und Konzepten sich lokale Politikforschung mit Problem- und Politikfeldern auseinandergesetzt hat. Eine ambitionierte "problemgeschichtliche" und zugleich "konzeptgeschichtliche" Aufarbeitung ist freilich von einer Tagung und einem Tagungsband kaum zu erwarten, da über sie nicht die verbindlichen Arbeits- und Diskussionszusammenhänge zu konstituieren sind, die für eine solches Vorhaben erforderlich wären. Was allerdings von der Tagung zu erwarten war und vom vorliegenden Band zu erwarten ist, sind zum einen eine versuchte "Kumulation" von Ergebnissen sowie zum anderen Anstösse für weitere Diskussionen und Forschungen.

Gerade auch bezogen auf den letzten Aspekt enthalten die Beiträge - wiederum in unterschiedlicher Form und mit unterschiedlichen Schwerpunktsetzungen - Ausführungen zur künftigen Entwicklung in Untersuchungsbereichen und zum sozialwissenschaftlichen Forschungs- und Diskussionsbedarf. Die Tagungsteilnehmer waren diesbezüglich von den Tagungskoordinatoren und Herausgeben ermutigt worden, gegebenenfalls auch "ungeschützte" Aussagen zu treffen. Dies galt nicht zuletzt hinsichtlich der veränderten Situation in der DDR und in Osteuropa.

Bei der versuchten "Bilanzierung", die nicht zuletzt mit dem Ziel betrieben werden sollte, Forschungsperspektiven bzw. weiterführende Forschungsfragestellungen zu generieren, wurde von folgenden Fragen ausgegangen, die auch maßgeblich für die Gliederung dieses Bandes gewesen sind:

1. Hat sich die lokale Politikforschung im letzten Jahrzehnt überhaupt systematisch mit strukturellen Veränderungen ihres Gegenstandes auseinandergesetzt - und wenn ja, wie?

2. Wie läßt sich die zu beobachtende Orientierung wissenschaftlichen Diskussionen und Forschungen im Bereich der Politikwissenschaft auf Politikfeldern (auf Policies wie Arbeitsmarkt-, Sozial-, usw.-Politik) und die sich daraus ergebende Spezialisierung und "Sektoralisierung" der empirischen Forschung durch eine "Gesamtschau" zu überwinden? Und wie können dabei (klarer) Grenzen und Möglichkeiten lokaler Politik konturiert werden?

3. Wie stellt sich anhand von vorhandenen Forschungsergebnissen die Reichweite der Innovationen "von unten" und ihre mögliche Ambivalenz dar?

Auf die erste Frage nehmen die Beiträge im 1. Kapitel Bezug. *Hellmut Wollmann* versucht zu verdeutlichen, welche Entwicklungslinien sich in der bundesdeutschen lokalen Politikforschung nachzeichnen lassen, aber auch ob und wie die lokale Politikforschung auf sozio-ökonomische Entwicklungen bezogen war. Veränderungen des Gegenstandes lokale Politik/lokale Ebene rückt anschließend *Margit Mayer* unmittelbar ins Blickfeld - und zwar mit Bezug auf Ansätze der "local state"-Debatte und der "Regulationstheorie". Handlungsmöglichkeiten kommunaler Politik geht *Hartmut Häußermann* nach, in dem er ihr Verhältnis zum Zentralstaat historisch rückblickend betrachtet und bewertet. Ergänzt wird dieser Beitrag durch eine Auseinandersetzung *Heinrich Mäding*s mit aktuellen restriktiven fiskalischen Bedingungen kommunalen Handelns.

Eine "Gesamtschau", auf das Kapitel 2 abzielt, darf lokale Politik nicht mit Kommunalpolitik gleichsetzen: Sie darf den Blick nicht nur auf kommunale Politik richten und die lokale auf die kommunale Ebene zu reduzieren. Dies mag angesichts der innerhalb der Politikwissenschaft seit der ersten Hälfte der 70er Jahre programmatisch geforderten Befreiung der "lokale(n) Politikforschung aus dem Ghetto des kommunalpolitischen Systems" (Rolf-Richard Grauhan, 1975, S. 12) selbstverständlich sein. Doch faktisch ist die lokale Politikforschung gerade bei der Bestimmung *allgemeiner* Merkmale *ortsgebundener Politik* oder besser: von *Politik in einem phy-*

sisch-ortsgebundenen und sozialraumbezogenen Interaktionssystem weitgehend dem staatsrechtlichen Gemeindebegriff gefolgt. Dadurch wird dann geradezu zwangsläufig die *Gesamtheit des politischen Systems auf lokaler Ebene* ausgeblendet. Dies hat zur Folge, daß nicht nur örtliche Agenturen von Institutionen wie der Bundesanstalt für Arbeit nicht ins Blickfeld treten, sondern auch politische Prozesse und politische Akteure, die über den Bereich der Kommunalpolitik und den Kreis der in ihr unmittelbar Agierenden hinausgehen.

Wenn die eingeengte Sichtweise aufgegeben wird, dann wird auch der Blick frei für politische Optionen, die sich aus Handlungspotentialen des Gesamtspektrums lokaler Politik ergeben können, denn "Handlungsspielräume gelten immer für bestimmt Akteure" (Renate Mayntz, 1981, S. 156). Was dies bedeuten kann, haben im letzten Jahrzehnt insbesondere Untersuchungen zu örtlichen arbeitsmarkt- und sozialpolitischen Aktivitäten herausgearbeitet (siehe dazu den Beitrag von *Hubert Heinelt* in diesem Band). Denn in welchem Umfang und wie solche Aktivitäten jeweils ergriffen werden resp. wirken, hängt zwar neben ökonomischen Rahmenbedingungen von institutionellen Regelungen und finanziellen Potentialen ab, denen Akteure jeweils unterworfen sind bzw. über die sie verfügen können. Aber so, wie sich ökonomische Rahmenbedingungen örtlich konkret gestalten und im Detail unterscheiden, können institutionelle Regelungen und finanzielle Potentiale, die für das Agieren von Akteure relevant sind, örtlich verschieden sein. Und darüber hinaus kommt es darauf an, welche Akteure mit welchen Strategien örtlich zusammenarbeiten und dadurch spezifische Optionen eröffnen (vgl. Susanne Benzler und Hubert Heinelt, 1990, bes. S. 22 ff).

Unter dem Stichwort "Stadtpolitik" finden sich deshalb im 2. Kapitel nicht nur Beiträge zu "traditionellen" Untersuchungegegenständen aus dem Bereich der Kommunalpolitik: zur kommunalen Verwaltung (mit einem Beitrag von *Dieter Grunow*) und zur Rolle von Parteien in der Kommunalpolitik (mit einem Beitrag von *Hans-Georg Wehling*). Ergänzt werden sie zunächst durch Ausführungen von *Roland Roth* zu den Veränderungen in diesem Bereich, die sich durch das Auftreten sozialer Bewegungen und der GRÜNEN und grün-alternativer Listen im letzten Jahrzehnt ergeben haben, und durch Betrachtungen von *Michael Krautzberger und Manfred Konukiewitz*, die sich - am Beispiel des Städtebaus - auf Aspekte vertikaler Politikprozesse im Kontext des Bedeutungszuwachses der EG beziehen. Einen Schwerpunkt (auch der Diskussionen während der Tagung) bilden Auseinandersetzungen um den bereich intermediärer Interessenvermittlung und Leistungeerbringung. *Rolf Heinze und Helmut Voelzkow* gehen auf Kommunalpolitik und Verbände ein - und zwar unter Bezugnahme auf in den letzten Jahren diskutierte Korporatismus-Ansätze. *Rudolph*

Bauer warnt vor einer Übertragung dieser Ansätze auf die von Heinze/Voelzkow angesprochenen Gegenstandsbereiche und verweist darauf, daß Konzepte der Intermediarität angemessener wären. *Adalbert Evers* führt dies mit Verknüpfungen zu Diskussionen und Forschungen zum "Welfare Mix" in der Sozial- und Gesundheitspolitik weiter und spricht dabei gerade auf lokaler Ebene zutage tretende Handlungsanforderungen/-perspektiven, unterschiedliche soziale Steuerungsformen und institutionelle Innovationen an. Abschließend gehen - als politische Praktiker - *Heinrich Ganseforth und Wolfgang Jüttner* auf Anforderungen bei der Erbringung von Dienstleistungen ein (und zwar nicht nur sozialer Dienstleistungen), bei denen sich das durch hierachische Steuerung und Prinzipien repäsentaiver Demokratie geprägt *kommunale* politische Systeme überfordert sieht, was zur "Auslagerung" von Funktionsbereichen aus der Kommunalverwaltung führen kann.

Am Beispiel eines Untersuchungsfeldes, nämlich der Beschäftigungskrise als Testfall "neuer" Arbeitsmarkt- und Sozialpolitik, soll (entsprechend der oben gestellten 3. Frage) im 3. Kapitel überprüft werden, ob und inwieweit die Orientierung auf die lokale Ebene berechtigt und sinnvoll war. *Hubert Heinelt* geht überblicksartig auf die Problementwicklung und den sozialwissenschaftlichen Forschungsstand ein, benennt Forschungsperspektiven und setzt sich mit zutage getretenen Schwachstellen policy-orientierter Analysekonzepten auseinander. Darauf gehen *Adrienne Windhoff-Héritier* und *Wolfgang Jaedicke* kritisch kommentierend ein. *Friedhard Hegner* versucht zum einen, Antworten auf die Frage zu finden, warum sich staatliche Instanzen dem Problemdruck und der (auch durch sozialwissenschaftliche Diskussionen beeinflußten) Artikulation von Handlungsanforderungen entziehn kontene. Zum anderen stellt er sich der Frage, welche Folgen die Entwicklung in der DDR für Arbeitsmarkt- und Beschäftigungspolitik hatte und haben könnte. *Olaf Sund* bezieht sich in einem abschließenden Kommentar auf diese Beiträge; er geht aber darüber hinaus auch unter dem Gesichtspunkt der Bewertung intermediärer Interessenvermittlungsprozesse konkret auf neu entstandene lokale Kooperations- und Organisationsformen ein.

Die neueren Entwicklungen in der DDR ließen es als sinnvoll - wenn nicht sogar als zwingend - erscheinen, auch auf die dortigen Veränderungen lokaler Politik, die Erneuerung bzw. Neueinführung der kommunalen Selbstverwaltung und die lokale Politikforschung einzugehen. Aus diesem Grund sind in einem separaten vierten Kapitel auf diese Themenfelder bezogene Beiträge von *Helmut Melzer* und *Klaus Lüders* aufgenommen worden. Diese Beiträge stellen den Versuch dar, die Entwicklungen der lokalen Politikforschung und der kommunalen Selbstverwaltung in der DDR in groben Zügen für Leser in der "Alt-BRD" bekannt zu machen.

Gleichzeitig stehen sie für die noch in den Anfängen steckende Zusammenarbeit von Wissenschaftlern und Wissenschaftlerinnen im vereinigt werdenden Deutschland, die aufgrund bislang unterschiedlich strukturierter Wissenschaftssysteme nicht immer einfach ist.

Mit Perspektiven städtischer Entwicklungen beschäftigen sich *Diedrich Thränhardt* und *Walter Siebel/Hartmut Häußermann* in einem abschließenden fünften Kapitel. Dabei haben die Autoren sich zumindest teilweise von unserer Aufforderungen inspirieren lassen, auch Mut zur Formulierung "ungeschützter" Aussagen zu haben.

Die Abwicklung der Tagung und die Produktion des Bandes wäre ohne das Zutun einiger Personen und Institutionen nicht zu realisieren gewesen. Als Herausgeber möchten wir uns deshalb bei ihnen besonders bedanken

Die Durchführung der Tagung ist vom Zweckverband Großraum Hannover finanzielle und technisch-organisatorische unterstützt worden. Die tagung fand auch in den Räumlichkeiten des Zweckverbands Großraum Hannover statt. Besonderen Dank gilt Herrn Verbandsdirektor Dr. Heinrich Ganseforth, der mit großem Interesse das Tagungsvorhaben aufgegriffen hat, und Herrn Abteilungsleiter Lothar Schulz, der für die amtsinterene Abwicklung der Unterstützung gesorgt hat.

Die Erstellung des Tagungsbandes wäre ohne die Mithilfe von Frau Anne Lohmann vom Forschungsschwerpunkt Sozialpolitik des Instituts für Politische Wissenschaft der Universität Hannover nicht denkbar gewesen. Sie hat mit großem Engagement und ihren inhaltlichen Kenntnissen die Herausgeber bei der arbeitsaufwendigen Bearbeitung der eingereichten Manuskripte unterstützt. Auch Frau Margot Priskuleit vom Zentralinstitut für Sozialwissenschaftliche Forschung der FU Berlin ist für ihre Hilfestellung bei der Zusammenstellung des Bandes zu danken.

Hannover/Berlin, im September 1990

Hubert Heinelt   Hellmut Wollmann

Literatur

Benzler, Susanne/Heinelt, Hubert, 1990: Stadt und Arbeitslosigkeit. Örtliche arbeitsmarkt- und sozialpolitische Aktivitäten im Vergleich, Opladen

Blanke, Bernhard/Evers, Adalbert/Wollmann, Hellmut (Hrsg.), 1986: Die Zweite Stadt. Neue Formen lokaler Arbeits- und Sozialpolitik (Leviathan-Sonderheft 7), Opladen

Grauhan, Rolf-Richard, 1975: Einführung. Lokale Politikforschung, in: ders. (Hrsg.): Lokale Politikforschung, Bd.1, Frankfurt/M., S. 11-37

Hesse, Joachim Jens, 1986: Erneuerung der Politik "von unten"? Stadtpolitik und kommunale Selbstverwaltung im Umbruch, in: ders. (Hrsg.): Erneuerung der Politik "von unten"?, Opladen, S. 11 - 25

Kaufmann, Franz-Xaver (Hrsg.), 1979: Bürgernahe Sozialpolitik. Planung, Organisation und Vermittlung sozialer Leistungen auf der lokalen Ebene, Frankfurt/New York

Kaufmann, Franz-Xaver, 1982: Elemente einer soziologischen Theorie sozialpolitischer Interventionen, in: ders. (Hrsg.): Staatliche Sozialpolitik und Familie, München/Wien, S. 49-86

Kaufmann, Franz-Xaver (Hrsg.), 1987: Staat, intermediäre Instanzen und Selbsthilfe, München/Wien

Krüger, Jürgen/Pankoke, Eckart (Hrsg.), 1985: Kommunale Sozialpolitik, München/Wien 1985

Maier, Hans E./Wollmann, Hellmut (Hrsg.), 1986: Lokale Beschäftigungspolitik, Basel/Bosten/Stuttgart

Mayntz, Renate, 1981: Kommunale Handlungsspielräume und kommunale Praxis, in: dies. (Hrsg.): Kommunale Wirtschaftsförderung. Ein Vergleich Bundesrepublik - Großbritannien (Schriftenreihe des Deutschen Instituts für Urbanistik 69), Stuttgart/Berlin/Köln/Mainz, S. 154-179

1. Konzepte lokaler Politikforschung - Grenzen und Möglichkeiten lokaler Politik

Hellmut Wollmann

Lokale Politikforschung und politisch-gesellschaftlicher Kontext.
Eine Entwicklungsskizze am Beispiel des Arbeitskreises Lokale Politikforschung

Vorbemerkung

Wie in der Einleitung angedeutet, stand bei der Konzipierung der Tagung, aus der dieser Band hervorgegangen ist, die Überlegung Pate, daß die beabsichtigte "Bilanzierung" der theoretischen und empirischen Ergebnisse und Erträge bisheriger und vorliegender lokaler Politikforschung wesentlich dadurch vorbereitet und geleistet (und auch gegenüber vergleichbaren Sammelbänden ein gewisser Neuigkeits- und Erkenntnisgewinn dadurch verbucht werden könnte), daß die Entwicklungslinien und "Karrieren" wesentlicher Forschungsthemen und -konzepte in einer Reihe maßgeblicher Problem- und Handlungsfelder der Stadtpolitik herausgearbeitet und der "Entstehungszusammenhang" der jeweiligen politikwissenschaftlichen Themen- und Konzeptformulierung im Kontext der politischen, ökonomischen und gesellschaftlichen Entwicklung sichtbar gemacht würden. In der folgenden Skizze soll versucht werden, einen Beitrag zu dieser Fragestellung dadurch zu liefern, daß die im Arbeitskreis Lokale Politikforschung im Verlaufe seines fast 20-jährigen Bestehens aufgegriffenen und diskutierten thematischen und konzeptionellen Schwerpunkte als Beispiele und Gegenstände dieser Überlegungen gewählt werden.

Allerdings sei vorab hervorgehoben, daß das nachstehend verfolgte Vorhaben in mehrfacher Hinsicht bescheiden und begrenzt ist.

Wenn im folgenden die Abfolge thematischer und konzeptioneller Schwerpunkte in der Diskussion des Arbeitskreises Lokale Politikforschung dargestellt und auf die Frage eingangen werden soll, welche Faktoren die Generierung der Themen und Konzepte beeinflußt haben dürften, wenn also - mit andern Worten - eine Fragestellung aufgegriffen werden soll, die mitten in das Analysefeld von Wissenschaftssoziologie und Wissensoziologie führt, so ist zum einen zu betonen, daß an dieser Stelle keine Abhandlung angestrebt werden kann und soll, die den Ansprüchen einer wissenschaftssoziologischen Untersuchung gerecht werden könnte. Weder die hierfür erforderliche wissenschafts- und wissenssoziologische Konzeptualisierung (vgl. etwa Peter Wagner et al., 1991) noch die hierfür gebotene gegenständliche Aufarbeitung sollen und können an dieser Stelle geleistet werden. Vielmehr soll - konzeptionell stark vereinfacht - davon ausgegangen werden, daß der sozialwissenschaftliche "Diskurs", in dem sich Themen-, Konzeptfindung und Orientierung sozialwissenschaftlicher Forschung abspielen, zum einen ("extern") durch die Anstöße durch und Interaktionen mit dem politisch-administrativen System und zum andern ("intern") durch Interaktionen innerhalb des Wissenschaftssystems selbst beeinflußt und gesteuert wird. Anders ausgedrückt, sind einerseits die Entwicklungen im politisch-administrativen System als "Umfeld" und Gegenstand sozialwissenschaftlicher Forschung und andererseits Entwicklungen innerhalb der Sozialwissenschaften selber als mögliche Einflußfaktoren auf den wissenschaftlichen Diskurs in Betracht zu ziehen.

Wenn in den nachstehenden Ausführungen die Entwicklung und Abfolge von inhaltlichen Schwerpunkten sozialwissenschaftlicher Stadtforschung am Beispiel des Arbeitskreises Lokale Politikforschung (innerhalb der Deutschen Vereinigung für Politische Wissenschaft, DVPW) diskutiert werden soll, so sei als Bescheidung und Beschränkung zum andern hervorgehoben, daß damit zweifellos nur ein Ausschnitt des für die sozialwissenschaftliche Stadtforschung insgesamt relevanten Diskussionsverlaufs erfaßt wird. Fanden wichtige Diskussionen und Kooperationen sozialwissenschaftlicher Stadtforschung doch außerhalb des Arbeitskreises, z.B. in der von Paul Kevenhörster 1975 gegründeten "Studiengruppe für lokale Politikforschung", und in anderen Diskussionszusammenhängen (vgl. Joachim Jens Hesse, 1982), insbesondere auch im Kontext der Deutschen Soziologischen Gesellschaft, etwa deren "Sektion Stadt- und Regionalsoziologie", statt. Ungeachtet dieser Einschränkungen ist indessen zu erwarten, daß die Analyse der im Arbeitskreis Lokale Politikforschung im Laufe der letzten 20 Jahre aufgegriffenen und verfolgten thematischen und konzeptionellen Schwerpunkte - gewissermaßen pars pro toto - relevante Aufschlüsse im Hinblick auf die hier interessierende Frage liefern kann.

1. Auftakt politikwissenschaftlicher Stadtforschung. "Institutioneller Ansatz" in demokratietheoretischer Absicht

Im Gegensatz zur Soziologie, in der bereits in den 50er und 60er Jahren eine Reihe beachtlicher gemeindesoziologischer Arbeiten hervorgebracht wurde - man denke etwa an die (groß)stadtsoziologischen Forschungen von Elisabeth Pfeil und Hans Paul Bardt (vgl. die Entwicklungsskizze bei Herlyn, 1989) - rückten Stadtpolitik und -verwaltung erst in den späten 60er Jahren in das *politikwissenschaftliche* Blickfeld. Hierbei wurde das politikwissenschaftliche Forschungsinteresse wesentlich durch die "Politisierung" angestoßen, die die kommunale Ebene in den späten 60er Jahren vor allem im Zusammenhang damit durchlief, daß die Planungsentscheidungen der Kommunen, etwa im Zusammenhang mit beabsichtigten Verkehrs- und Sanierungsmaßnahmen, zunehmend auf Protest von Bürgerinitiativen und Betroffenen stießen und die Konflikthaftigkeit kommunaler Entscheidungen offen gelegt wurde. Die "Politisierung" der Kommunalpolitik fand auch darin ihren Ausdruck, daß die politischen Parteien (zu erinnern ist insbesondere an die Jungsozialisten und ihr "Kommunalpolitisches Programm") die Kommunalpolitik als aussichtsreiche Arena parteipolitischer Auseinandersetzung und Profilierung entdeckten. Demgegenüber stand in der (kommunal)wissenschaftlichen Beschäftigung mit den Kommunen, aber auch im Selbstverständnis von Kommunalpolitikern und kommunalen Verwaltungspraktikern noch vielfach die Auffassung im Vordergrund, daß die Kommunen eine weitgehend "unpolitische" Handlungsebene seien, der "unpolitische Sachentscheidungen" eigentümlich seien (vgl. Rolf-Richard Grauhan, 1972a). Wie die Arbeiten von Rolf-Richard Grauhan und Thomas Ellwein in dieser Phase verdeutlichten, waren die ersten politikwissenschaftlichen Analyseschritte wesentlich von der Absicht angeleitet, diese Diskrepanz zwischen der von Konflikten, Interessenentscheidungen und damit wesentlich durch "Politik" gekennzeichneten kommunalen Wirklichkeit einerseits und der falschen Wahrnehmung und Deutung dieser Wirklichkeit als Sphäre "unpolitischer Sachentscheidungen" andererseits empirisch aufzuhellen und die (aus demokratietheoretischer Sicht fatalen) Konsequenzen aufzuzeigen, die sich aus dieser falschen Wirklichkeitsdeutung für die Ausübung der Entscheidungs- und Kontrollbefugnisse durch die Gemeindevertretungen gegenüber den Gemeindeverwaltungen und für die Wahrnehmung bürgerschaftliche Beteiligungsrechte ergeben. Rolf-Richard Grauhan arbeitete in seiner "Oberbürgermeister-Studie" heraus, daß in den von ihm untersuchten Kommunen die Gemeindevertretungen weder in ihrem Selbstverständnis noch in ihren Handlungsmitteln geeignet gewesen seien, die gebotene Entscheidungs- und Kontrollaufgabe wahrzunehmen (vgl. Rolf-Richard Grauhan, 1970). Auch die von Thomas Ellwein und Ralf Zoll 1968 und 1969 in der Stadt Wertheim (mit Anklängen an die US-amerikanische Gemeindemacht-Forschung) durchgeführte umfangreiche Gemeindestudie war wesentlich von einer "partizipatorischen Demokratievorstellung" und der Frage angeleitet, "inwieweit die kommunale Selbstverwaltung politischen Charakter hat und damit auch dem direkten Einfluß der beteiligten Bürger offensteht" (Thomas Ellwein und Ralf Zoll, 1974, S. 8).

2. Lokale Politikforschung als Analyse lokaler Entwicklungen unter gesamtgesellschaftlicher ("politökonomischer") Fragestellung

Als der Arbeitskreis Lokale Politikforschung 1972 (als eine der ersten Arbeitsgruppen innerhalb der Deutschen Vereinigung für Politische Wissenschaft) - unter der maßgeblichen Initiative von Rolf-Richard Grauhan - gebildet wurde, hatten sich der Fragerahmen und das Untersuchungsinteresse politikwissenschaftlicher Stadtforschung, wie nicht zuletzt Grauhans eigene Entwicklung zeigte, gegenüber dem bisherigen überwiegend institutionellen Fokus deutlich erweitert. Einerseits wurde das empirische Untersuchungsinteresse weiterhin wesentlich durch die umfangreichen Planungsvorhaben der Kommunen und die sich heran entzündenden Interessenkonflikte und Auseinandersetzungen angezogen, was sich in einer Reihe empirischer Fallstudien ("München-Studie", "Heidelberg-Studie") niederschlug. Andererseits wurde der theoretische Diskurs der politikwissenschaftlichen Stadtforschung in dieser Phase entscheidend durch den "gesamtgesellschaftlichen Analyseansatz" vorangetrieben, der auf den Primat politökonomischer, auf die "Entwicklungsgesetze des Kapitalismus" zurückverweisender Erklärungen und Interpretationen drang. Im Gefolge der Studentenrevolte und der von ihr angestoßenen wissenschaftstheoretischen und -politischen Auseinandersetzungen gewann der "politökonomische Theorieansatz" in dieser Phase auch für die Stadtforschung - wie für weite Teile der Sozialwissenschaften an den Hochschulen - erhebliche Überzeugungs- und Bestimmungskraft.

In den Diskussionen des "Arbeitskreises Lokale Politikfoschung", die in dem von Grauhan herausgegebenen Doppelband (vgl. Rolf-Richard Grauhan, 1975a) dokumentiert wurden, fanden diese neuen Akzentsetzungen einen beredten Niederschlag. Die Wissenschaftlergruppe, die Politikwissenschaftler (u.a. R.-R. Grauhan, W. Väth, H. Wollmann) ebenso wie Soziologen (u.a. W. Siebel, H. Häußermann, M. Rodenstein, R. Bauer) und Architekten/Stadtplaner (z.B. A. Evers, H. Faßbinder) umfaßte, grenzte sich von der bislang dominierenden, insbesondere durch die US-Forschung geprägte "Gemeindesoziologie- und politologie" zunächst vor allem durch die Auffassung ab, daß auch und gerade die Analyse von Prozessen und Erscheinungen auf der kommunalen Ebene notwendig deren Einbindung in und Beeinflußung durch gesamtgesellschaftliche Entwicklungen und Faktoren zu berücksichtigen habe. Damit sollte, wie R.-R. Grauhan formulierte, "gerade der Stellenwert lokaler politischer Ereignisse und Problemlagen im gesellschaftlichen Gesamtsystem in den wissenschaftlichen Blick gerückt werden. Es ging also darum, die lokale Politik aus dem Ghetto des kommunalpolitischen Systems, definiert durch die Institution der kommunalen Selbstverwaltung, zu befreien" (Rolf-Richard Grauhan, 1975b, S. 12). Um die Distanzierung dieser konzeptionellen Stoßrichtung von der überkommenen "Gemeindeforschung" und "Kommunalwissenschaft" zum Ausdruck zu bringen, wurde (wohl auch in Anklang an den anglo-amerikanischen Terminus "local politics") die Bezeichnung "*lokale* Politikforschung" geprägt und gewählt.

Für das theoretische Selbstverständnis der Gruppe, in der ansonsten durchaus unterschiedliche Analyseinteressen und -konzepte vertreten waren, wurde das (vor allem durch die Arbeiten von Adalbert Evers beeinflußte) Konzept bestimmend, das den Forschungsgegenstand von lokaler Politikforschung wesentlich in den städtischen "Agglomerationen" ("als Erscheinungsort umfassender Produktions-, Austausch- und Konsumptionsbeziehungen") sah und darauf gerichtet war, deren gesamtgesellschaftliche und -wirtschaftliche Bestimmungsfaktoren und -prozesse herauszuarbeiten (vgl. Adalbert Evers, 1975). Diese eher bei "städtischen Strukturen" denn bei "Kommunen" als territorialen und institutionellen Einheiten ansetzende Betrachtungsweise war in der Tendenz darauf angelegt, die Brücken zum überkommenen "institutionellen" Untersuchungsinteresse politikwissenschaftlicher Stadtforschung abzubrechen. Demgegenüber wollte Claus Offe an der kommunalen Selbstverwaltung als "Institution" zwar festhalten, sah ihren Fortbestand jedoch lediglich in einer ihr verbliebenen "Puffer- und Filterfunktion" begründet, über die sie von den zentralen Politikebenen zum Zwecke der Verschiebung und Verdunkelung politischer Verantwortung instrumentalisiert werde (vgl. Claus Offe, 1975). In den mehreren in der Arbeitsgruppe diskutierten Fallstudien (z.B. zu Stadtentwicklungs- und Stadtsanierungsprojekten) fand der gemeinsame "gesamtgesellschaftliche bzw. politikökonomische" Fragerahmen darin seinen Ausdruck, daß diese Fallstudien konzeptionell darauf zielten, die Bestimmungskraft der jeweiligen relevanten "zentralen" (rechtlichen, finanziellen usw.) Rahmenbedingungen und der sich in ihnen geltend machenden Vorentscheidungen, Selektivitäten usw. im Kontext lokaler Entscheidungs- und Vollzugsprozesse herauszuarbeiten (vgl. z.B. Hellmut Wollmann, 1975).

Zusammenfassend gesprochen, war die Diskussion des Arbeitskreises in dieser Phase von dem gemeinsamen konzeptionellen Bestreben gekennzeichnet, - in Übereinstimmung mit der im sozialwissenschaftlichen Diskurs insgesamt (vorübergehend) dominierenden "politökonomischen" Theoriediskussion und als Beitrag zu dieser - die Analyse von Entwicklungen und Ereignissen auf der lokalen Ebene grundsätzlich in einen gesamtgesellschaftlichen (wirtschaftlichen und/oder -politischen) Analyserahmen zu stellen. Darüber hinaus wurde in den empirischen Fallstudien die "institutionelle" Fragestellung, einschließlich ihrer normativ-demokratietheoretische Prämisse, weitergeführt. Ferner war diese Diskussionsphase von politisch-normativer Kritik und Distanz gegenüber der "offiziellen" Politik und ihren Trägern, einschließlich der sozialliberalen Koalition, geprägt, was in dem programmatisch gemeinten Diktum von Rolf-Richard Grauhan seinen Ausdruck fand, daß keiner der Beiträge des gemeinsamen Sammelbandes "'den Praxisbezug' in der Weise herzustellen (bestrebt sei), wie sonst in der Politikwissenschaft üblich, nämlich als 'Politikberatung' für die amtierenden Häupter (...) Die Versuche zur Entschlüsselung des sozialen Problemgehalts der administrativen Techniken und Taktiken richtet sich eher an jene, die ihre Lasten zu tragen haben" (Rolf Richard Grauhan, 1975b, S. 11).

3. Lokale Politikforschung - als "binnenstrukturelle" Implementationsforschung

Im weiteren Verlauf der 70er Jahre verschob sich der Diskussionsfokus im Arbeitskreis Lokale Politikforschung unverkennbar darin, daß einerseits der politökonomische bzw. gesamtgesellschaftliche Fragerahmen weitgehend zurücktrat und ein überwiegend "institutionelles", auf Entscheidungs- und Implementationsprozesse innerhalb des politisch-administrativen Systems gerichtetes ("binnenstrukturelles") Erkenntnisinteresse in den Vordergrund rückte. Dieses wurde ergänzt durch eine "Policy"-Orientierung, in der der "Anwendungsbezug" der Forschungsfragen und -ergebnisse angestrebt wurde und die durch das Interesse und die Bereitschaft gekennzeichnet war, die Forschungstätigkeit mit der Beratung von Politik und Verwaltung, auch im Rahmen von Auftragsforschung, zu verbinden.

Vordergründig hatte diese Verschiebung von Forschungsinteresse und -orientierung zweifellos auch mit der veränderten personellen Zusammensetzung des Arbeitskreises und hierbei nicht zuletzt damit zu tun, daß sich Rolf-Richard Grauhan 1975 aus der Leitung und Gestaltung des Arbeitskreises zurückzog und 1978 - viel zu früh! - starb, in der lokalen Politikforschung eine tiefe und bleibende wissenschaftliche und menschliche Lücke reißend. Davon abgesehen, sind die Veränderungen von Diskussionsgegenstand und -orientierung des Arbeitskreises als Ausdruck und Teil des Wandels zu sehen, der den politikwissenschaflichen Diskurs insgesamt im weiteren Gang der 70er Jahre erfaßte und der insbesondere im Vordringen der "Implementationsforschung" und der "Policy"-Orientierung seinen Ausdruck fand.

Ohne auf die Entwicklung dieser Forschungsrichtungen hier näher eingehen zu können und zu wollen (vgl. etwa Hellmut Wollmann, 1980; Hellmut Wollmann, 1984), sei - verkürzt - nur so viel angemerkt. Merkliche "externe" Anstöße dürften diese Forschungsrichtungen durch die teilweise tiefreichenden institutionellen und politischen Veränderungen erhalten haben, die das politisch-administrative System der Bundesrepublik seit den späten 60er Jahren durchlief. Die Schaffung neuer bundesstaatlicher Politikinstitutionen (z.b. Gemeinschaftsaufgaben, Investitionshilfen nach Art. 104a IV GG), ein beispielloser Politik- und Planungs"schub" auf Bundes- und Landes-, aber auch auf kommunaler Ebene und die hierdurch verstärkten "Politikverflechtungs"- und "intergovernmentalen" Handlungsprobleme trugen wesentlich dazu bei, die Aufmerksamkeit politikwissenschaftlicher Forschung für die "Binnenstrukture" des bundesstaatlichen Systems zu wecken. In dem Maße, wie sich politische Planungen und Programmabsichten von Bund und Ländern in der Vollzugsphase, zumal auf der lokalen Ebene, festliefen und ihre Ziele verfehlten, zogen Fragen der "Implementation" staatlicher Politik und Programme die analytische Aufmerksamkeit empirischer Politikforschung auf sich. Ferner wirkte das politisch-administrative System auf die Forschungsinteressen und -orientierung der Sozialwissenschaften dadurch unmittelbar ein, daß politische und administrative Instanzen seit den späten 60er Jahren in einem bis dahin unbekannten Umfang Sozialwissenschaftler für Beratungstätigkeiten und Forschungsarbeiten im Zusammenhang mit Reformvorhaben gewannen und heranzogen. Als bekannteste Beispiele sei an die Projektgruppe Regierungs- und Verwaltungsreform und an die verschiedenen Reformkommissionen auf Bundesebene in den frühen 70er Jahren erinnert. Diese rasch wachsende politisch-administrative Nachfrage nach sozialwissenschaftlichen Forschungsleistungen und Beratungstätigkeiten hat die Forschungsagenda einer wachsenden Zahl von Sozialwissenschaftlern in nachhaltiger Weise beeinflußt. Neben der "Evaluierungsforschung" ist ein beredtes Beispiel für diese Entwicklung in der "Implementationsforschung" zu sehen, die durch eine - innerhalb eines Forschungsauftrages entstandene, im weiteren Verlauf buchstäblich "schulenbildende" - Studie zu "Vollzugsproblemen der Umweltpolitik" (vgl. Renate Mayntz et al., 1978) wesentliche Impulse bekam.

Zum andern (und hieran anknüpfend) ist an eine wichtige ("interne") Verschiebung innerhalb der Sozialwissenschaften insgesamt zu erinnern. Nachdem in den späten 60er Jahren - im Gefolge der Studentenrevolte - der "politikökonomische" Fragerahmen im sozialwissenschaftlichen Diskurs (vorübergehend) eine dominierende Geltung mit der Folge erlangt hatte, daß in der politikwissenschaftlichen Diskussion die wissenschaftliche Relevanz "institutioneller", sich vorrangig mit den "Binnenstrukturen" des politisch-administrativen Systems beschäftigender Analyseansätze eher abschätzig behandelt wurde, und nachdem Auftragsforschung und Politikberatung - vor dem Hintergrund einer grundsätzlichen "Systemkritik" - als Hilfestellung für "herrschende" Politik abgelehnt worden waren, gewann im weiteren Verlauf der 70er Jahre vorrangig "binnenstrukturell" konzipierte und "Policy"-orientierte Politikforschung im "mainstream" des politikwissenschaftlichen Diskurses in dem Maße Geltung, wie einerseits der "politikökonomische Theorieansatz" den Beweis seiner analytischen Leistungsfähigkeit und überzeugende Forschungserträge weitgehend schuldig blieb und andererseits der empirischen Politikforschung nicht nur analytisch eindrucksvolle Forschungsleistungen gelangen (stellvertretend sei an die Forschungen zur "Politikverflechtung", <vgl. Fritz W. Scharpf et al., 1976> und die Erträge der "Implementationsforschung" <vgl. Renate Mayntz, 1980; Renate Mayntz, 1983> erinnert), sondern zugleich ihr Kritik- und Reformpotential sichtbar wurde.

Vor dem Hintergrund und als Teil dieser allgemeinen politikwissenschaftlichen Entwicklung wandten sich die Diskussionen des Arbeitskreises Lokale Politikforschung weitgehend einem Untersuchungsfokus zu, in dem die empirische Erforschung der "binnenstrukturellen" Entscheidungs- und Vollzugsprozesse, insbesondere "vertikal" im Verhältnis zwischen Bund und Ländern einerseits und den Kommunen andererseits sowie "horizontal" auf der kommunalen Ebene im Vordergrund stand. In dieser Diskussionsphase, deren Ergebnisse der Sammelband "Politik im Dickicht der Bürokratie. Beiträge zur Implementationsforschung" (vgl. Hellmut Wollmann, 1980a) dokumentiert, wurde unter anderm die Frage verfolgt, wie es um die Autonomie und den "Handlungsspielraum" der Kommunen gegenüber den vielfältigen Ansprüchen und Anstrengungen von Bundes- und Landesebene, die Kommunen in vorgegebene Regelungen, Planungs- und Finanzierungsinstrumente an- und einzupassen, tatsächlich, also empirisch beobachtbar bestellt sei. War in der früheren Diskussionsphase des Arbeitskreises (unter der Annahme der fortschreitenden Zentralisierung der ökonomischen und gleichzeitig auch politisch-administrativen Entscheidungsstrukturen) eher postulativ davon ausgegangen worden, daß der Handlungsspielraum der Kommunen längst gering und in der Tendenz weiter im Schwinden sei, so waren nunmehr einige Arbeiten ausdrücklich darauf angelegt, dieses "Zentralisierungstheorem" empirisch zu überprüfen. So wurde am Beispiel eines Planungs- und Finanzierungsinstrument, mit Hilfe dessen ein Bundesland die Absicht verfolgt hatte, innergemeindliche Planungsentscheidungen zu steuern, der Implementationsprozess und die Gründe des weitgehenden Scheitern dieser Steuerungsabsicht des Landes untersucht (vgl. Angelika Baestlein et al., 1980).

Gleichzeitig waren diese Diskussionen und Arbeiten von einem Verständnis von "Anwendungs- und Praxisbezug" lokaler Politikforschung gekennzeichnet, das von der grundsätzlichen Reformbedürftigkeit, aber auch (beschränkten) Reformfähigkeit der aktuell vorfindlichen kommunalen Praxis ausging und den Austausch und die Zusammenarbeit mit den politischen, administrativen und gesellschaftlichen Akteuren der lokalen Ebene suchte. Diese Wendung zum Anwendungs- und Praxisbezug von lokaler Politikforschung wurde insbesondere durch eine Tagung eingeleitet und unterstrichen, die der Arbeitskreis im Oktober 1977 - im Rahmen des damaligen Wissenschaftlichen Kongresses der DVPW - mit der Themenstellung "Kommunalpolitische Praxis und lokale Politikforschung" organisierte (zu den Ergebnissen vgl. den Sammelband Paul Kevenhörster und Hellmut Wollmann, 1977).

4. Kommunale "Politikfeld"-/"Policy"-Forschung

Im weiteren Verlauf der 70er Jahre wurde die politikwissenschaftliche Forschung in der Bundesrepublik zunehmend davon geprägt, daß sich die empirische Forschung in wachsendem Umfange auf einzelne Politikfelder ("policies") richtete und die Forschungsfragen durch intensives analytisches Eindringen in das Politikfeld, einschließlich dessen rechtlicher, technischer, naturwissenschaftlicher usw. Technizität, zu beantworten suchte. In der Regel sind derartige "Politikfeld"-Analysen durch einen ausdrücklichen "Anwendungsbezug" charakterisiert.

Für das Vordringen dieses Forschungsansatzes im Verlaufe der 70er Jahre sind eine Reihe von Faktoren zu nennen. Zum einen machten sich in dem "Siegeszug" dieses Forschungsansatzes zweifellos jene ("externen") Impulse geltend, die, wie bereits erwähnt, seit den frühen 70er Jahren dadurch ausgelöst wurden, daß von Politik und Verwaltung auf Bundes-, Landes, aber auch auf kommunaler Ebene zunehmend sozialwissenschaftliche Forschungs- und Beratungsleistungen nachgefragt wurden. Damit waren aber Finanzierungsquellen und Informationszugänge eröffnet, die einer weiteren Expansion "policy"-orientierter Forschungen Vorschub leisteten. Zum andern ist ein maßgeblicher ("interner") Impuls darin zu sehen, daß es von einer zunehmenden Zahl von Politikwissenschaftlern um ihrer fachwissenschaftlichen Qualifizierung, Professionalisierung und Profilierung willen als notwendig betrachtet wurde, eine oberflächliche, methodisch wie inhaltlich eher dilettantische Befassung mit Politik- und Verwaltungsproblemen dadurch zu überwinden, daß die Untersuchung unter möglichst umfassender Aufbietung des konzeptionellen und methodischen Analysearsenals, einschließlich der Kenntnis der rechtlichen, technischen usw. Spezifitäten des Untersuchungsfeldes, geleistet werde.

Dieser Entwicklungsschub, der sich innerhalb des politikwissenschaftlichen Faches in den 70er Jahren abspielte, fand "disziplinpolitisch" darin seinen Ausdruck, daß die Deutsche Vereinigung für Politische Wissenschaft 1979 ihren Wissenschaftlichen Kongress unter das Generalthema "Politikfeldanalysen" stellte (vgl. den Sammelband <Thomas Ellwein, 1980a> sowie das dortige Vorwort von Ellwein <Thomas Ellwein, 1980b>).

Zwei Jahre später, im Oktober 1981, organisierte der Arbeitskreis Lokale Politikforschung eine Fachtagung zum Thema "Probleme der Stadtpolitik in den 80er Jahren", an der nahezu 400 Teilnehmer aus Wissenschaft und Praxis teilnahmen. Die über 100, zu einem erheblichen Teil der "Policy"-Forschung zuzurechnenden Beiträge, die in rund zehn - überwiegend thematisch nach nach Politikfeldern gegliederten - Arbeitsgruppen vorgelegt und diskutiert wurden, verdeutlichten die thematische Breite, empirische Intensität und fachliche Kompetenz der inzwischen in Gang gekommenen Arbeiten lokaler Politikforschung. Die Ergebnisse der Tagung fanden in mehreren Publikationen ihren Niederschlag (vgl. den Sammelband <Joachim Jens Hesse und Hellmut Wollmann, 1983>, sowie die Einzelbände zum Verhältnis von "Stadt und Staat" <Joachim Jens Hesse et al., 1983), zu "Großstadt und neuen sozialen Bewegungen" <Peter Grottian und Wilfried Nelles, 1983>, zu kommunaler Planung <v. Dieter Lölhöffel und Dieter Schimanke, 1983> zu kommunaler Wohnungspolitik <Adalbert Evers et al., 1984> und zu kommunaler Umweltpolitik <Jochen Hucke und Reinhard Ueberhorst, 1984>).

Bekanntlich hat das Vordringen der "Policy-Forschung" erhebliche Kontroversen innerhalb des politikwissenschaftlichen Faches ausgelöst; hieran soll und kann an dieser Stelle nur mit wenigen Stichworten erinnert werden. Mit besonderem Nachdruck kamen die Einwendungen und Vorwürfe von Vertretern eines eher traditionellen Verständnisses von Politikwissenschaft auf einem Symposium zur Sprache, das die Deutsche Vereinigung für Politische Wissenschaft im November 1984 organisierte (vgl. Hans-Hermann Hartwich, 1985a). Zum einen wurde die Befürchtung geäußert, daß "der neugewonnene Grad an Professionalisierung zur Entpolitisierung im Sinne des Verlustes politikwissenschaftlicher Analysesubstanz" führe (Hans-Hermann Hartwich, 1985b, S. 5), wobei insbesondere auf "klassische" politikwissenschaftliche Themen wie "Macht", "Interessen", aber auch politiktheoretisch normative Fragen wie "Gerechtigkeit", "Freiheit" hingewiesen wurde. Zum andern wurde kritisiert, daß die "Policy-Forschung" in dem Maße, wie sie sich gegenständlich jeweils auf ein einzelnes Politikfeld konzentiere und sich methodisch vielfach in Fallstudien erschöpfe, ihren Beitrag zur politikwissenschaftlichen Theoriebildung verfehle. Schließlich wurde als Gefahr beschworen, daß "Politikfeld-Forschung Drittmittel für intensive Forschungsleistungen erhält, während die 'traditionellen' Felder der Politikwissenschaft weiterhin von den kümmerlichen regulären Forschungsmitteln in den schmaler werdenden Hochschuletats zu zehren haben" (Hans-Hermann Hartwich, 1985b, S. 3). Zwar dürfte der "Policy-Ansatz", um Frieder Naschold und Ulrich Jürgens zu zitieren, in der tat "als eine konsequente Professionalisierung der Disziplin in theoretischer, methodischer und empirischer Hinsicht und eine zwar stets prekäre, jedoch insgesamt gelungene Synthese von wissenschaftlicher Analyse und Beratung sowie gesellschaftlichem Problemdruck" (Naschold/Jürgens, zit. nach Hans-Hermann Hartwich, 1985b, S. 3) einzuschätzen sein, jedoch sollten die erwähnten Einwendungen ernst genommen werden, vor allem, was die Gefahr analytischer "blinder Flecke", insbesondere in Bezug auf politikwissenschaftlich neuralgische normative und materielle Fragen, und die Gefahr verfehlter und versäumter "Theoriefähigkeit" angeht.

5. Krise des Sozialstaats und seine "Erneuerung". Funktion und Handlungsspielraum der Kommunen

Die Beschäftigungskrise, in die die Bundesrepublik - im Verein mit den meisten anderen westlichen Industriestaaten - seit Mitte der 70er Jahre mit zunehmender Schärfe geraten ist, und die wachsenden Belastungen und Herausforderungen, denen sich die Kommunen, nicht zuletzt an ihren dramatisch gestiegenen Sozialausgaben ablesbar, gegenüber sehen, bildeten und bilden den Hintergrund, vor dem sich innerhalb des Arbeitskreises seit Mitte der 80er Jahre ein Diskussionsschwerpunkt entwickelte, in dem nach den Aufgaben und dem Handlungsspielraum der Kommunen und der lokalen Ebene angesichts dieser veränderten sozio-ökonomischen Rahmenbedingungen gefragt wird. Wiederum erweis sich die im Arbeitskreis Lokale Politikforschung verfolgte Debatte als Teil und als Beitrag zu einer breiteren politischen und wissenschaftlichen Diskussion über die "Krise des Interventions- und Sozialstaats" und die Folgen und Folgerungen, die sich hieraus für die Funktion der Kommunen und der lokalen Ebene ergeben.

In der Debatte, an der sich der Arbeitskreis Lokale Politikforschung mit mehreren Tagungen, beginnend mit einem Arbeitstreffen im Herbst 1984, und mit zwei Veröffentlichungen- "Die Zweite Stadt" (Bernhard Blanke et al., 1986) und "Kommunale Beschäftigungspolitik" (Hans E. Maier und Hellmut Wollmann, 1986) - beteiligte, lassen sich drei Diskussionsstränge unterschiedlicher konzeptioneller Prämissen, Stoßrichtung und Reichweite unterscheiden.

Zunächst überwiegend unter soziologischer Wortführerschaft entwickelte sich - insbesondere im Kontext der DSG-Sektion "Sozialpolitik" - zum einen ein Diskussionsstrang, in dem, von dem "Ende der Arbeitsgesellschaft" und den hieraus folgenden "postindustriellen" und "postmodernen" Lebens- und Beschäftigungsformen ausgehend, auf eine tiefgreifende Veränderung und Neubestimmung kommunaler Sozialpolitik (vgl. etwa Eckart Pankoke, 1985, S. 330 und Jürgen Krüger, 1985, S. 12) insbesondere vor dem Hintergrunde jener gesellschaftlichen Gruppen und Initiativen abgehoben wird, die sich, durch Arbeitslosigkeit "ausgegrenzt" und/oder Vorstellungen von alternativem Leben und Arbeiten bestimmt, außerhalb und am Rande der "Kerngesellschaft" gebildet haben (vgl. Adalbert Evers et al., 1986, S. 13). Dieser konzeptionelle Ansatz, der von der grundlegenden Veränderung der gesamtgesellschaftlichen, insbesondere sozioökonomischen wie soziokulturellen Rahmenbedingungen ausgeht und deren Auswirkungen auf die Kommunen und das lokale Politik- und Handlungsfeld theoretisch und empirisch zu identifizieren sucht, leitete vor allem jenen Teil der Diskussion im Arbeitskreis an, der in dem Leviathan-Sonderband "Die Zweite Stadt" (Bernhard Blanke et al., 1986) seinen publizistischen Niederschlag fand.

Einem zweiten - vornehmlich politikwissenschaftlich inspirierten - Diskussionsstrang liegt die Annahme von einer Handlungsschwäche der staatlichen Politik in der Auseinandersetzung mit den sich seit Mitte der 70er Jahre verschärfenden sozio-ökonomischen und ökologischen Problemen zugrunde, sei es, daß der fortgeschrittene Sozial- und Interventionsstaat als strukturell "an seine Grenzen gestoßend" angesehen wird, sei es, daß der auf der zentralstaatlichen Ebene verfolgten Politik "Politikversagen" angekreidet wird. Dementsprechend wird die Frage aufgeworfen, ob die Kommune und die lokale Ebene ein Handlungspotential für eine "Erneuerung" staatlicher Politik "von unten" bergen und bewegen könnten (vgl. Joachim Jens Hesse, 1986 und Hellmut Wollmann, 1986). In dem Maße, wie hierbei eine interessen- und parteibestimmte Polarisierung zwischen zentralstaatlicher Politik und lokaler Politikebene gesehen wurde, rückten die Kommune und die lokale Ebene als "ein Stück 'Gegenmacht' gegen das neo-konservative Modernisierungskonzept" (so Udo Bullmann, 1986,

S. 17) und Formen einer "Gegenimplementation 'von unten'" (Hellmut Wollmann, 1983) in den Blick.

Schließlich wies die Diskussion insoweit eine ausdrückliche "Policy"-Orientierung auf, als mit konkretem instrumentellem Handlungsbezug danach gefragt wurde, was die Kommunen innerhalb der bestehenden Handlungsbedingungen und -mittel durch entsprechende kommunalpolitische Umverteilungsentscheidungen, durch effektivere Bündelung der verfügbaren Handlungsmittel usw. erreichen können, um ihren sozialpolitischen Handlungsspielraum zu erweitern. Diese "Policy"-Orientierung lag wesentlich einem Diskussionsschwerpunkt des Arbeitskreises zugrunde, der in dem Sammelband zur "Kommunalen Beschäftigungspolitik" (Hans E. Maier und Hellmut Wollmann, 1985) veröffentlicht wurde.

Im Ergebnis erbrachte das neuerliche Interesse für den Handlungsspielraum der Kommunen und der lokalen Ebene einen insgesamt eher ernüchternden Befund. Wie durch die inzwischen vorliegenden empirischen Untersuchungen und Abhandlungen bestätigt wird (vgl. Bernhard Blanke et al., 1987; Wolfgang Jaedicke et al., 1990; Hellmut Wollmann, 1990; vgl. auch Jaedicke, Grunow und Heinelt in diesem Band; vgl. ferner Joachim Jens Hesse, 1986), ist der Handlungsspielraum der Kommunen nach wie vor entscheidend von externen ökonomischen Entwicklungen und institutionellen (rechtlichen, finanziellen usw.) Rahmenbedingungen gezogen und eingeschränkt, auf die sie kaum oder keinen Einfluß haben. Diese Restriktionen schlagen auf ihre Fähigkeit und Bereitschaft, den Sozialstaat "von unten zu erneuern", ebenso wie auf den ihnen real verbleibenden Handlungsspielraum durch, der z.B. im Bereich der Beschäftigungspolitik wesentlich davon bestimmt wird, ob und in welchem Umfang öffentliche Mittel "von oben" (Bund, Länder, EG) zur Verfügung stehen.

6. Zusammenfassende Bemerkung

Zwar stellen die im Arbeitskreis Lokale Politikforschung geführten Diskussionen nur einen Ausschnitt des relevanten sozialwissenschaftlichen Diskurses über Stadtpolitik und Stadtforschung im Gang der letzten 20 Jahre dar. Jedoch zeigt die hier skizzierte Entwicklung, daß die vom Arbeitskreis in diesem Zeitraum aufgegriffenen konzeptionellen und thematischen Schwerpunkte den Verlauf und die Entfaltung der Stadtforschung (und darüber hinaus konzeptionelle Entwicklungslinien der politikwissenschaftlichen Diskussion insgesamt) in wesentlichen Schritten und Schnitten abbildet. Waren die Diskussionen des Arbeitskreises in seiner Entstehungsphase in den frühen 70er Jahren von dem Anspruch und der Bemühung bestimmt, die Entwicklung auf der lokalen Ebene im Rahmen eines gesamtgesellschaftlichen (damals in erster Linie "politökonomischen") Theorieansatzes zu analysieren und zu interpretieren, so rückten im weiteren Verlauf eher "institutionelle", teilweise ausdrücklich "Policy"-orientierte Untersuchungsfragen in den Mittelpunkt. Im Zusammenhang mit der Diskussion um die "Krise des Sozialstaats" und deren Folgerungen für die Kommunen und die lokale Ebene wurde wieder verstärkt an einen gesamtgesellschaftlichen Fragerahmen angeknüpft.

Die hier unternommene Entwicklungsskizze machte sichtbar, daß die Themengenerierung, das "agenda setting" der lokalen Politikforschung auf der einen Seite merklich, teilweise maßgeblich von "externen" Anstößen beeinflußt war, nämlich von Entwicklungen und Problemen in Politik, Ökonomie und Gesellschaft, die sich der Diskussions- und Forschungsagenda lokaler Politikforschung geradezu aufdrängten. Dies gilt für den "institutionellen" Auftakt der politikwissenschaftlichen Stadtforschung in den späten 60er Jahren (ausgelöst durch die wachsende Diskrepanz zwischen Konflikthaftigkeit der kommunale Ebene und der Leistungsfähigkeit demokratischer Entscheidungsverfahren) ebenso wie für die jüngste Debatte über Funktion, Handlungsspielraum und Reichweite kommunaler Sozialpolitik (angestoßen durch die "Krise des Sozialstaats" unter der Wucht der Beschäftigungskrise). Zugleich wurde deutlich, daß Gegenstand und Fokus des Diskurses lokaler Politikforschung auch von "internen" (allerdings teilweise wiederum als mittelbare Verarbeitung "externer" Anstöße zu interpretierenden) Entwicklungen innerhalb der Sozial- und Politikwissenschaft beeinfußt wurde (wie die Verschiebung in der Einstellung gegenüber "angewandter" Politikforschung zeigte).

Die hier vorgetragene Skizze begnügte sich damit, die beobachtbaren Entwicklungslinien eher deskriptiv und narrativ nachzuzeichnen. Um konzeptionell konsistente oder gar theoriefähige Muster in dieser Entwicklung zu identifizieren, bedürfte es einer wesentlich umfänglicheren, konzeptionell den neueren Stand der wissenschaftssoziologischen Forschung nutzenden und über den hier herangezogenen Stoff der im Arbeitskreis diskutierten thematischen und konzeptionellen Schwerpunkte gegenständlich wie methodisch "vergleichend" hinausgehenden Analyse.

Literatur

Baestlein, Angelika et al., 1970: Der "Goldene Zügel" und die Kommunen. Ein Rückblick auf die Thesen vom staatlichen "Durchgriff" am Beispiel der Standortprogrammplanung in Nordrhein-Westfalen, in: Wollmann (Hrsg.), 1980a, S. 103 ff

Blanke, Bernhard/Evers, Adalbert/Wollmann, Hellmut (Hrsg.), 1986: Die Zweite Stadt (Sonderheft Leviathan), Opladen

Blanke, Bernhard/Heinelt, Hubert/Macke, Carl-Wilhelm, 1987: Großstadt und Arbeitslosigkeit, Opladen

Bullmann, Udo, 1986: Neokonservative Modernisierung und lokale Alternativen, in: Bullmann, Udo/Cooley, Mike/Einemann, Edgar (Hrsg.), 1986: Lokale Beschäftigungsinitiativen, Marburg, S. 10 ff

Ellwein, Thomas/Zoll, Ralf 1974, Vorwort, in: Zoll, 1974, S. 7 ff

Ellwein, Thomas (Hrsg.), 1980a: Politikfeld-Analysen 1979, Opladen

Ellwein, Thomas, 1980b, Politikwissenschaft 1979, in: Ellwein, 1980a, S. 20 ff

Evers, Adalbert, 1975: Agglomerationsprozess und Staatsfunktionen, in: Grauhan, 1975a, S. 41 ff

Evers, Adalbert/Lehmann, Michael, 1972: Politisch-ökonomische Determinanten für Planung und Politik in den Kommunen der BRD, Offenbach 1972

Evers, Adalbert/Lange, Hans-Georg/Wollmann, Hellmut (Hrsg.), 1983: Kommunale Wohnungspolitik, Basel/Bosten/Stuttgart

Grauhan, Rolf-Richard, 1970: Politische Verwaltung - Auswahl und Stellung der Oberbürgermeister als Verwaltungschefs deutscher Großstädte, Freiburg

Grauhan, Rolf-Richard (Hrsg.), 1972a: Großstadt-Politik, Gütersloh

Grauhan, Rolf-Richard, 1972b: Der politische Willensbildungsprozess in der Großstadt, in: Grauhan, 1972a, S. 145 ff

Grauhan, Rolf-Richard (Hrsg.), 1975a: Lokale Politikforschung, 2 Bände, Frankfurt/New York

Grauhan, Rolf-Richard, 1975b: Einführung. Lokale Politikforschung, in: Grauhan, 1975a, S. 11 ff

Grottian, Peter/Nelles, Wilfried (Hrsg.), 1983: Großstadt und neue soziale Bewegungen, Basel/Bosten/Stuttgart

Hartwich, Hans-Hermann (Hrsg.), 1985a: Policy-Forschung in der Bundesrepublik Deutschland, Opladen

Hartwich, Hans-Hermann, 1985b: Einführung, in: ders., 1985a, S. 1 ff

Herlyn, Ulfert, 1989: Der Beitrag der Stadtsoziologie. Ein Rückblick auf die Forschungsentwicklung, in: Joachim Jens Hesse (Hrsg.): Kommunalwissenschaften in der Bundesrepublik Deutschland (Schriften zur kommunalen Wissenschaft und Praxis 2), Baden-Baden, S. 359-385

Hesse, Joachim Jens, 1982: Stadtpolitik, in: ders. (Hrsg.): Politikwissenschaft und Verwaltungswissenschaft, Opladen 1982, S. 431 ff

Hesse, Joachim Jens (Hrsg.), 1986: Erneuerung der Politik "von unten"? Opladen

Hesse, Joachim Jens/Wollmann, Hellmut (Hrsg.), 1982: Stadtpolitik in den 80er Jahren, Frankfurt/New York

Hucke, Jochen/Ueberhorst, Reinhart (Hrsg.), 1984: Kommunale Umweltpolitik, Basel/Boston/Stuttgart

Jaedicke, Wolfgang et al., 1990: Kommunen im Sozialstaat, Opladen

Kevenhörster, Paul/Wollmann, Hellmut (Hrsg.), 1977: Kommunale Praxis und lokale Politikforschung, Berlin (Difu)

Krüger, Jürgen, 1985: Kommunale Sozialpolitik und die Krise des Wohlfahrtsstaats, in: Krüger/Pankoke, 1985, S. 11 ff

Krüger, Jürgen/Pankoke, Eckart (Hrsg.), 1985: Kommunale Sozialpolitik, München/Wien

Lölhöffel, Dieter von/Schimanke, Dieter (Hrsg.), 1983: Kommunalplanung vor neuen Aufgaben, Basel/Boston/Stuttgart

Maier, Hans E./Wollmann, Hellmut (Hrsg.), 1986: Lokale Beschäftigungspolitik, Basel/Boston/Stuttgart

Mayntz, Renate (Hrsg.), 1980: Implementation politischer Programme, Königstein Ts.

Mayntz, Renate (Hrsg.), 1983: Implementation politischer Programme II, Opladen

Mayntz, Renate et al., 1978: Vollzugsprobleme der Umweltpolitik. Empirische Untersuchung der Implementation von Gesetzen im Bereich der Luftreinhaltung und des Gewässerschutzes, Stuttgart

Offe, Claus, 1975: Zur Frage der "Identität der kommunalenEbene", in: Grauhan, 1975a, S. 303 ff

Pankoke, Eckart, 1985: Kommunale Orientierung sozialer Politik, in: Krüger/Pankoke, 1985

Scharpf, Fritz W./Schnabel, Fritz/Reissert, Bernd, 1976: Politikverflechtung, Königstein Ts.

Wagner, Peter/Wittrock, Björn/Weiss, Carol/Wollmann, Hellmut (Hrsg.), 1990: Social Science in Political Contexts, Cambridge U.K. (im Erscheinen)

Wollmann, Hellmut (Hrsg.), 1980a: Politik im Dickicht der Bürokratie, Opladen

Wollmann, Hellmut 1980b, Implementationsforschung - eine Chance für kritische Verwaltungsforschung? in: Wollmann, 1980a, S. 9 ff

Wollmann, Hellmut, 1983: Implementation durch Gegenimplementation von unten? in: Mayntz, 1983, Opladen, S. 168 ff.

Wollmann, Hellmut, 1984: Policy Anlysis. Some Observations on the West German Scene, in: Policy Sciences, vol. 17, pp. 27 ff

Wollmann, Hellmut, 1986: Stadtpolitik - Erosion oder Erneuerung des Sozialstaats "von unten"? in: Blanke et al., 1986, S. 79 ff

Wollmann, Hellmut, 1990: Politik- und Verwaltungsinnovationen durch die Kommunen? Eine Bilanz, in: Ellwein, Thomas et al. (Hrsg.): Jahrbuch für Staats- und Verwaltungswissenschaften 1990, Baden-Baden (im Erscheinen)

Zoll, Ralf, 1974: Wertheim III. Kommunalpolitik und Machtstruktur, München

Autor

Prof. Dr. Hellmut Wollmann, FU Berlin, Zentralinstitut für Sozialwissenschaftliche Forschung, Verwaltungsforschung, Sarrazinstr. 11-15, 1000 Berlin 41

Margit Mayer

"Postfordismus" und "lokaler Staat"[1]

"Postfordismus" und "lokaler Staat" sind zunächst Kürzel für zwei Theoriekonzepte oder Analysevorschläge, die in letzter Zeit aus der marxistischen bzw. politökonomischen Stadtforschung kommen, und die sich gegenwärtig einer gewissen Diskussionskonjunktur erfreuen (allerdings vorallem in anderen europäischen Ländern als der Bundesrepublik). Gemeint ist zum einen die aus Großbritannien stammende "local state"-Debatte, zumanderen der Regulationsansatz, der in Frankreich, Spanien, England u.a. die Stadt- und Regionalentwicklungsforschung bereits stark beeinflußt[2].

Zwar ist die politische Flanke dieses Ansatzes auch in den Ländern, in denen bereits mehr als in der BRD damit gearbeitet wird, noch relativ unterentwickelt[3]. Dennoch, so soll hier argumentiert werden, bietet dieser Ansatz Möglichkeiten, eine zentrale Frage der lokalen Politikforschung systematisch zu klären, nämlich die in letzter Zeit sehr kontrovers debattierte Frage, ob die wirtschaftlichen und regionalen Umstrukturierungen seit den 70er Jahren zu einem Bedeutungsgewinn oder -verlust der kommunalen Ebene geführt haben, bzw. welche Rolle diese institutionelle Ebene und hier neu entstehende Institutionen in diesemProzeß spielen.

Die Bedeutung und die Handlungsspielräume der kommunalen Ebene bzw. des lokalen Staats waren in der seit Beginn der 1970er Jahre geführten Diskussion immer umstritten (Vgl. Richard Grauhan, 1975; Claus Offe, 1975[4]). Diese Kontroverse spitzte sich in den letzten Jahren wieder zu, weil sowohl gesamtgesellschaftliche Umbrüche (die räumlich unterschiedliche Implikationen mit sich brachten und stellenweise den Handlungsspielraum der Kommune arg einschränkten) als auch die Erfahrung unterschiedlicher Stadtregierungen (rot-grüne und "alternative" Kommu-

---

1) Wesentliche Teile dieses Beitrags basieren auf Arbeiten von Roland Roth, dem an dieser Stelle auch für seine stete Diskussionsbereitschaft gedankt sei.
2) Hierzulande beteiligen sich bspw. Thomas Krämer-Badoni, (1987), Josef Esser und Joachim Hirsch, (1987; 1989) sowie Detlev Ipsen (1987a; 1987b) an der Debatte.
3) Vgl. die einschlägigen Tagungen, z.B. International Conference on Regulation Theory, Barcelona, 1988; Cardiff Symposium on Regulation, Innovation and Spatial Development, 1989; Pathways to Industrialization and Regional Development in the 1990s, Los Angeles, 1990.
4) Offe bezeichnete auch die kommunale Autonomie als Fiktion, die von zentraler Ebene nur aufrecht erhalten wird um eine Pufferzone zu schaffen.

nalpolitik) die distinktive Rolle lokaler Politik erneut auf die Tagesordnung setzten.

Beide hier vorgestellten Theorieansätze sind in dieser Entwicklung zu verorten, beide reflektieren die im Prozeß sich verändernder ökonomischer und gesellschaftlicher Bedingungen entstehenden Öffnungen, Widersprüche, und neuen Probleme. Beide Ansätze suchen Auswege aus den systemfunktionalen Sackgassen, in denen die lokale Ebene entweder als von zentralstaatlichen Vorgaben determiniert ("verlängerter Arm") angesehen wird, oder "funktionalistisch" (über ihre in Arbeitsteilung mit der nationalen Ebene zu erbringenden Funktionen) erklärt wird: als Ort der kollektiven Konsumtion (bei Castells) oder als Ort reproduktionsorientierter Interessen (bei Hesse, Fürst).

Die Grenzen dieser systemfunktionalen Annahmen werden offensichtlich, wenn nationale - aber auch regionale und lokale - Unterschiede sowie historische Unterschiede erklärt werden sollen. Aber sie wurden auch durch die Entwicklungen seit Mitte der 70er Jahre - Ende der Prosperitätsphase, Stagnation und Krise, Umbau - offenkundig, die vermeintlich etablierte Rollenteilungen durcheinander brachten und den lokalen Staat vor z.T. gänzlich neue Aufgaben stellten.

1. Der local state-Ansatz

Der von Duncan und Goodwin und Halford eingebrachte local state Ansatz geht vom widersprüchlichen Charakter des bürgerlichen Staats im Kapitalismus aus und bezieht diesen auch auf den lokalen Staat, wobei Staatsform und Staatshandeln als Ausdruck historisch sich verändernder gesellschaftlicher Beziehungen gefaßt werden. Das heißt, der Ansatz bezieht den Wandel der Formen staatlicher Funktionserfüllung systematisch in die Analyse mit ein. Es geht den Vertretern der local state Theorie v.a. darum, *wie* das jeweilige historische Verhältnis zwischen lokalen und überlokalen politischen Prozessen strukturiert ist. Sie fragen folglich nach den Bedingungen für die Eigendynamik der politischen Konflikte auf der lokalen Ebene, und danach, was sie mit den Bedingungen und Auswirkungen des kapitalistischen Akkumulationszyklus zu tun haben.

Sie begründen die Notwendigkeit *unterschiedlicher* lokalstaatlicher Praktiken im Rahmen der These, daß die kapitalistische Entwicklung von räumlichen und zeitlichen Ungleichheiten gekennzeichnet ist, weshalb jeweils adäquat bemessene staatliche Institutionen zur Steuerung der jeweiligen lokal spezifischen gesellschaftlichen Systeme nötig seien. Angesichts des permanenten Veränderungsdrucks des Kapitals, das danach trachtet, Raum und Zeit als Hindernisse der Mehrwertrealisierung zu verringern, müssen sie fragen, wie denn eine strukturierte, *räumlich spezifische Kohärenz* als längerfristiges Arrangement überhaupt hergestelltwerden kann. Die Antwort verweist auf staatliche Institutionen ("adäquat bemessene staatliche Institutionen zur Steuerung der jeweiligen lokal spezifischen gesellschaftlichen Systeme"), die allerdings nicht als bloßer Reflex auf die ungleiche und ungleichzeitige Entwicklung des Kapitals konzipiert sind, sondern in einem komplexen Vermittlungszusammenhang von Kapital, bürgerlicher Gesellschaft, und Natur gesehen werden.

Da Gesellschaft und Natur räumlich konstituiert und differenziert sind, benötigen auch die staatlichen Systeme spezifische lokale Dimensionen. Das gilt sicherlich auch für die Bundesrepublik, auch wenn die Kommunen, wie Häußermann ausführt, keine staatlichen Organe wie Bund und Länder sind. Auch wenn sie ihre Rechte nur "vom Staat" geliehen haben, auch wenn die Politik der Kommunen in Deutschland nie "radikal" war: eine Theorie des lokalen Staats ist hier genauso zu entwickeln wie in andern entwickelten kapitalistischen Staaten auch.

Lokale Politikvariationen haben im Rahmen dieses Ansatzes komplexe Ursachen, die von lokalen Arbeitsmärkten, klassenspezifischen Bündnissen und Arbeiterbewegungstraditionen bis hin zu Familienmustern und Geschlechtsbeziehungen reichen. Jeder einzelne Lokalstaat vermittelt zwischen der Sphäre der Arbeit und der Sphäre der *civil society*. Beide sind in spezifischer Weise im Raum konstituiert und gehen spezifische Verbindungen ein. Aus dieser Heterogenität sei die jeweilige Einzigartigkeit - und der jeweilige Handlungsspielraum der Kommune, in den (dank repräsentativer Demokratie) auch die Interessen lokal verankerter Gruppen eingehen - zu erklären.

Im Gegensatz zu diesen englischen Vertretern des local state-Ansatzes betonen die deutschen Verfechter Krätke und Schmoll (1987), daß der lokale Staat nicht nur gegenüber der Ökonomie und übergeordneten Ebenen der Staatsorganisation, sondern auch gegenüber lokalen Klassenverhältnissen eine relative Autonomie besitzt. Zunehmend bestimmen statt ihrer klassenunspezifische politische Kräfteverhältnisse auf lokaler Ebene die lokalen politischen Prozesse bzw. die Möglichkeiten von lokaler Gegenmachtbildung.

Ist der local state-Ansatz bestrebt, eine systematische Begründung für lokale Politikvarianz und lokale Autonomie generell bereitzustellen, so zielt der regulations-orientierte Ansatz eher auf die Bestimmung der historisch spezifischen Rolle lokal-politischer Institutionen in der Krise des Fordismus, bzw. bei der Herausbildung neuer, möglicherweise post-fordistischer Regulationsweisen.

Zunächst vermittelt über industriegeographische Arbeiten, die sich von regulationstheoretischen Analysen zur Krise des fordistischen Akkumulationsregimes und zur Entstehung neuer flexibler Produktionssysteme bestechen ließen, gelangte der Regulationsansatz (bei manchen Autoren auch: "flexible specialization") in die Stadt- und Regionalforschung, wo er - nicht zuletzt wegen seines Fokus auf institutionelle Regelungsmodi - fruchtbar für die lokalpolitische Forschung sein bzw. werden kann.

2. Der Regulationsansatz

Im Gegensatz zu klassischen politökonomischen Ansätzen (wie: Grundrententheorie; städtische Infrastruktur; kollektive Konsumtion) findet im Regulationsansatz keine Privilegierung der Produktions- oder der Reproduktionssphäre statt. Stattdessen handelt es sich um ein *Systemmodell*, das zudem mit *offenen Horizonten* arbeitet.

2.1. Systemmodell

Der Ansatz richtet unsere Aufmerksamkeit auf die komplexen Beziehungen, politischen Praktiken, gesellschaftlichen Normen, und kulturellen Formen, die es dem höchst dynamischen und instabilen kapitalistischen System erlauben, wenigstens phasenweise kohärent und stabil zu funktionieren. Unterstellt wird also eine Periodisierung kapitalistischer Entwicklung, die nicht technisch oder eng ökonomisch (etwa über "lange Wellen" oder Basisinnovationen) überdeterminiert ist. Für ihre Bestimmung sind vielmehr gesellschaftliche Institutionen, soziale Bewegungen und politische Auseinandersetzungen, in denen die Bedingungen für stabile Perioden gesellschaftlicher Kohärenz ausgehandelt und fixiert werden, genauso zentral. *Regulation* meint dabei die Art und Weise, in der sich ein gesellschaftliches Verhältnis "trotz und wegen seines konfliktorischen und widersprüchlichen Charakters reproduziert" (Alain Lipietz, 1985, 109).

Dabei ist die vergleichende Perspektive zentral eingebaut: unterschiedliche nationale Arrangements werden daraufhin untersucht, wie sie jeweils die ähnlichen Funktionen der Stabilitätssicherung erfüllen. Spezifische *Akkumulationsregimes* gehen also mit unterschiedlichen Ensembles von Regulationsformen einher, die jeweils ihren institutionellen Beitrag zur Stabilität des Akkumulationsregimes erbringen - oder aber verfehlen und damit zur Krise beitragen[5].

---

5) Betont muß allerdings werden, daß es sich keineswegs um eine fertige Theorie, sondern eher um ein Forschungsprogramm, dem sich unterschiedliche Sozialwissenschaftler, mit unterschiedlichen Schwerpunkten, angeschlossen haben, handelt. Siehe Michel Aglietta, 1979; Robert Boyer, 1986; Joachim Hirsch und Roland Roth, 1986; Alain Lipietz, 1987.

Das Konzept der Regulationsweisen bezieht also intermediäre gesellschaftliche Ebenen (von Familien- und Wohnformen bis zu individuellen Wertorientierungen) in die Kohärenzanalyse von kapitalistischen Entwicklungsphasen ein und eröffnet damit auch Raum für die Rolle - und Veränderungen der Rolle - lokaler und sublokaler Institutionen und Bewegungen.

2.2. Offener Horizont

Konsequenz der Betonung der Rolle der Produktionsverhältnisse und der Politik ist ein nicht-lineares Geschichtsverständnis. Statt notwendigen historischen Fortschritts stellt sich in jeder größeren Krise eine offene Situation, in der die Menschen neue Beziehungen und neue Kompromisse erproben und aushandeln - mit denen es möglicherweise gelingt, den widersprüchlichen gesellschaftlichen Beziehungen eine neue stabile Bewegungsform zu geben. Geschichte ist also offen, nicht vorherbestimmt, weil politisches Handeln und gesellschaftliche Praktiken entscheidend dazu beitragen, ob gesellschaftliche Beziehungen "in Regulation" oder "in Krise" sind (Jane Jenson, 1989). Freilich ist Geschichte nicht völlig offen, denn das Gewicht der Vergangenheit, der existierenden gesellschaftlichen Beziehungen und der existierenden Produktivkräfte schränkt ein, was wir tun können. Aber innerhalb dieser Grenzen entscheiden soziale Kämpfe und politische Konzepte über das Resultat der Krise.

Die Rekonstruktion historischer Phasen des Kapitalismus zielt nicht auf die Formulierung eines Stadiengesetzes, sondern es steht gerade die Bedeutung nationaler Traditionen und deren Nutzung und Neubestimmung in veränderten Akkumulationsregimes im Zentrum der Analyse. Auch die gegenwärtige Auseinandersetzung um die "nachfordistische" Gesellschaft hat offenen Charakter. Das Aufzeigen möglicher bzw. alternativer Entwicklungswege gehört daher zu den intellektuellen Ambitionen der Regulationsschule. Wie die gegebenen materiellen Ressourcen alternativer genutzt, ob und wie die verschiedenen Experimente in Produktion und Reproduktion verallgemeinerungsfähig sind oder sein könnten, ist Thema.

Aufgrund dieser Ausrichtung erlaubt der Regulationsansatz auch, der Auseinandersetzung mit kommunalpolitischen Alternativen und raumstrukturellen Veränderungen, die längst im politischen wie wissenschaftlichen Lager geführt wird, analytischen Tiefgang zu verleihen[6].

---

6) Allerdings birgt der Ansatz für die stadtpolitische Diskussion auch Probleme, gerade weil in der gegenwärtigen Umbruchsituation so vieles gleichzeitig ins Rutschen geraten ist: insbesondere raumstrukturelle Veränderungen sind nicht nur Folge veränderter Akkumulationsbedingungen, sondern auch Voraussetzung und Element dieser neuen Akkumu-

3. Räumliche Umstrukturierungen vor regulationstheoretischem Hintergrund

Die Vorzüge des *local state*-Ansatzes bei der Analyse städtischer Politik sind offensichtlich, wenngleich sie ihre Erklärungskraft erst in konkreten Fallanalysen erweisen (z.b. Fritz Schmoll, 1990). Dagegen liegen die Ansatzpunkte, die die Regulationsanalyse für die lokale Politikforschung bietet, nicht so klar auf der Hand. Im folgenden soll deshalb vor allem geklärt werden, wie der Regulationsansatz auf der Ebene städtischer Politik produktiv gemacht werden könnte.

Die regulationstheoretischen Analysen der letzten Prosperitätsphase, des Fordismus, konnten aufzeigen, weshalb dem zentralen Staat und großflächigen Regulierungsmodi eine wichtige Rolle, lokalen Regelungskompetenzen dagegen eine geringe Rolle zukamen. Sowohl die Regulierung des Binnenmarkts als auch des Verhältnisses zwischen Kapital und Arbeit waren für das fordistische Wachstumsmodell essentielle Regulierungsmodi: beide waren zentralstaatlich organisiert. Kommunalregierungen waren untergeordnete Verwaltungen und Regionen primär administrative Einheiten, denen lediglich die Aufgabe zukam, das in zentralregulierten Bahnen (scheinbar autonom) stattfindende Wachstum zu kanalisieren.

Diese relativ langdauernde Praxis reflektierte sich auch in den gängigen Theorien des lokalen Staats, die - unter dem Eindruck zunehmender Eingriffe des Bundes und der Länder in die kommunale Autonomie - Ergebnisse lokaler politischer Prozesse als von zentralstaatlichen Vorgaben determiniert sahen ("verlängerter Arm"). Was sich hier niederschlug, war die in den 60er Jahren einsetzende Ausweitung der Instrumente und Instanzen zentralstaatlicher Planung und Steuerung (Globalsteuerung, mittelfristige Finanzplanung, Strukturpolitik, Zunahme zweckgebundener Finanzzuweisungen), die das Ziel verfolgten, die Segnungen des fordistischen Modernisierungsprozesses möglichst gleichmäßig zu verteilen, und das Gefälle zwischen prosperierenden Agglomerationen und Peripherie auszugleichen.

Diese Strategien waren bemerkenswert erfolgreich, insofern sie eine Erhöhung und Angleichung des Lebensstandards breiter Bevölkerungsschichten mit sich brachten. Flankiert durch wohlfahrtsstaatliche Maßnahmen und unterstützt durch zentral koordinierte Regionalentwicklungsprogramme, wurde es tendenziell möglich, die standardisierten Massenkonsumgüter an jedem Ort, zu jeder Zeit, von jedermann/frau zu konsumie-

---

lationsbedingungen. Es kann in diesem Beitrag zunächst nur darumgehen, die Stärken des Ansatzes kenntlich zu machen, um mögliche Ansatzpunkte für die Diskussion der Veränderungen städtischer Politik zuliefern.

ren. Nicht nur Verschiedenheiten der Lebensgewohnheiten, der Kulturen, und der Traditionen erodierten in diesem Prozeß, sondern auch die Besonderheiten der Regionen und Orte wurden zusehends aufgehoben. "Local economic distinctiveness, though never totally obliterated, became increasingly diluted" (Philip Cooke und Rob Imrie, 1989, 316).

Fordistische Kommunalpolitik bestand im Ausbau der städtischen Infrastruktur. Flächensanierung und moderner Wohnungsbau prägten landauf, landab (nicht nur sozialdemokratische) Landes- und Kommunalpolitik. Durch diese Politik wurde die Zonierung des städtischen Raums vorangetrieben, Konsumnormen angehoben, Lebensweisen standardisiert. Spätestens Mitte der 70er Jahre zeigten sich die sozialen und technischen Grenzen dieses Wachstumsmodells (vgl. Joachim Hirsch und Roland Roth, 1986, 78ff). Die Rigiditäten der Produktionsstruktur, wachsende Folgekosten der Massenproduktion und des Massenkonsums, sowie die Politisierung dieser Folgekosten drosselten Wachstumsraten und ließen soziale Konflikte und soziale Bewegungen entstehen. Mit nachlassendem Wachstum und schwindender Loyalität werden auch die (fordistischen) Regulationsformen dysfunktional.

Es muß also nicht nur die Akkumulationsstruktur umgerüstet werden, sondern den flexibleren Produktionsstrukturen müssen auch entsprechende Regulationsformen zur Seite gestellt werden.

Die Strategien, mit denen auf die Probleme des fordistischen Produktionskonzepts reagiert wurde, sind inzwischen breit dokumentiert (vgl. Dieter Läpple, 1986; Michael Storper und Bennett Harrison, 1990; Philip Cooke, 1986). Sinnvollerweise werden solche, die die fordistischen Prinzipien vertiefen[7], unterschieden von solchen, die einen völlig neuen organisatorischen und regulativen Modus verfolgen. Neue Produktionskonzepte, die den Produktionsprozeß flexibilisieren und seine Funktionen durch neue Informationstechnologien integrieren, gehen über das tayloristische Prinzip hinaus[8]. Das Auslagern spezifischer Produktionsaktivitäten durch Subcontracting und ein Netzwerk von subsidiären Firmen setzen sich im Zusammenhang mit den neuen Produktionskonzepten durch, denn sie er-

---

7) Dazu gehört die Deindustrialisierungsstrategie, die die funktionale Fragmentierung und räumliche Umsiedlung der Produktion auf globaler Ebene fortsetzt. Sie bedeutet nichts anderes als die Anwendung des tayloristischen Prinzips der funktionalen Arbeitsteilung, besonders der Trennung von produktiven und Tertiärfunktionen, auf den Konzern als ganzen.
8) Diese Technologien erlauben selbst-regulierende und selbst-kontrollierende Produktionssysteme, die sich leicht an wechselnde Produktionsbedingungen, an Veränderungen in der Zusammensetzung der Nachfrage, und an sich ausdifferenzierende Märkte anpassen können. Die Rigidität und Kodifizierung des alten Produktionskonzepts wird hier ersetzt durch enorme Flexibilität in der Produktionsorganisation, was die Herstellung unterschiedlicher Produkttypen am selben Fließband in relativ kleinen Serien ermöglicht.

leichtern das Umgehen mit unsicheren Nachfrage- und Angebotsbedingungen. Sie werden durch flexible und kontingente Beschäftigungspolitiken komplettiert, denn Teilzeitarbeit und "selbständige" Subunternehmer können bei Bedarf geheuert werden, was dem Konzern Kosten und Risiken mindert, gleichzeitig aber auch eine völlig andere Strategie der Kontrolle und des Managements der Arbeitskräfte erfordert.

Beide Strategien werden seit den 70er Jahren angewendet; beide haben räumliche Auswirkungen, die die Regionen ungleich tangieren, und inzwischen die Kommunen vor neue Anforderungen stellen.[9]

Während die räumlichen Wirkungen der Deindustrialisierungsstrategie einerseits in der Auslagerung standardisierbarer Produktionsfunktionen in die Peripherie, andererseits in der Massierung von tertiären Funktionen in Zentren bestehen, haben die neuen Produktionkonzepte paradoxe räumliche Auswirkungen: sie führen einerseits zu einer *Streuung* von Produktionsfunktionen, die nun weniger von speziellen räumlichen Voraussetzungen abhängig sind, auf globaler wie regionaler Ebene (Dezentralisierung in kleinere Städte und ländliche Regionen)[10]. Andererseits schuf die funktionale Ausdifferenzierung und Reintegration industrieller Arbeitsbereiche die Notwendigkeit für *bestimmte* Funktionen (F&E, Marketing, Kundendienst etc.), sich in den "Headquarters" zu zentralisieren. Gegenläufig zu den Dezentralisierungstendenzen von Produktionsstätten und Büros verdichten sich also die in der Metropole verbleibenden Tertiär- und dispositiven Funktionen, Finanzmanagement, und Kontrollfunktionen der großen Konzerne und ihres breiter und dichter werdenden Netzes von produktionsorientierten Dienstleistungen.

Neben diesen indirekten haben die neuen Produktionskonzepte auch direkte Agglomerationseffekte, in Form der sog. "Produktions-Cluster". Dieser Terminus beschreibt jene neuen Produktionskomplexe, die auf der Basis von just-in-time-Produktion und deshalb abhängig vom problemlosen Zugang zu infrastrukturellen Netzen und ausgeweiteten Subcontracting-Verbindungen entstehen. Sie tauchen häufig an Orten auf, wo entweder fordistische Strukturen sich nicht voll durchgesetzt haben (und präfordistische oder handwerkliche Traditionen noch virulent sind) oder wo gründliche vorhergegangene Deindustrialisierung die Region für Neo-

---

9) Deindustrialisierung und neues Wachstum (sowohl auf Basis neuer Produktionstechnologien als auch auf Basis präfordistischer industrieller Beziehungen) existieren heute Seite an Seite. Auch traditionelle fordistische Industrien sind keineswegs verschwunden. Jedoch definieren inzwischen die flexiblen Produktionskonzepte den dynamischen Sektor der kapitalistischen Produktion - mit branchenübergreifenden Wirkungen. Aus diesem Grund kann man von einem "neuen Akkumulationsregime" sprechen.
10) Sie nähren die Vision, daß neue Kommunikationstechnologien die Notwendigkeit verdichteter Produktionsräume bald gänzlich abschaffen würden.

Industrialisierung attraktiv gemacht hat. Für diese neuen Agglomerationszonen sind nicht nur die reichen und gestylten Wohngegenden um den jeweiligen "industrial district" herum kennzeichnend, sondern auch die Zonen billiger Arbeitskraft, die sowohl für den hohen Dienstleistungsbedarf im Konsum der einkommensstarken Belegschaft abgefragt wird, als auch in den Sektoren der neuen Produktionsprozesse, die in einen abgewerteten oder informellen Bereich verlagert werden konnten, und wo prekäre und ungeschützte Arbeitsbedingungen an der Tagesordnung sind. Denn während im Fordismus die Homogenisierung regionaler Arbeitsmärkte charakteristisch war, ist der neue Wachstumsmodus eher von der regionalen Koexistenz unterschiedlicher Arbeitsmarktsegmente, d.h. einer Arbeitsmarktsegmentierung vor Ort begleitet.

Von diesen gegenwärtig zu beobachtenden Umstrukturierungen, mit denen auf die Krise des Fordismus reagiert wird, sind für die Stadtpolitik vorallem zwei relevant:

1. Die Polarisierung in zwei unterschiedliche, aber aufeinander bezogene "dynamische" Wachstumssektoren, die zunehmend die klassenmäßige Zusammensetzung der städtischen Bevölkerungsstruktur bestimmt.

2. Die Differenzierung und das Gefälle zwischen Städten und Regionen, die sich aufgrund der flexiblen Spezialisierung und der neuen Arbeitsteilung herausbilden[11]. Sie bewirken nicht nur eine neue "qualitative" Art interkommunaler Konkurrenz, sondern machen auch sehr spezifische lokale Problemlösungskompetenzen notwendig.

Diese im Verlauf des Umbauprozesses eingesetzte Differenzierung städtischer Entwicklungstypen hat auch den lokalen Staat verändert - während gleichzeitig der Umbauprozeß insbesondere durch den lokalen Staat vorangetrieben wird!

4. Veränderungen von Strategien und Institutionen der lokalen Politik

Der Krise der fordistischen Stadtenwicklung wurde zunächst und unsystematisch mit Deregulierung vormals staatlich organisierter Prozesse begegnet. Während sich auf nationaler Ebene Austeritätspolitiken durchsetzten, kamen lokal stärker marktvermittelte Prozesse zum Zuge (vgl. Hans-Joachim Kujath, 1988). Gleichzeitig gewann die örtliche Ebene an Bedeutung als Ort der politischen Gestaltung von Lebenslagen.

---

11) Diese beiden Konsequenzen für die Entwicklung der Städte - 1. Dualisierung der Stadt und 2. Ausdifferenzierung und neue Konkurrenz zwischen Städten - werden in Margit Mayer (1990) ausführlich dargelegt.

Unter Bedingungen verschärfter Konkurrenz zwischen Städten und Regionen, verstärkt durch den Rückzug der Bundesregierung aus vielen sozial- und gesellschaftspolitischen Bereichen, sind die lokalen und regionalen Ebenen der Politik mit neuen Herausforderungen konfrontiert. Während sie ein innovatives, wachstumsförderndes Klima bereitstellen sollen, müssen sie gleichzeitig neue Krisenmanagement- und Regulationsformen erfinden, um das neue Akkumulationsregime abzustützen. Sie unternehmen Anstrengungen, das jeweilige endogene Potential zu stärken, und um Kooperationsbeziehungen zwischen öffentlichen und privaten Akteuren zu initiieren und zu steuern. Damit übernimmt die Ebene der lokalen Politik eine wichtige Rolle im längerfristigen Umbauprozeß, dessen Ergebnis noch nicht absehbar ist. Anknüpfend an der Perspektive des Regulationsansatzes ließen sich jedoch die in dieser "Experimentierphase" aufscheinenden neuen Funktionen, Instrumente, und institutionellen Arrangements daraufhin abklopfen, inwiefern sie den neuen Anforderungen entsprechen könnten.

In verschiedensten Politikbereichen werden institutionelle Öffnungen ausgemacht, neue Kooperationsformen zwischen Ressorts und mit außerkommunalen Akteuren beschrieben, und "vollkommen neue" kommunale Aufgaben entdeckt, ohne daß der Stellenwert und die Perspektiven dieser "Neuerungen" jeweils klar wäre. Handelt es sich um "angebaute Balkone" oder entstehen tatsächlich neue Politikstrukturen? Werden Bewegungsorganisationen funktionalisiert als Instrumente einer Privatisierungsstrategie - oder führen die Neuinstitutionalisierungen von sozialen Bewegungen zum Aufbrechen tradierter politischer Institutionen? Diese Fragen sind nur im Kontext eines umfassenderen gesellschaftstheoretischen Ansatzes zu klären, der es erlaubt, die sich verändernden Funktionen, Instrumentarien, und institutionellen Arrangements der lokalen Ebene auf die Logik des neuen gesellschaftlichen Kompromisses und die Dynamik seiner Aushandlung zu beziehen.

4.1. Die neuen Funktionen des lokalen politischen Systems: lokal spezifische Produktions- und Reproduktionsbedingungen organisieren und Investitionstätigkeit animieren

Lag der Schwerpunkt der Funktionen lokaler Politik im Fordismus auf dem Vollziehen und Verwalten, Abfedern, Filtern, und Kleinarbeiten von zentralstaatlich gesetzter Politik, so erfordern die neuen deregulierten Bedingungen und die neue interregionale Konkurrenzstruktur die Entwicklung eigener unternehmerischer Strategien. Da die Bedarfe und Erwartungen der Wachstumsfirmen nicht nur um angemessen ausgewiesene und entwickelte Flächen kreisen, sondern immer mehr auch spezifische Wohn- und Freizeitbedürfnisse ihrer gehobenen Angestellten, die kulturelle und gebaute Umgebung insgesamt, oder die Nähe zu wissenschaftlichen Forschungsinstitutionen betreffen, ist Stadtplanung mit der Aufgabe konfrontiert, einen komplexen Set von Bedingungen bereit zu stellen, die jeweils die Sorte Symbiose ermöglichen, die die "Firmen der Zukunft" brauchen. Diese Konstellation von Bedingungen kann weder von zentralstaatlicher Politik noch von den Firmen selbst organisiert bzw. hergestellt werden.

Folglich gehen sowohl auf Landes- als auch kommunaler Ebene die Wirtschaftsentwicklungsstrategien zunehmend über die traditionellen Formen der Ansiedlungspolitik (mittels finanzieller und steuerlicher Anreize, Infrastrukturverbesserungen oder entsprechenden Flächennutzungsplänen) hinaus. Wichtig für die "dynamische Bestandspflege" wie für Unternehmensneugründungen ist ein "positives Geschäftsklima", das sich nicht allein nach den traditionellen quantitativen Indikatoren bemißt, sondern als Summe der Faktoren darstellt, die die Bedingungen für unternehmerische Aktivitäten bestimmen, inklusive solcher, die die Lebensqualität beeinflussen. Die "Lebensqualität" des Ortes wird zunehmend ein entscheidender Faktor in diesen Kalkulationen, so daß in manchen Regionen umweltschonende Maßnahmen bereits eher als ökonomischer Aktivposten angesehen werden (um bestimmte Firmen und ihre Mitarbeiter zu halten) denn als Profitminderung.

Statt mit Steuererleichterungen und niedrigen Löhnen um Investoren zu werben, beinhalten die neuen kommunalen Wirtschaftsförderprogramme nun Arbeitsbeschaffungsmaßnahmen, Beschäftigungsinitiativen, und Umschulungsprogramme - sowie Maßnahmen, die auf das Ambiente der Stadt zielen. Mit diesen Strategien entstehen - quer zur klassischen Funktionsaufteilung der kommunalstaatlichen Behörden - Handlungsfelder der Kommunen, in denen sozialpolitische Maßnahmen mit arbeitsmarktbezogenen kombiniert werden, in denen Kulturpolitik als Element der Wirtschaftspolitik eingesetzt wird, in denen Initiativen aus dem Bewegungssektor als Teil von Beschäftigungspolitik gefördert werden. Diese Sorte "und"-Politiken (Arbeit und Sozial-, Arbeit und Umwelt-, Arbeit und Kulturpolitik) sind der Versuch, die neue Aufgabe der *Initiierung und Stimulierung* privater Kapitalakkumulation auf lokaler Ebene unter Einbeziehung aller relevanten Akteure und in möglichst abgestimmtem Vorgehen zu organisieren.

Je nach Verortung der lokalen Qualitäten im Rahmen der neuen internationalen Arbeitsteilung wird diese städtische Rolle der Stimulierung privater Kapitalakkumulation unterschiedliche Formen annehmen. Je nach historisch gewachsenen Strukturen werden ihr dabei mehr oder weniger hinderliche Barrieren im Wege stehen. Aber selbst in der Bundesrepublik Deutschland, wo Wirtschaftsförderung traditionell in etatistisch-juristischer Form und Daseinsvorsorge als hoheitliche Tätigkeit organisiert sind[12], werden Umwandlungsprozesse erkennbar in der Form, daß rentierliche Bereiche privatisiert werden. Ob für Kultur, ÖPNV, Flughäfen, Messen, Risikokapitalgesellschaften, Technologiezentren, Parkplätze oder Abfallwirtschaft: die Form der GmbH ermöglicht jeweils eine flexiblere Organisations- und Arbeitsform als im Rahmen des öffentlichen Dienstrechts machbar. Die in den letzten Jahren beobachtbare Inflation solcher GmbHs, deren wirtschaftliche Tätigkeit ungeheure Bedeutung für die Kommune hat, schafft jedoch neue Herausforderungen der Koordination von Gremien unterschiedlicher juristischer Form auf kommunaler Ebene, die zum Experimentieren mit allerlei neuen (und alten!) Instrumentarien und institutionellen Arrangements führen (siehe Abschnitt 4.2. sowie den Beitrag von Ganseforth/Jüttner in diesem Band).

Die über das neue Akkumulationsregime vermittelte regionale Konkurrenz auf internationaler Ebene herrscht den Lokalstaaten überall eine aktive Koordinations- und Steuerungsleistung auf, die nur in flexibler Zusammenarbeit mit den die jeweiligen lokalen Interessen repräsentierenden Gremien zu erbringen ist. Für die konkrete Ausgestaltung dieses "städtischen Managements" sind natürlich die jeweiligen lokalen Problemlagen entscheidend. So werden Kommunalregierungen in sog. "neuen Industriedistrikten" der Abhängigkeit der neuen Firmen von Vernetzungen untereinander, mit Universitäten und Forschungsinstituten, und ihrem Bedarf an neuen Dienstleistungen entgegenkommen müssen, während der Lokalstaat an Orten, die von Betriebsschließungen bedroht oder betroffen sind, eher mit Kompensations- und Umschulungsprogrammen für entlassene ArbeiterInnen, mit Beschäftigungsgesellschaften und Beratungsangeboten für die Firmen intervenieren muß. In jedem Fall sind die Voraussetzungen des jeweiligen Produktions- und Reproduktionsprozesses weder vom (überlokalen) Kapital noch vom zentralen Staat organisierbar oder koordinierbar. Während vormals der Kommune die Bereitstellung der sozialen und technischen Infrastruktur "in Auftragsverwaltung" zukam, wobei die qualitativen Entscheidungen auf höherer Ebene getroffen wurden, stellt sich die Bereitstellung der Produktions- und Reproduktionsbedingungen seit der Krise des fordistischen Wachstumsmodells komplexer dar.

Ob es sich um Arbeitsmarktbedingungen oder andere spezifische Voraussetzungen für den jeweiligen Produktionsprozeß (Nähe zu Dienstleistungen und Forschungseinrichtungen, angemessen ausgewiesene Flächen,

---

12) So blockieren bspw. gemeinnützige Unternehmen in ihrer kommunal-fordistischen Struktur, mit langfristigem Versorgungsvertrag, die Entwicklung zu flexibleren Formen städtischer Unternehmen und zu engeren Verflechtungen mit dem privaten Sektor.

entsprechende Wohnungen etc.) handelt, oder ob es die reproduktiven Bedingungen, die den Freizeit- und Kulturansprüchen der einkommensstarken Angestellten entsprechen müssen, sind: in jedem Fall kann nur der Lokalstaat diese Voraussetzungen koordinieren. Aufgrund der Struktur der inzwischen zunehmend segmentierten Arbeitsmärkte, geschieht die lokalspezifische Vermittlung der Nachfrage nach und des Angebots an Arbeitskräften nicht spontan, noch kann sie auf zentraler Ebene organisert werden. Sowohl wegen des wachsenden Anteils von Subcontracting, "freien" sowie Teilzeit- und Fristarbeitsverhältnissen, als auch wegen der spezifischen Qualifikationsprofile, die die Wachstumsbranchen benötigen, müssen die lokalen Arbeitsmärkte als Anpassungs- und Vermittlungsmechanismen funktionieren. Mit diversen (Umschulungs-, Ausbildungs-, Weiterbildungs- und 2.Arbeitsmarkt-)Programmen versuchen die lokalen Verwaltungen, ihre Arbeitsmärkte den jeweiligen Anforderungen anzupassen. Diese "jeweiligen Anforderungen" sind zunehmend vielfältig und unterschiedlich, denn in der neuen Konkurrenz der Städte und Regionen sucht jede, ihr eigenes Profil zu entwickeln, werden qualitative Differenzen markiert. Dabei hängt die jeweilige Symbiose von (Produktions- und Reproduktions-)Bedingungen von den gegebenen Ressourcen und der Art der Produktionskomplexe ab, die sich an diesem Ort schon angesiedelt hatten bzw. von denen erwartet werden kann, daß sie dort "gedeihen" werden. So haben die räumlichen Auswirkungen der Strategien, mit denen die Dilemmas des Fordismus überwunden werden sollten (Auslagerung von Routine-Fertigungsprozessen, De- und Rezentralisierung usw.), zusammen mit kontingenten historischen und politischen Entscheidungen zur Ansiedlung von Rüstungsindustrie in München (und nicht in Frankfurt), zur Entwicklung von Gentechnologie an einem Ort und von Mikroelektronik an einem andern, zur Anwendung neuer Stoffe oder Produktionsverfahren in bestimmten lokalen Industrien, und von Tertiärsektor-Aktivitäten in bestimmten städtischen Zentren geführt. Diese Mannigfaltigkeit konkreter Bedingungen hat zu einer *Dezentralisierung* akkumulationsbezogener Entscheidungen geführt (wobei freilich manche Regionen und Städte privilegierter sind als andere). Örtliche Einmaligkeit bedeutet demnach auch lokalisierte Problemkonstallationen. Hierin liegt die materielle Basis für die Aufwertung der lokalen Ebene und die Voraussetzung einer gewissen lokalen Autonomie begründet.

Die These von der eingeschränkten oder gar illusorischen Autonomie der Kommune unterstellt dagegen implizit die uneingeschränkte Macht des Kapitals und die (wenn auch von widersprüchlichen Zwängen bestimmte) Macht des Zentralstaats.

Was der Regulationsansatz dagegen erlaubt, ist, auch die spezifischen Constraints für die Akkumulation des *Kapitals* in verschiedenen Phasen zu benennen, sowie die Rolle der regulierenden Institutionen und Instrumentarien auf den verschiedenen staatlichen Ebenen zu beleuchten. Die Analyse des fordistischen und post-fordistischen Akkumulationsmodells und Regulationsmodus legt nahe, daß das Kapital sich keineswegs unbeschränkt mobil auf einer Orte-Hierarchie nach Belieben auf- und abbewegen kann, sondern (wenn die Möglichkeiten der fordistischen Akkumulation erschöpft sind, und Wachstum eher auf der Basis von flexibler Spezialisierung produziert wird) davon abhängig ist, welches Produktions- und Dienstleistungsprofil und welche Art Infrastruktur und Umgebung bereits existieren, und in zweiter Linie von der Effizienz, mit der lokale Regierung und Partnerschaften die besondere Symbiose lokaler Voraussetzungen bereitstellen können. Mit diesen qualitativ zu erbringenden Funktionen wächst die Bedeutung der lokalen Ebene und erweitert sich die Bedeutung von lokaler Wirtschaftsförderungspolitik (manche Autoren sprechen sogar von "Industriepolitik", vgl. Harvey Goldstein und Edward Bergmann, 1986) sie schließt Dimensionen der Qualifikationen, Innovationen, Finanzierung und Beratung bis hin zur Sozial- und Kulturpolitik ein.

4.2. Instrumentarien und institutionelle Arrangements

Wenn derart die neuen *Funktionen* der lokalen Ebene definiert sind, können auch die beobachtbaren oder sich herausbildenden *Instrumentarien* und institutionellen Arrangements auf lokaler Ebene mit präziseren Fragestellungen untersucht werden und stellt sich schließlich, und wichtigstens für die zukünftige Forschung, die Frage danach, wie lokale Initiativen und soziale Bewegungen, denen auch - und zwar notwendigerweise - Platz eingeräumt wird in diesen lokalen Partnerschaften, diesen Platz nutzen können, um möglichst menschen- und naturverträgliche Formen eines postfordistischen Kompromisses durchzusetzen.

Zunächst geht es um den Stellenwert und die Perspektiven der neuen Verfahren, Mechanismen, und Repertoires, die erprobt werden, und die neuen Formen von Verwaltungshandeln, die auf Landes- wie auf kommunaler Ebene entstehen, mit denen die politische 'Maßanfertigung' von spezifischen Voraussetzungen bewerkstelligt werden soll.

Wirtschaftsentwicklung ist nicht mehr Angelegenheit *einer* Behörde. Die institutionelle Kompetenz für Wirtschaftspolitik wird nicht mehr exklusiv einer der klassisch segmentierten Behörden anvertraut, sondern ein Set institutioneller Arrangements wird entwickelt, das zahlreiche Organisationen des öffentlichen *und* privaten Sektors und auf unterschiedlichen Ebenen der Verwaltung umfaßt. Das betrifft (auf Landesebene) staatliche Behörden und Institutionen, deren Aufgaben bislang keine signifikante wirtschaftliche Relevanz zu haben schienen (wie Bildungs- oder Verkehrsministerien, Universitäten), quasiöffentliche Körperschaften (wie z.b. Flughafen-Gesellschaften) ebenso wie neu geschaffene quasiöffentliche Organisationen mit speziellen wirtschaftlich relevanten Aufträgen wie: Bereitstellung von Risikokapital, Unternehmensgründungsförderung, Exportförderung, oder Unterstützung von Wissenschaft und Technologieentwicklung. Und schließlich beinhaltet es Behörden und Gremien ("runde Tische"), die die verschiedenen für die wirtschaftliche Entwicklung relevanten Maßnahmen und Gremien koordinieren und integrieren sollen: beim Ministerpräsidenten angelagerte Büros für Wirtschaftsentwicklung genauso wie Verbandslösungen auf regionaler Ebene. Um die Kooperation mit dem privaten Sektor zu routinisieren, werden regelmäßige politikformulierende Treffen mit Industrieverbänden, Kammern und z.T. Gewerkschaften etabliert. Einige der quasiöffentlichen Gesellschaften (Messe- und Hafen-GmbHs beispielsweise) werden mit relativ weitreichenden Kompetenzen ausgestattet, während andere (Umland- und Kommunalverbände) noch an mangelnden Durchführungskompetenzen leiden.

Auch subsidiäre Organisationen wie z.B. neue Träger in der Sozial- und Stadterneuerungspolitik (Stadtteilentwicklungsgesellschaften) werden in die Politikformulierung und -implementierung einbezogen. Während Subsidiarität sich früher nur auf die Wohlfahrtsverbände bezog, treten unter der "neuen Subsidiarität" Selbsthilfegruppen, Frauenhäuser, und Jugendzentren hinzu. Auch die Ausführung einer Reihe von bislang kommunalstaatlich erbrachten Funktionen wird an andere - privatwirtschaftlich wie gemeinnützig organisierte - Träger delegiert.

Diese Instrumentarien und Arrangements, die dem lokalen Staat dazu verhelfen sollen, durch aktive Steuerung politische Entscheidungen zu *organisieren* und durch Institutionen der 3. Generation ("zwischen Staat und Markt") mit relevanten Akteuren zu *koordinieren*, setzen sich in der gegenwärtigen Experimentierphase freilich nur stückweise und allmählich durch. Vor allem neue administrative Strukturen setzen sich in der Bundesrepublik Deutschland (aufgrund der Tradition der Hoheitsverwaltung und wegen der prinzipiellen Trägheit institutioneller Strukturen) nur mühsam durch. Bislang konnten erst in einer Handvoll Städten *integrierte Ämter* für Wirtschafts- und Beschäftigungsförderung installiert werden. Aber der Erfolg von "und-Politiken" angesichts neuer Problemlagen hängt nicht notwendig von der Etablierung tatsächlich integrierter Ämter ab.

Die wichtigsten neuen Handlungsfelder, die in bundesrepublikanischen Kommunen quer zur klassischen Funktionsaufteilung der kommunalen Behörden entstehen, beziehen sich auf die Schaffung von 2. Arbeitsmärkten, die Förderung von Selbsthilfeprojekten, die Gründung von Beschäftigungsgesellschaften und von Vermittlungs- und Beratungsagenturen, sowie die Einrichtung von Gründer- und Technologieparks. Sie lassen sich vordergründig unterscheiden in "harte" Bereiche der technologischen Modernisierung und Wirtschaftsförderung, wo die an den neuen Verhandlungsgremien zu beteiligenden Akteure Industrie- und Handelskammern, große Unternehmen, Banken, Hochschulen und - ja nach Kräfteverhältnis - Gewerkschaften und Betriebsräte sind ("Gremien erster Ordnung"); und "weiche" Bereiche, in denen Wohlfahrtsverbände, Kirchen, Gewerkschaften und Initiativen an der Entwicklung und Durchführung von Programmen in den neuen sozialen Konfliktbereichen beteiligt werden ("Gremien zweiter Ordnung"). Allerdings illustrieren Probleme wie die Langzeitarbeitslosigkeit und Handlungsfelder wie die lokale Beschäftigungspolitik, daß die Grenzen zwischen diesen Bereichen keineswegs eindeutig sondern fließend sind. Das Wachstum, das durch Technologiezentren und angebotsbezogene Wirtschaftsförderung induziert wird, löst keineswegs die Probleme struktureller Langzeitarbeitslosigkeit, noch die der Alten, Schwachen, Ausländer und Berufsrückkehrer. Im Gegenteil, das neue Akkumulationsregime bringt polarisierte Beschäftigungsstrukturen und lokal segmentierte Arbeitsmärkte notwendig mit sich. Langzeitarbeitslosigkeit, sowie Substandard- und Sonderarbeitsmärkte werden strukturelle Elemente des "Beschäftigungs"profils. Langzeitarbeitslosigkeit kann deshalb auch nicht länger als rein sozialpolitisches Problem, mit pädagogisch-therapeutischen Instrumenten behandelt werden. Der kommunalen Beschäftigungspolitik kommt deshalb nicht nur bei der Koordinierung des lokal spezifischen Arbeitsmarkts eine ausschlaggebende Rolle zu, sondern auch für die Abfederung sozialer Marginalisierungsprobleme, und bei der Schaffung lokaler Sonderarbeitsmärkte. Für diese Funktionen ist der Beitrag und die Kreativität von Stadtteilorganisationen und Initiativen besonders wichtig.

Die politikwissenschaftliche Forschung beobachtet, daß die sich in diesen "harten" und "weichen" Bereichen herausbildenden neuen Kooperations- und Verhandlungsformen zwischen kommunaler Politik und organisierten Interessen von anderen Prinzipien geleitet sind als die Reformpolitiken der 1970er Jahre: Institutionen und Organisationen, staatliche wie gesellschaftliche, seien nunmehr "für externe Zwecke nur dann zu instrumentalisieren, wenn man ihre jeweilige Eigenart und ihre besonderen Funktionsbedingungen respektiert" (Fritz W. Scharpf, 1987, 119). Der Versuch, die Kooperation zwischen verschiedenen Politikfeldern mit Hilfe dieser (höchst unterschiedlichen) neuen Gremien zustandezubringen, könne nicht der Logik der "Reform von oben" folgen, sondern dient "(der) Organisation von Interaktionsprozessen zur Konsensfindung und Akzeptanzgewinnung, und (der) Organisation der Kompetenz- und Ressourcenbereitstellung, um kollektives Handeln materiell zu ermöglichen" (Jens J. Hesse, 1987, 72).

Freilich entwickelt sich die Einsicht, daß auf lokaler Ebene konsente Entwicklungskonzepte angelegt werden müssen und daß dazu institutionelle Arrangements geschaffen werden müssen, die traditionellen Verwaltungsstrukturen widersprechen, nicht naturwüchsig. Den bei kommunalen Akteuren vorhandenen Barrieren gegenüber solchen Öffnungen sucht eine staatliche Politik auf Landes-, Bundes-, sowie EG-Ebene dadurch entgegenzuwirken, daß öffentliche Mittel für Wirtschaftsförderung (besonders: Transferstellen, Fördermittelberater, Technologieberater) nur bereitgestellt werden, wenn die Kommune bzw. Region Formen der Zusammenarbeit zwischen den relevanten Akteuren konsent geklärt hat. Die Erhöhung des Handlungspotentials der regionalen und lokalen Ebene, die für die Durchsetzung des flexiblen Akkumulationsregimes notwendig ist, wird also durch staatliche Politik von oben angestiftet, die eine dezentrale Eigenentwicklung befördert. Das "Subjekt" dieser Eigenentwicklung auf lokaler Ebene ist keineswegs nur die (Gebietskörperschaft) Kommune. Vielmehr ist das System lokaler/regionaler Politik erweitert um Umlandverbände, intermediäre Institutionen, und "runde Tische" (wie z.B. periodische Arbeitsmarktkonferenzen oder "Sozialtische"), in denen die jeweiligen Interessen der regional relevanten Akteure abgestimmt werden. Für keine dieser Gremien hat sich eine "typische" Organisationsform herausgebildet, sondern sie sind jeweils von den historischen und politischen Vorbedingungen abhängig. Umland- und Kommunalverbände bspw. widmen sich jeweils den übergreifenden Themen der Verdichtungsregion (wie: Entsorgung, Flächeninanspruchnahme, Landesplanung, ÖPNV, Wirtschaftsförderung), aber sie haben recht unterschiedliche (meist minimale) gesetzliche Kompetenzen und ihre Arbeits- und Organisationsweise ist abhängig von den jeweiligen Problemlagen. Das hier zur Anwendung kommende Zweckverbandsrecht stammt aus der Zeit des Nationalsozialismus, erst allmählich entstehen Ansätze, ein neues Gesetz zur Regelung von öffentlich-privater Zusammenarbeit auf dieser Ebene zu schaffen.

Durch die Praxis der Umlandverbände wie die anderer zum Zwecke der Koordination geschaffenen Gremien funktionaler Repräsentation (Weiterbildungsverbünde, Transferstellen etc.) entstehen jedoch bereits, vermittelt über ihre jeweiligen Bciräte, Kommunikationsstrukturen zwischen Industrie, Gewerkschaften, und Gebietskörperschaften. Während in der Wirtschaftsförderung die "konzertierte Aktion" (neben Arbeitsverwaltung, Gebietskörperschaft, transferrelevanten regionalen Forschungseinrichtungen) vor allem auf die Interessenorganisationen der regional ansässigen Betriebe und deren Arbeitnehmer angewiesen ist, denn sie verfügen über die genaue Kenntnis der betrieblichen und regionalen Engpässe sowie Potentiale, ist die Stadtsanierung oder die Beschäftigungs/Sozialpolitik auf Initiativen im Stadtteil, in der Gesundheits-, Frauen-, Drogen-, oder Ausländerpolitik angewiesen. Selbsthilfe-Gruppen und Stadtteilorganisationen werden schon seit längerem von den Kommunen auf ihre Nützlichkeit im Umgang mit Dauerarbeitslosigkeit und Marginalisierungsproblemen geprüft. Sie erfüllen sehr vielschichtige und widersprüchliche Funktionen, die zwar breit debattiert werden, aber in ihrem Stellenwert noch sehr umstritten bleiben. Betrachtet man die Initiativen (wie der Korporatismus-Ansatz) primär unter der Perspektive ihrer Inkorporierung, so sind sie nichts anderes als nützliche Idioten bei der Durchsetzung einer Modernisierungspolitik. Knüpft man dagegen am Regulationsansatz an, rücken sie eher die Frage nach neuen Politikstrukturen und Regulationsmodi ins Zentrum.

Einerseits werden mit Hilfe der neuen intermediären Organisationen lokale, konkrete Verbesserungen erzielt, die in vielerlei Hinsicht besser sind als vom Staat oder Kapital bereitgestellte Möglichkeiten. Zugleich werden marginalisierte Bevölkerungsgruppen, die durch traditionelle sozialstaatliche Integrationsmaßnahmen nicht erreichbar sind, zur Partizipation animiert. In dieser Kooperation bilden sich, drittens, manche Kollektive, Beratungsinstitutionen oder Stadtteilentwicklungsgesellschaften zu Arbeitsvermittlern neuen Typs heraus, die gleichzeitig mit der Bearbeitung sozialer oder ökologischer Probleme auch billige Arbeitskräfte über kommunale zweite Arbeitsmarkt-Gelder vermitteln, und sich selbst im Management der neuen parastaatlichen Organisationen professionalisieren.

5. Schlußfolgerungen

In der Tat steigt die Bedeutung der lokalen Ebene im Übergang zu einem "post-fordistischen" Wachstumsmodell. Akkumulationsbezogene Entscheidungen werden auf die lokale/regionale Ebene verlagert, und Modi zur Regulierung der neuen Segmentierungen und Polarisierungen müssen je nach lokalen Problemlagen entwickelt werden. Das lokale System adaptiert sich durch Erweiterungen sowie institutionelle Arrangements zur Bündelung von Einzelpolitiken. Alte, verharschte Politikstrukturen brechen dabei auf, während neue, "korporatistische" Kooperationsgremien eine Gratwanderung zwischen Abschottung und Einbeziehung bislang höchst unsystematisch berücksichtigter Gruppen versuchen. Ihre Angewiesenheit auf die jeweiligen Akteure mit lokalen Kenntnissen und "Know-how" erstreckt sich nicht nur auf Investoren und Betriebe, Kammern und Verbände, sondern auch - und dies gilt nicht nur für die Gremien "zweiter Ordnung" - auf lokale Netzwerke und Selbsthilfemobilisierungspotentiale. Sowohl die in einer Reihe von Verdichtungsräumen praktizierte Verbandslösung als auch die Einbeziehung einer Vielzahl subsidiärer Organisationen in die lokale Beschäftigungs-, Arbeitsmarkt- und Sozialpolitik dokumentieren eine reale Aufwertung und Veränderung des lokalpolitischen Systems.

Die kritische sozialwissenschaftliche Forschung verweist mit der Frage nach der demokratietheoretischen Legitimation dieser neuen Verhandlungsgremien nicht unbedingt auf das zur Klärung lokaler politischer Handlungsspielräume wichtigste Problem. Auch elektoral vermittelte Formen der Repräsentation und pluralistisch organisierte Verhandlungs- und Politikstrukturen haben einen eingebauten strukturellen Bias. Die neuen Verhandlungsgremien erlauben im Prinzip, und praktizieren auch gelegentlich, *direkte* Formen von Bürgerbeteiligung, die über gehabte Partizipationskanäle hinausweisen. Das "Neue" besteht eher darin, daß sich die *Formen* der gesellschaftlichen Kompromiß-Organisation in dieser Phase zu ändern scheinen. War sie im fordistischen Regulationsmodell über den zentral organisierten Wohlfahrtsstaat, die sozialdemokratische Partei und (starke) Gewerkschaften vermittelt, so bringen die Flexibilisierungs- und Privatisierungstendenzen des neuen Wachstumsmodells ein neues Regulationsmodell mit sich, dessen Konturen jetzt noch nicht systematisch beschreibbar sind. Mit Sicherheit wird auch hier ein struktureller Bias eingebaut sein; in kapitalistischen Gesellschaften wird es sozusagen immer ein demokratietheoretisches Defizit geben. Das soll uns jedoch nicht daran hindern, zu analysieren, woher soziale und kapitalismuskritische Bewegungen ihren "Schwung" nehmen können und in welchem Terrain sie sich organisieren und artikulieren müssen. Sie können ihren Schwung nicht mehr aus den Homogenisierungstendenzen des Fordismus beziehen, sondern müssen der realen Situation von Heterogenisierung und Partikularisierung Rechnung tragen. Um die Möglichkeiten zu bestimmen, die die neuen Bedingungen bieten, müssen wir die Logik des neuen gesellschaftlichen Kompromisses und die Dynamik seiner Aushandlung kennen. Wir müssen das neue Terrain kennen, damit das Pfund, mit dem die sozialen Bewegungen wuchern müssen, wirkungsvoll eingesetzt werden kann - trotz der starken Tendenz, Bewegungen zu Verhandlungspartnern zu institutionalisieren. Hierin läge letztendlich der Beitrag, den eine Zuspitzung des Regulationsansatzes für die Ebene lokaler Politik haben könnte.

Wie eingangs erwähnt, handelt es sich beim Regulationsansatz bislang eher um ein Forschungsprogramm, und dies gilt insbesondere für die Analyse staatlicher und lokalstaatlicher Prozesse. Dieser Beitrag konnte höchstens aufzeigen, inwiefern eine Interpretation aktueller lokalpolitischer Veränderungen im Rahmen dieses gesellschaftstheoretischen Ansatzes produktiv werden könnte. Zukünftiger Forschung in dieser Perspektive bleibt es vorbehalten, die Rolle des lokalen Staats bei der Durchsetzung eines post-fordistischen Regulationsmodells zu klären, die Rolle der neuen Institutionen, der neuen Kompromisse genau zu untersuchen, präzise nationalstaatliche Analysen und Ländervergleiche anzulegen, sowie alternative Szenarios im Rahmen der neuen Constraints zu entwickeln.

Literatur

Aglietta, Michel, 1979: A Theory of Capitalist Regulation: The US Experience, London
Boyer, Robert (Hrsg.), 1986: Capitalismes fin du siecle, Paris
Castells, Manuel, 1973: La Question Urbain, Paris
Castells, Manuel, 1983: The City and the Grassroots, London
Cooke, Philip (Hrsg.), 1986: Global Restructuring, Local Response, London.
Cooke, Philip/Imrie, Rob, 1989: Little Victories: Local Economic Development in European Regions, in: Entrepreneurship and Regional Development 4/1989, S. 313-327.
Duncan, Simon/Goodwin, Marc, 1988: The Local State and Uneven Development, Cambridge
Duncan, Simon/Goodwin, Marc/Halford, Susan, 1987: Politikmuster im lokalen Staat. Ungleiche Entwicklung und lokale soziale Verhältnisse, in: Prokla 68, S. 8-29
Esser, Josef/Hirsch, Joachim, 1987: Stadtsoziologie und Gesellschaftstheorie. Von der Fordismuskrise zur 'postfordistischen' Regional- und Stadtstruktur, in: Walter Prigge (Hrsg.): Die Materialität des Städtischen, Basel, S. 31-56
Esser, Josef/Hirsch, Joachim, 1989: The crisis of fordism and the dimensions of a 'post-fordist' regional and urban structure, in: International Journal of Urban and Regional Research 3/1989, S. 417-437
Fürst, Dietrich u.a., 1984: Stadt und Staat. Verdichtungsräume im Prozeß der föderalstaatlichen Problemverarbeitung, Baden-Baden
Goldstein, Harvey/Bergmann, Edward, 1986: Institutional Arrangements for State and Local Industrial Policy, in: Journal of the American Planning Association 3/1986, S. 265-276
Grauhan, Rolf-Richard, 1975: Einführung. Lokale Politikforschung, in: ders. (Hrsg.): Lokale Politikforschung, 2 Bde., Frankfurt/New York
Harvey, David, 1989: The Condition of Postmodernity, London
Hesse, Jens Joachim, 1983: Stadt und Staat. Veränderungen der Stellung und Funktion der Gemeinden im Bundesstaat? in: ders. (Hrsg.): Staat und Gemeinden zwischen Konflikt und Kooperation, Baden-Baden
Hesse, Jens Joachim, 1987: Aufgaben einer Staatslehre heute, in: Thomas Ellwein u.a. (Hrsg.): Jahrbuch zur Staats- und Verwaltungswissenschaft, Bd.1, Baden-Baden
Hirsch, Joachim/Roth, Roland, 1986: Das neue Gesicht des Kapitalismus. Vom Fordismus zum Post-Fordismus, Hamburg
Ipsen, Detlev, 1987a: Räumliche Vergesellschaftung, in: Prokla 68, S. 113-130
Ipsen, Detlev, 1987b: Raumbilder. Zum Verhältnis des ökonomischen und kulturellen Raumes, in: W.Prigge (Hrsg.): Die Materialität des Städtischen, Basel, S. 139-152
Jenson, Jane, 1989: Paradigms and Political Discourse. Protective Legislation in France and the US before 1914, in: Canadian Journal of Political Sciene 2/1989, S. 235-258
Jessop, Bob, 1986: Der Wohlfahrtsstaat im Übergang vom Fordismus zum Postfordismus, in: Prokla 65, S. 4-33

Krämer-Badoni, Thomas, 1987: Postfordismus und Postmoderne. Ansätze zur Kritik eines kritischen Topos, in: W.Prigge (Hrsg.): Die Materialität des Städtischen, Basel, S. 167-175

Krätke, Stefan/Schmoll, Fritz 1987: Der lokale Staat - 'Ausführungsorgan' oder 'Gegenmacht', in: Prokla 68, S. 30-72

Kujath, Hans Joachim, 1988: Reurbanisierung? Zur Organisation von Wohnen und Leben am Ende des städtischen Wachstums, in: Leviathan 1/1988, S. 23-43

Läpple, Dieter, 1986: 'Süd-Nord-Gefälle' - Metapher für die räumlichen Folgen einer Transformationsphase. Auf dem Weg zu einem post-tayloristischen Entwicklungsmodell? in: J. Friedrichs u.a., (Hrsg.): Süd-Nord-Gefälle in der Bundesrepublik? Opladen, S. 97-116

Lipietz, Alain, 1985: Akkumulation, Krisen und Auswege aus der Krise, in: Prokla 58, S. 109-137

Lipietz, Alain, 1987: Mirages and Miracles. The crisis of global fordism, London

Mayer, Margit, 1987: Staatsknete und neue soziale Bewegungen, in: Thomas Kreuder, Hanno Loewy (Hrsg.): Konservativismus in der Strukturkrise, Frankfurt, S. 484-502

Mayer, Margit, 1990: Lokale Politik in der unternehmerischen Stadt, in: R.Borst u.a. (Hrsg.): Das neue Gesicht der Städte. Theoretische Ansätze und empirische Befunde aus der internationalen Debatte, Basel, (im Erscheinen)

Mühlfeld, Claus u.a. (Hrsg.), 1989: Neue Arbeit: Beschäftigungsinitiativen, Frankfurt

Offe, Claus, 1975: Zur Frage der 'Identität der kommunalen Ebene', in: Grauhan, 1975, S. 303-309

Roth, Roland, 1989: Fordismus und neue soziale Bewegungen, in: Ulrike C. Wasmuth (Hrsg.): Alternativen zur alten Politik. Neue soziale Bewegungen in der Diskussion, Darmstadt

Roth, Roland, 1990: Regulationstheorie und Neue Soziale Bewegungen, in: Volker Bornschier u.a. (Hrsg.): Diskontinuität des sozialen Wandels, Frankfurt/New York, S. 197-216

Scharpf, Fritz, W., 1987: Grenzen der institutionellen Reform, in: Thomas Ellwein u.a., (Hrsg.): Jahrbuch zur Staats- und Verwaltungswissenschaft, Bd.1, Baden-Baden, S. 111-151

Schmoll, Fritz, 1990: Chancen einer sozial und ökologisch orientierten Politik auf lokaler Ebene. Das Beispiel West Berlin, Ms. (Tagung der Sektion Stadt- und Regionalsoziologie, München)

Storper, Michael, 1989: Production Flexibility and Regional Development, Vortrag International Symposium on Regulation, Innovation, and Spatial Development, Cardiff

Storper, Michael/Harrison, Bennett, 1990: Flexibility, Hierarchy, and Regional Development: The Changing Structure of Industrial Production Systems and their Forms of Governance in the 1990s, University of California Los Angeles, School of Architecture and Urban Planning. D 902

Autorin

Prof. Dr. Margit Mayer, FU Berlin, John F. Kennedy-Institut, Abt. für Politik, Lansstr. 7-9, 1000 Berlin 33

Hartmut Häußermann

Lokale Politik und Zentralstaat.
Ist auf kommunaler Ebene eine eigenständige oder "alternative" Politik möglich?

In der Bundesrepublik bestehen seit vielen Jahren eine starke Arbeitsmarktkrise und eine konservativ-liberale Bundesregierung nebeneinander. Hoffnungen sowohl von progressiven Reformbewegungen wie von sozialpolitisch engagierten Wissenschaftlern, trotz politischer Dominanz der Konservativen "etwas bewegen" zu können, hat seit Mitte der 80er Jahre zu einer neuen Aufmerksamkeit für die lokale Politikebene geführt. In diesem Beitrag soll die Frage, ob die Kommunalpolitik ein "Einfallstor" für "alternative" oder gar "antikapitalistische" Politik sein kann, vor dem Hintergrund der institutionellen Einbindung, der historischen Traditionen und der Reaktionen der Gemeinden auf die ökonomische Krise Anfang der 80er Jahre diskutiert werden.

Den theoretischen Hintergrund dieser Frage bildet die Diskussion über den "lokalen Staat" in England (wo es keine verfassungsrechtliche Garantie einer kommunalen Selbstverwaltung gibt), dem fortschrittliche Politiker und Wissenschaftler gerade in einer Zeit besondere Aufmerksamkeit zu schenken begannen, als die konservative Regierung unter Führung von Frau Thatcher daran ging, die lokalen Verwaltungen zu zerstören (vgl. Boddy/Fudge 1984, Saunders 1986, Duncan et al. 1987). In der Theorie des "lokalen Staates" werden der zentralstaatlichen und der lokalen Politik jeweils unterschiedliche Merkmale zugeschrieben. Unterschiede werden behauptet in Bezug auf 1. die Sphäre der Politik, 2. die Machtstruktur, 3. den Typus der Politik, 4. die politischen Akteure. Diese Unterschiede sollen kurz erläutert werden:

1. Die Politik habe auf zentraler Ebene des Nationalstaates andere Gegenstände als auf lokaler Ebene: während auf zentraler Ebene die Finanz-, die Außen-, Verteidigungs-, Wirtschafts-, Rechts- und Sicherheitspolitik im Zentrum stehen, seien auf lokaler Ebene Themen wie Organisation der Stadt, Sozial- und Kulturpolitik sowie die Gestaltung des alltäglichen Lebensraumes die wichtigsten Gegenstände. Der regulativen, auf den Verwertungsprozeß bezogenen zentralen Politik wird die eher gebrauchswertorientierte, auf Konsumprozesse bezogene lokale Politik gegenübergestellt.

2. Da die wichtigste Funktion des zentralen Staates die Sicherung der Rahmenbedingungen für Kapitalverwertung bzw. bürgerliche Gesellschaftsordnung sei, stehe dort der Kern der Machtstruktur zur Debatte.

Dominant seien also die Kapitalinteressen. Auf lokaler Ebene dagegen ergeben sich aus regional spezifischen Interessen auch andere Koalitionen, die Machtstruktur ist pluralistischer. Auch kommen "sekundäre" Werte, wie z.b. die ökologischen, stärker zum Zuge. Die Machtstruktur auf zentraler Ebene sei strukturell selektiv, auf lokaler Ebene aber lokal spezifisch und auch schwächeren Interessen zugänglicher.

3. Auf der zentralen Ebene wird Politik im Rahmen eines korporativen Managements formuliert, das nach unten abgeschottet sei. Die ideologische Konkurrenz der Parteien und der Parlamentarismus diene lediglich als Legitimationsbeschaffer für ein relativ geschlossenes Machtkartell. Politik auf lokaler Ebene sei dagegen eher issue-orientiert, weniger auf die Balance von Widersprüchen aus als auf die Lösung von konkreten Problemen. Daher gebe es dort auch eher abweichende (z.B. auch große) Koalitionen.

4. Die Akteure auf zentraler Ebene seien vorwiegend die organisierten Interessen, während auf lokaler Ebene unmittelbarer Einfluß von Bürgern und sozialen Bewegungen möglich sei.

Mit der Ebene wechseln demnach auch die Machtverhältnisse und die Akteure. Die zentrale Politik ist an die Veto-Macht der mächtigsten Interessen gebunden, während die lokale weniger an den zentralen Prämissen orientiert ist, weil die Interessen jeweils regional beschränkt sind. Daher ergebe sich auch eher ein Gleichgewicht von wirtschaftlichen und lokalen Gruppen. Regionale Interessen werden also strukturellen gegenübergestellt.

Mit diesen Thesen werden ein größerer Spielraum bzw. stärkere Einflußmöglichkeiten für strukturell schwache Interessen auf der lokalen Ebene behauptet. In diesem Text sollen diese Behauptungen für die deutschen Verhältnisse indirekt so überprüft werden, indem nach dem Verhältnis von zentraler und lokaler Politik gefragt wird. Dabei wird für die Bundesrepublik die These entwickelt, daß sich die Kommunen von vormals sehr selbständigen Einheiten kontinuierlich zu immer unselbständigeren untersten Verwaltungseinheiten des Bundesstaates entwickelt haben. Dazu haben die Kommunalpolitiker selbst durch eine "unpolitische" Definition der Kommunalpolitik beigetragen, sowie durch den beständigen Drang, den Bundesstaat zur Mitfinanzierung ihrer Aufgaben zu bewegen. Eine ähnliche Entwicklung könnte für das Verhältnis von Bund und Ländern, also für die föderale Struktur insgesamt gezeigt werden.

Das Verhältnis zwischen Stadt und Staat ist ein politisches und wissenschaftliches Dauerthema in Deutschland seit Beginn des 19. Jahrhunderts, als in der Folge der politischen Neuordnung Europas in Preußen eine neue Städteordnung eingeführt worden war. Die Selbstverwaltung der Städte hatte es gegeben, bevor ein Nationalstaat existierte, der ihnen dieses Recht hätte streitig machen können, und diese Tasache hat die staatswissenschaftliche und politische Debatte über lokale Autonomie immer in besonderer Weise geprägt. Die Städte berufen sich auf ihre "demokratische Tradition" und auf ihre ökonomischen und politischen Erfolge in den letzten 10 Jahrhunderten, sie waren der historische Ort, wo Mehrheitsentscheidungen als politische Institution und Marktkonkurrenz als ökonomisches Steuerungsprinzip entstanden waren. Die historische Entwicklung von den autonomen Stadtstaaten des Mittelalters reicht bis in die gegenwärtige Ausgestaltung der Beziehungen zwischen zentralstaatlichen und lokalen Institutionen hinein, denn eine klare Bestimmung der lokalen Aufgaben und eine eindeutige Abgrenzung der Funktionsbereiche von lokalen und überlokalen politischen Ebenen gibt es bis heute in der Bundesrepublik nicht. Diese Situation ist das Ergebnis eines Prozesses, in dem die Städte immer weiter in die nationalstaatliche Politik integriert und für sie funktionalisiert wurden, die Tradition der kommunalen Autonomie aber respektiert werden sollte - auch noch, als die Kompetenzen zur Steuerung der ökonomischen und gesellschaftlichen Entwicklung beim Zentralstaat konzentriert worden waren.

Welche Rolle die Städte und Gemeinden im politischen System spielen, soll in folgenden Schritten entwickelt werden: zunächst wird ein Überblick über den institutionellen Aufbau des politischen Systems gegeben und über das System der Steuern und Finanzen (Teil 1). Danach folgt ein kurzer Überblick über die historische Entwicklung der kommunalen Selbstverwaltung (Teil 2), der zum Verständnis der heutigen Situation unentbehrlich ist (Teil 3). Dann gehen wir auf die heutigen Probleme und die damit verbundenen wissenschaftlichen und politischen Diskussionen über Reform- bzw. Veränderungsperspektiven ein (Teil 4).

1. Institutionelle und finanzielle Einbindung

1.1. Gemeinden als Institutionen

Die Bundesrepublik ist durch einen zweistufigen Aufbau gekennzeichnet: es gibt zwei staatliche Ebenen, die "Länder" und den Bund. Verfassungsrechtlich bilden die Gemeinden keine staatliche Ebene, sondern sind Bestandteil der Bundesländer. Sie werden im Grundgesetz nur in einem Artikel (Nr. 28, Abs. 2) erwähnt, der die Länder verpflichtet, den Gemeinden das Recht zu gewährleisten, "alle Angelegenheiten der örtlichen Gemeinschaft im Rahmen der Gesetze in eigener Verantwortung zu regeln". Schon die Verwendung des Begriffs "Gemeinschaft" verweist auf die prämoderne Herkunft des zugrundeliegenden Gesellschaftsbildes und auf die Geschichte der Auseinandersetzungen um lokale und staatliche Verwaltung. Bis heute gibt es keine klare und umfassende Festlegung der Rechte und Pflichten der Gemeinden, und außerdem sind die vorhandenen Regelungen in den einzelnen Bundesländern unterschiedlich. Die Gemeinden sind "Körperschaften des öffentlichen Rechts", also keine staatlichen Organe, nehmen aber in umfangreicher Weise staatliche Aufgaben wahr wie z.B. auch die Handwerks- und Ärztekammern. Sie haben dieses Recht vom Staat nur verliehen oder geliehen bekommen. Aber welche Rechte? Warum gerade diese Rechte und Pflichten? Und wie wird die Ausübung dieser Rechte abgesichert? Antworten auf diese Fragen sind Ergebnis historischer Entwicklungen, laufender politischer Aushandlungsprozesse und Gesetzgebung sowie der Rechtsprechung des Bundesverfassungsgerichts.

Die Bundesregierung hat bis auf wenige Ausnahmen (Militär, Post, Bahn) keinen bürokratischen Unterbau, der Vollzug ist den Länderverwaltungen und den Gemeinden überlassen. Nach der Verfassung müssen alle Ebenen mit den entsprechenden Finanzmitteln ausgestattet sein, um die ihnen übertragenen Aufgaben auch tatsächlich ausführen zu können, aber ob dieser Zustand gegeben ist, darüber gibt es natürlich nie einen unbestrittenen Konsens. Welche Steuern erhoben werden, wie hoch sie sind und wie sie auf die verschiedenen Verwaltungsebenen verteilt werden, wird durch Bundesgesetze geregelt, ist also Angelegenheit von Bund und Ländern. Die Gemeinden selbst können sich an diesen Gesetzgebungsverfahren nur wie andere Interessenverbände beteiligen.

1.2. Aufgaben

Die Gemeinden haben "Pflichtaufgaben", die sie in eigener Verantwortung erledigen müssen. Diese sind in den Landesgesetzen festgelegt. Außerdem müssen sie in "Auftragsverwaltung" Bundes- und Landesgesetze ausführen, wobei sie nur die Erledigung organisieren, auf den Inhalt aber keinen Einfluß haben. Schätzungen gehen dahin, daß die Gemeinden an der Ausführung von 80 bis 90 % der Bundesgesetze beteiligt sind (Schmidt-Eichstaedt 1981). Darüber hinaus können sie "freiwillige Aufgaben" übernehmen, deren Art und Umfang sich aus lokalen Traditionen und aktuellen politischen Entscheidungen ergibt. Der Ausbau sozialer Dienste im Bereich der Familien-, Jugend- und Altenhilfe in den 60er Jahren über die durch Bundesgesetze vorgeschriebenen finanziellen Leistungen hinaus ist ein Beispiel dafür (vgl. Wollmann 1986).

Die üblichen Pflichtaufgaben der Gemeinden liegen überwiegend in der sozialen und technischen Infrastruktur. Aber aus dieser Aufzählung ergibt sich kein Minimalkatalog für kommunalpolitische Aufgaben, denn nach dem Bundesgesetz über Wohlfahrtsverbände haben "freie Träger" ein Vorrecht bei der Erfüllung sozialstaatlicher Aufgaben (Subsidiaritätsprinzip). Die Gemeinden sind dann gezwungen, ihnen Zuschüsse oder kostendeckende Zuwendungen zu zahlen. Im sozialdemokratischen Nordrhein-Westfalen werden deshalb z.B. nahezu 90% der Kindergartenplätze von kirchlichen Institutionen angeboten. Die Gemeinden können also nicht einmal vollkommen frei darüber entscheiden, welche Aufgaben, die "eigentlich" zu ihren Funktionen gehören, sie selbst übernehmen möchten.

1.3. Finanzen

Die Finanzreform 1969 brachte eine Neuverteilung der Steuereinnahmen, der Kompetenzen und Aufgaben zwischen Bund, Ländern und Gemeinden. Das Grundgesetz wurde so geändert, daß der Bund an der Planung und Entscheidung über "Gemeinschaftsaufgaben" beteiligt wurde, wofür er sich im Gegenzug auch an deren Finanzierung beteiligte. Als Gemeinschaftsaufgaben wurden die Bereiche Hochschulbau, Agrarpolitik und regionale Wirtschaftsförderung eingerichtet. Darüber hinaus wurden bis zum Jahre 1971 die Bereiche Straßenbau, Krankenhausfinanzierung (inzwischen wieder abgeschafft) und Städtebau in eigenen Gesetzen so geregelt, daß faktisch eine Entscheidungs- und Finanzierungsverflechtung zwischen allen drei Ebenen etabliert ist. Der planmäßige Ausbau der Infrastruktur sollte nicht mehr länger ein mehr oder weniger zufälliges Nebenprodukt kommunaler Investititonsentscheidungen sein. In dieser Konstruktion eines "kooperativen Föderalismus" kann keine Ebene allein etwas tun, vielmehr sind konsensuale Entscheidungen erforderlich (Scharpf et al. 1976). In ähnlicher Weise werden die Mittel für Straßen- und Städtebau verteilt.

Mit der Finanzreform wurde auch die Steuerverteilung zwischen Bund, Ländern und Gemeinden neu geregelt. Die Gemeinden wurden in einen "Steuerverbund" mit Bund und Ländern einbezogen. Die wichtigsten Änderungen waren, daß die Gemeinden 40 % der Gewerbesteuer, die bis dahin ausschließliche Gemeindesteuer war, an Bund und Länder abzugeben hatten, dafür jedoch 14 % des lokalen Aufkommens der Einkommensteuer behalten durften, die sich bis dahin Bund und Länder allein aufgeteilt hatten. Seit dieser Reform fließt nur noch die Grundsteuer ausschließlich in die Kassen der Gemeinden, die allerdings nur 12,4 % (1988) ihrer gesamten Steuereinnahmen ausmacht (vgl. Tab. 1). Die gemeindlichen Einnahmen sind eng mit denen des Staates verbunden.

Tab. 1: **Struktur des kommunalen Steuereinkommens** (in % vom gesamten Steueraufkommen)

	1961	1975	1980	1988
Grundsteuer	16,4	12,4	11,3	12,4
Gewerbesteuer	77,8	41,9	41,9	41,7
Einkommen-Steueranteil	-,-	42,0	43,4	44,6
Andere	5,7	3,8	3,4	1,3

Quelle: Gemeindefinanzbericht 1988, in: Der Städtetag 2/1989.

Ein Beispiel: von den 1984 in der Stadt Bremen gezahlten Steuern waren 17,5 % direkte Bundessteuern (Zölle, Kaffee-, Branntwein- und Mineralölsteuer), 71 % Gemeinschaftssteuern (Lohn-, Einkommen-, Körperschafts-, Kapitalertrags- und Umsatzsteuern), 3,2 % Landessteuern (Vermögens-, Erbschafts-, Grunderwerbs-, Kraftfahrzeug-, Wett-, Feuerschutz- und Biersteuer). Die unmittelbaren Gemeindesteuern (Grund-, Gewerbe- und Bagatellsteuern) machten nur 8,2 % aus (vgl. Hickel et al. 1988, 75). Eine eigene, politisch akzentuierte Steuerpolitik ist den Gemeinden nicht möglich.

Die Finanzreform sollte die Einnahmestruktur der Gemeinden verändern, weil die Gewerbesteuer in den 60er Jahren ein Übergewicht bei den Steuereinnahmen der Gemeinden erreicht hatte (etwa 3/4) und dadurch die "Gewerbeflächenkonkurrenz" forciert sowie die "Wohngemeinden" benachteiligt wurden. Außerdem sollten die Gemeindeausgaben im Zusammenhang mit der Einführung einer Keynesianischen Wirtschaftslenkung auf Bundesebene von der Konjunkturbewegung abgekoppelt werden.

Über die Höhe der Steuern hat der Bund die Gesetzgebungskompetenz, nur bei der Gewerbesteuer können die Gemeinden durch eigene Hebesätze variieren. So hat der Bund z.B. 1980 die Lohnsummensteuer abgeschafft und dafür die Gemeinden mit einem weiteren Prozent der Einkommensteuer sowie einer Reduktion der Gewerbesteuerabgabe (inzwischen nur noch etwa 15 %) entschädigt.

Insgesamt haben die Steuern bei den Einnahmen der Gemeinden in der Bundesrepublik allerdings nie eine überragende Rolle gespielt (vgl. Tab. 2): sie lagen immer zwischen einem Viertel und einem Drittel der Gesamteinnahmen. Die größte quantitative Bedeutung haben die finanziellen Zuweisungen, die von den Bundesländern (für laufende und investive Ausgaben) und vom Bund (nur für Investitionen) an die Gemeinden überwiesen werden. Die Regelungen für die staatlichen Zuweisungen an die Gemeinden sind von Bundesland zu Bundesland unterschiedlich, es gibt keine bundeseinheitliche Regelung (vgl. Schnabel 1979).

Tab. 2: Struktur der Einnahmen der Städte und Gemeinden (in % vom Gesamteinkommen)

	1961	1970	1977	1980	1985	1988
Steuern	39,2	29,4	32,1	30,7	31,7	31,5
Zuweisungen	23,5	24,8	24,8	27,0	24,4	24,5
Gebühren	14,5	17,2	19,8	19,0	20,7	21,3
Kredite	9,1	9,6	7,5	6,6	6,2	6,8
Rücklagen	4,8	6,1	2,3	2,5	1,8	1,5
Verkäufe	-,-	-,-	2,4	2,7	2,4	1,9
anderes	-,-	-,-	11,0	11,3	10,0	12,8

Quelle: BMBau 1984, Gemeindefinanzbericht 1988, in: Der Städtetag 2/1989, S. 110; eigene Berechnungen.

Die allgemeinen Zuweisungen zahlen die Länder aufgrund von Landesgesetzen, ihr Anteil an den Landessteuern wird jährlich in Verhandlungen zwischen Landesregierungen und Gemeinden neu festgesetzt. Über ihre Verwendung können die Gemeinden frei entscheiden. Sie dienen dazu, die Aufgabenerfüllung generell zu sichern, Steuerkraftunterschiede zwischen den Gemeinden zu mildern und zentrale Funktionen größerer Gemeinden zu finanzieren. Die zweckgebundenen Zuweisungen für laufende Ausgaben erfüllen die Funktion, Auftragsangelegenheiten des Staates, die von den Gemeinden durchgeführt werden müssen, zu finanzieren. Dies gilt z.B. für einen Teil der Kosten bei den Sozialleistungen, deren Höhe durch Bundesgesetz festgelegt wird, sowie für die Unterhaltung kommunaler Straßen und Schulen. Es handelt sich also um eine Mitfinanzierung der Pflichtaufgaben. Die zweckgebundenen Investitionszuweisungen an die Gemeinden folgen dagegen nicht einem gesetzlichen Schema, sondern werden aufgrund von Einzelentscheidungen im Rahmen von Förderprogrammen vergeben. Sie sollen die Gemeinden zu bestimmten Investitionen anreizen, die sie ohne solche Zuschüsse nicht verwirklichen könnten oder wollten. Diese Zuschüsse steuern also das Investitionsverhalten der Gemeinden vor allem im Bereich der freiwilligen Aufgaben. Dabei werden grundsätzlich nur Teile der Investitionskosten abgedeckt.

Zuschüsse zu Investitionen vom Bund erhalten die Gemeinden in den Aufgabenfeldern, für die im Zuge der Finanzreform 1969-1971 besondere Gesetze erlassen wurden. Etwa die Hälfte der Zuweisungen des Bundes entfallen auf die Finanzierung von Verkehrssystemen. Neben diesen gesetzlich festgelegten Investitionszuschüssen des Bundes werden je nach gesamtwirtschaftlicher Lage spezielle Konjunkturförderungsprogramme aufgelegt. Der Investitionsbereich (z.B. Wohnungsmodernisierung oder Städtebau) wird von Fall zu Fall festgelegt. Diese Programme sollen speziell dazu dienen, die Gemeinden zu einem antizyklischen Ausgabeverhalten zu bewegen, indem der größte Teil der Investitionskosten erstattet wird. Solche aktuellen Programme, auf die die Gemeinden zugreifen müssen, weil eine geringe Eigenbeteiligung große investive Ausgaben induziert, können längerfristige Entwicklungsplanungen durchkreuzen.

Der Anteil der verschiedenen Ebenen an den gesamten öffentlichen Ausgaben ist seit dem Zweiten Weltkrieg recht stabil geblieben. Zwischen 1970 und 1987 haben vor allem die Länder ihren Anteil vergrößern können. Der Bundesanteil ging von 39,6 auf 38,1 % zurück (vgl. Tab. 3), der Anteil der Gemeinden von 25,5 auf 24,9 %. Die Länder haben zwischen 1970 und 1980 einerseits ihre Ausgaben am stärksten ausgeweitet und andererseits nach 1980 die Ausgaben nicht so stark gekürzt wie die beiden anderen Ebenen. Die rigideste Sparpolitik haben zwischen 1980 und 1987 die Gemeinden betrieben, deren Anteil am Bruttosozialpodukt in dieser Zeit um 10,8 % zurückgegangen ist (vgl. Tab. 4 und 5). Im Gegensatz zu Bund und Ländern sind die Gemeinden per Gesetz zu einem ausgeglichenen Haushalt gezwungen, können also laufende Ausgaben nicht durch Kreditaufnahmen finanzieren. Die Einhaltung dieser Vorschrift wird von den Landesregierungen überwacht, die die gemeindlichen Haushalte genehmigen müssen. Dieser strukturelle Zwang hat auf der lokalen Ebene stärkere Ausgabenkürzungen zur Folge gehabt als bei den zentralen staatlichen Instanzen. Viele Gemeinden wurden Anfang der 80er Jahre von den Ländern durch die Androhung, ihr Haushalt werde nicht genehmigt und die Zweckzuweisungen würden gestrichen, zu einer Konsolidierung ihrer Haushalte gezwungen. Dieses Vorgehen ist als Rückkehr zum autoritären preußischen Recht von 1796 bezeichnet worden (Willke 1984).

Tab. 3: **Anteile von Bund, Ländern und Gemeinden an den öffentlichen Ausgaben** (in % der gesamten öffentlichen Ausgaben)

	Bund	Länder	Gemeinden
1970	39,6	34,8	25,5
1975	39,3	35,9	24,8
1980	38,0	36,5	25,5
1985	39,0	36,5	24,5
1987	38,1	37,0	24,9

Quelle: Monatsberichte der Deutschen Bundesbank 7/1988.

Tab. 4: Anteil der verschiedenen staatlichen Ebenen an den öffentlichen Ausgaben (in % des BSP)

	1970	1975	1980	1985	1987
Bund	12,97	14,26	14,71	14,15	13,40
Länder	11,42	13,09	14,10	13,30	13,04
Gemeinden	8,37	9,02	9,85	8,93	8,79

Quelle: Monatsberichte der Deutschen Bank 12/1986 und 7/1988.

Tab. 5: Entwicklung der öffentlichen Ausgaben auf den verschiedenen Ebenen des Staates (1970 = 100)

	1970	1975	1980	1985	1987
Bund	100	110,0	113,4	109,0	103,3
Länder	100	114,6	123,4	94,3	114,0
Gemeinden	100	107,8	117,6	106,7	105,0

Quelle: siehe Tabelle 4: eigene Berechnungen

Tab. 6: Anteile von Bund, Ländern und Gemeinden an den gesamten öffentlichen Sachinvestitionen (in % vom Gesamten)

	1970	1980	1981	1985	1987
Bund	17,2	13,4	12,5	14,5	13,8
Länder	19,2	16,9	16,9	20,3	20,6
Gemeinden	63,6	69,7	70,6	65,2	65,6

Quelle: Monatsberichte der Deutschen Bundesbank 8/1988.

Tab. 7: Öffentlich Bedienstete (Vollzeit) (in 1.000)

	Bund	Länder	Gemeinden	Bahn	Post
1960	206,8	874,4	520,1	489,9	359,5
1970	300,7	1.149,6	669,0	404,8	401,9
1980	312,6	1.509,7	851,9	338,0	425,7
1985	309,9	1.511,2	885,2	294,7	439,8

Quelle: Statistisches Bundesamt, Fachserie 14, Reihe 6.

Während die Gemeinden insgesamt nur etwa ein Viertel der gesamten öffentlichen Ausgaben bestreiten (vgl. Tab. 3), ist ihr Anteil bei den Sachinvestitionen sehr groß: durch ihre Kassen laufen etwa 2/3 aller öffentlichen Investitionsausgaben (vgl. Tab. 6). Für die wirtschaftspolitische Steuerung ist die Bedeutung des kommunalen Ausgabeverhaltens also groß - was die starke Einflußnahme des Zentralstaates erklärt.

Tab. 8: Beschäftigte des öffentlichen Dienstes auf Bundesebene (in % nach Aufgabenbereichen)

	1	2	3	5	6	7	10	11
1960	33,3	41,3	8,5	2,5	0,5	0,0	1,4	11,0
1970	23,3	57,0	7,1	2,5	0,2	0,3	1,3	7,8
1975	22,9	55,8	8,4	2,6	0,3	0,9	1,2	8,0
1980	22,6	55,1	9,2	3,0	0,3	0,2	1,1	7,8
1985	22,7	55,5	8,9	3,0	0,4	0,2	1,1	7,4

Die prozentualen Anteile der Aufgabenbereiche 4 (Rechtsschutz, 0,6 %) und 9 (Agrarsektor, 0,2 %) veränderten sich zwischen 1960 und 1985 nicht.

Kategorien der Tabellen 8, 9 und 10:
1. Politische Führung und zentrale Verwaltung
2: Verteidigung; 3: Öffentliche Sicherheit und Ordnung
4: Rechtsschutz
5: Bildung, Wissenschaft und Forschung, darunter: Schulen, vorschulische Bildung und Hochschulen
6: Soziale Sicherung, Kriegsfolgeaufgaben, Wiedergutachung
7: Gesundheit, Sport und Erholung
8: Wohnungswesen, Raumordnung und kommunale Gemeinschaftsdienste
9: Ernährung, Landwirtschaft und Forsten
10: Energie- und Wasserwirtschaft, Gewerbe, Dienstleistungen
11: Verkehrs- und Nachrichtenwesen

Quelle: siehe Tabelle 7.

1.4. Entwicklung der Beschäftigtenzahlen

Da die Bundesregierung keinen eigenen Verwaltungsunterbau hat, macht die Zahl der Verwaltungsangestellten auf Bundesebene (ohne Post und Bahn) nur 11,5 % aller Beschäftigten im öffentlichen Dienst in der Bundesrepublik Deutschland aus (vgl. Tab. 7). Über die Hälfte davon gehört zum Militär (vgl. Tab. 8), so daß der Anteil der in der politischen Verwaltung Tätigen relativ klein ausfällt. Den größten Anteil vereinigen die Länder auf sich: sie beschäftigen 56 % aller Beschäftigten der öffentlichen Verwaltung; knapp die Hälfte davon sind allerdings in den Bereichen Wissenschaft, Kultur und Bildung tätig, denn alle Lehrer und Universitätsbediensteten werden von den Ländern bezahlt (vgl. Tab. 9). Tab. 7 zeigt, daß der Personalbestand auf allen Ebenen in den Jahren 1960 bis 1980 zwar sehr stark zugenommen hat, daß sich dieses Wachstum danach aber sehr verlangsamt hat: in den Gemeinden hat er mit 6 % noch am stärksten zugenommen, bei den Ländern ist er fast gleichgeblieben, auf Bundesebene hat er sogar abgenommen. Das Gewicht zwischen den verschiedenen Ebenen hat sich kaum verschoben.

Tab. 9: **Beschäftigte des öffentlichen Dienstes auf Länderebene** (in % nach Aufgabenbereichen)

	1	3	4	5	6	7	8	9	11
1960	18,0	13,5	10,5	35,4	6,4	5,8	3,2	2,1	3,7
1970	16,1	12,6	9,1	43,9	4,0	5,2	2,6	1,7	3,7
1975	15,1	12,7	8,4	47,8	3,6	4,8	2,2	1,4	3,1
1980	14,5	13,5	8,2	49,0	3,4	4,5	2,0	1,4	2,7
1985	14,4	14,0	9,0	47,7	3,4	4,7	1,9	1,5	2,6

Keine Beschäftigten in Kategorie 2.
Quelle: siehe Tabelle 7.

Tab. 10: **Beschäftigte des öffentlichen Dienstes auf Gemeindeebene** (in % nach Aufgabenbereichen)

	1	3	5	6	7	8	9	10	11
1960	27,5	9,3	9,0	10,5	23,5	12,1	0,3	0,3	7,4
1970	23,8	9,0	9,7	8,9	27,1	12,3	0,2	0,6	8,4
1975	22,7	7,3	12,1	8,4	29,6	13,3	0,3	0,6	5,8
1980	22,2	6,8	11,9	8,7	31,8	14,6	0,4	0,7	4,6
1985	21,8	6,8	12,0	8,7	31,0	14,2	0,4	0,7	4,6

Keine Beschäftigten in den Kategorien 2 und 4.
Quelle: siehe Tabelle 7.

Diese Durchschnittszahlen verdecken, daß in den Städten, die von der ökonomischen Krise am stärksten betroffen sind, tatsächlich Personalreduktionen vorgenommen worden sind, denn die Ausdehnung der Beschäftigung bis zum Jahre 1985 ist keineswegs für alle Städte typisch. Die durchschnittliche Wachstumsrate war in den Städten Nordrhein-Westfalens 1973, 1976 und 1982 sogar negativ, in vielen Städten ist also Personal abgebaut worden (Reineke 1987). Außerdem werden dabei nicht die internen Verschiebungen sichtbar: die Gemeinden haben seit den 70er Jahren Personal in den Bereichen Verkehr, Schulen, Gesundheit, Sport und Erholung abgebaut, während sich die Zuwächse auf die Bereiche Zentrale Verwaltung, Sicherheit und soziale Sicherung konzentrierten (Tab. 10).

1.5. Zusammenfassung

Die Gemeinden in der Bundesrepublik sind über das Steuersystem und die Finanzierung ihrer Aufgaben so eng mit den übergeordneten staatlichen Ebenen verflochten, daß ihre Funktionen und ihr Handlungsspielraum wohl kaum als "autonom" bezeichnet werden können. Als Teil der Länder, die in der Bundesrepublik den exekutiven Kern des Staatsapparates bilden, organisieren sie den überwiegenden Teil der staatlichen Investitionen und führen die meisten Gesetze aus. Die "Freiwilligen" Aufgaben sind noch am ehesten als originärer, selbständiger Funktionsbereich zu bezeichnen, in dem die Gemeinden einen eigenen "Gestaltungs"-Spielraum haben. Die eigenartige Situation, daß die Gemeinden nach der Verfassung das "Recht zur Selbstverwaltung" haben, aber ihre Rechte und Pflichten ebenso wie ihre Haushalte von aktuellen Entscheidungen des Bundes und der Länder abhängen, ist nur historisch zu erklären aus der Rolle, die die kommunale Selbstverwaltung und ihre Träger im Prozeß der Bildung des Nationalstaates und der Industrialisierung gehabt haben. Nur aus der Geschichte wird die Ideologie der "Selbstverwaltung" verständlich.

2. Das Verhältnis zwischen lokaler und staatlicher Ebene in historischer Perspektive

In Deutschland waren bis zum 17. Jahrhundert die Städte politisch und rechtlich autonome Einheiten. Diese Selbständigkeit hatten sie in zum Teil heftigen Auseinandersetzungen mit den Landesherren erworben, woraus sich ein Mythos von revolutionärer Qualität der städtischen Selbstverwaltung entwickelt hat. Nach der ökonomischen Schwächung der städtischen Ökonomie im Dreißigjährigen Krieg folgte die weitgehende politische Eingliederung in die sich entwickelnden Territorialstaaten im Absolutismus. Gerichts- und Polizeihoheit gingen ebenso an den Staat über wie die Verwaltung der städtischen Finanzen. Mit der Städteordnung von 1808 (Steinsche Reform) wurden den Städten gewisse Selbstverwaltungsrechte zurückgegeben. Damit wurde das genossenschaftliche Prinzip, nachdem das Patriziat und die Zünfte die Städte gleichsam wie einen Interessenverband verwalteten, abgelöst. Mit der Städteordnung von 1808 war ein dreigliedriger Staatsaufbau intendiert, in dem die Städte und Gemeinden die unterste Ebene bilden sollten. Aber in der restaurativen Periode nach 1848 setzte sich politisch und theoretisch wieder ein Gegensatz, ein Dualismus zwischen Staat und Gemeinden durch, wobei auf der einen Seite den Städten die Repräsentanz der bürgerlichen Gesellschaft, auf der anderen Seite dem Staat, der vollständig vom Grundadel beherrscht war, obrigkeitliche Ordnungsfunktionen zufielen.

2.1. Kaiserzeit

Bis zum Ende des Ersten Weltkrieges war das Verhältnis von Städten und Staat durch diesen Dualismus gekennzeichnet. Er blieb dadurch lebendig, daß dem Bürgertum als politische Einflußsphäre nur die lokale Ebene zugänglich, die staatlichen Bereiche jedoch weitgehend verwehrt waren (Reulecke 1985). Die Städte wurden Körperschaften des öffentlichen Rechts, waren also kein Staatsorgan. Daraus begründet sich auch die bis in die heutige Zeit lebendige Tradition, daß lokale Angelegenheiten Gegenstand einer Selbstverwaltung (nicht Selbstregierung!) seien, im Grunde also der Sphäre der Politik nicht zugehörig. Die kommunale Selbstverwaltung, die als bürgerliches Gegengewicht gegen die bürokratischen Tendenzen des Zentralstaates gedacht war, entwickelte sich gerade in ihrer Eigenständigkeit zunehmend zu einer Ergänzung der staatlichen Verwaltung (Rodenstein 1974)

Die Gemeinden waren zuständig für die Verwaltung der "örtlichen Angelegenheiten", die eine "Allzuständigkeit" begründete. Da sich auf nationaler Ebene der "Interventionsstaat" erst in der lang anhaltenden Depression nach 1879 herausbildete, waren bis dahin den Gemeinden im Grunde alle "neuen" Aufgaben überlassen, die im Zuge der Industrialisierung entstanden. Als die beiden wichtigsten Aufgabenbereiche können dabei genannt werden die Sozial- und Infrastrukturpolitik. Auf kommunaler Ebene bildeten sich daher die Instrumente und Organisationen zuerst heraus, die dann im weiteren historischen Verlauf zunehmend auf staatlicher Ebene etabliert wurden. Sozialversicherungssysteme und kontrollierende Sozialpolitik entstanden zuerst auf kommunaler Ebene (Elberfeld und Barmen), ebenso die Organisation von industrieorientierter wie haushaltsorientierter Infrastruktur: Energie- und Wasserversorgung, Abwasser- und Müllbeseitigung, Straßenbau und Verkehrsbetriebe sowie ein öffentliches Gesundheitswesen.

Die Versorgung mit Dienstleistungen wurde in den Städten unterschiedlich organisiert: zum Teil in städtischen Betrieben, zum Teil in privatwirtschaftlich organisierten Unternehmen, die aber im Eigentum der Städte waren. Alle Dienstleistungen, die wir heute wie selbstverständlich als "öffentliche" kennzeichnen, wurden zunächst von Privatunternehmen angeboten. Aus verschiedenen Motiven heraus betrieben die Städte bis 1918 eine umfassende Kommunalisierung solcher Unternehmen und den Auf- und Ausbau eigener Betriebe. Neben eher rechtlichen Fragen (z.B.: Kann ein Unternehmen, das seine Abnehmer durch einen Anschlußzwang zugewiesen bekommt, privatwirtschaftlich organisiert sein?), spielten durchaus ökonomische Probleme eine wichtige Rolle. Gegen die Preispolitik der Gasbetriebe hatte sich öffentlicher Protest artikuliert - sowohl auf seiten der Gemeinden als Abnehmer z.B. für die Straßenbeleuchtung, wie auf seiten der privaten Haushalte. Neben der Lösung, durch Verträge mit den privaten Unternehmen Einfluß auf die Preisgestaltung zu erlangen, wurde die Kommunalisierung deshalb bevorzugt, weil die Gemeinden durch die Gewinne aus diesen Unternehmen ihre Einnahmen erhöhen konnten. Mit der Koordinierung des Baus von Energie-, Wasserversorgungs- und Abwassersystemen schufen sich die Städte außerdem ein Instrument zur zentralen technischen Planung der Stadterweiterung. Dies war ein wichtiges Motiv für die professionelle Verwaltungselite, die sich nach und nach in den großen Städten entwickelte, und die wenig Chancen für einen Aufstieg in den reaktionären Staatsapparat hatte. Eine wichtige Begründung für die öffentliche Kontrolle über die Entwicklung der Infrastruktur war mit der Sorge für Stadthygiene und Gesundheitspolitik gegeben, die angesichts der Verhältnisse in den Arbeiterquartieren eine zunehmende Rolle spielte.

Vor 1918 wuchsen die Anteile der Städte und Gemeinden an den gesamten öffentlichen Ausgaben schneller als die der staatlichen Ebenen (Bolenz 1965). In den Gemeinden sammelte sich ein beträchtliches öffentliches Vermögen an, weil sie bewußt und gezielt eine Ausweitung des öffentlich kontrollierten Sektors betrieben. Theoretisch gestützt wurden diese Politik durch den "Verein für Socialpolitik", in dem sich Professoren, Beamte, Fabrikanten und Kaufleute zusammengeschlossen hatten, um eine Sozialpolitik zu propagieren, die sich sowohl gegen den "Manchester-Liberalismus" wie gegen den revolutionären Marxismus wandte. Sie bildeten zwar keine politische Partei, ihre "wissenschaftlich Begründete" Propaganda war jedoch sehr einflußreich. In der Verstaatlichung monopolistischer Betriebe und einer Ausdehnung der Staatstätigkeit sahen sie eine Voraussetzung für einen friedlichen und kontrollierten Übergang zur industriellen Gesellschaft. Dieser theoretischen Richtung in Ökonomie und Staatswissenschaften wurde in der Öffentlichkeit das Etikett "Katheder-Sozialismus" gegeben. Viele Kommunalpolitiker folgten dieser Lehre und betrieben aktiv den "Munizipalsozialismus" (Krabbe 1979) - eine Bezeichnung, die polemisch von den liberalen Gegnern des Staatsinterventionismus geprägt und verwendet wurde.

Die munizipalsozialistische Linie in Deutschland hat in der Tat weniger mit sozialistischen als mit kapitalistischen Ideen zu tun. Ihr Kern war, daß bestimmte Bereiche der Grundversorgung für Industrie und Bevölkerung in Form öffentlicher Betriebe organisiert sein sollten, damit die Existenzvoraussetzungen der Bevölkerung gesichert und die Expansionsmöglichkeiten der Industrie zentral geplant werden konnten. Von den liberalen Kommunalpolitikern war nie daran gedacht worden, daß die städtischen Betriebe Vorposten oder Vorformen einer anderen Gesellschaftsordnung sein sollten. Praxis und Theorie des Munizipalsozialismus unterschieden sich nicht vom Interventions- und Sozialstaat, wie er sich im 20. Jahrhundert herausbildete.

Da sich die radikalen und revolutionären Strömungen in der Arbeiterbewegung nicht für Kommunalpolitik interessierten, wurde diese eine Domäne des pragmatischen und revisionistischen Flügels (Bernstein, Lindemann). Dieser identifizierte sich mit dem "Kommunalsozialismus", der den Kern einer Strategie der sozialen Evolution bilden sollte. Angestrebt wurde aber nur die Kommunalisierung von monopolartigen Betrieben im Versorgungsbereich. Eine Vorstellung darüber, wie die Versorgung der Bevölkerung insgesamt nach sozialistischen Prinzipien organisiert sein sollte, existierte nicht. Dieses harmlose Konzept von "Sozialismus" konnte sogar von den Liberalen unterstützt werden, und wurde von der Partei-Linken als "Gas- und Wassersozialismus" verspottet (von Saldern 1984).

Das finanzielle Fundament der gemeindlichen Aktivitäten bildeten neben den Eigeneinnahmen die Realsteuern (Grund- und Gewerbesteuer) und Zuschläge zur staatlichen Einkommenssteuer, deren Höhe von den Städten selbst festgelegt werden konnte. Bis zur ersten großen Steuerreform im Jahre 1891 stammten die städtischen Einnahmen vor allem aus den Zuschlägen zur Einkommenssteuer (in Preußen 79 %) und aus den Realsteuern (15 %).

Seit Mitte des Jahrhunderts konnten die Gemeinden selbständig Anleihen aufnehmen, um ihre Investitionen zu finanzieren. Dies war die wichtigste Quelle zur Finanzierung des Ausbaus der Infrastruktur, und diese quasi unternehmerische Finanzierung führte dann auch zu heftigen Angriffen gegen die gemeindliche Unternehmertätigkeit seitens der Privatwirtschaft. Einen kommunalen Finanzausgleich gab es nicht, weshalb die kommunalen Einnahmen zwischen den verschiedenen Stadttypen sehr stark variierten. Von den Einnahmen hing auch die Qualität der Infrastruktur ab, was z.B. im Schulwesen, das bis 1918 ganz aus kommunalen Einnahmen finanziert werden mußte, zu großen Disparitäten zwischen den Städten führte (Reulecke 1985).

Mit der Miquelschen Steuerreform (1891) und dem Kommunalabgabegesetz (1895) sollten die kommunalen Finanzen neu geordnet werden. Die Richtlinien für den kommunalen Haushaltsplan sahen vor, daß der Anteil der Realsteuern an den Gemeindeeinnahmen erhöht werden sollte. Tatsächlich wuchs ihr Anteil am Steueraufkommen vorübergehend auf 40 %, ging jedoch bis 1918 wieder auf 28 % zurück. Die Gemeindevertretungen verfolgten durchgängig eine Politik, diejenigen Einnahmequellen besonders stark zu erschließen, die am meisten über die Bevölkerung streuten: Einnahmen aus den eigenen Betrieben und indirekte Steuern. Die Belastung gewerblicher Unternehmen und des Grundbesitzes wurde möglichst niedrig gehalten.

Dies kann kaum verwundern, wenn man sich ansieht, wer in den Städten und Gemeinden die politische Macht hatte. Ob gleiches Wahlrecht unter "Bürgern" (wobei das Bürgerrecht erkauft werden mußte), oder ob Drei-Klassen-Wahlrecht, das Ergebnis war das gleiche: die Masse der Bevölkerung war vom Wahlrecht ausgeschlossen. Grundlage für das Wahlrecht war die individuelle Steuerleistung sowie Grundbesitz. Die Hälfte oder zwei Drittel der Mitglieder in den Gemeindeparlamenten mußten außerdem Hausbesitzer sein. Selbstverständlich hatte diese Koalition von Grundbesitz und Kapital kein Interesse an redistributiven Steuern. Da bis Ende des 19. Jahrhunderts in den deutschen Städten höchstens 10 % der Einwohner wahlberechtigt waren, kann man ohne Übertreibung von einer "Diktatur der Bourgeoisie" sprechen (vgl. auch Rodenstein 1974).

Entsprechend war auch die inhaltliche Ausrichtung der Politik. Daß in den Städten die ersten Ansätze für eine systematische Sozialpolitik entwickelt wurden, widerspricht dieser Einschätzung keineswegs. Sozialpolitische Leistungen waren von Anfang an eng verbunden mit sozialpolitischer Kontrolle, so daß als großer Vorteil einer - zwar auch aus Motiven christlicher Nächstenliebe gespeisten - systematischen Sozialpolitik schon früh die Einsparungseffekte gepriesen wurden. Vor allem deshalb wurde das Vorbild Elberfeld-Barmen von anderen Städten übernommen. Während die Städte bei der Entwicklung der technischen Infrastruktur erstaunliche Leistungen vollbrachten, versagten sie beispielsweise auf dem Gebiet des Arbeiterwohnungsbaus vollkommen (v. Saldern 1979). Bis kurz vor dem 1. Weltkrieg wurde sehr wenig in eigener Regie gebaut, diese Aufgabe fast vollständig dem privaten Kapital überlassen. Erst als die Staaten (z.B. Hessen und Preußen) die Gemeinden vor allzu großer Passivität warnten und mit einem Wohnungsgesetz zugunsten des Kleinwohnungsbaus drohten, entwickelten die Städte eigene Programme für den Arbeiterwohnungsbau, die quantitativ allerdings marginal blieben. Die bürgerlichen Träger der Kommunalpolitik wollten im Grunde die Zuwanderung von Arbeiterbevölkerung verhindern, die in den umliegenden Dörfern wohnen bleiben sollte. Entsprechend dem Credo auch der Katheder-Sozialisten sollte vor allem die private Wirtschaft gestärkt werden, kommunaler Wohnungsbau galt als eine Vorform des Kommunismus. Wo überhaupt kommunaler Arbeiterwohnungsbau stattfand, geschah dies nur aus legitimatorischen Gründen auf Druck der Arbeiterbewegung. Ein Programmbestandteil des Munizipal-Sozialismus war er nicht.

Zwischen 1850 und dem Ende des Ersten Weltkrieges zeichnete sich die kommunale Selbstverwaltung also durch eine Bedeutungszunahme gegenüber der absolutistischen Zeit und durch organisatorische und politische Innovationen aus, aber sie blieb vollkommen ein Instrument der Bourgoisie. Die Stadtverwaltungen wurden wie Unternehmen geführt, die einen großen Handlungsspielraum in finanziellen Angelegenheiten hatten.

Sozialdemokraten, die zwar im Abgeordnetenhaus die stärkste Fraktion stellten, spielten in der Kommunalpolitik bis 1918 so gut wie keine Rolle (v. Saldern 1977). Wahlrecht und Hausbesitzerklausel hielten sie aus den Parlamenten fern. Wo um die Jahrhundertwende Sozialdemokraten in kommunale Gremien einsickerten, arbeiteten sie "konstruktiv" mit, von einer sozialdemokratischen Programmbildung für die Kommunalpolitik, die irgend etwas mit den revolutionären Perspektiven der Gesamtpartei zu tun gehabt hätten, konnte nicht die Rede sein.

2.2. Weimarer Republik

Nach dem Zusammenbruch des Kaiserreichs am Ende des 1. Weltkrieges etablierten sich auf lokaler Ebene in allen Städten Arbeiter- und Soldatenräte. Die Räte kontrollierten die Verwaltung, ersetzten aber nicht die Beamtenschaft, die in der Folgezeit zum stärksten Rückgrat der kommunalen Selbstverwaltung wurde (Rebentisch 1981). Räterepubliken konnten sich nur in Bremen und München über einen Zeitraum von höchstens drei Wochen halten. Mit der Einführung des allgemeinen und gleichen Wahlrechts (inkl. Frauen) schien die Voraussetzung für den Aufbau einer Demokratie auch auf kommunaler Ebene gegeben zu sein. In Preußen blieb die Bestimmung von 1856 aber weiterhin geltend, daß die von den Stadtverordnetenversammlungen gewählten leitenden kommunalen Beamten durch die staatliche Aufsichtsbehörde bestätigt werden mußten. Dadurch konnten Sozialdemokraten weitgehend aus der Bürokratie ferngehalten werden, da sie aufgrund der Vorkriegsverhältnisse über keinerlei Erfahrung verfügten.

In den ersten Jahren nach dem 1. Weltkrieg zogen Sozialdemokraten in großer Zahl in die Stadtverordnetenversammlungen ein, nach 1924 gab es jedoch nur noch wenige Städte, in denen die bürgerlichen Parteien nicht die Mehrheit bildeten. Die SPD lehnte eine Zusammenarbeit mit der KPD ab und koalierte lieber mit bürgerlichen Parteien. Alle Großstädte des Reiches mit einer Einwohnerzahl von über 500.000 wurden daher in der Zeit der Weimarer Republik von bürgerlichen Oberbürgermeistern geleitet. Diese verstanden sich in der Regel als "Politiker ohne Parteien", als über den Klassen stehende Leiter der kommunalen Verwaltung. Dieses unpolitische Selbstverständnis der Bürgermeister stand in der Tradition des Kaiserreichs und wirkt bis heute weiter.

In der Weimarer Republik änderten sich zwei wichtige Rahmenbedingungen für die kommunale Politik: die Erzbergersche Finanzreform von 1920 nahm den Gemeinden die steuerpolitische Selbständigkeit und etablierte eine reichseinheitliche Regelung der kommunalen Finanzen. Den Gemeinden verblieb die Grund- und Gewerbesteuer sowie die Erhebung kleinerer Gemeindesteuern. Im übrigen waren sie auf die Steuerzuweisungen der Länder und des Reichs angewiesen. Diese Situation hat sich bis heute nicht grundsätzlich verändert.

Dem Munizipal-Sozialismus wurde in der zweiten Hälfte der 20er Jahre der Garaus gemacht. 1926 veranstaltete der Reichsverband der Deutschen Industrie eine Kundgebung, die eine publizistisch groß aufgemachte Kampagne der Privatwirtschaft gegen die wirtschaftliche Betätigung der Gemeinden einleitete, gegen die "kalte Sozialisierung" (Böhret 1966). Als gegen Ende des Jahrzehnts die Arbeitslosenzahlen stark zunahmen, gerieten die Städte außerdem in eine sehr schwierige Situation: ihre Ausgaben bei den Sozialleistungen, wuchsen stark, während die Einnahmen insbesondere auch der Eigenbetriebe in der Wirtschaftskrise erheblich zurückgingen. Die Finanzkrise (vgl. auch Petzina 1986) ging soweit, daß 1932 viele Gemeinden dazu übergingen, staatliche Steuern nicht mehr an das Reich abzuführen. Etwa 600 Städte und Gemeinden gingen in dieser Zeit buchstäblich bankrott (Rodenstein 1974). In Preußen wurden dann Staatskommissare eingesetzt.

Mit der Strategie des Munizipal-Sozialismus hatten sich die Gemeinden selbst unmittelbar abhängig von der wirtschaftlichen Lage gemacht, in der Weltwirtschaftskrise erlitten daher folgerichtig viele einen finanziellen Kollaps. Für die konservative Verwaltungswissenschaft war dies Anlaß, von einer "Krise der kommunalen Selbstverwaltung" (Köttgen 1968) zu sprechen, die darin bestanden haben soll, daß die Kommunalpolitik politisiert worden ist. So geriet die bürgerliche Kommunalpolitik von verschiedenen Seiten unter Druck, aus dem die Nationalsozialisten schließlich mit der Deutschen Gemeindeordnung von 1935 die Konsequenz zogen und die Selbstverwaltung faktisch abschafften. Die Gemeinden wurden nun unterstes Organ der Staatsverwaltung. Die Nationalsozialisten zwangen die Gemeinden, durch den Verkauf von Grundstücken und Beteiligungen an Wirtschaftsunternehmen ihre Verschuldung abzubauen. Durch eine Verordnung wurden im Jahre 1938 die kommunalen Betriebe schließlich weitgehend aufgelöst und die Gemeinden wurden gezwungen, den kommunalen Betrieben privatrechtliche Formen zu geben. Dies war auch der Anfang der Regionalisierung von Energie- und Wasserversorgung, da sich die Unternehmen in regionalen Gesellschaften zusammenschlossen und sich bis heute zu großen Konzernen entwickelt haben.

Damit war die bürgerliche Kommunalpolitik, nach der die Gemeinden im Grunde wie wirtschaftliche Unternehmen geführt wurden, am Ende. Sie war am Widerstand der Privatwirtschaft gescheitert, die im Feld kommunaler Versorgungstätigkeiten eine mögliche Quelle für Profite sah und die öffentliche Konkurrenz ausschalten wollte. Sie ist auch gescheitert, weil sie die Handlungsmöglichkeiten kommunaler Politik eng mit wirtschaftlichem Erfolg verband. Damit waren auch die Träume von Gewerkschaften und Sozialdemokratie, die in den öffentlichen Unternehmen (mißverständlich) Vorformen einer Wirtschaftsdemokratie, "Keimzellen künftiger sozialistischer Wirtschaftsordnung" sahen, geplatzt. Die KPD hatte dagegen an den kommunalen Unternehmen schon immer ihre hemmungslose Profitorientierung kritisiert.

2.3. Nach 1945

Nach dem Ende des Zweiten Weltkrieges, als Deutschland zunächst von den Siegermächten verwaltet wurde, gewann die kommunale Selbstverwaltung für einige Zeit wieder große Bedeutung. Auf kommunaler Ebene entwickelten sich Ausschüsse und Institutionen, die die Aufräumungsarbeiten und den Beginn des Wiederaufbaus organisierten. Im antikommunistischen Klima der Nachkriegszeit und unter Aufsicht der alliierten westlichen Siegermächte wurden Sozialisten und Kommunisten weitgehend aus den Verwaltungen ferngehalten. So konnten sich vor allem unpolitisch und pragmatisch denkende Kommunalpolitiker in Szene setzen, die an die Tradition des 19. Jahrhunderts anknüpfen wollten. Da der Deutsche Städtetag als Interessenverband der Kommunalpolitiker gleichzeitig wieder die alte liberale Auffassung bürgerlicher Selbstverwaltung propagierte, setzte sich auf lokaler Ebene wieder ein Selbstverständnis durch, das in Kommunalpolitik vor allem eine pragmatische Verwaltung örtlicher Angelegenheiten sah. Dieses Selbstverständnis wurde von allen Parteien geteilt und bestimmte die Kommunalpolitik bis in die 70er Jahre. Kommunalpolitik war überwiegend eine Angelegenheit von großen Koalitionen - selbst dort, wo eine Partei die absolute Mehrheit hatte (wie z.B. in Frankfurt die SPD). In der Wachstumsperiode bis zum Ende der 60er Jahre brachen keinen nennenswerten Konflikte zwischen den Parteien oder zwischen Staat und Gemeinden auf. Auch der Einbau der Gemeinden in den staatlichen Planungs- und Steuerverbund mit der Finanzreform von 1969 vollzog sich im Einvernehmen, mit den Kommunen; z.T. sogar auf ihren Druck, weil sie darin bessere Möglichkeiten für die Finanzierung ihrer Investitionen sahen.

3. Die gegenwärtige Entwicklung: Polarisierung der Stadtentwicklung

Nach den drastischen Einbrüchen bei den Steuereinnahmen infolge der Krise, die Mitte der 70er Jahre begann, hatten viele Städte Anfang der 80er Jahre nicht mehr die Möglichkeit, ihre Ausgaben durch entsprechende Einnahmen zu decken. Denn die Krise wirkt zugleich auf die Einnahmen wie die Ausgaben; derselbe Prozeß, der die Einnahmen vermindert, zwingt zu höheren Ausgaben, so daß sich Anfang der 80er Jahre die Schere zwischen Einnahmen und Ausgaben zunehmend öffnete.

Dazu trugen besonders die Ausgaben für die Sozialhilfe bei, die als Folge zunehmender Arbeitslosigkeit auf kommunaler Ebene wuchsen. Während im Jahre 1980 im Durchschnitt noch 11.259 DM pro Arbeitslosen aus der Arbeitslosenversicherung bezahlt wurde, hatte sich diese Summe durch verschiedene Änderungen des AFG und der Durchführungsverordnungen bis 1985 auf 6.646 DM reduziert. Die Sozialausgaben der Gemeinden stiegen zwischen 1980 und 1985 um etwa 150% - auf Kosten anderer Bereiche (vgl. Tab. 11, vgl. auch Huster 1985).

Tab. 11: **Ausgaben der Gemeinden nach Aufgabenbereichen** (in % der gesamten Ausgaben)

	1970	1975	1980	1984
Bildung und Kultur	16,9	17,9	16,6	12,8
Soziale Angelegenheiten	14,3	17,9	18,5	19,7
Gesundheit, Sport Freizeit	17,2	19,7	21,2	18,0
Wohnen, Raumordnung	18,2	16,7	17,9	
Verkehr und Kommunikation	12,7	7,1	8,1	13,9
Wirtschaft. Unternehmungen	12,3	8,8	9,0	6,9

Quelle: BMF-Dokumentation 2/85; Statistisches Jahrbuch Deutscher Gemeinden 1986, S. 381.

Da auch die Steuereinnahmen des Bundes und der Länder zurückgingen, wurden die Einnahmeverluste der Gemeinden nicht durch höhere Zuweisungen ausgeglichen - im Gegenteil, die Länder reduzierten sogar ihre Zuweisungen. Haushaltsdefizite waren die Regel, die die Städte nicht durch Kreditaufnahmen für laufende Ausgaben decken durften, und die in den nachfolgenden Jahren wieder ausgeglichen werden mußten. Im Jahre 1984 erreichten die Einnahmen dann zum ersten Mal wieder eine Höhe, die die Ausgaben insgesamt deckten, 1984 und 1985 erzielten die Gemeinden zum ersten Mal in der Geschichte der BRD Überschüsse. Dies war zugleich ein Ergebnis von wieder gestiegenen Einnahmen wie der "Konsolidierungspolitik", mit der die Gemeinden ihre Ausgaben dauerhaft senkten. Die Aussage der Bundesregierung, mit der Ausgleichung der Etats habe sich die Situation auf der lokalen Ebene wieder normalisiert, ist allerdings sehr beschönigend: sie ignoriert die Einschnitte im städtischen Leistungsangebot und die starken Unterschiede zwischen den verschiedenen Städten, die mit dem ökonomischen Strukturwandel in der Bundesrepublik zusammenhängen. Bei diesem Strukturwandel entsteht ein regionales Gefälle (vgl. Friedrichs et al. 1986), dessen Ursachen und Verlauf inzwischen hinreichend diskutiert sind: Rationalisierung in der Massenproduktion, Peripherisierung der Produktion im Rahmen neuer internationaler Arbeitsteilung, Bedeutungsverlust der traditionellen Standorte von Erz- und Kohlevorkommen, Konzentration von Forschung, Entwicklung und Produktion neuer Technologien an anderen Standorten, Tertiarisierung, unterschiedliche regionale ökonomische Traditionen, die regional ungleiche Verteilung öffentlicher Investitionen usw.

Die Städte und Gemeinden sind also nicht in gleichem Maße von der ökonomischen Krise betroffen, vielmehr ist eine Polarisierung der Stadtentwicklung (vgl. Häußermann/Siebel 1987) zu beobachten, die sehr unterschiedliche Situationen schafft: auf der einen Seite stehen die Zentren des "neuen" Wachstums, auf der anderen diejenigen Städte, die von der Erosion der auslaufenden Industrialisierungsphase am stärksten betroffen sind (vgl. die Fallstudien in Breckner et al. 1989).

Finanzkrise, Bevölkerungsverluste und höhere Arbeitslosenzahlen in den alten Industriestädten waren die Folge. Während sich z.B. die Gewerbesteuereinnahmen in den Städten des Ruhrgebiets zwischen 1960 und 1985 nicht einmal verdoppelt haben, sind sie 1985 in München und Stuttgart mehr als viermal, in Frankfurt mehr als siebenmal so hoch wie 1960 gewesen (Häußermann/Siebel 1987, 87). Mit dem regionalen Strukturwandel sind selektive Mobilitätsprozesse verbunden, daher gibt es seit etwa drei Jahrzehnten permanente Mobilitätsgewinne der süddeutschen Regionen. Einwohnerverluste und hohe Arbeitslosenquoten in den traditionellen Industriestädten reduzierten nicht nur die Einnahmen, sondern trugen gleichzeitig relativ und absolut zu einem Wachstum der Sozialausgaben bei. Welche Folgen die gegenwärtige Einwanderungswelle in die Bundesrepublik haben wird, ist im Moment noch nicht abzusehen.

Viele Gemeinden in altindustriellen Regionen konnten ihren Haushalt nur durch Sonderprogramme der Länder ausgleichen, die diese mit streng beaufsichtigten Kürzungsprogrammen verbanden. Gerade in der Krise wurde also die Selbständigkeit der Gemeinden am stärksten eingeschränkt, und die Landesregierungen hatten die Chance, das Ausgabenverhalten der Gemeinden durchzuforsten und strukturelle Änderungen zu erzwingen.

Die Mechanismen des Finanzausgleichs zwischen den Städten (vgl. dazu Reissert 1984) mildern zwar die unmittelbaren Folge der lokalen Krise, aber sie kompensieren sie natürlich nicht vollständig. Es gibt in der Bundesrepublik zwei Arten von Finanzausgleich: denjenigen zwischen den Ländern und den zwischen den Gemeinden innerhalb der Bundesländer. Da die gegenwärtige Krise regional stark unterschiedlich ausgeprägt ist, werden die großen Unterschiede in der Situation der Städte im gesamten Bundesgebiet nicht annähernd ausgeglichen. Mit dem Länderfinanzausgleich werden die Finanzkraftunterschiede zwischen den Bundesländern etwa auf 5% Abweichung vom Länderdurchschnitt egalisiert, und dasselbe geschieht auf Landesebene zwischen den Gemeinden. Der Unterschied zwischen einer finanzschwachen Gemeinde in einem finanzschwachen Bundesland und einer finanzstarken Kommune in einem finanzstarken Bundesland ist aber nach beiden Ausgleichsverfahren noch beträchtlich, da positive und negative Betroffenheiten auf regionaler und lokaler Ebene sich addieren. Die Ausgaben von Ländern und Gemeinden für Sachinvestitionen pro Einwohner waren 1987 in Bayern und Baden-Württemberg um ca. 60 % höher als in Nordrhein-Westfalen, Niedersachsen oder im Saarland (vgl. Tab. 12).

Tab. 12: **Öffentliche Sachinvestitonen von Ländern und Gemeinden in den Bundesländern pro Einwohner** (Durchschnitt von allen Ländern = 100)

Land	1970	1975	1980	1987
Bayern	99	101	106	133
Baden-Württemberg	123	117	132	130
Hessen	118	101	95	107
Berlin	73	82	90	100
Rheinland-Pfalz	104	92	96	97
Hamburg	96	90	77	95
Schleswig-Holstein	73	84	88	94
Bremen	110	164	117	78
Niedersachsen	90	94	93	78
Nordrhein-Westfalen	95	98	91	73
Saarland	72	80	72	72

Quelle: Monatsberichte der Deutschen Bundesbank 8/1988.

3.1. Strategien der "Konsolidierung" kommunaler Haushalte

Zwar sind die Einnahmen aller Städte und Gemeinden im Vergleich zu den 60er und frühen 70er Jahren knapper geworden, und daher sind überall Anzeichen für eine Austeritätspolitik zu beobachten - am schwierigsten ist die Situation allerdings in den Gemeinden, die in den Bundesländern Saarland, Nordrhein-Westfalen, Niedersachsen, Schleswig-Holstein und Bremen liegen sowie im Stadtstaat Hamburg. Am Beispiel dieser Städte lassen sich am besten die Reaktionen auf die Haushaltskrise studieren. Im folgenden werden zunächst die Strategien zur Reduktion von Ausgaben geschildert, dann die Bemühungen, die Einnahmen zu erhöhen (vgl. Mäding 1983 und Klein 1986). Das Hauptaugenmerk gilt dabei den laufenden Ausgaben, denn die Investitionsausgaben sind ohnehin weitgehend von den Zuschüssen des Bundes und der Länder abhängig.

3.1.1. Kürzung von Ausgaben

Die Ausgaben der Städte können durch Kürzungen der laufenden Ausgaben und durch eine Reduzierung des Leistungsangebotes verringert werden. Dazu gehören die Senkung der Personalkosten durch Stellenabbau, eine Minimierung des Unterhaltsaufwandes bei Gebäuden, Drosselung des Energie- und Wasserverbrauchs, Kürzung der Lehr- und Lernmittel in den Schulen sowie der Anschaffungen bei Museen und Büchereien, die Kostenminderung bei der Wartung von Fahrzeugen und Maschinen sowie die Reduzierung der Ausstattungsstandards bei neuen Gebäuden. Das kommunale Leistungsangebot wird durch die räumliche Konzentration von Dienststellen, durch die Schließung von Stadtteilbüchereien und Schwimmbädern, eine Kürzung der Zuschüsse für kulturelle Einrichtungen sowie eine Reduzierung der Grünpflege eingeschränkt. Reduzierung des Schulbusverkehrs und des Schulwesens (Schließung von Schulen) sowie die Übergabe von Sportanlagen in die Selbstverwaltung der Benutzer sind weitere Mittel (vgl. Klein 1986). Die freiwilligen Leistungen im Sozial-, Jugend- und Altenhilfebereich werden eingeschränkt, wobei insbesondere die Fortschritte im Ausbau präventiver Maßnahmen wieder rückgängig gemacht werden, die in den "goldenen" Zeiten des Sozialstaats in den 60er Jahren gerade aufgebaut worden waren (Wollmann 1986).

Natürlich werden auch Strategien zur Privatisierung öffentlicher Einrichtungen verfolgt. Die Reinigung von Gebäuden, die Müllabfuhr und die Verkehrsbetriebe sind beliebte Ansatzpunkte. Allerdings hat die Privatisierung dann keinen Entlastungseffekt, wenn die entsprechenden Einrichtungen tatsächlich konstendeckend betrieben werden können, denn wenn dies möglich ist, machen es die Gemeinden auch schon selbst - wenn nicht, müssen weiterhin öffentliche Zuschüsse bezahlt werden. Die Kommunen haben dann lediglich (aber immerhin) den Vorteil, daß sie sich nicht ständig kaufmännische Unfähigkeit vorwerfen lassen müssen. Die private Organisation von öffentlichen Dienstleistungen kann nur dann billiger angeboten werden, wenn die Betriebe rationalisieren, niedrigere Löhne zahlen, die Arbeit intensivieren und Sozialleistungen abbauen. Deshalb wehren sich die Gewerkschaften gegen diese Strategien mit Nachdruck, allerdings mit wechselhaftem Erfolg. Noch sind die Gewerkschaften, vor allem im öffentlichen Dienst, stark genug gewesen, einen "Dammbruch" aufzuhalten. Aber Privatisierungsüberlegungen werden überall angestellt, vor allem auf Druck der Interessenverbände der Industrie und des Mittelstandes, die den staatlichen Sektor allein aus ideologischen Gründen zurückdrängen möchten. Die öffentliche Diskussion über Privatisierung geht also weiter, auch wenn der finanzielle Entlastungseffekt nachgewiesenermaßen nicht besonders groß ist. Sie konzentriert sich in letzter Zeit auf die beiden großen Bundesbetriebe (Post und Bahn), wo Teilprivatisierungen von der Bundesregierung schon beschlossen worden sind.

Im Bereich der Sozialhilfe sind die Städte besonders einfallsreich, um die gestiegenen Ausgaben zu senken. Sie, die im 19. Jahrhundert die Sozialpolitik sozusagen "erfunden" haben, begrüßen heute die Reduzierung der Sozialleistungen, die durch Bundesgesetz festgelegt werden. Außerdem versuchen sie, die finanzielle Last loszuwerden: einerseits offen durch die Forderung an den Bund, er solle die Sozialhilfe aus seinem Haushalt bezahlen (was dieser allerdings trotz der Großen Koalition der Bürgermeister aus allen Parteien konsequent ablehnt), andererseits durch administrative Tricks wie die (schlecht bezahlte) befristete Beschäftigung von Sozialhilfeempfängern im öffentlichen Dienst ("Hilfe zur Arbeit"), damit sie wieder Anrecht auf Arbeitslosengeld bzw. -hilfe haben, die aus den Kassen der Bundesanstalt für Arbeit und aus dem Bundeshaushalt bezahlt werden.

Eine gute Möglichkeit dazu bietet außerdem das Arbeitsförderungsgesetz, mit dem Qualifizierungsmaßnahmen und befristete Arbeitsverhältnisse für gemeinnützige Zwecke begründet werden können (ABM). Das Geld kommt aus der Arbeitslosenversicherung. Dadurch können (vorübergehend) Arbeitslosenquote gesenkt und die Einkommensteuereinnahmen erhöht werden. Zum Teil kompensieren die Gemeinden damit die Reduktion ihres Personalbestandes.

Mit diesen Mitteln werden auch Experimente für neue Organisationsformen der Arbeit unterstützt, etwa im "alternativen Sektor". Unterstützung von Eigenarbeit und Selbsthilfe sind allerdings ständigen Angriffen der mittelständischen Interessenvertretungen ausgesetzt, die eine öffentlich subventionierte Konkurrenz bzw. Schwarzarbeit vermuten. Auch die Gewerkschaften stehen den Alternativbetrieben, die zum Teil sehr niedrige Löhne bezahlen, skeptisch gegenüber. Die Förderung dieses Bereichs ist allerdings quantitativ so marginal, daß eine ernsthafte Entlastung der lokalen Arbeitsmärkte nicht eingetreten ist. Wichtiger ist der politische Effekt, daß "Anspruchsdenken" gemindert und die Bereitschaft zur Selbsthilfe gefördert wird.

Vor allem im Bereich der Sozialarbeit und des Gesundheitswesens werden zunehmend Selbsthilfeaktivitäten angestoßen, um billiger solche Effekte zu erreichen, die ein geschrumpftes öffentliches Angebot nicht mehr bewirken kann. Während liberale und konservative Politiker in der Unterstützung von Selbsthilfe eine Möglichkeit zur Reduzierung öffentlicher Aufgaben und zum Abbau des Sozialstaats sehen, verfolgen Grüne und alternative Bewegungen damit das Ziel des "Umbaus" des Sozialstaats, der durch weniger bürokratische Kontrolle und mehr Selbstbestimmung geprägt sein soll. Da die Effekte oft nicht genau auseinanderzuhalten sind, entstehen manchmal Koalitionen von links und rechts gegen die eher konservativ erscheinenden Sozialdemokraten.

3.1.2. Einnahmen erhöhen

Neben den Strategien, die Ausgaben zu reduzieren, werden viele Anstrengungen unternommen, die Einnahmen der Gemeinden zu erhöhen. Als direkte Maßnahmen stehen dabei Steuer- und Gebührenerhöhungen sowie Verkäufe aus dem kommunalen Vermögen zur Diskussion, als indirekte Maßnahmen die Wirtschaftsförderung, die höhere Steuereinnahmen und eine Verringerung der Arbeitslosigkeit bewirken soll.

Die Möglichkeiten, über Steuererhöhungen die lokalen Einnahmen zu erhöhen, sind allerdings eng begrenzt, da die quantitativ wichtigsten Steuern durch die Länder und den Bund festgelegt und von ihnen verteilt werden. Neben einigen Bagatellsteuern (wie z.B. Hundesteuer), deren Erhöhung mehr die Bürger verärgern als die Haushaltssituation verbessern würde, können die Gemeinden aus eigener Entscheidung lediglich die Grundsteuer und (in gesetzlich vorgegebenem Rahmen) den Hebesatz der Gewerbesteuer manipulieren. Das haben sie in den letzten Jahren auch getan, aber solche Erhöhungen haben starke negative symbolische Effekte. Um das "Investititonsklima" zu verbessern, sind gerade Steuerermäßigungen notwendig. Auch das Recht, den Hebesatz bei der Gewerbesteuer zu manipulieren, bringt kaum Spielraum: Zwar kann die Gewerbesteuer, heute faktisch eine Großbetriebssteuer, die höchstens 1,5 % der gesamten Produktionskosten eines Betriebes ausmacht (Kirsch/Schußmann 1978), weder einen positiven noch einen negativen Effekt auf Standortentscheidungen von Unternehmen ausüben, aber ihr Signalwert wird von den Gemeinden mehr als von den Unternehmen selbst ernst genommen.

Dies gilt auch für die Grundsteuer, die in Deutschland im Gegensatz zu England nie besonders hoch war. Dafür hat früher die Dominanz des Grundbesitzes in den Kommunalparlamenten gesorgt.

Tab. 13: Kostendeckungsgrade in verschiedenen kommunalen Aufgabenbereichen

	1980	1985
Abwasser	83,9	85,2
Müllbeseitigung	95,5	94,9
Straßenreinigung	54,5	59,9
Schlachthöfe	75,2	72,3
Friedhöfe	59,4	63,0
Öffentliche Bäder	18,2	22,2
Volkshochschule	17,6	28,2
Musikschulen	24,6	36,9
Theater	11,4	13,5
Museen	6,5	8,5

Quelle: Gemeindefinanzberichte 1981 und 1987.

Die Gebühren für die Benutzung öffentlicher Einrichtungen sind schon Anfang der 80er Jahre erheblich erhöht worden (von den Kanalgebühren über Benutzungsgelder bis zu den Kindergartengeldern). Der Anteil der Gebühren an der Finanzierung der kommunalen Haushalte ist zwischen 1961 und 1988 von 14,5 % auf 21,3 % gestiegen. (vgl. Tab. 2). In der Zeit zwischen 1980 und 1985 haben die Gemeinden damit bei allen öffentlichen Dienstleistungsangeboten schon den Kostendeckungsgrad erhöht (vgl. Tab. 13). Es gibt aber zwei Gründe, warum an dieser Schraube nicht endlos weitergedreht werden kann: zum einen können höhere Gebühren ab einem gewissen Niveau zu einem Rückgang der Nachfrage führen, was dann die Einnahmen wieder sinken läßt. Zum anderen werden viele kommunale Dienstleistungen gerade deshalb öffentlich erbracht, weil sie von den Benutzern privat nicht finanziert werden können. Dies gilt sowohl für soziale wie für kulturelle Einrichtungen. Die damit verbundenen redistributiven Effekte, die freilich nicht immer zugunsten der Armen wirken, würden bei der konsequenten Anwendung des Kostendeckungsprinzips vollständig vernichtet. Einer solchen Entwicklung stehen bisher die grundsätzlichen Orientierungen der großen Parteien in der Bundesrepublik entgegen, aber eine wachsende Tendenz zur Kommerzialisierung kommunaler Dienstleistungen ist nicht zu verkennen.

Neben der Anhebung von Gebühren wurden auch neue Gebühren eingeführt, so z.b. für die Benutzung von öffentlichen Gebäuden durch Vereine. Dies betrifft den Bereich der Breitenkultur, des Sports und sonstiger Freizeitaktivitäten.

Die angespannte Haushaltssituation veranlaßt die Gemeinden außerdem, alle Quellen zur Kostenerstattung mit großem Nachdruck zu erschließen. Dies gilt z.b. für den Bereich der Sozialhilfe, wo die Gemeinden bei der Verfolgung von Unterhaltspflichtigen locker oder sehr genau verfahren können. Da gerade die Sozialhilfeausgaben in den letzten Jahren sehr stark gewachsen sind, versuchen die Gemeinden, die erhöhten Ausgaben durch höhere Einnahmen in diesem Bereich zu kompensieren.

Gebäude- und Grundstücksverkäufe sind ein weitres Mittel, die Einnahmen zu erhöhen. Zum Beispiel können Schulen verkauft werden, weil die Schülerzahlen drastisch zurückgegangen sind und als Folge sinkender Geburtenraten weiter zurückgehen werden. Aber auch Grundstücke, die einmal zu Zwecken einer gezielten Stadtentwicklung gekauft worden sind, werden heute schneller und billiger verkauft als früher. Besonders für Gewerbenutzung wird öffentliches Grundeigentum sehr billig abgegeben. Dabei werden heute auch ohne Bedenken Flächennutzungspläne verändert, Grünflächen umgewidmet und Vorschriften des Umweltschutzes vernachlässigt. Forderungen von Investoren, die noch vor 15 Jahren öffentliche Empörung ausgelöst hätten, werden heute in der Regel gerne und geräuschlos erfüllt.

Eine herausragende Rolle bei der Bewältigung der Krise auf kommunaler Ebene spielt die Wirtschaftsförderung. Damit soll zunächst ein weiterer Anstieg der Arbeitslosigkeit vermieden werden, indem die Modernisierung der Betriebe und Innovationen im Produktbereich unterstützt werden. Durch eine Stabilisierung der lokalen Wirtschaft sollen aber auch Wachstumsprozesse initiiert und damit städtische Einnahmen (Gewerbe- und Einkommensteueranteil) erhöht werden. Auf die Attrahierung von Betrieben aus anderen Städten setzt dabei niemand ernsthaft, vielmehr steht die "Bestandspolitik" sowie die Unterstützung der Gründung von neuen Betrieben im Vordergrund. Bestandspolitik heißt, daß - vor allem mittlere und kleine - am Ort vorhandene Betriebe dabei unterstützt werden, ihre Produktionsprozesse und ihr Produktionsprogramm zu modernisieren. Viele Städte haben zu diesem Zweck in den letzten Jahren lokale Institutionen für Wirtschaftsförderung und Technologieberatung neu gegründet bzw. ausgebaut, die vor allem beratende und vermittelnde Funktionen haben: sie koordinieren die Kontakte zu den lokalen Verwaltungen, um Entscheidungsprozesse zu beschleunigen, und sie informieren die Betriebe über Fördermöglichkeiten, die in der Regel von den Ländern und vom Bund bereitgehalten werden. In vielen Städten sind Technologieparks und Gründerzentren eingerichtet worden. Dabei kooperieren die Industrie- und Handelskammern mit den lokalen Behörden im Sinne des "Unternehmens Stadt".

In der regionalwirtschaftlichen Literatur wird in den letzten Jahren die Bedeutung der lokalen Ebene für die Innovationsprozesse im Bereich wirtschaftlicher Tätigkeit betont. Die Qualifikation der Unternehmer und die Finanzierung von Modernisierungsinvestitionen ist zu einer kommunalen Aufgabe geworden (vgl. Ewers 1985). Dies ist eine vollkommen neue Entwicklung, die sich erst in der jüngsten Krise herausgebildet hat.

Besonders auffällig ist ebenfalls die Bedeutung, die der Kulturpolitik als Teil der Wirtschaftsförderung inzwischen in allen Städten zugeschrieben wird (vgl. dazu ausführlich Häußermann/Siebel 1987). Zunächst wird der Kultursektor als eigene Wachstumsbranche gefördert (Tourismus), von dem indirekte Einkommenseffekte ausgehen, aber er gilt auch als wichtiger Standortfaktor für die Ansiedlung von High-tech-Unternehmen und modernen Dienstleistungsbetrieben. Diese Ausrichtung auf die Freizeitbedürfnisse einer neuen Dienstleistungsklasse strahlt auch auf die Stadtplanung (Styling des öffentlichen Raums) sowie die Wohnungspolitik aus (Förderung von Gentrification).

3.2. Zusammenfassung

Die Politik der Städte zur Bewältigung der Krisenfolgen zeichnet sich durch eine zunehmende Ökonomisierung ihrer Dienstleistungen aus, die sich sowohl durch eine Erhöhung der Gebühren wie durch die Privatisierung öffentlicher Dienstleistungen durchsetzt. Damit sind redistributive Effekte verbunden, die die Möglichkeiten der Teilnahme an Einrichtungen des kollektiven Konsums für Einkommensschwache vermindern. Dieser Effekt wird durch Steueränderungen, die von der Bundesregierung und den Ländern beschlossen wurden, verstärkt: die Einkommensteuerreform, die 1990 in Kraft getreten ist, begünstigt die Besserverdienenden und hat weitere Einnahmeverluste der Städte zur Folge. Den Gemeinden ist als Ausgleich eine Beteiligung an der Erhöhung der Mehrwertsteuer in Aussicht gestellt worden, deren sozial selektive Wirkung offensichtlich ist.

Insgesamt weicht die bundesdeutsche Entwicklung nicht von den Tendenzen zur Deregulierung und Kapitalisierung gesellschaftlicher Beziehungen ab, die in allen entwickelten kapitalistischen Ländern zu beobachten sind. Redistributive Mechanismen werden abgebaut, korporatistische Strukturen breiten sich in den Entscheidungsprozessen auch auf kommunaler Ebene aus. Insbesondere in den ökonomisch schwachen Städten nimmt die Kontrolle über die soziale und räumliche Entwicklung ab.

4. Die politische Qualität lokaler Politik

Die kommunale Selbstverwaltung in Deutschland war bis zum Faschismus und ist heute in der Bundesrepublik eine "bürgerliche" Angelegenheit. "Rote Inseln" wie in Österreich, Italien oder England hat es nie gegeben. Dafür sorgten sowohl das Wahlrecht wie die staatliche Aufsicht, aber auch das Desinteresse der sozialistischen Bewegungen. Der Munizipalsozialismus in Deutschland war keine redistributive oder gar antikapitalistische Strategie, sondern Vorläufer des modernen Sozialstaates, wobei die öffentlichen Dienstleistungen überwiegend in kapitalistischer Form in rentabelen Eigenbetrieben erbracht wurden. In der Zeit vor 1918 mußten sogar die staatlichen Instanzen den Kommunen Ansätze einer redistributiven Politik aufzwingen (z.B. beim Arbeiterwohnungsbau). An dieser Gesamteinschätzung ändern auch die einzelnen "fortschrittlichen" kommunalpolitischen Leistungen z.B. im sozialen Wohnungsbau nichts, die in den 20er Jahren von sozialistischen Stadtbauräten in den Großstädten durchgesetzt worden sind. Trotz ihrer wohnungspolitischen Bedeutung waren auch sie nie Ansätze für eine andere Form von Politik, denn sowohl Produktion wie Finanzierung vollzogen sich in kapitalistischen Formen.

In Deutschland wurden nie Strategien oder praktische Ansätze entwickelt, die der kommunalen Politik eine andere Rationalität als derjenigen des kapitalistischen Staates zu geben versucht hätten. Alle Reformen, die von kommunaler Ebene ausgingen, dienten der Modernisierung und Perfektionierung des bürgerlichen Staates. Die Politik der Kommunen hatte daher nie eine andere Qualität als die des Staates, obwohl gerade dies die Ideologie der Selbstverwaltung suggeriert. Daher ist es auch weder notwendig noch möglich, für Deutschland eine "Theorie des lokalen Staates" zu entwickeln, wie es etwa Saunders für Großbritannien postuliert hat.

Die Gemeinden als Einfallstor für eine "andere" Politik zu sehen, in der Gebrauchswertorientierungen und resdistributive Strategien über die kapitalistische Rationalität triumphieren könnten, wie es von sozialen Bewegungen oder sozialistischen Theoretikern heute manchmal vorgeschlagen wird, geht an der Geschichte der Selbstverwaltung in Deutschland und an ihrer tatsächlichen Funktion im staatlichen System vorbei. Dies spiegelt sich im Selbstverständnis der Kommunalpolitiker, die lokale Politik als "unpolitisch" definieren. Dies entspricht insoweit der Wirklichkeit, als der Politik auf kommunaler Ebene die zentralen gesellschaftlichen Strukturen vorgegeben sind und aus den Entscheidungsprozessen systematisch ausgeklammert werden müssen. Die oben beschriebene institutionelle und finanzielle Verflechtung mit dem Staat macht jeden anderen Ansatz aussichtslos.

Diese Struktur ermöglicht auf kommunaler Ebene eine breite Koalition der Parteien, die auf Landes- und Bundesebene sehr konträre Aufassungen vertreten. In kommunalpolitischen Fragen gibt es - sieht man einmal von der FDP ab, die auf kommunaler Ebene so gut wie keine Rolle spielt - keine tiefgreifenden Differenzen zwischen den beiden großen Parteien. Man kann auch nicht sagen, daß die eine oder die andere der großen Parteien sich prinzipiell freundlicher gegenüber der kommunalen Selbstverwaltung verhalten würde. Typischerweise war die Finanzreform von 1969 ein Werk der Großen Koalition auf Bundesebene, die nicht nur weitgehend im Einvernehmen, sondern sogar nach Forderungen der Vertreter der Kommunen konzipiert wurde.

In den Stadtverwaltungen teilen sie sich in der Regel die leitenden Positionen untereinander auf, und im Deutschen Städtetag (kommunaler Spitzenverband) wechseln sich CDU- und SPD-Oberbürgermeister im Vorsitz regelmäßig ab. Außer in den Stadtstaaten Berlin, Hamburg und Bremen werden die großen Städte faktisch von Großen Koalitionen regiert, was heftige Auseinandersetzungen zwischen den Parteien vor allem in den Gemeindeparlamenten in Einzelfragen nicht ausschließt.

Auch die von der SPD geleiteten Stadtverwaltungen streben in der Regel eine "sachliche" Zusammenarbeit mit den bürgerlichen Parteien an, die auf dem Grundkonsens der Dethematisierung zentraler gesellschaftlicher Strukturen basiert. Die "Sachorientierung" der SPD-Kommunalpolitiker wurde in der Nachkriegszeit nur einmal Ende der 60er Jahre durch einen Kongreß der Jugendorganisation der SPD gestört, der unter dem Motto stand: "Kommunalpolitik für wen?" Die Jungsozialisten wollten eine "Klassenperspektive" für die Kommunalpolitik entwickeln, bei der redistributive Orientierungen im Vordergrund stehen sollten. Für große Aufregung sorgten die Forderungen nach dem Nulltarif für die Benutzung öffentlicher Verkehrsmittel und sozialer Einrichtungen, nach einer Reform des Bodenrechts (Einführung einer Wertzuwachssteuer), sowie nach einer Überprüfung der Wirtschaftsförderungspolitik der Gemeinden. Diese Ideen schreckten den SPD-Vorstand so auf, daß er die Jugendorganisation verpflichtete, den Kongreß unter Ausschluß der Öffentlichkeit stattfinden zu lassen. Die prominentesten SPD-Oberbürgermeister traten vor dem Kongreß auf und warnten vor einer "Ideologisierung" der Kommunalpolitik (vgl. Rudzio 1977). Insbesondere in der Stadt München wurden in der Folgezeit heftige innerparteiliche Auseinandersetzungen zwischen dem SPD-Oberbürgermeister Vogel (heute Vorsitzender der SPD) und der linken Fraktion ausgetragen, die mit dem Ausschluß bzw. Austritt vieler linker Mitglieder endete.

Generell wird nach wie vor die Kommunalpolitik eher als fachlicher Bereich gegen die "politischen" Auseinandersetzungen auf staatlicher Ebene abgegrenzt. Selbst als er die gravierenden Finanzprobleme der Industriestädte beklagte, formulierte ein prominenter SPD-Kommunalpolitiker: "Die Lösung der bürgernahen Probleme vor Ort darf nicht an gegensätzlichem parteipolitischen Kalkül scheitern; eine "fachspezifische" große Koalition auf bundespolitischer Ebene ist deshalb zwingende Voraussetzung für eine "kommunalfinanzpolitische Wende". (Klein 1986, 90).

Daß Kommunalpolitik wenig nach parteipolitischen Orientierungen variiert, zeigen auch empirische Untersuchungen, die nach dem parteipolitischen Profil der Kommunalpolitik gesucht haben. Sie alle zeigen, daß - wie es ebenso Untersuchungen in den USA und in der Schweiz belegen - beim Ausgabenverhalten keine Konturen einer politisch bestimmten Kommunalpoltik zu erkennen sind. Eine empirische Untersuchung zu den Investitionen von Kommunen in Rheinland-Pfalz kam zu dem eindeutigen Ergebnis: "Den wichtigsten Bestimmungsfaktor der kommunalen Investionsausgaben stellen die staatlichen Investitionszuweisungen dar. Sie stimulieren Eigeninvestionen der Kommunen, und zwar weitgehend unabhängig von deren Bedarfs- und Ressourcenlage und der in ihr bestehenden parteipolitischen Konstellation.

Die parteipolitische Machtverteilung in den lokalen Entscheidungsgremien beeinflußt die Höhe der kommunalen Eigeninvestionen allenfalls graduell, ein klares parteipolitisch bedingtes Leistungsprofil läßt sich nicht nachweisen." (Gabriel et al. 1989, 25). Wichtigere Faktoren für das Ausgabenprofil sind Bevölkerungsstruktur, Wirtschaftsstruktur, lokale Traditionen und Bevölkerungsentwicklung (vgl. Georgieff et al. 1977).

Zweifellos gibt es aber empirische Unterschiede in der Kommunalpolitik zwischen den Städten. Eine kommunale Verwaltung hat viele Möglichkeiten, eigene Akzente zu setzen, z.B. in der Wohnungs- und Sozialpolitik, in der Gewerbeaufsicht (Umweltschutz) und bei der Verkehrsplanung. Allein das Aktivitätsniveau und die Qualifikation der kommunalen Manager wirkt sich aus, wenn es darum geht, die vielfältigen Fördermöglichkeiten des Bundes und der Länder für Investitionen auszunutzen, die zentralen Angebote also "von unten zu koordinieren" (von Einem 1983). Aber ebenso außer Zweifel steht, daß diese Unterschiede keinem einheitlichen politischen Muster zuzuordnen sind, daß es durchaus auch "rote Politik im schwarzen Rathaus" (Grüner/Jaedicke/Ruhland 1988) gibt und (sicher noch öfter) umgekehrt. Die Rahmenbedingungen für kommunale Politik sind strukturell so entwickelt, daß sich die Variationen nur innerhalb eines Grundkonsenses abspielen können, der "Wachstumspolitik" heißt.

Theoretisch könnte sich eine Kommune auf die vorhandenen Steuereinnahmen und auf die Finanzzuweisungen des Landes verlassen, ohne selbst die genannten Tendenzen zur Deregulierung und Ökonomisierung zu unterstützen. Sie würde mit dem kommunalen Finanzausgleich dann bei einer Finanzkraft landen, die etwa bei 90 % des Durchschnitts der Städte im Bundesgebiet liegt. Sie würde bei einer solchen Politik des Nullwachstums auf zusätzliche Investitionszuweisungen verzichten, damit aber die öffentlichen Ausgaben reduzieren und die lokale Arbeitslosigkeit erhöhen. Dem lokalen Gewerbe würden Investititonszuschüsse von Bund und Ländern entzogen, denn die Kommune müßte diese vermitteln und sich finanziell beteiligen. Insgesamt müßte zwar das kommunale Leistungsangebot reduziert werden, aber die Erfüllung der Pflichtaufgaben müßte nach geltenden Gesetzen durch den Finanzausgleich garantiert werden. Bankrott könnte eine Gemeinde nicht machen. Eine solche Politik würde jedoch nicht nur an den staatlichen Aufsichtsbehörden scheitern, die Gebührenerhöhungen und Leistungseinschränkungen bei der Genehmigung des Haushaltes verlangen könnten (die informellen Spielräume, die von den Kritikern der Zentralisierungsthese ins Feld geführt werden, können ebenso gut "von oben" in den jährlichen Verhandlungen um die Haushalte genutzt werden), sondern auch am Legitimationsverlust bei der eigenen Bevölkerung. Denn gerade in der Krise erwartet diese wachstumsfördernde Aktivitäten nicht nur vom Staat, sondern auch von den lokalen Repräsentanten. Die Gemeinden sind also nicht nur in eine Wachstumskoalition mit dem Staat eingebunden sind, sondern stellen selbst Wachstumskoalitionen dar. Weder gibt es Traditionen oder Leitbilder für eine "andere" Kommunalpolitik, noch existieren relevante politische Organisationen, die eine grundsätzlich andere Kommunalpolitik fordern könnten.

Angesichts der geschilderten Entwicklungen und Konstellationen nimmt sich die nach wie vor aufrecht erhaltene Ideologie der kommunalen Selbstverwaltung etwas seltsam aus, die in Festschriften und Festreden immer wieder beschworen wird, denn faktisch ist die kommunale Selbstverwaltung nichts anderes als die unterste Ebene der Staatsverwaltung, die von gewählten Beamten geführt wird. Zwischen der liberalen Theorie und der politisch-institutionellen Praxis klafft eine große Diskrepanz, die die realen Verhältnisse verschleiert.

Die Politikverflechtung, der Steuerverbund und die nicht ganz durchsichtige Verteilung von politischer Verantwortung zwischen den verschiedenen Ebenen ist hervorragend geeignet, Konfliktpotential zu diffusionieren und politische Proteste verpuffen zu lassen. Denn es gibt kein Problem, bei dem nicht die eine Ebene die Verantwortung einer jeweils anderen zuschieben kann - und zwar immer mit einem gewissen Recht. Weil es bei den widersprüchlichen Anforderungen an den kapitalistischen Staat nie eine alle Interessen befriedigende Lösung geben kann, ist die Auflösung von Entscheidungen in langwierige Prozesse eine höchst funktionale Angelegenheit, die den Problemdruck verteilt und partikularisiert. Angesichts des Funktionswandels der kommunalen Selbstverwaltung könnte man sagen, daß diese "Puffer-Funktion" die wichtigste der lokalen Politik ist (vgl. Offe 1976, Siebel 1974 und 1975, Rodenstein 1975).

In ähnlicher Weise wirkt die Regionalisierung von ökonomischen Krisen, die durch die Fragmentierung der Zuständigkeiten gesichert wird: Mit den Folgen der gegenwärtigen Restrukturierung haben die alten Industriestädte fertig zu werden, während die süddeutschen Großstädte im Geld schwimmen. Diese Diskrepanzen verhindern eine einheitliche Interessenlinie der Kommunen untereinander, und es ist ausgerechnet der sonst so geschmähte Zentralstaat, der die Einheitlichkeit der Lebensverhältnisse in einem gewissen Rahmen garantiert. Daß er dies tut, ermöglicht ihm andererseits um so wirksamer, mittels einer Differenzierungspolitik die Kommunen zu einem konformen Verhalten zu zwingen.

Denn groteskerweise werden die gegenwärtigen Unterschiede in der ökonomischen Situation der Städte, die aus überlokalen und internationalen Entwicklungen resultieren, gerade den Städten selbst angelastet. Mit der Definition als regionale Krisen, der die geographische Verteilung von Arbeitslosigkeit und Wachstumsraten so gut entspricht, wird die Lösung der Probleme auch vor allem auf die lokale Politik abgewälzt. Die Städte, die in dieser Situation auf staatliche Hilfen angewiesen sind, müssen sich dieser Definition beugen, da sie Sonderzuschüsse nur für Umstrukturierungen im Sinne einer Wachstumsförderung erhalten.

Damit einher geht ein deutlicher Wandel der lokalen Machtstruktur: Auch wo in Zeiten starken Wachstums eine sozialorientierte Koalition aus SPD und Gewerkschaften dominierte, wurden inzwischen korporatistische Strukturen etabliert, die die Basis für ein Aktionsbündnis aus Unternehmern, Gewerkschaften und öffentlichen Institutionen bilden sollen.

Auch das Selbstverständnis lokaler Politik verändert sich unter diesen Bedingungen. In der Wachstumsperiode bis 1975 wurde von den Kommunalpolitikern das Selbstverständnis der "Stadt als Dienstleistungszentrum" propagiert, für die es eine wichtige Aufgabe war, den gesellschaftlichen Reichtum sozial gerecht zu verteilen. In dieser Zeit wurden zwar die Städte für ihre Rolle als Wachstumspole umgebaut (Sanierung, Nahverkehrssysteme), aber es war genügend Geld vorhanden, diese Politik durch einen umfassenden Ausbau von Einrichtungen für den kollektiven Konsum und von sozialen Diensten zu begleiten ("Simultanpolitik"). Die Städte konnten sich eine ausgeprägte soziale Orientierung leisten und sich quasi als politische Vorreiter sozialstaatlicher Politik darstellen. In der Krise setzt sich nun ein Selbstverständnis durch, das die Stadt selbst als "Unternehmen" (wie z.B. der ehemalige Hamburger Bürgermeister von Dohnyani in einer exemplarischen Rede vor dem Industrieclub formulierte) begreift, die für den Reichtum, von dem die Bewohner profitieren könnten, selbst verantwortlich ist. Mit dieser Ideologie, die in krassem Widerspruch zu den Tendenzen einer Entlokalisierung und Internationalisierung der ökonomischen Beziehungen steht, kann eine Austeritätspolitik legitimiert werden, die vor allem Umverteilungseffekte "nach oben" hat. Sie forciert die Universalisierung kapitalistischer Rationalität, also der marktförmigen gesellschaftlichen Beziehungen, und negiert die Gebrauchswertorientierung kommunaler Politik im Prinzip, indem sie die Differenzen zwischen öffentlicher und privater Verwaltung einebnet.

In den Sozialwissenschaften hat die Frage nach den Handlungsspielräumen der kommunalen Politik eine lange Tradition. Das Interesse an dieser Frage speist sich aus verschiedenen theoretischen Orientierungen:

- Konservative oder liberale Staats- und Verfassungstheoretiker gehen nach wie vor von dem Gegensatz zwischen Staat und Gesellschaft aus und sehen diesen Gegensatz im Gegenüber von Gemeinde und Staat institutionalisiert. Ihr Interesse richtet sich daher auf die Erhaltung einer kommunalen Selbstverwaltung, die gegen staatliche "Übergriffe" verteidigt werden soll - aber eben auf eine (unpolitische) Verwaltung, die weitgehend nach "sachlichen" Gesichtspunkten zu erfolgen habe. Aus dieser Richtung wurde schon immer gegen die "Politisierung der kommunalen Selbtverwaltung" polemisiert. (Vgl. z.B. Köttgen 1968)

- Die empirische Politikforschung untersucht in der Tradition des demokratischen Pluralismus die Machtverteilung zwischen den verschiedenen staatlichen Ebenen und hat deshalb verschiedentlich das Verhältnis von Bund und Ländern (Scharpf et al. 1976) sowie von Staat und Gemeinden (Schnabel 1979, Fürst et al. 1984) thematisiert. Die Beziehungen zwischen den verschiedenen staatlichen Ebenen werden auch unter dem Gesichtspunkt der Effizienz von Steuerungstechniken und Konsensbildungsprozessen untersucht.

- Die kritische Sozialforschung, insbesondere im Gefolge der marxistischen Ansätze zur Staatstheorie in den 70er Jahren, ging hauptsächlich von der Zentralisierungsthese aus (vgl. Evers/Lehmann 1972, Häußermann 1972, Siebel 1974, Rodenstein 1974, Evers 1975), die mit den Konzentrations- und Zentralisationsprozessen des Kapitals sowie mit der Notwendigkeit einer wachsenden Staatsintervention in Zusammenhang gebracht wurde. Implizit lag diesen Ansätzen eine Theorie über die demokratische Qualität einer dezentralen Staatsorganisation zugrunde, die allerdings nicht sehr entwickelt und nicht mit entsprechenden Vorstellungen für die Ökonomie im entwickelten Kapitalismus verbunden war. Für die Linke erscheint jede Form von Dezentralisierung attraktiv, weil sie mehr demokratische Einflußmöglichkeiten und eine größere Nähe zu den alltäglichen Problemen verspricht.

Die Zentralisierungsthese wurde von der empirischen Politikwissenschaft als zu formal kritisiert (vgl. z.B. Baestlein et al. 1980), weil sie institutionelle Arrangements mit der politischen Wirklichkeit verwechsle. Auch und gerade unter den Bedingungen einer stärkeren institutionellen Verflechtung zwischen Staat und Kommunen bleibe den Gemeinden ein erheblicher Spielraum bei der Ausführung von Programmen und Gesetzen, die auf Landes- oder Bundesebene beschlossen werden; Wollmann (1982) spricht sogar von einer "Gegenimplementation von unten", deren Konturen er an der Wohnungspolitik skizziert. (Die Wirkungen schätzte er allerdings selbst als lediglich "mikropositiv" ein.) Außerdem würden die Gemeinden bei der Entwicklung solcher Programme beteiligt (Benz/Heinrich 1983). Diese Beteiligung habe um so größere Bedeutung, je stärker der Problemdruck auf lokaler Ebene sei, und je weniger routinisiert die "neuen" Probleme von der zentralen Administration im Gesetzgebungsverfahren geregelt werden könnten (Hesse 1983).

Seit einigen Jahren ist eine Diskussion in Gang gekommen, in der von einer "Erneuerung der Politik von unten" (Hesse 1986) bzw. von einer "kommunalen Gegenmachtpolitik" (Bullmann/Gitschmann 1985) die Rede ist. Angesichts der stabil scheinenden Besetzung zentralstaatlicher Positionen durch die konservativ-liberalen Parteien werden dabei Reformintentionen linker und alternativer Bewegungen vor allem auf die kommunale Politik gerichtet. Diese Orientierung lebt aus der Erinnerung an die revolutionären Traditionen vorindustrieller Stadtpolitik, in denen sich die bürgerlichen Emanzipationsbewegung auf die kommunale Autonomie stützte, und sie lebt aus der Idee, auf der lokalen Ebene könnten sich aus unmittelbaren Betroffenheiten Koalitionen gegen die Tendenz zur Ökonomisierung der Politik ergeben. Tatsächlich werden Auswirkungen von Austerity-Politik und Finanzkrise ja auf lokaler Ebene zuerst und am deutlichsten spürbar, wenn die Einrichtungen des kollektiven Konsums angegriffen werden, aber eine breite Bewegung, die eine wirksame kommunale Gegensteuerung erzwingen könnte, existiert nicht.

Teils aus Resignation, teils mit der Absicht einer "Entstaatlichung" von Politik (z.B. Evers 1986) werden von kritischen Sozialwissenschaftlern neue kommunalpolitische Strategien befürwortet, bei denen den Gemeinden ein eigenständiger Handlungsspielraum unterstellt wird, der durch Bündnisse mit sozialen Bewegungen endlich genutzt oder gar erweitert werden soll.

Als Ansatzpunkte werden dabei die Felder der Wohnungs-, Sozial-, Gesundheits-, Kultur- und sogar der Arbeitsmarktpolitik gesehen, die zu neuen Formen der Selbstorganisation und genossenschaftlichem Wirtschaften, zu einer "im Zusammenwirken von administrativen Instanzen und selbstinitiierten Gruppen erneuerten Stadtpolitik" (Bullmann/ Gitschmann 1985, 13) führen sollen. Solche Überlegungen hatte schon Grauhan mit der Vorstellung einer "Kommunalisierung des Staates" (1978, 230) entwickelt, die an die Marxsche Analyse der Pariser Kommune-Bewegung von 1870 anknüpften. Voraussetzung für die Formulierung derartiger Strategien wäre aber eine Entkoppelung der Kommunen von der staatlichen Ebene, die sich entweder in einer funktionalen Eigenständigkeit oder zumindest in qualitativ anderen Prozessen der Willensbildung zeigen lassen müßten.

Theorie und Praxis der Linken in Bezug auf die kommunale Ebene sind widersprüchlich. Während einerseits die Zentralisierung der politischen Entscheidungsprozesse als historische Tatsache und im Zusammenhang mit ökonomischen Prozessen auch als einigermaßen zwangsläufig interpretiert wird, wird die Selbstständigkeit der kommunalen Politik als analytischer und erstrebens- bzw. verteidigungswerter Ausgangspunkt gesetzt, ohne daß eine entsprechende Theorie entwickelt worden wäre. Die bisher vorliegenden Ansätze zu einer solchen Theorie (vgl. Krämer/Neef 1985 und Krätke/Schmoll 1987) sind nicht sehr vielversprechend. Der "funktionalistische Ansatz", wie Krätke/Schmoll die Theorien von Castells und Saunders nennen, geht von unterschiedlichen Funktionen der verschiedenen staatlichen Ebenen aus bzw. von verschiedenen Politik-Typen. Zwar ist eine Aufgabenteilung derart, daß auf staatlicher Ebene eher regulative und auf lokaler Ebene eher konsumorientierte Entscheidungen getroffen werden, nicht zu bestreiten; aus dieser Aufteilung ergeben sich zwar verschiedene Aufgaben, jedoch keine verschiedenen Funktionen. Daß sich auf den unterschiedlichen Ebenen prinzipiell andere Interessen bzw. Bedürfnisse artikulieren, und daß deshalb die lokale Ebene eine eigene Qualität habe, ist ein abwegiger Gedanke - insbesondere für das bundesrepublikanische System, wo die Politikverflechtung sehr weit getrieben ist. Die widersprüchlichen Funktionen des Staates im kapitalistischen Gesellschaftssystem, gleichzeitig die Voraussetzungen für die private Akkumulation und die Folgebereitschaft der Bevölkerung zu sichern, treten auf jeder Ebene zutage. Sicher besteht ein Unterschied zwischen lokaler und zentraler Ebene darin, daß die Einflußmöglichkeiten von einzelnen Bewegungen oder Initiativen auf lokaler Ebene direkter und größer sind, aber diese Möglichkeiten verhalten sich umgekehrt proportional zur politischen Bedeutung von Entscheidungen, und nicht jede Basisinitiative verfolgt per se demokratische Interessen. Auf lokaler Ebene können Initiativen oder situative Gruppen sich leichter Vorteile verschaffen, aber die Möglichkeiten für eine systematische Politik gesellschaftlicher Veränderung sind extrem begrenzt.

Die kommunale Selbstverwaltung wird häufig als die eigentliche Schnittstelle zwischen Staat und Bürgern bezeichnet. Dies ist insofern richtig, als "der Staat" vor allem in Form kommunaler Organe in Erscheinung tritt. Die Ausbalancierung der widersprüchlichen Funktionen von demokratischer Teilhabe und Kontrolle über den gesellschaftlichen Prozeß, die dem kapitalistischen Staat eigentümlich sind, geschieht auf lokaler Ebene in der Form der Selbstverwaltung - die gerade deshalb so geeignet dafür ist, weil sie demokratischer erscheint als die übergeordneten Ebenen, und nur dann stärkerer staatlicher Kontrolle unterworfen wird, wenn sie nicht im Sinne zentraler staatlicher Ziele funktioniert. Deshalb spiegelt sowohl die These der Zentralisierung wie die von den erweiterten Handlungsspielräumen politische Wirklichkeit wieder.

Denn darüber, daß die Handlungsmöglichkeiten für neue soziale Bewegungen oder politische Initiativen in den vergangenen Jahren auf kommunaler Ebene vergrößert worden sind, kann es keinen Zweifel geben: institutionelle und finanzielle Unterstützung können Initiativen aller Art in den Städten heute sehr viel leichter und in größerem Umfang bekommen als noch vor 10 Jahren. Und das gilt sowohl für SPD- wie für CDU-regierte Kommunen - vielleicht sogar noch stärker für letztere, weil die bürgerlichen Parteien weniger dem etatistischen Zentralismus anhängen als traditionell die SPD. Aber ist dies als Prozeß der Demokratisierung, als gestiegene Bedeutung kommunaler Politik, als Ausbau einer kommunalen Gegenmacht zu interpretieren?

Der Bedeutungsgewinn von Selbstorganisation und Selbsthilfe-Bewegung, von alternativen Betrieben und neuen Formen der Kulturarbeit kann auch interpretiert werden als Experimentieren mit neuen Formen der Organisation gesellschaftlicher Reproduktion, als Vorzeichen des Übergangs vom Fordismus zum Postfordismus (in diesem Sinne Esser/Hirsch 1987 und Rodenstein 1987). Deregulierung, Flexibilisierung und Selbstorganisation erscheinen dann in einem ganz anderen Licht, denn diejenigen Initiativen, die sich selbst als Avantgarde für eine neue Gesellschaft sehen, sind dann lediglich Vorreiter der Modernisierung des Kapitalismus. Eine solche Qualifizierung kann mit Sicherheit nicht schon heute mit dem theoretischen Fallbeil vorgenommen werden, denn die historische Bedeutung der gegenwärtigen Veränderungen wird sich erst dann erweisen, wenn ihr

Verlauf selbst Reichweite und Grenzen deutlich gemacht hat. Ob sie als exemplarische Projekte Anstoßeffekte in einem nach der Domino-Theorie verlaufenden gesellschaftlichen Umwälzungsprozeß darstellen oder letztlich nützliche Idioten für die Herausbildung eines raffinierteren Kapitalismus sind, kann nicht an einzelnen Beispielen analysiert werden. Völlig zu Recht betonen aber Krätke/Schmoll, daß die gesellschaftliche Reichweite lokaler Initiativen äußerst begrenzt sei, wenn der "Umbau der Gesellschaft" vor allem mit Nischenprojekten und einer extrem dezentralen Strategie angezielt wird, Fragen der Umverteilung ganz von der Tagesordnung verschwinden. Politische Initiativen zur gesellschaftlichen Innovation dürfen also nie allein auf die kommunale Ebene gerichtet werden.

Literatur

Baestlein, Angelika/Hunnius, Gerhard/Jann, Werner/Konukiewitz, Manfred 1980: Der "goldene Zügel" und die Kommunen. Ein Rückblick auf die Thesen vom staatlichen "Durchgriff" am Beispiel der Standortprogrammplanung in Nordrhein-Westfalen, in: H. Wollmann (Hrsg.), Politik im Dickicht der Bürokratie. Beiträge zur Implementationsforschung (Sonderheft Leviathan 3), Opladen, S. 103-129

Benz, Arthur/Henrich, F.W. 1983: Beteiligung der Gemeinden in der Regionalplanung: Formen und Strategien der Durchsetzung kommunaler Interessen gegenüber dem Staat, in: J.J. Hesse/H. Ganseforth/D. Fürst/E.H. Ritter (Hrsg.): Staat und Gemeinden zwischen Konflikt und Kooperation, Baden-Baden, S. 131-151

Bernhard Blanke/Adalbert Evers/Hellmut Wollmann (Hrsg.), 1986: Die zweite Stadt. Neue Formen lokaler Arbeits- und Sozialpolitik (Leviathan Sonderheft 7) Opladen

Breckner, Ingrid/Heinelt, Hubert/Krummacher, Michael/Oelschlägel, Dieter/Rommelspacher, Thomas/Schmals, Klaus 1989: Armut im Reichtum, Bochum

Boddy, Martin/Fudge, Colin 1984: Local Socialism? Labour Councils and New Left Alternatives, London

Böhret, Carl 1966: Aktionen gegen die "kalte Sozialisierung", Berlin

Bolenz, Jürgen 1965: Wachstum und Struktur der kommunalen Ausgaben in Deutschland 1849-1913, Phil.Diss. Freiburg

Bullmann, Udo/Gitschmann, Peter (Hrsg.) 1985: Kommune als Gegenmacht. Alternative Politik in Städten und Gemeinden, Hamburg

Duncan, Simon/Goodwin, Mark/Halford, Susan 1987: Politikmuster im lokalen Staat: Ungleiche Entwicklung und lokale soziale Verhältnisse, in: Prokla 68, S. 8-29

Einem, Eberhard v. 1983: Pauschalisierte Zuweisungen von Städtebaumitteln an die Gemeinden, in: Jens Joachim Hesse/Hellmut Wollmann (Hrsg.): Probleme der Stadtpolitik in den 80er Jahren, Frankfurt/New York

Esser, Joseph/Hirsch, Joachim 1987: Stadtsoziologie und Gesellschaftstheorie. Von der Fordismuskrise zur "postfordistischen" Regional- und Stadtstruktur, in: W. Prigge (Hrsg.): Die Materialität des Städtischen. Stadtentwicklung und Urbanität im gesellschaftlichen Umbruch, Basel/Boston/Stuttgart, S. 31-56

Evers, Adalbert/Lehmann, Michael 1972: Politisch-ökonomische Determinanten für Planung und Politik in den Kommunen der Bundesrepublik, Offenbach

Evers, Adalbert 1975: Agglomerationsprozeß und Staatsfunktionen, in: R.-R. Grauhan (Hrsg.), Lokale Politikforschung, 2 Bände, Frankfurt/M., S. 41-100

Evers, Adalbert 1986: Zwischen Arbeitsamt und Ehrenamt. Unkonventionelle lokale Initiativen im Schnittpunkt von Arbeit und sozialen Diensten, in: Bernhard Blanke et al., S. 15-50

Ewers, Hans-Jürgen 1985: Die Bedeutung der lokalen Ebene für Innovationsstrategien im industriellen Sektor, in: Lokale Entwicklungsstrategien. Neue Perspektiven für die regionale Wirtschaftspolitik? NIW-Workshop, Hannover

Friedrichs, Jürgen/Häußermann, Hartmut/Siebel, Walter (Hrsg.) 1986: Süd-Nord-Gefälle in der Bundesrepublik? Opladen

Fürst, Dietrich/Hesse, Joachim Jens/Richter, H. 1984: Stadt und Staat. Verdichtungsräume im Prozeß der föderalstaatlichen Problemverarbeitung, Baden-Baden

Georgieff, P./Laczko, S./Schäfer, G.F. 1977: Analyse kommunaler Finanzpolitik im sozialen Infrastrukturbereich, in: F.-X. Kaufmann (Hrsg.), Bürgernahe Gestaltung der sozialen Umwelt, Meisenheim am Glan

Grauhan, Rolf Richard 1978: Kommune als Strukturtypus politischer Produktion, in: Rolf Richard Grauhan/Rudolf Hickel (Hrsg.): Krise des Steuerstaats? Widerspruch, Perspektiven, Ausweichstrategien, Leviathan Sonderheft 1, Opladen, S. 229-247

Grüner, Hans/Jaedicke, Wolfgang/Ruhland, Kurt 1988: Rote Politik im schwarzen Rathaus? Bestimmungsfaktoren der wohnungspolitischen Ausgaben bundesdeutscher Großstädte, in: Politische Vierteljahresschrift 1/1988, S. 42-57

Häußermann, Hartmut 1972: Ursachen und Funktion der kommunalen Finanznot, in: Blätter für deutsche und internationale Politik 9/1972, S. 960-970

Häußermann, Hartmut/Siebel, Walter 1987: Neue Urbanität, Frankfurt/M.

Hesse, Joachim Jens 1983: Stadt und Staat - Veränderungen der Stellung und Funktion der Gemeinden im Bundesstaat? in: J.J. Hesse/H. Wollmann (Hrsg.): Probleme der Stadtpolitik in den 80er Jahren, Frankfurt/New York, S. 6-32

Hesse, Joachim Jens 1986 (Hrsg.): Erneuerung der Politik "von unten"? Stadtpolitik und kommunale Selbstverwaltung im Umbruch, Opladen

Hickel, Rudolf/Roth, Bernhard/Troost, Axel 1988: Stadtstaat Bremen im föderalen Finanzsystem, Bremen

Huster, Ernst-Ulrich 1985: Struktur und Krise kommunaler Sozialfinanzen, in: S. Leibfried/F. Tennstedt (Hrsg.): Politik der Armut oder Die Splatung des Sozialstaats, Frankfurt/Main, S. 190-209

Kirsch, B./Schußmann, Klaus 1978: Kommunale Gewerbesteuerpolitik, Hebesatzpolitik versus gewerbesteuerorientierte kommunale Strukturpolitik, in: Informationen zur Raumentwicklung 2-3/1978

Klein, Rolf-Richard 1986: Stadtfinanzen am Ende oder kommunalfinanzpolitische Wende?, in: J.J. Hesse (Hrsg.): Erneuerung der Politik "von unten"? Stadtpolitik und kommunale Selbstverwaltung im Umbruch, Opladen, S. 61-91

Köttgen, Arnold 1968: Kommunale Selbstverwaltung zwischen Krise und Reform, Stuttgart/Berlin/Köln/Mainz

Krabbe, Wolfgang R. 1979: Munizipalsozialismus und Interventionsstaat. Die Ausbreitung der städtischen Leistungsverwaltung im Kaiserreich, in: Geschichte in Wissenschaft und Unterricht, 6. Jg., S. 265-283

Krämer, Jürgen/Neef, Rainer (Hrsg.) 1985: Krise und Konflikte in der Großstadt im entwickelten Kapitalismus, Basel/Boston/Stuttgart

Krätke, Stefan/Schmoll, Fritz 1987: Der lokale Staat - "Ausführungsorgan" oder "Gegenmacht", in: Prokla 68, S. 30-72

Mäding, Heinrich (Hrsg.) 1983: Sparpolitik, Ökonomische Zwänge und politische Spielräume, Opladen

Offe, Claus 1975: Zur Frage der "Identität der kommunalen Ebene", in: R.-R. Grauhan (Hrsg.), Lokale Politikforschung, 2 Bände, Frankfurt/M., S. 303-309

Petzina, Dietmar 1986: Kommunale Finanzen und Handlungsspielräume in der Weltwirtschaftskrise: Das Beispiel der Stadt Bochum, in: H.-J. Teuteberg (Hrsg.), Stadtwachstum, Industrialisierung, sozialer Wandel (Beiträge zur Erforschung der Urbanisierung im 19. und 20. Jahrhundert), Berlin, S. 231-254

Rebentisch, Dieter 1981: Die Selbstverwaltung in der Weimarer Zeit, in: G. Püttner (Hrsg.), Handbuch der kommunalen Wissenschaft und Praxis, Berlin/Heidelberg/New York, S. 86-100

Reineke, Friederike 1987: Das personalwirtschaftliche Verhalten der Kommunen unter finanziellem Druck, dargestellt am Beispiel Nordrhein-Westfalen, Frankfurt/Bern/New York/Paris

Reissert, Bernd 1984: Die kommunale Finanzverfassung und das System der staatlichen Zuweisungen an die Kommunen in der Bundesrepublik Deutschland, in: Städtische Finanzen. Probleme und Strategien. Ein internationaler Vergleich, hrsg. vom Bundesminister für Raumordnung, Bauwesen und Städtebau, Bonn, S. 111-147

Reulecke, Jürgen 1985: Geschichte der Urbanisierung in Deutschland, Frankfurt/M.

Rodenstein, Marianne 1974: Thesen zum Wandel der kommunalen Selbstverwaltung in Deutschland, in: R. Emenlauer/H. Grymer/T. Krämer-Badoni/M. Rodenstein: Die Kommune in der Staatsorganisation, Frankfurt/M., S. 35-71

Rodenstein, Marianne 1975: Konflikte zwischen Bund und Kommunen, in: R.-R. Grauhan (Hrsg.), Lokale Politikforschung, 2 Bände, Frankfurt/M., S. 310-325

Rodenstein, Marianne 1987: Durchstaatlichung der Städte? Krisenregulierung durch kommunale Selbstverwaltung, in: W. Prigge (Hrsg.): Die Materialität des Städtischen. Stadtentwicklung und Urbanität im gesellschaftlichen Umbruch, Basel/Boston/Stuttgart, S. 107-123

Rudzio, Wolfgang 1977: Eine Erneuerung gesellschaftsverändernder Kommunalpolitik? Zum Impuls der Jungsozialisten, in: K.-H. Naßmacher (Hrsg.), Kommunalpolitik und Sozialdemokratie, Bonn/Bad-Godesberg, S. 78-110

Saldern, Adelheid v. 1977: Sozialdemokratische Kommunalpolitik in wilhelminischer Zeit. Die Bedeutung der Kommunalpolitik für die Durchsetzung des Reformismus in der SPD, in: K.-H. Naßmacher (Hrsg.): Kommunalpolitik und Sozialdemokratie, Bonn/Bad-Godesberg, 18-62

Saldern, Adelheid v. 1979: Kommunalpolitik und Arbeiterwohnungsbau im deutschen Kaiserreich, in: L. Niethammer (Hrsg.), Wohnen im Wandel, Wuppertal, S. 344-362

Saldern, Adelheid v. 1984: SPD und Kommunalpolitik im deutschen Kaiserreich, in: Archiv für Kommunalwissenschaften, 23. Jg., S. 193-213

Saunders, Peter 1986: Social Theory and the Urban Question, London, 2. Auflage

Scharpf, Fritz W./Reissert, Bernd/Schnabel, Fritz 1976: Politikverflechtung. Theorie und Empirie des kooperativen Föderalismus in der Bundesrepublik, Kronberg/Ts.

Schmidt-Eichstaedt, Gerd 1981: Bundesgesetze und Gemeinden. Die Inanspruchnahme der Kommunen durch die Ausführung von Bundesgesetzen. Stuttgart/Berlin/Köln/Mainz

Schnabel, Fritz 1979: Politik ohne Politiker, in: H. Wollmann (Hrsg.): Politik im Dickicht der Bürokratie. Beiträge zur Implementationsforschung (Leviathan Sonderheft 3), Opladen, S. 49-70

Siebel, Walter 1974: Entwicklungstendenzen kommunaler Planung (Schriftenreihe des Bundesministers für Raumordnung, Bauwesen und Städtebau Nr. 03.028), Bonn

Willke, Helmut 1984: Budgetäre Restriktionen lokaler Politik, in: Archiv für Kommunalwissenschaften, 32. Jg., S. 25-42

Wollmann, Hellmut 1982: Implementation durch Gegenimplementation von unten? Zur sozialen und räumlichen Selektivität der Wohnungspolitik und ihrer Implementation, in: R. Mayntz (Hrsg.): Implementation politischer Programme II, Opladen, S. 169-196

Wollmann, Hellmut 1986: Stadtpolitik - Erosion oder Erneuerung des Sozialstaats "von unten"? in: Bernhard Blanke et al., S. 79-111

Heinrich Mäding

Finanzielle Restriktionen kommunalen Handelns

Die folgenden Überlegungen beanspruchen nicht eine umfassende Zwischenbilanz zur Entwicklung der Forschung über Kommunalfinanzen in den 80er Jahren zu sein, sie resümieren nicht einmal die politikwissenschaftlichen Beiträge zu diesem Thema. Sie stellen vielmehr einerseits die aktuellen Probleme in größere, dauerhafte Zusammenhänge und berichten andererseits kurz von zwei eigenen Forschungsvorhaben.

1. Zur Charakterisierung kommunaler Finanzpolitik

Finanzpolitik unterscheidet sich von anderen Politikfeldern durch ein bestimmtes Bündel von Charakteristika (Heinrich Mäding, 1990). Dies gilt auch für die kommunale Finanzpolitik.

Finanzpolitik als Ausgabenpolitik ist Handlungsform des "Wohlfahrtsstaates". Auch die Kommune versucht, durch die Gewährung von Leistungen und Geld an Bürger ("Daseinsvorsorge") den Sozialstaat direkt zu realisieren oder durch die Förderung von Wirtschaft und Arbeitsplätzen indirekt zu ihm beizutragen. Jede Sachpolitik ist dabei auf Ressourcen, auf Geld angewiesen (Querschnittscharakter der Finanzpolitik). Auch auf der kommunalen Ebene sind solche Sachziele von den Machterhaltungszielen der Positionsinhaber in Rat und Verwaltung nicht zu trennen. Beide Zielgruppen begründen das Streben nach Geld als Zwischenstufe des Strebens nach zurechenbarem politischem Erfolg.

Finanzpolitik als Einnahmenpolitik definiert den Staat als "Steuerstaat", der gerade im Kapitalismus darauf angewiesen ist, die Quellen seiner Steuerkraft zu pflegen und so in Abhängigkeit von der privaten Wirtschaft, ihren Konjunkturen und Krisen, gerät. Obwohl Steuereinnahmen z. Zt. nur ca. 35 % der kommunalen Einnahmen ausmachen, gilt diese Abhängigkeit auch für die Kommunen, deren Einnahmen über die Gewerbesteuer mit dem Gewinn der lokalen Wirtschaft, über die Einkommensteuer mit Zahl und Einkommensentwicklung der Bürger korrelieren.

Zur Abhängigkeit von lokalen Bedarfen auf der Ausgabenseite und von der wirtschaftlichen Lage auf der Einnahmenseite tritt für die Kommunen der Bundesrepublik Deutschland - einzeln und insgesamt - ihre geringe Finanzautonomie (vgl. Paul Kirchhof, 1985) als Problemquelle hinzu.

- Der "Fächer der Einnahmen" ist den Kommunen durch Verfassung und Gesetz weitgehend vorgegeben. Bei den Steuern gibt es zwar die Hebesatzautonomie bei den Realsteuern, doch diese ist rechtlichen, politischen und wirtschaftlichen Restriktionen unterworfen. Bei den Zuweisungen werden alle wesentlichen Bedingungen auf der staatlichen Ebene formuliert, den Kommunen bleibt evtl. die Auswahl unter konkurrierenden "Töpfen", oft aber nur die Notwendigkeit zuzugreifen, wo etwas angeboten wird. Die höchsten Autonomiegrade gibt es noch bei den Gebühren.

- Der "Fächer der Aufgaben und Ausgaben" ist den Kommunen ebenfalls durch Verfassung und Gesetz heute weitgehend vorgegeben. Auftragsangelegenheiten und Pflichtaufgaben absorbieren den größten Teil der Finanzmittel. Der Aufgabenumfang, die Verfahren der Aufgabenerfüllung, die Zahl der Fälle und sogar die Ausgaben pro Fall sind dann oft weitgehend durch staatliche Vorgaben bestimmt (Beispiel: Sozialhilfe).

Finanzpolitik als Haushaltspolitik erweist sich für die Kommunen vor diesem Hintergrund oft als Ratifizierung extern getroffener Entscheidungen und als Kunst, Enttäuschung intern gleichmäßig zu verteilen.

Kommunale Finanzpolitik insgesamt ist daher zugleich durch ein hohes Maß an Relevanz und an Konflikthaltigkeit gekennzeichnet: Konflikte zwischen den Ebenen um Geld oder Autonomie, Konflikte zwischen den Gemeinden um Unternehmen und Arbeitsplätze, um Steuerkraft und Zuweisungsanteile, Konflikte zwischen den Ämtern und zwischen gesellschaftlichen Gruppen um einen fairen Anteil an den knappen Mitteln.

2. Systematik von Forschungsperspektiven

Insgesamt wird man resümieren können, daß seit langem in der Bundesrepublik kommunale Finanzpolitik im Verhältnis zu dominanten Feldern der Fachpolitik (Sozialpolitik, Umweltpolitik u.ä.) und im Verhältnis zu ihrer objektiven Bedeutung relativ wenig untersucht worden ist. Hier kann kein umfassender Überblick über den Forschungsstand gegeben werden. Statt dessen soll einerseits ein Systematisierungsvorschlag mit drei Dimensionen entwickelt werden, der eine grobe Einordnung der vorhandenen Literatur erlaubt, und andererseits sollen zu den entstehenden Forschungsfeldern jeweils beispielhaft einige neuere Literaturhinweise gegeben werden.

1. Die Kommunalfinanzen können einerseits im Rahmen der öffentlichen Finanzwirtschaft des Gesamtstaates untersucht werden. Hier geht es um drei Fragenkreise:

a) um rechtliche und politische Fragen der Finanzautonomie bzw. der Abhängigkeit der Kommunalfinanzen auf der Einnahmen- und Ausgabenseite oder im Haushaltsverfahren von Entscheidungen des Bundes und der Länder (Paul Kirchhof, 1985),

b) um die tatsächliche Verflechtung durch Finanzströme (d.h. um Finanzausgleich im engeren Sinne): Steuerverbünde, Umlagen und das intensiv erforschte Feld der (Zweck-)Zuweisungen (Hartmut Richter, 1983; Bernd Reissert, 1984),

c) um die Anteile der drei Ebenen an den Ausgaben und Einnahmen nach Aufgabenbereichen, Ausgabenarten und Einnahmearten (Anna Kraus, 1983, Otto-E. Geske, 1985).

Die Studien können andererseits die Finanzen der kommunalen Ebene "isoliert" betrachten und - etwa im Gefolge der sog. policy-output studies - statistische Erklärungsversuche etwa für unterschiedliche Ausgabenstrukturen oder für alternative Sparstrategien unternehmen und dabei das relative Gewicht von rechtlichen (Gemeindeverfassung), politischen (Parteienstruktur) und sozioökonomischen Erklärungsvariablen (Bevölkerungsentwicklung, Wirtschaftskraft) prüfen (Gerhard Banner, 1984, 1986, Robert C. Rickards, 1985, Oscar Gabriel et al.,. 1989, Horst Zimmermann et al., 1987).

2. Untersuchungen der Kommunalfinanzen legen einerseits das Gewicht auf die Veränderungen im Zeitablauf. Hier sind - in säkularer Perspektive - gerade auch international vergleichende Arbeiten durchgeführt worden (Anna Kraus, 1983, Thomas Köster, 1984). Sie versuchen andererseits zeitpunktbezogen Strukturunterschiede zwischen Gemeinden, bzw. Gemeindetypen zu identifizieren (zwischen großen und kleinen Gemeinden, zwischen armen und reichen Gemeinden, zwischen Stadt- und Landgemeinden).

3. Als dritte Strukturierungsdimension ist auf die dominante Forschungsfrage einzugehen. In dieser Perspektive können die Arbeiten oft nicht lupenrein, aber nach ihrer vorherrschenden Ausrichtung in beschreibende, erklärende, bewertende und entwerfende Arbeiten und die verschiedenen Mischtypen eingeteilt werden.

3. Zu laufenden Forschungsarbeiten

Im folgenden sollen zwei Beispiele eigener Forschungsarbeiten der jüngeren Zeit kurz vorgestellt werden:

"Kommunalfinanzen im ländlichen Raum Baden-Württembergs" ist ein Projekt im Auftrag des Ministers für ländlichen Raum, Landwirtschaft,

Ernährung und Forsten Baden-Württembergs (Laufzeit 1988-1990). Es sieht die Kommunalfinanzen eher isoliert, der Akzent liegt auf Strukturunterschieden zwischen Gemeindeklassen, im Mittelpunkt stehen quantitativ-beschreibende und bewertende Aussagen (Heinrich Mäding und Rainer Röder, 1989).

"Von der Albrecht-Initiative zum Strukturhilfegesetz" ist ein kleines Eigenprojekt (Laufzeit 1988-1990). Es stellt die Verflechtung zwischen den Ebenen heraus, betrifft sowohl Entwicklungstendenzen (Explosion der Sozialhilfe, Entscheidungsprozesse 1988) als auch Strukturunterschiede zwischen Gemeindeklassen und zielt auf erklärende und bewertende Aussagen ab.

3.1. Kommunalfinanzen im ländlichen Raum Baden-Württembergs

Das Projekt nimmt ausgehend vom raumordnungspolitischen Postulat der Gleichwertigkeit der Lebensverhältnisse, die Fragen nach der relativen Position und internen Homogenität des ländlichen Raumes in Baden-Württemberg auf und versucht, sie für die Kommunalfinanzen zu beantworten.

Die Kommunalfinanzen haben aus der Perspektive der Raumordnung eine sehr wichtige Bedeutung:

- Im dreistufigen föderativen System der Bundesrepublik werden ca. 65% der öffentlichen Investitionen in die Infrastruktur von den Kommunen (Kreisen, Gemeinden) getätigt. Ihre Finanzkraft ist folglich eine wichtige Voraussetzung für die infrastrukturelle Ausstattung eines Raumes. Auch die Folgekosten für den Betrieb der Infrastruktur belasten weitgehend die kommunalen Haushalte.

- Indirekt besitzt der kommunale Haushalt damit auch wichtige Konsequenzen für Arbeit und Einkommen in der Region, insofern seine Ausgaben Einkommensquellen für Unternehmen und Haushalte darstellen und Arbeitsplätze sichern oder schaffen und für die Umweltqualität in der Region, insofern spezifische Infrastrukturen umweltentlastend (aber auch - belastend!) wirken.

- Schließlich sind Einnahmedaten Indikatoren für Siedlungsdichte und Wirtschaftskraft einer Region. Von ihrer Höhe lassen sich Rückschlüsse auf den Lebensstandard der Regionsbevölkerung ziehen.

- Einnahmeschwäche, die zu hohen Hebesätzen bei den kommunalen Grund- und Gewerbesteuern führt, kann die Standortwahl von Unternehmen beeinflussen und hat damit langfristige Auswirkungen auf Arbeit und Einkommen.

Diese Argumente belegen nachdrücklich, daß eine vergleichende Situationsanalyse des ländliche Raumes auch eine Analyse der Kommunalfinanzen umfassen sollte. In der wissenschaftlichen Diskussion und Literatur ist aber bisher die Verknüpfung raumwirtschaftlicher und finanzwirtschaftlicher Fragen nur unvollkommen erfolgt (vgl. neuerdings Horst Zimmermann et al., 1987). Auch in amtlichen Dokumenten des Landes Baden-Württemberg werden diese Zusammenhänge kaum thematisiert. (vgl. Landesregierung Baden-Württemberg, 1987, Ministerium für Wirtschaft, Mittelstand und Technologie Baden-Württemberg, 1987). Zielsetzung des Projekts war es daher, hinsichtlich des Problemfeldes Kommunalfinanzen die relative Position des ländlichen Raumes im Vergleich zum Landesdurchschnitt und zu den anderen Raumordnungskategorien aufzuzeigen und die interne Homogenität oder Heterogenität des ländlichen Raumes zu bestimmen.

Die Haushaltsdaten der 1111 Gemeinden Baden-Württembergs wurden zu Daten für die 89 Mittelbereiche (MB) aggregiert. Die Mittelbereiche wurden eigenständig den vier Raumordnungskategorien (ROK) des Landesentwicklungsplans 1983 zugeordnet: Verdichtungsräume, Randzonen, Verdichtungsgebiete im ländlichen Raum, ländlicher Raum.

Wenn im folgenden vom ländlichen Raum die Rede ist, dann beziehen sich diese Aussagen nur auf die vierte Raumordnungskategorie, die 35 Mittelbereiche umfaßt.

Erhoben wurden Daten für die Jahre 1976 bis 1986, zeitübergreifende Aussagen beziehen sich auf die beiden Eckjahre. Aus 82 finanzwirtschaftlichen Variablen wurden zunächst 15 Beschreibungs-Indikatoren (pro Kopf-Zahlen oder Quoten) entwickelt. Einige dieser Beschreibungs-Indikatoren werden in der wissenschaftlichen Literatur und in der politischen Praxis auch als Maßgrößen für "Reichtum" oder "Armut" der Kommunen, für das Ausmaß "finanzieller Belastung" (fiscal stress) oder "finanzieller Spielräume" interpretiert. Sie können daher über ihre Beschreibungsfunktion hinaus als Belastungs-Indikatoren Hilfestellung bei der normativen Einschätzung der kommunalen Finanzsituation bieten.

An zwei Beispielen sollen einige quantitative Ergebnisse exemplarisch vorgestellt werden.

3.1.1. Gewerbesteuer - pro-Kopf

Zwar ist inzwischen der Anteil der Gemeinden an der Einkommensteuer in seinem Volumen etwas größer als ihr Anteil an der Gewerbesteuer. Diese gilt aber weiterhin wegen des Hebesatzrechtes und wegen der Verbindung zur lokalen Wirtschaft als besonders aussagefähige Größe zur Wirtschafts- und Finanzkraft. Die Zahlen erfassen die Gewerbesteuer nach Kapital und Ertrag abzüglich der Gewerbesteuerumlage.

Tab. 1: Durchschnittswerte der Gewerbesteuer/Kopf für das Land Baden-Württemberg und die einzelnem Raumordnungskategorien (ROK) im Jahr 1986 (in DM)

Raumordnungskategorien	1976 (Abs.)	1986 (Abs.)	Index (1976=100)
Land	266,21	531,35	199,57
Verdichtungsräume	327,23	672,21	205,43
Randzonen	216,95	412,41	190,09
Verdichtungsbereiche	213,46	393,02	184,12
Ländlicher Raum	200,09	392,55	196,18

Ein Vergleich der Durchschnittswerte für das Land Baden-Württemberg und für die vier ROK ergibt folgendes Bild (vgl. Tabelle 1):

1. Die Verdichtungsräume lagen 1986 um 141 DM oder 26,5 % über dem Landesdurchschnitt. Der ländliche Raum lag um 139 DM oder 26,1 % unter dem Landesdurchschnitt.

2. Die Gewerbesteuer - pro-Kopf in den Verdichtungsräumen betrug 1986 das 1,7fache des Wertes der ländlichen Räume (1976: 1,6fache).

3. Der Index 1986 - bezogen auf 1976 - zeigt Werte zwischen 184 und 205, also überall etwa eine Verdoppelung.

4. Verglichen mit den Verdichtungsräumen hat der ländliche Raum weiter verloren, verglichen mit den Randzonen und den Verdichtungsbereichen jedoch geringfügig gewonnen.

Ein Vergleich der detaillierten Daten für die 35 Mittelbereiche im ländlichen Raum ergibt folgendes Bild (vgl. Tabelle 2).

1. Die Einnahmen der Gewerbesteuer - pro-Kopf streuen stark zwischen 1053 DM (MB Schwäbisch Hall) und 167 DM (MB Münsingen), das sind 198 % und 31 % des Landesdurchschnitts oder 268 % und 43 % des Durchschnitts im ländlichen Raum.

Tab. 2: Gewerbesteuer/Kopf in den Mittelbereichen des ländlichen Raumes im Jahr 1986 (in DM)

Platz	Mittelbereich	1976 (Abs.)	1986 (Abs.)	Index (1976=100)
1	Schwäbisch Hall	440,01	1053,06	239,33
	ø ROK Verdichtungsraum			
2	Wertheim	391,50	629,81	160,87
3	Eberbach	322,24	598,42	185,71
	ø Ländlicher Raum + 50%			
4	Kehl	278,98	577,67	207,07
5	Buehl	264,80	577,38	218,04
6	Freudenstadt	263,53	562,41	213,41
	ø Ländlicher Raum + 40%			
7	Kuenzelsau	330,21	535,46	162,16
	ø Ländlicher Raum + 30%			
	ø Ländlicher Raum + 20%			
	ø Ländlicher Raum + 10%			
	ø Land Baden-Württemberg			
8	Balingen	250,22	489,70	195,71
9	Ellwangen	161,73	485,69	300,31
10	Schramberg	219,76	453,14	206,20
	ø Ländlicher Raum			
11	Biberach	240,72	386,96	160,75
12	Ehingen	174,46	378,35	216,87
13	Offenburg	182,93	376,04	205,56
14	Leutkirch	140,47	363,94	259,08
15	Oehringen	171,50	353,43	206,08
	ø Ländlicher Raum - 10%			
16	Ravensburg/Weing.	177,60	351,97	198,18
17	Lahr	221,42	350,36	158,24
18	Aalen	170,08	349,93	205,75
19	Laupheim	178,28	332,57	186,54
20	Ueberlingen	136,07	327,88	240,96
21	Hasl.-Hausach-Wol	223,81	326,21	145,75
	ø Ländlicher Raum - 20%			
22	Buchen	131,08	305,82	233,31
23	Waldshut-Tiengen	188,47	302,83	160,67
	ø Ländlicher Raum - 30%			
24	Crailsheim	145,92	271,34	185,95
25	Titisee-Neustadt	167,12	267,67	160,17
26	Nagold	170,25	265,04	155,67
27	Waldkirch	122,70	264,73	215,75
28	Riedlingen	209,86	264,27	125,93
29	Horb	138,23	256,20	185,35
30	Sigmaringen	153,95	241,31	156,74
31	Bad Mergentheim	144,88	236,99	163,58
	ø Ländlicher Raum - 40%			
32	Tauberbischofsheim	142,55	221,05	155,07
33	Saulgau	134,01	212,09	158,26
34	Wangen	142,39	202,18	142,00
35	Muensingen	112,12	167,32	149,24

2. Der beste Mittelbereich nimmt - verglichen mit dem schwächsten- pro Kopf das 6,3fache ein. Bereinigt man um diese beiden Extremwerte, beläuft sich der Faktor immer noch auf 3,1.

3. Nur 7 von 35 Mittelbereichen übertreffen den Landesdurchschnitt, nur einer den Durchschnitt der Verdichtungsräume.

4. Auch die Indexwerte streuen stark zwischen 300 (MB Ellwangen) und 126 (MB Riedlingen). Das entspricht durchschnittlichen jährlichen Wachstumsraten von etwa 12 % (MB Ellwangen) und 2 % (MB Riedlingen), die zur Beurteilung auch auf die durchschnittliche Inflationsrate von 3,5 % bezogen werden müssen.

3.1.2. Zuweisungsfinanzierungsquote

Kommunen, vor allem wirtschaftsschwache Kommunen erhalten allgemeine und zweckgebundene Zuweisungen zur Sicherung der Aufgabenerfüllung. Unsere Zuweisungsfinanzierungsquote mißt den Anteil der Schlüsselzuweisungen an den Einnahmen des Verwaltungshaushalts insgesamt. Als Belastungsindikator verweist sie auf eine - verglichen mit dem Bedarf - zu niedrige Steuerkraft.

Tab. 3: **Durchschnittswerte der Zuweisungsfinanzierungsquote für das Land Baden-Württemberg und die einzelnem Raumordnungskategorien (ROK) im Jahr 1986 (in %)**

Raumordungskategorien	1976 (in %)	1986 (in %)	Index (1976=100)
Land	10,67	12,35	115,71
Verdichtungsräume	8,40	11,12	132,26
Randzonen	13,24	13,19	99,60
Verdichtungsbereiche	10,08	12,51	124,10
Ländlicher Raum	16,36	15,23	93,06

Ein Vergleich der Durchschnittswerte für das **Land Baden-Württemberg** und für die vier ROK ergibt folgendes Bild (vgl. Tabelle 3):

1. Der ländliche Raum lag 1986 um 2,9 Prozentpunkte oder 23,3 % über dem Landesdurchschnitt, der Verdichtungsraum lag um 1,2 Prozentpunkte oder 10 % unter dem Landesdurchschnitt.

2. Die Zuweisungsfinanzierungsquote im ländlichen Raum betrug 1986 fast das 1,4fache des Wertes im Verdichtungsraum (1976: das 1,9fache).

3. Der Index 1986 - bezogen auf 1976 - zeigt Werte zwischen 93 (im ländlichen Raum) und 132 (im Verdichtungsraum). Die Quote geht also im ländlichen Raum geringfügig zurück, während sie im Verdichtungsraum deutlich ansteigt. Würde diese Tendenz anhalten, wären beide ROK in ca. 10 Jahren auf demselben Niveau.

3.1.3. Ergebnisse

1. Die detaillierte Aufbereitung finanzstatistischer Kennzahlen auf der Ebene der Mittelbereiche verspricht interessante Einsichten in die Situation und die Entwicklungen im ländlichen Raum.

2. Die Werte für die Raumordnungskategorien konvergieren teilweise (Zuweisungsfinanzierungsquote), teilweise divergieren sie (Gewerbesteuer - pro-Kopf). Bei den zwei gewählten Beispielen fällt aber auf, daß die Konvergenz dort stattfindet, wo der ländliche Raum "führte" (Zuweisungen), die Verdichtungsgebiete haben hier also aufgeholt, daß die Divergenz dort stattfindet, wo der ländliche Raum "hinterherhinkte" (Gewerbesteuer), er hat also weiter verloren. Auch wenn die vorgelegten Zahlen nur im Kontext weiterer Informationen eine zutreffende Beurteilung ermöglichen, kann doch hier soviel festgehalten werden: Wenn sich dies als Tendenz allgemein bestätigte, würde es ein Alarmsignal ersten Ranges für die Landesentwicklungsplanung und ihre Ausgleichsziele sein müssen.

3. Die Werte für die Mittelbereiche im ländlichen Raum streuen bei allen bisher untersuchten Indikatoren stark. Es ist daher ein Irrtum, den ländlichen Raum als weitgehend homogenes "flaches Land" der Individualität der Städte gegenüberzustellen. Daß es sich hierbei um eine baden-württembergische Besonderheit handeln sollte, ist unwahrscheinlich. Besondere Beachtung müssen die Mittelbereiche finden, in denen sich mehrere zentrale "Belastungs-Indikatoren" deutlich negativ entwickeln.

3.2. Von der Albrecht-Initiative zum Strukturhilfegesetz

Die Untersuchung wurde angeregt durch die Wahrnehmung der Diskrepanz zwischen einem eindeutigen, dringlichen kommunalen Problem ("Explosion" der Sozialhilfeausgaben) und einer überraschend fernen politischen Problemlösung durch Bund und Länder (Strukturhilfegesetz). Sie geht von der Vermutung aus, daß die Sachferne der Lösung etwas mit der Abgehobenheit der Lösungsproduzenten zu tun hat, eine Konsequenz von fehlender Autonomie der Kommunen dargestellt. Um dies zu belegen, wird das Sachproblem Sozialhilfe skizziert, um dann den Problemlösungsprozeß von der Albrecht-Initiative (Januar 1988) bis zum Strukturhilfegesetz (Dezember 1988) darzustellen, theoretisch einzuordnen und - kurz - zu beurteilen.

3.2.1. Sozialhilfe

Die Sozialhilfe nach dem Bundessozialhilfegesetz von 1961 (vgl. Frank Klanberg und Aloys Prinz, 1983), von der man zunächst annahm, daß sie im Zuge weiteren wirtschaftlichen Wachstums eher eine marginale Rolle im System der sozialen Sicherung spielen würde, hat vor allem wegen der wachsenden wirtschaftlichen Probleme seit 1975, wegen der wachsenden Bereitschaft, Hilfe in Anspruch zu nehmen, wegen Änderungen in der Altersstruktur und wegen politisch bedingten Leistungsverbesserungen eine rasche Expansion erlebt. Der Aufgabenumfang, die Verfahren der Aufgabenerfüllung, die Zahl der Fälle und sogar die Ausgaben pro Fall sind weitgehend durch staatliche Vorgaben bestimmt. Die Sozialhilfe wird auf Gemeindeebene allgemein als "Sprengsatz in den städtischen Verwaltungshaushalten" angesehen (Hans Karrenberg, 1989a, S. 98; Georg Milbradt, 1989, S. 128). Bis 1988 ist ihr Volumen auf über 25 Mrd. DM, wovon die Kommunen netto rund 19 Mrd. DM, die Länder rund 6 Mrd. zu tragen haben, und ihr Anteil an den kommunalen Ausgaben auf über 10% gestiegen. Die Last im Bereich der Sozialhilfe liegt nicht nur in der Tatsache, daß Bund und Länder über die Verfahren und über die Finanzvolumina der Sozialhilfe entscheiden (geringe Autonomie), wichtiger ist die resultierende Verengung des Handlungsraums bei den kommunalen Selbstverwaltungsaufgaben.

Auch in diesem Aufgabenbereich müssen die strukturellen Aspekte als sehr bedeutsam eingeschätzt werden (vgl. Dieter Hotz, 1987). Dem allgemeinen Süd-Nord-Gefälle der Wirtschaftskraft entsprechend ist ein Nord-Süd-Gefälle hinsichtlich der Belastung mit Sozialhilfeausgaben festzustellen. So betrugen z.B. 1987 die Pro-Kopf-Ausgaben für Sozialhilfe:
- über 800 DM in den drei Stadtstaaten,
- etwa 480 DM in Nordrhein-Westfalen und 430 DM in Niedersachsen,
- etwa 250 DM in Bayern und 290 DM in Baden-Württemberg (Die Zeit, 12.5.1989).

Die folgende Graphik soll die Rolle von Strukturaspekten bei der Beurteilung der Gemeindefinanzen verdeutlichen. Vergleicht man die Gemeindeeinnahmen und die "notwendigen" Gemeindeausgaben in aggregierter Betrachtung, dann mag durchaus ein Volumen "freier Finanzmittel" identifizierbar sein, das gleichsam den finanziellen Handlungsspielraum der

Abb. 1: Hypothetischer Vergleich von Gemeindeeinnahmen und "notwendigen" Gemeindeausgaben bei aggregierter und disaggregierter Betrachtung

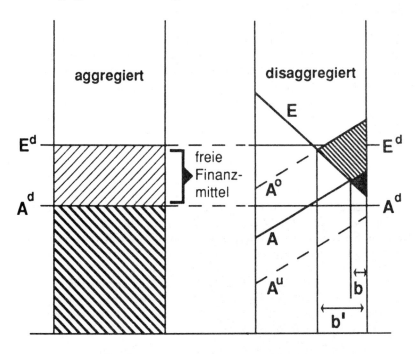

E^d = Durchschnitt Einnahmen

A^d = Durchschnitt Ausgaben

A^o = Obergrenze des Streubereichs der Ausgaben

A^u = Untergrenze des Streubereichs der Ausgaben

Gemeinden insgesamt beschreibt (Graphik, linke Hälfte). Dies ist etwa die Perspektive, wenn der Bundesminister der Finanzen in den jährlichen Finanzberichten den Gemeinden eine - verglichen mit Bund und Ländern - relativ gute Finanzsituation attestiert. Ordnet man aber die Gemeinden nach der Höhe ihrer pro-Kopf-Einnahmen nach kommunalem Finanzausgleich bei vergleichbarer Steueranspannung, ergibt sich ein Einnahmegefälle (Graphik, rechte Hälfte, Kurve E) zwischen der "reichsten" Gemeinde und der "ärmsten" Gemeinde. Die Ausgabenbedarfe dieser einzelnen Gemeinden werden nun aber in der Tendenz (nicht im Einzelfall) den entgegengesetzten Anstieg haben, da in den ärmsten Gemeinden ceteris paribus wenigstens der Sozialhilfeaufwand überdurchschnittlich groß sein dürfte. Kurve A stellt eine hypothetische Regressionsgerade durch die - nicht eingezeichneten - Einzelausgaben dar. Schließlich kann man eine Bandbreite um A definieren, so daß X% der Fälle (z.b. 80%) innerhalb der Bandbreite zu liegen kommen (Obergrenze A^o, Untergrenze A^u). Wegen der Abweichung der individuellen Fälle von der Regressionsgerade A stehen nicht nur die wenigen Gemeinden b unter starker finanzieller Anspannung (A>E), sondern viele der Gemeinden von b'.

Je größer die Unterschiede der Einnahmen (je steiler E), je größer die Unterschiede der notwendigen Ausgaben (je steiler A), je größer die individuelle Streuung um die A-Gerade (je breiter das Band zwischen A^o und A^u), umso mehr Gemeinden geraten trotz einer Situation, in der die Durchschnittseinnahmen der Gemeinden größer sind als die Durchschnittsausgaben der Gemeinden, in eine Situation, in der die individuellen Einnahmen der jeweiligen Gemeinde kleiner sind als die individuellen "notwendigen" Ausgaben der jeweiligen Gemeinde.

In den Sozialhilfelasten zeigt sich heute modellhaft der Zusammenhang zwischen dem Niveauproblem, dem Strukturproblem und dem Autonomieproblem der Kommunalfinanzen: Durch ihr rasches Wachstum, ihre große Heterogenität und die geringe Autonomie der Kommunen zur Ausgabengestaltung wurde bei mehr und mehr Kommunen der Handlungsspielraum drastisch eingeengt. Dies erklärt deren Druck auf Bund und Länder zu einer Reform.

3.2.2. Zur Entstehung des Strukturhilfegesetzes

Die Albrecht-Initiative vom Januar 1988 (vgl. Helmut Fischer, 1988, Wolfgang Renzsch 1989, S. 340 ff.) folgte unmittelbar auf eine Untersuchung der "Konferenz Norddeutschland" der Länder Niedersachsen, Schleswig-Holstein, Hamburg und Bremen über die Benachteiligung der nord- und westdeutschen Länder durch den Bund. Im Mittelpunkt der Initiative stand der Vorschlag einer Änderung des Bundessozialhilfegesetzes. Der Bund sollte 50 % der Sozialhilfe übernehmen (ca. 10 Mrd. DM) und dafür einerseits von den Ländern durch eine Erhöhung seines Anteils an der Umsatzsteuer um 4 Prozentpunkte (ca. 5 Mrd. DM) und andererseits durch weitere, nicht konkretisierte Erhöhungen bei einigen Verbrauchssteuern, z.B. der Mineralölsteuer, entschädigt werden. Rasch konnte Albrecht für seinen Vorschlag eine Stimmenmehrheit von sieben Bundesländern (neben den Ländern der Konferenz Norddeutschland auch Nordrhein-Westfalen, Berlin und das Saarland) gewinnen, die einen entsprechenden Gesetzesentwurf am 29. April 1988 im Bundesrat verabschiedete (BT-Drs 11/2685 vom 21.7.1988). In der nun folgenden Debatte wurde der Vorschlag mit einer Fülle grundlegender Probleme der Finanzpolitik in einem föderativen Staat verknüpft (vgl. u.a. die Beiträge von Birgit Breuel et al., 1988, S. 231ff.). Die Städte, die den Albrecht-Vorschlag nur als eine "zweitbeste Lösung" einschätzten und für die Übernahme der vollen Kosten der Arbeitslosigkeit durch den Bund und die versicherungsmäßige Absicherung des Pflegefallrisikos plädierten, fürchteten, daß ein erheblicher Anteil des Geldes für die Haushaltskonsolidierung der Länder abgezweigt werden könnte und so der lokalen Ebene verloren ginge (Hans Karrenberg, 1989a). Außerdem wurde von ihnen - wie auch vom Bund - die Schaffung eines neuen Bereichs der Mischfinanzierung kritisiert, da dies mit Autonomieverlust in der kommunalen Selbstverwaltung einhergehen müsse.

Nach einer intensiven überwiegend CDU-internen Debatte, in der, wie schon beim Finanzausgleichsgesetz 1987 (vgl. Wolfgang Renzsch, 1989, S. 339 f.), die Zustimmung des Landes Niedersachsen zur Steuerreform als Druckmittel eine Rolle spielte[1], wurde am 8.12.1988 ein "Gesetz zum Ausgleich unterschiedlicher Wirtschaftskraft in den Ländern" (sog. Strukturhilfegesetz) vom Bundestag beschlossen, dem der Bundesrat gegen die Stimmen von Hamburg, Bremen, Hessen und Baden-Württemberg am 16.12.1988 zustimmte. Der Bund gewährt nun für die Dauer von 10 Jahren ab 1989 an alle Länder, außer Baden-Württemberg und Hessen, Finanzhilfen für besonders bedeutsame Investitionen der Länder und Gemeinden in Höhe von jährlich insgesamt 2,45 Mrd. DM. Die Finanzhilfen werden den namentlich genannten Ländern gewährt, deren Wirtschaftskraft einen Rückstand gegenüber dem Bundesdurchschnitt aufweist. Für die Bestimmung der Wirtschaftskraft und die Verteilung der Mittel werden das Bruttoinlandsprodukt je Einwohner, das Beschäftigungswachstum sowie die Arbeitslosenquote zugrundegelegt.

Vergleicht man die Netto-Zuflüsse nach der Albrecht-Initiative und dem Strukturhilfegesetz ergeben sich die in Tabelle 4 enthaltenen Werte.

---

1) Am 24.06.1988 enthielt sich Niedersachsen im Finanzausschuß des Bundesrates bei der Abstimmung über die Vorlage zur Steuerreform der Stimme (vgl. Wolfgang Renzsch, 1989, S. 342).

Tab. 4: Bundesleistungen an die Länder nach Albrecht-Initiative und Strukturhilfegesetz

	A-Initiative[2] in Mio DM	in %	Strukturhilfeges.[3] in Mio DM	in %
Baden-Württemberg	225	4,7	-	
Freistaat Bayern	179	3,8	158	6,5
Berlin	508	10,7	72	3,0
Freie Hansestadt Bremen	154	3,3	63	2,6
Freie und Hansestadt Hamburg	361	7,6	113	4,6
Hessen	352	7,4	-	
Niedersachsen	716	15,1	652	26,7
Nordrhein-Westfalen	1733	36,6	756	30,6
Rheinland-Pfalz	154	3,3	272	11,1
Saarland	96	2,0	112	4,6
Schleswig-Holstein	259	5,5	252	10,3
insgesamt	4737	100,0	2450	100,0

3.2.3. Zur Beurteilung des Strukturhilfegesetzes

Hier soll keine umfassende Kritik dieses Gesetzes vorgelegt werden (vgl. dazu u.a. Werner Patzig 1989), weder die Verfassungsmäßigkeit geprüft, noch die Wirksamkeit eingeschätzt werden. Wie läßt sich dieses Resultat des gesamtstaatlichen Entscheidungsprozesses interpretieren?

Ich sehe darin ein besonders gravierendes Beispiel für eine Problemverschiebung im politischen Entscheidungsprozeß, und die Richtung dieser Verschiebung ist bedingt durch die geringe Autonomie der Gemeinden im Bereich der Kommunalfinanzen und durch ihre schwache Stellung im Entscheidungsprozeß. Das ursprüngliche Problem auf der lokalen Ebene war die wachsende, ungleichmäßige Belastung mit Sozialhilfeausgaben. Während der Verhandlungsprozesse zwischen der Bundesregierung und den Länderregierungen scheint dieses Problem mehr und mehr in den Hintergrund getreten zu sein. Die 24,5 Mrd. DM werden nun auf die Länder aufgeteilt, entsprechend bestimmter Indikatoren der Wirtschaftskraft, die nur noch sehr lose mit der Sozialhilfe zusammenhängen (Arbeitslosenquote). Diese Mittel sind für Investitionen zweckgebunden, sie entlasten nicht die Verwaltungshaushalte der armen Städte. Die Hauptursache für diese Problemverschiebung liegt in der Entscheidungsstruktur der Bundesrepublik

---
2) Bundestagsdrucksache 11/2685 vom 21.07.1988.
3) Vom 20.12.1988 BGBl. I, S. 2358; "Zum 01. Januar 1992 und zum 01. Januar 1995 soll die Verteilung der Finanzhilfen unter den Ländern der Entwicklung angepaßt werden" (§ 2 Abs. 2).

Deutschland, in der Ausschaltung der Kommunen aus dem formalen und informellen Entscheidungsprozeß. In unserem föderativen System kann nur die Länderebene eine Gesetzgebungsinitiative starten, besitzt nur die Länderebene Macht bis zur Vetomacht im Gesetzgebungsprozeß. Die kommunale Ebene mag laut oder leise, mit guten oder schlechten Argumenten klagen, aber sie kann ausschließlich über die Länderebene als Sachwalter agieren, und in die damit aktivierten Bund-Länder-Interaktionen bringen natürlich die Länder zugleich oder primär ihre eigenen Interessen ein.

Die Beurteilung des Ergebnisses mußte von den jeweiligen Positionen aus unterschiedlich ausfallen: Der Bund hatte das zunächst geforderte Finanzvolumen deutlich reduziert. Dies gilt besonders in einer langfristigen Perspektive bei wachsenden Sozialhilfeausgaben. Die Länder insgesamt hatten zwar "nur" Finanzhilfe von 24,5 Mrd. DM erkämpft, aber einen größeren Einfluß auf die Mittelverwendung als im Albrecht-Vorschlag. Aus der Perspektive der Gemeinden war die Problembearbeitung durch Bund und Länder begleitet von einer gravierenden Transformation des Probleminhalts. Sie führte zu einer "Lösung", die das ursprüngliche Problem nicht löst. Dies kann anhand der drei Grundprobleme der Kommunalfinanzen (Niveau, Struktur und Autonomie) kurz skizziert werden:

1. Niveauproblem: Statt einer dauerhaften Verringerung der Sozialhilfelast, die für den Handlungsraum der Gemeinden dasselbe bedeutet hätte, wie eine Steigerung ihrer Steuerkraft, wird nun die kommunale Ebene befristet Investitionszuschüsse bekommen. Das Volumen der Zuschüsse liegt mit 2,45 Mrd. DM pro Jahr unter 25 % der ursprünglich von Albrecht geforderten Entlastung (ca. 10 Mrd. DM)[4]. Es ist zudem nicht dynamisiert, wie die Sozialhilfelasten, sondern plafondiert. Inwieweit die Mittel Länderprogramme substituieren (werden), ist kaum feststellbar.

2. Strukturproblem: Die gefundene Lösung ist auch nicht äquivalent hinsichtlich der strukturellen Effekte auf der kommunalen Ebene. Nur zufällig werden die Gemeinden mit überdurchschnittlichen Sozialhilfelasten einen entsprechenden Anteil an den neuen Zuschüssen erhalten.

3. Autonomieproblem: Das zusätzliche zweckgebundene Geld aus Bonn ist verknüpft mit einer zusätzlichen Verteilungsfunktion der Länder über spezielle Länderprogramme, zusätzlicher Regulierung, Bürokratisierung und Präferenzverzerrung. Die Verwendungsauflagen des Gesetzes werden vom Deutschen Städtetag als "weder bedarfs- noch zielgerecht" bezeichnet (Hans Karrenberg und Engelbert Münstermann, 1989, S. 106). Autono-

---

4) Da 1989 nur etwa 20 % der Zuschüsse an die Gemeinden geflossen sind (Hans Karrenberg, 1989b, Hans Karrenberg und Engelbert Münstermann, 1990, S. 122ff.), schrumpft dieser Prozentsatz noch auf ca. 17 %.

mieverlust war schon ein Argument der Städte gegen die ursprüngliche Albrecht-Initiative. Das hier erzielte Endresultat verstärkt - verglichen mit dem Albrecht-Vorschlag - die Abhängigkeit der Gemeinden.

3.2.4. Ergebnisse

1. Die meisten Finanzprobleme im föderativen Staat stellen gleichzeitig Niveauprobleme, regionale Strukturprobleme und Autonomieprobleme dar.

2. Das untersuchte Beispiel belegt deutlich, wie wenig die Kommunen einzeln oder gemeinsam in der Lage sind, ihre Finanzprobleme selbst zu lösen.

3. Im untersuchten Beispiel wurde das Strukturproblem auf kommunaler Ebene als internes Problem der Länder definiert und aus der folgenden Diskussion ausgeklammert, die sich rasch auf die Gleichheit zwischen Ländern, auf faire Anteile der Länder an Bundeszuweisungen konzentrierte.

4. Je unterschiedlicher die ökonomische Entwicklung während der letzten 15 Jahre in regionaler Hinsicht wurde, desto lauter wurde auch der Ruf nach einer neuen Finanzreform in Deutschland. Das untersuchte Beispiel zeigt jedoch, daß es höchst fragwürdig ist, heute darauf zu vertrauen, daß die politischen Entscheidungsträger auf der Bundes- und Landesebene willens und in der Lage sind, eine faire und dauerhafte Reform zu entwickeln.

Literaturverzeichnis

Banner, Gerhard, 1984: Kommunale Steuerung zwischen Gemeindeordnung und Parteipolitik am Beispiel der Haushaltspolitik, in: Die Öffentliche Verwaltung 9/1984, S. 364-372

Banner, Gerhard, 1986: Steuerungswirkungen der Gemeindeverfassungen auf die kommunalen Haushalte und Beteiligungsunternehmen, in: Arnim, Hans und Klages, Helmut (Hrsg.): Probleme der staatlichen Steuerung und Fehlsteuerung in der BRD, S. 201-224, Berlin,

Bothe, Adrian, 1989: Die Gemeindeausgaben in der Bundesrepublik - ein nachfrageorientierter Erklärungsansatz (Kieler Studien 226), Tübingen

Breuel, Birgit et al., 1988: Neuverteilung der Sozialhilfelasten? in: Wirtschaftsdienst 5/1988, S. 231-234

Fischer, Helmut, 1988: Die Albrecht-Initiative. Hilfe für strukturschwache Länder, in: Wirtschaftswissenschaftliches Studium 12/1988, S. 632-634

Gabriel, Oscar W. et al., 1989: Parteiideologien und Problemverarbeitung in der kommunalen Infrastrukturpolitik, in: Aus Politik und Zeitgeschichte 30-31/1989, S. 14-26

Geske, Otto-E., 1985: Gemeinden und Kreise im Finanzsystem der BRD. in: Püttner, Günter (Hrsg.), Handbuch der kommunalen Wissenschaft und Praxis, 2. Aufl. Berlin etc., S. 29-49

Hotz, Dieter, 1987: Arbeitslosigkeit, Sozialhilfeausgaben und kommunales Investitionsverhalten, in: Informationen zur Raumentwicklung 9-10/1987, S. 593-610

Karrenberg, Hans, 1989a: Bundesfinanzhilfen für strukturschwache Länder, in: Zeitschrift für Kommunalfinanzen 5/1989, S. 98-102

Karrenberg, Hans, 1989b: Umsetzung des Strukturhilfegesetzes im Jahr 1989 durch die Länder, in: Zeitschrift für Kommunalfinanzen 11/1989, S. 242-245

Karrenberg, Hans/Münstermann, Engelbert, 1989: Gemeindefinanzbericht 1989, in: Der Städtetag 2/1989, S. 86-134

Karrenberg, Hans/Münstermann, Engelbert, 1990: Gemeindefinanzbericht 1990, in: Der Städtetag 2/1990, S. 82-135

Kirchhof, Paul, 1985: Die kommunale Finanzhoheit, in: Püttner, Günter (Hrsg.), Handbuch der kommunalen Wissenschaft und Praxis, 2. Aufl. Berlin etc., S. 3-28

Kitterer, Wolfgang (Hrsg.), 1989: Sozialhilfe und Finanzausgleich, Heidelberg

Klanberg, Frank/Prinz, Aloys, 1983: Anatomie der Sozialhilfe, in: Finanzarchiv, S. 281-311

Köster, Thomas, 1984: Die Entwicklung kommunaler Finanzsysteme am Beispiel Großbritanniens, Frankreichs und Deutschlands 1790-1980, Berlin

Kraus, Anna, 1983: Zentrale und dezentrale Tendenzen im Föderalismus, Göttingen

Landesregierung Baden-Württemberg, 1987: Ländlicher Raum mit Zukunft, Stuttgart

Mäding, Heinrich, 1990: Finanzpolitik, in: Holtmann, E. (Hrsg.), Politik-Lexikon, München (im Erscheinen)

Mäding, Heinrich/Röder, Rainer, 1989: Kommunalfinanzen und ländlicher Raum in Baden-Württemberg, Konstanz

Milbradt, Georg, 1989: Herausforderungen der kommunalen Haushaltswirtschaft, in: Erichsen, Hans-Uwe (Hrsg.), Kommunalverfassung heute und morgen - Bilanz und Ausblick, S. 122-130, Köln etc.

Ministerium für Wirtschaft, Mittelstand und Technologie Baden-Württemberg, 1987: Die Struktursituation des ländlichen Raumes in Baden-Württemberg 1974-1984, Stuttgart

Patzig, Werner, 1989: Regionale Ungleichgewichte und bundesstaatliche Finanzverfassung, in: Die Öffentliche Verwaltung, S. 330-338

Reissert, Bernd, 1984: Staatliche Finanzzuweisungen und kommunale Investitionspolitik, Diss. Berlin

Renzsch, Wolfgang, 1989: Föderale Finanzbeziehungen im Parteienstaat, in: Zeitschrift für Parlamentsfragen 3/1989, S. 331-345

Richter, Hartmut, 1983: Grauer Finanzausgleich über Zweckzuweisungen, Diss. Konstanz

Rickards, Robert C., 1985: Ursachen für die nichtinkrementale Bildung von Haushaltsprioritäten in bundesdeutschen Städten, in: Archiv für Kommunalfinanzen, S. 295-309

Zimmermann, Horst et al., 1987: Bestimmungsgründe der kommunalen Finanzsituation unter besonderer Berücksichtigung der Gemeinden in Ballungsgebieten, Bonn

Autor:

Prof. Dr. Heinrich Mäding, Universität Konstanz, Fachgruppe Politikwissenschaft/ Verwaltungswissenschaft, Postfach 5560, 7750 Konstanz 1

2. Stadtpolitik - vertikale Politikverflechtung, Kommunalverwaltung, Parteien, Verbände und soziale Bewegungen

Michael Krautzberger/Manfred Konukiewitz

Europäische Integration im Städtebau - Auswirkungen auf die Kommunen im Bundesstaat *

1. EG-Binnenmarkt und Städtebau

1.1. Ausgangslage

Die Begriffe "Städtebau" oder "Städtebaupolitik" sind in den *Römischen Verträgen* von 1957, die den Grundstein für die Bildung der Europäischen Gemeinschaft bilden, ebensowenig zu finden wie in der *Einheitlichen Europäischen Akte*, die am 1. Juli 1987 in Kraft getreten ist und durch die sich die Mitgliedstaaten der Europäischen Gemeinschaft verpflichtet haben, den Binnenmarkt bis 1992 schrittweise zu verwirklichen. EG-Binnenmarkt und Städtebau: Fehlanzeige?

Festzuhalten ist, daß die europäischen Institutionen keine ausdrückliche Kompetenz für städtebauliche Regelungen, Förderungen oder Einzelentscheidungen haben. Dies gilt allerdings entsprechend auch für das *Grundgesetz* der Bundesrepublik Deutschland aus dem Jahre 1949: Auch hier erscheint der Begriff "Städtebau" bei der Beschreibung der Bundesaufgaben nicht.

---

* Überarbeitete und erweiterte Fassung eines Beitrags von Michael Krautzberger im Archiv für Kommunalwissenschaften 1/1989.

Aber: Es gibt ein eigenes Bundesministerium, das den Begriff "Städtebau" in seiner Bezeichnung enthält, und es gibt einen gleichlautenden Ausschuß des Deutschen Bundestags. Lassen sich hier Parallelen finden?

1.2. Städtebauliche Aufgaben des Bundes

Die rechtlichen Grundlagen unnd die Mechanismen, nach denen der *Bund* in der vorgegebenen Verfassungslage an *städtebaupolitischen Entscheidungen* beteiligt ist oder sie unmittelbar trifft, lassen sich mit folgenden Stichworten bezeichnen:

- Der Bund hat - wie auch in der überwiegenden Zahl der staatlichen Aufgabenbereiche - *keine Gestaltungsbefugnisse "für den Einzelfall"*: Er entwirft z.B. keine eigenen Planungen für Städte oder Gemeinden. Er ist auch nicht an der fachlichen oder rechtlichen Kontrolle solcher Planungen beteiligt. Er ist ebenso nicht an der unmittelbaren Bewilligung oder auch nur Beeinflussung von Förderungsentscheidungen zugunsten konkreter städtebaulicher Projekte beteiligt.

- Seine politischen Gestaltungsaufgaben liegen vielmehr in einem Bereich, der sich mit "Schaffung von Rahmenbedingungen" für städtebauliches Handeln bezeichnen läßt: Hier ist in erster Linie die Gesetzgebungskompetenz des Bundes für das *Bodenrecht* zu nennen *(Art. 74 Nr. 18 GG)*. Städtebauliches Planen heißt in der Sprache unseres Planungsrechts (§ 1 Abs. 1 Baugesetzbuch), die bauliche und sonstige Nutzung des Bodens vorbereiten und leiten. Da der Bund nach Art. 74 GG weithin das *Wirtschafts- und Umweltrecht* regelt, gestaltet er auch insoweit wesentliche Rahmenbedingungen der städtebaulichen Entwicklung.

- Der Bund beteiligt sich an städtebaulichen Aufgaben darüber hinaus durch die Gewährung von Finanzhilfen nach *Art. 104 a Abs. 4 GG*: Die Verfassung sagt zwar auch dies nicht ausdrücklich, sondern spricht nur abstrakt von der Möglichkeit der Gewährung von *Finanzhilfen* des Bundes zugunsten von Länder- oder Gemeinde-Investition z.B. zur Förderung des wirtschaftlichen Wachstums. Art. 104 a Abs. 4 GG ist im Rahmen der Finanzverfassungsreform von 1970 jedoch mit der ausdrücklichen Intention eingeführt worden, eine verfassungsrechtliche Grundlage für eine *Städtebauförderung des Bundes* zu schaffen. Wer die Entwicklung der Städtebauförderungsprogramme seit Inkrafttreten des Städtebauförderungsgesetzes (1971) verfolgt, kann beobachten, daß die Höhe der Gesamtleistungen der

Städtebauförderungsprogramme jedenfalls in der Mehrzahl der Länder maßgeblich von der Höhe der jeweiligen Bundesförderung vorgezeichnet ist. Das heißt: Ohne daß der Bund eine ausdrückliche Förderungskompetenz oder gar eine Kompetenz zur Bestimmung der Gesamtförderungshöhe bei den Städtebauförderung durch Länder oder Gemeinden hat, hat sein Handeln faktisch jedenfalls für einen Teil der Länder (und damit für Städte und Gemeinden) eine gewisse "*Leitfunktion*" bei der Entscheidung, in welchem Umfang öffentliche Haushalte Priortäten zugunsten der Städtebauförderung setzen.

- Unerwähnt bleiben dürfen darüber hinaus weder der Bereich der *städtebaulichen Forschung* (einschließlich den Modellvorhaben) des Bundes, der Information hierüber einschließlich der vom Deutschen Bundestag angeforderten städtebaulichen Berichte und der hierin formulierten politischen Programmatik noch die vielfältige mehr oder weniger indirekte Steuerung städtebaulicher Planungen und Entscheidungen durch weitere bundesrechtliche Vorgaben: z.b. durch die Förderungen innerhalb der *Gemeinschaftsaufgaben* (Art. 91 a GG) oder durch das gleichfalls weithin vom Bund geregelte *steuerrechtliche Rahmenwerk*. Bei letzterem ist beispielhaft hinzuweisen auf die erhebliche Beeinflussung der Stadtentwicklung insgesamt und der Entwicklung in bestimmten Stadtgebieten durch die steuerliche Behandlung z.B. von Bauinvestitionen, von Investitionen im Bestand und von Grund und Boden (beim Grunderwerb, bei der steuerlichen Beurteilung von Bodenzins und Veräußerungsgewinn).

1.3. Ein neuer Aspekt von Politikverflechtung

Die für den Außenstehenden ebenso wie für den "Insider" außerordentlich *komplizierten* tatsächlichen und rechtlichen *Verflechtungen* von politischen Entscheidungen und von Verwaltungsentscheidungen im Staat des Grundgesetzes sind Gegenstand einer intensiven Behandlung in der Rechts- und Politikwissenschaft (vgl. grundlegend Fritz W. Scharpf et al., 1976 sowie zuletzt Fritz W. Scharpf, 1985).

Wie die Diskussion um das "Strukturhilfegesetz" gezeigt hat, sind auch in rechtlicher Hinsicht keineswegs bereits alle Fragen ausgelotet.

Gibt es also Anzeichen dafür, daß in dieses komplizierte Geflecht und in die alles andere als stabile Gleichgewichtssituation städtebaupolitischer Verantwortlichkeiten zwischen den Städten und Gemeinden, dem jeweiligen Land und dem Bund als weitere Gestaltungskraft - unbeschadet vertraglicher und sonstiger Regelungen - die *europäischen Institutionen* treten?

Die *Frage* ist schon heute zu *bejahen*, wenn auch die Mehrzahl der für die Schaffung des EG-Binnennmarkts anstehenden Entscheidungen erst noch zu treffen ist und damit die konkreten Auswirkungen der Integration noch weithin offen erscheinen, noch nicht abzuschätzen sind oder noch nicht wahrgenommen werden (können). Eine Reihe unmittelbarer und mittelbarer Auswirkungen ist gleichwohl schon identifizierbar. Hierbei drängen sich Parallelen auf zu den Erfahrungen mit der städtebaupolitischen Einflußnahme von Bundesorganen gegenüber den "an sich" zuständigen Ländern und Gemeinden:

- Ein dichter werdendes europäisches Regelungswerk formt die Rahmenbedingungen für städtebauliche Entscheidungen mit.

- Ein offener europäischer Markt wirkt sich unmittelbar auf das tatsächliche städtebauliche Geschehen aus.

1.4. Eingangsthesen

Hierzu vorweg einige Annahmen:

- Die Öffnung des Marktes verstärkt die freie Standortwahl von Unternehmen, die freie Arbeitsplatzwahl für die Beschäftigten. Was als Konkurrenz zwischen Regionen im nationalen Bereich bekannt ist - am aktuellsten die Diskussion um die unterschiedliche Entwicklunng von Regionen ("Süd-Nord-Gefälle") - erweitert sich zum regionalen Wettbewerb von europäischer Dimension. Für einige deutsche Städte ist die Situation nicht völlig neu: Frankfurt steht als Dienstleistungsstandort in unmittelbarer Konkurrenz mit Städten wie Tokio, Hongkong. Singapore, London oder Luxemburg; die Werftenstandorte der Küste stehen in Konkurrenz mit den Werftenstandorten z.B. im Fernen Osten; die Stahlstandorte stehen im Wettbewerb mit Fernost, Südamerika und der Türkei. Mit der Öffnung des EG-Binnenmarkts werden europaweite Standortkonkurrenzen im Prinzip alle Regionen und damit alle Städte und Gemeinden erfassen. Dies fordert Städte und Gemeinden, sich auf einen verschärften Wettbewerb vorzubereiten.

- Voraussichtlich werden jedoch vor allem die bereits jetzt hoch verdichteten Regionen und ihre Zentren unter besonderen Anpassungsdruck geraten. Sie werden darauf setzen, ihre Standortqualitäten umfassend weiterzuentwickeln. Um im europäischen Konzert mitzuhalten, werden sie verstärkt auf die Qualität "weicher" Standortfaktoren (vor allem kultureller Bereich, Freizeitwert) setzen.

- Die Strukturprobleme in bestimmten Regionen (z.b. im peripheren ländlichen Raum) werden zunehmen.

- Bund, Länder und Gemeinden müssen z.b. die Programmstrukturen, die für den städtebaulichen Bereich seit Jahren entwickelt und praktiziert wurden, im Hinblick auf die neue europäische Dimension der Standortkonkurrenz überprüfen und fortentwickeln.

- Der europäische Markt wird auf dem Wege der Harmonisierung von Regelwerken erreicht (Art. 100 EWG-Vertrag). Dies betrifft u.a. das Wirtschafts- und Umweltrecht (Art. 130 a ff., 130 r ff. EWG-Vertrag), das in Teilbereichen auch für die städtebauliche Entwicklung bedeutsam ist.

- Das nationale Regelwerk für den Städtebau wird sich vor dem Hintergrund einer verschärften Standortkonkurrenz bewähren müssen: Gibt es den deutschen Städten und Gemeinden gleiche oder doch faire Chancen im Hinblick auf unterschiedliche inhaltliche und verfahrensmäßige Anforderungen in den übrigen Mitgliedsstaaten (z.B. Anforderungen an städtebauliche "Qualität", einschließlich der Umweltstandards; Beteiligungsregelungen; Verfahrensdauer)?

- Die auch in anderen Bereichen (z.B. im sozialen Bereich) diskutierte Frage der Sicherung der im nationalen Bereich erreichten "Standards" stellt sich möglicherweise auch im Städtebau: für die städtebaulichen Standards und für das städtebauliche Regelwerk.

- Für Architekten und städtebauliche Unternehmen können sich in einem freien Binnenmarkt neue Märkte in den europäischen Ländern öffnen.

- Deutsche Architekten, Planer und Unternehmen müssen sich ihrerseits auf einen verschärften Wettbewerb mit einschlägigen europäischen Konkurrenten einstellen (z.B. mit City-Managment-Unternehmen aus Großbritannien).

- Die "neue Qualität" städtebaulicher Aufgaben ("Internationalisierung des Städtebaus") als Folge der Europäisierung von weiten Bereichen der Wirtschafts-, Sozial- und Umweltpolitik wird an das Stadt-Management neue Aufgaben stellen. Das bezieht sich auch auf das Zusammenwirken von öffentlichem und privatem Bereich ("Public Private Partnership").

1.5. Europäisierung des Städtebaus?

Folgende *Grundannahmen*, was mögliche Auswirkungen des EG-Binnenmarkts auf den Städtebau betrifft, erscheinen daher naheliegend:

- Aufgaben des Städtebaus sind Planungen und Maßnahmen hinsichtlich der Bodennutzung. Die damit im Zusammenhang stehenden Folgewirkungen schließen den weiten Fragenbereich der "Standortqualität" ein. Städtebau ist in die großen Entwicklungslinien von Wirtschaft, Gesellschaft und Umwelt eingebettet. Die Städtebaupolitik ist unmittelbar rückgekoppelt mit Gesellschafts- und Wirtschaftspolitik. Planungsrecht ist zugleich Wirtschafts- und Sozial- sowie Umweltrecht. Die *Europäisierung* von Rechts- und Fachaufgaben im Bereich Wirtschaft, Soziales und Umwelt dürfte daher vor dem *Städtebau* nicht halt machen.

- Angesichts der Erfahrungen im dezentralen politischen System der Bundesrepublik Deutschland ist es daher nicht überraschend, wenn sich Ansätze für eine "*europäische Städtebaupolitik*" entwickeln. Die *europäischen Parlamentarier* haben eine solche Entwicklung - ohne allzu große Skrupel hinsichtlich der europarechtlichen Kompetenzen - bereits im Gespür: So wurde der Deutsche Bundestag am 23.l.1989 (Bundestagsdrucksache 11/3900) über eine Entschließung des Europäischen Parlaments zur "Umwelt in städtischen Gebieten" unterrichtet, in der die Kommission u.a. aufgefordert wird, "eine *gemeinschaftliche Städtebaupolitik* zu entwickeln" (vgl. Tz. L.9). Das Europäische Parlament fordert die Kommission in der Entschließung (vgl. Tz. L.25) weiterhin auf, in den Generaldirektionen XVI und XI "unverzüglich zusätzliche *Dienststellen für städtespezifische Fragen* einzurichten, die für die Entwicklung einer städtepolitischen Strategie der Gemeinschaft zuständig sind".

- Mit dem von der EG-Kommission im Juni 1990 vorgelegten "Grünbuch über die städtische Umwelt" finden entsprechende Tendenzen eine erste, umfassende Bündelung (vgl. hierzu die weiteren Ausführungen im 4. Kapitel).

2. Städtebauliche Auswirkungen

Stadtentwicklung und Städtebau werden - wenn auch zeitlich und dem Umfang nach noch nicht absehbar - von den offenen Grenzen betroffen, werden *europäisiert*, internationalisiert. Das dürfte so unterschiedliche Bereiche betreffen wie:
- die architektonische Formensprache,
- die Wohnformen,
- die Stadtgestalt,
- die weiter zunehmende Übernahme von Lebensformen aus den Mitgliedsstaaten, eventuell auch eine stärkere Angleichung insgesamt,
- die Veränderung von Lebens-, Sozial-, Verhaltensformen und -normen als Folge einer zunehmenden Europäisierung der Bevölkerung,
- die Berücksichtigung dieser Bedürfnisse innerhalb städtebaulicher Planungen und Maßnahmen,
- die Gefahr der Nivellierung städtebaulicher Eigenarten und der Verlust von "Nischen" oder/und die Bereicherung durch Vielfalt, der Gewinn an Kreativität in einem kulturell reichen Lebensraum.

Die mit der Öffnung des Marktes einhergehende Freizügigkeit wird eine ("neue") *Mobilität* innerhalb der Gemeinschaft auslösen. Von dem ökonomisch "starken " Bundesgebiet dürfte dabei eine besondere Anziehungskraft ausgehen.

Auch die Entwicklung der *großflächigen Infrastruktur*, mit der aufgrund der Öffnung des Markts zu rechnen ist, wird die städtebauliche Entwicklung beeinflussen, wie etwa
- die Europäisierung des Fernstraßenwesens,
- die Europäisierung des Eisenbahnwesens (Verbund, neue Trassen, neue Tarifnetze),
- die Europäisierung der Telekommumnikation und
- die Europäisierung des Energiemarkts.

In welchem Maße kommunales Handeln mit (mittelbarer) städtebaulicher Relevanz von den Harmonisierungen betroffen ist, zeigt besonders eindrucksvoll die Europäisierung der *Bauvergabebestimmungen* einerseits und der *Umweltverträglichkeitsprüfung* andererseits. Zumal das Beispiel der EG-Richtlinie über die Umweltverträglichkeitsprüfung zeigt auf die quer durch nationale Kompetenzordnungen und Sachzuordnungen gehende

Einflußnahme der Gemeinschaftspolitik und (u.a.) einen Ansatz für die Europäisierung der städtebaulichen Planungsnormen.

3. Handlungsfelder und Aufgabenbereiche einer europäischen Städtebaupolitik

Im folgenden soll ein erster, noch kursorischer Überblick über derzeitige Gesichtspunkte und denkbare Entwicklungslinien einer Europäisierung der Städtebapoilitik gegeben werden. Mit *"Europäisierung der Städtebaupolitik"* wird dabei die Gesamtheit der Rückwirkungen europäischer Entscheidungen und Entwicklungen gemeint, die unmittelbar oder mittelbar den Sachbereich Städtebau betreffen:

- Sei es, daß das europäische Regelwerk nationale städtebauliche Bestimmungen unmittelbar (Beispiel: Umweltverträglichkeitsprüfung) oder mittelbar (Beispiel: Harmonisierung des Bau- und Vergabewesens) betrifft,

- sei es, daß die städtebaulichen Rahmenbedingungen durch die Veränderung der Wettbewerbschancen deutscher Städte und Gemeinden als europäische Standorte betroffen werden.

Die Beurteilung der Auswirkungen muß - will sie sich nicht in Spekulationen verlieren - notwendigerweise zurückhaltend sein. Zu einem gewissen Teil lassen sich aber die Erfahrungen der eingangs geschilderten föderalen Entwicklung in der Bundesrepublik Deutschland nutzbar machen; andere Entwicklungen - wie etwa eine nicht absehbare eigenständige europäische Stadt- und Städtebaupolitik bleiben abzuwarten.

3.1. Planungshoheit der Gemeinden

Der Städtebau ist Aufgabe der Gemeinden. Die städtebauliche Planung steht als Wesenselement der Planungshoheit der Gemeinden in engstem Zusammenhang mit der Garantie der kommunalen Selbstverwaltung *(Art. 28 GG)*. Der Integrationsprozeß in Europa ist verbunden mit einem Souveränitätsverzicht der Mitglieder, nämlich einer Kompetenzübertragung auf die Gemeinschaft. Nach Art. 24 Abs. 1 GG ist der Bund ermächtigt, durch Gesetz Hoheitsrechte auf zwischenstaatliche Einrichtungen zu übertragen. Eine jedenfalls von der Rechtsprechung noch nicht geklärte Frage ist, ob und inwieweit hierbei die konmunale Selbstverwaltung zur

Disposition des Bundesgesetzgebers steht und wie "wehrfähig" Art. 28 Abs. 2 GG gegenüber EG-Recht ist (vgl. z.B. Mombauer und Lennep, 1988, S. 988 ff).

Offene Fragen sind, ob die *kommunale Selbstverwaltung* innerhalb der Europäisierung in der Substanz erhalten bleibt oder ob sie daraus auch neue Impulse gewinnen kann. Hierbei ist mit Blick auf das dezentrale Planungssystem unseres Landes mit seinen gegenüber dem Ausland erstaunlich komplizierten Entscheidungsmechanismen und Verflechtungen vor allem auf folgendes hinzuweisen: Gegenüber der mit der Europäisierung zwangsläufig verbundenen *Zentralisierung* einer Vielzahl von Entscheidungen kann in den ausgeprägt *dezentralen Entscheidunsmechanismen* unseres Staates ein Ausgleich und eine Innovationsreserve gesehen werden. Vorteile sowohl des föderalistischen Systems wie des Systems der kommunalen Selbstverwaltung in der Bundesrepublik Deutschland können z.B. im Hinblick auf die geforderte Fähigkeit zur Anpassung an neue europäische Entwicklungen gesehen werden. Die föderale und die kommunale Konkurrenzsituation und die vorhandene "Einübung" in einen regionalen Leistungswettbewerb ist möglicherweise auch künftig eine der stärksten *Leistungs- und Innovationsreserven.*

Hinzu kommt die im internationalen Vergleich hohe *Leistungsfähigkeit des kommunalen Systems,* das sich auch in der Vergangenheit in der Fähigkeit zur Anpassung an veränderte wirtschaftliche, soziale und finanzielle Rahmenbedingungen bewährt hat. Übrigens wird hierin u.a. auch eine Erklärung dafür gefunden, daß die aus den USA und Großbritannien, aber auch aus den Niederlanden bekannt gewordenen neuen Kooperationsformen des öffentlichen und privaten Sektors ("*Public-Private-Partnership*") in der Bundesrepublik Deutschland bislang vergleichsweise geringe Bedeutung erlangt haben, weil die damit vor allem angestrebten Innovationen in einem hohen Maße von der kommunalen Selbstverwaltung selbst kommen und hierbei z.B. auch partnerschaftliche Organisationsformen Tradition haben.

3.2. Perspektiven der Förderungspolitik

Nach *Art. 92 EWG-Vertrag* sind staatliche Beihilfen zugunsten der Wirtschaft, die "den Wettbewerb verfälschen oder zu verfälschen drohen", mit dem gemeinsamen Markt grundsätzlich unvereinar. Nach *Art. 93 EWG-Vertrag* hat die Kommission hier ein Kontroll- und Interventionsrecht.

Die EG-Beihilfenkontrolle ist für die Entwicklung der Städte und Gemeinden z.B. im Hinblick auf die Auswirkungen auf die im Rahmen der Gemeinschaftsaufgaben (Art. 91 a GG) bedeutsamen Projekte von Bedeutung. Bestimmte nationale Programme, die gezielt auch Regionen, Städte und Gemeinden zugute kommen sollen, wie etwa die im Rahmen der Ruhrgebietskonferenz beschlossenen Vorhaben, können nicht mehr ohne Berücksichtigung der EG-rechtlichen Implikationen entworfen werden.

Die *Städtebauförderung* - und insoweit auch das Strukturhilfeprogramm (vgl. § 3 Nr. 4 des Strukturhilfegesetzes) - bleibt hiervon voraussichtlich unberührt: Die Städtebauförderung ist keine Wirtschaftsförderung, sie begünstigt insbesondere auch keine einzelnen Betriebe oder Wirtschaftszweige. Sie ist vielmehr - soweit wirtschaftliche Belange berührt sind - dem Bereich der Infrastrukturpolitik zuzuordnen.

Was die Teilhabe deutscher Städte und Gemeinden an den *regionalen Förderungsrogrammen der EG* betrifft, ist auf die ganz überwiegend über dem europäischen Durchschnitt liegende sozioökonomische Situation der westdeutschen Regionen hinzuweisen.

Eine Ausweitung der Förderungskulissen im nationalen Bereich würde in wesentlich höherem Umfange zugleich Regionen der anderen Mitgliedsstaaten zugute kommen; dies wäre für einen der "Hauptzahler" der EG eine nicht unproblematische Linie. Auch der Einbezug der 5 Bundesländer der ehemaligen DDR ändert daran vorläufig nichts. Denn die EG-Förderung für dieses Gebiet läuft nach dem derzeitigen Stand der politischen Überlegungen zunächst einmal außerhalb der EG-Strukturfonds, so daß sich in diesen Fonds nichts an den "Verteilungsregeln" ändern wird.

3.3. Städtebau, Städtebaurecht und Baugenehmigungsverfahren

3.3.1. Überblick

Städtebaurecht und *Baugenehmigungsverfahren* liegen - nach Stand der Dinge - außerhalb der Harmonisierungsabsichten. Inwieweit auf mittlere oder längere Sicht im Sinne der "Vereinheitlichung" von Standards und Verfahren auch diese Bereiche berührt werden, bleibt abzuwarten. Schon jetzt sind allerdings Städtebaurecht und Bauordnungsrecht auf verschiedenste Weise von den Harmonisierungsregelungen betroffen: Das zeigt z.b. die Richtlinie über die Umweltverträglichkeitsprüfung und ihre städtebaurechtliche Relevanz einerseits unnd die Bauproduktenrichtlinie und das hierauf aufbauende europäische Normenwerk andererseits.

Ein weiterer wichtiger Aspekt ist, ob die *nationale Rechtsordnung* im Hinblick auf die sich verändernden Standortvoraussetzungen ausreichend und angemessen ist. Dies betrifft so unterschiedliche Fragen wie
- die Überprüfung der Reichweite des städtebaurechtlichen Instrumentariums z.b. im Hinblick auf erforderliche Investitionsentscheidungen,
- die Dauer der Genehmigungsverfahren im nationalen Bereich im Vergleich zu der Dauer von Verfahren in den Mitgliedsstaaten und
- die städtebaulichen "Standards", die nach nationalem Recht verlangt werden.

3.3.2. Offene Fragen

In folgenden Bereichen könnten z.b. spezifische Rückwirkungen der europäischen Integration auf den nationalen Städtbau eintreten:

- Sind von den städtebaulichen Rechtsordnungen der Mitgliedsstaaten Anregungen für das nationale Boden- und Baurecht zu erwarten? Ist eine Phase der Rezeption, der Konvergenz, der Vorbildwirkungen zu erwarten?

- Werden städtebaurechtliche Dogmen oder Traditionen unter dem Eindruck mitgliedsstaatlicher Modelle modifiziert oder aufgegeben?

- Wie wirken sich die Erfahrungen im Umgang mit ausländischen Rechtsmodellen im Städtebaurecht aus, wie sie aufgrund der Freizügigkeit für Unternehmen und Arbeitnehmer eintreten könnten?

- Sind die möglicherweise höheren städtebaulichen Standards mittel- und längerfristig eine gewisse Kompensation gegenüber vorgegebenen Nachteilen des Standorts Bundesrepublik Deutschland (periphere Lage innerhalb der EG; klimatische Nachteile gegenüber anderen europäischen Regionen usw.)?

- Werden die in unserem Lande (vermutlich) langwierigeren Bauleitplanungs- und Baugenehmigungsverfahren mit dem Ziele einer Erhöhung der Attraktivität des Standorts Bundesrepublik Deutschland in Frage gestellt oder werden die die Verfahrensdauer maßgeblich begründenden inhaltlichen Anforderungen und Beteiligungsverfahren (insbesondere Bürgerbeteiligung; Offenlegung der Planungen) als Standortvorteil bewertet, weil hierdurch zugleich in besonderem Maße "Investionssicherheit" geschaffen und Standortqualität entwickelt wird?

- Erweist sich der Eigentumsschutz nach Art. 14 GG und der hohe Stellenwert des Bodeneigentums auch aufgrund der Ausformung in der Rechtssprechung als Erschwernis oder liegt hierin ein Vorteil im Sinne einer Erhöhung der Attraktivität für Investoren?

- Wie wirkt sich die Freizügigkeit für Beschäftigte und Unternehmen auf den Kreis der Anbieter im Bereich Städtebau und Stadterneuerung aus? Wird es neue Aufgabenfelder z.B. für deutsche Sanierungsträger im europäischen Ausland geben? Kommt es zu Joint ventures zwischen einheimischen Sanierungsträgern, Architekten, Betreuern bei der Standortentwicklung einerseits und deutschen Unternehmen, die im EG-Ausland investieren, andererseits? Kommt es (in umgekehrter Richtung) zu einer verstärkten Konkurrenz mit ausländischen Marktteilnehmern?

- Werden die im westeuropäischen Ausland eingeführten Modelle des Stadtmarketings, des City-Managements, des Developers adaptiert?

- Wie wird sich der Immobilienmarkt vor allem der gewerbliche Immobilienmarkt verändern? Geläufige Annahmen sind: Deutschland ist für ausländische Investoren sehr interessant. Das auf deutscher Seite noch vergleichsweise "unterentwickelte" Immobilienmanagement wird Impulse aus dem europäischen Ausland erhalten.

- Raumstrukturelle Änderungen werden durch die vermutete Konzentration auf die europäischen Metropolen erwartet. Der EG-Binnenmarkt wird die Entwicklungen in bestimmten, vor allem in den jetzt schon höher konzentrierten Standorten verstärken. Wird dies die schon bestehenden regionalen Disparitäten weiter erhöhen?

4. Ein erster Ansatz. Das "Grünbuch über die städtische Umwelt"

Ein erster konsistenter und auf ein Handlungsprogramm gerichteter Ansatz einer europäischen Städtebaupolitik liegt mit dem "Grünbuch über die städtische Umwelt" vor, das die *EG-Kommission* im Juni 1990 dem Rat der EG und dem Europäischen Parlament vorgelegt hat. Das Grünbuch enthält zunächst eine Analyse der Umweltsituation in den städtischen Gebieten der Gemeinschaft und schlägt anschließend ein Maßnahmenpaket vor, das - sofern es vom Rat nach Anhörung des Europäischen Parlaments verabschiedet wird - erhebliche Auswirkungen auf die "nationale" Städtebaupolitik zur Folge haben würde.

4.1. Ausgangspunkt. "Umweltkrise" der europäischen Städte

In der Analyse dominiert der Blickwinkel des medial ansetzenden Umweltschutzes; allerdings wird der Umweltbegriff erweitert auf die "bebaute Umwelt", d.h. auf das klassische Aufgabengebiet des Städtebaus, bis hin zum Denkmalschutz und der Pflege der historischen Innenstädte. Im wesentlichen wird hier das bekannte Bild einer vielfachen und intensiven Umweltbelastung der urbanen Gebiete nachgezeichnet und mit Daten belegt.

Vor allem für den deutschen Städtebau, der durch den Ansatz der "Stadtökologie" in den vergangenen Jahren wichtige Impulse empfangen hat, ist dieser Zugang nicht neu. Gleichwohl haftet ihm eine gewisse Beschränkung an, da nach wie vor die zentrale Aufgabe im Städtebau darin besteht, *alle* Bodennutzungsansprüche an den knappen städtischen Raum zu integrieren. Zu den Zielen gehört zweifellos die Minimierung von Umweltbelastungen, aber nicht weniger z.B. die Förderung von Wirtschaft und Beschäftigung, die ausreichende Wohnungsversorgung oder die Bereitstellung von Flächen zur Erholung und Freizeitgestaltung.

Darüber hinaus zeigt die Analyse die Schwierigkeit, die vielfältige historische und bauliche Tradition der europäischen Städte "auf einen Nenner" zu bringen; so ist nicht nur im Blick auf die deutsche Situation in Frage zu stellen, ob die Aussage zutrifft, daß die europäischen Städte insgesamt das Stadium des Wachstums hinter sich gelassen haben. Weitere Beispiele für problematische Pauschalierungen ließen sich anführen.

4.2. Maßnahmenvorschläge

Die "Handlungslinien", die die Kommission mit dem Grünbuch in die Diskussion bringt, lassen sich gruppieren in
- gesetzgeberische Maßnahmen auf EG-Ebene,

- Förderungsprogramne der Gemeinschaft sowohl für städtische Sanierung allgemein wie auch für vielfaltige Pilotprojekte sowie
- "weiche" Instrumente wie z.B. Empfehlungen, Forschung und Förderung des Erfahrungsaustauschs.

4.2.1. Gesetzgeberische Vorschläge

Das Grünbuch schlägt z.B. vor, daß die Kommission "Leitlinien für die Einbeziehung von Umweltüberlegungen in Stadtplanungsstrategien" entwickelt, die über eine *EG-Richtlinie zur Umweltverträglichkeitsprüfung* bei der Stadtplanung verbindlich gemacht werden könnten. Ohnehin ist in Brüssel eine EG-Richtlinie zur UVP bei Plänen und Programmen in Vorbereitung, so daß ein sachlicher Anknüpfungspunkt bereits gegeben ist. Allerdings würde eine solche Richtlinie einen erheblichen Eingriff in die nationale Gesetzgebungskompetenz zum Bauplanungsrecht und je nach Detaillierung der Regelungen auch in die kommunale Planungshoheit bedeuten. Andere Regelungen, die vorgeschlagen werden, beziehen sich auf die Einhaltung von Wärmedämmnormen bei neu errichteten Gebäuden.

4.2.2. Förderungsprogramme

Vorgeschlagen wird, im Rahmen der *EG-Strukturfonds* die Förderung der Stadtsanierung und der Maßnahmen zur Verbesserung der städtischen Umwelt auszuweiten und dabei auch die "Gebietskulisse" der Förderung auszuweiten:

- Die Förderung von umweltverbessernden Maßnahmen in städtischen Gebieten mit Mitteln des EG-Strukturfonds ist gegenwärtig auf die "Ziel-1-Gebiete" sowie "Ziel-2-Gebiete" des EG-Regionalfonds beschränkt. Der weitaus größte Teil der Mittel geht in die "Ziel-1-Gebiete", die praktisch gleichbedeutend sind mit den strukturschwachen Regionen der Mittelmeer-Anrainerstaaten der EG. Diese Schwerpunktsetzung ist verständlich vor dem Hintergrund des übergeordneten Ziels des Regionalfonds, die Wirtschaftskraft der strukturschwächsten Regionen in der EG zu stärken. Ein Förderungsprogramm, das dagegen die Verbesserung der städtischen Umwelt zum Ziel hätte, müßte jedoch - so die Überlegung der Kommission - andere Kriterien zur Bestimmung von förderungswürdigen Gebieten finden. Dabei spielen auch Überlegungen eine Rolle, im Rahmen der nach 1993 neu zu regelnden Budget-Struktur der EG einen eigenen Umweltfonds einzurichten.

- Finanzielle Förderung wird ebenfalls erwogen für die Erhaltung historischer Bauten und Viertel von europäischer Bedeutung.
- Daneben regt das Grünbuch zahlreiche Pilotprogramme mit EG-Förderung an, so z.b. für die Belebung benachteiligter Stadtgebiete, die umweltfreundliche Steuerung des Stadtverkehrs und die Maßnahmen zur Energieeinsparung.

4.2.3. Forschung, Wissenstransfer, Öffentlichkeitsarbeit

Der gemeinschaftsweite Austausch von Informationen und Erfahrungen wird für eine breite Palette von Aktionsfeldern vorgeschlagen, vom Stadtverkehr bis hin zur interkommunalen Zusammenarbeit innerhalb von Stadtregionen. Gleiches gilt für die Forschung.

4.3. Erste Beurteilung

Das "Grünbuch" ist als Versuch eines "Einstiegs" der EG-Kommission in eine gemeinschaftsweite Städtebaupolitik zu werten. Wenngleich die Vorschläge im einzelnen wegen der Schwerpunktsetzung auf Information, Forschung und Pilotvorhaben im Anspruch durchaus "moderat" sind, müssen sie vom angestrebten Ziel her bewertet werden, nämlich einer von Brüssel ausgehenden, die staatliche Städtebaupolitik und - vor allem - die kommunale Planungshoheit lenkenden Einflußnahme. Damit stellen sich Fragen der "richtigen" *Zuordnung von Kompetenzen* zu staatlichen bzw. suprastaatlichen Ebenen, Fragen, die in einem föderativ verfaßten Staat zum "täglichen Brot" von Politik, Verwaltung und Wissenschaft gehören. Sie gewinnen hier besondere Bedeutung, da das Ziel der EG-Initiative, die städtische Umwelt zu verbessern, breite Zustimmung genießt.

Umso nachdrücklicher ist zu fragen, ob die Schaffung einer weiteren "Kompetenzebene" bei der EG - und hier insbesondere bei der Kommission - die Aussichten für eine Verbesserung der städtischen Umwelt positiv beeinflußt oder nicht.

a) Diese Frage ist nicht nur deswegen zu stellen, weil aus deutscher Sicht die EG in den vergangenen Jahren eher eine "Bremserrolle " in Umweltfragen eingenommen hat. Sie muß auch deshalb gestellt werden, weil das

Mandat des "Grundgesetzes" der Gemeinschaft, des EWG-Vertrages, Maßnahmen zum Schutz und zur Verbesserung der Umwelt zu treffen (Art. 130 r Abs. 1 EWGV), dem Vorbehalt des Subsidiaritätsprinzips (Art. 130 r Abs. 4 EWGV) unterliegt. Danach wird die EG im Bereich der Umwelt nur "insowiet" tätig, als die (...) Ziele besser auf Gemeinschaftsebene erreicht werden können als auf der Ebene der einzelnen Mitgliedsstaaten".

b) Aus deutscher Sicht ist bei der Beantwortung dieser Frage Skepsis angebracht. Nach den deutschen Erfahrungen ist eine lebendige kommunale Selbstverwaltung wesentliche Voraussetzung eines engagierten Einsatzes der Bürger für ihre eigene Umwelt. Eine Einengung des kommunalen Gestaltungsspielraums, die die zwangsläufige Folge einer intensivierten Gesetzgebung auf EG-Ebene wäre (übrigens auch einer intensivierten Förderung, da diese notwendigerweise immer von regelnden Vorschriften begleitet wird), würde dieses Engagement unmittelbar tangieren, u.U. sogar schwächen. Hier ist auch auf die Gefahren einer Vereinheitlichung und Nivellierung hinzuweisen. Eine gedeihliche Entwicklung der Städte setzt ein Höchstmaß an regionaler und lokaler Gestaltungsfreiheit voraus. Der Wettbewerb zwischen den Städten und Gemeinden ist eine wichtige Quelle der Dynamik, auch bei den Maßnahmen zur Verbesserung der städtischen Umwelt. In der Bundesrepublik Deutschland haben Bund und Länder unter diesem Gesichtspunkt ihre Zuständigkeiten in der Regel zurückhaltend und sensibel wahrgenommen. So wurde u.a. mit dem Baugesetzbuch - entgegen vielen Widerständen interessierter Kreise - versucht, die kommunale Planungshoheit weiter abzusichern. Es ist zur Stunde offen, ob von der EG - nach den bisherigen Erfahrungen - eine entsprechende Sensibilität zu erwarten ist.

c) Im übrigen sprechen nur wenig Gründe für eine einheitliche, europaweite Städtebaupolitik: Ein Bedürfnis nach EG-weiter Harmonisierunng besteht im Bereich des Städtebaus in der Regel nicht, auch nicht zur Vollendung des einheitlichen Binnenmarktes. Hier liegen im Städtebau andere Voraussetzungen vor als etwa im Bereich der Waren- und Dienstleistungsproduktion, wo aufgrund der angestrebten Beseitigung von Handelsschranken aus der Natur der Sache heraus eine Harmonisierung von rechtlichen und technischen Vorschriften erforderlich ist. Im Städtebau werden ortsgebundene, nicht transferierbare Güter und Werte geschaffen. Es gibt keine sachlogischen Gesichtspunkte, die eine Harmonisierung durch Vorschriften oder Empfehlungen der Gemeinschaft erfordern.

d) Es bleibt das für die Mitgliedsstaaten, vor allem aber für die Gemeinden "zugkräftige" Argument einer zusätzlichen Förderung aus den Finanztöpfen den EG. Aus deutscher Sicht ist hier in mehrfacher Hinsicht Zurückhaltung geboten. So kann ohnehin jede Ausweitung von Förderungskulissen und "Finanztöpfen" aus der Sicht eines der "Hauptzahler" des EG-Budgets leicht zum "Pyrrhus"-Sieg werden. Vor allem aber ist folgendes zu bedenken: Der Förderungs-Plafonds im Regionalfonds, um den es hier in erster Linie geht, liegt bis 1993 bereits fest, so daß gegenwärtig die Frage, wieviel Mittel die Mitgliedstaaten der EG zur Verfügung stellen sollen, gar nicht zur Entscheidung ansteht. Zu entscheiden ist dagegen die Verteilung dieser Mittel, und zwar in erster Linie die sachliche Aufteilung auf Förderbereiche. Denn die räumliche Verteilung der Mittel ist bereits im wesentlichen so geregelt, daß nur wenige Städte der Bundesrepublik Deutschland ("Ziel-2-Gebiete") an einen geringen Teil der Förderungsmittel partizipieren können. Auch die Gemeinden werden sich daher fragen, ob die Aussicht auf eine geringe zusätzliche Förderung es rechtfertigt, bewährte verfassungspolitische Grundsätze aufzuweichen.

4.4. Aufgaben der EG

Auch bei einer eher zurückhaltenden Beurteilung städtebaulicher Kompetenzen und Aufgaben der EG im Städtebau bleibt jedoch ein breiter Raum für gebotene und bislang von der Kommission leider unterbliebene Aktivitäten. Sie sollten sich entsprechend dem Subsidiaritätsprinzip auf solche Aufgaben beschränken, die nur auf der europäischen Ebene gelöst werden können. Sie richten sich daher zunächst und zuvörderst an die Politik der EG selbst. Beispiele:

- Eine obligatorische Prüfung aller gemeinschaftlichen Politiken und Maßnahmen daraufhin, ob sie den Zielen eines umweltgerechten, der Stadterhaltung und -erneuerung verpflichteten Städtebaus ausreichend Rechnung tragen,

- eine Ergänzung der in den Strukturfonds vorgesehenen Förderungsprogramme um Maßnahmen zur Verbesserung der Umweltverhältnisse in den Städten (z.B. Sanierung von Altlasten, Kanalisationssysteme, Kläranlagen usw.),

- eine Ergänzung der laufenden Städtepartnerschaften um fachliche Kontakte im Bereich des Städtebaus,

- eine fördernde Rolle bei der städtebaulichen Weiterentwicklung von grenzüberschreitenden Stadträumen.

Die weiteren Beratungen in den Organen der EG, die sich bis in das Jahr 1991 hineinziehen werden, werden zeigen, ob es zu einer vertieften Diskussion dieser verfassungspolitischen Gesichtspunkte kommt oder ob sich hier eine Zentralisierungsdynamik entfaltet, die nicht zuletzt aus der für die südlichen Mitgliedstaaten hohen Attraktivität der EG-Strukturfonds gespeist wird.

5. Ausblick

Die Aufgaben des Städtebaus sind primär lokale Angelegenheiten. Die Rückwirkungen des EG-Binnenmarkts auf die gemeindliche Entscheidungsebene sollten gleichwohl nicht unterschätzt werden, beeinflussen sie doch in erheblichem Umfang die Rahmenbedingungen für städtebauliche Planungen und Entscheidungen.

Wenn man den bisher vorliegenden Studien folgt, dann erwartet die größere Zahl der Städte, Gemeinden und Regionen der Bundesrepublik Deutschland aus der europäischen Entwicklung zumindest kurz- oder mittelfristig wirtschaftliche Vorteile. Hier zu gleichlaufend könnten sich jedoch auch regionale Disparitäten weiter entwickeln. Auf die ohnehin schon unter Wachstumsdruck stehenden Verdichtungsregionen dürften noch zusätzliche Wachstums- und Expansionsimpulse zukommen. Die Tendenz der Verstärkung regionaler Konzentrationen (Agglomerationen) könnte sich verstärken. Dies kann u.a. sensible ökologische oder soziale Belange und schon bestehende oder noch latente Konfliktsituationen in der Bodennutzung berühren. Abzuwarten ist, ob die mit der Öffnung Europas erwarteten Wohlstandszuwächse letztlich allen Regionen der Gemeinschaft, also auch allen Regionen unseres Staates, zugute kommen. Für die Städte und Gemeinden wird es dabei entscheidend darauf ankommen, sich den mit der Europäisierung in Zusammenhang stehenden Veränderungen zu stellen, sich anzupassen, zum Wandel bereit zu sein.

Die Zeit bis zur Vollendung des europäischen Binnenmarkts sollte daher auch für Forschungs- und Entwicklungsaufgaben genutzt werden. Der öffentliche Bereich (Bund, Länder und Gemeinden) müßte ebenso wie der

private Bereich alles daran setzen, den Kenntnisstand über die Folgen der Europäisierung zu verbessern. Dies bezieht sich u.a.
- auf die genauere Kenntnis der städtebaulichen Rahmenbedingungen in den Mitgliedstaaten der EG,
- auf eine detaillierte Datenbasis über die regionalen und lokalen Entwicklungen innerhalb der EG,
- auf die Entwicklung von Wettbewerbsfähigkeit und Betroffenheit deutscher Städte, Gemeinden und Regionen,
- auf die Rückwirkung der zunehmenden rechtlichen Harmonisierung auf die Bereiche des nationalen Raumordnungs-, Planungs- und Bauordnungsrechts,
- auf den Erhalt und die Fortentwicklung der nationalen städtebaulichen Standards und
- auf die Weiterentwicklung der Standortvorzüge in deutschen Städten und Gemeinden.

Literatur

Mombauer, Michael/von Lennep, Hans Gerd, 1988: Die deutsche kommunale Selbstverwaltung und das Europarecht, in: Die öffentliche Verwaltung 23, S. 988-997

Scharpf, Fritz W./Reissert, Bernd/Schnabel, Fritz, 1976: Politikverflechtung. Theorie und Empirie des kooperativen Föderalismus in der Bundesrepublik, Kronberg/Ts.

Scharpf, Fritz W., 1985: Die Politikverflechtungsfalle. Europäische Integration und deutscher Föderalismus, in: Politische Vierteljahresschrift 4/1985, S. 323-356

Autoren

Ministerialdirigent Dr. Michael Krautzberger und Oberregierungsrat Dr. Manfred Konukiewitz, Bundesministerium für Raumordnung, Bauwesen und Städtebau, Postfach 205001, 5300 Bonn 2

Dieter Grunow

Sozialverwaltung als Typus kommunaler Verwaltung

Im folgenden Beitrag wird versucht, die Entwicklung der Sozialverwaltung in den Kommunen der Bundesrepublik Deutschland während der vergangenen 10 bis 15 Jahren zu beschreiben sowie die darauf bezogenen sozial- und politikwissenschaftlichen Beiträge zu charakterisieren. Angesichts der ausführlichen Analysen zur allgemeinen Entwicklung der "örtlichen Ebene" im politisch-administrativen System in diesem Band kann und soll hier eine Zuspitzung auf einen spezifischen Verwaltungsbereich erfolgen. Obwohl nach allgemeiner Auffassung zur kommunalen Sozialverwaltung auch die Bereiche Jugendamt, Sportamt, Gesundheitsamt, Krankenhäuser und Ausgleichsamt zugerechnet werden (können), soll im folgenden nur auf die Sozialverwaltung im engeren Sinne des Sozialamtes sowie des Sozialdienstes und ihrer gesetzlichen Grundlagen - Bundessozialhilfegesetz (BSHG) - eingegangen werden.

Die Sozialverwaltung läßt sich insgesamt als der organisierte Vollzug der Sozialpolitik bezeichnen, wobei die kommunale Ebene als dezentrale "kommunale Apparatur öffentlicher Hilfe" in Gemeinden und Gemeindeverbänden fungiert (Dieter Grunow und Friedhart Hegner, 1978). In ihrer Eigenschaft als Auftragsverwaltung unterliegt sie staatlichen Maßgaben zur Zielsetzung und institutionellen Ausgestaltung - insbesondere durch Bundesgesetze (wie das BSHG). Die Sozialhilfe (wie auch die Jugendhilfe) zeigt gegenüber anderen Feldern der Sozialpolitik eine besonders ausgeprägte Dezentralisierung des Vollzugs sowie eine institutionelle Pluralisierung der Träger: örtliche Sozialämter und Verbandseinrichtungen gehören ebenso dazu wie überörtliche Träger auf Kreisebene, in Gemeindeverbänden, Regionalverbänden (z.B. Landschaftsverbände) und anderes mehr. Damit erhält auch der Vollzug im engeren Sinne eine komplexe vertikale und horizontale Aufschlüsselung.

Berücksichtigt man zugleich die globale Zwecksetzung sozialpolitischer Programme und ihrer Implementation - Risikovermeidung, Ausgleich von Schäden und Benachteiligungen bei einzelnen Bevölkerungsgruppen usw. - so ist die örtliche Sozialverwaltung in dreierlei Hinsicht als exemplarisch für wohlfahrtsstaatliche Problemstellungen in der Bundesrepublik anzusehen:
- Durch die (zumindest räumliche) Nähe zur Entwicklung und Veränderung sozialer Probleme;
- durch die Einbindung in ein komplexes System sozialer Sicherung;

- durch die Plazierung zwischen staatlicher Politikumsetzung und kommunaler Selbstverwaltung.

Die Sozialverwaltung ist damit nicht nur ein bestimmter "Typus kommunaler Verwaltung", sondern auch ein "sensibler Detektor" gesellschaftlicher und sozial-politischer Entwicklungsprozesse.

Eine Aufschlüsselung der nun näher zu beschreibenden Entwicklung in "reale Entwicklung", "dominante Problemdefinitionen"" und "wissenschaftliche Beiträge" erscheint künstlich und schwierig, weil die überwiegende Zahl von Studien zur Sozialhilfe, Sozialamt usw. problem- und praxisbezogen sind. Die Einflüsse auf die Entwicklungen der letzten 10 bis 15 Jahre sind deshalb meist nicht zu differenzieren oder einzelnen Bedingungen zuzuschreiben. Im Vorgriff auf die weiteren Ausführungen läßt sich dies u.a. damit begründen, daß von einer "linearen" Entwicklung wohl kaum gesprochen werden kann. Der Gesamteindruck entspricht eher dem Bild einer Vielzahl zirkulärer Prozesse, die sich teils synchron teils asynchron, d.h. teils mit- und teils gegeneinander drehen (bzw. gedreht werden). Zu diesen zirkulären Prozessen zählen Veränderungen
- im Verhältnis von staatlicher Steuerung und kommunaler Selbstverwaltung,
- im Verhältnis von öffentlicher und nichtöffentlicher (verbandlicher; privatwirtschaftlicher) Leistungserbringung,
- im Verhältnis von Leistungen und Eingriffen bei der Aufgabenerfüllung,
- im Verhältnis von Bürgernähe und verwaltungszentrierter Rationalisierung.

1. Grundprobleme der Sozialverwaltung

Die kommunale Sozialverwaltung ist ein charakteristisches Beispiel für eine wohlfahrtsstaatliche Leistungsverwaltung. Ihre Modernität liegt in der Abkehr von der Almosengabe und in der Entwicklung zu einem staatlich garantierten und dauerhaft zur Anwendung gebrachten Leistungskatalog (Hans Braun, 1989). Die "Fortschrittlichkeit" einer durch "Regelsätze" definierten und damit garantierten Leistung wird in dem Moment deutlich, wo diese Grundlage in Frage gestellt wird - z.B. indem Qualität und Quantität der Leistungsgewährung in Abhängigkeit von den "ökonomischen Leistungsmöglichkeiten der Gemeinden" relativiert werden.

Mit der Modernität der wohlfahrtsstaatlichen Leistungsverwaltung ist jedoch eine Verrechtlichung, Monetarisierung und Bürokratisierung der Leistungsgewährung verbunden, die sich in zunehmendem Maße (auch) als kontraproduktiv erweisen kann (Heinz-Dieter Kantel, 1988): Die unzureichende Berücksichtigung des Einzelfalls, die Mängel in der Dienstleistungsorientierung des Personals, die Ausdehnung von Kontrolle, die im Rahmen der Leistungsgewährung erfolgt sowie die "Bestrafung" in Form von Leistungskürzungen. In diesem Sinne zeigt auch die moderne Leistungsverwaltung die "Janusköpfigkeit" von Herrschaft und Wohlfahrtsförderung sowie die schwierige, auf Dauer mangelhafte Balance zwischen System- und Sozialintegration. Diese Zustandsbeschreibungen erweisen sich insofern als dauerhaft, weil in ihnen vielfältige Dilemmata enthalten sind, die sowohl auf der globalgesellschaftlichen Ebene (z.b. die Fortschreibung sozialer Leistungen einerseits und die Förderung wirtschaftlicher Wachstumsprozesse andererseits) als auch auf der Ebene konkreter Dienstleistungsgestaltung (z.b. Einzelfallgerechtigkeit gegenüber Gleichbehandlung der Klienten) bestehen. Somit bleibt es grundsätzlich eine schwierige Aufgabe, die Korridore für das akzeptable Nebeneinander teilweise konkurrierender Zielvorstellungen auszuschöpfen und wechselseitige Blockaden in der wohlfahrtsstaatlichen Entwicklung zu vermeiden.

1.1. Einbindung in die föderalistische Struktur

Die kommunale Sozialverwaltung ist eingebunden in die föderalistische Struktur der Bundesrepublik Deutschland. Insofern lassen sich an ihrem Beispiel auch wesentliche Probleme und Phasen der Entwicklungsgeschichte des politisch-administrativen Systems nachvollziehen. An dieser Stelle seien nur einige allgemeine Hinweise formuliert. Die Entwicklung des Föderalismus in der Bundesrepublik läßt sich als zunehmende relative Zentralisierung beschreiben: Sowohl durch die (gesetzlich definierten) Aufgaben als auch hinsichtlich der verfügbaren Ressourcen haben die Kommunen Handlungsspielräume eingebüßt, wurde die Selbstverwaltungsgarantie des Art. 28 GG in der Praxis "ausgehöhlt" (Georg Chr.v.Unruh,1989). Dies schließt gegenläufige Entwicklungsphasen nicht aus. So sollte z.B. die Gebiets- und Funktionalreform die Leistungskraft der Gemeinden verstärken. So werden insbesondere im Hinblick auf wohlfahrtsstaatliche Funktionen z.Z. die besonderen Leistungsmöglichkeiten der Kommunen hervorgehoben: z.B. für die Verwaltung des Mangels oder für die Milderung bzw. Pufferung neuer sozialer Probleme (Dieter Grunow und Norbert Wohlfahrt, 1985).

Diese föderative Einbindung bedeutet zugleich die Beteiligung und/oder Betroffenheit von Verwaltungsreformen und (ggf.) ihrem Scheitern. Dies setzt sich u.a. fort bei der häufig nicht vollendeten Funktionalreform, die eine uneinheitliche Verteilung von Zuständigkeiten bei der Sozialhilfegewährung (zwischen Kreis und kreisangehöriger Gemeinde) zur Folge hatte; dies betrifft den mißglückten Versuch, die mittlere Verwaltungsebene (z.B. Regierungspräsident) aufzulösen. Auswirkungen haben aber auch die gescheiterte Personalstrukturreform und die zunächst gesteigerte, später wieder zurückgenommene Politik- und Verwaltungsverflechtung (Gemeinschaftsaufgaben). In besonderem Maße haben auch Gemeindefinanzreformen (insbesondere von 1969) wie der kommunale Finanzausgleich in den Ländern der Bundesrepublik unmittelbare Bedeutung für die Handlungs- und Gestaltungsspielräume der Kommunen.

1.2. Einbindung in das System sozialer Sicherung

Noch bedeutsamer als die Einbindung in die föderativen administrativen Strukturen (und ihre "Reformen") ist die Einbindung der Sozialhilfegewährung in das System der sozialen Sicherung. In dem System, das durch Versicherungs-, Äquivalenz- und Solidaritätsprinzip geprägt ist, sollte die Sozialhilfe ursprünglich lediglich als "Ausfallbürge", als letzte Auffangmöglichkeit im sozialen Netz fungieren (Stephan Leibfried und Florian Tennstedt, 1985). Das dabei zugrundegelegte Fürsorgeprinzip leitet sich aus der Praxis der traditionellen Armenfürsorge ab. Es basiert auf dem Grundsatz der (Hilfe zur) Selbsthilfe und der Subsidiarität. Hilfen, die im Rahmen des Fürsorgeprinzips gewährt werden, sind Individualhilfen, die den individuellen, sich in einer materiellen oder immateriellen Notlage befindenden Einzelfall im Mittelpunkt sehen.

Für die Gewährung dieser Hilfen bedarf es keinerlei Vorleistungen; es findet allerdings eine Bedürftigkeitsprüfung der Antragsteller statt. Dabei wird sowohl das Einkommen und Vermögen des Betroffenen als auch das seiner näheren Verwandten angerechnet. Ein Rechtsanspruch auf Leistungen nach dem Fürsorgeprinzip besteht "dem Grunde nach"; Art und Höhe der Leistung werden unter Berücksichtigung der besonderen Lage des Betroffenen von den zuständigen Sozialverwaltungen festgelegt. Das dabei zu berücksichtigende Subsidiaritätsprinzip besagt, daß der Einzelne zunächst aus eigener Kraft, Initiative und Verantwortung, die ihm gestellten Aufgaben lösen soll, und daß erst bei unzureichender Bewältigung durch das Individuum die nächst größeren sozialen Gebilde in einer stufenweise Abfolge (Familie, Verbände, Staat) aktiv werden und Hilfe leisten sollen. Umstritten bleibt bei der Anwendung dieses Prinzips, ob die geforderte Nachrangigkeit mit dem Prinzip der Hilfe zur Selbsthilfe vereinbar ist (s.u. die Hinweise zu Effizienzproblemen der Sozialhilfegewährung).

Übersicht 1: Ziele der Sozial- und Jugendhilfe

Ziel 1. Ordnung	Ziel 2. Ordnung	Ziel 3. Ordnung
1. Soziale Notsituation vermeiden soziale Problemlagen auflösen	1.1 Bedarfsgerechtes Angebot sozialer Dienste, Einrichtungen Maßnahmen	11.1 Sozialplanung 11.2 Soziale Infrastruktur anregen/fördern 11.3 Soziale Infrastruktur schaffen
	1.2 Soziale Bedürfnisse in anderen Bereichen vertreten	
Persönlichkeitsentwicklung fördern	1.3 Entwicklung, Integration und Selbsthilfefähigkeit einzelner Ziel- und Problemgruppen fördern	13.1 Befähigen, Hilfsangebote zu nutzen 13.2 Abhängigkeiten verringern 13.3 Befähigen mit Realitäten umzugehen 13.4 Befähigen, Bedürfnisse zu erkennen/vertreten 13.5 Betroffene beteiligen
	1.4 Soziale Verantwortung und Partizipation aller Bürger fördern	14.1 Gleiche Startchancen fördern 14.2 Beteiligung der Bürger bei der Wahrnehmung sozialer Aufgaben 14.3 Selbsthilfekräfte fördern 14.4 Potentiell gefährdete Zielgruppen erfassen 14.5 Potentielle Gefährdung aufheben
2. Soziale Notsituationen im Einzelfall beheben	2.1 Ursachen der Hilfsbedürftigkeit aufdecken	21.1 Ursachen im soz. Bereich aufdecken 21.2 Persönliche Ursachen aufdecken 21.3 Zusammenhänge aufzeigen
	2.2 Hilfsbedürftigkeit beheben/mindern	22.1 Befähigen, mit Realitäten umzugehen 22.2 Befähigen, Probleme zu erkennen/ertragen 22.3 Befähigen, Hilfsangebote anderer anzunehmen 22.4 Befriedigung materieller Bedürfnisse sichern 22.5 Befriedigung immaterieller Bedürfnisse sichern 22.6 Eigenkräfte des Klienten aktivieren 22.7 Auf spezielle Notsituationen eingehen

3. (Sonstige) gesetzliche Ansprüche erfüllen

Quelle: KGSt-Bericht 18/1978, S. 13.

Obwohl die Nachrangigkeit der Sozialhilfegewährung (als Fürsorgeleistung) insbesondere auch im Hinblick auf die anderen Systeme sozialer Sicherung (Arbeitslosenversicherung, Rentenversicherung, Unfallversicherung, Krankenversicherung, Rehabilitation) gilt, scheint ihre Existenz sowohl die Leichtfertigkeit bei der "Aussteuerung" einzelner Betroffener aus den Systemen sozialer Sicherung sowie die "interorganisatorische Verantwortungslosigkeit" unabgestimmter Politiken im Sozialsektor zu erleichtern. Dies betrifft sowohl die grundlegenden politischen Gestaltungsentscheidungen (z.B. die Belastung der Rentner mit Krankenkassenbeiträgen oder der Abbau der BAFöG-Leistungen) als auch die konkreten Formen örtlicher Implementationen der Sozialgesetze (z.B. Zusammenarbeit zwischen Sozialamt und Arbeitsamt). Die kommunale Sozialverwaltung wird durch dauerhafte Sicherungsleistungen, die sich aus Strukturdefekten anderer Sicherungssysteme ergeben, ebenso belastet wie durch pragmatisch gehandhabte Vor- und Überbrückungsleistungen, die aus unzureichenden

Implementationsstrukturen anderer Sicherungssysteme resultieren (Dieter Grunow et al, 1984). Die zunehmende finanzielle und soziale Bedeutung der kommunalen Sozialverwaltung ist demnach sowohl ein Indikator für die Entwicklung und Verlagerung sozialer Probleme wie für die Mängel in der sozialpolitischen Voraussicht und in der Systemumgestaltung der letzten zwei Jahrzehnte. Neben die Lebensrisiken Krankheit, Arbeitslosigkeit, Armut im Alter usw. tritt in zunehmendem Maße das soziale Sicherungssystem selbst als eigenständiger Risikofaktor in Erscheinung, der in starkem Maße die Arbeitsbedingungen und die Effizienz der kommunalen Sozialverwaltung bestimmt.

1.3. Quantitative Entwicklung der Sozialhilfeleistungen

Die Entwicklung der Sozialhilfeempfängerzahlen und der Sozialhilfekosten seit Beginn der 70er Jahre lassen die Entwicklung deutlich werden. Die Zahl der Hilfeempfänger hat sich seit 1970 von 1,5 Mio. bis 1990 (ca. 3,3 Mio.) mehr als verdoppelt, wobei nur in der zweiten Hälfte der 70er Jahre eine Stagnation der Zahlen zu beobachten war. Dies geht einher mit einem sinkenden Realwert des Regelsatzes zwischen 1978 und 1983 (bezogen auf die Preise von 1977). Trotzdem sind die Kosten während dieses Zeitraumes kontinuierlich von ca. 4 Mrd. auf etwa 28 Mrd. DM gestiegen.

Eine differenziertere Betrachtung der Ausgabenentwicklung zeigt dabei folgende Trends:

a) Der Anstieg der Ausgaben für laufende Hilfe zum Lebensunterhalt (HLU), d.h. der regelmäßigen Einkommenssubstitution, ist wesentlich steiler als die Hilfe in besonderen Lebenslagen (HbL). Hier zeigt sich die deutliche Zunahme kontinuierlicher Einkommensersatzleistung durch die Sozialhilfe, was eigentlich Aufgabe der anderen Sicherungssysteme (wie z.B. Arbeitslosenversicherung oder Rentenversicherung) sein sollte.

b) Für die letzten 10 Jahre zeigt sich eine überproportionale Zunahme von Arbeitslosen unter den Sozialhilfeempfängern, ein Gleichbleiben der Alleinerziehenden und eine relative Abnahme der einkommensschwachen Rentner unter den Sozialhilfempfängern. In den letzten 2 bis 3 Jahren sind zudem die anwachsenden Zahlen von Aus- und Übersiedlern sowie von Asylanten zu beachten. Dies beschreiben die Entwicklung sozialer Problemlagen in der Bundesrepublik und zugleich das Versagen der sozialen Sicherungssysteme sowie anderer Bundespolitiken.

c) Der Vergleich der Sozialhilfeausgaben mit der Ausgabenentwicklung in den Kommunen insgesamt zeigt, in welch großem überproportionalem Maße die Sozialhilfeleistungen angestiegen sind. Die Sozialhilfeausgaben tragen also in erheblichem Maße zu den häufig beobachteten Finanzkrisen der Gemeinden bei. Zugleich wird dabei auch sichtbar, daß die Defizite sozialpolitischer Steuerung nicht nur Aufgabenverlagerungen, sondern vor allem auch die Verlagerung aufzubringender Mittel (durch kommunale Haushalte anstelle des Landes- und des Bundeshaushaltes) nach sich ziehen.

d) Ein Vergleich zwischen den Belastungen in verschiedenen Bundesländern zeigt, daß diese sehr unterschiedlich verteilt sind (Walter Krug und Norbert Rehm, 1986); dabei wird die Zuspitzung der Belastung von strukturschwachen Regionen oder Bundesländern deutlich: Geringeren Ressourcen stehen größere sozialpolitisch definierte Zahlungsverpflichtungen gegenüber.

Tabelle 2: Sozialhilfeaufwand in den Bundesländern 1987

Bundesland	Aufwand in DM pro Einwohner und Jahr
Hamburg	875
Berlin (West)	838
Bremen	804
Nordrhein-Westfalen	481
Schleswig-Holstein	468
Niedersachsen	430
Hessen	418
Saarland	414
Rheinland-Pfalz	317
Baden-Württemberg	289
Bayern	248

Quelle: Frankfurter Rundschau vom 21.12.1988.

1.4. Effizienzmängel der Sozialhilfe

Die Zahlen weisen außerdem darauf hin, daß die kommunale Sozialverwaltung (trotz langandauerndem Wirtschaftswachstum seit Mitte der 80er Jahre) einer wachsenden absoluten Zahl und einem wachsenden Anteil der Bevölkerung subsidiäre Einkunftsleistungen gewähren muß, wobei etwa ein Viertel der Sozialhilfeempfänger bereits 10 und mehr Jahre abhängig von der Sozialhilfe sind (Dieter Grunow et al, 1984, S. 42 f). Insbesondere das zuletzt genannte Ergebnis verweist auf die Einseitigkeit der aktuellen (mehr oder weniger erzwungenen) Funktion der Sozialhilfe als dauerhafte Einkommenssicherung, die mit Effizienzmängeln in anderen Aufgabenfeldern einhergeht. Dies betrifft insbesondere die Wiederherstellung der Unabhängigkeit von Sozialhilfeleistungen. In diesem Sinne formuliert das BSHG neben der Forderung, dem Hilfeempfänger eine der Menschenwürde entsprechende Lebensführung zu ermöglichen, das Ziel, dem Hilfebedürftigen die Befähigung zu vermitteln, wieder aus eigenen Kräften und unabhängig von Sozialhilfe leben zu können (§ 1 Abs. 2, BSHG).

"Erst die neuen Armen als zunehmend dominanter Typus der 80er Jahre geben (...), einen provokanten Anstoß, über die Effektivität öffentlicher Hilfen und 'Hilfe zur Selbsthilfe' endlich praktisch, grundsätzlich und konkret nachzudenken: Die Arbeitslosen werden (...) zur Zielgruppe für Problembewältigungs-Programme (...). Für alle anderen Gruppen von Sozialhilfeempfängern gilt jedoch weithin unterschiedslos (...) die (im übertragenen Sinne) 'fortgesetzte unterlassene Hilfeleistung', d.h. das Fehlen entsprechender praktischer Maßnahmen und zielgruppenspezifischer Programmkonzeptionen" (Heinz Strang, 1987, S. 721).

2. Entwicklungen und Akzente in den 80er Jahren

Die konkrete Entwicklung der kommunalen Sozialverwaltung bzw. die Formen lokaler Wohlfahrtsproduktion lassen sich nur aus der Vielzahl der auf sie einwirkenden politischen, administrativen, ökonomischen und sozialen Anforderungen verstehen. Dabei zeigen sich allerdings deutliche Wandlungen gegenüber den Diskussionen der 70er Jahre, die zunächst vor allem durch die (Wieder-) Entdeckung von Armut in der Bundesrepublik und von der Diskussion der "neuen sozialen Frage" sowie ihrer Ursachen bestimmt war. Dabei geht es um die Feststellung, daß soziale Notlagen kein Spezifikum der Arbeiterschaft sind, sondern aufgrund verschiedener Ursachen (z.B. Krankheit, Arbeitsunfähigkeit, körperliche und psychische Behinderung, Mangel an fachlicher Qualifikation, wirtschaftliche Schwierigkeiten, soziale und biographische Krisen usw.) bei verschiedenen Bevölkerungsgruppen auftreten können (Klaus Lompe, 1987).

Damit wurden zugleich Anforderungen an die örtliche Sozialhilfegewährung formuliert: Neben die effiziente Abwicklung von Transferzahlungen (Hilfe zum Lebensunterhalt) an ein zunehmend heterogeneres Klientel sollte eine an den Problemlagen und ihren Ursachen orientierte ganzheitliche Dienstleistungsstrategie treten. Vor allem dadurch sollte gesichert werden, daß Hilfe zur Selbsthilfe und zur Unabhängigkeit von Sozialhilfeunterstützung möglich wird. Diese Betonung wohlfahrtsstaatlicher Funktionen der öffentlichen Hand, die mit Vorstellungen von Lebensqualität und qualitativem Wachstum verbunden war, verlor gegen Ende der 70er Jahre mit wachsenden ökonomischen Schwierigkeiten an Bedeutung.

2.1. Leistungsabbau

Bereits vor, aber vor allem mit der politischen Wende zur konservativ-liberalen Regierung wurde der Abbau von Sozialleistungen betont, die Bedeutung von Unternehmergewinnen zur Förderung des Wirtschaftswachstums hervorgehoben und einer besseren Kapitalverwertung Priorität eingeräumt (Difu, 1985). Angesichts wachsender ökonomischer Schwierigkeiten und hoher Defizite in staatlichen und kommunalen Haushalten sollte vor allem auch der Kostenanstieg in den Sozialleistungen (und insbesondere in der direkt aus Steuermitteln finanzierten Sozialhilfe) verringert werden. Die Maßnahmen bezogen sich vor allem auf die
- geringere Steigerung der Regelsätze
- Verschleppung der Überarbeitung des Warenkorbs
- Streichung oder Reduktion freiwilliger Leistungen
- Begrenzung der Informations- und Auskunftstätigkeit gegenüber Hilfesuchenden, so daß generell oder temporär die Inanspruchnahme verringert wurde,
- Heranziehung weiterer Angehörigengruppen (Verwandte 2. Grades) zur Erstattung von Sozialhilfeleistungen und anderes mehr.

Wie bereits erwähnt, ließ sich angesichts der wachsenden Zahl von Dauer- oder Langzeitarbeitslosen (mehr als 1 Jahr) unter den Sozialhilfeempfängern die Ausgabenentwicklung jedoch damit nicht deutlich bremsen. Außerdem konnte trotz der kontinuierlichen Verbesserung der Wirtschaftslage seit Mitte der 80er Jahre die Zahl der Hilfeempfänger nicht reduziert werden. Dadurch verstärkte sich der schon früher diskutierte Eindruck, daß die Sozialhilfe nicht gezielte und umfassende Hilfen einer vorübergehenden Notlage beinhaltet, sondern sich zunehmend zu einer Basissicherung größerer Bevölkerungsteile entwickelt, einer Sicherung, die eigentlich von anderen Sicherungssystemen gewährleistet werden müßte.

Hinzu kommt, daß die Kommunen neben den monetären Leistungen auch alle psychischen und sozialen Folge- und Begleiterscheinungen (z.B. der hohen Arbeitslosigkeit unter bestimmten Bevölkerungsgruppen) zu berücksichtigen und - soweit möglich - zu kompensieren hatten. So ist es nur konsequent, daß gerade zu dieser Zeit von Politik und Wissenschaft eine kommunale Sozialpolitik gefordert und gefördert wurde. Die kommunale Ebene fungierte hier als prädestinierter Mangelverwalter, während sich die Bundes- und Landesebene als großzügige Ressourcenverteiler verstanden. Problemkenntnis und Bürgernähe der kommunalen Ebene wurden gelobt, um ihre Verantwortungsbereitschaft zu fördern bzw. herauszufordern. Diese Betonung der kommunalen Ebene in der Sozialpolitik wurde jedoch nicht mit einer Verbreiterung der verfügbaren Ressourcen verknüpft. (So kam es schließlich zum Protest einiger Bundesländer, d.h. zur "Albrecht-Initiative" und zum Strukturhilfegesetz von 1988).

2.2. Kooperationsprobleme

Auch die Bedingungen für eine örtliche Kooperation und Bündelung der für eine kommunale Sozialpolitik zuständigen Akteure waren eher ungünstig. Die finanziellen Engpässe veranlaßten die Akteure, eigene Entlastungen zu Lasten anderer Träger von Finanztransfers und Dienstleistungen anzustreben. Dies führte u.a. zu ständigen Konflikten zwischen Sozialämtern, Wohngeldämtern, Arbeitsämtern und anderen. Ermöglicht wurde dieses u.a. auch dadurch, daß es eine effektive Interessenvermittlung (insbesondere für Sozialhilfeklienten) in diesem kommunalen Sozialsektor nicht gab. Während für Renten- und Krankenversicherung usw. zumindest noch eine Interessenvertretung nach dem Schema von Kapital und Arbeit (im Sinne des Selbstverwaltungsprinzips) existiert, besteht eine solche Interessenvermittlung für die Sozialhilfe nicht.

"Während die Verbändeselbstverwaltung der Sozialversicherung sich an der Konfliktlinie Kapital/Arbeit orientiert, finden wir in dem gesamten Bereich der Sozialhilfe und freien Wohlfahrtspflege - (...) keine institutionalisierte Beteiligung von betroffenen Verbänden bei der Leistungsgestaltung und -durchführung (...) Gemessen an verschiedenen Krisensymptomen (...) scheinen Zweifel daran berechtigt, ob die alten und verharschten Interessenvermittlungsstrukturen noch in der Lage sind, die Bedürfnisse und Probleme, insbesondere die der Letztadressaten von Leistungen zum Ausdruck zu bringen" (Adrienne Windhoff-Heritier, 1989, S. 124).

Dies darf jedoch nicht zu einer Unterschätzung der unverzichtbaren Leistung der Sozialämter als "Soforthelfer" führen. Für viele Betroffene ist die *sofort einsetzende* Hilfe lebensnotwendig, während die anderen Sozialleistungsträger (noch) über die Zuständigkeiten streiten oder Leistungsumfänge errechnen. Daß dabei die Sorge der Bediensteten entsteht, nicht nur von den Klienten, sondern auch von den anderen Behörden "getäuscht" zu werden, ist in diesem Zusammenhang symptomatisch (vgl. Dieter Grunow et al., 1984, S. 215 ff;S. 238 ff).

2.3. Organisationsgestaltung

Ein Großteil der Probleme, die sich durch das grundlegend veränderte politische Klima sowie die konkreten Schwierigkeiten der Gestaltung kommunaler Sozialpolitik ergaben, fanden sich auch auf der konkreteren Ebene der Gestaltung von Organisationsstrukturen und Arbeitsabläufen in der kommunalen Sozialverwaltung und der sozialen Dienste wieder. Dabei kann die Organisation der "kommunalen Apparatur" und insbesondere der sozialen Dienste - ganz unabhängig von spezifischen Finanz-

und/oder Effizienzkrisen - als Dauerproblem kommunaler Sozialverwaltung angesehen werden. Dabei spielen allgemeine Dilemmata immer wieder eine wichtige Rolle (nach Gerhard Frank, 1989, S. 267 ff):

- daß die Leitungsspitze aufgrund ihrer besonderen funktionalen Stellung völlig überlastet wird, was dazu führt, daß Entscheidungen bei komplexen Sachlagen qualitativ nicht hinreichend vorbereitet werden können;

- daß die Entscheidungslinien selbst überlastet werden, weil jeder Vorgang nur auf dem Dienstweg transportiert werden kann;

- daß die Trennung von Innen- und Außendienst bei einem Entscheidungsprimat des durch Verwaltungsbeamte besetzten Innendienstes gerade der Berufsgruppe, die unmittelbar mit Klienten in Kontakt steht, nur eine marginale Rolle im Entscheidungsprozeß zuweist;

- daß Verwaltungsfachkräfte, denen die dominierende Rolle im Entscheidungsprozeß zukommt, auf Problemlagen der Klientel nur insoweit reagieren als die von den Betroffenen artikulierten Problemlagen und Hilfebedürfnisse in administrativ relevante Tatbestände umformuliert werden können;

- daß Sozialarbeiter und Sozialpädagogen versuchen, den für ihre Professionsentfaltung maßgeblichen Rationalitätstypus ins Spiel zu bringen; d.h. insbesondere wissenschaftlich relevantes Wissen und damit eine zur Logik des bürokratischen Prozesses querliegende berufliche Rationalität;

- daß die Kooperation oft noch dadurch erschwert wird, daß die Arbeit der inneren Verwaltung nach dem Buchstabenprinzip, die von Sozialarbeitern und Sozialpädagogen häufig nach dem Prinzip der Bezirkszuständigkeit organisiert ist.

Bei diesen und vergleichbaren Gestaltungsproblemen für die kommunale Sozialverwaltung handelt es sich z.T. um nicht aufhebbare Widersprüche zwischen wichtigen Zielbezügen des Verwaltungshandelns. Die Geschichte der Reorganisationsmodelle für die Sozialverwaltung und den Sozialdienst ist ein Beleg für die vielfältigen Versuche der Balancierung unterschiedlicher Imperative der Sozialhilfegewährung (Gerhard Frank, 1989; Vera Grunow-Lutter und Norbert Wohlfahrt, 1983). Entgegen den ursprünglich formulierten Anforderungen haben sich die Beratungs- und Dienstleistungsaspekte eher verringert als verbreitert. Dies ist insofern von Bedeutung, als bei - entgegen allen Hoffnungen und Erwartungen - länger andauernder Sozialhilfebedürftigkeit persönliche Hilfen und Beratung erforderlich werden. Die bereits seit Mitte der 70er Jahre begonnenen, z.T. sehr aufwendigen Erprobungen neuer Organisationsmodelle sind in den 80er Jahren entweder abgebrochen oder zumindest nicht vollständig und konsequent umgesetzt worden.

Eines der wenigen Beispiele einer konsequenten Fortführung der diesbezüglichen Konzepte ist das Bremer Modell der Matrixorganisation, die zwei verschiedene strukturelle Stränge sozialer Arbeit verknüpft: Zielgruppenbezug (lebensphasenspezifische Gruppen wie Kinder, Jugendliche, Erwachsene usw.) und den Regionalbezug (in den einzelnen Bezirken des Stadtteils, auf denen sich die Gesamtmatrix bezieht, arbeiten die einzelnen Sozialarbeiter-Teams selbstverantwortlich und mit weitreichenden Entscheidungsbefugnissen). Die Kooperation der Teams wird durch drei Konferenzsysteme abgesichert: durch die Gruppenkonferenz (des regionalisierten Zielgruppenteams); die einzelfallübergreifende Zielgruppenkonferenz (der vor Ort tätigen Zielgruppenteams) und die Regionalkonferenz (aller auf der Ebene der Stadtbezirke zusammenkommenden Zielgruppenteams). Trotz der insgesamt positiven Bewertung der Umsetzung dieses Modells in Bremen bleiben grundlegende Strukturschwächen - wie z.B. die Ausgrenzung und Abkoppelung der wirtschaftlichen Sozialhilfe sowie die Gefahr der Ausgrenzung von Selbsthilfeinitiativen und der Selbstbestimmung der Betroffenen sowie der Legitimitation durch die gewählten Organe der Gemeinde (Karl Bronke et al., 1987).

2.4. Bürgernähe

Damit kommt man zu einem stets problematischen Aspekt der Neuorganisationsdiskussion zurück: Die Abkoppelung von den tatsächlich durch entsprechende Neuorganisation erzielten Wirkungen der Sozialhilfegewährung. Der in den 70er Jahren entwickelte *Begriff der Bürgernähe* hat zumindest vorübergehend einen solchen Maßstab geliefert, an dem sich konkrete Organisationsstrukturen und Arbeitsweisen der Sozialämter und der Sozialdienste bewähren mußten (Dieter Grunow, 1983). Dies setzt allerdings ein kontinuierliches Beobachten und Evaluieren der praktischen Arbeit voraus, was aufgrund der Arbeitsbelastung bei knappen Ressourcen nur selten durchführbar ist. Insofern gilt auch für die entwickelten Konzepte und praktischen Modelle einer bürgernahen Kommunalverwaltung das gleiche Fazit wie für die Reorganisation sozialer Dienste: Die Ideen und der Elan aus den 70er Jahren (z.B. KGSt, 1977; 1978) sind in den 80er Jahren ins Stocken geraten bzw. ganz zum Erliegen gekommen. Trotz einiger erfolgversprechender Beispiele kann von einer durchgreifenden bürgernahen Ausrichtung der kommunalen Sozialverwaltung während der 80er Jahre nicht gesprochen werden. Es sind eher Einzelmaßnahmen (im Sinne von Fertiggerichten), die ungeachtet ihrer faktischen Auswirkung auf die Beziehungsqualität zwischen Verwaltung und Klientel zur

Anwendung kommen (vgl. Dieter Grunow, 1988).

Zu den eher "äußerlichen" Maßnahmen gehören Behördenwegweiser, verschönerte Wartezonen, "bürgerfreundlicheres Deutsch" im Schriftverkehr. Bedeutsamer sind die Qualifizierungsmerkmale des Personals (z.b. durch Interaktionsschulung). Selten sind dagegen strukturelle Änderungen im Sozialamt - wie z.b. die höhere Einstufung von SachbearbeiternInnen (vermehrt nach A 10) (vgl. Nikolaus Stumpfögger und Ulrich Wiethoff, 1989, S. 134 f). Allerdings hat dies offensichtlich nicht zu der beabsichtigten Reduktion der Fluktuation geführt (ebenda). Andere Maßnahmen beziehen sich z.b. auf Aufgabenzuschnitte der SachbearbeiterInnen - um die Kooperation mit anderen Personalgruppen und Ämtern zu erleichtern.

2.5. PC-Einsatz

Aufgegriffen wird das Thema Bürgernähe der Sozialverwaltung - allerdings in häufig recht oberflächlicher, z.T. nur symbolischer Form - im Zusammenhang mit der Einführung von PC's und APC's in der Sozialverwaltung bzw. bei der wirtschaftlichen Sozialhilfegewährung.

Im Vordergrund stehen allerdings Kosteneinsparungen, die durch eine On-line-Verarbeitung von Sozialhilfeanträgen ermöglicht werden sollen. Die Ergebnisse sind bisher uneinheitlich und z.T. unübersichtlich (z.B. Universität Bremen, 1987 ff; Stadt Herten, 1987 ff): Die Mitwirkung des Personals bei den Reorganisationsmaßnahmen scheint weitgehend gelungen zu sein. Ob sich die Qualität der Sozialhilfegewährung allerdings dadurch verbessern wird, ist mehr als fraglich. Die Beschleunigung der Antragsbearbeitung wäre für die Betroffenen zweifellos ein Gewinn. Die Erwartung, daß Zeiteinsparungen von den SachbearbeiterInnen zur erweiterten Beratungstätigkeit und damit letztlich zur Verbreiterung der bereitgestellten Hilfen (z.B. ergänzende Hilfen) genutzt werden, ist mit Blick auf frühere Studien über die Beratungsbereitschaft der SachbearbeiterInnen ebenso anzuzweifeln wie angesichts der nach wie vor extrem hohen Kostenbelastung der Kommunen, die eine Ausweitung des Leistungsspektrums wenig wahrscheinlich machen (zusammenfassend Günter Irle, 1988). Am ehesten können noch die Sachbearbeiter mit Verbesserungen (ihrer Eingruppierung) rechnen. Völlig gescheitert ist dagegen der Versuch der Einbeziehung der Betroffenen in den Planungs- und Gestaltungsprozeß. Die "Partizipation" der Sozialhilfeempfänger besteht in Einzelfällen allenfalls (erneut!) in der Mitwirkung von Verbandsvertretern - insbesondere aus den Wohlfahrtsverbänden (DPWV etc.).

2.6. Selbsthilfe-Initiativen

Darin drückt sich allerdings auch ein Mangel an Selbsthilfeorganisation aus, der zumindest für den Bereich der Sozialhilfeempfänger gilt. Seit Beginn der 80er Jahre hat die Selbsthilfebewegung auf der örtlichen Ebene, die zunächst primär auf den Gesundheitsbereich, später aber auch auf soziale Probleme Bezug nahm, nachhaltige Wirkung auf Verbände und kommunale Instanzen gehabt (Frank Schulz-Nieswandt, 1989). Die (möglicherweise voreilig) verkündete "Selbsthilfe-Gesellschaft" schien *die* Lösung - wenn nicht für die finanziellen, so doch wenigstens für die Dienstleistungsdefizite (Sozialhilfenberatung, Krankenpflege, Gesundheitsförderung usw.). Die kommunale Ebene - einschließlich der Wohlfahrtsverbände - schien geeignet, möglichst kostengünstig die Selbsthilfebereitschaft und die Ehrenamtlichkeit zur Entlastung öffentlicher Kassen zu mobilisieren. Einen "Höhepunkt" fand diese Kampagne im Wettbewerb sozialer Initiativen "Reden ist Silber; Helfen ist Gold", der von der Bundesregierung "ausgelobt" wurde. Gegen Ende der 80er Jahre gibt es zwar eine Reihe von "Selbsthilfegruppen der Sozialhilfeempfänger", doch die Durchsetzungsmöglichkeiten erscheinen eher gering und die Selbsthilfefähigkeit im engeren Sinne ist mit anderen Bereichen (wie dem Bereich der Gesundheitsselbsthilfe) nicht zu vergleichen. Dabei spielt zweifellos auch die Tatsache eine Rolle, daß die Kooperation mit Selbsthilfeinitiativen und sozialen Projekten - angesichts der generell geringen Beachtung der sozialen Dienste in diesem Kontext - nach wie vor schwierig und meist auch nur den Wohlfahrtsverbänden überlassen bleibt. So sind viele Selbsthilfeinitiativen inzwischen in die Wohlfahrtsverbände (insbesondere in den DPWV) "eingegliedert" worden (Peter Grottian et al., 1988, bes. S. 82 ff).

2.7. Resümee

Zusammenfassend muß man die Entwicklung der 80er Jahre dahingehend kennzeichnen, daß die kommunale Sozialverwaltung weitgehend reagierende Instanz geblieben ist. Ihr ist es nicht gelungen, gestalterisch und konsequent auf das von ihr bearbeitete Aufgabenfeld einzuwirken. Eine ursachen- und finalorientierte Bearbeitung sozialer Probleme wurde ebensowenig durchgesetzt wie eine bürgernahe Gestaltung der Verwaltungsstrukturen und Arbeitsabläufe. Die Dienstleistungskomponenten (soziale Dienste, Beratung) sind eher verringert als verbessert worden.

So bleibt das mehr oder weniger effiziente Auszahlen von Geld unter zunehmend schwierigeren Bedingungen (z.B. die Zunahme der Quantität und Vielfalt, aber auch zunehmender Aggressivität der Hilfeempfänger). Die kennzeichnenden Stichworte der wissenschaftlichen Kommentierung heißen in den 80er Jahren deshalb primär "Armutsregulierung", "Rationierung sozialer Leistungen", "Selektivität" und "Dunkelziffern (der Unternutzung)" (Caritasverband, 1987). Unbestritten bleibt dabei die Bedeutung der Sozialverwaltung als "letzte Rettung" durch (wenn auch minimale) "Soforthilfe", wenn andere soziale Netze nicht tragen oder bewußt "großmaschig" gehalten werden. Dadurch ist es immerhin bisher gelungen, den sozialen Frieden weitgehend zu bewahren - was jedoch gegen Ende der 80er Jahre zunehmend schwierig, in manchen Fällen nicht mehr möglich zu werden scheint (vgl. z.B. "Keine Chance für Obdachlose: Ein Schlafsack vom Sozialamt" aus: DIE ZEIT 2/1990, S. 48).

So zeigen sich am Ende der 80er Jahre in der Qualität der Sozialhilfegewährung keine wesentlichen Verbesserungen gegenüber der Situation vor 10-15 Jahren, z.T. sind die Ansätze zur qualitativen Verbesserung aus früheren Jahren durch Problem- und Kostendruck wieder "verlorengegangen". Insgesamt treffen vielfach noch die Problembeschreibungen von Rudolf Vogel (1966) zur "Gestaltung der kommunalen Apparatur" zu. Dementsprechend ähneln sich auch Forschungsergebnisse, die sich auf die Arbeitsteilung, die Kooperation und die Wirksamkeit wirtschaftlicher Hilfen und sozialer Dienste beziehen, seit 20 Jahren (z.B. Dieter Grunow und Friedhart Hegner 1978; Nikolaus Stumpfögger und Ulrich Wiethoff, 1989). So ergibt sich nun ein Bild einer überwiegend auf Verfahren abgestützten und zuletzt durch Computereinsatz perfektionierten Armutsverwaltung. Inhaltliche Zielvorstellung und Qualitätskriterien spielen keine wesentliche Rolle. Auch im Hinblick auf andere allgemeine Anforderungen an kommunale Politik und Verwaltung - wie Gestaltung gemäß örtlicher und situativer Verhältnisse, Alltagsnähe und zugleich vorausschauendes Handeln, Partizipation, Bürgernähe, Qualitätssicherung und Wirksamkeit usw. - zeigt die Sozialverwaltung keine bemerkenswerten Initiativen. Die Vorstellung von einer kommunalen Sozialpolitik hat sich ebenfalls nicht verwirklichen lassen.

Die *wissenschaftlichen Beiträge* aus den Sozialwissenschaften (einschließlich der Politik- und Verwaltungswissenschaften) haben die verschiedenen Etappen der Entwicklung i.d.R. zeitnah begleitet. Kein Thema ist unbeachtet geblieben: Bürgernähe, Verwaltungseffizienz, Arbeitslosigkeit und Armutsentwicklung, Selbsthilfe und Ehrenamtlichkeit, Reorganistion sozialer Dienste, Informations- und Kommunikationstechnik in der Sozialverwaltung usw. sind ebenso thematisiert worden wie die globaleren Fragen der Sozialpolitik und der Steuerung im föderalistischen System der Bundesrepublik. In die politische und administrative Rhetorik haben die wissenschaftlichen Beiträge rasch Eingang gefunden. Im Hinblick auf die praktische Implementation der Überlegungen und Empfehlungen sind allenfalls punktuelle Wirkungen zu erkennen. Auch der Stil der Zusammenarbeit zwischen Wissenschaft und Praxis hat sich dabei nicht wesentlich geändert - wenngleich es immer wieder Beispiele für die Erstellung kommunaler Pläne (Altenpläne, Jugendhilfepläne u.ä.), für die Begleitung modellhafter Erprobungen, für Organisationsentwicklung und Teamentwicklung in der Sozialverwaltung gibt (Petra Abele, 1989).

3. Optionen und Erwartungen hinsichtlich der zukünftigen Entwicklung

Auch die zukünftige Entwicklung der kommunalen Sozialverwaltung wird - wie die rückblickend beschriebene - von anderen Parametern bestimmt werden als von gestalterischen kommunalen Akzenten. Eine Vielzahl von konkreten und praktischen Problemen "wirft ihre Schatten voraus": Die demographische Entwicklung mit einer wachsenden Zahl von frühzeitig verrenteten und im hohen Lebensalter pflegebedürftigen Menschen; eine unüberwindlich erscheinende Massenarbeitslosigkeit, die für einen beachtlichen Teil der erwerbsfähigen Bevölkerung auch gleichzeitig zu einer Dauerarbeitslosigkeit führen wird; die Flexibilität und Individualisierung von Lebensläufen einschließlich ihrer ökonomischen und sozialen Risiken; die Erosion von sozialen Netzen; die Zunahme von Alkohol-, Drogen- und Medikamentenabhängigkeit; und anderes mehr. Hinzu kommen all jene Aufgaben, die sich aus der Entwicklung in West- und Osteuropa ergeben. Darüber hinaus wird sich wie bisher kontinuierlich auch das Verhältnis der Bürger und/oder der speziell betroffenen Klientel zu den staatlichen kommunalen Instanzen und Einrichtungen ändern: Der Rechtsanspruch auf sozialstaatliche Leistungen wird sich im Bewußtsein der Betroffenen stärker verfestigen; Bevormundung, Einschränkung und Kontrolle werden deshalb immer weniger akzeptiert; die Legitimation jeglichen öffentlichen Handelns wird schwieriger.

Bei aller zuvor beschriebener Stagnation in der Entwicklung der kommunalen Sozialverwaltung - mit Blick auf Effizienz und Modernisierung, Bürgernähe und Partizipation, Legitimation und Lebensqualität - kann die Verfügbarkeit über Alternativkonzepte und praktisch erprobte Alternativmodelle nicht übersehen werden. Es fehlt also nicht an Ideen, Konzepten und Modellen, sondern mehr an den notwendigen politischen Prioritätensetzungen und einer konsequenten und lernfähigen Implementation. Damit verlagert sich die Frage zu den zukünftigen Entwicklungsmöglichkeiten auf die vielfältigen Rahmenbedingungen, die auf die konkrete Praxis der kommunalen Sozialverwaltung einwirken. Nur wenn in diesen jeweiligen Zusammenhängen Änderungen zu erwarten sind, könnten sich - als Folgeerscheinung - auch die Handlungsbedingungen für die Sozialhilfegewährung verändern.

3.1. Innovationen in der Sozialpolitik?

Der Vergleich zwischen den Entwicklungen in den 70er und 80er Jahren zeigt deutlich, daß das allgemeine politische Klima eine wesentliche Rahmenbedingung für die Innovationsfähigkeit und die Fortentwicklung eines bestimmten Politiksektors (hier Sozialpolitik) darstellt. Während in den 70er Jahren sozialpolitische Themen konsens- und durchsetzungsfähig waren, wurden sie während der 80er Jahre der Haushalts- und Finanzpolitik auf allen Ebenen des politisch-administrativen Systems untergeordnet. Dieser Trend läßt sich an der Themenverlagerung der KGST (von Bürgernähe, Organisation sozialer Dienste zur Effizienzanalyse und Haushaltskonsolidierung) ebenso ablesen wie an den Reformvorhaben (Gesundheitsreformgesetz, Rentenreformpläne) der letzten Jahre. Auch wenn sich zeigen läßt (Jens Alber, 1986, S. 52 f), daß aufgrund der überwiegenden Akzeptanz wohlfahrtsstaatlicher Leistungen (und der dafür zu erbringenden Ressourcen) in der Bevölkerung ein drastischer Einbruch im Sozialsektor auch in den 80er Jahren nicht durchzusetzen war, ist eine zukünftige Akzentsetzung, die zu Lasten der "Zwei-Drittel-Gesellschaft" (und zugunsten des restlichen Drittels) geht, nicht zu erwarten. Die Vermutung liegt näher, daß im Zuge der europäischen Sozialunion sowie der deutschen Einigung und Zusammenarbeit mit osteuropäischen Ländern das auf die Sozialleistungen besonders angewiesene Drittel der Bevölkerung stärker beeinträchtigt wird als der Rest. Die sich erneut durchsetzende Wachstums- und Techikeuphorie ist auch auf der örtlichen Ebene sichtbar - wenn man z.B. die Projekte und Programme zur Förderung der Montanregionen (im Ruhrgebiet) betrachtet. Die dabei stets argumentativ mitgeführte "Sozialverträglichkeitsklausel" hat de facto kaum Auswirkungen auf die konkreten Gestaltungen der gesellschaftlichen Entwicklung wie der kommunalen Apparaturen. (So sieht z.B. der Bundeshaushalt 1989 für den Bereich Jugend/Familie und Gesundheit eine Steigerungsrate von 1,9 %, der Bereich Wirtschaftsförderung 19,9 % vor). Dieser Trend dürfte in den 90er Jahren durch den "globalen Sieg der kapitalistischen Wirtschaftsordnung" noch verstärkt werden.

Dieser globale politisch-klimatische Kontext macht es unwahrscheinlich, daß bei der politischen Gestaltung sozialer Sicherungssysteme grundlegende Veränderungen durchgeführt werden. Wie die aktuellen Beispiele (Gesundheitsreformgesetz und Rentenversicherungsreform) belegen, bleibt die Problematik der Kosteneindämmung bzw. der Finanzierungssicherung im Mittelpunkt. Darüber hinaus scheinen sich weitere Regelungsverzichte des Staates - verbunden mit einer Ausdehnung von Selbststeuerungsmöglichkeiten der Trägerinstitutionen - anzukündigen. Damit dürfte eine Rückverlagerung der wachsenden Sozialhilfebelastungen im Bereich dauerhafter Einkommens-/Ersatzleistungen auf andere Träger sozialer Sicherung kaum wahrscheinlich sein. Obwohl inzwischen verschiedene, durchaus praktikable Modelle der Sicherung eines Grundeinkommens oder der umfassenden Arbeitsbeschaffungsprogramme (anstelle der Mittel für Arbeitslosengeld, Arbeitlosenhilfe und Sozialhilfe) existieren, ist ihre Durchsetzung in den 90er Jahren wenig wahrscheinlich.

Auch die im Rahmen der Vereinigung beider deutscher Staaten verpaßten Chancen, über grundlegende Strukturreformen im Bereich sozialer Sicherung nachzudenken, dürfte in der Konsequenz eher zu einer weiteren Verlängerung des status quo und der mit ihm verbundenen inkrementalen "Reparaturen" führen. Die Funktion der Sozialhilfe und damit der kommunalen Sozialverwaltung wird sich dabei weiterhin darauf konzentrieren müssen, gezielte Abwälzungen und implizierte Widersprüche und Lücken in der sozialen Sicherung durch andere Träger aufzufangen und abzumildern. Der Status als Geldverteilungsapparat zur Regulierung der Armut wird u.U. noch stärker als in den 80er Jahren die Leistungen im Rahmen des "sozialen Krisenmanagements" einschränken.

Die Vorstellung, kommunale Sozialverwaltung könne gezielt die Ursachen und Begleitumstände sozialer Probleme und Konflikte beeinflussen und bewältigen, muß in den 90er Jahren mehr denn je als "utopisch" gelten. Diese Einschätzung ist u.a. damit zu begründen, daß eine Entwicklung von Gegenmacht durch die von der Zwei-Drittel-Gesellschaft ausgegrenzten Bevölkerungsgruppen nicht zu erwarten ist. In diesem Zusammenhang wird m.E. deutlich, daß soziale Bewegungen und Selbsthilfeinitiativen eine von breiten Bevölkerungsgruppen getragene Konsumentenbewegung, die sich auch auf öffentliche Leistungen und Dienste bezieht, nicht ersetzen können. Ebensowenig reicht die Interessenrepräsentanz im Rahmen sozialer Sicherungssysteme, die auf der Schiene Kapital und Arbeit gebildet wird aus, um die Interessen des Sozialverwaltungsklientels und anderer Teilgruppen in die politisch-administrativen Gestaltungsprozesse einzubringen. Wie das Beispiel der Kostendämpfung im Gesundheitswesen durch die Abwälzung auf die Betroffenen zeigt, ist selbst die "Quittung" durch entsprechendes Wahlverhalten nicht selbstverständich, weil die kritisierte Gesundheitspolitik durch andere Ereignisse (wie die Vereinigung der beiden deutschen Staaten) überlagert wird (werden kann).

3.2. Neue Handlungsspielräume der kommunalen Sozialverwaltung?

Damit stellt sich abschließend die Frage, ob in den 90er Jahren mit besonderen Handlungsspielräumen der kommunalen Sozialverwaltung zu rechnen ist. Dabei muß zunächst erwähnt werden, daß in den letzten Jahren verstärkt eine Regionalisierung bei Planungs-, Gestaltungs- und Entwicklungsprozessen erwogen und z.T. praktiziert wird. Diese Entwicklung wird u.a. durch die EG-Strukturfonds betont, die europäische Regionen als Fördergebiete ausweisen, wobei jedoch ein stärkerer interkommunaler Kooperationszusammenhang vorausgesetzt wird als dies z.Zt. faktisch existiert. Unter diesen Bedingungen könnten sich Konzepte des "community development" wieder beleben lassen, die auch einen regional spezifischen Ausbau der Sozial- und Gesundheits-Infrastruktur zum Gegenstand haben. Es bleibt jedoch fraglich, ob die Förderprogramme einerseits sowie die durch das anhaltende Wirtschaftswachstum verbesserte Ressourcenlage der Gemeinden dazu benutzt werden, neben den Transferzahlungen auch die Dienstleistungen und die sozial- und gesundheitsbezogene Infrastruktur systematisch zu erweitern und zu ergänzen (z.B. im Hinblick auf die Kinderbetreuung; z.B. im Hinblick auf den zukünftig ansteigenden Pflegebedarf usw.). Gegenwärtig scheint eine Prioritätensichtsetzung hinsichtlich einer weiteren wirtschaftlich-technischen Infrastrukturentwicklung (Ausbau von Flughäfen, Ausbau von Fernstraßen usw.) wesentlich wahrscheinlicher.

Von großer Bedeutung wird deshalb - auch unterhalb der Schwelle weiterer umfangreicher Sozialinvestitionen - die Frage sein, ob es der kommunalen Sozialverwaltung gelingt, eine Implementation der Sozialpolitik in effektiver und bürgernaher Weise, d.h. unter Einschluß sowohl der Betroffenen als auch der beteiligten Institutionen zu gestalten. Dabei müssen die verfügbaren Ressourcen der am Ort angesiedelten Bevölkerungsgruppen sowie der Selbsthilfeinitiativen und Wohlfahrtsverbände einbezogen werden. Die kommunale Sozialverwaltung muß dabei mehr als bisher als Arrangeur und Koordinator sowie als Vermittler von Klienteninteressen einerseits und von Anbieterdomänen andererseits auftreten. Steuerungskonzepte und Gestaltungsmodelle liegen auch für eine solche Perspektive der weiteren Entwicklung bereits vor ("Networking", Netzwerkförderung - vgl. Alf Trojan et al.,1987). Entscheidend ist dabei,. inwieweit es im Rahmen der konkreten Umsetzung (Implementation) gelingt, die Selbsthilfepotentiale der Betroffenen und Beteiligten zu aktivieren, die Domäneinteressen und Bürokratisierungstendenzen der Verbände einzudämmen, die kostspielige Vielfalt der Leistungsanbieter (ohne echten Konkurrenzdruck) einzuschränken bzw. effizient zu bündeln und vor allem: Die traditionelle Ausrichtung vieler Aktivitäten nach dem Motto "the clients come last" ins Gegenteil zu verkehren.

Um dies zu realisieren, wird man auf ein Instrumentarium zurückgreifen müssen, das ebenfalls im wesentlichen in den 70er Jahren entwickelt und in den 80er Jahren verkümmert ist: Die möglichst breit angelegte und integrierte Sozialplanung auf örtlicher Ebene, die jedoch nicht zu einer einmaligen Kraftanstrengung degenerieren darf, sondern als kontinuierliche Herausforderung an das Handeln der kommunalen Sozialverwaltung - durch Dauerbeobachtung der faktischen Entwicklung ("Monitoring") - überprüft und fortgeschrieben werden muß. Eine solche "Modernisierung" kommunaler Sozialverwaltung, die sich nicht nur auf die DV-technische Rationalisierung der Sozialhilfegewährung konzentriert, hat dann eine Chance, wenn sie überzeugend die produktive Verknüpfung von Selbsthilferessourcen, verbandlichen Leistungen und den Ressourcen der Sozialadministration aufzeigen kann. Damit dürften sich für die 90er Jahre durchaus Chancen eröffnen, gezielt die soziale Infrastruktur und die sozialen Dienstleistungen im Rahmen der kommunalen Sozialverwaltung und -politik zu ergänzen - soweit sich der gegenwärtige Trend von sich *verringernden* finanziellen Engpässen auf der kommunalen Ebene fortsetzt.

Literatur

Abele, Petra, 1989: Organisations- und Teamentwicklung in der Sozialverwaltung. München

Alber, Jens, 1986: Der Wohlfahrtsstaat i. d. Wirtschaftskrise - Eine Bilanz der Sozialpolitik in der Bundesrepublik seit den frühen siebziger Jahren, in: PVS 27, S. 28-56

BMJFFG (Hrsg.), 1985: Bürgernähe der Sozialverwaltung, Stuttgart

Braun, Hans, 1989: Vom Almosen zum Leistungskatalog: Modernisierung in der Sozialpolitik, in: Die Verwaltung 11, S. 151-164

Bronke, Karl. et al., 1989: Soziale Dienste zwischen Herrschaft und öffentlicher Produktion - Zur Doppelstruktur kommunaler Sozialverwaltung, in: Olk, K. und Otto, H.-U. (Hrsg.): Soziale Dienste im Wandel 3, Neuwied, S. 23-54

Bronke, Karl et al., 1987: Neuorganisation kommunaler Sozialdienste in Bremen, in: Theorie und Praxis der sozialen Arbeit 38, S. 268-277

Caritasverband (Hrsg.), 1987: Arme haben keine Lobby. Caritas-Report zur Armut, Freiburg

Dähne, Eberhard (Hrsg.), 1986: Gemeindeleute. Handbuch für eine alternative kommunalpolitische Praxis, Köln

Difu (Hrsg.), 1985: Rückzug aus der Leistungsverwaltung? Seminarbericht (Difu-Materialien 2/1985), Berlin

Franz, Gerhard, 1989: Entscheidungsdilemmata in Sozialverwaltungen, in: Archiv für Wissenschaft und Praxis der sozialen Arbeit 20, S. 266-277

Grottian, Peter et al., 1988: Die Wohlfahrtswende - der Zauber konservativer Sozialpolitik, München

Grunow, Dieter et al., 1984: Sozialhilfegewährung im interorganisatorischen Netzwerk, in: PVP 6/1984. Kassel

Grunow, Dieter/Hegner, Friedhart, 1978: Die Gewährung persönlicher und wirtschaftlicher Sozialhilfe. Bielefeld

Grunow, Dieter/Wohlfahrt, Norbert, 1985: Politikkoordination oder Politiksegmentierung? Zur Handlungsrationalität kommunaler Sozialpolitik, in: Krüger, J. und Pankoke, E. (Hrsg.): Kommunale Sozialpolitik, München, S. 156-174

Grunow, Dieter, 1983: Bürgernahe Sozialverwaltung - Rationalitätskriterien kommunaler Sozialpolitik, in: Hesse, J.J. und Wollmann, H. (Hrsg.): Probleme der Stadtpolitik in den 80er Jahren, Frankfurt a.M., S. 338-358

Grunow, Dieter, 1984: Leitfaden für die Anwendung des Kriterienkatalogs zur Verbesse-

rung des Verhältnisses zwischen Bürger und Verwaltung. Gutachten f. d. BMI, Bonn
Grunow, Dieter, 1988: Bürgernahe Verwaltung, Frankfurt a.M.
Grunow-Lutter, Vera/Wohlfahrt, Norbert, 1983: Zur Neuorganisation der sozialen Dienste, in: SVP 3/1983, Bielefeld
Irle, Günter, 1988: Informationstechnik und soziale Dienstleistungsqualität in der Klientenperspektive, in: Leviathan 17, S. 465-479
Kantel, Heinz-Dieter, 1988: Gestaltete und gestaltbare Sachzwänge - Zu den Reproduktionsbedingungen der Armutsregulierung, Diss. Osnabrück/Duisburg
Kaufmann, Franz-Xaver (Hrsg.), 1979: Bürgernahe Sozialpolitik, Frankfurt a.M.
KGST, 1977: Zielsystem für den Allgemeinen Sozialdienst (Bericht 6/1977), Köln
KGST, 1978: Ziele der Sozial- und Jugendhilfe (Bericht 18/1978), Köln
Lompe, Klaus (Hrsg.), 1987: Die Realität der neuen Armut, Regensburg
Krug, Walter/Rehm, Norbert, 1986: Disparitäten der Sozialhilfedichte, Stuttgart
Leibfried, Stephan/Tennstedt, Florian (Hrsg.), 1985: Politik der Armut und die Spaltung des Sozialstaats, Frankfurt a.M.
Mertens, Rolf, 1987: Allgemeine Grundsicherung, in: Neue Praxis 17, S. 505-512
Olk, Thomas/Otto, Hans-Uwe (Hrsg.), 1989: Soziale Dienste im Wandel 3. Lokale Sozialpolitik und Selbsthilfe, Neuwied
Patti, Rino J., 1987: Managing for Service Effectiveness in Social Welfare Organizations, in: Social Work 32, S. 377-381
Riedmüller, Barbara, 1988: Defizite der Sozialhilfe, in: Münder, Johannes (Hrsg.): Zukunft der Sozialhilfe, Münster, S. 51-64
Salic, Peter, 1988: Die Rückforderung von darlehensweiser gewährter Sozialhilfe, in: DÖV, S. 333-337
Schulz-Nieswandt, Franz, 1989: Wirkungen von Selbsthilfe und freiwilliger Fremdhilfe auf öffentliche Leistungssysteme, München
Stadt Herten (Hrsg.),1987 ff: SoTech Projekt: "Bürgernähe bei PC-Einsatz" (div. Papiere), Herten
Strang, Heinz, 1987: Effektivitätsprobleme der Sozialhilfe, in: Zeitschrift für Sozialreform 33, S. 718-726
Stumpfögger, Nikolaus/Wiethoff, Ulrich, 1989: Armutsverwaltung. Kritik und Perspektive der Sozialhilfe, Berlin
Trojan, Alf et al.,1987: Selbsthilfe, Netzwerkforschung und Gesundheitsförderung. Grundlagen "gemeindebezogener Netzwerkförderung" als Präventivstrategie, in: Keupp, H. und Röhrle, B. (Hrsg.): Soziale Netzwerke, Frankfurt a.M.
Universität Bremen, 1987 ff: ProSoz-Arbeitsberichte, Bremen
v.Unruh, Georg-Chr.,1989: Die kommunale Selbstverwaltung, in: Politik und Zeitgeschichte 31, S. 1-13
Vogel, Rudolf M., 1966: Die kommunale Apparatur der öffentlichen Hilfe, Stuttgart
Windhoff-Héritier, Adrienne, 1989: Institutionelle Interessenvermittlung im Sozialsektor, in: Leviathan 17, S. 108-125

Autor

Prof. Dr. Dieter Grunow, Professor für Verwaltungs- und Politische Wissenschaft an der Universität-Gesamthochschule Duisburg, Postfach 101503, 4100 Duisburg 1

Hans-Georg Wehling

"Parteipolitisierung" von lokaler Politik und Verwaltung?
Zur Rolle der Parteien in der Kommunalpolitik

1. Fragestellung

Klagen über zunehmende "Parteipolitisierung in den Rathäusern" gehören seit langem schon zum Repertoire von kommunalen verwaltungschefs, heißen sie nun (Ober-)Bürgermeister oder (Ober-)Stadtdirektoren/Gemeindedirektoren. Innerhalb der Wissenschaft werden solche Klagen weniger von Sozialwissenschaftlern als von Verwaltungsrechtlern unterstützt, wenngleich weniger als Klage *über* denn als Warnung *vor* einer weiteren "Parteipolitisierung". Zugenommen haben solche Klagen und Warnungen vor allem in den Jahren nach 1968, als der reformistische Teil der "Neuen Linken", nicht zuletzt in Gestalt der "Jusos", proklamierte, die bundesdeutsche Gesellschaft auf dem Wege über die Gemeinden und die Kommunalpolitik verändern zu wollen (Wolfgang Roth, 1972). Doch sind solche Vorhaben nicht inzwischen "Schnee von gestern"? Zeugen nicht die Klagen von Verwaltungsrechtlern und den zumeist durch ihre Schule gegangenen kommunalen Verwaltungschefs heute eher von einem falschen *Politikverständnis*, das für die kommunale Ebene eher *unpolitische Selbstverwaltung* im Sinne der "sachgerechten" Erledigung anstehender kommunaler Probleme annimmt denn *kommunale Politik* entlang gesellschaftspolitisch profilierter Entscheidungsalternativen? Oder sind die Klagen der Verwaltungschefs nicht viel mehr als Bestandteil einer Abwehrstrategie zur Erhaltung ihres Handlungsspielraums gegen die Mitentscheidungs- und Kontrollansprüche der Gemeindevertretungen (und damit auch der in ihnen vertretenen Parteien)?

Wenn man Aussagen mit wissenschaftlichem Anspruch über "Parteipolitisierung auf den Rathäusern" machen will, muß man zunächst einmal die Maßstäbe angeben und deren Tauglichkeit reflektieren, an denen man den Grad der "Parteipollitisierung" ablesen will. Dann erst kann man versuchen, Variablen ausfindig zu machen, die Parteipolitisierung fördern bzw. hemmen. Die Frage nach den Funktionen, die Parteien auf dem Gebiet der Kommunalpolitik erfüllen (können), schließt sich an. Schließlich läßt sich versuchen, das lokale Parteiensystem zu charakterisieren. Damit ist die Gliederung des folgenden Beitrags skizziert.

Zwei Vorbemerkungen seien noch gestattet. Erstens: Der Gegenstand scheint es mir erforderlich zu machen, zwischen Lokalpolitik und Kommunalpolitik analytisch zu trennen. Unter *Kommunalpolitik* werden alle diejenigen Entscheidungsprozesse (input) und deren Ergebnisse (output) verstanden, die im Rathaus zentriert sind: im Rat und der Verwaltung, auf der Grundlagle der Spielregeln der jeweiligen Gemeindeordnung. *Lokalpolitik* ist demgegenüber der weitere, umfassendere Begriff, der die Gemeinde als Handlungsebene bezeichnet. Als solcher umfaßt er sowohl die Kommunalpolitik als auch z. B. die Bemühungen von Lokalmatadoren, zu einem Bundestagsmandat zu gelangen (wie selbstverständlich auch die Versuche, eine solche Kandidatur zu verhindern). Rolle und Funktion von Parteien lassen sich für beide Bereiche analysieren. Die genannte Unterscheidung hatte Gerhard Lehmbruch vor Augen, als er die "Janusköpfigkeit" der Ortsparteien konstatierte (Gerhard Lehmbruch, 1975), mit je unterschiedlichen Verhaltensmustern: das eine Gesicht der Kommunalpolitik zugewandt, das andere den "höheren" Ebenen der Politik.

Zweitens: Die Rolle der Parteien in der Kommunalpolitik ist wenig untersucht worden. Für Studien zur Kommunalpolitik gilt generell, daß sie die Fragmentierungen, die in unterschiedlichen politisch-territorialen Traditionen begründet sind, zu wenig reflektieren. Es gibt wohl immer noch einen gewissen norddeutsch-preußischen Bias (wobei hier die "süddeutsche" Definition von "Norddeutsch" benutzt wird, im Sinne von "nördlich des Mains"). Ganz eindeutig gibt es in den kommunalwissenschaftlichen Studien zudem einen großstädtischen Bias, der damit von den Realitäten in der Bundesrepublik weitgehend absieht. Beiden gegenüber wird im folgenden entgegenzuhalten versucht.

2. Maßstäbe zur Messung von "Parteipolitisierung"

"Parteipolitisierung auf dem Rathaus" ließe sich bestimmen als das Ausmaß, in welchem es den lokalen politischen Parteien gelingt, die Kommunalpolitik personell, inhaltlich und prozedural zu monopolisieren. *Personell*, das bedeutet: Man untersucht, in welchem Umfang (prozentual) die *Verwaltungsspitzen* (Hauptverwaltungsbeamte + Beigeordnete) sowie die Mitglieder der *Räte* politischen Parteien angehören, die sich via Fraktion(sbezeichnung) auch als solche zu erkennen geben. Ein qualitativer Sprung in der Parteipolitisierung auf dem Rathaus tritt dann ein, wenn auch die *Verwaltungsangehörigen* unterhalb der Spitze parteipolitisch zurechenbar werden bzw. die Zugehörigkeit zu einer politischen Partei (etwa im Proporz) - grundgesetzwidrig - faktisch zu einer Eingangsvoraussetzung würde. - Das Meßproblem verkompliziert sich, als eine *formale* Parteimitgliedschaft nicht unbedingt etwas über den *Grad der parteipolitischen Bindung* aussagen muß. Auf die Bedeutung dieser Unterscheidung wird zurückzukommen sein.

Inhaltlich, das bedeutet: Ausrichtung der Argumentation und des Entscheidungsverhaltens an übergeordneten Gesichtspunkten und den Kontext der konkreten Gemeinde übersteigenden politischen Programmen. Inhaltlich kann auch bedeuten: In welchem Umfang werden hochkontroverse Themen der übergeordneten politischen Ebenen Land und Bund auch in der Gemeindevertretung diskutiert, obwohl die Zuständigkeit der Gemeinde dafür nicht gegeben und die Zulässigkeit dieses Verhaltens strittig ist (Beispiel: Atomwaffenfreie Zonen)?

Prozedural wird die parteipolitische Ausrichtung erkennbar am Umfang konkurrenzdemokratischer Verhaltensmuster im Vergleich zu konkordanz-demokratischen, was nicht zuletzt am geschlossenen Abstimmungsverhalten von Fraktionen einschließlich der damit verbundenen Bedeutungszunahme von Vorentscheidungen und der abnehmenden Einstimmigkeit von Ratsbeschlüssen abzulesen wäre.

Die Datenlage setzt allerdings einem solchen Vorgehen deutliche Grenzen. Das jährlich erscheinende "Statistische Jahrbuch Deutscher Gemeinden" (herausgegeben vom Deutschen Städtetag) enthält keine nach Bundesländern zusammengefaßten kommunalen Wahlergebnisse; die politische Zusammensetzung der Räte ist nur für Gemeinden ab 10 000 Einwohnern aufgeführt, wobei die Auflistung nach der Ortsgröße, nicht nach Ländern erfolgt. Die politische Zugehörigkeit der Gemeindespitzen (Hauptverwaltungsbeamte und Beigeordnete) gilt für die Statistiker als Tabu. Lediglich die Landesverbände der politischen Parteien führen darüber Buch (unvollständig und mit teilweise erheblichen Fehlern), doch deren Daten sind nicht allgemein zugänglich. Für die Oberbürgermeister und Ersten Bürgermeister im Freistaat Bayern hat das Bayerische Landesamt für Statistik entsprechende Daten, da für die Kandidatur des (direkt gewählten) Hauptverwaltungsbeamten in Bayern ein Parteienvorschlag erforderlich ist, doch sagen diese Daten nur etwas über die Vorschlagenden (Parteien, Wählervereinigungen oder gemeinsame Vorschäge) aus, nicht aber über die Vorgeschlagenen selbst.

Wenden wir uns zunächst der Frage nach der "Parteipolitisierung" der Räte zu, wie sie sich im Stimmenanteil der Parteien bzw. der Freien Wähler niederschlägt.

Schauen wir uns hier einmal Baden-Württemberg an, das als das "klassische" Land der Freien Wähler gilt. Wie die Tabelle zeigt, ist hier der Anteil der Freien Wähler nach wie vor sehr hoch, ja sogar bei der letzten Wahl dramatisch gestiegen, was einen entsprechenden Rückgang der Parteien in den Räten bedeutet.

Tab. 1: **Stimmenanteil der Freien Wähler bei Gemeinderatswahlen in Baden-Württemberg**

Jahr	Anteil (%)
1971	34,8
1975	26,7
1980	24,3
1984	27,4
1989	40,7

Auch die Gemeindereform (zum 1.1.1975 abgeschlossen; sie reduzierte die Zahl der Gemeinden auf ca. ein Drittel), die ja im Verdacht stand, die Freien Wähler schwächen und damit die Parteipolitisierung vorantreiben zu wollen (die Domäne der Freien Wähler sind die kleineren Gemeinden), konnte also den Anteil der Parteien an den Gemeinderatswahlen langfristig nicht erhöhen. Unserer Definition gemäß läßt sich also eine zunehmende Parteipolitisierung der Kommunalpolitik an den Stimmenergebnissen der Gemeinderatswahlen in Baden-Württemberg *nicht ablesen*, eher könnte man sagen: ganz im Gegenteil.

Parteipolitisierung in personeller Hinsicht am Prozentsatz der Freien Wähler in den Gemeinderäten ablesen zu wollen, ist aber nicht unproblematisch. Denn zunächst einmal sind Freie Wähler nicht gleich Freie Wähler. In den mittleren und größeren Gemeinden sind sie zwar durchweg als mittelständische Interessenvertretungen ohne Bindung an gesamtpolitische Programme und Organisationsmuster zu charakterisieren. In kleineren Gemeinden können sie aber durchaus verkappte Parteilisten sein, zumal wenn - wie z. B. in Württemberg - die regionale politische Kultur offene Parteilisten als "unfein" gelten läßt. Vielfach schließen sich in einer Freien- Wähler-Liste auch alle diejenigen zusammen, die am Ort in Opposition zur dominierenden Partei stehen. Wie eine Umfrage von Helmut Köser und Marion Caspers-Merk aus Baden-Württemberg zeigt, rechnet ein Großteil der "freien" Gemeinderatsmitglieder in diesem Bundesland ihre Liste durchaus einer Partei zu: Den 46 % der Befragten, die ihre Liste keiner politischen Richtung zugehörig sehen, stehen 50 % gegenüber, die ihre "freie" Liste einer Partei zurechnen (35 % CDU, 4 % SPD, 8 % FDP, 3 % Grüne. Die verbleibenden 4 % sehen in ihrer Liste die Institutionalisierung von Bürgerinitiativen; vgl. Helmut Köser und Marion Caspers-Merk, 1987, S. 28). Immerhin bleibt festzuhalten, daß auch parteipolitisch gebundene oder doch zumindest orientierte "Freie Wähler" es ratsam erscheinen zu lassen glauben, unter fremder Fahne auftreten zu müssen; ein Indiz für den Druck des lokalen politischen Systems, Parteipolitik in der Kommunalpolitik außen vor zu lassen.

Zum anderen sagt auch die Kandidatur auf einer Parteiliste nichts über den Grund der *Parteibindung* aus. Um attraktive Kandidaten gewinnen, in kleineren Gemeinden manchmal schon um überhaupt die Liste füllen zu können, müssen die Listenmacher an Parteilose herantreten, nicht selten mit der Zusicherung, sie könnten nach ihrer Wahl als Fraktionsangehörige weiterhin parteilos bleiben - was tatsächlich auch nicht selten geschieht. Vor Jahren schon haben Karl-Heinz Naßmacher und Wolfgang Rudzio auf dieses Phänomen am Beispiel Niedersachsen aufmerksam gemacht (Karl-Heinz Naßmacher und Wolfgang Rudzio, 1978). Es gilt aber auch für andere Bundesländer.

In den Bundesländern, wo bei Kommunalwahlen die Möglichkeit zu *Kumulieren und Panaschieren* gegeben ist, besteht ein verstärkter Druck auf die Listenmacher, parteidistanzierte angesehene Persönlichkeiten als Stimmenbringer zu gewinnen. Die unpolitischen, parteifernen (wenn nicht gar parteifeindlichen) Selektionskriterien der Wähler werden bei der Aufstellung der Kandidaten auch von den Parteien schon vorweggenommen, so daß zwischen den Angeboten der Parteien und der Freien Wähler auch im Hinblick auf die Parteibindung kaum mehr ein Unterschied besteht. Das gilt selbst in solchen Gemeinden, wo die Freien Wähler gar nicht als Konkurrent auftreten, wie Berthold Löffler und Walter Rogg in ihrer großangelegten Ravensburg Studie nachweisen konnten (Berthold Löffler und Walter Rogg, 1985a; Berthold Löffler und Walter Rogg, 1985b). Allerdings: Auch wo, wie in Ravensburg, die Parteien unter sich bleiben, wird das Auftreten von Freien Wählern als potentielle "Gefahr" nie aus dem Auge gelassen, die dann aktuell wird, wenn den Parteien kein annehmbares Angebot (in beschriebenem Sinne) gelingt oder ehrgeizige Honoratioren verprellt werden.

Dominierende Parteien können dabei den unpolitischen *Wählererwartungen* eher gerecht werden, während Parteien in hoffnungsloser Minderheitsposition am Ort wider Willen auf ihr ursprüngliches Rekrutierungsfeld zurückgeworfen sind, wie Mattias Zender selbst für Großstädte in Nordrhein-Westfalen nachweisen konnte (Matthias Zender, 1982, S. 337f).

Parteipolitisierung in personeller Hinsicht in bezug auf die Gemeindespitzen (*Hauptverwaltungsbeamte und Beigeordnete*) messen zu wollen, fällt besonders schwer, da über die parteipolitischen Zugehörigkeiten dieser Funktionsträger kaum Daten vorliegen. Generell wird man sagen können: Wo die Hauptverwaltungsbeamten ihr Amt der Entscheidung des *Rates* verdanken, werden sie kaum um eine Parteimitgliedschaft herumkommen. Diese Formulierung ist bewußt so gewählt: Ein nicht unbeachtlicher Prozentsatz der so Gewählten wird nur aus Opportunität einer Partei beigetreten sein, möglicherweise unter Wahrung einer gewissen Distanz. In den

Ländern mit Direktwahl des Hauptverwaltungsbeamten (Baden-Württemberg und Bayern) ist die Parteiendistanz vielfach geradezu eine Erfolgsbedingung. Das kann bis zur Parteilosigkeit gehen. So gehören einer eigenen Untersuchung zu Folge in Baden-Württemberg rund die Hälfte aller Bürgermeister als Hauptverwaltungsbeamte keiner Partei an (Hans-Georg Wehling und H.-Jörg Siewert, 1987, S. 70 ff). Daran hat sich, meinen Beobachtungen zufolge, in den Jahren seit der Untersuchung nichts geändert. Zunehmende Parteipolitisierung bei der Besetzung dieser Ämter über einen längeren Zeitraum hinweg ist nicht beobachtbar; eine Welle von Parteieintritten von Bürgermeistern war in Baden-Württemberg ein singuläres Ereignis: im Zusammenhang mit der Gemeindereform, als Bürgermeister hofften, durch einen solchen Schritt die weitere Selbständigkeit der Gemeinde erkaufen und ihr eigenes Amt retten zu können.

In Baden-Württemberg ereignet sich immer wieder der Fall, daß in einer Gemeinde mit dominierender Partei (unter den besonderen Gegebenheiten des Landes ist es stets die CDU) ein Mitglied der *Minderheitspartei am Ort* (SPD) zum Bürgermeister gewählt wird (z. B. Aalen, Offenburg, Freudenstadt, Bühl, Zwiefalten). Die Wahl eines parteipolitisch gebundenen Kandidaten wird man hier kaum als Parteipolitisierung interpretieren können, vielmehr eher als eine Art Bremse, die der Wähler mit Anti-Filz-Effekt gegen allzu viel parteipolitische Dominanz einzulegen sich genötigt sah: Nicht zuletzt deshalb, weil die dominierende Partei glaubte, die Vorentscheidung über das Amt des Bürgermeisters selbstherrlich treffen zu können. Mehrheit im Rat und Bürgermeister einer anderen Partei müssen, um kooperieren zu können, parteipolitische Gesichtspunkte minimieren.

In Bayern stellen die Parteien (aber auch Parteienverbindungen und Wählervereinigungen) - anders als in Baden-Württemberg - eine Zugangschleuse für die Kandidatur zum Hauptverwaltungsbeamten (Oberbürgermeister/Ersten Bürgermeister) dar. Das kann - bei entsprechenden Bürgererwartungen nach einer parteidistanzierten Amtsführung - durchaus zu ernsthaften Spannungen mit der eigenen Partei führen, was gelegentlich zum demonstrativen Parteiaustritt führt (Hans-Georg Wehling, 1984, S. 33). Selbst Hans-Jochen Vogel hatte - wie erinnerlich - als Oberbürgermeister von München beträchtliche Schwierigkeiten mit "seiner" SPD!

Beigeordnete werden vom Gemeinderat auf Zeit gewählt, in der Regel besitzen die Fraktionen in der Reihenfolge ihrer Stärke dafür ein Prä-sentationsrecht (in Baden-Württemberg existiert dafür sogar eine Soll-Bestimmung in der GemO: § 50 Abs. 2). Trotzdem kommt es immer wieder vor, daß parteilose Fachleute gewählt werden, und das nicht nur als Vorsteher des Baudezernats. Daten darüber liegen nicht vor; im übrigen gilt auch hier das oben zum Thema Opportunismus bereits Gesagte. Als Hypothese kann gelten: Je unverzichtbarer als Fachmann, desto größer kann die Parteiendistanz sein.

Ein dunkles Kapitel ist die Besetzung von *Verwaltungspositionen unterhalb des Spitze* nach Parteibuch. Wo sich ein parlamentarisches Denken innerhalb der Ratsarbeit durchgesetzt hat, werden zur Bildung dauerhafter Ratsmehrheiten gelegentlich förmliche Koalitionsverträge abgeschlossen (die freilich nur politisch sanktionierbar, nicht aber einklagbar sind), in denen hin und wieder auch die Aufteilung von Neuzugängen in der Verwaltung abgesprochen wird. Eberhard Jung hat einen solchen Fall offengelegt (Eberhard Jung, o.J.); im dort geschlossenen "Koalitionsvertrag" heißt es wörtlich: "Ein grundsätzlicher Nachholbedarf der Z-Partei im personellen Bereich wird anerkannt. Personelle Entscheidungen werden auf partnerschaftliche Art in Proporz 4:1 gemeinsam gefällt."

Man sollte solche Parteipolitisierung der Personalpolitik jedoch nicht überschätzen: Bei knappen finanziellen und personellen Ressourcen stellt sich das Problem oft gar nicht. Einem Verwaltungschef und auch einer Mehrheitspartei muß an einer gut funktionierenden, sparsam arbeitenden Verwaltung gelegen sein, und damit werden parteipolilitische Auswahlkriterien zurückgedrängt. Am ehesten noch ist bei Beförderungen und mit steigender Bedeutung einer Position mit Parteipolitisierung zu rechnen. Mit der Direktwahl des Hauptverwaltungsbeamten ist hierbei jedoch eine Bremsvorrichtung gegeben: Parteipolitisierung der Personalpolitik wird dem Bürgermeister bei einer anstehenden Wiederwahl negativ angerechnet.

Inhaltlich haben Thomas Ellwein und Ralf Zoll Kommunalpolitik auf Wirtschaftsförderung und Sportförderung zurückzuführen gesucht (Thomas Ellwein und Ralf Zoll, 1982, S. 172 ff); salopp könnte man sagen: auf "Brot und Spiele". Ganz so ist es nicht: Wie eigene Forschungsarbeiten zeigen, ist Wirtschaftsförderung zwar eine ganz selbstverständliche Aufgabe kommunaler Politik mit allerhöchster Priorität, doch kommt ihr im wesentlichen instrumentelle Bedeutung zu: um Arbeitsplätze zu schaffen, vor allem aber um das notwendige Geld in die Gemeindekasse für die Gestaltungsaufgaben zu bekommen, die der eigentliche inhaltliche Kern der Kommunalpolitik sind:

"Wir wollen aus unserer Gemeinde einen attraktiven Wohnort machen, der alles hat: gute Wohnmöglichkeiten und entsprechende Freizeit- und Erholungseinrichtungen. Selbstverständlich muß die Verwaltung auf dem Rathaus einwandfrei funktionieren, d.h. effektiv, gerecht und bürgerfreundlich. Da von nichts nichts kommt, ist Grundvoraussetzung, daß das örtliche Gewerbe floriert - was sicher auch heißt, daß genügend Arbeitsplätze zur Verfügung stehen" (Hans-Georg Wehling und H.-Jörg Siewert, 1987, S. 98).

Auf diese Formel haben wir die Prioritätensetzung zu bringen versucht, die Bürgermeister in einer Umfrage vorgenommen haben. Bei einer angenommenen programmatischen Führerschaft der Bürgermeister in der Kommunalpolitik dürfte das auch die Prioritäten von Räten und Parteien wiedergeben. Wo bleibt da aber noch Raum für Parteipolitisierung?

Die programmatisch-konzeptionellen Kapazitäten von Gemeinderäten (sowohl als Gremium als auch als Individuen verstanden) wie von Fraktionen sind unserer Beobachtung nach gering. Kommunale Wahlprogramme sind zu einem Gutteil Auflistung und Rechtfertigung bisher geleisteter Arbeit und Inanspruchnahme von Erfolgen, ergänzt durch eine Fortschreibung in die Zukunft hinein. Ohndies sind kommunalpolitische Programme kaum bekannt, auch bei den Kandidaten nicht.

In der Alltagsarbeit der Räte herrscht der Konsens vor, der sich prozedural in Einstimmigkeit niederschlägt. Allenfalls die Argumentationsmuster, die Begründungen für Positionen und Entscheidungen werden der übergeordneten Parteiprogrammatik entlehnt. Es gibt aber auch - wenige - strittige inhaltliche Gebiete der Kommunalpolitik, über die es zu Kontroversen und anschließenden Mehrheitsentscheidungen kommt. Die wesentlichen hat Rolf-Richard Grauhan schon 1970 aufgelistet: Personalentscheidungen, Hebesätze zur Gewerbesteuer, Umfang der gemeindlichen Investitionsaufgaben (Rolf-Richard Grauhan, 1970, S. 262).

Hinzugekommen sind in den letzten Jahren: Privatisierung bisheriger Gemeindeaufgaben, Jugendhäuser (wenn ja: selbstverwaltet oder nicht), Zuschüsse für Einrichtungen und Veranstaltungen alternativer Gruppen und für Pro Familia, Einrichtung der Stelle einer Frauenbeauftragten (wenn ja: haupt- oder nebenamtlich). Hier lassen sich jeweils trefflich allgemeinpolitische und ideologische Argumente für und wider ins Feld führen, auch wenn diese - wie Hans-Peter Biege am Beispiel der Jugendhaus-Diskussion aufgezeigt hat (Hans-Peter Biege, 1983) - vielfach doch nur Verbrämungen sind für handfeste lokale Interessen: Was für alternative Gruppen und kommunale Jugendarbeit aufgewandt wird, geht u. U. den etablierten Gruppen und der herkömmlichen Vereinsarbeit ab.

Themen der höheren politischen Ebenen - etwa der Verteidigungs-, Außen- und Entwicklungspolitik - kamen u.a. ins Spiel, wenn in den Gemeinderäten über die Einrichtung Atomwaffenfreier Zonen und Städtepartnerschaften mit Nicaragua diskutiert wurde. Von Teilen des Gemeinderats, teilweise auch von der Verwaltung und der Kommunalaufsicht wurde die Zulässigkeit einer solchen Befassung des Gemeinderats immer wieder bestritten. Dieser Streitfall ist jedoch Episode geblieben, da diese Themen durch die internationale Entwicklung weitgehend überholt sind. Immerhin bleibt zu konstatieren, daß man diese bundespolitischen Themen ja "kommunalisiert" hat: die Gemeinde als "Atomwaffenfreie Zone" und Städtepartnerschaft. Unkontrovers sind heute im übrigen Städtepartnerschaften mit der DDR... Die flächendeckende offizielle Befragung der kommunalen Mandatsträger durch den Innenminister von Nordrhein-Westfalen "zu den Bedingungen der Kommunalpolitik" von 1988 ergab, daß "allgemeinpolitische (bundes- oder landespolitische) Themen in den Sitzungen" nur (oder auch: immerhin) nach Ansicht von 25,6 % der Antwortenden eine wichtige Rolle spielen (66,4 % "nicht so wichtig", 7,4 % "keine Rolle"). Eine nähere Spezifizierung fehlt, wodurch die Interpretation erschwert ist (Innenminister Nordrhein-Westfalen, 1989, S. 46).

Prozedural wäre zunehmende Parteipolitisierung auf dem Rathaus meßbar an abnehmendem Prozentsatz einstimmiger Ratsbeschlüsse. Daten dazu liegen nicht vor. Seit dem - und durch das - Aufkommen der Grünen und deren Wahl in die Gemeinderäte dürfte die Zahl einstimmiger Beschlüsse abgenommen haben. Das spiegelt dann aber wohl weniger eine zunehmende Parteipolitisierung wider als einerseits das Verständnis von kommunaler Demokratie der Grünen und andererseits deren Isolation und Ausschluß von den kommunalpolitischen Aushandlungsprozessen der anderen Fraktionen im Rathaus - möglicherweise nur eine Frage der Zeit.

Einen Sonderfall stellen sicher die *Universitätsstädte* dar, die auch von Kommunalwissenschaftlern (weil sie dort zu Hause sind) über Gebühr beachtet werden. Wegen der mangelnden lokalen sozialen Verankerung der Universitätsangehörigen als Ratsmitglieder und deren dadurch bedingten geringeren Rücksichtnahmeerfordernis können Meinungsverschiedenheiten härter ausgetragen werden als andernorts; die akademische Ausbildung begünstigt zudem die Rückbindung an übergeordnete politische Positionen.

Parteipolitisierung läßt sich prozedural auch messen am Ausmaß der Vorklärungen von Ratsdiskussionen und -entscheidungen durch die Fraktionen. So gaben bei der genannten Befragung des Innenministers von Nordrhein-Westfalen 58,7 % aller antwortenden Ratsmitglieder an, "die Beratungen seien im Rat und in den Ausschüssen nur noch Formsache, weil die Vorentscheidungen bereits in den Fraktionen getroffen worden seien" (Innenminister Nordrhein-Westfalen, 1989, S. 63). Bei Verallgemeinerungsversuchen nordrhein-westfälischer Befunde muß jedoch stets bedacht werden, daß es sich hier um ein ausgesprochenes Großstadt-Land handelt (s.u.).

"Parteipolitisierung" ist als dynamischer Prozeß zu verstehen. Da die Befunde nicht nur spärlich sind, sondern auch Zeitreihen fehlen, ist die Hypothese von der zunehmenden "Parteipolitisierung" - so das Fazit - letztlich nicht zu überprüfen.

3. Variablen für den Grad der Parteipolitisierung

Drei Variablen scheinen mir für die Erklärung des Grades von Parteipolitisierung in der Kommunalpolitik geeignet zu sein: Gemeindegröße, Typ der Gemeindeverfassung und Politische Kultur.

Alle verfügbaren Befunde sprechen dafür, daß das Ausmaß von Parteipolitisierung - gemessen an den Maßstäben, die im vorausgegangenen Kapitel entwickelt worden sind - mit der *Gemeindegröße* zunimmt. Mit zunehmender Gemeindegröße verringert sich der Anteil der Freien Wähler an den Gemeinderatsmandaten, gehören die Hauptverwaltungsbeamten und die Beigeordneten einer politischen Partei an - auch bei der Direktwahl des Bürgermeisters in Baden-Württemberg und Bayern (Hans-Georg Wehling und H.-Jörg Siewert 1987, S. 71) -, finden allgemeinpolitische Debatten in Gemeinderäten statt, tendiert die Ratsarbeit zunehmend in Richtung Parlamentarisierung: mit entsprechendem Debattenstil, Vorentscheidungen in Fraktionen, Abstimmungen nach Mehrheit und Minderheit.

Im Hinblick auf die Größenverhältnisse sei daran erinnert, daß 1989 75,1% der Gemeinden der Bundesrepublik lediglich bis zu 5.000 Einwohner aufweisen; allerdings wohnten in ihnen auch nur 14,9 % der Gesamtbevölkerung. Bis 50 000 Einwohner weisen 98,3 % der Gemeinden auf, in denen immerhin 57,6 % der Bevölkerung lebten. Die Großstädte, d.h. Gemeinden mit mehr als 100 000 Einwohnern, haben nur einen Anteil von 0,7 % an den Gemeinden; in ihnen wohnten 1989 33,4 % der Bevölkerung (Deutscher Städtetag, 1989, S. 120 f). Kommunalwissenschaftler machen sich diese Größenverhältnisse nicht immer ausreichend klar.

Die Bedeutung der Gemeindegröße für den Grad der Parteipolitisierung ist erklärbar: Mit zunehmender Gemeindegröße muß der Wähler von der Orientierungsfunktion der Parteien Gebrauch machen, da er das Kandidatenangebot immer weniger überschauen kann. - Für ihre Wahl sind die Bürgermeisterkandidaten bei Direktwahl mit der Gemeindegröße zunehmend auf die organisatorische und finanzielle Unterstützung von Parteien angewiesen, was dann auch für ihre Politik später gewisse Abhängigkeiten zur Folge haben kann. - Bei der Nominierung der Ratsmitglieder kommt der Selektionsfunktion der Parteien mit zunehmender Gemeindegröße - gerade auch, weil der Wähler von ihnen eine Orientierungsfunktion erwartet - zunehmend Bedeutung zu, mit einer entsprechend höheren parteipolitischen Ausrichtung der Mandatsträger in deren Gefolge. Mit zunehmender Größe der Räte werden schließlich parlamentarische Prozeduren zunehmend funktional, deren Handhabung erleichtert wird durch ein mit Ortsgröße zunehmendes parlamentarisches, kompetitives Selbstverständnis der Ratsmitglieder.

Die Ausgestaltung der Inneren *Gemeindeverfassung*, wozu ich auch das Kommunalwahlrecht rechne, kann eine Parteipolitisierung der Kommunalpolitik abbremsen. Unpolitische, Parteipolitik gegenüber feindlich gesonnene Selektionskriterien der Wähler können dann besonders gut zum Zuge kommen, wenn eine Bindung an Listen und die Reihenfolge auf ihnen nicht besteht: bei der Möglichkeit zu panaschieren und zu kumulieren. Daß diese Möglichkeit bereits weitreichende Vorauswirkungen auf den Nominierungsprozeß von Parteien und Wählervereinigungen hat, konnten Berthold Löffler und Walter Rogg überzeugend nachweisen (s.o.). Wenn dann noch der Hauptverwaltungsbeamte nach der Gemeindeordnung die überragende Figur im kommunalen Entscheidungsprozeß ist und der Bürger bereit und in der Lage ist, bei dessen Bestellung im Sinne der Funktionseignung zu entscheiden, kann sich der Wähler bei der Auswahl der Gemeinderäte ganz seiner Neigung hingeben, primär zu ehren, d.h. Honoratioren nach Herkunft, Sein und Geltung in der Gemeinde durch seine Stimme auszuzeichnen. Eine solche Auswahl ermöglicht es im übrigen dem gewählten Hauptverwaltungsbeamten erst - gerade auch bei ausgeprägter Parteiendistanz oder gar bei Mitgliedschaft in einer Minderheitspartei am Ort - zu "regieren", denn ein Gemeinderat aus Honoratioren läßt sich leichter über alle Fraktionsgrenzen hinweg zu Mehrheiten formieren.

Gemeindeverfassungen und kommunales Wahlrecht können Ergebnisse nicht präformieren, sondern nur mehr oder weniger durchlässig sein für die Präferenzen der Akteure (einschließlich der Bürger). Damit kommt die jeweilige *politische Kultur* - als regionale wie als lokale politische Kultur verstanden - zum Tragen. Mit anderen Worten: Ein- und dieselbe Kommunalverfassung kann durchaus anders ausgefüllt werden, je nach vorherrschender politischer Kultur; eine Übertragung ein- und desselben Verfassungstyps auf ein anderes Land kann andere Ergebnisse zur Folge haben. Das konnte von mir für Baden im Vergleich zu Württemberg nachgewiesen werden (Hans-Georg Wehling und H.-Jörg Siewert 1987, S. 83-91). Klaus Koziol, Sylvia Greiffenhagen und Horst Glück haben diesen Ansatz fortzuführen versucht (Klaus Koziol, 1987; Sylvia Greiffenhagen, 1988; Horst Glück, 199O). Eine generelle regionale politisch-kulturelle "Landvermessung" der Bundesrepublik ist bisher aber nur in Ansätzen vorhanden (vgl. Hans-Georg Wehling, 1985).

So kann es Gemeinden mit ausgeprägten und weniger ausgeprägten politischen Konfliktlinien geben, wie auch Landstriche und Länder, für die mehr das eine oder das andere gilt. Die Ursachen dafür sind letztlich in der jeweiligen territorialen oder lokalen Geschichte zu suchen, die für die Ausprägung der sozioökonomischen oder politisch-ideologisch-konfessionellen Konfliktlinien verantwortlich ist. Damit läßt sich nicht nur die Virulenz der Konfliktlinien, sondern im Gefolge davon auch das Parteiensystem am Ort erklären. Aber auch hier gilt zu berücksichtigen: Je kleiner die Gemeinde, desto homogener ist sie. Die verschiedenen Konfliktlinien haben in der Lokalpolitik milieubildend gewirkt (vgl. M. Rainer Lepsius, 1973), deren Spuren, Nachwirkungen bis in die Gegenwart hinein reichen und deren Umetikettierungen vor allem Herbert Kühr und Karl-Heinz Naßmacher untersucht haben (Dorothee Buchhaas und Herbert Kühr, 1979; Karl-Heinz Naßmacher, 1985). Darauf wird im letzten Kapitel zurückzukommen sein.

4. Funktionen der Parteien in der Kommunalpolitik

Auch in der Kommunalpolitik kann man zunächst einmal davon ausgehen, daß den Parteien folgende Funktionen zukommen: Interessenartikulation und -bündelung, Programmformulierung, Orientierung, Rekrutierung und Selektion sowie Sozialisation.

Dabei gilt es wiederum, die Abhängigkeit von der Gemeindegröße zu beachten. So haben die Parteien in kleineren Gemeinden weder eine *Artikulationsfunktion* - "abends sitzen wir alle auf den Milchkannen, da wird gesagt, was gesagt werden muß, da brauchen wir keine Parteien ..." (Renate Mayntz, 1955, S. 66) - noch eine *Orientierungsfunktion*: "Was braucht man eine Partei, wenn man sich gegenseitig kennt, wozu bedarf es einer Organisation, die Interessen bündelt, wo man doch sowieso von jedem weiß, welche Interessen er und die Seinen haben" (Utz Jeggle und Albert Ilien, 1978, S. 39). Mit ansteigender Gemeindegröße nehmen aber Parteien zunehmend diese Funktionen wahr.

Es wäre zu eng gefaßt, wollte man die programmatische Funktion von Politik und Parteien lediglich in der Artikulation und Aggregation von Interessen sehen. Konzeptionen, Zukunftsentwürfe, auch wenn sie durchaus im Bezug oder auch im Widerspruch dazu bestehen, gehen doch weit darüber hinaus. Gerade hier besteht eine Verbindung mit den Leitideen von Parteien, die Anstoß und Rechtfertigung für konkrete Handlungsprogramme abgeben. Auf dem Gebiet der Kommunalpolitik erwartet man solche zukunftsweisende Konzeptionen von den Parteien zumeist aber vergebens. Sie kommen allenfalls aus dem Rathaus, d.h. aus der Verwaltung bzw. vom Hauptverwaltungsbeamten (für den Bereich der Wohnungsbaupolitik herausgearbeitet von Richard Reschl 1987). Zur besseren Durchsetzung tut man aber von Seiten der Verwaltung bzw. des Hauptverwaltungsbeamten allerdings gut daran, auf einen parteipolitischen Bezug und eine parteiprogrammatische Legitimierung zu verzichten, um den Plänen im eigenen Rathaus eine bessere Durchsetzungs-Chance zu geben. Dann hat man nämlich lediglich einzelne Interessenten (im genannten Fall Haus- und Grundbesitzer, Bauhandwerker) gegen sich, nicht aber ganze Fraktionen. Parteipolitische Spuren oder Markenzeichen werden also ganz bewußt verwischt.

Unbestritten nehmen Parteien - aber auch Wählervereinigungen mit Anti-Parteien-Ausrichtung - für Kommunalwahlen (in Baden-Württemberg jedoch nicht oder doch nur im geringen Ausmaß für Bürgermeisterwahlen) die *Rekrutierungsfunktion* wahr: Kommunale Mandatsträger werden auf Vorschlag von Parteien und Wählervereinigungen gewählt. Mit abnehmender Ortsgröße nimmt aber die *Selektionsfunktion* ab: Karl-Heinz Naßmacher und Wolfgang Rudzio haben aufzeigen können, daß man in kleinen und mittleren Gemeinden potentiellen Kandidaten eher "nachlaufen" muß, als daß man unter einem größeren Angebot auswählen könnte, und das gar noch unter parteipolitischen Maßstäben (vgl.Karl-Heinz Naßmacher und Wolfgang Rudzio 1978, S. 132 f)!

Bei der Möglichkeit der Wähler, zu kumulieren und zu panaschieren, kann der Wähler die Selektion der Parteien durchkreuzen, indem der Wähler einen schlecht Plazierten nach oben bringt. Von einer Partei fallengelassene bisherige Mandatsträger machen nicht selten eine eigene Liste auf bzw. können vorher schon wirksam damit drohen, damit es erst gar nicht zur Nichtwiederaufstellung kommt. Die Disziplinierungsmölgichkeiten für die Parteien sind auf diese Weise äußerst gering, was sich eben auch auf die Parteipolitisierung der Gemeinderatsarbeit entsprechend auswirkt.

Bei einer entsprechenden politischen Kultur, die sich durch die Möglichkeit zu kumulieren und panaschieren im Wahlverhalten durchsetzen kann, übernehmen letztlich die Parteien die Selektionskriterien der Wähler und geben die eigenen parteipolitischen auf.

Eine *Sozialisationsfunktion* üben in der Kommunalpolitik nicht die Parteien aus, sondern sie ergibt sich aus der Arbeit im Gemeinderat.

In all den aufgeführten Funktionen in der Kommunalpolitik stehen die Parteien in der Konkurrenz der *Vereine*: Vereine artikulieren Interessen und finden damit offene Ohren im Rathaus - in der Verwaltung wie im Rat. Hiltrud und Karl-Heinz Naßmacher haben für die Kommunalpolitik zugespitzt, aber zutreffend festgestellt: "Bedürfnisse, die sich nicht in Vereinsform darstellen, werden nicht sichtbar und gelten als unwichtig" (Hiltrud und Karl-Heinz Naßmacher, 1979, 118). Die Vereinsmitgliedschaft der Kandidaten ist eine nicht unwesentliche Orientierungshilfe bei der Wahl und stellt deswegen bei der Rekrutierung und Selektion ein wichtiges Kriterium dar. Der auf Ausgleich und Hintansetzung von Meinungsverschiedenheiten und erst recht von parteipolitischen Gegensätzen ausgehende Stil des heutigen Vereinslebens prägt auch die Kommunalpolitiker, die in den örtlichen Vereinen verankert sind (Sozialisationsfunktion der Vereine): "Bei ihrer Tätigkeit als Gemeinderat lassen sich die aus dem Vereinswesen kommenden Abgeordneten aber nicht von politischen Gesichtspunkten leiten, sondern sehen ihre Aufgabe darin, auch in der Lokalpolitik die sozialintegrative Tätigkeit fortzusetzen, das Gemeinschaftsideal der Vereine zur kommunalpolitischen Norm werden zu lassen. Dies leistet der Entpolitisierung des Kommunallebens erheblich Vorschub" (Hans-Martin Haller, 1979, S. 344). Selbst für nordrhein-westfälische Großstädte über 200 000 Einwohner stellt Matthias Zender fest:

"Fraktionsvorsitzende sowie Mandatsträger, die Vorsitzendenfunktionen in Vereinen und Verbänden wahrnehmen, sind offensichtlich zusätzlich ganz besonderen Sozialisationseinflüssen unterworfen: Sie sind weder als eindeutig verwaltungs- noch als eindeutig politikorientiert einzustufen. (Sie)... scheinen unter einem gewissen 'Zwang' zu arbeiten, ständig Kompromisse schliessen zu müssen..." (Matthias Zender, 1982, S. 336 f).

Solche Beobachtungen führten Gerhard Lehmbruch dazu, die Parteien in der Kommunalpolitik als "Verein unter Vereinen" zu charakterisieren, die sich in ihrem Erscheinungsbild voll der Vereinsumgebung angepaßt haben (vgl. Gerhard Lehmbruch, 1975). Gerechtfertigt wird ihre Existenz letztlich nur durch ihre Funktion in Bundestags- und Landtagswahlen, wo die Hilfe der Ortsvereine der Parteien unverzichtbar ist, und zwar nicht nur als lokale Propagandisten im Wahlkampf selbst, sondern durch ihre ständige Sympathiepflege. Die lokalen Parteien bekommen so ein doppeltes Gesicht, einen "Januskopf".

Übersehen werden darf freilich nicht, daß diese Beobachtung nicht überall zutrifft. Nicht nur die Großstädte wie Frankfurt/M. und München bieten ein anderes Bild, für Lehmbruch freilich "Anomalien" (vgl. Gerhard Lehmbruch, 1975, S. 6).

Auch politisch-kulturelle Gegebenheiten prägen das Bild mit. Schließlich darf nicht übersehen werden, daß ein solches auf Harmonie und auf Distanz zur Parteipolitik ausgerichtetes Vereinswesen eine historisch neue Erscheinung ist, seit Ende des Zweiten Weltkriegs und mit Abbau der überkommenen parteipolitisch orientierten Subkulturen. Bis zum Dritten Reich gab es in Deutschland sehr wohl ein parteipolitisch fragmentiertes Vereinswesen.

5. Das lokale Parteiensystem

Parteiensysteme lassen sich vor allem danach unterscheiden, ob es sich um *Ein-, Zwei- oder Mehrparteiensysteme* handelt. Gefragt werden muß sodann, welche Bedingungen unterschiedliche Parteiensysteme hervorgebracht haben. So kann ein Einparteiensystem erzwungen oder durch freien Wählerentscheid entstanden sein. Der freie Wählerentscheid muß seinerseits auf die dahinterstehenden Bedingungen befragt werden.

Bei Zwei- oder Mehrparteiensystemen kann es durchaus eine *dominierende* Partei geben, der gegenüber die anderen Parteien nahezu keine (Mehrheits-)Chance besitzen.

Schließlich ist das *Verhältnis der Parteien zueinander* in Zwei- oder Mehrparteiensystemen von Interesse: das Zu-, Mit- oder Gegeneinander.

Wie wirken sich nun die unterschiedlichen lokalen Parteiensysteme auf die Kommunalpolitik aus bzw. - im Hinblick auf unsere Fragestellung - auf das Ausmaß der Parteipolitisierung?

Lokale Parteien haben - wie wir sahen - einen Januskopf: der eine auf die Bundes- und Landespolitik gerichtet, der andere auf die Kommunalpolitik. Für die kommunal-politische Seite bleibt festzuhalten, daß Parteien - außerhalb von Wahlen und außerhalb des Rathauses - vielfach kaum präsent sind. Das gilt nicht nur für die zahlreichen kleinen Gemeinden in der Bundesrepublik. Eigene jüngste Recherchen in der Städtelandschaft Nordrhein-Westfalens haben ergeben, daß dort die lokalen Parteien weitgehend von den Fraktionen getragen werden: personell, organisatorisch, finanziell. Ermöglicht wird das durch die Alimentierung der Ratsfraktionen und die Besoldung von Fraktionsassistenten aus der jeweiligen Gemeindekasse. Was als Mittel zur Verbesserung der Ratsarbeit gedacht war, hat sich in der politischen Wirklichkeit zur Aushöhlung der lokalen Parteien entwickelt: Aus dem Januskopf ist eine Maske geworden, die die Fraktion(sführung) trägt. Ohne deutliche Präsenz waren in der Vergangenheit schon Parteien in den sozial-moralischen Milieus (im Sinne von Lepsius). Die jeweilige Milieupartei ist hier so selbstverständlich, daß sie kaum mehr wahrgenommen wird. Das Primäre ist hier das Milieu, die Partei ist dagegen nur das Instrument, der politische Aktionsausschuß des Milieus - manchmal sogar mit wechselnder Etikettierung (vgl. Karl-Heinz Naßmacher, 1985).

Die Milieus sind es, die lokale Einparteiensysteme hervorbringen oder doch zumindest Mehrparteiensysteme mit eindeutig dominierender Partei. Wissenschaftlich ungeklärt ist die Frage, inwieweit diese Milieus in Deutschland seit dem Ende des Zweiten Weltkriegs zumindest in ständiger Erosion begriffen sind. Die Gemeindereform hat das Ihre getan, durch Zusammenwürfelung unterschiedlicher Milieus unter dem Dach ein und derselben politischen Gemeinde deren Weiterexistenz zu verwischen. Man wird aber sagen können, daß bei Fortleben der überkommenen Milieus die Verpflichtung des Einzelnen ihnen gegenüber mangels äußerem Druck und aufgrund individueller Emanzipationsprozesse zunehmend schwächer geworden ist.

Die Existenz mehrerer, parteipolitisch unterschiedlich etikettierter Milieus in ein und derselben Gemeinde stellt die "klassische" Bedingung für ein lokales Zwei- oder Mehrparteiensystem dar, wobei die unterschiedlichen Größenverhältnisse dann jeweils dafür verantwortlich sind, ob es sich um ein Mehrparteiensystem mit dominierender Partei oder um ein Mehrparteiensystem mit Chance zum Wechsel handelt.

Wieviel Gemeinden es in der Bundesrepublik mit Einparteiensystem oder mit Mehrparteiensystem und dominierender Partei gibt, ist nicht bekannt. Bislang liegen nur Einzelergebnisse vor. So hat Karl-Heinz Naßmacher für Niedersachsen die Gemeindewahlergebnisse der Jahre 1972 und 1976 analysiert und ist dabei zu folgendem Ergebnis gekommen:

"Etwa die Hälfte aller niedersächsicher Gemeinden sind ... ausgesprochene Hochburgen der CDU (nur Gemeinden unter 50 000 Einwohnern) oder der SPD (gestreut über alle Gemeindegrößenklassen). Aufgrund der Verteilung von Parteipräferenzen am Ort ist ein Machtwechsel in diesen Gemeinden ... als recht unwahrscheinlich anzusehen" (Karl-Heinz Naßmacher, 1981, S. 52).

Der Befund in den anderen Flächenstaaten der Bundesrepublik dürfte - in bezug auf die beiden großen Parteien - nicht viel anders aussehen. Naßmacher zieht daraus den verfassungspolitischen Schluß, daß für die Kommunalpolitik am konkordanzdemokratischen Muster festzuhalten sei, mit einer entsprechenden Beteiligung der Minderheitspartei(en) an der Vergabe der Beigeordnetenpositionen und am kommunalen Entscheidungsprozeß insgesamt. Eine Parlamentarisierung der Kommunalpolitik lehnt er von daher ab (vgl. Karl-Heinz Naßmacher, 1981, S. 66 f).

Eigene Untersuchungen (vgl. Hans-Georg Wehling, 1981) in Baden-Württemberg zeigen, daß die Wirklichkeit in der Kommunalpolitik viel verwickelter ist. Die hier dominierende Milieupartei, die CDU, bekommt nicht selten in der Kommunalpolitik Konkurrenz durch die Freien Wähler. Ein Großteil der Gemeinden, in denen die CDU in Landtagswahlen über 70 % der Stimmen erreicht (so habe ich versucht, Ein-Partei-Gemeinden zu definieren), kennt in der Kommunalpolitik durchaus ein Zwei-Parteien-System: mit CDU und Freien Wählern ungefähr gleich stark. Daß dahinter nicht politisch-ideologische

Gegensätze stehen, sondern lokalspezifische cleavages, persönliche Rivalitäten, Vereinskonkurrenz u.ä., liegt auf der Hand.

Aber auch in diesen Fällen ist der Stil von Kommunalpolitik eher harmonistisch, auf Interessenausgleich bedacht. Allzu sehr ist man aufeinander angewiesen, trifft nicht nur in der Kommunalpolitik, sondern auch im privaten, vielfach auch im geschäftlichen Bereich aufeinander. Die Möglichkeiten, einander Schaden zufügen zu können, sind vielfältiger als in der Bundes- und Landespolitik. Das zwingt zu Rücksichtnahmen. Eine allzu ausgeprägte parteipolitische Abgrenzung würde da nur stören. Parteipolitisierung wird als dysfunktional empfunden.

Literatur

Biege, Hans-Peter, 1983: Das kommunale Stundenhotel für Jugendliche. Eine Fallstudie über gemeindepolitische Scheinalternativen am Beispiel "Subsidiarität" und "Kommunalisierung", in: Politische Bildung 15 (3/1983), S. 88-103

Buchhaas, Dorothee/Kühr, Herbert, 1979: Von der Volkskirche zur Volkspartei. Ein analytisches Stenogramm zum Wandel der CDU im rheinischen Ruhrgebiet, in: Herbert Kühr (Hrsg.): Vom Milieu zur Volkspartei. Funktionen und Wandlungen der Parteien im kommunalen und regionalen Bereich, Königstein/Ts., S. 135-232

Ellwein, Thomas/Zoll, Ralf, 1982: Wertheim. Politik und Machtstruktur in einer deutschen Stadt, München

Glück, Horst, 1990: Parteien, Wahlen und Politische Kultur in einer württembergischen Industrieregion. Die Stadt Esslingen und der Mittlere Neckarraum, Diss. Tübingen

Grauhan, Rolf-Richard, 1970: Politische Verwaltung. Auswahl und Stellung der Oberbürgermeister als Verwaltungschefs deutscher Großstädte, Freiburg i. Br.

Greiffenhagen, Sylvia, 1988: Politische Kultur Isnys im Allgäu, Kehl

Haller, Hans-Martin, 1979: Die Freien Wähler in der Kommunalpolitik, in: Helmut Köser (Hrsg.): Der Bürger in der Gemeinde, Hamburg, S. 335-368

Innenminister Nordrhein-Westfalen (Hrsg.), 1989: Umfrage zu den Bedingungen der Kommunalpolitik in Nordrhein-Westfalen, Düsseldorf

Jeggle, Utz/Ilien, Albert, 1978: Die Dorfgemeinschaft als Not- und Terrorzusammenhang. Ein Beitrag zur Sozialgeschichte des Dorfes und zur Sozialpsychologie seiner Bewohner, in: Hans-Georg Wehling (Hrsg.): Dorfpolitik, Opladen S. 38-53

Jung, Eberhard, o.J.: Die Personalpolitik der Gemeinde, unveröff. Seminararbeit an der Universität Kaiserslautern (Prof. Dr. Klaus Landfried)

Köser, Helmut/Caspers-Merk, Marion (Institut für Kommunalpolitik Baden-Württemberg e.V.), 1987: Der Gemeinderat. Sozialprofil, Karrieremuster und Selbstbild von kommunalen Mandatsträgern in Baden-Württemberg, Unveröff. Abschlußbericht für die Deutsche Forschungsgemeinschaft, Freiburg i.Br.

Koziol, Klaus, 1987: Badener und Württemberger, Stuttgart

Lehmbruch, Gerhard, 1975: Der Januskopf der Ortsparteien. Kommunalpolitik und das lokale Parteiensystem, in: Der Bürger im Staat 25 (1975), S. 3-8

Lepsius, M. Rainer, 1973: Parteiensystem und Sozialstruktur - zum Problem der Demokratisierung der deutschen Gesellschaft, in: Gerhard A. Ritter (Hrsg.): Die deut-

schen Parteien vor 1918, Köln, S. 56-80
Löffler Berthold/Rogg, Walter, 1985a: Determinanten kommunalen Wahlverhaltens. Dargestellt am Beispiel der Stadt Ravensburg, Diss. Tübingen
Löffler Berthold/Rogg, Walter, 1985b: Kommunalwahlen und Kommunales Wahlverhalten, in: Theodor Pfizer/Hans-Georg Wehling (Hrsg.), Kommunalpolitik in Baden-Württemberg, Stuttgart, S. 98-114
Mayntz, Renate, 1955: Lokale Parteigruppen in der kleinen Gemeinde, in: Zeitschrift für Politik, NF2, S. 59-74
Naßmacher, Hiltrud/Naßmacher, Karl-Heinz, 1979: Kommunalpolitik in der Bundesrepublik, Opladen
Naßmacher, Karl-Heinz, 1985 Hie Welf, hie Freisinn. Regionale Traditionen im nordwestlichen Niedersachsen, in: Wehling 1985, S. 36-57
Naßmacher, Karl-Heinz, 1981: Empirische Dimensionen einer Kommunalen Verfassungsreform, in: Dieter Thränhardt/Herbert Uppendahl (Hrsg.): Alternativen lokaler Demokratie. Kommunal-verfassung als politisches Problem, Königstein/Taunus, S. 43-84
Naßmacher, Karl-Heinz/Rudzio, Wolfgang, 1987: Das lokale Parteien-system auf dem Lande. Dargestellt am Beispiel der Rekrutierung von Gemeinderäten, in: Hans-Georg Wehling (Hrsg.), Dorfpolitik, Opladen, S. 127-142
Reschl, Richard, 1987: Kommunaler Handlungsspielraum und sozialer Wohnungsbau. Ein Städtevergleich, Diss. Tübingen
Roth, Wolfgang (Hrsg.), 1972: Kommunalpolitik - für wen? Arbeits-programm der Jungsozialisten, Frankfurt/M.
Wehling, Hans-Georg, 1981: Parteien auf dem Dorf, in: SOWi 1O (1981), S. 25-28
Wehling, Hans-Georg, 1984: Der Bürgermeister und "sein" Rat, in: Politische Studien 273
Wehling, Hans-Georg (Hrsg.), 1985: Regionale politische Kultur, Stuttgart
Wehling, Hans-Georg/Siewert, H.-Jörg, 1987: Der Bürgermeister in Baden-Württemberg, Stuttgart (2. Aufl.)
Zender, Matthias, 1982: Die Minderheitsfraktion in der großstädtischen Vertretungskörperschaft. Eine Struktur- und Einstellungsanalyse in nordrhein-westfälischen Großstädten, Diss. Trier

Autor

Prof. Dr. Hans-Georg Wehling, Landeszentrale für Politische Bildung Baden-Württemberg, Stafflenbergstr. 38, 7000 Stuttgart 1, Sprecher des interdisziplinären "Arbeitskreises Baden-Württemberg. Landeskunde, Landes- und Kommunalpolitik" an der Universität Tübingen, Melanchtonstr. 36, 7400 Tübingen

Roland Roth

Städtische soziale Bewegungen und grün-alternative Kommunalpolitik

Vorbemerkungen

Es geht hier offensichtlich um zwei eher stiefmütterlich behandelte Themen der lokalen Politikforschung. Als Belege können die Dokumentationsbände der letzten politikwissenschaftlichen und soziologischen Kongresse in Darmstadt bzw. Zürich (Hans-Hermann Hartwich, 1989, Max Haller et al., 1989) ebenso dienen, wie etwa das einschlägige Themenheft zur soziologischen Stadtforschung der Kölner Zeitschrift (Jürgen Friedrichs, 1988). Soziale Bewegungen und grün-alternative Lokalpolitik tauchen dort allenfalls am Rande verschiedener Beiträge auf. Es wurde ihnen weder die Weihe illustrer Festvorträge noch die Wertschätzung großer Plenarveranstaltungen zuteil. Dies kann auch nicht an den Rahmenthemen gelegen haben, denn sowohl "Macht und Ohnmacht politischer Institutionen" wie "Kultur und Gesellschaft" gehören zu den einschlägigen Stichworten, wenn es um die Plazierung von Protest und neuen Politikformen geht (z.B. Adalbert Evers, 1987, Claus Offe, 1987). Dieser Einschätzung, bislang eine eher randständige Position im Wissenschaftsbetrieb einzunehmen, ist zwar in einer kritischen Auseinandersetzung mit der "Bewegungswissenschaft" heftig widersprochen worden (Michael Th. Greven, 1988), aber in der sich anschließenden Kontroverse im "Forschungsjournal Neue Soziale Bewegungen" (Hefte 1 und 2/1989) blieb unbestritten, daß größere empirische Forschungen in diesem Themenfeld erst auf dem Wege sind (FSP "Öffentlichkeit und soziale Bewegungen" am WZB; DFG-Projekt "Lokale Bewegungsnetzwerke" am ZI 6, FU Berlin; FPS "Politik der Lebensstile", FU Berlin; VW-Projekt "Sozialstrukturwandel und neue soziale Milieus", Hannover; "Verhältnis von SPD und GRÜNEN auf lokaler Ebene", FU Berlin; Joachim Raschke et al. über die Parteistruktur der "Grünen", Universität Hamburg).

In dieser, für eine Zwischenbilanz doch äußerst mißlichen Lage kann auch heute keine klare Orientierung in jener bereits zu Beginn der 80er Jahre beschriebenen "eigentümlichen Mischung aus Überschätzung und Unterschätzung der neuen sozialen Bewegungen" (Peter Grottian und Wilfried Nelles, 1983, VII) und ihrer kommunalpolitischen Alternativen erwartet werden. Dennoch hat sich in den letzten Jahren das Diskussionsklima merklich verändert. Schien damals unter dem Eindruck einer kräftigen

Welle von Jugendprotesten und Hausbesetzungen diese Unsicherheit "politisch gefährlich", so hat längst ein Gewöhnungseffekt eingesetzt, der sich gegen politische Dramatisierungen sperrt. Weder sind die Kommunen - selbst dort, wo sich rotgrüne Stadtregierungen etablieren konnten - zu Orten der Gegenmacht (Udo Bullmann und Peter Gitschmann, 1985) avanciert, noch konnten sich die vielfältigen Protestströmungen hierzulande zu einem gesellschaftlich gestaltungsfähigen Akteur, zu einer sozialen Bewegung im Sinne Alain Touraines, entfalten. Die Gefahr einer politischen Überschätzung dürfte kaum mehr gegeben sein. Stattdessen droht eine Unterschätzung des Themenfeldes, wenn es (auch) in der wissenschaftlichen Wahrnehmung marginalisiert wird, wie dies gegenwärtig in der lokalen Politikforschung aus meiner Sicht der Fall ist. Meine Vermutung geht dahin, daß dies nicht allein der begrenzten politischen Relevanz dieser politischen Akteure geschuldet sein kann, sondern auch auf Prioritäten und Wahrnehmungsraster der sozialwissenschaftlichen Forschung zurückgeführt werden muß.

1. Lokale Bewegungsmilieus und städtischer Protest

1.1. Entwicklungen

Die Auseinandersetzung mit städtischem Protest und lokalen Mobilisierungen bliebe an der Oberfläche, wenn sie sich ausschließlich auf spektakuläre Protestereignisse konzentrierte. Charakteristisch scheint vielmehr gerade für die neuen sozialen Bewegungen, daß ihre Mobilisierungen auf alltagsweltlich gestützten Netzwerken beruhen, die sich zudem im großstädtischen Bereich zu sozialen Milieus mit "alternativen" kulturellen Orientierungen und Lebensstilen verdichtet haben (z.B. Adalbert Evers, 1987, Roland Roth, 1987). Sie bilden den politisch-moralischen Resonanzboden und die Mobilisierungsgrundlage für den öffentlich sichtbaren Protest.

Daher möchte ich zunächst eine Skizze der groben Umrisse lokaler Bewegungsmilieus in den westdeutschen Städten geben. Angemessen scheint es mir, dabei von einem Wechselspiel of "latency" and "visibility" auszugehen, wie es Alberto Melucci in seiner Mailand-Studie (1984) analysiert hat. Im Zusammenhang mit den verschiedenen Mobilisierungen ist seit den 60er Jahren eine lokale Bewegungsinfrastruktur aus Treffpunkten, Kneipen, Medien, Kultureinrichtungen, Buchläden, selbstverwalteten Betrieben und Projekten, Selbsthilfe-Netzwerken, aber auch Wohngemeinschaften, politischen Gruppen, projektbezogenen Bewegungsinitiativen u.a.m. entstanden, wobei die autonome Frauenbewegung meist zusätzlich einen eigenen Bewegungsbereich ausgebildet hat (die groben Konturen dieser lokalen Milieus lassen sich in etwa den zahlreichen alternativen Stadt- und Regionalbüchern entnehmen). Kulturelle Orientierungen, alternative Lebensweisen, Gegenöffentlichkeiten werden dadurch "auf Dauer ge-stellt". Die vergleichsweise stabilen selbstverwalteten szenebezogenen Projekte (Frank Heider et al., 1988) bilden dabei die Knotenpunkte eines durch Alltagskontakte vermittelten Netzwerkes, das auch den Resonanzboden und den organisatorischen Rückhalt für die sichtbaren Bewegungen abgibt.

Obwohl Zweifel an der politischen Bewegtheit dieser lokalen Szene (wie der neuen sozialen Bewegungen insgesamt) in den letzten Jahren lauter geworden sind (Helmut Wiesenthal, 1988, Claus Offe, 1988), gibt es auch Indikatoren, die für eine gewisse "Institutionalisierung von Bewegungspolitik" sprechen:

- Zu Beginn der 80er Jahre gab es eine Serie von Hausbesetzungen in vielen Städten der Bundesrepublik, am ausgeprägtesten die Instandbesetzungen in Westberlin.

- Es folgten die Mobilisierungen der neuen Friedensbewegungen mit einem Höhepunkt massenhaften Protests in den Jahren 1983/84, aber mit kontinuierlichen Aktionen "zivilen Ungehorsams" in der Folge (Mutlangen, Hunsrück, Fischbach etc.).

- Die 80er Jahre durchzieht der Protest gegen die geplante atomare Wiederaufarbeitungsanlage, einem "missing link" im atomaren Kreislauf, die Bundesrepublik, flexibel den geplanten Standorten folgend, bis schließlich auch der letzte Versuch in Wackersdorf aufgegeben wurde.

- Die Reaktorkatastrophe von Tschernobyl 1986 hat in der Bundesrepublik - verglichen mit ebenfalls betroffenen Nachbarländern - intensive Proteste ausgelöst, u.a. die "Becquerelbewegung" betroffener Mütter und Eltern (Hans-Jürgen Wirth, 1989).

- Um die Volkszählung von 1987 sind an vielen Orten Boykott-Initiativen entstanden, die z.T. durchaus erfolgreich operierten (Roland Appel et al., 1988, Erwin K. Scheuch et al., 1989).

- Die IWF- und Weltbank-Tagung in Berlin (1988) entfachte nicht nur eine heftige Internationalismus-Debatte, sondern sie hat auch zu beachtlichen Mobilisierungen geführt (Jürgen Gerhards, 1990).

- Die nachhaltigen Proteste von Tiefflug-GegnerInnen oder der Widerstand gegen neue Müllkippen und -verbrennungsanlagen haben längst die letzten Winkel der Republik erreicht und auf dem Lande vielfach eine "nachholende" Entwicklung in Sachen "Protestkultur" ausgelöst.

Diese Beispiele sprechen für erste Ergebnisse international

vergleichender Forschungen, die für die Bundesrepublik auch in den 80er Jahren - im Kontrast zu den durch Gewöhnung abgestumpften öffentlichen Aufmerkeitsrastern - eine steigende Zahl von Protestereignissen ausweisen (Ruud Koopmans, 1990).

In dieser Aufzählung wird vermutlich nur den Jugendprotesten und Instandbesetzungen zu Beginn der 80er Jahre ein unmittelbar lokaler Bezug zugebilligt werden, ging es doch um Sanierung, um die Vertreibung von Bewohnern, um Freiräume für soziale Experimente, um "Urbanität". Regionalspezifische Mobilisierungen, wie etwa der massive Protest gegen den Ausbau des Frankfurter Flughafens und ähnliche Proteste an anderen Orten (vgl. Dieter Rucht 1984, Cornelia Nowack, 1988) müßten allerdings ebenso hinzu gefügt werden, wie andere lokalspezifische ökologische Proteste.

Aber für das spezifische Profil sozialer Bewegungen und "Alternativer Kommunalpolitik" in der Bundesrepublik ist bedeutsam, daß gerade auch die übergreifenden politischen Themen und Bewegung eine starke lokalpolitische Dimension gewonnen haben. Zentrale Mobilisierungen (wie die Demonstrationen gegen die NATO-Nachrüstung in Bonn mit mehreren hunderttausend Beteiligten) wurden zunehmend durch lokale Mobilisierungs- und Aktionsformen ergänzt, teilweise wurden diese sogar vorgezogen, um direktere und authentischere Formen von Politik zu ermöglichen als mit den massenmedial und polizeilich geprägten Quasi-Plebisziten ("Zählappell"). Riskantere Politikformen, wie z.B. die gewaltfreien Blockaden vor Militäranalagen, setzen ohnehin Gruppenzusammenhänge voraus, die z.B. im "Bezugsgruppenprinzip" von der Friedensbewegung bewußt hergestellt wurden. Eine weitere Dimension der "Lokalisierung" von Bewegungspolitik wurde am Beispiel von "Städtepartnerschaften" im Widerstand gegen die geplante WAA in Wackersdorf deutlich, wo es darum ging, eine gedeihliche Zusammenarbeit zwischen metropolitanen Protestgruppen und der ländlichen Opposition zu sichern, um dadurch Spaltungsprozessen vor dem Bau-Zaun entgegenzuwirken. Auch zentrale, auf demonstrative Öffentlichkeit angelegte Politikformen wie die jährlichen Ostermärsche werden zunehmend "lokalisiert", d.h. sie finden heute eher an vielen Orten, auf die lokalen Gegebenheiten bezogen statt. Die Akteure der Bewegungsmilieus favorisieren eher überschaubare, selbstgewählte und -gestaltete Aktionszusammenhänge, direkte Kommunikation anstelle der "großen Zahl" in den Medien oder zentralen Ausschüssen in Bonn. Für diese Tendenz spricht die Auflösung des zentralen, organisationsgeprägten Koordinierungsausschusses der Friedensbewegung in Bonn zugunsten eines projektbezogenen Netzwerkes "Friedenskooperative" im Herbst 1989.

Die These, daß auch Ende der 80er Jahre mit einer Dynamik von Latenz und Sichtbarkeit zu rechnen ist, kann jedoch nicht über Veränderungen in der sozialen Zusammensetzung der Bewegungsmilieus hinwegtäuschen. Die sozialen Polarisierungstendenzen zwischen zumindest zeitweise "Marginalisierten" und den "Arrivierten" durchziehen auch die Szene, spärlich überdeckt durch eine ausdifferenzierte Palette kultureller Stile. Sie begünstigen ein Auseinanderdriften in den Politikvorstellungen und im Handlungsrepertoire, vor allem im Hinblick auf Militanz und Radikalität. Am deutlichsten wird dies bei Implosionserscheinungen der "Szene", wenn sich "Autonome" militant gegen "Alternative" abgrenzen, wie etwa in Aktionen gegen Berliner Lokalredakteure der "tageszeitung". Gleichzeitig gibt es an anderen Orten auch Anzeichen für eine gewisse Liberalität im Umgang mit unterschiedlichen Lebensstilen (Helmut Berking et al., 1989).

Im letzten Jahrzehnt hat sich auch das intermediäre Umfeld der Bewegungsmilieus kräftig ausgeweitet und verändert. Gemeint sind Akteure und Institutionen, die Themen und politische Formen der neuen sozialen Bewegungen selektiv aufgreifen und der "Normalbevölkerung" zugänglich machen. Bürgerinitiativen und Selbsthilfegruppen gehören häufig in dieses Umfeld, aber auch zahlreiche Gruppierungen in etablierten Institutionen (Kirchen- und Gewerkschaftsgruppen, Jugendhausinitiativen, Studentenverbände etc.). Neu hinzugekommen sind vor allem neue Einrichtungen, die in Reaktion auf Bewegungspolitik entstanden und häufig mit Personen aus diesem Umfeld besetzt sind (kommunale Frauengleichstellungsstellen, Seniorenbeiräte, Umweltbeauftragte, Selbsthilfekontaktstellen, Beratungsstellen für den "zweiten Arbeitsmarkt" etc.). Ausstattung, Kompetenzen und ihre Anbindung an die örtliche Bewegungsszene sind lokal sehr unterschiedlich, häufig können sie lediglich "symbolische Politik" betreiben. Besonders bei solchen Neuschöpfungen wird die grundlegende Ambivalenz intermediärer Einrichtungen deutlich. Sie bilden den notwendigen gesellschaftlichen Resonanzboden, verhindern subkulturelle Selbstghettoisierung, aber sie können auch die Radikalität und den Eigensinn von Bewegungspolitik gefährden. Als Einrichtungen ermöglichen sie Professionalisierungen, dauerhafte Aufmerksamkeiten und sichern Ressourcen, die jedoch auch von Bewegung "entlasten" können.

1.2. Forschungsstand

Der Forschungsstand läßt sich durch ein doppeltes Defizit kennzeichnen. Zum einen fehlt der NSB-Forschung, die an sich floriert, weitgehend der lokale Bezug. Das spezifisch "Städtische" oder "Provinzielle" wird selten explizit zum Gegenstand (eine der wenigen Ausnahmen bilden die Fallstudien von Cornelia Nowack, 1988). Dies gilt selbst für die meisten Beiträge des Sammelbandes "Großstadt und neue soziale Bewegungen" (Peter Grottian und Wilfried Nelles) von 1983, der bislang keinen Nachfolger gefunden hat. Andererseits behandeln die Stadtsoziologie und lokale Politikforschung diesen Bereich nicht-institutioneller Politik überwiegend im Sinne sektoraler Politiken, ohne sich auf die sichtbare Dimension sozialen Protests einzulassen (z.b. Bernhard Blanke et al., 1986). Eine Ausnahme stellt die Literatur zu den "Jugendunruhen" und Instandbesetzungen (Aneignung von autonomen Räumen etc.) dar, deren Urbanitätswünsche und Stadtkritik ("Packeis") durchaus wahrgenommen wurde (Rudolf Lüscher und Michael Makropoulos, 1982, Matthias Manrique, 1989).

Die Rede von städtischen Sozialbewegungen hat sich trotz einiger Vermittlungsanstrengungen zur internationalen Debatte (Margit Mayer et al., 1978, Jürgen Krämer und Rainer Neef, 1985 und 1989, Peter Franz, 1989; zum internationalen Diskussionsstand siehe Stuart Lowe, 1986) in der Bundesrepublik nicht etablieren können. Es ist sehr die Frage, ob dies daran liegt, daß es hierzulande entsprechende Initiativen und Proteste nicht gibt. Vielmehr erscheint es eher so, daß der räumliche Bezug von anderen wissenschaftlichen wie bewegungsinternen Thematisierungen (Alternativbewegung, Selbsthilfebewegung, Jugendbewegung, neue soziale Bewegungen etc.) verdeckt wird.

Empirisch gehaltvolle Studien zu den sichtbaren Protesten, die über begrenzte Fallstudien zu einzelnen Mobilisierungen hinausgehen, fehlen auf lokaler Ebene weitgehend. Daß es z.B. nach einem wissenschaftlichen Boom Ende der siebziger Jahre keine repräsentative empirische Studie zu Bürgerinitiativen gibt, die Daten in den 80er Jahren erhoben hätte, zeigt überdeutlich, wie sehr Themenkonjunkturen die öffentliche wie die wissenschaftliche Debatte prägen.

Untersuchungen zur Entwicklung lokaler Bewegungsnetzwerke und -milieus sind gegenwärtig in Arbeit (DFG-Projekt "Lokale Bewegungsnetzwerke" am ZI 6, FU Berlin; FPS "Politik der Lebensstile", FU Berlin; VW-Projekt "Sozialstrukturwandel und neue soziale Milieus", Hannover). Daß diese Forschungsperspektive fruchtbar sein kann, lassen Netzwerkstudien zur Bundestagswahl von 1987 (Franz Urban Pappi, 1990, Michael Zwick, 1989) und zu Mitgliedschaften in Umweltorganisationen (Bernhard Weßels, 1989) erwarten. Diese Momentaufnahmen lassen jedoch noch keine Rückschlüsse auf die Entwicklungsdynamik lokaler Bewegungsmilieus zu.

Das Gros der einschlägigen wissenschaftlichen Arbeiten wird von lokalen und regionalen Studien zu Alternativprojekten und Selbsthilfeeinrichtungen gestellt (Übersichten bieten Wolfgang Beywl, 1990 und Jürgen Sosna, 1990), die eine Tendenz zur Stabilisierung und zum Abschleifen alternativökonomischer Ansprüche beschreiben. Der Bezug zu lokalen Bewegungen und Protesten oder ihre Rolle als Teil einer Bewegungs-infrastruktur wird höchstens am Rande abgehandelt. Stattdessen dominieren Policy-Perspektiven (Beschäftigungs- und Qualifierungseffekte, "Dritter Sektor", sozialpolitische Effekte von Selbsthilfe-Einrichtungen etc.). Erst in jüngster Zeit nimmt das Interesse an den lokalen Ausprägungen einzelner Bewegungen zu (Archiv "Soziale Beweungen" in Freiburg, zur lokalen Frauenbewegung vgl. Christa Karras, 1989).

2. Grün-alternative Kommunalpolitik

2.1. Entwicklungen

Aus einer Gemengelage von enttäuschten Bürgerinitiativen, die keine Resonanz (mehr) in den etablierten Lokalparteien finden konnten, von einer radikalen städtischen Opposition, die sich zunehmend selbst als zentralen politischen Faktor dachte ("Alternativbewegung", "Politik in erster Person" und nicht länger im "Dienste des Proletariats"), von lokalen Projekten der übergreifenden "neuen sozialen Bewegungen"(etwa der Frauen- und der Ökologiebewegung) und frustrierten Aussteigern aus den etablierten Parteien entstanden in der zweiten Hälfte der 70er Jahre die ersten lokalen Wahlbündnisse ("grüne", "bunte" und "alternative" Listen), die zum Marsch in die Rathäuser und Gemeindeparlamente ansetzten (Lilian Klotzsch und Richard Stöss, 1984, Lutz Mez, 1987, Richard Stöss, 1987). Was heute als erfolgreicher Prozeß der Bildung einer bundesweiten Partei "Die Grünen"(1980) erscheint, verdankte sich vor allem zwei grundlegenden Erfahrungen der Oppositionsbewegungen:

1. Nach den spektakulären Erfolgen der Anti-AKW-Bewegung in Wyhl, wo mit Platzbesetzungen und starker regionaler Opposition der Bau eines Kernkraftwerks verhindert werden konnten, eskalierte der Protest in Grohnde und Brokdorf (1976/77). Massendemonstrationen und Militanz schienen kaum mehr zu steigern und zugleich in eine politische Sackgasse zu führen, denn die Reihen der herrschenden "Wachstumskoalition" waren enger denn je geschlossen, und die gewalttätigen Auseinandersetzungen konnten zur Delegitimation des Protests genutzt werden. So lag es - trotz einer anti-institutionellen Grundstimmung in den Protestbewegungen - nahe, daß nun auch institutionelle Wege gesucht wurden, um politischen Druck auszuüben (regionale Anti-AKW-Bürgerinitiativen gehörten zur erfolgreichen Avantgarde der "Wahlbewegung" - am Beispiel von Ahaus siehe Norbert Breuer, 1981). Diese Bereitschaft wurde noch durch die Erfahrungen des "Deutschen Herbsts"(1977) verstärkt, der schockhaft die Aussichtslosigkeit gesteigerter Gewaltanwendung bis zu terroristischen Aktionen offenbar gemacht hatte (Tatjana Botzat et al., 1978). Elektorale

Politik schien daher ein durchaus interessanter Versuch, das Handlungsrepertoire der neuen sozialen Bewegungen zu erweitern.

In den Stadtstaaten mit einer ausgeprägten Bewegungsszene (Berlin, Hamburg) ging es zudem um die politische Repräsentanz einer breitgefächerten lokalen Opposition, die sich gegen die Ausgrenzung aus einem "Modell Deutschland" (Andrei Markovits, 1982) auch innerhalb zentraler politischer Institutionen zur Wehr setzen und ihre Alternativen sichtbar machen wollte. Die ersten grün-bunt-alternativen Wahlprogramme präsentierten vor allem die Konzepte, Forderungen und Zielvorstellungen der versammelten Oppositionsgruppen und Bürgerinitiativen (Motto: "Jetzt wählen wir uns selber!").

2. Trotz und in der ideologischen Vielfalt vollzieht sich in der zweiten Hälfte der 70er Jahre eine "Ökologisierung" des Protests, die "grün" schließlich zur weithin akzeptierten ideologischen Farbbestimmung werden läßt. Die Geschichte dieser Diskursformierung ist noch nicht geschrieben (Ansätze dazu bei Herbert Kitschelt, 1984). So enthielt "grün" zunächst einen politischen Bedeutungshorizont, der von "rot" bis "braun" reichte. "Ökologie" bot sich als gemeinsamer Nenner eines oft partikularen Protests gegen einzelne Industrieansiedlungen, staatliche Infrastrukturprojekte oder Risikotechnologien an. Einerseits bezeichnete "Ökologie" (wie einstmals "Sozialismus") dabei den radikalen Gegenpol zur herrschenden Krisenpolitik einer weltmarktorientierten ökonomischen Restrukturierung (inklusive der dafür notwendigen räumlichen Restrukturierungen wie z.B. innerstädtische Sanierung und Tertiarisierung - Hartmut Häußermann und Walter Siebel, 1987, Holger Leimbrock und Werner Roloff, 1987) und diente andererseits als Sammelbecken heterogener oppositioneller Motive unterschiedlicher Radikalität. "Ökologisierung" markierte z.B. in Bürgerinitiativen aber auch eine Entwicklungsphase, in der sich der Horizont der eigenen Betroffenheit erweiterte und die Suche nach grundlegenden und verallgemeinerbaren Alternativen einsetzte ("Kein Kernkraftwerk in...", dann "...und auch nicht anderswo", dafür aber Nutzung regenerativer Energiequellen, Rekommunalisierung der Energieversorgung usw. - vgl. Dieter Rucht, 1980, 1984).

Die "Grünen" insgesamt, aber besonders die grün-alternativen Listen auf kommunaler Ebene (hier finden sich häufiger offene Listen und Listenverbindungen als auf Landes- oder Bundesebene) können als ein institutionelles, intermediäres Projekt aus dem Umfeld der neuen sozialen Bewegungen betrachtet werden. Dies hat ihnen wahlsoziologisch den Status einer "Milieupartei" eingetragen, nachdem die traditionellen Milieus der "Altparteien" längst weggeschmolzen sind (Herbert Kitschelt, 1988). Im Politikstil und in der Themenwahl sind sie - trotz aller Anpassungs-prozesse im Zuge ihrer Parlamentarisierung (Jörg Wischermann, 1987) - vielfältig an ihr institutionenkritisches, links-libertäres, bewegungsnahes Umfeld gebunden (Thomas Poguntke, 1987). Gemessen am Engagement (heute ca. 6.000 Mandatsträger auf kommunaler Ebene bei ca. 39.000 Mitgliedern) stellt Kommunalpolitik den eigentlichen Schwerpunkt des grünen Parlamentarismus und der Parteiarbeit dar. In der Programmdebatte und für die strategischen Grundsatzentscheidungen scheint dagegen die "Kommunalpartei" nahezu bedeutungslos (weder in der strömungsübergreifenden Zeitschrift "Kommune" noch in den "Grün-alternativen Jahrbüchern" von 1986/87 und 1988 finden sich im engeren Sinne kommunalpolitische Beiträge). Kommunalpolitik ist "Standbein und Stiefkind" der "Grünen" (so die "Grüne Illustrierte Niedersachsen" 10/1985). Selbst die "Experimentierbaustellen" der zahlreichen rot-grünen Stadtregierungen finden kein nachhaltiges überörtliches Interesse. Eine erste Bilanz der hessischen Erfahrungen fällt eher ernüchternd aus, denn die rot-grünen Bündnisse erwiesen sich häufig als instabil, und grün-alternative Durchsetzungschancen gab es allenfalls bei Einzelforderungen (Udo Bullmann, 1987). Noch negativer fällt die Auswertung von Erfahrungen in NRW aus (Herbert Klemisch, 1990, Norbert Kostede, 1990). Rot-grüne Bündnisse sind kein Selbstläufer mit Signalwirkungen, vielmehr spielen sie eine untergeordnete Rolle. Die partizipatorischen Effekte grüner Kommunalpolitik werden als gering bewertet. Ihr pragmatisch/realpolitischer Zuschnitt begünstigt zudem den "Themenklau" durch etablierte Parteien. Elektorale Niederlagen sind eine mögliche Folge.

Während die ersten grün-alternativen kommunalen Listen mit teilweise beträchtlichem Erfolg da angetreten waren, wo heftige regionale Bewegungskonflikte den Anlaß gaben, wurden sie nach Gründung der Bundespartei zu einer relativ flächendeckenden Einrichtung. Ihre organisatorischen Strukturen (übergreifende Konferenzen, die erste in Bielefeld 1980, Fachkonferenzen zu Verkehr, Wohnen etc) entwickelten sich mit der "Wahlbewegung" (s. Reiner Schiller-Dickhut et al., 1981), seit 1980 gibt es auch den überregionalen "Informationsdienst Alternative Kommunalpolitik"(AKP), der 1985 ein umfangreiches "Handbuch für alternative Kommunalpolitik" (Wolfgang Pohl et al., 1985) herausbrachte. Mit der Konsolidierung der "Grünen" (bei Kommunalwahlen werden sie meist zur drittstärksten Partei) entstanden in den Flächenstaaten grüne "kommunalpolitische Vereinigungen", die sich vor allem der Weiterbildung der neuen Ratsfrauen/Ratsherren und dem Erfahrungsaustausch widmen. Es gibt jedoch wenig Hinweise auf eine exklusive parteipolitische "Formierung" der alternativen Kommunalpolitik - so entstanden z.B. Mitte der 80er Jahre einige Frauenlisten im süddeutschen Raum (siehe "Dokumentation Kommunalpolitisches Frauentreffen", Sindelfingen 1986, 1987).

Empirisch ausgewiesene, wissenschaftliche Untersuchungen zur grün-alternativen Lokalpolitik existieren bislang kaum (Herbert Kitschelt geht in seiner vergleichenden Studie über die "grüne" Parteibildung in Belgien und der Bundesrepublik immerhin auf die kommunale Ebene ein - 1989, Kap. 5). Die folgende Darstellung von Entwicklungstendenzen stützt sich daher zum einen auf Selbstdarstellungen und Bilanzen, die meist im Vorfeld von Kommunalwahlen oder bei Tagungen der kommunalpolitischen Vereinigungen erstellt werden, zum anderen wurde das Material der politischen Gegner einbezogen (Franz Schuster et al., 1985, Horst Kanitz, 1988). Schließlich wurden die Beiträge einer einschlägigen Tagung des Arbeitskreises "Lokale Politikforschung" vom Sommer 1989 berücksichtigt (Roland Roth und Hellmut Wollmann, 1990).

2.2. Entgrenzung und pragmatische Selektivität

Mit der Parole "Global denken, lokal handeln" ist treffend eine zentrale Orientierungsmarke und zugleich ein Dilemma grün-alternativer Kommunalpolitik bezeichnet. Durch ihre parlamentarische Präsenz und die Parteienkonkurrenz ist es vielfach gelungen, "Sprachrohr" von sozialen Bewegungen vor Ort zu sein (ein programmatischer Anspruch, der am Anfang der Wahlbewegung stand). Gegen ein enges Verständnis begrenzter "kommunaler Zuständigkeit" wurde eine gesellschaftspolitische Allzuständigkeit gesetzt, deren Schwerpunkte deutlich von den Bewegungsdiskursen geprägt sind. Lokale Friedens- und Dritte Welt-Politik gehören ebenso zu den Schwerpunkten wie lokale Umwelt-, Energie- und Frauenpolitik. Dabei ist ein umfangreiches und phantasievolles Potential an Handlungsmöglichkeiten erschlossen bzw. aus der lokalen Bewegungspolitik aufgegriffen worden (Norbert Kostede, 1983, für die lokale Friedensbewegung siehe Knut Krusewitz et al., 1985).

Von der Parlamentsarbeit, aber auch vom intermediären Bewegungsumfeld geht zugleich ein starker Druck in Richtung "machbare" Alternativen aus, denn gerade auf lokaler Ebene sollen konkrete Veränderungsschritte gegangen, Politik "von unten" gemacht werden.

Die "Entgrenzung der Politik" mündet in eine selektive Praxis, die sich häufig in einigen wenigen institutionellen Forderungen erschöpft (z.B. Frauenhäuser, Notrufe, Nachttaxis und kommunale Gleichstellungsstellen im Bereich der kommunalen Frauenpolitik - Elke Steg und Inga Jesinghaus, 1987).

Für viele Themenbereiche läßt die kommunale Unzuständigkeit oder Finanzknappheit nur äußerst bescheidene "machbare" Alternativen zu, selbst wenn weitergehende Vorstellungen "mehrheitsfähig" sind. Radikale Veränderungswünsche und übergreifende Konzeptionen verschwinden aus dem Horizont der alternativen Kommunalpolitik ("von der großen Utopie zur kleinen Anfrage"), und Befürchtungen werden lauter, die "Grünen" könnten den Weg der Sozialdemokratie beschreiten, der die Kommunalpolitik, von Rosa Luxemburg als Gas- und Wasser-Sozialismus bespöttelt, schon zu Beginn des Jahrhunderts zum "reformistischen" Bleigewicht wurde (Hubert Lommer, 1985).

Dieses institutionelle Dilemma ist größer geworden, zumal es nicht zu der von den "Grünen" geforderten Stärkung der kommunalen Ebene in der Staatsorganisation und zur Ausweitung von Bürgerrechten gekommen ist. Überwiegend deutet sich ein pragmatischer Verzicht auf "große Konzepte" an. Politik als pluralistischen Prozeß zu organisieren, in dem auch üblicherweise ausgegrenzte Interessen zu Wort kommen, lautet ein aktu-elles Credo grüner Kommunalpolitik, das diesen Abschied von "großen" konzeptionellen Ansprüchen zum Ausdruck bringt.

2.3. Grün-alternative in den Räten und lokale Bewegungspolitik

Die positiven Leistungen alternativer Kommunalvertretungen für die Bewegungsmilieus sind unverkennbar (Claus Offe, 1988). Als "voice" der Bewegungen schaffen sie Öffentlichkeit, auch jenseits der Szenegrenzen. Als Wahlalternative nötigen sie den Konkurrenzparteien die Auseinandersetzung mit der Bewegungsszene und ihren Themen auf. Auch als Minderheitsfraktion und kleiner Bündnispartner können sie kleine Konzessionen für die "Szene" aushandeln. Schließlich bieten die Privilegierungen der Parteien im politischen System eine Fülle von Ressourcen, die zumindest teilweise den Bewegungsmilieus zugute kommen (Öko-Fond, Regenbogen-Stiftung, Zugänge zu einem weiten Feld an öffentlichen Stellen, die durch Patronage nach Parteienproporz besetzt werden). Die Ansätze zu "grün-alternativen" Klientelbeziehungen haben ironischerweise besonders die konservative Kritik provoziert (CDU/CSU-Fraktion, 1986).

In den Rechenschaftsberichten werden schon nach wenigen Jahren die Negativposten sichtbar. "Spätestens seit den Kommunalwahlen 1984 in Baden-Württemberg, seit dem massenhaften Einzug Grüner und Alternativer in den Räten, wird die politische Arbeit der Grünen von den Parlamenten auf den verschiedenen Ebenen dominiert", heißt es in einem von den Grünen in Baden Württemberg herausgegebenen "Leitfaden durch grüne Strukturen". Und mahnend fährt der Text fort: "Wir sollten aber nie vergessen, daß die notwendigen politischen Veränderungen von unten ausgehen müssen"(S.16). In diesem Zitat spiegeln sich einige bislang ungelöste Strukturprobleme der Grünen, die ein produktives Zusammenspiel von außerparlamentarischem Protest und institutioneller Politik, wie es in der "Spielbein/Standbein"-Metapher (vgl. Jens Siegert et al., 1986) beschworen wird, be- und häufig verhindern. Anti-institutionelle und basispolitische Orientierungen und die Ablehnung von Parteipolitik in den Bewegungsmilieus haben dazu geführt, daß der elektorale Weg nur von wenigen aktiv gegangen worden ist. In der Relation von Mitgliedern und Wählern rangieren die Grünen noch hinter der F.D.P. Eine Erhebung der hessischen Grünen kommt zu dem Ergebnis, daß dort 4.000 Mandats- und FunktionsträgerInnen nur rund 1.000 Personen gegenüberstehen, die als deren Partei"basis" anzusehen ist (taz v. 30.11.89). Die Bereitschaft zur Partei- und Parlamentsarbeit ist die Sache von wenigen geblieben (Berthold Seliger, 1988) - mit drastischen Folgen. Die Grünen haben keine Organisationskultur entwickeln können, die ihren basisdemo-kratischen Ansprüchen genügte (vgl. Ralf Heidger 1987). Ohne partei-politisches Gegengewicht dominieren die Parlamentsfraktionen, und für sie sind wiederum die alltäglichen Anforderungen der Parlamentsarbeit zentral. Dazu passen die anfänglichen Lobeshymnen auf den Fleiß der neuen Parlamentarier, der sich offensichtlich recht bald verschlissen hat (für Hessen vgl. FR v. 10.1.1990, für den Bundestag vgl. taz 13.1.1990). Diese Form der "Parlamentarisierung" schränkt die thematischen und praktischen Vermittlungsmöglichkeiten zur Bewegungspolitik ein und begünstigt wechselseitige, selektive Nutzungsverhältnisse (symbolische Präsenz bei außerparlamentarischen Aktionen etc.), wobei das professionell orientierte intermediäre Umfeld zum "natürlichen" Adressaten avanciert. Neue Institutionen (etwa Gleichstellungsstellen) und nicht neue Bewegungsmobilisierungen wurden zum Wachstumsbereich "alternativer Kommunalpolitik". Um diese Entwicklung zu korrigieren, die schon unter Wahlgesichtspunkten für die Grünen bedrohlich sein kann, haben einige Ratsfraktionen in den letzten Jahren versucht, ihr parlamentarisches Engagement zugunsten von mehr Bewegungsnähe einzuschränken (Bielefeld, München, Tübingen). Insgesamt kann von einer experimentellen Situation gesprochen werden, in der lokal sehr unterschiedliche Beziehungsmuster zwischen grün-alternativer Ratspolitik und Bewegungsmilieus existieren (große, auf Abgrenzung bedachte Distanz in Freiburg, starke Parlamentsorientierung der - ehemaligen <?> - Bewegungsakteure in Frankfurt als zwei Extrempole).

2.4. Folgen des Wettbewerbs

In den Rechenschaftsberichten der Kommunalparlamentarier ist oft bitter von "Themenklau" die Rede, mühsam in Schach gehalten durch die rationale Einsicht, daß dies ja ein durchaus gewünschter Effekt elektoraler Politik sein kann. "Grüne" Forderungen haben längst, selektiv zurechtgestutzt und für die eigenen Zwecke umgedeutet, in die Programmatik aller Rathausparteien eingang gefunden. Diese lokalpolitische Öffnung hat Elemente einer Verdrängungs- und Vernichtungskonkurrenz, indem die bereits "gesellschaftsfähigen" Elemente aus der Alternativprogrammatik übernommen und umgemodelt werden. Ein Beispiel sind die Frauenhäuser, wobei es heute ein Nebeneinander von "autonomen", institutionell eingebundenen, aber gleichwohl feministischer Programmatik verpflichteten Frauenhäusern einerseits und "Gegenhäusern" mit konservativen Zielsetzungen andererseits gibt. Der "run" auf die Alternativen ist aufgrund des aktuellen Problemdrucks der Kommunen in folgenden Bereichen besonders groß:

- Arbeitsmarkt- und Beschäftigungspolitik. Die Zuständigkeit der Kommunen für die Zahlung von Sozialhilfe bringt sie in die Situation, den Finanzdruck durch Förderprogramme zu mindern, die entweder unmittelbar Kosten senken (Selbsthilfeförderung bei gleichzeitiger Kürzung von Leistungen), Qualifikationen und Tätigkeiten in vermuteten Wachstumsbereichen unterstützen oder die Chance der Kostenüberwälzung auf andere staatliche Instanzen eröffnen (ABM-Programme aus Mitteln der Bundesanstalt für Arbeit statt kommunale Sozialhilfe). Die praktizierten lokalen Politiken stellen meist ein Amalgam solcher Motive dar, die je nach parteipolitischer Programmatik unterschiedlich intoniert werden ("Selbsthilfe", "Recht auf Arbeit", "ökologisch sinnvolle Tätigkeiten") und den Interessen der lokalen Bewegungsszene unterschiedlich nahekommen. Die selbstverwalteten Betriebe des Bewegungssektors werden dabei auf ihre Tauglichkeit durchgemustert, oft an "ihren" parlamentarischen Repräsentanten vorbei.

- Sozial- und Gesundheitspolitik. Kosten, Selektivität und bürokratischer Zuschnitt, sowie ihre beschränkte Tauglichkeit mit neuen Problemlagen und Krankheiten umzugehen, haben das Sozial- und Gesundheitswesen unter Druck gebracht. Unkonventionelle lokale Intiativen und Selbst-hilfeförderung sind angesagt. Auch hier haben die Bewegungsmilieus, vor allem der Frauenbereich, viele Initiativen vorzuweisen, deren Mitarbeiterinnen auch programmatisch auf bezahlte Beschäftigung drängen.

- Umweltpolitik. Gewachsenes Umweltbewußtsein, Alt- und Neulasten, aber auch die Wachstumschancen eines industriellen Umweltschutzes haben ökologische Orientierungen längst jenseits der "grünen" Grenze zu einem lokalen Thema gemacht. Umweltdezernate werden eingerichtet - und gelegentlich darf ein "Grüner" für eine Weile die Müllentsorgung übernehmen (am Beispiel Bielefelds Ralf Baumheier, 1988).

- Kulturpolitik. Auch sie ist unter "postmodernen" Bedingungen ein wichtiges lokales Politikfeld geworden, wo gelegentlich die Bewegungsinfrastruktur selbst zu einem Segment des städtischen "Kulturangebots" gestylt wird (für viele s. Karl Homuth, 1987).

In diesen "neuen" kommunalen Politikfeldern existiert eine Fülle von unterschiedlichen Experimenten, die intensiv in den Sozialwissenschaften diskutiert werden (Wilma R. Albrecht, 1987; Bernhard Blanke et al., 1986; Karlheinz Blessing, 1987; Udo Bullmann et al., 1986; Udo Bullmann und Peter Gitschmann, 1985; 1987; Walter Dittrich et al., 1989; Jürgen Friedrichs, 1985; Jürgen Krüger und Eckart Pankoke, 1985; Friederike Maier, 1988; Hans E. Maier und Hellmut Wollmann, 1986; Johannes Münder und Hans-Jürgen Hofmann, 1987; Elke Steg und Inga Jesinghaus, 1987). Gelegentlich hat es den Anschein, als seien diese sektoralpolitischen Neuerungen die eigentliche Botschaft der "alternativen Kommunalpolitik". Sie bilden die Schnittfläche von Interessen der Stadtregierungen, pragmatischer "grüner" Ratspolitik aber auch der anderen Kommunalparteien, von Projekten aus den Bewegungsmilieus und "alternativ" orientierten Professionellen aus allen Sparten. Auf diesem lokalen Ökotop gedeihen Initiativen zwischen "Arbeitsamt" und "Ehrenamt", zwischen sozialen Bewegungen und "neuen Selbständigen" (Adalbert Evers und Helmut Wintersberger, 1988).

2.5. Ein vorläufiges Fazit

Die zuletzt beschriebenen Tendenzen weisen in Richtung Kooptation, Professionalisierung, Integration und selektiver Nutzung von Bewegungsinitiativen auf lokaler Ebene. Der "grün-alternative" Marsch in die Rathäuser hat diese Entwicklung begünstigt. Die Botschaft der 80er Jahre wäre eindeutig: von den Bewegungen zu den Institutionen (seien es nun "alte" oder "neue"). Die Experimente und Themen der neuen sozialen Bewegungen sind zu einem Steinbruch geworden, dessen Brocken ausgebeutet werden. Eine übergreifende Programmatik "alternativer Kommunalpolitik", die solche selektive Nutzung begrenzen könnte und die Bedingungen von Stadtpolitik in der Ära "flexibler Akkumulation" reflektiert, ist nicht in Sicht. Durch die Orientierung an einer "prozeduralen" Politik allein kann sie auf jeden Fall nicht gewonnen werden. Ob stattdessen auf die Dauer ein ökologischer und basisorientierter "Fundamentalismus" helfen kann, ist gerade auf kommunaler Ebene unwahrscheinlich.

Diese düstere Perspektive unterschätzt jedoch die auch an einigen Orten spürbaren gegenläufigen Trends. Bewegungspolitik hat sich von der lokalen Ebene nicht verabschiedet, auch wenn sie weniger spektakulär auftritt. Mit ihrem lokalen Engagement hat sie in einem traditionell extrem staatsfixierten Land politische Praxis in Ansätzen zurück in die Gesellschaft, in den Bereich ziviler Selbsttätigkeit geholt. Grüne Lokalpolitik ist (noch) von dieser Anstrengung geprägt, wenn sie die Reichweite des Politischen ausgedehnen und dadurch politischer Regulierung "von oben" Grenzen setzen kann und will. Ihr Problemhaushalt jedenfalls ist nicht ausgeschöpft. Institutionelle Absicherungen der "neuen Politik" (im Sinne einer "post-industrial citizenship" - Adalbert Evers, 1987) sind bislang nicht gelungen, und der "Problemdruck" nimmt keineswegs ab. Die Öffnungen der institutionellen Politik halten sich in engen Grenzen und sind von repressiven Ausgrenzungen bzw. sozialen und politischen "Schließungen" begleitet.

2.6. Forschungsstand

Grün-alternative Lokalpolitik hat bislang kein intensives wissenschaftliches Interesse gefunden (auf die Ansätze bei Herbert Kitschelt, 1989 und Joachim Raschke wurde bereits hingewiesen). Eine nüchterne Bilanz der vorliegenden Erfahrungen mit rot-grünen Bündnissen steht weitgehend aus (darauf zielt ein beantragtes Forschungsprojekt zum "Verhältnis von SPD und GRÜNEN auf lokaler Ebene", FU Berlin). Stattdessen dominieren journalistische Arbeiten (Richard Meng, 1987), programmatische Texte und Ratgeber-Literatur (AKP). Die große Zahl an fachspezifischen Beiträgen zu allen möglichen Themenbereichen mit grün-alternativen Akzenten (von Müllproblemen bis zur lokalen Altenpolitik) ergibt zusammengenommen kein deutliches Bild von den Möglichkeiten und Grenzen alternativer Lokalpolitik.

Einzelne Bereiche werden in jüngster Zeit intensiver präsentiert (lokale Frauenpolitik), es fehlen jedoch synthetischen Versuche auf einer soliden empirischen Grundlage. Sie können weder durch entmutigende Globaleinschätzungen (Restriktionsanalysen etc.) noch eine durch hoffnungsvoll gestimmte Programmatik ("Die Zukunft der Stadt ist weiblich") ersetzt werden (Elke Steg und Inga Jesinghaus, 1987).

3. Mögliche Forschungsperspektiven

Zunächst liegt es wohl auf der Hand, die Entwicklungen der lokalen Bewegungsszene und ihrer lokalen Mandatsträger vor dem Hintergrund einer drastisch veränderten politischen und vor allem ökonomischen Chancenstruktur zu sehen. Globale ökonomische Umstrukturierungen führen - darin sind sich zahlreiche Autoren einig - zu einer Ablösung des rigiden, an Massenproduktion und Massenkonsum orientierten Akkumulationsregimes der Nachkriegszeit in Richtung "flexible Akkumulation" (David Harvey, 1987), "desorganisierter Kapitalismus" (Claus Offe, 1985; Scott Lash und John Urry, 1987) oder "Post-Fordismus" (Joachim Hirsch und

Roland Roth, 1986; Josef Esser und Joachim Hirsch, 1987; Thomas Krämer-Badoni, 1987). Gestützt auf die "neuen Technologien" wird dabei "Flexibilität" zu einem Schlüsselbegriff für die Reorganisation von Arbeitsprozessen, Arbeitsmärkten, Produktpaletten, Lebensstilen und Konsummuster. Ihre räumlichen Folgen sind - zunächst zumindest - wachsende Ungleichheiten zwischen den Regionen (vgl. die Diskussion über ein "Nord-Süd-Gefälle in der Bundesrepublik" - Michael Krummacher et al., 1985, Jürgen Friedrichs et al., 1986) und Polarisierun-gen zwischen den städtischen Quartieren (Hartmut Häußermann und Walter Siebel, 1987, Kap. 4). Hohe Dauerarbeitslosigkeit und das Anwachsen ungesicherter Beschäftigungsverhältnisse belasten die für Sozialhilfe etc. zuständigen Kommunaletats, hinzu kommen die aufgehäuf-ten ökologischen "Altlasten" in Gestalt von Müllproblemen, Smog, Straßenverkehr, Wasserversorgung etc., die weitgehend in die kommunale Zuständigkeit fallen (vgl. Carl Böhret et al., 1987). Wir erleben also in den 80er Jahren eine von Kommune zu Kommune unterschiedliche, aber insgesamt oft dramatische Kumulation von Krisenlasten, während gleichzeitig eine zentralstaatliche Sparpolitik den kommunalen Finanzspielraum beschneidet. Trotz des wenig innovationsfreudigen Charakters der (verbeamteten) Kommunalverwaltungen und der geringen Spielräume, die das joint policy-making läßt, haben viele Kommunen versucht, den doppelten Problemdruck durch "unkonventionelle", möglichst kostengünstige, aber wirkungsvolle Politiken kleinzuarbeiten und zugleich ihre Position in der verstärkten interkommunalen Konkurrenz um die besten Plätze im neuen Akkumulationsregime zu stärken - wobei die Dienstleistungs- und High-Tech-Branchen sowie deren Beschäftigte zu den bevorzugten Objekten der Begierde gehören. Die Aufwertung von Urbanität und Ambiente, von vielfältigen Lebensstilen und naturnaher Freizeit passen dazu. Stadtpolitik beginnt sich dabei zu verändern: von der Verwaltung zum Management. Gesucht werden "endogene" Wachstumspotentiale für eine "unternehmerische Stadt" (Margit Mayer, 1988), wobei viele lokalpolitische Initiativen notwendig experimentellen und - schon aus Finanzknappheit - symbolischen Charakter haben. Diese krisenerzwungene Politisierung der kommunalen Ebene und die delegierte Zuständigkeit für "Zukunftsaufgaben" haben auch in den etablierten politischen Parteien Rufe nach einer Stärkung kommunaler Handlungsspielräume und einer "Modernisierung" der Kommunalpolitik laut werden lassen (für die CDU siehe Warnfried Dettling, 1988, für die SPD vor allem den Liebensteiner Entwurf 1988).

In dem eben beschriebenen Kontext spielen städtische Sozialbewegungen eine wichtige, aber zunehmend ambivalente Rolle: Wurden sie von der herrschenden Stadtpolitik in den 70er Jahren fast ausschließlich als störender und zusätzlicher Aspekt des lokalen Problemdrucks betrachtet, so sind sie im letzten Jahrzehnt verstärkt auf Potentiale für die gesuchten Lösungsstrategien durchgemustert worden.

Dies legt eine Analyse der "neuen Institutionalisierungen" als innovativen Beitrag von sozialen Bewegungen und alternativer Kommunalpolitik angesichts der neuen Herausforderungen für die Kommunen nahe (von AIDS - Rolle der Schwulenbewegung - bis zu den Müll- und Energieproblemen). Wie relevant sind die "neuen" Themen im Kontext der lokalen Aufgabenpalette? Gibt es eine profilierte alternative Kommunalpolitik. Gibt es (noch) intakte Bewegungsmilieus und wie sehen die Bedingungen ihrer politischen Produktivität aus? Wie steht es um die - oft festgestellte - soziale Selektivität der kommunalpolitischen Alternativen, und welche Antworten haben darauf die neuen sozialen Bewegungen zu geben versucht (Grundsicherungsmodelle)? Welche Aussichten gibt es schließlich für demokratische Öffnungen in der Kommunalpolitik (durch Sachvoten etc. - Hans Herbert von Arnim, 1988)?

Literatur

Appel, Roland et al. (Hrsg.), 1988: Die Neue Sicherheit. Vom Notstand zur sozialen Kontrolle, Köln
Albrecht, Wilma R., 1987: Politik von unten. Erneuerungs- oder Anpassungsstrategien, in: Neue Politische Literatur,1/1987, S.75-92
von Arnim, Hans Herbert, 1988: Gemeindliche Selbstverwaltung und Demokratie, in: AöR 1/1988, S. 1-30
Baumheier, Ralph, 1988: Muster kommunaler Problemverarbeitung in teilweise selbstverschuldeten Krisensituationen. Das Beispiel Altlasten, in: Verwaltungsarchiv 2/1988, S. 160-183
Berking, Helmuth et al., 1989: Zwischen Integration und Abgrenzung, Selbstbehauptung und Verdrängung: Lebensstile in einem Berliner Bezirk, unveröffent. Ms., Berlin
Beywl, Wolfgang, 1990: Alternative Ökonomie - Selbstorganisierte Betriebe im Kontext neuer sozialer Bewegungen, in: Roth/Rucht, 1987
Blanke, Bernhard et al.(Hrsg.), 1986: Die Zweite Stadt. Neue Formen lokaler Arbeits- und Sozialpolitik, Opladen
Blessing, Karlheinz, 1987: Die Zukunft des Sozialstaats. Grundlagen und Vorschläge für eine lokale Sozialpolitik, Opladen
Böhret, Carl et al. (Hrsg.) 1987: Herausforderungen an die Innovationskraft der Verwaltung, Opladen
Botzat, Tatjana et al. 1978: Ein deutscher Herbst, Frankfurt
Breuer, Norbert, 1981: Politischer Protest in Ahaus - Entstehung und Erfolg einer unabhängigen Wählergruppe, in: Thränhardt, Dietrich/Uppendahl, Herbert (Hrsg.): Alternativen kommunaler Demokratie, Königstein/Ts., S. 215-245
Bullmann, Udo, 1987: Mehr als nur der Unterbau. Die Zusammenarbeit von Sozialdemokraten und Grünen in den Kommunen, in: Meng, Richard (Hrsg.): Modell Rot-Grün? Auswertung eines Versuchs, Hamburg, S. 54-90
Bullmann, Udo/Gitschmann Peter (Hrsg.), 1985: Kommune als Gegenmacht. Alternative Politik in Städten und Gemeinden, Hamburg

Bullmann, Udo/Gitschmann, Peter, 1987: Renaissance des Kommunalen? Zum Stand alternativer Kommunalpolitik und -wissenschaft, in: Das Argument 163, S. 401-413
Bullmann, Udo et al. (Hrsg.), 1986: Lokale Beschäftigungsinitiativen, Marburg
CDU/CSU-Fraktion im Deutschen Bundestag, 1986: Grüne und Geld - Zur Staatsfinanzierung der Grünen und ihrer alternativen Klientel, Bonn
Dettling, Warnfried, 1988: Jugendliche lernen immer länger und wissen immer weniger wofür, in: Frankfurter Rundschau v. 23.08.88
Dittrich, Walter et al., 1989: Zwischen Bürokratie und Selbstregulierung: Zur Organisation arbeitspolitischer Programme in ausgewählten Großstädten der Bundesrepublik Deutschland, unveröffentl. Ms., München
Esser Josef/Hirsch, Joachim, 1987: Stadtsoziologie und Gesellschaftstheorie. Von der Fordismuskrise zur "postfordistischen" Regional- und Stadtstruktur, in: Prigge, 1987, S. 31-56
Evers, Adalbert, 1987: Und sie bewegt sich doch. Thesen zur Rolle sozialer Bewegungen für Urbanität und Stadtkultur, in: Prigge, 1987, S. 197-208
Evers, Adalbert/Wintersberger Helmut(Hrsg.), 1988: Shifts in the Welfare Mix, Wien
Franz, Peter, 1989: Stadtteilentwicklung von unten, Basel/Boston/Stuttgart
Friedrichs, Jürgen (Hrsg.), 1985: Die Städte in den 80er Jahren, Opladen
Friedrichs, Jürgen et al. (Hrsg.), 1986: Süd-Nord-Gefälle in der Bundesrepublik, Opladen
Friedrichs, Jürgen (Hrsg.), 1988: Soziologische Stadtforschung (Sonderheft der KZfSS), Opladen
Gerhards, Jürgen, 1990: Die Mobilisierung gegen die IWF- und Weltbanktagung in Berlin: Gruppen, Veranstaltungen und Diskurse, in: Roth/Rucht, 1987
Greven, Michael Th., 1988: Zur Kritik der Bewegungswissenschaft, in: Forschungsjournal "Neue soziale Bewegungen", 4, S. 51-60
Grottian, Peter/Nelles Wilfried (Hrsg.) 1983: Großstadt und neue soziale Bewegungen, Basel/Boston/Stuttgart
Häußermann, Hartmut/Siebel, Walter, 1987: Neue Urbanität, Frankfurt
Haller, Max et al. (Hrsg.) 1989: Kultur und Gesellschaft, Frankfurt/New York
Hartwich, Hans-Hermann (Hrsg.), 1989: Macht und Ohnmacht politischer Institutionen, Opladen
Harvey, David, 1987: Flexible Akkumulation durch Urbanisierung: Überlegungen zum "Post-Modernism" in den amerikanischen Städten, in: Prokla 69, S. 109-131
Heider, Frank et al., 1988: "Fast wie im richtigen Leben". Strukturanalyse selbstverwalteter Betriebe in Hessen, Gießen
Heidger, Ralf, 1987: Die Grünen. Basisdemokratie und Parteiorganisation, Berlin
Hesse, Jens Joachim (Hrsg.), 1986: Erneuerung der Politik "von unten"? Stadtpolitik und kommunale Selbstverwaltung im Umbruch, Opladen
Hirsch, Joachim/Roth, Roland, 1986: Das neue Gesicht des Kapitalismus. Vom Fordismus zum Post-Fordismus, Hamburg
Homuth, Karl, 1987: Identität und soziale Ordnung, in: Prokla 68, S. 90-112
Kanitz, Horst, 1988: Das Verhältnis zwischen SPD und GRÜNEN auf kommunaler Ebene in Nordrhein-Westfalen. Ein Erfahrungsbericht, Recklinghausen
Karras, Christa, 1989: Die neue Frauenbewegung im lokalen politischen Kräftefeld, Pfaffenweiler
Kitschelt, Herbert, 1984: Der ökologische Diskurs, Frankfurt/New York
Kitschelt, Herbert, 1988: Left-Libertarian Parties: Explaining Innovation in Competitive Party Systems, in: World Politics, 2, S. 194-234
Kitschelt, Herbert, 1989: The Logics of Party Formation. Ecological Politics in Belgium and West Germany, Ithaca/London
Klemisch, Herbert, 1990: Rotgrüne Bündnisse in NRW, in: Roth/Wollmann, 1990
Klotzsch, Lilian/Stöss, Richard, 1984: Die Grünen, in: Stöss, Richard (Hrsg.): Parteien-Handbuch, Band 2, Opladen, S. 1509-1598
Koopmans, Ruud, 1990: Demokratie von unten. Neue soziale Bewegungen und politisches

System der Bundesrepublik im internationalen Vergleich, in: Roth/Rucht, 1987
Kostede, Norbert (Hrsg.), 1983: Die Zukunft der Stadt, Reinbek
Kostede, Norbert, 1990: Die Grünen im Rathaus. Zehn Jahre "Alternative Kommunalpolitik - Eine Bilanz, in: Roth/Wollmann, 1990
Krämer, Jürgen/Neef Rainer (Hrsg.), 1985: Krise und Konflikte in der Großstadt im entwickelten Kapitalismus. Texte zu einer "New Urban Sociology", Basel/Boston/Stuttgart
Krämer, Jürgen/Neef, Rainer 1989: Stadt und Wohlfahrtsstaat unter Krisenbedingungen. Französische und englische Arbeiten zum Konzept der "Kollektiven Konsumtion" und ihre Relevanz für die Stadtforschung in der Bundesrepublik, unveröffentl. Ms., Göttingen
Krämer-Badoni, Thomas, 1987: Postfordismus und Postmoderne. Ansätze zur Kritik eines kritischen Topos, in: Prigge, 1987, S. 167-175
Krüger, Jürgen/Pankoke, Eckart (Hrsg.), 1985: Kommunale Sozialpolitik, München/Wien
Krummacher, Michael et al., 1985: Regionalentwicklung zwischen Technologieboom und Resteverwertung, Bochum
Krusewitz, Knut et al., 1985: Militarisierung, Friedensarbeit und kommunale Gegenwehr, Frankfurt
Lash, Scott/Urry, John, 1987: The End of Organized Capitalism, Oxford
Leimbrock, Holger/Roloff, Werner, 1987: Städtische Veränderungs- und Umstrukturierungsprozesse und kommunale Planung in Mittelstädten, in: Die alte Stadt, 4, S. 367-392
Lommer, Hubert, 1985: Alternative Wahlbewegung und grüne Kommunalpolitik, in: Pohl et al., 1985, S. 9-16
Lowe, Stuart, 1986: Urban Social Movements. The City after Castells, Basingstoke
Lüscher, Rudolf M./Makropoulos, Michael, 1982: Revolten für eine andere Stadt, in: Ästhetik und Kommunikation 49, S. 113-125
Maier, Friederike, 1988: Beschäftigungspolitik vor Ort. Die Politik der kleinen Schritte, Berlin
Maier, Hans E./Wollmann, Hellmut (Hrsg.), 1986: Lokale Beschäftigungspolitik, Basel/Boston/Stuttgart
Manrique, Matthias, 1989: Marginalisierung und Militanz, Diss., Berlin
Markovits, Andrei S. (Hrsg.), 1982: The Political Economy of West Germany. "Modell Deutschland", New York
Mayer, Margit u.a. (Hrsg.), 1978: Stadtkrise und soziale Bewegungen. Texte zur internationalen Entwicklung, Köln
Mayer, Margit, 1986: Urban Social Movements and Transformation in a Political Restructuring Context, unveröff. Ms.
Mayer, Margit, 1988: The Changing Conditions for Local Politics in the Transition to Post-Fordism, unveröffent. Ms.
Melucci, Alberto et al., 1984: Altri codici. Aree di movimento nella metropoli, Bologna
Meng, Richard (Hrsg.), 1987: Modell Rot-Grün? Auswertung eines Versuchs, Hamburg
Mez, Lutz, 1987: Von den Bürgerinitiativen zu den Grünen, in: Roth/Rucht, 1987, 263-276
Münder, Johannes/Hofmann, Hans-Jürgen, 1987: Sozialpolitische Gestaltung durch die Kommunen. Mythos oder Realität? in: Soziale Welt, 3/1987, S. 365-378
Nowack, Cornelia, 1988: Interessen, Kommunikation und politischer Protest, Frankfurt
Offe, Claus, 1985: Disorganized Capitalism, Oxford
Offe, Claus, 1987: Challenging the Boundaries of Institutional Politics: Social Movements since the 1960s, in: Maier, Charles S. (Hrsg.), Changing Boundaries of the Political, Cambridge, S. 63-105
Offe, Claus, 1988: Reflections on the Institutional Self-Transformation of Movement-Politics, Ms.
Pappi, Franz Urban, 1990: Politische Einstellungen von Anhängern neuer sozialer Bewegungen, in: Roth/Rucht, 1990

Poguntke, Thomas, 1987: The Organization of a Participatory Party - the German Greens, in: EJPR 15, S. 609-633
Pohl, Wolfgang et al. (Hrsg.), 1985: Handbuch für alternative Kommunalpolitik, Bielefeld
Prigge, Walter (Hrsg.), 1987: Die Materialität des Städtischen, Basel/Boston/Stuttgart
Roth, Roland 1987: Kommunikationsstrukturen und Vernetzungen in neuen sozialen Bewegungen, in: Roth/Rucht, 1987, S. 68-88
Roth, Roland, 1988: Regulationstheorie und neue soziale Bewegungen, in: Widerspruch 16, S. 69-83
Roth, Roland, 1989: Fordismus und neue soziale Bewegungen, in: Wasmuht, Ulrike C. (Hrsg.): Alternativen zur alten Politik? Neue soziale Bewegungen in der Diskussion, Darmstadt, S. 13-37
Roth, Roland/Rucht Dieter (Hrsg.), 1987: Neue soziale Bewegungen in der Bundesrepublik Deutschland, Frankfurt/New York
Roth, Roland/Rucht, Dieter (Hrsg), 1990 (erweiterte Neuausgabe - im Erscheinen)
Roth, Roland/Wollmann, Hellmut (Hrsg.), 1990: Grün-alternative Kommunalpolitik in der Bundesrepublik - eine Zwischenbilanz, Basel/Boston/Stuttgart (in Vorbereitung)
Rucht, Dieter, 1980: Von Wyhl nach Gorleben, München
Rucht, Dieter (Hrsg.), 1984: Flughafenkonflikte als Politikum, Frankfurt/New York
Scheuch, Erwin K. et al., 1989: Volkszählung, Volkszählungsprotest und Bürgerverhalten, Stuttgart
Schiller-Dickhut, Reiner et al., 1981: Alternative Stadtpolitik. Grüne, rote und bunte Arbeit in den Rathäusern, Hamburg
Schuster, Franz et al., 1985: Die Grünen in der Kommunalpolitik. Erste Erfahrungen und Konsequenzen, Recklinghausen
Seliger, Berthold, 1988: Die Kommune - Spielacker, Regenerationsfeld oder Nebenschauplatz grüner Politik, in: Die Grünen (Hrsg.): Grüne Perspektiven - Von der Mühsal der Ebenen und der Lust der Höhen, Bonn, S. 198-200
Siegert, Jens et al., 1986: Wenn das Spielbein dem Standbein ein Bein stellt... Zum Verhältnis von Grüner Partei und Bewegung, Kassel
Sosna, Jürgen, 1990: Netzwerk-Selbsthilfe: Eine Idee koordinierender Projektarbeit verändert sich, in: Roth/Rucht, 1990
Steg, Elke/Jesinghaus Inga (Hrsg.), 1987: Die Zukunft der Stadt ist weiblich. Frauenpolitik in der Kommune, Bielefeld
Stöss, Richard, 1987: Parteien und soziale Bewegungen, in: Roth/Rucht, 1987, S. 277-302
Weßels, Bernhard, 1989: Erosion des Wachstumsparadigmas: Neue Konfliktstrukturen im politischen System der Bundesrepublik, Diss., Berlin
Wiesenthal, Helmut, 1988: Die Grünen im Bewegungsherbst, in: Gewerkschaftliche Monatshefte 5/1988, S. 289-299
Wirth, Hans-Jürgen (Hrsg.), 1989: Nach Tschernobyl. Regiert wieder das Vergessen? Frankfurt
Wischermann, Jörg, 1987: Von der Konfrontation zur 'konstruktiven Mitarbeit' - Grüne in Parlamenten, unveröffentl. Ms., Berlin
Zwick, Michael, 1989: Neue soziale Bewegungen in der Bundesrepublik Deutschland. Empirische Analyse einer politischen Subkultur in einer spätkapitalistischen Gesellschaft, Diss. Kiel

Autor

Dr. Roland Roth, FU Berlin, ZI 6, Babelsberger Str. 14-16, 1000 Berlin 31

Rolf G. Heinze/Helmut Voelzkow

Kommunalpolitik und Verbände. Inszenierter Korporatismus auf lokaler und regionaler Ebene?

1. Einführung: Neue Felder der Korporatismus-Forschung

Es ist im Rahmen dieses Beitrages nicht vorgesehen, auf die diversen, z.T. widersprüchlichen Argumentationsstränge einzugehen, die sich um den Korporatismus-Begriff ranken[1]. Wir gehen stattdessen davon aus, daß mit dem Begriff Korporatismus die Einbindung ("Inkorporierung") von organisierten Interessen in Politik und ihre Teilhabe an der Formulierung und Ausführung von politischen Entscheidungen bezeichnet wird. Konkurrierende Begriffsbestimmungen, die noch vor zehn Jahren Anlaß für vielfältige politisch-soziologische Theoriediskussionen boten, sind u.E. gegenüber einer solchen, zugestandenermaßen recht einfachen Definition verblaßt.

Der bisherige Verlauf der Korporatismus-Debatte läßt sich in zwei Phasen unterteilen. In der ersten Phase bezog sich das Augenmerk vornehmlich auf gesamtgesellschaftliche Entwicklungen. Im Mittelpunkt der Analyse standen dabei verschiedene Formen funktionaler Repräsentation und die Aushandlung von Interessen durch Verbände, soweit sie sich auf die gesamtwirtschaftliche Steuerung, die Einkommenspolitik oder auf andere Regelungsmaterien bezogen, bei denen sich in erster Linie Arbeitgeber- und Arbeitnehmerorganisationen sowie der Staat gegenüberstanden. Während dieser ersten Phase dominierten denn auch, dem Gewicht des Untersuchungsgegenstandes entsprechend, die großen theoretischen Entwürfe. "Korporatismus statt Pluralismus" oder "Korporatismus statt Kapitalismus" waren die Schlagworte.

In der zweiten Phase ist die inhaltliche Beschränkung auf die Sozialparteien und den Staat als Verhandlungspartner und volkswirtschaftliche Größen als Verhandlungsparameter aufgegeben worden. Weitere Politikfelder und die in den jeweiligen "policy networks" agierenden Orga-

---

1) Ein Überblick über die Korporatismus-Debatte findet sich in folgenden Sammelbänden: Ulrich von Alemann, 1981; Suzanne Berger, 1981; Manfred Glagow, 1984; Manfred Glagow und Helmut Willke 1987; Gerhard Lehmbruch und Philippe C. Schmitter, 1982; Philippe C. Schmitter und Gerhard Lehmbruch, 1979; Ilja Scholten, 1987; Wolfgang Streeck und Philippe C. Schmitter, 1985; einführend Helmut Voelzkow, 1990 und Peter J. Williamson, 1989.

nisationen wurden auf korporatistische Formen der Interessenvermittlung abgeklopft, wobei sich immer wieder aufs Neue öffentliche Funktionen privater Interessenorganisationen nachweisen ließen; beispielhaft genannt sei der Beitrag organisierter Interessen in den Bereichen der technischen Normung (vgl. z.B. Helmut Voelzkow u.a., 1987), der Berufsbildung (vgl. z.B. Wolfgang Streeck u.a., 1987), der Kulturpolitik (vgl. z.B. Volker Ronge, 1988), der Sozialpolitik (vgl. z.B. Rolf G. Heinze und Thomas Olk, 1984a), der Gesundheitspolitik (vgl. z.B. Helmut Wiesenthal 1981 und die Beiträge in Gerard Gäfgen 1988) oder der Umweltpolitik (vgl. z.B. Peter Knoepfel, 1989).

Darüber hinaus wurden neben der gesamtstaatlichen Ebene weitere vertikale Politikebenen als "korporatismusträchtig" in die Analyse einbezogen. Dabei richtet sich das Augenmerk zum einen auf korporatistische Formen in den einzelnen Wirtschaftsbranchen ("Meso-Korporatismus") und in den Betrieben ("Mikro-Korporatismus"). Von verschiedenen Autoren wird in der aktuellen Diskussion eine Dezentralisierung der arbeits- und industriepolitischen Regulierung und eine damit verbundene Aufwertung der korporatistischen Aushandlungs- und Abstimmungsformen auf der betrieblichen Ebene vermutet (vgl. dazu z.B. Bernd Keller, 1989). Zum anderen werden auch die Bundesländer und Kommunen als Politikebenen unterhalb der gesamtstaatlichen Ebene im Hinblick auf die Teilhabe organisierter Interessen näher untersucht. Vor diesem Hintergrund macht es heute überhaupt Sinn, von einem kommunalen Korporatismus zu sprechen[2].

Auch für die lokale und regionale Ebene ist mittlerweile deutlich geworden, daß mit "Politik" nicht nur die Aktivitäten der Gebietskörperschaften gemeint sein können. Neben den Gebietskörperschaften sind private Verbände, öffentlich-rechtliche Organisationen - wie beispielsweise die Industrie- und Handelskammern und die Handwerkskammern[3] - und wissenschaftliche Einrichtungen beteiligt.

Die lokale Politik wird damit in Ergänzung zu den Gebietskörperschaften durch öffentlich-rechtliche oder private Träger abgewickelt; und im Einzelfall sind diese selbstregulativen Organisationsformen den staatlichen Instanzen in ihrem Steuerungspotential und Durchsetzungsvermögen (bspw. gegenüber den Betrieben) sogar überlegen. Darüber hinaus können die Gebietskörperschaften und die übrigen Akteure einen Verbund

---

2) Zum Begriff des "lokalen Korporatismus" vgl. ausführlich Dietrich Thränhardt, 1981.
3) Zum Sonderstatus der Industrie- und Handelskammern und Handwerkskammern als eine durch staatliche Vorgaben (Zwangsmitgliedschaft, Finanzierungsmodus, Zuständigkeitsdefinition) gestützte Form organisierter Interessenvertretung vgl. Manfred Groser u.a., 1986.

bilden, der den kommunalen Instanzen das Organisationspotential der öffentlich-rechtlichen und privaten Akteure sowie das Forschungspotential der Forschungseinrichtungen erschließt.

Ungeachtet der weitgehenden horizontalen wie vertikalen Ausweitung und Ausdifferenzierung der Analyse ziehen sich aber zwei "rote Fäden" durch die mittlerweile kaum mehr überschaubare Fülle an einzelnen Forschungsergebnissen:

- In der analytisch-deskriptiven Dimension geht es um den mit vielen Details unterfütterten Nachweis, daß Verbände in der Realität eine andere Struktur aufweisen und andere bzw. mehr Funktionen erfüllen als ursprünglich in der Pluralismustheorie angenommen wurde. Organisierte Interessen beschränken sich demnach nicht nur darauf, auf staatliche Entscheidungen und ihren Vollzug durch 'pressure' einzuwirken, sondern sie sind selbst an der Produktion bindender Entscheidungen und ihrer Ausführung beteiligt.

- In der politisch-normativen Dimension wird diese Differenz zwischen der Realität und dem mittlerweile als überholt geltenden Pluralismus-Modell instrumentalisiert und zu der (allerdings umstrittenen) ordnungspolitischen Aussage verlängert, das den wohlfahrtsstaatlichen Demokratien zugeschriebene Menetekel der "Unregierbarkeit" könne durch eine 'geschickte Politik mit den Verbänden', also durch einen korporatistischen Politikmodus überwunden und die Rationalität und Legitimität allgemeinverbindlicher Entscheidungen gesteigert werden (vgl. z.B. Wolfgang Streeck und Philippe C. Schmitter, 1985).

Wir wollen in unserem Beitrag im Hinblick auf beide Dimensionen auf zwei Felder der Kommunalpolitik eingehen, die seit einiger Zeit im Hinblick auf ihre instrumentell-materielle und organisatorisch-institutionelle Ausformung in der politischen und wissenschaftlichen Diskussion sind: Die kommunale Wirtschaftsförderung und die kommunale Arbeitsmarkt- und Sozialpolitik.

Angesichts veränderter Rahmenbedingungen und in Reaktion auf bisherige Defizite sehen sich die Städte und Gemeinden zunehmend dazu veranlaßt, ihr Engagement in den angesprochenen Politikfeldern in instrumentell-materieller Hinsicht auszuweiten. In der kommunalen Sozialpolitik kommt ebenso wie in der kommunalen Wirtschaftsförderung ein breiteres Repertoire von Interventionsformen zum Einsatz. Gerade auf der lokalen Ebene werden dabei die Übergänge zwischen den beiden genannten und weiteren Politikfeldern immer offener. So gibt es beispielsweise zahlreiche Projekte, die sowohl jugend- und sozialpolitische als auch arbeitsmarkt- und beschäftigungspolitische Bezüge aufweisen. In dieser Zusammenführung werden häufig sogar noch weitere Politikfelder eingebunden; zu nennen sind beispielsweise Initiativen wie "Arbeit und Umwelt" oder "Arbeit und Kultur".

Eng mit dieser Ausweitung verbunden, steht in beiden Politikfeldern, auch wenn der Fachbegriff 'Korporatismus' dabei nicht immer aufgerufen wird, eine Neubestimmung des Verhältnisses der Kommune als Gebietskörperschaft und 'gesellschaftlichen' bzw. 'privaten' Interessenträgern auf der Tagesordnung, die sowohl auf die analytisch-deskriptiven als auch auf die politisch-normativen Positionen der Korporatismus-Debatte bezogen werden können. Erste praktische Umsetzungen dieser konzeptionellen Überlegungen sind bereits in der Praxis vorfindbar. Wir behandeln die beiden Politikfelder in den nächsten Abschnitten zunächst getrennt ab, um abschließend auf einige gemeinsame Aspekte einzugehen.

2. Lokaler Korporatismus in der Sozial- und Arbeitsmarktpolitik

In der lokalen Sozialpolitik haben korporatistische Formen der Einbeziehung von gesellschaftlichen Organisationen eine lange Tradition (vgl. z.B. Rolf G. Heinze und Thomas Olk, 1981, oder Adrienne Windhoff-Heritier, 1989). Bereits Ende des 19. Jahrhunderts entstand eine enge Verflechtung zwischen privater und öffentlicher Wohlfahrtspflege. Die Wohlfahrtsverbände, insbesondere die konfessionellen Organisationen, wurden dabei mit ihrem Leistungspotential, vor allem im Hinblick auf die ehrenamtliche Arbeit, immer stärker in die kommunale Sozialpolitik einbezogen. Inzwischen ist die herausragende Stellung der "freien" Träger, z.B. in der Jugendhilfe, im Kindergartenbereich, bei der Altenbetreuung etc., ein charakteristisches Merkmal der Sozial- und Jugendpolitik in der Bundesrepublik Deutschland und auch durch das Bundessozialhilfegesetz und das Jugendwohlfahrtsgesetz formell abgesichert. Die zentrale Bedeutung der Wohlfahrtsverbände ergibt sich nicht nur aus ihren Möglichkeiten, zusätzliche Ressourcen zu mobilisieren, sondern bereits daraus, daß sie bedingt durch historische Vorentscheidungen eine entwickelte Implementationsstruktur und damit verbunden auch detaillierte Sachinformationen bereitstellen.

In den letzten Jahren ist jedoch trotz der über lange Zeit "ausgereiften" Arbeitsteilung Bewegung in die lokale Sozial- und Arbeitsmarktpolitik gekommen. Im Hinblick auf die korporatistische Organisation dieses Politikfeldes sind u.E. dabei zwei Aspekte zentral:

2.1. "Neue Subsidiarität"

Im Zuge der Ausformung und Stabilisierung der symbiotischen Verklammerung der privaten und öffentlicher Träger lokaler Sozialpolitik kam es auch zu einer weitgehenden Angleichung der Organisationsstrukturen. Der Prozeß fortschreitender Bürokratisierung und die Einschränkungen bei den Mitwirkungsmöglichkeiten für die Mitarbeiter und das Klientel führten zu einem Verlust an Flexibilität und Sensibilität gegenüber neuen Problemlagen und -gruppen (vgl. z.b. Rudolph Bauer, 1978, sowie die Beiträge in Wolfgang Gernert u.a., 1986 und Rolf G. Heinze, 1986).

Die vielfältigen Selbsthilfegruppen, Beschäftigungsinitiativen gegen Langzeit- oder Jugendarbeitslosigkeit, soziokulturellen Clubs, Frauenhäuser, autonomen Jugendzentren etc., die in den 70er und 80er Jahren vor allem in den größeren Universitätsstädten wie die Pilze aus dem Boden schossen, zeigen deutlich, daß zahlreiche hilfebedürftige soziale Gruppen kein entsprechendes Angebot finden konnten bzw. vorhandene Angebote wegen ihrer abweichenden Ansprüche nicht annehmen wollten. Als Gegenreaktion zum "Wohlfahrtskartell" der etablierten Organisationen haben sich damit im lokalen Sozialsektor "alternative" Organisationsformen gebildet, die den neuen sozialen Bewegungen zugerechnet werden können (vgl. dazu z.B. Rolf G. Heinze und Thomas Olk, 1984b, und Thomas Olk, 1987), obgleich auch bei vielen dieser Organisationsformen offen ist, ob sie tatsächlich jene sozial benachteiligten Bevölkerungsgruppen erreichen, die zu vertreten sie beanspruchen (vgl. Volker Eichener u.a., 1988). Jedenfalls ist der lokale Raum zu einem Experimentierfeld für verschiedene gesellschaftliche Gruppen geworden. Mit den selbstorganisierten Projekten im Bereich sozialer Dienste und den Stadtteilinitiativen sind in aller Regel auch Forderungen an die Adresse der kommunalen Verwaltung verbunden, die Hilfen zur Unterstützung des an den Tag gelegten Engagements einklagen wollen.

Es wäre aber voreilig zu vermuten, daß derartige Selbsthilfeinstitutionen die Stabilität neokorporatistischer Politik im Sozialbereich ernsthaft bedrohen würden. Die Entstehung dieser Initiativen verdankt sich nämlich oft dem Idealismus einiger besonders aktiver Personen und trotz des raschen Wachstums der Selbsthilfebewegung befinden sich die Projekte "jenseits von Markt und Staat" zumeist in einer ungesicherten Stellung. Um staatliche Unterstützungsleistungen zu erhalten, sucht deshalb ein Teil der selbstinitiierten Projekte Anschluß an die etablierten Wohlfahrtsverbände mit ihren räumlichen, personellen, finanziellen, rechtlichen und politischen Ressourcen. Was vielfach zunächst wie ein Konkurrenzverhältnis aussah, entwickelt sich daher oft in eine Komplementarität, die von staatlicher und kommunaler Seite unter dem Stichwort "Neue Subsidiarität" gezielt gefördert wird (vgl. Rolf G. Heinze u.a., 1988, insb. S. 151ff.; zur Institutionalisierung neuer sozialer Bewegungen im Sozialbereich vgl. die Beiträge in Forschungsjournal Neue Soziale Bewegungen 1989, Heft 3-4). Der Korporatismus im Sozialsektor wird also unter Einbeziehung neuer Akteure reorganisiert und erweist sich als durchaus flexibel gegenüber neuen sozialen Problemlagen und Werthaltungen, die sich u.a. in der größeren Attraktivität nicht so stark bürokratisierter und formalisierter Institutionen manifestieren.

2.2. Kommunale Arbeitsmarktpolitik

Angesichts der sozialpolitischen Probleme, die aus der anhaltend hohen Arbeitslosigkeit erwachsen, und nicht zuletzt auch wegen der hohen Kosten, die infolge des Anstiegs der Zahl von Sozialhilfefällen von den kommunalen Kassen getragen werden müssen, findet die Forderung nach einem verstärktem arbeitsmarktpolitischen Engagement der Kommunen vor allem in den größeren Städten zunehmend Gehör. Die Not macht dabei erfinderisch. Die Reichweite politischer Interventionen wird inzwischen in vielen Städten neu definiert, wozu vor allem die Einführung eines eigenen kommunalen arbeitsmarktpolitischen Instrumentariums gehört (vgl. die Beiträge in Hans E. Maier und Hellmut Wollmann, 1986).

Mit dem gezielten Einsatz der Mittel für Arbeitsbeschaffungsmaßnahmen nach dem Arbeitsförderungsgesetz bietet sich den Kommunen ein Ausweg, wenn freilich auch nur von begrenzter Reichweite. Zum einen lassen sich experimentelle Projekte der kommunalen Sozialpolitik mit Hilfe der Arbeitsbeschaffungsmaßnahmen realisieren. Zum anderen läßt sich mit diesem Instrument der Kostenanstieg für die arbeitssuchenden Sozialhilfeempfänger etwas abbremsen (vgl. Hubert Heinelt, 1989, oder Bernhard Blanke u.a., 1987).

Ergänzend intensivieren die Kommunen auch ihr Engagement in Fragen der beruflichen Aus- und Weiterbildung. Das bisher übliche Nebeneinander der verschiedenen Träger von Weiterbildungsmaßnahmen wird in jüngerer Zeit in zahlreichen Städten und Kreisen problematisiert. Um ein höheres Maß an Transparenz zu schaffen und einen effizienten Einsatz der Ressourcen zu ermöglichen, wird in zahlreichen Städten und Kreisen über die Gründung von Weiterbildungsverbünden nachgedacht. Erste Kooperationsmodelle werden bereits praktiziert. So wurde beispielsweise im nordrhein-westfälischen Kreis Lippe das "Lippische Institut für Fortbildung und Technologie" an der Berufsschule in Detmold aufgebaut. Dieses Institut wird von Industrie- und Handelskammer, Handwerkskammer, Gewerkschaften, Stadt und Kreis sowie von der Berufsschule getragen und bietet u.a. auch Maßnahmen für Arbeitslose. Ein anderes Beispiel stellt der Modellversuch "Produktionstechnische Qualifikationen" (PTQ) des Berufsförderungszentrums Essen dar, dessen wesentliches Ziel darin besteht, für die Montanregionen regionale Weiterbildungsverbünde aufzubauen. Solche neuen Kooperationsformen werden von Seiten der Bundes- und Landesregierungen bei der Vergabe von Mitteln für die technische Ausstattung häufig bevorzugt behandelt, wodurch sich ein weiterer Anreiz zur Zusammenarbeit ergibt (vgl. Helmut Voelzkow, 1989).

Um die Potentiale einer kommunalen Arbeitsmarkt- und Beschäftigungspolitik zu erschließen und die auf verschiedene Verwaltungseinheiten verteilten Ressourcen zusammenzuführen, müssen jedoch zunächst die allzu fragmentierten Organisationsstrukturen (des Sozial- und Jugendamtes, der kommunalen Verwaltung und des zuständigen Arbeitsamtes der Bundesanstalt für Arbeit) aufgebrochen werden. Was für die interne Organisation der Verwaltungseinrichtungen gilt, gilt jedoch mindestens ebenso für die Kooperationsstrukturen mit anderen Handlungsträgern.

Vor allem die von überdurchschnittlich hohen Arbeitslosenraten gezeichneten Städte haben über die verwaltungsinternen Reformen hinaus auch derartige Initiativen ergriffen, die darauf gerichtet sind, die relevanten gesellschaftlichen Akteure für die lokale Arbeitsmarkt- und Beschäftigungspolitik zu gewinnen und zu einem konzertierten Vorgehen zu bewegen. Angesprochen sind dabei neben den zuständigen Einheiten der Kommunalverwaltung und dem Arbeitsamt die Industrie- und Handelskammer und die Handwerkskammer, Gewerkschaften, Arbeitgeberverbände und Berufsverbände. Darüber hinaus werden in einzelnen Fällen auch die kommunalen Eigenbetriebe oder deren Tochtergesellschaften und die Sparkassen einbezogen. Als Maßnahmeträger werden schließlich auch Kirchen, Wohlfahrtsverbände und Bürgerinitiativen beteiligt. Mitunter sind auch Hochschulen, Forschungsinstitute und private Bildungsträger aufgerufen, sich an der "konzertierten Aktion" in der lokalen Arbeitsmarkt- und Beschäftigungspolitik zu beteiligen (vgl. z.B. Stephan von Bandemer u.a., 1990 und Klaus Gretschmann und Klaus Mackscheidt, 1990).

Das Ziel der neuen Moderatorenrolle der Kommune liegt in der Aktivierung und Abstimmung der verschiedenen Maßnahmeträger, um die "Fragmentierung ihrer Problemwahrnehmungen, Handlungslogiken und Handlungsressourcen zu überwinden, sie zu einem 'konzertierten' konzeptionellen und operativen Vorgehen zu bringen und damit auch die Chancen für 'ganzheitliche' Handlungsansätze zu verbessern. Um den politischen und handlungsstrategischen Konsens zu stiften und zusammenzuhalten, sind in einer Reihe von Großstädten die Oberbürgermeister dazu übergegangen, periodisch sogenannte 'Arbeitsmarktkonferenzen' einzuberufen, die maßgebliche Akteure innerhalb und außerhalb der Gemeindeverwaltung ... an einen Tisch zu bringen" (Hellmut Wollmann, 1986, S. 93). Die Kooperation wird in mehr oder weniger formalisierten Formen bis hin zu neuen, speziell für diese Aufgabe zugeschnittenen Einrichtungen abgewickelt (vgl. Susanne Benzler u.a. 1989). Der Korporatismus hält damit auch in der lokalen Arbeitsmarkt- und Beschäftigungspolitik Einzug bzw. bekommt über die traditionelle Mitwirkung der Gewerkschaften und Arbeitgeberverbände in den Selbstverwaltungsgremien der Arbeitsämter hinaus eine neue Qualität.

3. Lokaler Korporatismus am Beispiel der Wirtschaftsförderung

Die seit Mitte der 70er Jahre in der Raumordnungs- und Regionalpolitik geführte Diskussion über die Grenzen der mobilitätsorientierten Strategien regionaler und lokaler Wirtschaftsförderung und die möglichen Vorzüge eines innovations- und qualifikationsorientierten Ansatzes in diesem Politikfeld schlagen mittlerweile auf die Praxis der Kommunalpolitik durch. Hier verschieben sich die Prioritäten von der Ansiedlungskonkurrenz zur "dynamischen" Bestandspflege und zur Förderung von (technologieintensiven) Unternehmensneugründungen (vgl. z.B. Heik Afheldt u.a., 1987; Hans Heuer, 1985). Angesichts des Rückganges der räumlich disponiblen Investitionsmittel der Privatwirtschaft setzt die lokale Wirtschaftsförderung damit, zumindest was ihre konzeptionellen Grundlagen und erste Projekte anbelangt, weniger auf die klassischen Formen der Ansiedlungskonkurrenz als vielmehr auf die Förderung der bereits ansässigen (Klein- und Mittel-) Betriebe und auf Unternehmensneugründungen.

Mit dieser Gewichtsverlagerung steigt der Stellenwert einer "weichen Wirtschaftspolitik", die "nicht auf regulative und/oder finanzielle Interventionen abstellt, sondern mit den Mitteln von Information, Kommunikation, Vermittlung und Koordination versucht, im privaten und öffentlichen Sektor wirtschaftliche Lösungspotentiale für Innovations-, Anpassungs- und Entwicklungsprobleme innerhalb der vorhandenen Wirtschaftsstrukturen zu mobilisieren und solche marktkonformen Lösungen durch flankierende staatliche und kommunale Maßnahmen zu unterstützen" (Franz Lehner u.a., 1987, S. 186). Diese konzeptionelle und instrumentelle Ausrichtung erfordert ein neues Verhältnis von kommunalen Institutionen und den öffentlich-rechtlichen und privaten Organisationen lokaler Politik: "Eine 'weiche' Wirtschaftpolitik' muß alle Akteure einbeziehen, die potentiell an der Lösung von Innovations-, Anpassungs- und Entwicklungsproblemen der ansässigen Unternehmen und Betriebe mitwirken können" (ebd.). Viele Kommunen sehen sich daher veranlaßt, die Aufgaben und Zuständigkeitsbereiche der Wirtschaftsförderung den veränderten Rahmenbedingungen anzupassen und deren Organisation entsprechend zu ändern. Dazu gehört der Aufbau korporatistischer Strukturen.

Für die Entwicklung solcher Strukturen in der lokalen Wirtschaftsförderung spricht vor allem die Überlegung, daß innovations- und qualifikationsbezogene Maßnahmen aufgrund der Heterogenität der betroffenen Interessen und der Komplexität der Materie auf die aktive Beteiligung der lokalen Kollektivakteure ohnehin angewiesen sind. Eine solche Wirtschaftsförderung will schließlich eine technologische Anpassung des Gewerbebestandes, und nicht - wie die traditionelle Wirtschaftsförderung - nur seine quantitative Ausweitung. Sie erhöht damit als "produktionsorientierte Förderpolitik" (Alexander Drexler, 1987, S. 1) den Informations-, Koordinations-, Entscheidungs- und Legitimationsbedarf erheblich. Deshalb sind - so wird auch in den Rathäusern unterstellt - neue Formen der Konzertierung der Verwaltung mit den betroffenen gesellschaftlichen Kräften erforderlich. Modelle einer funktionalen Repräsentation der involvierten Interessen scheinen in besonderer Weise geeignet zu sein, den Steuerungsbedarf in der Wirtschaftsförderung abzudecken. Ausländische Beispiele einer "public-private-partnership", mit deren Hilfe vergleichsweise erfolgreich sogenannte "alte Industrieregionen" erneuert werden, bestärken diese Annahme (vgl. dazu die Beiträge in Joachim Jens Hesse, 1987).

Der "runde Tisch" wird so zu einem wichtigen Instrument lokaler Wirtschaftsförderung. Zahlreiche Beispiele (Dortmund, Siegen, Aachen) zeigen (vgl. Gesellschaft für Wirtschaftsförderung Nordrhein-Westfalen, 1987), daß wegweisende Projekte, beispielsweise die Errichtung von Technologie- und Gründerzentren (vgl. Helmut Voelzkow, 1988), als "konzertierte Aktionen" geplant und realisiert werden. Neben den Gebietskörperschaften sind in solchen Gremien funktionaler Repräsentation zumindest (1) die transferrelevanten regionalen Forschungseinrichtungen (insbesondere der Hochschulen) und (2) die Industrie- und Handelskammer und die Handwerkskammer, mitunter auch die Gewerkschaften, vertreten[4].

3.1. Einbindung regionaler Forschungseinrichtungen

Die mögliche Rolle der Hochschulen als 'Schrittmacher' der Wirtschaftsförderung ist spätestens seit Mitte der 70er Jahre im Gespräch; durch die Finanzierung der hochschuleigenen Transferstellen versucht z.B. das Land Nordrhein-Westfalen, die Hochschulen für diese Aufgabe auszustatten.

---

4) Zu diesem Abschnitt vgl. die Studie von Helmut Voelzkow, 1989, die sich näher mit den nordrhein-westfälischen Infrastrukturen regionaler Technikförderung befaßt und dabei politisch-institutionelle Ansatzpunkte für eine dezentralisierte Regionalpolitik analysiert.

Etliche Defizite der lokalen Wirtschaftsförderung, insbesondere was die informationellen Grundlagen anbelangt, können möglicherweise, so wird erwartet, durch eine Einbindung der Hochschulen in die Formulierung und Umsetzung 'endogener Entwicklungsstrategien' kompensiert werden. Die Hochschulen sollen in diesem Fall die Stadtpolitik durch wissenschaftliche Expertisen und abgestimmte Transferleistungen unterstützen.

Im Hinblick auf die Einbindung der Hochschulen in die Formulierung und Umsetzung von Stadtpolitik sei an dieser Stelle eine Randbemerkung erlaubt, die sich u.E. auf eine noch offene Forschungslücke bezieht.

In Beiträgen, die sich auf systemtheoretische Argumentationsmuster beziehen[5], wird bekanntlich die Dyas von Staat und Gesellschaft bzw. die Trias von Individuen, Interessenorganisationen und Staat verlassen. Stattdessen wird auf die Integrationsprobleme einer funktional differenzierten Gesellschaft abgestellt. Da in diesem Theoriekontext angenommen wird, daß Politik nur ein Teilsystem neben anderen darstellt - und nicht das Zentrum oder die Spitze der Gesellschaft (vgl. Niklas Luhmann, 1981) -, wird als Antwort auf die Frage, über welche Mechanismen so etwas wie "Gesellschaftssteuerung" überhaupt noch möglich ist, auf eine "dezentrale Kontextsteuerung" verwiesen: Innerhalb und zwischen den verschiedenen gesellschaftlichen Teilsystemen (wie Politik, Wirtschaft, Erziehung oder Wissenschaft) bilden sich "binding links", die eine Integration der Teilsysteme herstellen.

Diese "binding-links" erfüllen eben jene Vermittlungsfunktionen, die in der skizzierten Korporatismus-Debatte im Hinblick auf die organisierten Interessen thematisiert wurden, nur daß in dieser Perspektive nicht die partikularen Forderungen einzelner Interessengruppen und staatliche bzw. gesamtgesellschaftliche Anforderungen über die intermediären Instanzen vermittelt werden, sondern die Teilsysteme einer funktional ausdifferenzierten Gesellschaft im Hinblick auf ihre Leistungen und Funktionen abgestimmt werden.

In einer solchen Sicht ließen sich möglicherweise die Transferstellen der Hochschulen als Vermittlungsagenturen interpretieren, die den nach eigenen Kriterien ablaufenden Forschungsprozeß an die Nachfragestrukturen der potentiellen Wissensanwender, beispielsweise im Teilsystem Wirtschaft, ankoppeln. Die hochschuleigenen Transferstellen wären demnach eine Art System-Schnittstelle zwischen Wissenschaft und Wirtschaft, die man - ebenso wie Interessenorganisationen - als "intermediäre Instanzen" analysieren kann. Aus der Sicht des Staates sollen die Transferstellen den

---

5) Vgl. dazu z.B. die Beiträge von Gunther Teubner, 1979, Gunther Teubner und Helmut Willke, 1984, oder Helmut Willke, 1983; kritisch dazu Claus Offe, 1984, Renate Mayntz, 1987, bes. S. 104 ff. sowie Franz Traxler und Georg Vobruba, 1987.

'Output' des Wissenschaftssystems zugunsten der Wirtschaft erhöhen. Sie stellen damit eine 'sanfte Form' der Finalisierung von Wissenschaft dar; dies gilt zumindest dann, wenn ihnen nicht nur die Aufgabe zugeschrieben wird, ohnehin produziertes Wissen in andere gesellschaftliche Teilsysteme zu transportieren, sondern auch umgekehrt, Forschungs- und Entwicklungsbedarf in das Wissenschaftssystem einzuspeisen.

3.2. Einbindung der Kammern und Gewerkschaften

Die Industrie- und Handelskammern, die Handwerkskammern und die Gewerkschaften werden als Interessenorganisationen der regional ansässigen Betriebe und deren Arbeitnehmer an der korporatistisch strukturierten Wirtschaftsförderung beteiligt. Drei Gründe machen diese "Inkorporierung" nachvollziehbar:

- Erstens können sie sich bei Nicht-Berücksichtigung als Widersacher der öffentlichen Politik erweisen und dadurch das Anforderungsniveau an die Interventionskapazitäten der öffentlichen Institutionen erhöhen.

- Zweitens bietet ihre Einbeziehung die Chance, daß sie als Vollzugsträger öffentlicher Politik fungieren und dadurch das Anforderungsniveau an das Handlungspotential der staatlichen Institutionen herabsetzen. In der Erwartung, daß sich durch eine Inkorporierung der organisierten Interessen eine Reduktion des Anforderungsniveaus erreichen ließe, halten viele Kommunen ihre Beteiligung für unverzichtbar.

- Darüber hinaus verfügen die genannten Organisationen durch ihren unmittelbaren Kontakt zu den Betrieben über eine genaue Kenntnis der betrieblichen und regionalen Engpässe. Ihr Beitrag zur Verortung des regionalspezifischen Handlungsbedarfs in der Wirtschaftsförderung wird von daher als besonders wichtig eingeschätzt.

Die Kammern und Gewerkschaften lassen sich in theoretischer Hinsicht freilich ebenfalls als solche "binding links" analysieren, die eine Brücke zwischen der Wirtschaft und der Politik schlagen. Gleichzeitig wird auch der Stellenwert der aufgegriffenen Gremien deutlich: Vertreter verschiedener Teilsysteme treffen hier aufeinander, um bestimmten Integrationserfordernissen Rechnung zu tragen, denen die einbezogenen Organisationen allein und ohne Abstimmung mit den anderen nicht genügen können.

Die genannten Organisationen bilden in verschiedenen Städten und Regionen neue Kooperationsformen, die durchaus mit dem Begriff eines Gremiums funktionaler Repräsentation belegt werden können. Mitunter können solche Gremien auch als ein funktionales Äquivalent für die von den Gewerkschaften seit langem geforderten Wirtschafts- und Sozialräte angesehen werden; allerdings arbeiten sie zumeist weitgehend "informell" und sind nicht an starre Gesetze oder andere Vorgaben gebunden. Sie sind eine Form der Organisation und Koordination lokaler Wirtschaftsförderung, die weder als Teil der Gebietskörperschaften noch als eine Interessenorganisation im engeren, partikularen Sinne angesehen werden kann. Vielmehr agieren in diesen parakonstitutionellen Gremien verschiedene Interessen für einen gewissen Zeitraum, um ihre divergierenden Positionen anzugleichen, um konsensfähige Handlungsstrategien zu entwerfen und zu verabschieden und um die Implementation der formulierten Regionalprogramme in die Wege zu leiten und zu kontrollieren.

Gegenüber dem status quo versprechen sich die Politik- und Verwaltungsspitzen durch die Zusammenführung der aufgeführten Regionalakteure in einem Gremium funktionaler Repräsentation in mehrfacher Hinsicht Vorteile:
* Zugewinn an Partizipation der relevanten Kräfte und Interessen;
* Zusammenführung von Ressourcen und Detailinformationen;
* bessere Konzertierung und Abstimmung der einzelnen Maßnahmen;
* dadurch höhere Effektivität und Effizienz (Bündelungseffekte);
* verbesserte Transparenz;
* erhöhte Legitimation der einzelnen Maßnahmen;
* Einbindung der beteiligten Akteure in konsensfähige gemeinsame Perspektiven.

Damit steht mittlerweile auch der lokalen und regionalen Wirtschaftsförderung der 'Politiktypus' prozeduraler Steuerung offen, "der darauf angelegt ist, die Variationsmöglichkeiten staatlichen Handelns durch die Einführung von Verbundsystemen im Entscheidungsprozeß zu erweitern" (Claus Offe, 1975, S. 35; vgl. zur Debatte über politische Steuerung auch Renate Mayntz, 1987).

4. Möglichkeiten und Grenzen des "inszenierten Korporatismus" - illustriert am Beispiel Nordrhein-Westfalen

Auf den ersten Blick spricht vieles dafür, daß derzeit so etwas wie eine "Erneuerung der Politik von unten" (vgl. die Beiträge in Joachim Jens Hesse, 1986) versucht wird. Die in vielen Kommunen in den beiden angesprochenen Politikfeldern zu beobachtenden Aktivitäten bestätigen diesen Eindruck. Bei der Analyse von neuen korporatistischen Formen in der Kommunalpolitik darf jedoch nicht übersehen werden, daß die Kooperation vielfach von übergeordneten Ebenen (Land, Bund, EG) vorstrukturiert wird.

So wird dieser Politikmodus beispielsweise von der nordrhein-westfälischen Landesregierung gezielt gefördert. Am Beispiel der "Zukunftsinitiative Montanregionen" (ZIM) wird der Versuch, die lokalen und regionalen Akteure für eine konzertierte Aktion zur Förderung des Strukturwandels zu mobilisieren, besonders deutlich (vgl. z.B. Reimut Jochimsen, 1990). Dieses Programm zielte auf eine prozedurale Steuerung für eine möglichst regional angepaßte Verwendung der von ihr bereitgestellten öffentlichen Mittel. Die Zukunftsinitiative Montanregionen "puts emphasis on the 'software' of regional structural change. So ZIM is not meant to be or understood as a new programme but as an attempt to improve the cooperation between state authorities and regional and lokal target groups in both the public and the private sector. So the government takes up the role of moderator, mediator or catalyst to promote the region's 'endogenous potential' and to overcome obvious problems where the implementation of specific policies and programmes is concerned" (Joachim Jens Hesse, 1987, S. 558).

Die Landesregierung stellte in der ZIM das Geld grundsätzlich nur dann zur Verfügung, wenn auf der regionalen bzw örtlichen Ebene[6] in einem Dialog der verschiedenen Akteure Einigung darüber erzielt worden war, was mit dem Geld gemacht werden sollte, wobei insbesondere jene Regionen profitierten, die auf der Grundlage einer Analyse der regionalen Schwächen und Stärken ein plausibles Entwicklungskonzept vorlegen konnten. Das regionalpolitische Konzept der Zukunftsinitiative Montanregionen zielte auf die "systematische und bewußte Einbeziehung der Entscheidungs- und Handlungsträger in den einzelnen Regionen... Alle wirtschaftlich relevanten Akteure sowie diejenigen, die am Arbeitsmarkt Verantwortung tragen, waren aufgefordert, Projekte zu entwickeln, die vom Konsens aller getragen wurden. Die Politikform äußerte sich also hier in der Figur einer 'intendierten Kooperation'" (Ernst Gerlach und Klaus Theo Schröder, 1990, S. 7).

Im Jahr 1989 wurde diese 'Politikform' mit der "Zukunftsinitiative Nordrhein-Westfalen" auf das gesamte Bundesland ausgedehnt. Seither werden von den verschiedenen Regionalakteuren konkrete Projekte vorbereitet, die dann in sogenannten "Regionalkonferenzen" diskutiert und in eine mehrheitsfähige Prioritätenliste eingereiht werden. Die Landesregierung setzt mit diesem Verfahren nach eigenem Bekunden auf eine konsequente Regionalisierung der Regionalpolitik. Das Land will damit "den Diskurs

---

[6] Charakteristisch ist nicht nur für die Zukunftsinitiative Montanregionen, daß korporatistische Verbundsysteme aufgrund des konkreten Problembezugs zumeist "zwischen" den vorgegebenen und "eigentlich zuständigen" staatlichen und kommunalen Entscheidungsebenen angesiedelt sind, was einerseits eine höhere Effektivität verspricht, andererseits in legitimatorischer Hinsicht Probleme aufwirft, auf die wir noch zurückkommen.

über die Ziele des technologischen Wandels und die Diversifikation der nordrhein-westfälischen Wirtschaft befördern, ohne als Gouvernante aufzutreten. Es verläßt bewußt die klassische, konventionelle Rolle des Hoheitlichen und übernimmt die Rolle des Moderators, des Partners" (Reimut Jochimsen, 1988, S. 5).

Aber auch in der lokalen Arbeitsmarkt- und Sozialpolitik werden die neuen Formen der Verflechtung von privaten und kommunalen Organisationspotentialen vorangetrieben durch zentralstaatliche oder europäische Strukturvorgaben. So fordern beispielsweise die Vergabemodalitäten der Europäischen Strukturfonds, also auch des Sozialfonds, neuerdings eine enge Kooperation der verschiedenen lokalen und regionalen Akteure (vgl. z.B. Ernst Gerlach und Klaus Theo Schröder, 1990, und Rolf G. Heinze und Helmut Voelzkow, 1990).

Dies führt uns zu einer Hypothese, mit der wir unseren Beitrag abschließen wollen: Die vorfindbaren Varianten des "lokalen und regionalen Korporatismus" wären in dieser Sicht zumindest teilweise das Ergebnis politischer Konzepte, die das Handlungs- und Kreativitätspotential der regionalen und lokalen Akteure erhöhen und zu einer Intensivierung der Kommunikation und Kooperation "vor Ort" anstiften sollen. Eine "von oben" vorgegebene Politik der dezentralen Entwicklung "von unten" hätte demnach neue Kooperationsformen in der Kommunalpolitik erzeugt bzw. stabilisiert. Die vertikale Einbindung legt die Vermutung nahe, daß es sich zumindest in Teilbereichen des lokalen oder regionalen Korporatismus um einen solchermaßen "inszenierten Korporatismus" handelt, der in den 80er Jahren in der politischen Praxis an Bedeutung gewonnen hat und auch zukünftig aktuell bleiben dürfte.

Eine lohnenswerte Aufgabe bestünde darin, die Möglichkeiten, Grenzen und Risiken von solchen Konzepten näher auszuloten. Sowohl in analytisch-deskriptiver als auch in politisch-normativer Hinsicht würden sich aller Voraussicht nach interessante Befunde ergeben.

Für den "inszenierten Korporatismus" spricht möglicherweise die "Logik der zweitbesten Lösung". Im "etatistischen" Alleingang sind weder zentralstaatliche noch kommunale Institutionen imstande, eine den regionalen Gegebenheiten angepaßte, differenzierte und zugleich umfassend angelegte Politik zu formulieren und umzusetzen. Solange die Politikfragmentierung und Kompetenzzersplitterung die allseits gewünschte "ganzheitliche Problembearbeitung" nicht ermöglichen, scheint eine Verbesserung der Situation nur über eine wirksame Kooperation der verschiedenen lokalen und regionalen Handlungsträger erreichbar zu sein. Besonders augenfällig wird dies in den sogenannten "alten Industrieregionen", die im besonderen Maße auf effektive Maßnahmen angewiesen sind. Die in einer vergleichenden Perspektive näher untersuchten Regionen Pittburgh (USA), West Midlands (Großbritannien), Nord-Pas-de-Calais (Frankreich) und Ruhrgebiet zeigen eindrücklich (vgl. die Beiträge in Joachim Jens Hesse, 1987), daß eine sachlich und instrumentell abgestimmte Politik lokaler bzw. regionaler Erneuerung "auch einer Abstimmung zwischen den einzelnen, meist autonomen Trägern der regionalen Wirtschaftspolitik bedarf, um mögliche synergetische Potentiale auszuschöpfen" (Joachim Jens Hesse und Andreas Schlieper, 1987, S. 592). Bei der "Erneuerung alter Industrieregionen" kommt der Zusammenarbeit zwischen den relevanten Akteuren, vor allem auch auf der lokalen und regionalen Ebene, eine eher noch weiter zunehmende Bedeutung zu.

Des weiteren kann sich der "inszenierte Korporatismus" möglicherweise zugute halten, daß sich die Artikulations- und Durchsetzungschancen der vergleichsweise wenig organisations- und konfliktfähigen Interessen mit diesem Konzept des "inszenierten Korporatismus" erhöhen lassen. Sofern die im vertikalen Gefüge übergeordneten Institutionen die Vergabe von Fördermitteln an einen vorausgegangenen Diskurs und Konsens auf der regionalen oder lokalen Ebene binden, dann gewinnen möglicherweise jene Interessengruppen, die bislang weitgehend ignoriert wurden, über das Beteiligungsgebot eine bessere Position. So ist z.B. denkbar, daß der Stellenwert der gewerkschaftlichen Interessenvertretung in der regionalen Strukturpolitik oder in der lokalen Wirtschaftsförderung durch Programme - wie beispielsweise die Zukunftsinitiative Montanregionen oder der Europäischen Regionalpolitik nach der Reform der Strukturfonds (vgl. dazu die diesbezügliche Argumentation von Hans Gabriel und Waltraud Menzel, 1989) - aufgewertet wird.

Andererseits sind auch die Grenzen, Selektivitäten und Instabilitäten des staatlich gestützten Korporatismus näher zu untersuchen. So kann nicht ohne weiteres ausgeschlossen werden, daß die Politik des "inszenierten Korporatismus" nur einer geschickten Entlastungsstrategie der zentralen Ebenen (Land, Bund, EG) gleichkommt, die dort nicht lösbare Konflikte auf die lokale oder regionale Ebene zu verschieben sucht, wobei offen ist, ob damit Regelungsmaterien Schultern aufgebürdet werden, die diesem Druck (ebenfalls) nicht hinreichend gewachsen sind.

Damit ist folglich auch noch ungeklärt, ob die über einen "inszenierten Korporatismus" erzeugte Kooperation von kommunalen Instanzen und gesellschaftlichen Akteuren im Vergleich zu anderen Politikvarianten immer die "besseren Lösungen" gewährleistet. Im Einzelfall ist offen, ob die erwarteten Synergieeffekte abgestimmten Vorgehens tatsächlich zustandekommen. Bezogen auf die "Zukunftsinitiative Nordrhein-Westfalen" wäre in diesem Zusamenhang beispielsweise näher zu prüfen, ob in den Regionalkonferenzen tatsächlich ein Konsens über ein der jeweiligen regionalspezifischen Situation angemessenes Förderprogramm erreicht wird oder ob die verabschiedeten Projektvorhaben nur eine Auflistung darstellen, deren zusammenhanglose Reihenfolge die Machtpotentiale der organisierten Interessen und nicht den Handlungsbedarf der Region widerspiegeln.

Sofern aber das in den Landesprogrammen angelegte Konsensprinzip tatsächlich greifen und nur einvernehmliche Projekte aus den Regionalkonferenzen heraus an die Landesregierung übermittelt werden sollten, müßte der Vorwurf erhoben werden, daß das Korporatismus-Modell einem Ausschlußmodell gleichkommt. Wenn der "inszenierte Korporatismus" nur konsensfähige Projekte hervorbringen sollte, ginge dies zulasten des politischen Innovationspotentials.

Im Hinblick auf die Stabilität ist offen, ob die feststellbaren Ausprägungen des lokalen und regionalen Korporatismus Bestand haben, wenn die Strukturvorgaben "von oben", d.h. vor allem die "Prämien" für die Kooperation in Form von Finanzzuweisungen, wegfallen. Korporatistische Aushandlungs- und Abstimmungsgremien sind ausgesprochen instabile und zeitlich nur begrenzt wirksame Arrangements. Grundsätzlich können alle einbezogenen Organisationen jederzeit von "voice" auf "exit" (Albert O. Hirschmann 1974) umschalten und die Handlungsalternative des Austritts bzw. der Kooperationsverweigerung wählen. Die Etablierung und Stabilisierung von Gremien funktionaler Repräsentation sind daher an die überaus prekäre Voraussetzung gebunden, daß alle korporativen Akteure bei der Abwägung ihrer Handlungsoptionen jeweils einzeln und immer wieder aufs Neue zu dem Ergebnis kommen, daß für sie die Beteiligung an den mehr oder weniger formalisierten Formen korporatistischer Politik im Vergleich zu allen anderen Wegen der Interessenpolitik die günstigere Variante darstellt.

Des weiteren ist ungeklärt, ob eine Politik der "goldenen Zügel", die korporatistische Strukturen honoriert, nicht Widerstände auf der dezentralen Ebene erzeugt, die das gesamte Konzept in Frage stellen. Bei der Ausweitung des prozeduralen Politikmusters der "Zukunftsinitiative Montanregionen" auf das gesamte Land Nordrhein-Westfalen sind zumindest in einigen Regierungsbezirken und Kommunen Vorbehalte gegen diesen "Zwang zum Konsens" formuliert worden, die nunmehr auch von der Opposition aufgegriffen werden. Die Kritik an der von der Landesregierung gewählten Verfahrenskette in der regionalen Strukturpolitik bezieht sich dabei zunehmend auf eine Schwachstelle, die letztlich alle korporatistischen Strukturen - trotz ihrer pragmatischen Vorteilhaftigkeit im Einzelfall - kennzeichnet: Es mangelt an einem soliden demokratietheoretischen Fundament. Der "inszenierte Korporatismus" hat von daher seine spezifischen Legitimationsprobleme und Grenzen.

Literatur

Afheldt, Heik/Siebel, Walter/Sieverts, T. (Hrsg.), 1987: Gewerbeentwicklung und Gewerbepolitik in der Großstadtregion. Schriftenreihe der Robert-Bosch-Stiftung, Beiträge zur Stadtforschung 4, Gerlingen.

Alemann, Ulrich von (Hrsg.), 1981: Neokorporatismus, Frankfurt/New York.

Bandemer, Stephan von/Hilbert, Josef/Stöbe, Sybille, 1990: Lokale Arbeitsmarktpolitik - Stochern im Nebel oder Steinbruch für Ideen arbeitsmarkt- und beschäftigungspolitischer Innovationen? In: Breitkopf, Helmut/Wohlfahrt, Norbert (Hrsg.): Sozialpolitik jenseits von Markt und Staat? Bielefeld, S. 163-187.

Bauer, Rudolph, 1978: Wohlfahrtsverbände in der Bundesrepublik, Weinheim/Basel.

Berger, Suzanne (Hrsg.), 1981: Organizing Interests in Western Europe. Pluralism, Corporatism and the Transformation of Politics, Cambridge.

Blanke, Bernhard/Heinelt, Hubert/Macke, Carl-Wilhelm, 1987: Großstadt und Arbeitslosigkeit, Opladen.

Benzler, Susanne/Blanke, Bernhard/Heinelt, Hubert, 1989: Arbeitslosigkeit im Kreislauf der Politik. Zur Erklärung unterschiedlicher Aktivitäten gegen Arbeitslosigkeit auf lokaler Ebene, in: Gegenwartskunde 4/1989, S. 529-560.

Drexler, Alexander, 1987: Institutionelle Aspekte lokaler Technikförderung, unveröffentl. Ms, Konstanz.

Eichener, Volker/Humke, Andrea/Kahlert, Sylvia, 1988: Arbeitslosigkeit und Infrastruktur (ILS-Schriften Band 28), Dortmund.

Forschungsjournal Neue Soziale Bewegungen, 1989: Themenheft "Institutionalisierungstendenzen der Neuen Sozialen Bewegungen", 3-4/1989.

Gabriel, Hans/Menzel, Waltraud, 1989: Neuordnung der EG-Strukturfonds - Anstöße, Probleme und Chancen für die Regionalpolitik. In: WSI-Mitteilungen, 10/1989, S. 584-595.

Gäfgen, Gerard (Hrsg.), 1988: Neokorporatismus im Gesundheitswesen, Baden-Baden.

Gerlach, Ernst/Schröder, Klaus Theo, 1990: Risiko oder Chance? Die nationalen Arbeitsmärkte auf dem Weg nach Europa, in: Alemann, Ulrich von/Heinze, Rolf G./Hombach, Bodo (Hrsg.): Die Kraft der Region. Nordrhein-Westfalen in Europa, Bonn, S. 437-451.

Gernert, Wolfgang/Heinze, Rolf G./Koch, Franz/Olk, Thomas/Thränhardt, Dietrich (Hrsg.), 1986: Wohlfahrtsverbände zwischen Selbsthilfe und Sozialstaat, Freiburg.

Gesellschaft für Wirtschaftsförderung Nordrhein-Westfalen, 1987: Lokale Kooperationen in der Wirtschafts- und Innovationsförderung in Nordrhein-Westfalen. Berichte, Analysen, Meinungen, Thema: Wirtschaftsförderung, Düsseldorf.

Glagow, Manfred (Hrsg.), 1984: Gesellschaftssteuerung zwischen Korporatismus und Subsidiarität, Bielefeld.

Glagow, Manfred/Willke, Helmut (Hrsg.), 1987: Dezentrale Gesellschaftssteuerung. Probleme der Integration polyzentrischer Gesellschaft, Pfaffenweiler.

Gretschmann, Klaus/Mackscheidt, Klaus, 1990: Beschäftigungsselbsthilfe bei Jugendlichen. Eine ökonomische und finanzwissenschaftliche Wirkungsanalyse, Baden-Baden.

Groser, Manfred/Hilbert, Josef/Voelzkow, Helmut, 1986: Die Organisation von Wirtschaftsinteressen im Kammersystem der Bundesrepublik Deutschland, in: Materialien zur sozialwissenschaftlichen Planungs- und Entscheidungstheorie (hrsg. von Manfred Glagow u.a.), Universität Bielefeld.

Heinelt, Hubert, 1989: Chancen und Bedingungen arbeitsmarktpolitischer Regulierungen am Beispiel ausgewählter Arbeitsamtsbezirke, in: MittAB, 2/1989, S. 294-311.

Heinze, Rolf G. (Hrsg.), 1986: Neue Subsidiarität. Leitidee für eine zukünftige Sozialpolitik? Opladen.

Heinze, Rolf G./Olk, Thomas, 1981: Die Wohlfahrtsverbände im System sozialer Dienstleistungsproduktion, in: Kölner Zeitschrift für Soziologie und Sozialpsychologie, 1/1989, S. 94-114.

Heinze, Rolf G./Olk, Thomas, 1984a: Sozialpolitische Steuerung. Von der Subsidiarität zum Korporatismus, in: Glagow, Manfred (Hrsg.), 1984, S. 162-194.

Heinze, Rolf G./Olk, Thomas, 1984b: Rückzug des Staates - Aufwertung der Wohlfahrtsverbände? Verbandliche Wohlfahrtspflege und "neue Subsidiarität", in: Bauer, Rudolph/Dießenbacher, Hartmut (Hrsg.),: Organisierte Nächstenliebe. Wohlfahrtsverbände und Selbsthilfe in der Krise des Sozialstaats, Opladen, S. 173-187.

Heinze, Rolf G./Olk, Thomas/Hilbert, Josef, 1988: Der neue Sozialstaat. Analyse und Reformperspektiven, Freiburg.

Heinze, Rolf G./Voelzkow, Helmut, 1990: Subsidiarität und EG-Binnenmarktintegration - Konzeptionelle Überlegungen zur europäischen Regionalpolitik, in: Alemann, Urich von/Heinze, Rolf G./Hombach, Bodo (Hrsg.): Die Kraft der Region: Nordrhein-Westfalen in Europa, Bonn, S. 252-268.

Hesse, Joachim Jens (Hrsg.), 1986: Erneuerung der Politik "von unten"? Stadtpolitik und kommunale Selbstverwaltung im Umbruch, Opladen.

Hesse, Joachim Jens, 1987: The Ruhr Area. Politics and Policies of Revitalization, in: Joachim Jens Hesse (Hrsg.) 1987, S. 543-573.

Hesse, Joachim Jens (Hrsg.), 1987: Die Erneuerung alter Industrieregionen. Ökonomischer Strukturwandel und Regionalpolitik im internationalen Vergleich, Baden-Baden.

Hesse, Joachim Jens/Schlieper, Andreas, 1987: Ökonomischer Strukturwandel und Regionalpolitik im internationalen Vergleich, in: Joachim Jens Hesse (Hrsg.), 1987, S. 577-598.

Heuer, Hans, 1975: Instrumente kommunaler Gewerbepolitik. Ergebnisse empirischer Erhebungen (Schriften des DIFU, Bd. 73), Stuttgart/Berlin/Köln/Mainz.

Hirschmann, Albert O., 1974: Abwanderung und Widerspruch, Tübingen.

Hucke, Jochen/Wollmann, Hellmut (Hrsg.), 1989: Dezentrale Technologiepolitik? Technikförderung durch Bundesländer und Kommunen, Basel.

Jochimsen, Reimut, 1988: Geleitwort, in: Minister für Wirtschaft, Mittelstand und Technologie des Landes Nordrhein-Westfalen (Hrsg.): Technologieland NRW. 3 Jahre ZENIT, Düsseldorf, S. 5-6.

Jochimsen, Reimut, 1990: Die wirtschaftliche Zukunft des Landes Nordrhein-Westfalen im Europa der Zukunft, in: Alemann, Ulrich von/Heinze, Rolf G./Hombach, Bodo (Hrsg.): Die Kraft der Region. Nordrhein-Westfalen in Europa, Bonn S. 269-280.

Keller, Bernd, 1989: "Krise" der institutionellen Interessenvermittlung und Zukunft der Arbeitsbeziehungen: Flexibilisierung, Deregulierung, Mikrokorporatismus, in: Hans-Hermann Hartwich (Hrsg.): Macht und Ohnmacht politischer Institutionen, Opladen, S. 134-157.

Knoepfel, Peter, 1989: Wenn drei dasselbe tun..., ist es nicht dasselbe. Unterschiede in der Interessenvermittlung in drei Sektoren der Umweltpolitik (Industrie/Gewerbe, Landwirtschaft und staatliche Infrastrukturpolitiken). Ein Beitrag zur Diskussion zum Neokorporatismus, in: Hartwich, Hans-Hermann (Hrsg.): Macht und Ohnmacht politischer Institutionen, Opladen, S. 177-209.

Lehner, Franz/Geile, Birgit/Nordhause-Janz, Jürgen, 1987: Wirtschaftsförderung als kommunale Aufgabe, in: Andersen, Uwe (Hrsg.): Kommunale Selbstverwaltung und Kommunalpolitik in Nordrhein-Westfalen, Köln/Stuttgart/Berlin/Mainz, S. 175-187.

Lehmbruch, Gerhard/Schmitter, Philippe C. (Hrsg.), 1982: Patterns of Corporatist Policy-Making, Beverly Hills/London.

Luhmann, Niklas, 1981: Politische Theorie im Wohlfahrtsstaat, München.
Maier, Hans E./Wollmann, Hellmut (Hrsg.), 1986: Lokale Beschäftigungspolitik, Basel/Boston/Stuttgart.
Mayntz, Renate, 1987: Politische Steuerung und gesellschaftliche Steuerungsprobleme - Anmerkungen zu einem theoretischen Paradigma, in: Ellwein, Thomas/Hesse, Joachim Jens/Mayntz, Renate/Scharpf, Fritz W. (Hrsg.): Jahrbuch zur Staats- und Verwaltungswissenschaft, Bd. 1, Baden-Baden, S. 89-110.
Offe, Claus, 1975: Berufsbildungsreform. Eine Fallstudie über Reformpolitik, Frankfurt a.M.
Offe, Claus, 1984: Korporatismus als System nicht-staatlicher Makrosteuerung. Notizen über seine Voraussetzungen und demokratietheoretischen Gehalte, in: Puhle, Hans-Jürgen (Hrsg.): Kapitalismus, Korporatismus, Keynesianismus (Geschichte und Gesellschaft), 2/1984, Göttingen, S. 234-256.
Olk, Thomas, 1987: Zwischen Verbandsmacht und Selbstorganisation, in: Boll, Fritz/Olk, Thomas (Hrsg.): Selbsthilfe und Wohlfahrtsverbände, Freiburg, S. 144-174.
Ronge, Volker, 1988: Theorie und Empirie des "Dritten Sektors", in: Ellwein, Thomas/Hesse, Joachim Jens/Mayntz, Renate/Scharpf, Fritz W. (Hrsg.): Jahrbuch zur Staats- und Verwaltungswissenschaft, Bd. 2, Baden-Baden, S. 113-148.
Schmitter, Philippe C./Lehmbruch, Gerhard (Hrsg.), 1979: Trends Toward Corporatist Intermediation, Beverly Hills/London.
Scholten, Ilja (Hrsg.), 1987: Political Stability and Neo-Corporatism, London/Beverly Hills/Newbury Park/New Delhi.
Streeck, Wolfgang/Hilbert, Josef/Maier, Friederike/Van Kevelaer, Karl-Heinz/Weber, Hajo, 1987: Die Rolle der Sozialpartner in der Berufsausbildung und beruflichen Weiterbildung. Bundesrepublik Deutschland, Berlin.
Streeck, Wolfgang/Schmitter, Philippe C., 1985: Gemeinschaft, Markt und Staat - und die Verbände? Der mögliche Beitrag von Interessenregierungen zur sozialen Ordnung, in: Journal für Sozialforschung, 2/1985, S. 133-156.
Streeck, Wolfgang/Schmitter, Philippe C. (Hrsg.), 1985: Private Interest Government. Beyond Market and State, London/Beverly Hills/New Delhi.
Teubner, Gunther, 1979: Neo-korporatistische Strategien rechtlicher Organisationssteuerung: Staatliche Strukturvorgaben für die gesellschaftliche Verarbeitung politischer Konflikte, in: Zeitschrift für Parlamentsfragen, 4/1979, S. 487-502.
Teubner, Gunther/Willke, Helmut, 1984: Kontext und Autonomie. Gesellschaftliche Selbststeuerung durch reflexives Recht (EUI-Working-Paper No. 97), Florence.
Thränhardt, Dietrich, 1981: Kommunaler Korporatismus. Deutsche Traditionen und moderne Tendenzen, in: Ders./Uppendahl, Herbert (Hrsg.): Alternativen lokaler Demokratie, Königstein/Ts., S. 5-33.
Traxler, Franz/Vobruba, Georg, 1987: Selbststeuerung als funktionales Äquivalent zum Recht? Zur Steuerungskapazität von neokorporatistischen Arrangements und reflexivem Recht, in: Zeitschrift für Soziologie, 1/1987, S. 3-15.
Voelzkow, Helmut, 1988: Gründer- und Technologiezentren in Nordrhein-Westfalen (Arbeitspapiere des Lukacs-Instituts für Sozialwissenschaften e.V., Nr. 12, Universität - GHS - Paderborn), Paderborn.
Voelzkow, Helmut, 1989: Mehr Technik in die Region. Eine politisch-soziologische Untersuchung der Infrastrukturen zur regionalen Technikförderung in Nordrhein-Westfalen, Diss. Paderborn (im Erscheinen, Opladen 1990).
Voelzkow, Helmut, 1990: Neokorporatismus, in: Holtmann, Everhard (Hrsg.): Politik-Lexikon, Göttingen (in Vorbereitung).
Voelzkow, Helmut/Hilbert, Josef/Heinze, Rolf G., 1987: "Regierung durch Verbände" - am Beispiel der umweltschutzbezogenen Techniksteuerung, in: PVS, 1/1987, S. 80-100.
Wiesenthal, Helmut, 1981: Die Konzertierte Aktion im Gesundheitswesen - Ein Beispiel für

Theorie und Politik des modernen Korporatismus, Frankfurt/New York.
Williamson, Peter J., 1989: Corporatism in Perspective. An Introductory Guide to Corporatist Theory, London/Newbury Park/New Delhi.
Willke, Helmut, 1983: Die Entzauberung des Staates. Überlegungen zu einer sozietalen Steuerungstheorie, Frankfurt.
Windhoff-Heritier, Adrienne, 1989: Institutionelle Interessenvermittlung im Sozialsektor. Strukturmuster verbandlicher Beteiligung und deren Folgen, in: Hans-Hermann Hartwich (Hrsg.): Macht und Ohnmacht politischer Institutionen, Opladen, S. 158-176.
Wollmann, Hellmut, 1986: Stadtpolitik - Erosion oder Erneuerung des Sozialstaats "von unten"? in: Blanke, Bernhard/Evers, Adalbert/Wollmann, Hellmut (Hrsg.): Die Zweite Stadt (Leviathan-Sonderheft 7), Opladen, S. 79-101.

Autoren

Prof. Dr. Rolf G. Heinze und Dr. Helmut Voelzkow, Ruhr-Universität Bochum, Fakultät für Sozialwissenschaften, Lehrstuhl für Soziologie, Postfach 102148, 4630 Bochum

Rudolph Bauer

Lokale Politikforschung und Korporatismus-Ansatz - Kritik und Plädoyer für das Konzept der Intermediarität

Nach einer Kurzbilanz der Lokalen Politikforschung (Abschnitt 1) setzt sich der folgende Beitrag mit dem Aufsatz von Heinze/Voelzkow (in diesem Band) auseinander (Abschnitt 2). In einem weiteren Teil wird die Kritik am Korporatismus-Konzept ergänzt und die spezifische Bedeutung des Korporatismus-Begriffs in der deutschen Theorie- und Politikgeschichte skizziert (Abschnitt 3). Zum Schluß plädiert der Beitrag dafür, den Korporatismus-Begriff als kritische Kategorie zurückzugewinnen, ihn als theoretischen Ansatz aber durch das Konzept der Intermediarität zu ersetzen (Abschnitt 4).

1. Zur Bilanz der Lokalen Politikforschung

Der Arbeitskreis "Lokale Politikforschung" hatte sich 1972 aufgrund einer Initiative des Vorstands der Deutschen Vereinigung für Politische Wissenschaft zusammengefunden. "Gemeinsamer Ausgangspunkt war dabei die Überzeugung, daß sich angesichts der offenkundigen Abhängigkeit der Gemeindeentwicklung von der gesellschaftlichen Gesamtentwicklung und der lokalen von der zentralen Politik die Gemeinde nicht mehr als ein eigenständiges 'Subsystem' auffassen und im wesentlichen aus sich selbst heraus untersuchen und erklären lasse." (Richard Grauhan, 1975, S. 11 f.)

Als Folge dieses neuen Ansatzes erschloß sich dem erkenntnisleitenden Interesse politikwissenschaftlicher Gemeinde-Analysen zum einen "der Stellenwert lokaler politischer Ereignisse und Problemlagen im gesellschaftlichen Gesamtsystem" (Grauhan, 1975, 12). Neben der Dimension der vertikalen Politikverflechtung zwischen gesamtgesellschaftlicher und örtlicher Politik zeigte sich als neuer Gegenstand der Analyse zum andren auch die Gesamtheit politischer Phänomene auf der horizontalen Ebene des Lokalen. Damit verknüpfte sich die Erwartung, endlich "den wissenschaftlichen Blick (...) aus dem Getto des kommunalpolitischen Systems, definiert durch die Institution der kommunalen Selbstverwaltung, zu befreien" (ebd.), indem z.B. örtlichen Vereine und Verbände, Bürgerinitiativen und Soziale Bewegungen als Teile des Systems Lokaler Politik interpretierbar wurden.

Die Lokale Politikforschung diskutierte in den 70er Jahren im wesentlichen zwei Fragen. Zum einen befaßte sie sich mit dem Durchgriff des

Zentralstaats auf die lokale Ebene. Dies geschah in Reaktion auf die in den 60er Jahren einsetzende Ausweitung sowohl der Instrumente als auch der Instanzen zentralstaatlicher Planung und Steuerung, die zum Ziel hatten, die Konjunktur-, Struktur- und Regionalpolitik zu koordinieren. Des weiteren ging die Lokale Politikforschung davon aus, "daß sich die spezifischen sozialen Probleme der entwickelten Gesellschaft in ihren agglomerierten Räumen in konzentrierter Form studieren lassen" (Richard Grauhan, 1975, S. 12) und daß der Prozeß der Agglomeration "bei sich verschärfenden sozialen Konflikten" fortschreitet (vgl. ebd.). Damit griff sie das Phänomen der auf örtlicher Ebene entstandenen und agierenden Gruppen der außerparlamentarischen Opposition, die Entwicklung der Studentenbewegung, die Bildung von Bürgerinitiativen und das Entstehen neuer Sozialer Bewegungen auf.

In den 80er Jahren haben drei Entwicklungen die Beziehung zwischen den verschiedenen Ebenen der vertikalen Politikverflechtung in den Interessensmittelpunkt gerückt. Erstens weitete sich (vor allem in den 'altindustriellen' Regionen) die Schere zwischen örtlichem sozialem Problemdruck und - damit zusammenhängend - zusätzlichen sozialen Aufgaben einerseits sowie kommunalen Einnahmeverlusten, unzureichenden Finanzzuweisungen und Kürzungsauflagen seitens der übergeordneten staatlichen Instanzen andrerseits. Zweitens erkannten die auf lokaler Ebene entstandenen Sozialen Bewegungen und politischen Initiativen das lokale Feld als Objekt, den Zentralstaat zunehmend aber als Akteur von "Umbau-", "Ausstiegs"- und Innovationsprogrammen. Drittens instrumentalisierte die Austeritätspolitik des Zentralstaats die dezentralen Bewegungen und Initiativen als Triebkräfte und Hebel ihrer Privatisierungsstrategie.

Diese Entwicklungen wurden von der Lokalen Politikforschung analysiert und in Sammelveröffentlichungen abgehandelt (vgl. u.a.: Richard Grauhan und Rudolf Hickel, 1978; Joachim J. Hesse und Hellmut Wollmann, 1983; Bernhard Blanke et al., 1986). Zu wenig Autoren beachteten dabei aber die Rolle, die von Parteien, Verbänden und Sozialen Bewegungen übernommen worden ist. Eine Ausnahme bilden u.a. Roland Roth und Rolf G. Heinze. Mit der Zwischenbilanz beider Autoren, insbesondere mit dem Beitrag von Heinze/Voelzkow, befaßt sich der folgende Abschnitt.

2. Zum Beitrag "Kommunalpolitik und Verbände"

In der Zwischenbilanz von Heinze/Voelzkow über "Kommunalpolitik und Verbände" werden zwei Phasen der Korporatismus-Debatte unterschieden. Während die erste Phase gesamtgesellschaftliche Entwicklungen in den Mittelpunkt rückte und sich inhaltlich zum einen auf die Sozialparteien und den Staat als Verhandlungspartner, zum andren auf volkswirtschaftliche Größen als Verhandlungsparameter beschränkte (vgl. Heinze/ Voelzkow in diesem Band, S. 187 f), bezog sich das Interesse in der zweiten Phase auf weitere Politikfelder und die in den jeweiligen "policy networks" agierenden Organisationen; neben der gesamtstaatlichen Ebene kamen somit weitere vertikale Politikebenen und die dort vorzufindenen Akteure in Betracht, u.a. die lokale Ebene und die dort agierenden Verbände. Damit wurde eine Politikdimension zur Kenntnis genommen, deren Einbeziehung für die Lokalen Politikforschung ein Schritt zur Befreiung der Gemeinde-Politikwissenschaft aus dem Getto des kommunalpolitischen Systems sein sollte (vgl. Richard Grauhan, 1975, 12).

Aus dieser Sicht der Lokalen Politikforschung setzt sich der Beitrag von Heinze/Voelzkow drei Einwänden aus. Der erste Einwand ist terminologischer Art und betrifft die Verwischung der Begriffe "lokal" und "kommunal", von "lokaler Ebene" und "Kommune".

Zweitens ist einzuwenden, daß die Argumentation der Autoren dem staatsrechtlich verfaßten institutionellen Politik- und Verwaltungssektor den zentralen Stellenwert auf der lokalen Ebene einräumt. Von Ausnahmen abgesehen, schränken sie ihren Politikbegriff immer wieder ein auf die institutionell-staatlichen Formen und Akteure, auf die "Politik- und Verwaltungsspitzen" (S. 197). Die übrigen Politikformen und -akteure erscheinen aus dieser etatozentrischen Sicht nicht als Subjekte der Lokalen Politik, sondern als Objekte der "Inkorporierung" (S. 187) und "Einbindung" (S. 195 ff). So heißt es z. B.: "Die Industrie- und Handelskammern, die Handwerkskammern und die Gewerkschaften *werden* als Interessenorganisationen (...) an der korporatistisch strukturierten Wirtschaftsförderung *beteiligt*" (S. 196). Solches mag für die Gewerkschaften zutreffen, ist aber hinsichtlich der Kammern gewiß nicht die 'ganze Wahrheit'.

Zum terminologischen Einwand und zur Kritik am Etatozentrismus kommt drittens, daß die Autoren das Korporatismus-Konzept politisch-normativ verwenden. Wenn sie feststellen, daß "erste praktische Umsetzungen dieser konzeptionellen Überlegungen (...) bereits in der Praxis vorfindbar (sind)" (S. 190), bringen sie damit zum Ausdruck, daß das Korporatismus-Konzept für sie kein reines Analyse-Instrument darstellt, das dem Zweck dient, theoretisch verständlich zu machen, wie und warum praktische Politik stattfindet. Vielmehr entwickeln sie eine quasi normative Empfehlung an die Politik, auf welche Weise diese praktisch vorzugehen habe. Dieser Einwand wird allenfalls abgeschwächt durch den ganz am Schluß des Beitrags erfolgenden Hinweis "auf eine Schwachstelle, die letztlich alle korporatistischen Strukturen - trotz ihrer pragmatischen Vorteilhaftigkeit im Einzelfall - kennzeichnet: Es mangelt an einem soliden demokratietheoretischen Fundament" (S. 202 f).

Der Beitrag von Heinze/Voelzkow weist in seiner Bestimmung des Verhältnisses von "Kommunalpolitik und Verbänden" letzteren kategorisch einen abgeleiteten Stellenwert zu. Dies entspricht zwar dem normativen Korporatismus-Verständnis, bleibt empirisch-analytisch aber unbewiesen. Die empirische Frage lautet: Welchen Stellenwert nehmen Verbände im Rahmen der Politik auf lokaler (bzw. regionaler) Ebene ein? Verbände haben - wie die Kommune und (nicht zu vergessen) wie Parteien und Soziale Bewegungen - Anteil an der Formulierung und Ausführung Lokaler Politik. Sicher ist das Gewicht der Teilhabe der Verbände unterschiedlich, doch von vornherein davon auszugehen, daß alle Verbände gleich sind und gleichermaßen passiv "Beteiligte", die sich in die Regie des kommunalpolitisch "inszenierten Korporatismus" bloß einfügen, ist ein etatistisches Vorurteil.

Bevor ich auf die Ausklammerung von Parteien und Sozialen Bewegungen zu sprechen komme, sei darauf hingewiesen, daß die Autoren den Stellenwert der lokalen Ebene - oder wie es bei ihnen auch heißt: der Kommunalpolitik - durch den folgenden Hinweis stark relativieren. Es dürfe, schreiben sie, "bei der Analyse von neuen korporatistischen Formen in der Kommunalpolitik nicht übersehen werden, daß die Kooperation vielfach von übergeordneten Ebenen (Land, Bund, EG) vorstrukturiert wird" (S. 198). Mit anderen Worten: Oberhalb des lokalen Etatozentrismus kommen zentrale Etatozentrismen zum Vorschein. Ebenso, wie die Verbände "inkorporiert" werden in die Kommunalpolitik, wird letztere "von übergeordneten Ebenen vorstrukturiert". Beim lokalen (bzw. regionalen) Korporatismus, so lautet die Hypothese der Autoren, handle es sich um "eine 'von oben' vorgegebene Politik der dezentralen Entwicklung 'von unten'" und "einen solchermaßen 'inszenierten Korporatismus'" (S. 200).

Soziale Bewegungen werden im Beitrag von Heinze/Voelzkow - wie es Roland Roth nennt - "stiefmütterlich" behandelt (Roth in diesem Band, S. 167). Zunächst ist von ihnen explizit nicht die Rede; genannt werden lediglich "die vielfältigen Selbsthilfegruppen, Beschäftigungsinitiativen gegen Langzeit- oder Jugendarbeitslosigkeit, soziokulturellen Clubs, Frauenhäuser, autonomen Jugendzentren etc." (S. 191).

Der Stellenwert dieser lokalen Gruppen, Initiativen und Projekte wird im Rahmen der Sozialpolitik unter drei Gesichtspunkten thematisiert. Sie treten - erstens - als Indikatoren dafür in Erscheinung, daß in den 70er und 80er Jahren zahlreiche hilfebedürftige soziale Gruppen kein entsprechendes Angebot finden konnten bzw. vorhandene Angebote wegen ihrer abweichenden Ansprüche nicht annehmen wollten (vgl. S. 191 f). Da sie sich - zweitens - "oft dem Idealismus einiger besonders aktiver Personen (verdanken)", so die Autoren, befinden sich "die Projekte 'jenseits von Markt und Staat' zumeist in einer ungesicherten Stellung" (S. 191). Drittens: "Um staatliche Unterstützungsleistungen zu erhalten, sucht deshalb ein Teil der selbstinitiierten Projekte Anschluß an die etablierten Wohlfahrtsverbände" (S. 191), und das, "was vielfach zunächst wie ein Konkurrenzverhältnis aussah, entwickelt sich daher oft in eine Komplementarität" (S. 191).

Was von den Autoren beschrieben wird, sind Kennzeichen der Institutionalisierung von Gruppen in einem späten Stadium des Prozesses ihrer Transformation hin zu Verbänden bzw. Verbandskomponenten. Damit werden Heinze/Voelzkow aber den Sozialen Bewegungen nicht gerecht, an die hier in Stichworten erinnert sei: Straßenbahnunruhen, Rote-Punkt-Aktion, "Enteignet-Springer"-Aktionen, Hausbesetzungen, Bürgerinitiativen gegen Sanierungsvorhaben, Studenten-, Heim-, Schüler- und Lehrlingsrevolten, die Kampagnen gegen den § 218 und gegen den § 175, die Kinderladen-, Jugendzentrums-, Gesundheits- und Frauenbewegung, die Anti-AKW-, die antiimperialistische, die Vietnam- und Friedensbewegung. Es bleibt zu fragen: Kann bei einer Zwischenbilanz Lokaler Politikforschung die Geschichte Sozialer Bewegungen der End-60er, 70er und beginnenden 80er Jahren auf "Hilfebedürftigkeit", "abweichende Ansprüche", "Idealismus", "Konkurrenz" und "Komplementarität" zu Wohlfahrtsverbänden eingeschrumpft werden? Der Beitrag von Roland Roth, der die städtischen Sozialen Bewegungen der 80er Jahre zum Inhalt hat, liefert dafür ein Gegenstück.

Die von Heinze/Voelzkow vorgenommene Nicht-Berücksichtigung Sozialer Bewegungen auf der Ebene Lokaler Politik läßt die Frage nicht einmal zu, auf welche Weise die Transformation von Gruppen, Initiativen und Projekten vor sich gegangen ist und welche Rolle dabei Parteien und Verbänden zukam. Roland Roths Beitrag stellt diese Frage zwar, läßt aber die Antwort offen, warum Tendenzen "in Richtung Kooptation, Professionalisierung, Integration und selektiver Nutzung von Bewegungsinitiativen auf lokaler Ebene (weisen)" (S. 180). Wenn es bei Roth heißt: "Die Botschaft der 80er Jahre wäre eindeutig: von den Bewegungen zu den Institutionen (seien es nun 'alte' oder 'neue')" (S. 161), so ist damit noch wenig gewonnen.

Die Rolle der Parteien, ohne die "Kommunalpolitik" schlicht unvorstellbar ist, bleibt bei Heinze/Voelzkow ungeklärt. Dies ist umso weniger verständlich, da in "korporatismusträchtigen" Arenen wie der Lokalen Sozialpolitik und der Lokalen Wirtschaftsförderung die an parteipolitische Funktions- und Mandatsträger gebundenen Mechanismen der "Inkorporierung" ziemlich offen zutage treten. Dies gilt nicht nur für die "Altparteien", sondern inzwischen auch für die grün-alternativen Parteien in der Kommunalpolitik, worauf Roth zu Recht hinweist (vgl. S. 173 ff).

In der Anwendung auf die "Kommunalpolitik" erweist sich das Korporatismus-Konzept als unsensibel für demokratische Prozesse. Statt den Stellenwert von Gremien, Mechanismen und Funktionsträgern der repräsentativen Demokratie auf lokaler Ebene genau zu analysieren, werden beispielhaft "neue Kooperationsformen" beschworen, "die durchaus mit dem Begriff eines Gremiums funktionaler Repräsentation belegt werden können" (S. 197). Einer *Politik*forschung allerdings, der das Verhältnis von Verfassung und Wirklichkeit noch eine Frage wert ist, bleibt m.E. aufgetragen zu klären, ob sich diese "Gremien funktionaler Repräsentation" messen lassen am Anspruch demokratischer Prinzipien.

Dazu äußert sich der Beitrag relativ unpräzise. Damit bestätigt er die Abneigung korporatistischer Systeme - und wohl auch Denkweisen - gegenüber dem Demokratiepostulat (vgl. Offe, 1984). Statt das Korporatismus-Konzept kritisch zu wenden und sein Demokratie-Defizit bewußt zu machen, setzen sich Heinze/Voelzkow dem Verdacht der Ideologieproduktion aus, wenn sie schreiben, der "inszenierte Korporatimus" könne sich "möglicherweise zu gute halten, daß sich die Artikulations- und Durchsetzungschancen der vergleichsweise wenig organisations- und konfliktfähigen Interessen mit diesem Konzept (...) erhöhen lassen" (S. 201) - was zu beweisen wäre.

3. Zur Kritk am Korporatismus-Begriff

Was am Beitrag von Heinze/Voelzkow störend auffällt, ist die Selbstverständlichkeit, mit der die dem Korporatismus-Ansatz inhärenten Probleme übergangen werden. Unlängst erst hat Adrienne Windhoff-Héritier die Übertragung des (Neo-) Korporatismus-Konzepts auf das Verhältnis der Kommunen und des Staats zu den Wohlfahrtsverbänden problematisiert und unter Bezug auf Josef Schmidts Kritik festgestellt, daß

"dem auf Wohlfahrtsverbände/Kommune übertragenen Neokorporatismusmodell einige konstitutive Merkmale des ursprünglichen Modells (fehlen): Es fehlen die organisierten Gegeninteressen (Gegensatz Arbeit - Kapital), die Wohlfahrtsverbände verfolgen keine konfligierenden, sondern im Prinzip gleichgerichteten Interessen. Der Staat ist daran interessiert, daß die Verbände soziale Einrichtungen und Dienste zur Verfügung stellen, die er ansonsten selbst anbieten müßte. 'Eine sektoralübergreifende Politik wird nicht entwickelt, und der "politische Tausch" reduziert sich auf die Subventionierung von Verbänden, deren Wirken im öffentlichen Interesse liegt' (Schmidt 1987: 122). Zielstruktur wohlfahrtsverbandlichen Handelns sind in erster Linie die Kommunen, nicht der Zentralstaat (Schmidt 1987: 121). Die Wohlfahrtsverbände haben keine Mitglieder, sondern 'nur' Klienten, 'die Objekte' der Leistungserbringung, aber kein gestaltender Faktor der Interessenvermittlung sind." (Windhoff-Héritier, 1989, 115 f.)

Diese Kritik und meine vorhergehenden Einwände lassen dafür plädieren, den Korporatismus-Begriff als kritische Kategorie zurückzugewinnen, ihn jedoch als theoretischen Ansatz - vor allem mit Blick auf sozialpolitische Fragestellungen - zu ersetzen. Dieser Vorschlag resultiert auch aus der folgenden sozial-, begriffs- und theoriegeschichtlichen Skizze zur Bedeutung des Korporatismus in der deutschen Geschichte.

a. Das deutsche 19. Jahrhundert, auf das sich auch Heinze/Voelzkow beziehen (vgl. S. 190), wird als ein "vereinsseliges Säkulum" (Langewiesche, 1988a und 1988b) bezeichnet. Damals entstanden zahlreiche Vereine und Parteien, wobei auch die Gründung letzterer nur eine Sonderform der allgemeinen Entwicklung darstellte, die dem Bedürfnis vor allem des Bürgertums entsprach, in freiwilligen, durch Satzungen geregelten Zweckzusammenschlüssen sich zu vereinigen. Wolfram Siemann (1990, 261) verweist hierbei auf folgenden Zusammenhang: "Der Prozeß (der Vereinsbildungen und Parteigründungen) ist ein Wesensmerkmal der sich auflösenden Ständeordnung; an die Stelle der traditionalen Korporationen traten Vereine."

Die Traditionslinie von den Ständen und Korporationen hin zu den Verbänden und Parteien im 19. und 20. Jahrhundert ist für die Entwicklung der deutschen politischen Verhältnisse bedeutungsvoll. Die Feststellung von Ulrich Nocken, "that Germans at least until the post-World War I years quite regularly reacted with corporatist solutions to profound political and social crisis" (1978, 45), ergänzt Diethelm Prowe zu Recht, wenngleich in der Bewertung optimistischer mit den Hinweis: "It appears that this reaction has remained characteristic in Germany, even though the forms it has taken have changed quite dramatically from the antiliberal, antiparliamentary position of the conservative romanticist Bismarckian eras, which became radicalized during the Nazi period, to the postwar economic democracy conceptions and the recent 'pluralist' or 'liberal' corporatism of the *Konzertierte Aktion*." (Diethelm Prowe, 1985, 482)

Der Korporatismus der Ständeordnung geht zurück auf einen der beiden Hauptfaktoren der mittelalterlich-frühneuzeitlichen Landesverfassungen. Während an der Spitze der Landesherrschaft der Landesherr (Kurfürst, Herzog, Fürst, Markgraf, Graf usw. tituliert) als erblicher Inhaber von Hoheits- und Vermögensrechten stand, existierten daneben die sog. Landstände. Diese waren eigenberechtigte "korporative" Organisationen der höheren Gesellschaftsklassen, in erster Linie des landsässigen Adels, der "Ritterschaft", sowie der Repräsentanten kirchlicher Anstalten, der "Prälaten", und der zum Land gehörigen Städte und ihres Patriziats.

Die Landstände des ständischen Patrimonialstaats verteidigten in erster Linie die Rechte und Interessen der Privilegierten, und zwar sowohl gegenüber den - überall und stets zu gewärtigenden - Machterweiterungsbestrebungen des Landesherrn (vgl. Gerhard Anschütz und Richard Thoma, 1930, 25) als auch gegenüber der sonstigen Bevölkerung. Die Landstände, deren Macht ihren Höhepunkt im 15. und 16. Jahrhundert erreicht hatte und sich teilweise noch das ganze 18. Jahrhundert hindurch bis ins 19. erhielt - etwa in Württemberg, Kursachsen, Hannover, Braunschweig und Mecklenburg (vgl. Gerhard Anschütz und Richard Thoma, 1930, 26), - waren teils identisch mit den Korporationen des Bürgertums, teils die strukturellen Vorläufer derselben.

b. Die Korporationen galten in Hegels Rechtsphilosophie "als vermittelndes Organ (...) zwischen der Regierung überhaupt einerseits und dem in die besonderen Sphären und Individuen aufgeteilten Volke andererseits" (Georg W.F. Hegel, 1970, 471). Nach Hegel kommt den Korporationen die "Funktion der Vermittlung" zu (vgl. a.a.O., 472), d.h. der "Vermittlung, daß weder die fürstliche Gewalt als *Extrem* isoliert und dadurch als bloße Herrschergewalt erscheine, noch daß die besonderen Interessen der Gemeinden, Korporationen und der Individuen sich isolieren, oder noch mehr, daß die Einzelnen nicht zur Darstellung einer *Menge* und eines *Haufens*, zu einem somit unorganischen Meinen und Wollen, und zur bloß massenhaften Gewalt gegen den organischen Staat kommen" (a.a.O., 471 f.). Durch die Vermittlungsebene des korporativen Elements gelange einerseits das Volk "*in Beziehung auf den Staat zur Existenz*" und komme solcherweise dahin, "an demselben teilzunehmen", andrerseits wiederum trete "der Staat dadurch in das subjektive Bewußtsein des Volks" (a.a.O., 471). In der Hegelschen Rechtsphilosophie begegnen wir erstmals dem Gedanken, daß die korporatistischen Organe intermediär die Vermittlung leisten zwischen dem Staat einerseits und den besonderen Interessen von Individuen und Partikulargruppen anderseits.

c. In Hegels Rechtsphilosophie bilden die Korporationen jenes "Moment der Mitte" (a.a.O., 474), von dem dann Marx in der Kritik der Hegelschen Rechtsphilosophie wiederum als "vermittelnde(m) Organ" spricht, welches nach der einen Seite zwar "das Volk gegen die Regierung, aber *das Volk en miniature*" verkörpert, nach der andren jedoch "die Regierung gegen das Volk, aber die amplifizierte Regierung" (Karl Marx, 1964, 272). Marx bringt damit zum Ausdruck, daß Korporationen "selbst ein Teil der Regierungsgewalt gegen das Volk (sind), aber so, daß sie zugleich die Bedeutung haben, das Volk gegen die Regierung zu sein" (ebd.). Das Volk werde durch das "vermittelnde Organ" so präpariert, bemerkt Marx kritisch, wie es "zubereitet sein muß, um keinen entschiedenen Charakter zu haben" (a.a.O., 273).

In der Hegelschen Bestimmung der Korporationen ebenso wie in ihrer

Kritik durch Marx gelangen Elemente zur Geltung, die traditionell den deutschen Korporatismus-Begriff prägen: Neben die idealistisch-autoritäre Überhöhung des "System(s) der Vermittlung" zwischen Staat und Individuen bei Hegel (vgl. Georg W.F. Hegel 1975, 472) tritt die radikal-liberale Marx'sche Kritik, daß der Staat mittels der Korporationen "nur den *Schein*" erlangt, keine Willkür und Gewalt über die Individuen auszuüben (Karl Marx 1964, 272).

Im deutschen Begriff tritt ein anderer geschichtlicher Hintergrund, ein anderer sozialer Kontext und eine andere politische Bedeutung zutage, als es jene Merkmale sind, die sich mit dem "corporatism"/Korporatismus-Begriff in der anglo-amerikanischen Diskussion verbinden. Während "corporations" im Englischen sich gleichsam als gesellschaftliche Bastionen gegen die drohende Übermacht des Staates verstehen, bilden Korporationen in der deutschen Tradition eine Art staatlicher Bastionen oder Vorposten innerhalb der Gesellschaft; ihre "grundsätzliche Stellung als Staatsanstalt" (Josef Baron, 1962, 21) war kennzeichnend für die Abhängigkeit der Vereine vom Staat im 19. Jahrhundert.

An die historische Skizze zum Korporatismus-Begriff lassen sich zwei weitere Feststellungen anknüpfen. Die erste besagt, daß die Rezeption des anglo-amerikanischen Konzepts des Korporatismus oder Neokorporatismus die Gefahr birgt, die politischen Implikationen des korporatistischen Modells unter deutschen Verhältnissen zu vernachlässigen und seine praktische Renaissance wissenschaftlich zu legitimieren. Zweitens gestattet der Bezug auf den historischen Kontext den zusätzlichen Hinweis auf die unterschiedlichen, geschichtlich entstandenen sozialpolitischen Regulationstypen (vgl. Gösta Esping-Andersen, 1985, 474) in den anglo-amerikanischen Ländern und der Bundesrepublik. Während z.B. in den USA ein an Marktprinzipien orientiertes liberales Regulationsmodell vorherrscht, ist der sozialpolitische Regulationstyp in der deutschen Tradition konservativ-staatsorientiert (vgl. Rudolph Bauer, 1987, 21 ff.), was zu jeweils spezifischen politischen Konsequenzen geführt hat (vgl. Rudolph Bauer, 1990a) und führt.

4. Das Konzept der Intermediarität

Korporatismus besagt in den anglo-amerikanischen Ländern angesichts anderer Rahmenbedingungen etwas im Vergleich zur Bundesrepublik Unterschiedliches, nichts Identisches. Infolge seiner spezifischen Bedeutung in der deutschen Theorie- und Politikgeschichte ist es angezeigt, ihn als theoretischen Ansatz durch das Konzept der Intermediarität zu ersetzen, um auf solche Weise den Korporatismus-Begriff als kritische Kategorie zurückzugewinnen, wie es beispielsweise auch in den Lokalstudien von

Dietrich Thränhardt (1981 und 1984) der Fall ist.

Der Notwendigkeit einer Weiterentwicklung der Theorie deutet sich auch bei Heinze/Voelzkow in einer "Randbemerkung" (S. 196) an, wo es in ihrem Beitrag um die "Einbindung" regionaler Forschungseinrichtungen und der Hochschulen "in die Formulierung und Umsetzung 'endogener Entwicklungsstrategien'" (S. 177) geht. Die beiden Autoren verweisen auf das systemtheoretische Argument, daß sich "innerhalb und zwischen den verschiedenen gesellschaftlichen Teilsystemen (...) 'binding links' (bilden), die eine Integration der Teilsysteme herstellen" (S. 196) und auf diese Weise zur Abstimmung der Teilsysteme hinsichtlich ihrer Leistungen und Funktionen beitragen . "Binding links" lassen sich als "Vermittlungsagenturen interpretieren" und als "eine Art System-Schnittstelle (...), die man - ebenso wie Interessenorganisationen - als 'intermediäre Instanzen' analysieren kann" (S. 196).

Den Unterschied zwischen der Sichtweise des Korporatismus-Konzepts und der des systemtheoretischen Ansatzes sehen Heinze/Voelzkow darin, "daß in dieser Perspektive nicht die partikularen Forderungen einzelner Interessengruppen gegenüber staatlichen bzw. gesamtgesellschaftliche Anforderungen über die intermediären Instanzen vermittelt werden, sondern die Teilsysteme einer funktional ausdifferenzierten Gesellschaft im Hinblick auf ihre Leistungen und Funktionen abgestimmt werden" (ebd.). Mit anderen Worten: Der Korporatismus insistiert auf die Tatsache der Vermittlung "partikularer Forderungen" und "staatlicher Anforderungen", während das Konzept der "binding links" von der Leistungs- und Funktionsabstimmung zwischen ausdifferenzierten Teilsystemen ausgeht. Im seinem Kern enthält das Korporatismus-Konzept also Elemente einer Gesellschaftstheorie widersprüchlicher Interessen (partikular versus staatlich/gesamtgesellschaftlich), während dem systemtheoretischen Ansatz ein gesellschaftliches Harmoniemodell funktional differenzierter Teilsysteme zu Grunde liegt.

Beide Konzepte stimmen jedoch darin überein, daß es sich bei den jeweiligen (Interessen-)Vermittlungs- bzw. (Funktions- und Leistungs-)Abstimmungsagenturen um 'intermediäre Instanzen' handelt. Diese Übereinstimmung führt zu der These, daß die korporatistische Interessenvermittlung ebenso wie die systemtheoretische Leistungs- und Funktionsabstimmung jeweils spezifische "Formen politischer Steuerung" (Uwe Schimank und Manfred Glagow, 1984) sind und somit bestimmte Resultate implizieren. Anders formuliert: Während der Korporatismus-Begriff einen spezifischen Modus und ein bestimmtes Ergebnis intermediärer Interessenvermittlung bezeichnet, beschreibt das Konzept der "binding links" ebenfalls eine bestimmte Form und ein spezifisches Resultat intermediärer Leistungs- und Funktionsabstimmung.

Im Unterschied dazu sagt das Konzept der Intermediarität nicht von vornherein etwas aus über die Form und das Ergebnis der zu untersuchenden Prozesse. Staatliche Einbindung bzw. systemtheoretische Integration sind im empirischen Einzelfall das Ergebnis eines gesellschaftlich-institutionellen Arrangements, bei dem intermediäre Organisationen die Voraussetzung bilden für vermittelnde Austausch- und Anpassungsprozesse, deren Ergebnisse nicht schon feststehen, sondern das Resultat dieser Prozesse auf gesellschaftlich-institutioneller Basis darstellen.

Die Austausch- und Anpassungsprozesse, die durch das gesellschaftlich-institutionelle Arrangement eines Systems intermediärer Organisationen vermittelt werden, verlaufen auf zwei Dimensionen. Die eine Dimension betrifft das Verhältnis zwischen dem politisch-administrativen System (mit dem Steuerungsmedien Macht und Recht) und dem ökonomischen System (mit dem Steuerungsmedium Geld). Eine andere Dimension betrifft das Verhältnis zwischen diesen formellen Sektoren ("Staat" und "Markt") einerseits und der lebensweltlich-informellen Sphäre der "personalen Welt" (David Billis, 1989, 17) andererseits.

Diese zweite Dimension spricht Wolfgang Streeck an, wenn er intermediäre Organisationen als "Zwischenträger in 'gesamtgesellschaftlichen' Integrationsprozessen" definiert, deren spezifische Eigenschaften und Probleme sich aus der Notwendigkeit ergeben,

"mit mindestens zwei wichtigen Umwelten zur gleichen Zeit interagieren zu müssen: nach 'unten' mit einer mehr oder weniger 'freiwilligen' Mitgliedschaft oder Klientel - oder allgemeiner: einer der Organisation gegenüber 'primären' Sozial- und Wertestruktur - und nach 'oben' mit einer institutionellen Umgebung, in der sie (mehr oder weniger organisierte) Organisationen unter anderen sind" (Wolfgang Streeck, 1987, 4).

Letzteres betrifft die erstgenannte Ebene der Interaktion intermediärer Organisationen im Verhältnis zwischen den "bürokratischen Welten" (David Billis, 1989, 18) des politisch-administrativen Systems zum einen und des ökonomischen Systems zum andren. Die intermediären Organisationen, d.h. die Organisationen des gesellschaftlich-institutionellen Arrangements zur Vermittlung von Austausch- und Anpassungsprozessen, bilden daher keinen einheitlichen Typus, sondern unterscheiden sich danach, auf welcher Dimension sie vermitteln und welchem Vermittlungspol sie besonders verbunden sind.

Im sozialpolitisch relevanten Bereich intermediärer Hilfeorganisationen lassen sich fünf verschiedene Grundtypen benennen: 1. die Selbsthilfegruppen, die sich durch ihre Nähe zur informell-"personalen Welt" auszeichnen; 2. die Vereine, die eine "Brücke" bilden zwischen "personaler

Welt" und formell-"bürokratischen Welten"; 3. die (staatlich anerkannten) Sozialen Verbände, die eine formelle Verwaltungsstruktur aufweisen und entweder aus öffentlichen Mitteln direkt bezuschußt oder steuerrechtlich indirekt gefördert werden; 4. die Sozialen Dienstleistungseinrichtungen, die betrieblich organisiert sind und marktförmig operieren; 5. die Moralunternehmen, die bürokratisch-administrative und betriebs-wirtschaftlich-unternehmerische Strukturelemente aufweisen, verbunden mit einer moralisch-sozial verstandenen Unternehmensphilosophie (vgl. ausführlich Rudolph Bauer, 1990b). Bei der Analyse von Einzelorganisationen des intermediären Hilfesystems finden sich neben den fünf Grundtypen diverse Mischtypen.

Auch die Entwicklung intermediärer Hilfeorganisationen läßt sich damit erklären, daß sie in der Phase der Solidarisierung und Orientierung mit der informell-"personalen Welt" verknüpft sind, von der sie sich in der Phase der Differenzierung trennen, während sie sich in den nachfolgenden Phasen der Institutionalisierung an den "bürokratischen Welten" des politisch-administrativen oder des ökonomischen Systems orientieren (vgl. Alf Trojan et al. 1985). Im Endergebnis ermöglicht es dieses Verlaufsmuster der Transformationsprozesse intermediärer Organisationen, die Ausbildung des intermediären Hilfesystems zu erklären, das unter den Bedingungen des jeweiligen sozialpolitischen Regulationstyps einer Gesellschaft in seiner Gesamtheit - wie oben gezeigt - entweder liberal-marktorientiert oder konservativ-staatsorientiert ist (vgl. Rudolph Bauer, 1987, 21 ff.).

Intermediäre Organisationen sind die Voraussetzung für vermittelnde Austausch- und Anpassungsprozesse, deren Ergebnisse nicht bereits von vornherein feststehen, sondern das Resultat dieser Prozesse auf gesellschaftlich-institutioneller Basis sind. Um einer Kritik vorzubeugen, wie sie der Beitrag von Heinze/Voelzkow herausfordert, und um den erkenntnisleitenden Interessen der Lokalen Politikforschung Geltung zu verschaffen, ist es erforderlich, einzelne Organisationen ebenso wie das intermediäre System auf lokaler Ebene zu analysieren und das Ergebnis im Einzelfall kritisch zu interpretieren.

Literatur

Anschütz, Gerhard/Thoma, Richard (Hrsg.), 1930: Handbuch des Deutschen Staatsrechts, 1. Bd. (Das öffentliche Recht der Gegenwart, Band 28), Tübingen
Baron, Josef, 1962: Das deutsche Vereinswesen und der Staat im 19. Jahrhundert. Diss. Göttingen
Bauer, Rudolph, 1987: Intermediäre Hilfesysteme personenbezogener Dienstleistungen; in: Ders./Thränhardt, Anna-Maria (Hrsg.): Verbandliche Wohlfahrtspflege im internationalen Vergleich. Opladen, S. 9-32
Bauer, Rudolph, 1990a: Voluntarism, NGO's and Public Policy in the 'Third Reich': Voluntary Welfare Associations under Nazi Rule, in: Nonprofit and Voluntary Sector Quarterly, no. 3 (im Erscheinen)
Bauer, Rudolph, 1990b: Zwischen Skylla und Charybdis. Das intermediäre Hilfesystem: Kritik und theoretischer Ansatz, in: Trojan, Alf (Hrsg.): Brücken zwischen Bürgern und Behörden. Hamburg (im Erscheinen)
Billis, David, 1989: A Theory of the Voluntary Sector. Implications for Policy and Practice, London
Blanke, Berhard/Evers, Adalbert/Wollmann, Hellmut (Hrsg.), 1986: Die zweite Stadt. Neue Formen lokaler Arbeits- und Sozialpolitik (Leviathan Sonderheft 7), Opladen
Esping-Andersen, Gösta, 1985: Der Einfluß politischer Macht auf die Entwicklung des Wohlfahrtsstaates im internationalen Vergleich, in: Naschold, Frieder (Hrsg.): Arbeit und Politik. Gesellschaftliche Regulierung der Arbeit und der sozialen Sicherheit, Frankfurt/New York, S. 467-503
Grauhan, Richard, 1975: Lokale Politikforschung; in: Ders. (Hrsg.): Lokale Politikforschung Bd. 1, Frankfurt/New York, S. 11-37
Grauhan, Richard/Hickel, Rudolf (Hrsg.), 1978: Krise des Steuerstaats? Widersprüche, Perspektiven, Ausweichstrategien (Leviathan Sonderheft 1), Opladen
Hegel, Georg Wilhelm Friedrich, 1970: Grundlinien der Philosophie des Rechts (Werke in 20 Bänden, Bd. 7), Frankfurt
Langewiesche, D., 1988a: Liberalismus in Deutschland, Frankfurt
Langewiesche, D., (Hrsg.), 1988b: Liberalismus im 19. Jahrhundert in Deutschland im europäischen Vergleich, Göttingen
Marx, Karl, 1964: Zur Kritik der Hegelschen Rechtsphilosophie. Einleitung, in: Marx-Engels-Werke, Bd. 1., Berlin, S. 378-391
Nocken, Ulrich, 1978: Corporatism and Pluralism in Modern German History, in: Stegmann/Wendt/Witt (Hrsg.): Industrielle Gesellschaft und politisches System, Bonn, S. 37-67
Offe, Claus, 1984: Korporatismus als System nichtstaatlicher Makrosteuerung? Notizen über seine Voraussetzungen und demokratischen Gehalte, in: Geschichte und Gesellschaft, 10, S. 234-256
Prowe, Diethelm, 1985: Economic Democracy in Post-World War II Germany. Corporatist Crisis Response, 1945-1948, in: The Journal of Modern History, 3/1985, S. 451-482
Schimank, Uwe/Glagow, Manfred, 1984: Formen politischer Steuerung; in: Glagow, Manfred (Hrsg.), Gesellschaftssteuerung zwischen Korporatismus und Subsidiarität, Bielefeld, S. 4-28
Schmidt, Josef, 1987: Wohlfahrtsverbände und Neokorporatismus. Kritische Bemerkungen zur Übertragung einer Theorie, in: Mensch, Medizin, Gesellschaft, S. 119-123
Siemann, Wolfram, 1990: Gesellschaft im Aufbruch. Deutschland 1849 - 1871, Frankfurt
Streeck, Wolfgang, 1987: Vielfalt und Interdependenz. Probleme intermediärer Organisationen in sich verändernden Umwelten, Berlin
Thränhardt, Dietrich, 1981: Kommunaler Korporatismus. Deutsche Traditionen und mo-

derne Tendenzen; in: Ders./Uppendahl, Hubert (Hrsg.): Alternativen kommunaler Politik, Königstein/Ts., S. 5-34

Thränhardt, Dietrich, 1984: Von Thron und Altar zur bürokratischen Verknüpfung. Die Entwicklung korporatistischer Beziehungen zwischen Wohlfahrtsverbänden und Staat in Deutschland, in: Bauer, Rudolph (Hrsg.): Die liebe Not, Weinheim/Basel, S. 164-171

Trojan, Alf et al., 1985: Handlungsfelder und Entwicklungen von Selbsthilgegruppen, Hamburg (Institut für Medizinsoziologie)

Windhoff-Héritier, Adrienne, 1989: Institutionelle Interessenvermittlung im Sozialsektor. Strukturmuster verbandlicher Beteiligung und deren Folgen, in: Leviathan, 1/1989, S. 108-126

Autor:

Prof. Dr. Rudolph Bauer, Universität Bremen, Wissenschaftliche Einheit Lokale Sozialpolitik und Wohlfahrtsverbände, FB 12, Postfach 330440, 2800 Bremen 33

Adalbert Evers

Pluralismus, Fragmentierung und Vermittlungsfähigkeit. Zur Aktualität intermediärer Aufgaben und Instanzen im Bereich der Sozial- und Gesundheitspolitik*

Wenn von Brückeninstanzen, also von Organisationen, Institutionen und ihrer Vermittlung die Rede sein soll, dann ist es in vieler Hinsicht nützlich, den Blick auf die gewaltigen Veränderungsprozesse zu richten, die sich gegenwärtig in den postkommunistischen Gesellschaften vollziehen. Sie zeigen nicht nur, daß einfache organisatorische Konzepte, bei denen der Tendenz nach eine große zentrale Planbehörde die Gesellschaft verwaltet, der Komplexität der realen Gesellschaft nicht gerecht zu werden vermochten. Sie machen auch deutlich, wie schwierig es ist, ein reich gegliedertes gesellschaftliches, institutionelles und organisatorisches Geflecht zu entwickeln und zu kultivieren, innerhalb dessen sich beides, Ordnung und Wandel, Stabilität und Innovation in einer Weise balancieren läßt, die den Namen Demokratie verdient. Von dorther fällt auch ein Licht auf die immense Komplexität und Fragmentierung der westlichen demokratisch verfaßten Markt- und Industriegesellschaften, in denen die Aufgabe der Vermittlung, des Brückenbauens, mit dem Ausmaß ihrer Differenzierung wächst. Der folgende Beitrag wird sich auf ein spezielles Vermittlungsproblem konzentrieren, auf "intermediäre" Instanzen und Prozesse, die dadurch definiert werden können, daß es dabei um die Vermittlung zwischen verschiedenen gesellschaftlichen Sphären geht, also etwa zwischen Staat und gesellschaftlichen Organisationen, oder diesen "formell" organisierten Sphären und den "informellen" Alltagswelten von Gemeinschaften und Individuen.

In einem ersten Teil soll der Frage nachgegangen werden, warum diese Beziehungen heute so sehr in den Kategorien der Vermittlung und nicht mehr zuallererst denen der Abgrenzung und Konfrontation gedacht werden.

Der zweite Abschnitt wird sich auf Vermittlungsprobleme speziell im sozial- und gesundheitspolitischen Bereich konzentrieren, in dem ja sowohl die traditionellen "freien Träger der Wohlfahrtspflege", aber auch neue, kleinere Projekte, Initiativen und Vereine eine wichtige Rolle spielen. Angesiedelt zwischen dem informellen und dem staatlich-formellen Be-

---

* Erscheint auch in H. Hildebrandt/A. Trojan (Hrsg.), 1990: Brücken zwischen Bürgern und Behörden. Innovative Strukturen für Gesundheitsförderung, Bonn (Asgard-Verlag).

reich sind sie somit Bestandteil dessen, was wir den "intermediären" Bereich nennen wollen. Das Problem der Vermittlungsfähigkeit zwischen verschiedenen Sphären hat dabei, wie zu zeigen sein wird, zwei verschiedene Aspekte: den der Vermittlungsfähigkeit von Organisationen, insbesondere im intermediären gesellschaftlichen Bereich, und den der Rolle ganz spezieller Organisationen, die explizit für die Herstellung von Vermittlungen eingerichtet sind - Brückeninstanzen im engeren Sinne.

Der dritte und letzte Abschnitt wendet sich schließlich den Vermittlungsproblemen zwischen formellem und informellem Bereich zu, die als Interaktionsprobleme sozialer und gesundheitsbezogener Dienstleistungen Gestalt annehmen. Dienstleistungen sind ja gerade als interpersoneller Austausch zwischen formellen, professionellen Organisationen und einzelnen Klienten, Konsumenten und Bürgern mitsamt deren informeller Unterstützungssysteme definiert. Auch hier soll gezeigt werden, daß die zunehmende Differenzierung und Fragmentierung sozialer und gesundheitlicher Dienste und die veränderte Rolle der Adressaten und Klienten beides notwendig machen: einen Duktus sozialer Dienste, der ihre Vermittlungsfähigkeit gegenüber der Alltagswelt der Personen, auf die sie sich beziehen, erhöht, und ganz spezielle Einrichtungen und Dienste, die helfen, solche komplexen Vermittlungen herzustellen und zu erleichtern.

1. Die gesellschaftspolitische Dimension: Pluralismus, Konflikt und "intermediäre" Vermittlung in der "civil society"

Nicht zufällig spielt in den demokratischen Revolutionen, die sich in den postkommunistischen Ländern vollziehen, im Rahmen der Einklagung politischer Demokratie die Forderung nach Pluralismus eine eigenständige und besondere Rolle. Das verweist zunächst auf den usurpatorischen und gewissermaßen monotheistischen Anspruch früherer kommunistischer und sozialistischer Doktrinen, nach denen *ein* mehrheitlicher Volkswille sich in *einem* Staatswillen auszudrücken hatte, von dem dann bis ins gesellschaftliche und lokale Detail einheitliche Doktrinen und Maßnahmen abgeleitet werden sollten. Es führt uns auch zurück auf die Geburtsfehler der "jakobinistischen" Demokratiekonzeption der französischen Revolution, mit ihrer Absolutsetzung des Staates als Verkörperung der "volontée générale", mit der sich jeder einzelne Bürger identifizieren sollte, um so den Konflikten und zentrifugalen Tendenzen einer postrevolutionären Situation die unmittelbare Selbstgesetzgebung durch das Volk entgegenstellen zu können. Bei Aufnahme zentraler Werte dieser Revolution - Freiheit, Gleichheit und Brüderlichkeit - sind die realen Demokratien, die später erkämpft wurden, doch andere Wege gegangen, die mehr mit dem nordamerikanischen Demokratiemodell zu tun hatten. Hier steht die Erkämpfung und staatliche Garantie einer eigenen autonomen gesellschaftlichen Sphäre im Mittelpunkt, die Bildung gesellschaftlicher Öffentlichkeit, innerhalb derer Interessen "des Volkes", lokaler Bevölkerung und sozialer Gruppen und Klassen in einer Vielzahl von Organisationen einen eigenen und verschiedenen Ausdruck finden können sollten. Aus dem so gesponnenen Netz einer Vielzahl von Vereinigungen, Artikulationsformen von sozialen und politischen Interessen, die sich wechselseitig in ihrer Verschiedenheit respektieren, entsteht das, was der Begriff der "civil society", der "Zivilgesellschaft", umschreiben soll. Der Staat repräsentiert gegenüber dieser gesellschaftlichen Sphäre der Vermittlung und Austragung von Konflikten und der Findung von Kompromissen und Konsens die verbindenden gesellschaftlichen Grundwerte und Grundrechte; er stellt das Recht auf Konflikt, Pluralität und Vermittlung auf Dauer, indem er die Existenzbedingungen von Öffentlichkeit und der sie konstituierenden Assoziationsformen garantiert (vgl. zu diesem Abschnitt: Rödel et al.,1989; Schmid, 1988). Dadurch wird Macht und Herrschaft nicht aufgelöst, aber deren Hinterfragbarkeit und Veränderungsmöglichkeit garantiert.

Eine strukturierte politische Öffentlichkeit ist also die grundlegende Bedingung der Artikulation, Vermittlung und Austragung von Konflikten, wobei in diesem Zusammenhang die "intermediäre" Kompetenz der Organisationen im öffentlich gesellschaftlichen Bereich eine wesentliche Rolle spielt. Parteien, Verbände, Interessengruppen, Gewerkschaften und Vereine müssen in einem dauernden Dialog mit den Mitgliedern, die sie vertreten, und dem Bereich, in den hinein oder gegenüber dem sie wirken (staatliche Institutionen, konkurrierende oder entgegengesetzt orientierte Interessen und Organisationen) agieren. Aber auch umgekehrt: die Veränderungen und Erfahrungen auf der Ebene der organisierten Macht gilt es zurückzuvermitteln an ihre jeweilige Basis.

Mit Blick auf die Geschichte und heutige Realität westlicher Demokratien kann man sich nun mit Recht fragen, wo, ob und inwieweit die einmal geschaffene und organisatorisch verbürgte Kraft solcher lebendiger intermediärer Prozesse überdauert hat, wo in die eine oder andere Richtung Verbindungsfäden gerissen sind oder wo kompakte Mehrheiten, "korporative" Zusammenschlüsse von staatlich-administrativen, wirtschaftlichen Gewalten und "intermediären Verbänden" (Streeck und Schmitter, 1985) die Pluralität der Zivilgesellschaft derart verkürzt und eingeebnet haben, daß bestimmte Interessen und ihre Träger de facto oder gar de jure nicht zugelassen wurden.

Damit ist zugleich auch schon eine mögliche Antwort gegenüber der Frage angesprochen, was heute das Problem der "Intermediarität" so aktuell werden läßt. Als einen wesentlichen Grund könnte man *Vermachtung* und *Korporatismus* im öffentlichen Bereich nennen, sei es durch die Kooptation von Interessenverbänden oder ihre Verselbständigung gegenüber der "Basis". Dazu gehören auch die immer wieder zu erfahrenden Schwierigkeiten, neuen Interessen etwa im sozialen und ökologischen Bereich nicht nur organisatorischen Ausdruck zu geben, sondern auch angemessene Rechte auf Mitsprache und Anhörung. In diesen Problemkomplex gehört auch der Verlust der feinen kapillaren Vermittlungsglieder zwischen öffentlichen und gemeinschaftlichen und privaten Bereichen. In einer vor allem massenmedial vermittelten Polarisierung von Einzelinteressen und Großorganisationen haben zudem insbesondere jene Organisationen und Vereinigungen einen schweren Stand, die mit ihren Themen und ihrer begrenzten Reichweite nicht genug Öffentlichkeitswirksamkeit zu mobilisieren vermögen: Initiativen auf der Stadtteilebene und in gesellschaftlichen Nahbereichen an der Grenze zwischen "Gemeinschaft" und "Gesellschaft".

Doch selbst dort, wo Gesellschaften über eine große Vielfalt an intermediären gesellschaflichen Organisations- und Artikulationsformen und eine entsprechend reich differenzierte Öffentlichkeit verfügen, kann diese hinter dem Prozeß der Pluralisierung und konstanten Neuformierung von Gruppen, Lebenslagen und Interessen zurückbleiben, so daß sie die Herausforderungen und Folgeprobleme neuer sozialer Fragmentierungen, Brüche und Konflikte (Interessen der Frauen, neuer Minderheiten, lokaler Situationsgruppen in bedrohten Regionen oder Stadtvierteln) nicht mehr angemessen zu artikulieren und in Öffentlichkeit und staatlich-politisches System zu übermitteln vermögen. Es läßt sich jedoch beobachten, daß demokratisch verfaßte *Gesellschaften, die von einem hohen Maß an Brüchen, Spaltungen und Heterogenität geprägt sind* (wie etwa die USA), *dementsprechend auch im Bereich von Interessensorganisationen und von sozialen Einrichtungen und Dienstleistungen über ein stark ausgeprägtes intermediäres Feld verfügen*. Einen Kontrast dazu bilden etwa die hochgradig integrierten nordeuropäischen Gesellschaften, in denen bislang der Staat weit eher als "volkshuset", als "Volksheim" (so der schwedische Ausdruck), angesehen werden konnte, und wo die Spannungen und Vermittlungsprobleme zwischen dem staatlichen politisch-administrativen Bereich und der Ebene von Einzelperson, lokalen Gemeinschaften und gesellschaftlichen Teil- und Subkulturen bislang geringer waren. Soweit jedoch Entwicklungen dominieren, die gesellschaftliche und kulturelle Pluralität und Heterogenität steigern, aktualisieren sie das Problem von Repräsentanz und Vermittlung, wenn die Lösung nicht in der Zwangsintegration durch einen starken Staat gesucht werden soll.

Das Problem der Vielfalt und Interdependenz erhöht sich noch, wenn man davon ausgeht, daß mit wirtschaftlichen, sozialen und politischen

Trendwenden vielfach quer durch die politischen Lager zwischen zwei Kulturen zu vermitteln ist - traditionellen Mehrheitskulturen und neuen Lebens- und Organisationskulturen als Vorboten einer Gesellschaft, die sich angesichts all der damit verbundenen Ungewißheiten eher mit dem Präfix "post" beschreibt (post-modern, post-industriell, post-fordistisch, etc.). Nicht zufällig sind in der Bundesrepublik *Herausforderungen der Intermediarität* vor allem in diesem Kontext *als Frage nach den Vermittlungs- und Koexistenzmöglichkeiten von Mehrheits- und Subkulturen* (Schwendter, 1970), von "erster" und "zweiter" Kultur, bzw. von intermediären Personen (Huber, 1980; Evers, 1981) artikuliert worden.

In diesem Zusammenhang wird ein dritter zentraler Grund für die Aktualität von Vermittlungsproblemen sichtbar - ein *Wandel in der Theorie und Praxis der Definition und Austragung von Interessenskonflikten*. Im klassischen marxistischen und sozialistischen Denken herrschte lange Zeit eine "Lagermentalität" vor, in deren Kontext versucht wurde, entlang einer zentralen Machtspannung (der zwischen Kapital und Arbeit, herrschender bürgerlicher und oppositioneller sozialistischer Praxis) die Gesellschaft zu dichotomisieren, ihre Widersprüche und Konflikte zu hierarchisieren und "Gegenmacht" als auch organisatorisch wohlabgrenzbares Lager von Gegeninstitutionen zu konstituieren, die in der revolutionären Perspektive eines fernen Tages das herrschende Institutionengefüge ablösen sollten. In dieser Perspektive reduzierten sich Vermittlungsnotwendigkeiten auf einige wenige "Drehpunkte", und die implizite "Kriegserklärung" an den politischen Gegner privilegierte allemal die Zuspitzung von Konflikten gegenüber der Suche nach tragfähigen und stabilen Kompromissen. Als Alternative dazu hat sich noch etwas anderes entwickelt als der traditionelle selbstgenügsame Reformismus, der sich im Gegenüber zweier Lager einrichtet. Beobachten läßt sich eine Theoretisierung und Praxis politischer Auseinandersetzung, in der das Problem der Erringung von "Macht" in Kategorien der "Hegemonie" (Vorherrschaft) von Diskursen und Praktiken gedacht wird, so daß es gerade darum geht, Bereiche und Themen nicht anderen Akteuren zu überlassen, sondern sich auf möglichst vielen Terrains "einzumischen". In dieser Sichtweise wird akzeptiert und als Möglichkeit ernst genommen, daß die meisten gesellschaftlichen Sphären, Orte und Organisationen "überdeterminiert" sind, also nicht nur *eine* Rolle im Konzept *eines* politischen Akteurs spielen, sondern zugleich mehrere reale und imaginäre Rollen in der Konkurrenz und dem Gegeneinander einer Mehrzahl von politischen Kräften (vgl. dazu Laclau, 1988). Jede Projektinitiative im Gesundheits- und Sozialbereich weiß, daß sie von verschiedenen Seiten - den Betroffenen, der Sozialverwaltung, den Verbänden anders definiert und behandelt wird und damit zugleich in deren verschiedenen Strategien mehrfach und verschieden determiniert wird. In dieser Perspektive sollen also neue Experimente, Initiativen und Projekte eher "ansteckend" wirken und auf Übertragung und Offenheit statt Abgrenzung zielen. Es geht darum, in einer vielfältigen und komplexen Öffentlichkeit Themen, Probleme, Bedürfnisse und Sichtweisen "sichtbar" und "stark" zu machen, um sie so aus einer anfänglich randständigen und subalternen Position herausführen zu können. Das aber setzt voraus, daß keine politische Richtung Organisationen und Institutionen im gesellschaftlichen Bereich unter der Perspektive des Eigentumsrechts behandelt. Was hier als Veränderung der "politischen Streitkultur" nur angedeutet werden kann - eine andere "Legierung" von Demokratie und radikaler Interessenvertretung, von Vermittlung und Konflikt, als wir sie aus den überkommenen "revolutionären" oder "reformistischen" Traditionen sozialer und politischer Bewegungen kennen - hat ebenfalls in den postkommunistischen Gesellschaften eigene Namen und Organisationsformen gefunden, die genau diese Prinzipien der Offenheit und der Einladung zur Auseinandersetzung symbolisieren. Man denke etwa an die Begriffe "Bürgerforum" und "Öffentlichkeit gegen Gewalt" - die Namen der beiden Organisationen, mit denen sich in der CSFR die Geschichte einer neuartigen Umwälzung von Machtverhältnissen verbindet. Umgekehrt ist es auch kein Zufall, daß der traditionelle Begriff der "Front" allein in der posttotalitären Situation Rumäniens überlebte.

Zusammenfassend kann man also sagen, daß Gesellschaften gerade in dem Maße, wie in ihnen Pluralität, Heterogenität und entsprechende Bruch- und Konfliktlinien zunehmen, auf Organisationen, Träger und Formen politischer Konfliktaustragung im öffentlichen gesellschaftlichen Bereich angewiesen sind, die mithelfen, solche Konflikte und Unterschiedlichkeiten zu symbolisieren, zur Sprache und an das Licht der Öffentlichkeit zu bringen, aber auch zu vermitteln. "Intermediäre" Vermittlungsaufgaben stellen sich dabei zwischen den zu treffenden staatlich-politischen Entscheidungen und den Ansprüchen und Rechten von Teilgruppen und einzelnen Teilkulturen, zwischen bisherigen normbildenden Routinen, Übereinkünften und Regeln einer Mehrheitskultur und den innovativen Experimenten, Trägern und Organisationsansätzen, die andere und neue Regeln und Praktiken einklagen. Das Ausmaß, in dem der Einzelne staatliche Gewalt als unabweisbar und übermächtig erfahren muß und in dem staatliche Entscheidungsträger den Einzelnen als unmündig qualifizieren können, hängt wesentlich von den lebendigen Vermittlungsleistungen einer "civil society" ab. Sie hebt die Probleme von Macht und Ohnmacht, die Konflikte zwischen Starken und Schwachen nicht auf, kann aber helfen, sie bewußt, als Gegenstand von Politik offen und veränderbar zu halten und ihre Austragung ein Stück weit zu zivilisieren.

2. Sozial- und Gesundheitspolitik - Intermediäre Bereiche und Instanzen in einem koordinierten "Welfare Mix"

Insoweit es im sozial- und gesundheitspolitischen Bereich um die *Trägerschaft* von Leistungen, Einrichtungen und Diensten geht, war der Staat seit jeher ein Akteur unter anderen. Die Leistungen, die im "informellen" Bereich von Familie und Nachbarschaft erbracht werden, die Angebote in "freier" Trägerschaft durch - wie es in der US-amerikanischen Debatte heißt - "nonprofit organizations" oder durch "voluntary associations" (der englische Begriff) und schließlich auch die Beiträge kommerzieller Träger und Anbieter sind aus der "mixed economy" sozialer Dienstleistungen nicht hinwegzudenken. Das alles ist nicht neu - was neu ist und sich verändert hat, sind Bewertungen und politischer Umgang mit einem solchen überkommenen gemischten und zumeist hochgradig fragmentierten Systemen staatlicher und sozialer, öffentlicher und privater Trägerschaften und Verantwortlichkeiten.

Der kleinste gemeinsame Nenner einer Neubewertung von Trägerschaften liegt wohl in der stärkeren Anerkennung, den all die Organisationen gefunden haben, die nicht zum traditionellen Angebotskartell der staatlichen, kommunalen oder staatsnahen "freien Träger" gehören. Richtung, Motive und Präferenzen einer solchen Umbewertung sind dabei durchaus kontrovers; sie reichen von der marktliberalen Orientierung an kommerziellen Trägern und dem Leitbild des Gesundheits- und Dienstekonsumenten über die konservative Aufwertung der Rolle der Familie bis hin zu den Ausläufern der grünen und alternativen Utopien von Nachbarschafts-, Gegenkulturen und neu aufzubauenden "kleinen Netzen".

Neuartig sind aber auch die Formen des politischen Umgangs mit einem seit jeher pluralistischen und fragmentierten System von Trägerschaften und Verantwortlichkeiten in der Gesundheits- und Sozialpolitik. Vieles deutet darauf hin, daß eine Phase zuende geht, in der versucht wurde, traditionelle durch neue *"eindimensionale"* Leitbilder abzulösen, sei es nun, daß der Markt an Stelle des Staates, neue Lebensformen an Stelle der Familie, Selbsthilfe an Stelle der Staatshilfe treten sollten. Heute scheint es so, als beginne man zu lernen, Wirklichkeiten zu akzeptieren, die im eigenen ideologischen Bewertungsschema eher negativ assoziiert waren: konservative und marktliberale Orientierungen haben einige Schwierigkeiten damit, die nicht länger hinwegzudenkende Rolle neuer Formen der Assoziation, der Initiative und des Projektemachens anzuerkennen, die weder ins Schema von traditionaler Familien- und Nachbarschaftsidylle passen wollen, noch in ein Versorgungsschema, das nur professionelle "services" und Konsumenten kennt. Umgekehrt müssen linke, ökologische und alternative Optionen sich damit vertraut machen, daß der Einbruch unternehmerischer Initiative gegenüber öffentlich garantierten Anbietermonopolen in der Gesundheits- und Sozialpolitik durchaus positive Seiten hat, daß kooperative und genossenschaftliche Ansätze eher helfen können mehr Angebotsvielfalt zu schaffen, denn als globale Systemalternative zu dienen und daß es wenig Sinn macht, Ansätze zu neuen Netzen wechselseitiger Hilfe in einem Atemzug mit dem vorgeblichen Ende traditioneller "kleiner Netze", wie der Familie, zur Systemalternative erklären zu wollen.

In diesem Kontext haben im Spannungsfeld von Sozialwissenschaft und Sozialpolitik Denkansätze und Schulen an Gewicht gewonnen, in denen soziale Wohlfahrt nicht mehr kurzschlüssig als Frage des Wohlfahrts-Staates, sondern als *Problem der Gewichtung und Vermittlung verschiedener Sektoren, Bereiche und Akteure* gestellt wird.

In der "welfare pluralism" Debatte (vgl. dazu: Johnson, 1987) geht es z.B. vor allem um eine Aufwertung der Verantwortung und Trägerschaft von voluntary organizations und des informellen Sektors im Bereich sozialer und gesundheitlicher Dienste. Damit einher geht die Forderung nach einer Umstrukturierung staatlicher Verantwortlichkeiten, weg von der Trägerschaft von Einrichtungen und Diensten und hin zu einer Betonung ihrer Rolle als Moderatoren und koordinierende Förder- und Planungsinstanzen (für ähnliche Orientierungen in der Bundesrepublik vgl. Heinze et al., 1988).

In der Debatte über "nonprofit" Organisationen oder den "dritten Sektor" (vgl. dazu: Weisbrod, 1988; Anheier und Seibel, 1990) wird herauszuarbeiten versucht, welche spezifischen Vorzüge und Schwächen "freie Träger" im Bereich sozialer Dienstleistungen im Unterschied zu staatlichen oder kommerziellen Anbietern charakterisieren. Nicht zufällig wird dabei nach komplexen Arrangements und einem koordinierten "nonprofit federalism" (Salamon, 1987) gesucht, der die spezifischen Vorzüge der verschiedenen Sektoren und Organisationsformen maximal zur Geltung bringt und ihren jeweiligen Schwächen entgegenzusteuern versucht.

- Den bekannten Schwächen staatlicher Trägerschaft von Diensten und Einrichtungen steht die einzigartige potentielle Stärke staatlicher Verantwortung gegenüber, wenn es darum geht, soziale und territoriale Gleichheit und Sicherheit von Versorgungsniveaus durchzusetzen.

- Gerade hier liegen die Schwächen von kommerziellen Trägern, insoweit sie nicht "Bedürfnisse", sondern lediglich zahlungskräftige "Bedarfe" erfassen und damit hocheffizient operieren mögen, aber gegenüber dem Ziel der Gleichheit versagen.

- Eine Vielzahl freier Träger erhöht Auswahlmöglichkeiten und die Anpassungsfähigkeit von Anbietern an spezifische Bedarfe bestimmter Gruppen und ihre nicht "mehrheitsfähigen" Normen (man denke etwa an freie Träger in Bereichen wie der AIDS-Hilfe) und die Vielzahl freier Träger schafft mehr Orte und Ansatzpunkte für dezentrale Innovationen; aber in freier Trägerschaft läßt sich kaum ein lückenloses und verläßliches Minimalangebot von Einrichtungen und Diensten realisieren.

- Die Stärke von Gemeinschaftsbildungen und Initiativen im informellen Bereich liegt in ihrer Sensibilität für nicht normierbare emotionale und kommunikative Bedürfnisse, in der Herstellung von Vertrauen und von Sicherheiten, die nicht mit Geld und Recht zu schaffen sind; umgekehrt stoßen gemeinschaftsbezogene Bindungen und Verpflichtungen nur allzurasch an jene Grenzen, die durch die unabdingbaren Ansprüche auf persönliche Autonomie und individuelle Unabhängigkeit gesetzt sind.

Jedes denkbare Arrangement sozialpolitischer Versorgung und gemischter Trägerschaften und Verantwortlichkeiten stellt damit einen Kompromiß zwischen nur schwer zu vereinbarenden Werten und Imperativen dar. Wenn wir im Bereich der Sozial- und Gesundheitspolitik also vor allem in Kategorien wie Sicherheit, Verläßlichkeit, Gleichheit und Standardisierung denken, dann ist in der Tat z.B. das allein in staatlicher und kommunaler Trägerschaft befindliche schwedische System von Gesundheit, Pflege und sozialen Diensten so etwas wie ein Optimum. In dem Maße aber, wie z.B. Imperative wie Wahlmöglichkeiten, Angepaßtheit von Trägern und Diensten an die Bedürfnisse spezieller Situationsgruppen und Subkulturen für sozialpolitische Konzepte an Bedeutung gewinnen, werden die Vorzüge freier Träger und Initiativen, die auf der Basis eines lockeren Rahmens allgemeiner Regelungen frei sind, spezifische Lösungen und Angebote zu entwickeln, höher bewertet werden.

Für die Debatte um einen "welfare mix" (vgl. Evers und Wintersberger, 1990) ist nun kennzeichnend, daß sie das Problem der Vermittlung zwischen den unterschiedlichen Organisationsformen, Handlungslogiken und Präferenzen bei Staat, Markt und dem informellen Bereich als konstitutives Merkmal und Problem freier Träger herausstellt. Das Konzept des "welfare mix" spricht im Unterschied zur US-amerikanischen non-profit-Debatte deshalb auch nicht von einem dritten Sektor neben Staat und Markt, sondern von einem *"intermediären" gesellschaftlich-öffentlichen Bereich*, innerhalb dessen die oft konfliktuellen Logiken und Handlungsanforderungen, die aus dem staatlichen, kommerziellen und informellen Bereich heraus artikuliert werden, miteinander vermittelt und organisationsintern gewissermaßen verschränkt werden müssen (einen ähnlichen theoretischen Ansatz spricht Rudolph Bauer in diesem Band an).

Markt   Staat

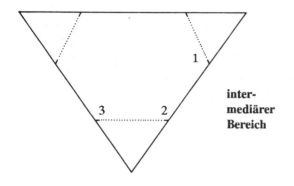

1. (staatsnaher) freier Träger Wohlfahrtsverband

inter-   2. Selbsthilfeprojekt
mediärer
Bereich

3. Sozial- und Beschäftigungsprojekt

Private Haushalte/ informeller Bereich

Die hier abgebildete "welfare triangle" (ausführlicher dazu: Evers und Wintersberger, 1990; Evers, 1990) veranschaulicht diesen Denkansatz. Das Problem der Vermittlung stellt sich dabei insbesondere in den (punktierten) Grenzbereichen zwischen dem sozialen/öffentlichen Bereich und den Sphären von Staat, Markt und informellem Bereich, wo Träger und Organisationsformen oft einen "hybriden" Charakter haben. Das gilt z.B. für die großen Wohlfahrtsverbände (1), die in der Bundesrepublik als staatsnahe Organisationen operieren (vgl. Olk, 1987), aber auch für kleine lokale Projekte und Initiativen wie ein lokales Gesundheitszentrum (2) oder ein Sozialprojekt, dem es zugleich um die Schaffung von Erwerbsarbeitsmöglichkeiten geht (3). Staatliche Förderung kann die enge Abhängigkeit solcher oft prekärer kleiner Organisationen von lokalen "Szenen" verringern; sie verstärkt aber auch die Vermittlungsprobleme zwischen den Zielen der staatlichen Förderinstanzen und jenen sozialen Bedürfnissen, denen sich diese Initiativen verpflichtet fühlen. Für die Bundesrepublik (für den internationalen Vergleich im Bereich der Wohlfahrtsverbände siehe Bauer, 1987) ist charakteristisch, daß es bis heute nur wenige große und gefestigte Träger gibt, die in dem Sinne "frei" sind, daß sie eine einseitige Abhängigkeit von staatlichen Geldern und Regulationen ebenso vermeiden können, wie die Abhängigkeit von lokalen Trends und Subkulturen. Organisationen wie "Pro Familia" oder der "Deutsche Paritätische Wohlfahrtsverband" versuchen zumindest ihrer Intention nach, jenen Bereich im Zentrum des intermediären gesellschaftlichen Feldes zu besetzen, den wir in unserem Schema mit Blick auf die Bundesrepublik bewußt leer gelassen haben.

Es ist nun offensichtlich, daß Optionen in Richtung auf einen koordinierten "mix" und Pluralismus an Trägerschaften in Sachen Gesundheits- und Sozialpolitik sich nur in dem Maße vom traditionellen "Pluralismus" eines historisch gewachsenen hochgradig fragmentierten und heterogenen Versorgungssystems unterscheiden können, wie die beteiligten Akteure und Organisationen Dialog-, Koordinations- und Vermittlungsbereitschaft zeigen. Der *Vermittlungsfähigkeit von "freien" Trägern im intermediären Bereich* kommt dabei sicherlich eine Schlüsselrolle zu. Zwei Aspekte dieses Problems, die sich in den letzten Jahren als besonders wichtig erwiesen haben, seien hier kurz skizziert:

1. Die Vermittlung zwischen allgemeinen staatlichen Leistungsverpflichtungen und den besonderen und innovativen Bedürfnissen in jeweils spezifischen kulturellen und sozialen Milieus. Ein anschauliches Beispiel für den Umgang mit diesem Problem bietet etwa der "Deutsche Paritätische Wohlfahrtsverband". Er versucht, einerseits etwas wie eine Dach- und Schutzorganisation für lokale Initiativen, Vereine und Gruppen zu sein, ihnen Beratung, finanzielle und organisatorische Hilfestellungen zukommen zu lassen und andererseits deren innovative Anstöße aufzunehmen, um von ihnen ausgehend neue Standards von Professionalität in der allgemeinen sozialpolitischen Debatte verankern zu können. In diesem Prozeß sind eine ganze Reihe von Spannungsverhältnissen zu bewältigen:
- zwischen der Verläßlichkeit großer Organisationen und der Beweglichkeit kleiner Initiativen,
- zwischen den tragenden Übereinkünften des sozial- und gesundheitspolitischen "Normalbereichs" und den abweichenden Praktiken sozialer Arbeit in gesellschaftlichen Randbereichen,
- zwischen der Anerkennung und Förderung lokaler Vielfalt und der Verständigung auf grundlegende gleichgeltende Rechtsansprüche.

2. Die Vermittlung zwischen ökonomischen Imperativen und sozialen Aufgabenstellungen. Es gibt z.B. eine ganze Reihe von neuartigen "Pflegeinitiativen", bei denen es um beides geht: um Erwerbsmöglichkeiten und die Realisierung einer anderen Kultur des Helfens und Pflegens; in der französischen Diktion spricht man hier von Elementen einer "öconomie sociale", also von einem Bereich, in dem sich wirtschaftliche und soziale Ziele die Balance halten. Dies mag als Organisationsziel auch für andere öffentliche Träger gelten; die Besonderheit vieler kleiner freier Träger ist es jedoch, daß sich diese Balance auch in der Offenheit gegenüber verschiedenen Formen und Motiven der Mitarbeit ausdrückt - Erwerbs- und Karrieremotive sind nicht ausgeschlossen, ohne aber zu dominieren; Engagement und nicht bezahlte freiwillige Mitarbeit spielen eine wichtige Rolle und werden insbesondere dann positiv bewertet, wenn sie Möglichkeiten eröffnen, die dabei gesammelten Erfahrungen und Lernmöglichkeiten auch einmal in eine spätere regulär vergütete und professionelle Tätigkeit einbringen und ummünzen zu können.

So sehr jedoch Vermittlungsfähigkeit Ziel und Qualitätsmerkmal von freien Trägern im intermediären Bereich sein sollte, insbesondere an den Nahtstellen zu Staat, Markt und informellem Bereich braucht es darüber hinaus *Organisationen und Instanzen mit einer speziellen und expliziten Brückenfunktion:*

1. An der Peripherie lokaler und kommunaler Spezialverwaltungen finden wir z.b. spezielle "Leitstellen" etwa für den Bereich von Fraueninitiativen, "Anlaufstellen" für die Beratung und Förderung von Selbsthilfeinitiativen, "Koordinationsstellen", bei denen es (wie z.b. bei den "Healthy City" Projekten) darum geht, nicht nur verschiedene Ämter, sondern auch verschiedene freie Träger an einen Tisch zu bekommen; gemeinsam ist all diesen Einrichtungen, daß sie nur dann wirksam arbeiten und vermitteln können, wenn ihre Organisations- und Arbeitsformen von der Normalität planender Verwaltungen ein Stück weit abrücken.

2. Im Grenzbereich zum (Arbeits-)Markt finden wir Einrichtungen wie ABM-Vermittlungsstellen, kleine Beratungsträger, wie BBJ-Consult, denen es z.T. mit Hilfe von gemischten Gremien, in denen Vertreter von Gewerkschaften, Unternehmerseite und staatlicher Verwaltung vertreten sind, darum geht, Übergangszonen zwischen sozialem und umweltbezogenem Engagement und der Normalität von Erwerbs- und Arbeitsleben offen zu halten (dazu ausführlich: Evers et al., 1989).

Wer die Realität solcher Bereiche und Einrichtungen kennt, weiß, daß es hier nicht um Elemente einer schönen neuen Wohlfahrtswelt geht, sondern um oft sehr prekäre Neuerungen, die gegenüber den Vertretern etablierter Denkweisen und Interessen erst um Anerkennung und Legitimität ringen müssen.

Der Preis für Unterstützung und sichernde Garantien ist sehr oft ein hoher einseitiger Anpassungsdruck. Er droht, die originären Vorteile freier Träger, Innovationen und Angebote zu schaffen, die für spezielle Bedürfnisse gerade deshalb passen, weil sie nicht mehrheitlich konsensfähig sind, zu untergraben oder zunichte zu machen. Allzuviel Koordination eines Pluralimus an Angeboten im Sozial- und Gesundheitsbereich führt wohlmöglich dazu, daß der potentielle Bevormundungsbereich staatlicher Politiken stärker ausgedehnt wird als die Bereitschaft zur Dezentralisierug von Ressourcen. Vor diesem Hintergrund ist es denn auch überaus schwierig, Balancen zu finden zwischen den Ansprüchen auf Autonomie und denen auf öffentliche Einbindung und Kontrolle, zwischen kooperativer Arbeitsteilung und Raum für den Wettbewerb verschiedener Träger. Die Vermittlungsmöglichkeiten und die Glaubwürdigkeit von Leitstellen, Förderungsfonds u.ä. explizit auf Vermittlung zielenden Brückeninstanzen sind dabei aber auch in dem Maße begrenzt, wie die Organisationen, auf deren Hintergrund sie arbeiten, wenig Bereitschaft zeigen, selbst sensibel und vermittlungsorientiert zu agieren. Das Entstehen spezieller "Brückeninstanzen" verweist oft auch auf das Ausmaß hinterfragbarer Immobilität und Vermittlungsunfähigkeit der Organisationen, zwischen denen sie Fäden und Verbindungen knüpfen sollen.

Aufgaben der "Intermediarität", wie sie sich insbesondere in einem organisierten "welfare mix" stellen, dürfen also nicht umstandslos gleichgesetzt werden mit der Aufgabe, "Brückeninstanzen" zu schaffen. Die Zunahme von Vermittlungsaufgaben zwischen verschiedenen gesellschaftlichen Sphären verlangt grundsätzlich beides: mehr Offenheit und Vermittlungsfähigkeit von Organisationen und ganz spezielle "Brückeninstanzen". Sie müssen einstweilen wohl mit dem Dilemma leben, in Sachen "Intermediarität" oft eher Ersatzfunktionen wahrzunehmen, wo sie doch eine Vorreiterrolle spielen wollen.

3. Soziale und gesundheitsbezogene Dienste - Vermittler zwischen formellen und informellen Bereichen

Wann immer Hilfe, Pflege, Beratung und Unterstützung nicht Teil alltagsweltlicher Interaktionen ist, sondern sich über formale Organisationen vermittelt, ist sie in ihrer Grundstruktur "intermediär". Als persönliche Dienstleistung ist sie dann ihrem Inhalt nach ein interpersoneller Austausch zwischen Personen, die verschiedenen gesellschaftlichen Bereichen (dem formellen und informellen, professionellen und Laienhilfebereich) angehören. Genau das macht Interaktion und Vermittlung aber auch so schwierig. Was informelle Hilfen geben können, kann nur in Grenzen formell organisiert werden und umgekehrt; beide Seiten weisen (wie wir weiter oben angedeutet haben) spezifische Stärken und Schwächen auf. Sie können sich ergänzen, aber einander nur in Grenzen ersetzen, und sehr oft entstehen Konflikte daraus, daß man von der anderen Seite erwartet, was sie nicht geben kann - jene Art der Zuwendung, wie man sie aus familiaren Zusammenhängen erfahren hat, von professionellen Helfern oder deren soziale und professionelle Kompetenz von informell Hilfeleistenden. Die Interaktion und Vermittlung zwischen formellen und informellen Beiträgen im Bereich gesundheitlicher und sozialer Dienste und Hilfen ist in den letzten Jahren aus einer ganzen Reihe von Gründen aktuell und problematisch geworden.

1. *Vermittlung und Interaktionen werden wichtiger und vielfältiger.* An die Stelle gelegentlicher Interventionen des medizinischen und sozialen Systems (der vorübergehenden Behandlung) und einer überwiegend substitutiven (ersetzenden) Verantwortungsübernahme (Institutionali-sierung eines alten Menschen, nachdem sein informelles Unterstützungssystem nicht mehr ausreichend tragfähig ist) sind auf Dauer gestellte und komplementäre (ergänzende) Interaktionen getreten: Hauspflege, Langzeitpflege, u.a.m. bilden nur eines von vielen Beispielen für "intermediäre" Vermittlungen, bei denen beide Seiten, die formelle und informelle, auf Dauer miteinander arbeiten und auskommen müssen. Das schafft Probleme der Vermittlung und Aufgabenteilung, der Ergänzung und Abgrenzung.

2. *Netze sozialer Unterstützungen und Abhängigkeiten entscheiden mit über Einsatz und Wirksamkeit professioneller Hilfen.* Modernisierungs- und Urbanisierungsprozesse haben nur für begrenzte Zeit einer Sichtweise den Anschein der Stimmigkeit gegeben, die Patienten und Klienten als Monaden behandelt, frei von sozialen Umfeldern, Bindungen und Abhängigkeiten und dementsprechend bereit oder genötigt, anzunehmen, was immer ihnen verabreicht oder verordnet wird. Während Individualisierung und Privatisierung dieses Bild vom isolierten Klienten eher verstärkten, wirkte ein anderer gesellschaftlicher Trend gegensinnig: seit den späten 60-er Jahren hat so etwas wie eine Renaissance der informellen Kultur eingesetzt. Dafür stehen Selbsthilfegruppen, Vereine, Nachbarschaften, neue Formen informeller wechselseitiger Hilfe um Problemkreise wie Kinderbetreuung u.a.m. Außerdem ist deutlicher geworden, wie sehr die Beratung und Hilfe von Familienangehörigen, Verwandten und Freunden darüber mitentscheidet, welche professionellen Hilfen man anspricht, zu Rate zieht und nutzt. Damit ist aber die Vermittlung zwischen formellen Organisationen und informellem Bereich nicht länger auf das Verhältnis zum einzelnen "Klienten" reduzierbar. Es stellt sich die Frage nach der "Vernetzung" und komplementären Beziehung zwischen gemeinschaftlichen und kollektiven Hilfsansätzen auf beiden Seiten, der von Organisationen und der von Initiativen, Gruppen und Formen der Gemeinschaftsbildung.

3. *Die "Klienten" sind Bürger mit Rechtsbewußtsein und Ansprüchen geworden.* In dem Maße, wie soziale und gesundheitliche öffentliche Dienste nicht mehr den Charakter spezieller Hilfen für randständige Gruppen haben, sondern Bestandteil der Lebensplanung der gesellschaftlichen Kerngruppen geworden sind, hat sich die Individualität der vormaligen Klienten verändert - sie sind immer mehr Bürger geworden, ausgestattet mit ei-

nem Bewußtsein sozialer Rechte, eigenem Wissen und sozialer Kompetenz. Angesichts dessen wird es zunehmend unrealistisch, die Beziehungen zwischen formellem und informellem Bereich als autoritative Einbahnstraße anzusehen. Heute geht es in Sachen Gesundheit und Hilfen bei der Lebensführung mehr denn je um aktives Einverständnis, Mitarbeit und "Koproduktion" einer Dienstleistung. Das stellt Dienstleistungssysteme vor neue Probleme: Arrangements wechselseitiger Interaktion auszuhandeln, statt bestimmte Hilfen zu verordnen.

4. *Öffentliche Dienstleistungsangebote haben sich diversifiziert und fragmentiert.* Dieser Sachverhalt verweist ganz direkt auf das Problem der Brückeninstanzen. Er betrifft die enorme Heterogenität unserer Alltagswelten in einer Dienstleistungsgesellschaft, die ein hohes Maß an sozialer Kompetenz fordert, um die Märkte an Angeboten, Möglichkeiten, Rechten und Zugängen zu professionellen Dienstleistungen überblicken zu können und sich aus diesen Angeboten jenes "Paket" zusammenzustellen und zu schnüren, das für die Bedürfnisse einer zu betreuenden Person oder einer Familie wirklich paßt. Laura Balbo (1984) hat immer wieder die hier entstehenden neuen Formen von Vermittlungs- und Dienstleistungsarbeit hervorgehoben, die heute überwiegend von Frauen wahrgenommen werden, ein außerordentliches Maß an Kenntnis und Qualifikation erfordern und selbst wieder neue Anforderungen an Dienste und Hilfen zur Folge haben.

Vor diesem Hintergrund stellt sich das Problem des Brückenbauens zwischen den Welten professioneller Organisationen und der Alltagswelt von Adressaten, informellen Gruppen und Netzwerken als Frage nach den alltäglichen Interaktionsmustern gesundheitlicher und sozialer Dienste, also ihrer impliziten Vermittlungsfähigkeit. Gleichzeitig verändern sich aber auch die Ansprüche an informelle Systeme; je weniger sie als weltabgewandte private Sphären zu denken sind, desto enger ist die Frage nach ihrer eigenen Leistungsfähigkeit mit der ihrer Beziehungsfähigkeit zu formellen Angeboten, Diensten und Organisationen verknüpft (ausführlicher dazu: Trojan, 1986).

Möglichkeiten und Aufgaben in Sachen Intermediarität lassen sich vor allem an dem "offenen" Charakter vieler der neuen Muster und Initiativen locker organisierter "semiformeller" Formen von Selbsthilfe ablesen. Eine entwickelte Kultur wechselseitiger Hilfe muß ja nicht nur in Kategorien der Alternative und Abgrenzung gedacht werden. Sie kann auch dazu beitragen, sich gegenüber den Angeboten, Rigiditäten und Zumutungen des formellen Hilfesystems besser helfen zu können. In Kinderläden oder Mütterzentren geht es nicht um das Entweder-Oder von "in group"-Gemeinschaftlichkeit oder Amtsstelle, sondern um die Schaffung von Orten, an denen die Grenzlinien zwischen den eher informell-gemeinschaftlichen und gesellschaftlich-öffentlichen Bereichen zum Vorteil der Betroffenen durchlässiger werden. Das unvermeidliche Vordringen von formellen, professionellen Rationalitäten und Formen der Hilfe in informelle private und gemeinschaftliche Bereiche kann durch solche Instanzen zwischen Haushalt und Krankenhaus, Kindergarten und familiarer Erziehung, Arbeitsmarkt und eigenem Engagement außerhalb des Privatbereichs sensibler und sozial verträglicher gestaltet werden.

Es haben sich umgekehrt aber auch Brückenpfeiler und Stützpunkte informeller, gemeinschaftlicher, ja sogar privater Elemente in den organisierten Welten von Institutionen verankern lassen. Das wohl anschaulichste Beispiel bildet hier die Geschichte des Umgangs mit Schwangerschaft und Geburt. Neben die Defensive der Hausgeburt, das Auswandern aus einer als feindlich erfahrenen administrativen und professionellen Welt, die dem emotiven und privaten Aspekt von Schwangerschaft und Geburt keinen Raum läßt, ist die zum Teil sehr erfolgreiche Bewegung zur Aneignung von Institutionen getreten. Rooming in, Geburtsvorbereitungskurse, Gesprächsgruppen, etc., die von und in Krankenhäusern organisiert werden, verweisen ganz allgemein auf bisher noch unausgeschöpfte Möglichkeiten, den formellen Bereich professioneller Institutionen ein Stück weit zu resozialisieren.

Schließlich lassen sich in verschiedenen Dienstleistungsbereichen, etwa dem der Altenpflege, Experimente und Innovationen beobachten, die solche Dienste gegenüber den Erwartungen und Bedürfnissen der Betroffenen, ihrer HelferInnen und Angehörigen sensibler und vermittlungsfähiger gestalten. Wie Evaluationen internationaler Experimente und Neuerungen (vgl. z.B. Baldock und Evers, 1991) gezeigt haben, geht es dabei in der Regel darum, an die Stelle der standardisierten seriellen Dienstleistung ein auf individuelle Bedürfnisse hin maßgeschneidertes Angebot zu entwickeln; Formen der Hilfe und Unterstützung anzubieten, die die vorhandenen informellen Unterstützungsnetzwerke anregen, fördern und auch in ihrer Entscheidungskompetenz fördern und ernst nehmen; Behandlung nicht zu verordnen, sondern in Abstimmung mit Betroffenen und ihren informelle HelferInnen Arrangements zur Hilfe und Pflege zu entwickeln, die im englischen Sprachgebrauch als "enabling" und "empowering" umschrieben werden. Da Hilfe, Pflege und Unterstützung plötzlich, unregelmäßig und im Prinzip jederzeit vonnöten ist, wird eine Kultur von Dienstleistungsangeboten in Frage gestellt, die Arbeitszeiten und Einsatzbereitschaften nach dem Muster herkömmlicher Bürokratien und Betriebe festlegt.

Vermittlung, Dienstleistungsarbeit, "packaging" - derartige Aufgaben begründen z.T. auch neue Berufe. Im Bereich sozialer Dienste macht immer mehr eine spezielle Aufgabenbeschreibung Schule, die im Englischen als "case manager" bezeichnet wird. Eine Person ist für eine begrenzte Zahl von Hilfsbedürftigen verantwortlich und hat die Möglichkeit, in Abstimmung mit ihnen und ihren informellen HelferInnen ein entsprechend zugeschnittenes Bündel an Angeboten und Leistungen zusammenzustellen.

Die gerade an einigen Beispielen erörterte Frage der "intermediären" Qualifizierung von Diensten, informellen Netzwerken und Alltagskulturen (ausführlicher dazu: Baldock und Evers, 1991) beinhaltet aber auch den Aspekt der Schaffung spezieller Brückeninstanzen.

Zum Teil sind sie in neue Initiativen eingebaut: Mütterzentren im Rahmen des Modellprojekts "Familien helfen Familien" stellen sich z.B. explizit die Aufgabe, Frauen mit Blick auf lokale Arbeits- und Ausbildungsmöglichkeiten zu beraten und so ihre Zugangsmüglichkeiten zur Öffentlichkeit zu verbreitern (Tüllmann et al., 1987); umgekehrt sind Ämter und Einrichtungen gut beraten, wenn sie die Vermittlungsfähigkeit solcher Formen mikroskopischer, strukturierter Öffentlichkeit vor Ort nutzen.

Spezifische Anlaufstellen und Beratungsdienste sind im Gesundheits- und Sozialwesen nicht zufällig ein expandierender Bereich, die helfen, sich im Dickicht der Angebote zurechtzufinden, Kontakt zu knüpfen zu bislang unbekannten Einrichtungen, selbst mehr Übersicht und Kompetenz zu gewinnen, um der Vielfalt einer fragmentierten Welt von Institutionen, Regeln und Angeboten weniger hilf- und ratlos gegenüberzustehen. Sehr oft erhalten solche Beratungsdienste eine eigenständige Organisationsform, wie z.B. bei "clearing houses", die speziell zwischen individuell Hilfesuchenden, den halböffentlichen Bereichen von Selbsthilfegruppen und anderen formellen Einrichtungen und Professionen vermitteln; in vielen Ländern gibt es eigenständige lokale Informationsstellen und Medien, die zwischen Personen, die sich im sozialen Bereich freiwillig engagieren und dazu ein spezielles Angebot machen wollen, und jenen, die einen entsprechenden Hilfebedarf haben, vermitteln.

Solche neuen Ansätze und Muster der Vermittlung zwischen formellem und informellem Bereich schaffen auch neue Risiken und Probleme. Standardisierte und uniforme Dienste geben zunächst mehr Gleichheit und Sicherheit als Angebote, die hochgradig flexibel und fortlaufend auf Kommunikation und Absprache angewiesen sind. Hier hängt es immer mehr von der sozialen Kompetenz der Betroffenen ab, wieviel und welche Qualität an Hilfen sie schließlich zu mobilisieren und organisieren vermögen. Die Tendenz, die ehemals so rigiden Barrieren zwischen dem formellen und informellen Bereich einzuebnen, formelle Angebote zu informalisieren und umgekehrt, Zwischeninstitutionen zu schaffen, bei denen sowohl

Geld, Erwerbsmotive wie auch Engagement eine Rolle spielen (man denke etwa an die oben erwähnten Mütterzentren oder die Vielzahl von Sozialprojekten, in denen sich Engagement und bezahlte Arbeit verschränken und mischen), schafft Grauzonen und Einrichtungen mit einem unklaren Status "zwischen den Stühlen" (Selle, 1990). Ähnliches gilt für die zunehmende Praxis der "paid helpers" oder der vergüteten Ehrenamtlichkeit, wo eine Tätigkeit, die vorrangig aus sozialem Engagement und einem darin eingebundenen eigenen Interesse eingegangen wird, auch durch eine materielle Anerkennung stabilisiert werden soll. Handelt es sich hier um eine wenn auch nur geringfügige Besserstellung für die Frauen, deren Arbeit früher ohne jede Anerkennung und Wahlmöglichkeiten verrichtet werden mußte, oder nur um eine Ausweitung ungesicherter, schlecht entlohnter Arbeitsverhältnisse? Um mehr "Selbstausbeutung" oder einen ersten Schritt heraus aus den stummen Ausbeutungsverhältnissen privater und familiarer Hilfe, Pflege und Arbeit?

Anstatt diese Liste von Risiken, Problemen und Vorbehalten zu verlängern, soll am Schluß ein Vorschlag zu einem angemessenen analytischen und praktischen Umgang mit ihnen unterbreitet werden: die Bewertung von derartigen Arbeitsformen, Organisationen, Arrangements und Praktiken einer stärker "intermediären" Kultur sozialer und gesundheitlicher Dienstleistungen nicht vorrangig aus der Begutachtung solcher Einzelelemente abzuleiten. Über ihren "Stellenwert" entscheiden nämlich letztlich jene sozial- und gesundheitspolitischen Strategien, in die man sie einzubinden versucht, natürlich vor allem jene, denen es gelingt, dominant zu werden. Anders formuliert: die Zunahme von Brückeninstanzen, neuen Formen des Engagements, die damit verbundene Aufwertung der Leistungen und Beiträge des informellen Bereichs meint etwas sehr Verschiedenes je nach Maßgabe des strategischen Ansatzpunktes von dem aus sie ins Werk gesetzt und gefördert werden. Spezielle Brückeninstanzen können somit *zugleich* Ausdruck der Unfähigkeit und Unwilligkeit von Großorganisationen sein, sich "zu vermitteln", und Teil eines Versuches, bislang unterbewerteten Bedürfnissen und Interessen Einfallstore in Welten zu öffnen, die ihnen bislang verschlossen waren; sie können zugleich Teil neuartiger Konzepte des Machterhalts und der Demokratisierung sein. Deshalb wird das Zunehmen von Brückeninstanzen im sozial- und gesundheitspolitischen Bereich in der Regel immer beides ausdrücken: Ansätze und Konzepte zu einer "Resozialisierung" formeller Großorganisationen, gleichzeitig aber auch Prozesse und Strategien einer weiteren "Kolonialisierung" von Lebenswelten. Daß nur selten eines von beidem im vorhinein völlig auszuschließen ist, charakterisiert gerade die Chancen und Risiken eines neuen sozialen und politischen Reformhandelns, das heute jenseits der Traditionen von Lagerpolitiken und defensiver Abgrenzungen nach einer eigenen Identität sucht. Für eine neuartige Reformpolitik sind intermediäre Vermittlungsfähigkeit und Brückeninstanzen nicht deshalb wichtig, weil es gilt, Konflikte zu vermeiden, sondern weil sie unsere Möglichkeiten erweitern, produktiv mit ihnen umzugehen.

Literatur

Anheier, H.K./Seibel, W. (Hrsg.), 1990: The Nonprofit Sector. International and Comparative Perspectives, Berlin/New York

Balbo, L., 1984: Crazy Quilts: Gesellschaftliche Reproduktion und Dienstleistungsarbeit, in: Kickbusch, I./Riedmüller, B. (Hrsg.): Die armen Frauen. Frauen und Sozialpolitik, Frankfurt a.M.

Baldock, J./Evers, A., 1991: Innovationen in der häuslichen Altenpflege als Beiträge zu einer neuen Dienstleistungskultur - Beispiele aus den Niederlanden, Schweden und England, in: Kytir, J./Münz, R. (Hrsg.): Pflege und Hilfsbedürftigkeit im Alter. Wien; und in: Journal für Sozialforschung 1/1991

Bauer, R., 1978: Wohlfahrtsverbände in der Bundesrepublik, Weinheim/Basel

Evers, A., 1981: Über Selbsthilfe, zwei Kulturen und Alternativbewegung, in: Kickbusch, I./ Trojan, A. (Hrsg.): Gemeinsam sind wir stärker. Selbsthilfegruppen und Gesundheit, Frankfurt a.M

Evers, A., 1990: Im intermediären Bereich. Soziale Träger und Projekte zwischen Haushalt, Staat und Markt, in: Journal für Sozialforschung, 2/1990.

Evers, A./Ostner, I./Wiesenthal, H., 1989: Arbeit und Engagement im intermediären Bereich. Zum Verhältnis von Beschäftigung und Selbstorganisation in der lokalen Sozialpolitik, Augsburg.

Evers, A./Wintersberger, H. (Hrsg.), 1990: Shifts in the Welfare Mix. Their Impact on Work, Social Services and Welfare Policies, Frankfurt/New York.

Heinze, R.G./Olk, T./Hilbert, J., 1988: Der neue Sozialstaat. Analysen und Reformperspektiven, Freiburg im Breisgau.

Huber, J. (Hrsg.), 1980: Wer soll das alles ändern? Berlin

Johnson, N., 1987: The Welfare State in Transition. The Theory and Practice of Welfare Pluralism, Brighton (Sussex)

Laclau, E./ Mouffe, C., 1985: Hegemony and Socialist Strategy. Towards a Radical Democratic Politics, London

Olk, T., 1987: Zwischen Verbandsmacht und Selbstorganisation. Antworten der Wohlfahrtsverbände auf die Herausforderung durch die neuere Selbsthilfebewegung, in: Boll,F./Olk, T. (Hrsg.): Selbsthilfe und Wohlfahrtsverbände, Freiburg im Breisgau

Rödel, U./Frankenberg, G./Dubiel, H., 1989: Die demokratische Frage, Frankfurt a.M.

Salamon, L.M., 1987: Of Market Failure, Voluntary Failure and Third-Party Government: Towards a Theory of Government-Nonprofit Relations in the Modern Welfare State, in: Journal of Voluntary Action Research no.1/2.

Schmid, T. (Hrsg.), 1988: Entstaatlichung - Neue Perspektiven auf das Gemeinwesen, Berlin.

Schwendter, R., 1970: Theorie der Subkultur, Kronberg.

Selle, K., 1990: Zwischen den Stühlen. 12 vorläufige Thesen zur Dynamik intermediärer Organisationen, in: Stoffsammlung. Institut für Freiraumentwicklung und Planungsbezogene Soziologie, Universität Hannover Heft 10/1990.

Sozialreferat der Landeshauptstadt München (Hrsg.), 1988: Die Münchner Konzeption zur

Förderung von Selbsthilfeinitiativen im Gesundheits- und Sozialbereich.
Streeck, W./Schmitter, P.C., 1985: Gemeinschaft, Markt und Staat - und die Verbände? Der mögliche Beitrag von Interessenregierungen zur sozialen Ordnung, in: Journal für Sozialforschung 2/1985.
Trojan, A., 1986: Wissen ist Macht. Eigenständig durch Selbsthilfe in Gruppen, Frankfurt
Tüllmann, G. u.a., 1987: Familienselbsthilfe, Partnerschaft und ihre Ressourcen. Konzeptionelle Überlegungen zu einigen kontroversen Aspekten des Modellprojekts "Familien helfen Familien".
Weisbrod, B.A., 1988: The Nonprofit Economy, Cambridge (Mass.)

Autor

PD Dr. Adalbert Evers, Europäisches Zentrum für Ausbildung und Forschung auf dem Gebiet der sozialen Wohlfahrt, Bergstr. 17, A-1090 Wien

Heinrich Ganseforth, Wolfgang Jüttner

Kommunale Selbstverwaltung - zwischen Parlamentarismus und Marketing. Parlamentarische Demokratie und kommunale Selbstverwaltung. Ein Diskussionsbeitrag

Während die öffentliche Gewalt seit der französischen Revolution in westlichen Demokratien vertikal in Legislative, Exekutive und Indikative geteilt ist, wird die Gewaltenteilung in der Bundesrepublik zusätzlich gewissermaßen horizontal durch die bundesstaatliche Verfassung und durch die kommunale Selbstverwaltung ergänzt. Die bundesstaatliche Verfassung bezieht diese horizontale Gewaltenteilung auf Legislative, Exekutive und Judikative, während die kommunale Selbstverwaltung sowohl politische Demokratie der örtlichen Gemeinschaft als auch Organisationsbestandteil der Exekutive auf der unteren staatlichen Ebene ist. Diese Dualität erschwert die Problem- und Standortanalyse.

Es geht bei der Selbstverwaltung darum, daß die örtliche Gemeinschaft über ihre eigenen Angelegenheiten selbst entscheidet, um so staatliche Exekutivgewalt partiell durch bürgerschaftliche Selbstverwaltung zu ersetzen. Nur dann läßt sich größere Bürgernähe und höhere Akzeptanz erreichen, und es wird möglich, das politische Engagement von Bürgern stärker zum Bestandteil der Problemlösung und örtlichen Entwicklung zu machen und die Schwelle zwischen staatlicher Gewalt und örtlichen Interessen zu reduzieren. Eine bürgernahe Stadt kann diese Funktion als Institution örtlicher Verwaltung und als untere Verwaltungsebene für staatliche Aufgaben nur erfüllen, wenn sie von allen staatlichen Regeln befreit ist, die für die jeweilige Aufgabenerfüllung nicht unbedingt erforderlich sind. Ein zu hoher Grad an Regelungsdichte, der für kommunalen Entscheidungsspielraum keine hinreichende Bandbreite bietet, steht der Herausbildung eines Profils moderner öffentlicher Dienstleistungen entgegen.

Die Stärke der kommunalen Selbstverwaltung liegt in der demokratischen Legitimation von Verwaltungshandeln, d. h. daß auf der kommunalen Ebene öffentliche Gewalt nicht nur durch parlamentarische Gesetze gesteuert und kontrolliert wird, sondern daß die Verwaltungsorgane selbst demokratisch legitimiert sind. Innerhalb der Verwaltungshierarchie bilden die Mandatsträger, als Repräsentanten der örtlichen Gemeinschaft, ehrenamtliche kollegiale Beschlußgremien, die als obere (Verwaltungsausschuß) und oberste Verwaltungsorgane (Rat) fungieren. Die niedersächsische Kommunalverfassung verzichtet auf eine klare Abgrenzung zwischen einer politisch-programmatischen Ebene und der Ebene des Vollzugs.

Mit zunehmender Größe der kommunalen Bürokratien und mit zunehmender Komplexität und Verflechtung der Angelegenheiten der örtlichen Gemeinschaft wirkt sich die mangelnde Einbindung kommunalen Verwaltungshandelns in verbindliche politisch abgesicherte Ziele zunehmend verhängnisvoll aus. Die Versuche der Fraktionen, sich selbst immer weniger als ehrenamtliche Verwaltung zu verstehen denn als "Legislativ- und Kontrollorgan" für hauptamtliche Verwaltung, sind eine der Folgen der heutigen Probleme der kommunalen Selbstverwaltung.

Würde in dieser Situation die staatliche Parteiendemokratie nicht ihrerseits krisenhafte Probleme haben und in der Bevölkerung in schlechtem Ansehen stehen, wäre der Weg der kommunalen Selbstverwaltung in Richtung zunehmender Parlamentarisierung aufgezeigt.

1. Bürgerbeteiligung und Staatsverdrossenheit

Die Weiterentwicklung von Politik- und Verwaltungsstrukturen von Großbürokratien moderner kommunaler Selbstverwaltung[1] in Großstadtregionen - von denen hier in erster Linie die Rede sein soll - steht in einer Wechselwirkung zur notwendigen Weiterentwicklung der staatlichen Demokratie im Sinne regionaler Dezentralisation, größerer Bürgerbeteiligung, höherer Problemlösungskompetenz und entsprechender stärkerer Entflechtung von großindustriellen und Kapitalbank-Interessen.

Die Politik des Bundes und der Länder steht vor dem Problem, daß aus der Sicht vieler Bürger staatliches Handeln in hohem Maße als parteipolitischer Selbstzweck, indes immer weniger als Handeln im Sinne des Gemeinwohls verstanden wird. Die Bürger mit ihren individuellen Problemen haben nicht das Gefühl, daß das staatliche Handeln einen Beitrag zur Lösung ihrer Probleme leistet oder damit überhaupt im Zusammenhang steht. Dies gilt insbesondere für soziale Probleme wie Abbau von Arbeitslosigkeit, Wohnungsversorgung, Schutz vor Drogen und Kriminalität, Schutz vor wirtschaftlicher Ausbeutung von Mensch und Natur und Schutz vor unkalkulierbaren Maßnahmen und Krisen der Wirtschaft.

Hinzu kommt, daß durch zunehmende Vollzugsdefizite bei der Durchsetzung staatlicher Ziele aufgrund personeller Engpässe und örtlicher Proteste generelle Akzeptanzprobleme entstanden sind. Die deutsche Tradition, Normen als Grundlage des Handelns anzuerkennen, gehört zunehmend der Vergangenheit an; gesetzliche Regelungen werden in gleicher Weise in Frage gestellt wie exekutives Handeln. Der parlamentarische

---

1) Vgl. zur Situation und Weiterentwicklung der kommunalen Selbstverwaltung: Institut für Kommunalwissenschaften der Konrad-Adenauer-Stiftung, 1984; H.-U. Erichsen, 1989; A. Janssen, 1988.

und damit demokratische Ursprung von Gesetzen sichert ihnen dennoch kaum mehr Anerkennung als dem darauf beruhenden Verwaltungshandeln. Umgekehrt nützt es der Exekutive immer weniger, sich auf ihre Legitimation durch Gesetze zu berufen, weil es dem Bürger vom Ergebnis her egal ist, ob sein Protest sich gegen das Gesetz oder gegen dessen Vollzug richtet.

Was für die Parlamentarier die mangelnde Legitimation und Kontrollierbarkeit der Apparate ist, ist für den Bürger die mangelnde Kompetenz der Politik zur Lösung der Probleme. Das Gefühl der Bürgerferne der Politik führt zu einem Mangel an Vertrauen in die Kompetenz des Parteienstaates, Krisen zu bewältigen, und verführt vielfach zu der leichtfertigen Vorstellung, Grundlage aller positiven Entwicklung sei die Prosperität; die Wirtschaft wisse schon selber am besten, was insbesondere auch im Blick auf Europa und damit auf die Zukunft zu tun sei.

Es ist zu befürchten, daß der Mangel eines gesamteuropäischen Politikbewußtseins zu einem Problem des europäischen Binnenmarktes wird, wenn dieser Binnenmarkt sich zu sehr als Selbstbedienungsladen der europäischen Wirtschaft erweist und die sozialen Auswirkungen einer staatlichen Politik überläßt, die zunehmend größere Schwierigkeiten hat, sich zwischen Deregulierung und notwendigem staatlichen Handeln zu entscheiden.

Zwischen der Neigung des Gesetzgebers, alles und jedes zu regeln, um die Exekutive im Griff zu haben, und der gegenäufigen Neigung, mit dem freien Spiel der Kräfte Wachstumspotentiale freizusetzen und damit neue Handlungsspielräume zu gewinnen, ist der richtige Weg noch nicht gefunden; im Gegenteil verstärkt sich der Eindruck, daß tiefsitzende Unsicherheit über den richtigen Weg die Handlungsfähigkeit lähmt und die Krisen verschärft.

Bei den Bürgern werden dadurch Verdruß und Ängste freigesetzt, wodurch einerseits politisches Desinteresse wächst, die Bereitschaft zu politischer Mitverantwortung sinkt, andererseits die Suche nach Patent-, Schein- oder Ersatzlösungen um sich greift, wie dies bei Teilen sogenannter alternativer Politikströmungen auf der einen Seite und rechtsradikalen Strömungen auf der anderen Seite erkennbar wird.

2. Örtliche Verwaltung und politische Verantwortung

Parallel dazu droht kommunale Politik mangels umfassender politischer Zielvorgabe in kleinteiligem Verwaltungshandeln zu versinken und damit jedwede Transparenz und Klarheit aus Sicht des Bürgers zu verlieren.

Der Stellenwert der politischen Parteien im Sinne von Art. 21 Abs. 1 Satz 1 Grundgesetz ist im Kommunalverfassungsrecht immer zweifelhaft geblieben und es hat den Anschein, als habe sich die Spannung zwischen Parteiarbeit und Fraktionsarbeit und zwischen Fraktionen und hauptamtlicher Verwaltung vielerorts erhöht, als sei nicht erkennbar, in welchem Sinne diese Spannungsverhältnisse bearbeitet und/bzw. aufgelöst werden sollen. Das politisch-ehrenamtliche Verwaltungshandeln wird mit der Frage der erforderlichen Fachkompetenz und Professionalität konfrontiert und zieht sich im Zweifel auf die Rolle der Programmatik und Kontrolle zurück.

Dem Gesetzgeber, der im Rahmen von Artikel 28 Grundgesetz und Artikel 44 der vorläufigen Nieders. Verfassung aufgerufen ist, u. a. funktionierende Kommunalverfassungen zu entwickeln, ist aufgrund der beschriebenen eigenen Krisenerscheinungen der parlamentarischen Demokratie kaum in der Lage, die Funktionsweise lokaler Politik- und Verwaltungsstrukturen im Sinne der Bürger den Notwendigkeiten anzupassen. Dadurch ist eine interessante Diskrepanz zwischen Verfassung und Verfassungswirklichkeit der kommunalen Selbstverwaltung entstanden. Dies gilt insbesondere für die Verfassungen Nordrhein-Westfalens und Niedersachsens, mit ihrer Dualität zwischen dem Oberbürgermeister als politischem Repräsentanten und dem Oberstadtdirektor als Chef der hauptamtlichen Verwaltung.

Dieser Verwaltungschef fühlt sich als "Manager einer Großbürokratie" häufig durch kleinteiliges administratives Laienspiel der ihm übergeordneten politischen Gremien an professionellem verantwortlichem Handeln gehindert und kann deshalb umgekehrt für Mißerfolge nicht automatisch zur Verantwortung gezogen werden, während umgekehrt die politischen Gremien ihrem umfassenden kommunalverfassungsrechtlichen Auftrag zu verantwortlichem Verwaltungshandeln mangels Zeit und Kompetenz nicht gerecht werden können. Der nur formal ehrenamtlich, weil hauptberuflich kaum noch tätige Oberbürgermeister als politischer Repräsentant darf rechtlich weder in den Verwaltungsorganismus eingreifen noch selbst politisch handeln, erweckt aber häufig dem Bürger gegenüber den Anschein der umfassenden Kompetenz, ohne zu irgend welchem Handeln rechtlich legitimiert zu sein. Der Oberbürgermeister wird in der öffentlichen Meinung mit dem Verhältnis der Stadt zu ihren Bürgern identifiziert, ohne dafür verantwortlich zu sein; der Verwaltungschef trägt den größten Teil der Verantwortung, ohne sich dem Bürger gegenüber entsprechend zu präsentieren, und die politischen Gremien als Träger aller wichtigen Entscheidungen werden zwischen der Übermacht der Verwaltungs- und Sachargumente und der ehrenamtlichen Funktion des Oberbürgermeisters zerrieben.

Von der ursprünglichen Idee, der Hauptverwaltungsbeamte sei gewissermaßen erster Sekretär des allzuständigen ehrenamtlichen Verwaltungsorgans, dessen Vorsitzender politischer Repräsentant der Stadt ist, ist nicht mehr viel zu erkennen, weil es eine Illusion ist zu glauben, man könne und wolle Verwaltungsmanagement heute noch einem Gremium ehrenamtlicher Beigeordneter überlassen. In dieser Konstellation entspricht weder die notwendige Fachkompetenz und Professionalität den verfassungsrechtlichen Verantwortlichkeiten, noch ist die hauptamtliche Verwaltung hinreichend in verbindliche kommunalpolitische Ziele eingebunden. Eine Ebene für verantwortliches Verwaltungshandeln im Rahmen eines Rasters verbindlicher kommunalpolitischer Ziele und für ein wirksames politisches Controlling ist in der Kommunalverfassung nicht vorgesehen.

Statt dessen hat sich in den Köpfen der politischen Mandatsträger längst ein von der Kommunalverfassung nicht vorgesehenes Rollenverständnis eingenistet, das am ehesten geeignet erscheint, der übernommenen politischen Verantwortung gerecht zu werden. Dies ist die Selbsteinschätzung, sich einem parteipolitischen Programm gewissermaßen als Absender verpflichtet zu fühlen, aktuelle Themen und Entscheidungen vor diesem politischen Hintergrund einzuordnen und daraus entsprechende Entscheidungen abzuleiten, diese Meinungsbildung nicht alleine, sondern im Rahmen der eigenen politischen Fraktion zu bilden, hierfür Mehrheiten zu finden, Beschlüsse herbeizuführen und so hauptamtliches Verwaltungshandeln zu steuern bzw. anschließend den Vollzug zu kontrollieren.

Es ist nicht mehr das Gefühl der ehrenamtlichen Selbstverwaltung, sondern das Gefühl der politischen Kontrolle hauptamtlicher Verwaltung und der Versuch, die Eigendynamik einer übermächtigen Bürokratie zu steuern und zu kontrollieren, die das politische Selbstverständnis der Mandatsträger prägt.

In dieser Situation werden sie von der Krise des Parteienstaates in gleicher Weise erfaßt wie die Parlamentarier der staatlichen Ebenen. Sie trifft der Zweifel der Bürger an der Problemlösungskompetenz politisch fraktionierter Kollegialorgane gewählter Abgeordneter, die mangelnde Bereitschaft örtlicher Gruppen, politisches Handeln deshalb anzuerkennen, weil es demokratisch legitimiert ist. Sie trifft das Gefühl der Ohnmacht gegenüber den Sachzwängen und das Gefühl der Diskrepanz in der Programmatik der Beschlüsse im Verhältnis zum Defizit ihres Vollzuges.

Die Parteibasis orientiert sich an den Belangen, aber auch am Unmut der Bürger und versucht, die Fraktionen zu binden. Die Fraktionen stehen in anderen Entscheidungszusammenhängen und sind auf politische Mehrheiten angewiesen. Sie fühlen sich in ihrer Gestaltungs- und damit Dispositionsfreiheit ihres Mandates im Verhältnis zur hauptamtlichen Verwaltung eingeengt. Die hauptamtliche Verwaltung entfremdet sich der ehrenamtlichen Verwaltung und versucht, von der Krise des Parteienstaates verschont zu bleiben und die ihr notwendig erscheinenden Planungen und Maßnahmen durchzusetzen. Damit ist das Dilemma der politischen Selbstverwaltung in Großstädten beschrieben.

3. Veränderte Anforderungen aus Sicht des Bürgers

Problemlösungen müssen aus dem Blickwinkel des Bürgers gesucht werden.Die kommunale Ebene ist der zentrale Ort öffentlicher Dienstleistungen für Bürger, Wirtschaft und Gesellschaft. Gesetze, die sich an Bürger, Wirtschaft und Gesellschaft wenden, sind in der Regel in der Stadt zu vollziehen. Im Rathaus der Stadt trifft der Bürger den "Staat". Die Städte werden auch in Zukunft die untere Verwaltungsebene des Staates bleiben. Aber trotz aller Amtlichkeit, Hoheitlichkeit, aller Gesetzesbindung und Behördenhierarchie zeigt sich immer deutlicher, daß die kommunale Aufgabenstellung nicht mehr länger mit "Sicherheit und Ordnung" und "Daseinsvorsorge" beschrieben werden kann.

Das Produkt der kommunalen Selbstverwaltung ist moderne öffentliche Dienstleistung, die sich immer weniger verordnen läßt und die von immer weniger Herrschaftsstrukturen durchdrungen ist, die sich vielmehr zunehmend als Qualitätsprodukt darstellen und gegenüber einer Vielzahl kritischer Fragestellungen und "Konkurrenzprodukten" gewissermaßen am Markt behaupten muß.

Eine Stadtverwaltung und eine Rathauspolitik, die vor dem Hintergrund des staatlichen Machtmonopols auftritt und ihre Stadtentwicklungsplanung vorlegt, muß sich gefallen lassen, fundamental kritisiert zu werden und komplette Gegenentwürfe entgegengehalten zu bekommen. Ohne Dialog wird es dann nicht mehr gehen, und was nicht überzeugt, wird sich nicht durchsetzen.

Mit den enger werdenden finanziellen Spielräumen geht es auch zunehmend darum, ob kommunale Dienstleistungen auf der Grundlage kostenbezogener Abgaben bereitgestellt werden. Eine solche "Preispolitik" schärft den Blick für die Qualität der Dienstleistung, weil mangelnde Qualität ungern bezahlt wird. In solchen Zusammenhängen entsteht Schritt für Schritt auch ein Blick dafür, daß es im öffentlichen Bereich konkurrierende Dienstleistungen gibt und daß es nicht sinnvoll ist, in verschiedene konkurrierende, defizitäre Aufgaben gleichzeitig zu investieren und damit die Konkurrenz zu verschärfen. Dies gilt z. B. für die Infrastruktur des Individualverkehrs im Verhältnis zum öffentlichen Verkehr, für die unterschiedlichen Energieträger - insbesondere bei der Wärmeversorgung - oder für die Ausweisung und Erschließung von baulichen Reserveflächen.

Solche Betrachtungsweisen fordern veränderte Verwaltungsstrukturen, bis hin zur wirtschaftlichen Verselbständigung einzelner Aufgabenbereiche in Eigenbetrieben und Gesellschaften. Sie erfordern stärkeres Kostendenken und höhere Effizienz, sie verlangen eine genaue Kenntnis der Nachfrage und ersetzen damit partiell den Begriff der Bürgernähe durch Kundennähe und der Bürgerfreundlichkeit durch Elemente eines nachfragegerechten Marketings.

4. Problematik privatrechtlicher Organisationsformen

Solche Überlegungen dürfen aber nicht dazu führen, den umfassenden Begriff der kommunalen Selbstverwaltung in marktgängige Produkte zu zerlegen, obwohl dafür insbesondere im Dienstleistungsbereich gewisse Tendenzen - die Gemeinde als Holding - erkennbar sind. Vielmehr müssen auch die zweckmäßigerweise verselbständigten öffentlichen Aufgaben der kommunalen Ebene einer wirksamen Kontrolle der gewählten Volksvertretung unterworfen werden, und zwar in stärkerer Form, als dies in den Gesellschaftsformen des Privatrechs über Aufsichtsratsmandate möglich ist bzw. praktiziert wird.

Durch die Gründung von Gesellschaften des Privatrechts wird der inhaltliche Verantwortungsbereich des Rates geschmälert und ihm wird das unmittelbare Entscheidungsrecht teilweise entzogen. Dies ist der Preis für verstärkte unternehmerische Gesichtspunkte, die bei der wirtschaftlichen Betätigung der Kommunen gefordert werden.

Die Gefahr liegt allerdings darin, daß weitergehende Gesichtspunkte des Gemeinwohls und gesamtwirtschaftliche Kosten-Nutzen-Überlegungen gegenüber betriebswirtschaftlichen Betrachtungsweisen zurücktreten müssen. In allen rentierlichen oder kostenrechnenden Einrichtungen gibt es deutliche Trends zu möglichst hoher Kostendeckung, und zwar auch zu Lasten der mit der öffentlichen Einrichtung verbundenen Ziele.

Einer solchen Grundtendenz entspricht auch die Privatisierungsdikussion, die unter dem Gesichtspunkt geführt wird, Privatunternehmen könnten die Leistungen günstiger und flexibler erbringen als öffentliche Verwaltungen. Auch hier geht es um einen bewußten Verzicht auf andere, z. B. sozialpolitische Gesichtspunkte, wie man beispielhaft an der privaten Gebäudereinigung, der Abfallbeseitigung durch Privatfirmen und der Anmietung privater Busleistungen belegen kann.

Infolge der betriebswirtschaftlichen Betrachtungsweise wurde nicht nur das Gemeinwohlprinzip zu Gunsten öffentlicher Unternehmenspolitik zurückgedrängt, sondern auch das Prinzip der Gesamtdeckung eines kommunalen Haushaltes durch die spezielle Rechnung bzw. den Wirtschaftsplan. Insoweit wird die öffentlich-rechtliche kameralistische Haushaltsführung durch die privatrechtliche kaufmännische Betrachtungsweise ersetzt.

Dennoch liegt die wirkliche Problematik öffentlicher Unternehmen weniger in objektiven Schwierigkeiten, das Entscheidungsrecht der politischen Vertretungskörperschaften abzusichern, sondern mehr in den mentalen Folgen, die die Gründung solcher Unternehmen bei Verwaltung und Politik auslöst. Denn häufig wird nach der Gündung öffentlicher Unternehmen oder nach deren Übernahme nach der Devise vorgegangen, die Geschäftsführung und der Aufsichtsrat seien jetzt zuständig, und die Aufgabe sei insoweit Sache des Unternehmens und nicht mehr Gegenstand der Kommunalpolitik.

Einer solchen Haltung ist zunächst entgegenzuhalten, daß öffentliche Unternehmen nur errichtet oder übernommen werden dürfen, wenn ein öffentlicher Zweck das Unternehmen rechtfertigt. Im Gegensatz zur Privatwirtschaft legitimieren Gewinnerzielung und Steuervorteile allein nicht die Errichtung öffentlicher Unternehmen. Solche Unternehmen sollen zwar einen Ertrag für den Haushalt abwerfen, aber lediglich subsidiär, d. h., nur soweit dies mit ihrer Aufgabe der Erfüllung öffentlicher Bedürfnisse in Einklang zu bringen ist.

Träger der öffentlichen Aufgabe und verantwortlich für die damit verfolgten politischen Ziele bleibt die Gemeinde, auch dann, wenn sie sich zu deren Durchführung einer privatrechtlichen Gesellschaft bedient. Dennoch ist zu beobachten, daß das politische und administrative Verantwortungsbewußtsein nach der Unternehmensgründung rapide abnimmt, z. T. überhaupt nicht mehr erkennbar ist und sich auf eine formale und nicht mehr diskutierte Weisung des Vertreters in der jährlichen Gesellschafterversammlung reduziert.

Einer solchen Entwicklung muß dringend entgegengewirkt werden. Auch dann, wenn öffentliche Aufgaben durch Unternehmer erfüllt werden, müssen die Ziele der Aufgabenerfüllung, die Bedingungen, unter denen dies geschieht, und Art und Inhalt der für den Bürger erbrachten Leistungen kommunalpolitisch definiert, dem Unternehmen vorgegeben und durch wirksame Kontrolle überwacht werden.

Zwar sind die Mitglieder in Aufsichtsräten von Aktiengesellschaften und GmbH an Weisungen nicht gebunden; dies darf jedoch nicht dazu führen, daß ein dem Gemeinwohl und dem öffentlichen Zweck des Unternehmens entgegengesetztes unternehmerisches Eigeninteresse entsteht. Hier muß die Kommunalpolitik dringend dazu übergehen, sich der im Wirtschaftsleben üblichen Praxis der Beherrschung zu bedienen. Es führt im Rahmen dieses Beitrages zu weit, auf solche Möglichkeiten im einzelnen einzugehen. Es sollte nur festgehalten werden, daß es solche Möglichkeiten in verschiedenen Varianten gibt.

Die Rechtsformen der Aktiengesellschaft und der GmbH beruhen auf Überlegungen der Kapitalbeschaffung. Sie haben deshalb für Bürgerbeteiligung, Bürgernähe und Offenheit und Durchschaubarkeit des Handelns keine besonderen Vorteile. Unter solchen Gesichtspunkten sollte man den Rückgriff auf Rechtsformen von Kapitalgesellschaften zurückdrängen und über neue Formen dezentraler Aufgabenwahrnehmung nachdenken. Solche neuen Formen können auch die alten bürgerschaftlich organisierten, gemeinnützigen und genossenschaftlichen Strukturen wieder aufgreifen. Dies gilt sowohl für soziale Dienstleistungen, für kulturelle Einrichtungen und Angebote, für Sporteinrichtungen als auch für die Wohnungsversorgung und für viele wirtschaftliche Aktivitäten.

5. Bürgerbefragungen, Bürgerbeteiligungen und repräsentative Demokratie

Tendenzen zu einer an den Bürgerbelangen ausgerichteten Kommunalverwaltung als Dienstleistung sind aus einer Vielzahl von Bürgerbefragungen zu ersehen, die in verschiedenen Städten - z. T. mit zeitlichen Wiederholungen - durchgeführt werden (vgl. W. Bick und M. Bretschneider, 1989). Themen solcher Bürgerbefragungen sind u. a., Fort- und Zuziehende nach ihren Umzugsmotiven zu befragen, Zielkataloge für die Stadtentwicklung mit den Prioritätenfolgen aus Sicht des Bürgers zu vergleichen, festzustellen, wie bedeutend und bekannt bestimmte kommunale Infrastruktureinrichtungen aus Sicht des Bürgers sind und wie zufrieden er mit diesen Einrichtungen ist, herauszufinden, wie stark Bürger von den Folgen von Änderungen in den Diensten und Leistungen betroffen sind und welche Aufmerksamkeit sie solchen Änderungen widmen, herauszufinden, welche Wertvorstellungen, welche Freizeitaktivitäten, welche sozialen Spannungen und welche Bindungen an die Stadt oder den Stadtteil sich entwickeln oder entwickelt haben. Auf diese Weise verschaffen sich Politik und Verwaltung der Stadt Erkenntnisse aus der Bürgerschaft, die für weitere Entscheidungen verwertet werden können.

Solche Bürgerbefragungen treten gewissermaßen an die Stelle der überkommenen und wenig genutzten Formen unmittelbarer Demokratie durch Bürgerbeteiligung, wie sie in den verschiedenen Kommunalverfassungen z. T. noch enthalten sind. So haben sich die Gemeindeversammlungen, die früher in Hessen, Niedersachsen und Schleswig-Holstein für Kleinstgemeinden vorgesehen waren, durch die Gemeindegebietsreformen der 70er Jahre erübrigt. Von geringerer politischer Bedeutung sind auch die Bürgerversammlungen, in denen ohne Beschlußkompetenz über die Arbeit des Rates bzw. des Verwaltungsausschusses bei wichtigen Angelegenheiten der Gemeinde in geeigneter Weise informiert wird (Bayern, Niedersachsen). Entsprechendes gilt auch für die Reste des in der Weimarer Reichsverfassung vorgesehenen Volksbegehrens bzw. Volksentscheids und des in der Schweiz praktizierten Referendums im Bund und in den Kantonen, wie sie in Baden-Württemberg, Rheinland-Pfalz und Niedersachen noch vorgesehen sind. Solche Bürgerbegehren, Bürgerentscheide, Bürgerinitiativen oder Bürgeranträge sind in der Regel nur für eine eingeschränkte Anzahl von Themen unter bestimmten Voraussetzungen zulässig und können Ratsentscheidungen in der Regel lediglich beeinflussen, nicht jedoch ersetzen.

Schwierigkeiten und Grenzen der unmittelbaren Demokratieformen liegen in ihrer prinzipiellen Unvereinbarkeit mit der Verantwortlichkeit der Organe der repräsentativen Demokratie. Wenn - anders als bei allen Formen der Partizipation - nicht die Bürgerbeteiligung an politischen Entscheidungen der Mandatsträger, sondern die unmittelbare Entscheidung durch die Bürger praktiziert wird, ist die Souveränität der politischen Organe insoweit in Frage gestellt.

An etlichen Beispielen in der Schweiz, aber auch in der Bundesrepublik, insbesondere im Rahmen der Bildungsreform, läßt sich darüber hinaus belegen, daß Elemente unmittelbarer Demokratie nur selektiv zum Tragen kommen, nämlich insbesondere, wenn es um die Besitzstände privilegierter Bevölkerungsschichten geht. In solchen Fällen entwickeln die Betroffenen ungeheure Energien, den Widerstand zu mobilisieren und die entsprechenden Unterschriftslisten zu erstellen, um die politischen Repräsentativorgane an den Reformabsichten zu hindern. Umgekehrte Fälle, in denen diejenigen den Ausgang eines Referendums bestimmen, zu deren Gunsten die zur Abstimmung stehenden Maßnahmen ergriffen werden sollen, sind kaum bekannt. Gerade im kritischen Umgang mit Besitzständen und der Fähigkeit zum sozialen Ausgleich zugunsten Benachteiligter erweist sich aber die politische Stärke des Repräsentativsystems.

Referenden und andere Formen unmittelbarer Demokratie können unpopuläre Entscheidungen verhindern. Reformen in Wirtschaft und Gesellschaft sind jedoch, wie die meisten Veränderungen, zunächst unpopulär und benötigen erhebliche Zeiten, um sich zur allgemeinen Erkenntnis durchzusetzen. Die Vorteile der repräsentativen Demokratie, unpopuläre Entscheidungen zu fällen und dennoch auf der Grundlage der Mehrheit der Begünstigten letzten Endes an der Macht zu bleiben, werden durch

Formen der den Besitzstand schützenden unmittelbaren Demokratieformen gefährdet.

Gemessen an den in Referenden und Bürgerentscheiden wirksam werdenden Kräften können Bürgerbefragungen auf wissenschaftlicher Grundlage ein objektiveres Bild der Forderungen und Wünsche der Bevölkerung wiedergeben. Knüpft man an diese Überlegungen an, so stellt sich die Frage nach dem Stellenwert von Bedarfsanalysen einerseits und Formen der Partizipation und repräsentativer Entscheidungskompetenz andererseits. Politische Entscheidungskompetenz und Partizipation sind gefragt, wenn es um die Abwägung von Interessen, Fragen der Stadtentwicklung und Stadtgestaltung und Themen geht, die im Zusammenhang mit politischen Wertungen stehen, während Bedarsanalysen und Meinungsforschung gefragt ist, wenn es um die Präsenz und Qualität der Stadtverwaltung und der städtischen Einrichtungen als Dienstleistungsunternehmen geht.

Auf die Aspekte der Qualität öffentlicher Verwaltung als Dienstleistungsunternehmen für die Bürger soll hier zunächst eingegangen werden, um daraus Schlußfolgerungen für die politische Seite der Selbstverwaltung ziehen zu können.

6. Marketingkonzepte für öffentliche Dienstleistungen

Entsprechend den modernen Formen der Bürgerbefragungen zur Verbesserung des Dienstleistungscharakters öffentlicher Verwaltungen und den oben erwähnten notwendigen Veränderungen der Verwaltungsstrukturen im Sinne höherer Effizienz, genauerer Kenntnis der Nachfrage nach Dienstleistungen und besserer Darstellung der Kompetenz, der Leistungsfähigkeit und der Bürgerfreundlichkeit durch Methoden der Werbung und des Marketing haben sich in einer Reihe von Städten und kommunalen Betrieben interessante neue Ansätze ergeben (vgl. G.E. Braun und A. Töpfer, 1989).

Marketingdenken in der öffentlichen Verwaltung meint nicht Werbung, Verkauf und Absatz, sondern meint, eine Organisation zu schaffen und eine Institution darzustellen, die sich in allen ihren Aktivitäten so konkret wie möglich auf die Abnehmererfordernisse einstellt. Dies ist ein ganzheitlicher Ansatz, der insbesondere die Funktion hat, sich von der nach innen gerichteten Betrachtung der Organisation zu lösen und eine nach außen orientierte Sichtweise zu entwickeln.

Schlechtes Image von Stadtverwaltung und Stadtpolitik sowie deren Institutionen, Vorbehalte und Akzeptanzprobleme bei den Bürgern sollten Anlaß geben, über Marketingkonzepte und Konzepte von Corporate Identity im kommunalen Bereich nachzudenken. Es geht dabei darum, sowohl eine einheitliche Basis für die inhaltlichen Felder kommunaler Aktivitäten als auch für das sich daraus ergebende Gesamtbild zu schaffen. Eine solche übergreifende einheitliche Identität der Stadt setzt ein eindeutiges Erscheinungsbild, eine klare Zielgruppenkommunikation sowie zielgruppenspezifisches Verhalten der Akteure voraus. Dabei ist auch eine entsprechende Pressearbeit von entscheidender Bedeutung.

Grundlage ist ein geschultes Mitarbeiterverhalten, das mehr Bürgernähe und mehr Bürgerfreundlichkeit unter einheitlichem Image gewährleistet und auch nach außen vermittelt. Gegenstand solcher Konzeptionen ist es, die Einstellung der Bürger, Pendler und ansässigen Industrie- und Gewerbebetriebe zur Stadt z. B. als Wohn- und Lebensraum, als Einkaufsplatz, als Arbeitsplatz und als Unternehmensstandort zu erkunden. Daraus werden Maßnahmen entwickelt, die der Stadt ein einheitliches Erscheinungsbild geben, den Charakter der Stadt als Wohn- und Lebensraum, Einkaufsplatz und Arbeitsplatz unterstreichen und die Bürger aktiv an entsprechenden Vorhaben beteiligen sollten. Oder es geht um den Umgang mit dem Namen der Stadt, mit den Eigenschaften der Stadt, mit den Beurteilungen über die Stadt, zur Entwicklung eines Logos zu Maßnahmen im Erscheinungsbild und zur Stärkung der Identifikation mit der Stadt[2].

Zu den schon fast klassischen Sektoren für Marketingkonzepte gehört die kommunale und regionale Wirtschaftsförderung, die z. T. zu einem Gesamtkonzept regionalen Marketings erweitert wird. Dies gilt beispielhaft

---

2) Solche Überlegungen liegen z. B. der Image-Studie Frankenthal, der Erarbeitung von "Maßnahmen zur Verbesserung der Attraktivität der Stadt Wolfhagen" und dem Konzept "Fremdenverkehr in Nürnberg" zugrunde.
In Nürnberg wurde für den Fremdenverkehr ein Unternehmensleitbild wie folgt entwickelt:"Wir sind ein Dienstleistungsunternehmen, richten unsere Arbeit an den Bedürfnissen unserer Gäste/Kunden aus, investieren mit unserer Arbeit langfristig in einen Wachstumsmarkt, bringen dem Großraum, seiner Wirtschaft und seinen Bürgern Vorteile, wollen durch Professionalität und fachliche Kompetenz überzeugen, streben hohe Qualität an, sind zuverlässig und stets berechenbar, sind freundlich, hilfsbereit und flexibel - auch unter schwierigen Umständen -, wir demonstrieren unsere Unternehmensphilosophie durch unser Verhalten und das Erscheinungsbild unserer Organisation, wir leisten unsere Arbeit nicht alleine, sondern zusammen mit einheimischen wie auswärtigen Partner."
Entsprechend hat die Münchener Messe- und Ausstellungsgesellschaft ein Konzept "Marketing international" entwickelt, der Verkehrsverbund Rhein-Ruhr ein Konzept "Marketing im öffentlichen Nahverkehr", ansatzweise auch der Verkehrsverbund Großraum Hannover und verschiedene kommunale Versorgungsunternehmen für Strom, Gas und Wasser.
Ähnliche Beispiele gibt es auch im Sozial- und Gesundheitswesen, etwa für die Kliniken der Landeshauptstadt Wiesbaden oder für öffentliche Bäder und Kurzentren.
Auch für kulturelle Einrichtungen werden Marketingkonzepte entwickelt, wie etwa für das Kulturzentrum Gasteich in München oder für öffentliche Bibliotheken und Medienzentren, für die Kölner Museen, für die Essener Theater und für die Dokumenta in Kassel und schließlich für die Volkshochschule Sachsenwald.

für das Konzept des Kreises Unna und des Ruhrgebietes "Ein starkes Stück Deutschland".

Eine Konzeption für bürgernahe Stadtverwaltung hat die Stadt Witten mit dem Konzept "Das gläserne Rathaus" entwickelt. Es handelte sich im wesentlichen um eine Identitätsvermittlung durch "aktive Öffentlichkeitsarbeit". In der Konzeption der Stadtverwaltung Witten wird die Gemeinwohlorientierung als Motivationsvorteil gegenüber privatwirtschaftlichen Unternehmenszielen aufgegriffen. Während es vielen Unternehmen schwer fällt, im Rahmen von Corporate-Identity-Bildung einen weitergehenden Nutzen der Arbeit im Unternehmen darzustellen mit der Folge, daß sie häufig etwa durch Kultursponsoring, Sportsponsoring und andere gesellschaftlich nützliche Ziele zurückgreifen, ist die Gemeinwohlorientierung in der öffentlichen Verwaltung fester Bestandteil und muß lediglich für das Verhältnis zum Arbeitsplatz nach innen und das Verhältnis zum Bürger motivierend genutzt werden. Es geht darum, durch die Stärkung des Bewußtseins, daß Verwaltungshandeln einen Beitrag zum Gemeinwohl leistet, einen übergeordneten Sinnbezug herzustellen, der sich am konkreten Arbeitsplatz nachvollziehen läßt. Es geht um den Aufbau einer Identität der öffentlichen Verwaltung als Produzent von gesellschaftlichem Nutzen mit der Folge eines Identifikationsgefühls für die Mitarbeiterinnen und Mitarbeiter.

Zu dieser Konzeption gehört auch eine positive Einstellung zu dem Spannungsverhältnis zwischen hauptamtlicher Gemeindeverwaltung und Rat. Gerade die Ausgangslage, daß das gesamte Verwaltungshandeln sich nach dem Willen des Rates richtet und die Verwaltung dessen Beschlüsse vorbereitet und unter dessen Kontrolle ausführt, bietet die Möglichkeit, über die damit vorhandene demokratische Legitimation des Verwaltungshandelns bessere Identifikationsmöglichkeiten zu bieten, als dies in der Privatwirtschaft in der Regel möglich ist.

7. Dienstleistungsqualität und politische Selbstverwaltung

Anhand der genannten Beispiele wird deutlich, daß Marketingmethoden sich für Fragestellungen eignen, bei denen es speziell um die Dienstleistungsfunktion der Stadtverwaltung und der kommunalen Unternehmen geht.

Wenn man sich in diesen Bereichen über Marketingmethoden um gutes Image, Bedarfsgerechtigkeit und Effizienz bemüht, darf das nicht dazu führen, die kommunale Selbstverwaltung insgesamt und umfassend in diesem Kontext zu sehen. Im Gegenteil: Marketingkonzepte in dem dafür geeigneten Bereich der Dienstleistungen setzen voraus, daß diese in ein weitergehendes politisches Konzept der Stadtentwicklung eingebunden sind und daraus ihren gesellschaftlichen Stellenwert, ihre Zielrichtung und ihren Beitrag zur Gesamtentwicklung ableiten können.

Andererseits: Erst wenn eine Stadtverwaltung im Dienstleistungsbereich ihre Stellung im Verhältnis zum Bürger und zur öffentlichen Meinung im Sinne positiver Resonanz eindeutig und positiv profiliert hat, fallen viele Reibungsverluste im Verhältnis zu den Fraktionen und zu den Parteien weg, und diese konzentrieren sich auf ihre Funktion der Formulierung politischer Ziele der Stadt, auf die Prioritätenbildung innerhalb der vorhandenen finanziellen und personellen Ressourcen und auf die Inhalte der Politik, nicht so sehr auf deren Umsetzung.

Durch solche neuen Wege treten automatisch die aufgezeigten Schwierigkeiten zwischen der Politik und deren Repräsentanten einerseits und der hauptamtlichen Verwaltung andererseits zurück, und viele Ursachen dieser Probleme, nämlich das kritische Verhältnis vieler Bürgerinnen und Bürger zur Parteiendemokratie, zur Rathauspolitik und zur schwerfälligen bürgerfernen öffentlichen Bürokratie, lassen sich erfolgreich abbauen. Es wurde aufgezeigt, daß solche Wege ein anderes Verständnis der Arbeits- und Funktionsweise kommunaler Selbstverwaltung voraussetzen, insbesondere was Effizienz, Bürger- (Kunden-)nähe und den Dienstleistungscharakter der örtlichen Selbstverwaltung betrifft.

Erst auf der Grundlage solcher geänderten Einstellungen und Funktionsweisen ist es möglich, daß sich Kommunalpolitik in höherem Umfange auch um andere längerfristige Aufgabenfelder erfolgreich kümmert. Dies sind insbesondere immer wieder die Entwicklungsziele der Stadt, die Planungen und die Partizipation der Bürger, die Umweltprobleme, die Wirtschaftslage, die Freiflächensicherung, die Stellung der Stadt in Konkurrenz und im Verhältnis zu Nachbarn und zu anderen Räumen, aber auch ihr Verhältnis zum Land und ihr Standort im Bund und in Europa, insbesondere aber die sozialen Interessenausgleiche, das Verhältnis zu den gesellschaftlichen Gruppen und die umfassende demokratische Kontrolle der Verwaltung.

Diese Aufgaben und Funktionen kommunaler Selbstverwaltung entziehen sich jeder Marketingkonzeption. Sie sind das Ergebnis von Wertvorstellungen, die in Parteiprogrammen ihren Ausdruck finden und die über plebiszitäre Beurteilungen hinaus Gegenstand eines politischen Gestaltungswillens sein sollen und müssen.

8. Zusammenfassende Thesen

Zusammenfassend läßt sich thesenartig folgendes feststellen:

- Die Akzeptanzprobleme, das Image mangelnder Problemlösungskompetenz, die Vollzugsdefizite und die Parteiverdrossenheit auf staatlicher Ebene haben entsprechende negative Auswirkungen auch im Bereich der kommunalen Selbstverwaltung.

- Der Mangel an einer herausgearbeiteten politischen Zielvorstellung für die Entwicklung der Stadt einerseits und die Verstrickung politischer Organe in kleinteiliges Verwaltungshandeln führt für die Akteure und für die Bürgerinnen und Bürger zu einem Mangel an Transparenz und Klarheit hinsichtlich der Organisation, der Arbeitsweise und der Verteilung von Verantwortung zwischen den Organen. Dieses Problem wird zusätzlich verschärft durch schwere innere Mängel der Kommunalverfassung Niedersachsens und Nordrhein-Westfalens.

- Solche verfassungsrechtlichen und organisatorischen Mängel und die damit verbundenen Unklarheiten in Aufgabenstellung, Verantwortlichkeit und Rollenverständnis der Akteure und Kollegialorgane fördert Entfremdungen zwischen Bürger und Parteien, Parteien und Fraktionen sowie zwischen politischer und hauptamtlicher Selbstverwaltung und überträgt krisenhafte Erscheinungen des Parteienstaates auf die kommunale Ebene.

- Problemlösungen müssen aus dem Blickwinkel der Bindung öffentlicher Verwaltung an inhaltliche Ziele für die Entwicklung der örtlichen Gemeinschaft und des Dienstleistungscharakters für den Bürger aus der Sicht des Bürgers gesucht werden. Dabei geht es nicht nur um Effizienz und Wirtschaftlichkeit, sondern vor allem um die Herausbildung eines neuen Selbstverständnisses.

- Die Herausbildung eines neuen Selbstverständnisses setzt neben der Herausbildung einer veränderten Führungsstruktur voraus, daß der Blick nicht mehr auf die inneren hierarchischen Verwaltungsabläufe "ordnungsgemäßer Verwaltung" konzentriert wird, in denen die Bürgerinnen und Bürger als Fälle und Antragsteller behandelt und bearbeitet werden, sondern daß der Blick sich auf die Qualität der Dienstleistung unter dem Blickwinkel des Kunden wendet. Es geht um die Frage, wie sich das Rathaus aus Sicht der Bürger darstellt, und wie stark es in der Lage ist, die Bedürfnisse aufzuspühren und geeignete Maßnahmen zu ergreifen.

- Dies setzt eine Einbindung und positive Haltung der Verwaltung zum politischen Teil der Selbstverwaltung voraus, die als demokratische Legitimationsbasis positiver Bestandteil des Handelns werden muß und von der akzeptiert wird, daß sie ein politisches Leitbild für die Entwicklung der Stadt vorlegt und fortentwickelt und auf die Verwirklichung der Zielvorstellungen achtet und den Vollzug kontrolliert.

- In dem Maße, in dem sich die Dienstleistungsqualität der Stadtverwaltung verbessert und im Ansehen der Bürgerinnen und Bürger steigt, können sich die politischen Organe verstärkt mit den Perspektiven der Stadtentwicklung befassen, mit Fragen der ökonomischen und ökologischen Basis dieser Entwicklung, mit Problemen des sozialen Interessenausgleichs, dem Verhältnis der Politik zu gesellschaftlichen Gruppen und mit umfassender demokratischer Kontrolle der Verwaltung.

- In dem Maße, in dem dies geschieht, werden Reibungsverluste, fehlende Verantwortungsstrukturen im Verhältnis von Politik und Verwaltung abgebaut und das Ringen der politischen Kräfte um die Ziele der Stadtpolitik läßt sich wieder klarer abgrenzen von der Qualität der Stadtverwaltung als Dienstleistungsunternehmen.

Literatur:

Bick, W./Bretschneider, M. (Hrsg.), 1989: Kommunale Umfrageforschung - Erfahrungsberichte aus zehn Städten (Deutsches Institut für Urbanistik, Materialien 6/89), Berlin
Braun, G. E./Töpfer, A. (Hrsg.), 1989: Marketing im kommunalen Bereich Der Bürger als "Kunde" seiner Gemeinde, Stuttgart
Erichsen, H.-U. (Hrsg.), 1989: Kommunalverfassung heute und morgen - Bilanz und Ausblick (Kommunalwissenschaftliche Forschung und kommunale Praxis, Band 1), Köln/Berlin/Bonn/München
Institut für Kommunalwissenschaften der Konrad-Adenauer-Stiftung, 1984: Politik und kommunale Selbstverwaltung. Stellungnahme des Sachverständigenrates zur Neubestimmung der Kommunalen Selbstverwaltung beim Institut für Kommunalwissenschaften der Konrad-Adenauer-Stiftung, Köln
Janssen, A., 1989: Die zunehmende Parlamentarisierung derGemeindeverfassung als Rechtsproblem (Schriftreihe des Niedersächsischen Städtetages, Heft 17), Göttingen

Autoren

Dr. Heinrich Ganseforth, Verbandsdirektor des Zweckverbandes Großraum Hannover, Arnswaldtstr. 19, 3000 Hannover 1.

Wolfgang Jüttner, MdL und Vorsitzender des SPD-Unterbezirks Hannover, SPD-Landtagsfraktion, Hinrich-Wilhelm-Kopf-Platz 2, 3000 Hannover 1

3. Beschäftigungskrise und lokale Politik

Hubert Heinelt

Die Beschäftigungskrise und arbeitsmarkt- und sozialpolitische Aktivitäten in den Städten

Vorbemerkung

Auf lokaler Ebene sind infolge der Beschäftigungskrise Handlungsanforderungen aufgetreten, auf die von lokalen Akteuren in oftmals bemerkenswerter Form eingegangen worden ist. Im folgenden sollen (im Kapitel 2) die veränderten Handlungsanforderungen skizziert und die wissenschaftliche Auseinandersetzungen mit dieser Entwicklung betrachtet werden. Dies erfolgt unter der Fragestellung, ob Wechsel von Forschungsperspektiven auf die faktischen Veränderungen des Gegenstandsbereichs bezogen und ihnen angemessen waren. Anschließend (im Kapitel 3) werden drei Fragen thematisiert, die ich für die weitere wissenschaftliche Auseinandersetzungen bzw. für die Einschätzung von Chancen und Grenzen lokaler Beschäftigungspolitik für wichtig erachte. Sie beziehen sich darauf, warum lokale Handlungsspielräume unterschiedlich genutzt werden, wie lokale Politikprozesse zu gewichten sind und wie die Wirksamkeit lokaler politischer Strategien eingeschätzt werden kann.

1. Versuch einer Bilanzierung

1.1. Arbeitslosigkeit - Problementwicklung und Politikprozesse

Auf die Entwicklung des Ungleichgewichts am Arbeitsmarkt, die soziale Strukturierung, regionale Verteilung und psycho-sozialen Folgen von Arbeitslosigkeit in den vergangenen fünfzehn Jahren muß wohl nicht weiter eingegangen werden (vgl. dazu im Überblick u.a. Hubert Heinelt et al., 1987). In Erinnerung zu rufen ist allerdings - weil es für die Behandlung der Fragestellung unmittelbar relevant ist -, daß beginnend mit dem noch von der sozial-liberalen Bundesregierung verabschiedeten, 1982 in Kraft getretenen Arbeitsförderungskonsolidierungsgesetz (AFKG) Veränderungen im Leistungsrecht der Arbeitslosenunterstützung vorgenommen worden sind, die die Subsistenzsicherung von Arbeitslosen zunehmend auf die örtlichen Sozialhilfeträger abgewälzt haben. Verstärkt wurde dieser Prozeß durch die zunehmende Langzeitarbeitslosigkeit und die damit einhergehende Erhöhung des Anteils der Arbeitslosenhilfeempfänger unter den Arbeitslosen[1].

Zusammen mit der partiellen Kommunalisierung der materiellen Sicherung von Arbeitslosen erfolgte eine politische De-Thematisierung von beschäftigungspolitischen Handlungsanforderungen auf Bundes- und Länderebene, und bei arbeitsmarktpolitischen Maßnahmen machten sich - wie schon Mitte der 70er und Anfang der 80er Jahre - deren strukturell restriktive Finanzierungsform geltend (Günther Schmid, 1985; Gert Bruche und Bernd Reissert, 1985; Heinz Lampert, 1989): der Ausweitung von Arbeitsbeschaffungsmaßnahmen und der sog. "Qualifizierungsoffensive" folgten mit wieder zunehmenden Haushaltsproblemen der Bundesanstalt für Arbeit AFG-Novellen (in den Jahren 1988 und 1989). Diese stellten örtliche Akteure - die Arbeitsämter, lokale Maßnahmeträger und nicht zuletzt auch die Kommunen (als Maßnahmeträger und potentielle Ausfallbürgen für die Finanzierung von Maßnahmen) - vor erhebliche Anpassungsprobleme.

Die Kommunen wurden mit den Marginalisierungsprozessen infolge von Arbeitslosigkeit nicht nur in der Form steigender Sozialhilfeleistungen konfrontiert ("Neue Armut"; vgl. Werner Balsen et al., 1984), sondern standen auch vielfältigen Anforderungen im Bereich persönlicher Hilfen (Schuldnerberatung, Wohnungsversorgung u.ä.) gegenüber. Außerdem haben arbeitsmarktpolitische Anforderungen das Spektrum beschäftigungspolitischer Aktivitäten von Kommunen (als Investoren, Beschäftiger und Wirtschaftsförderer; vgl. Friedhart Hegner, 1986) verändert: Für den (insbesondere "zielgruppengerechten") Einsatz von ABM sind Kommunen als Träger oder im Hinblick auf die Gewährung einer Komplementärfinanzierung von Maßnahmen bei "Dritten" gefordert und haben dazu institutionelle Innovationen (Einrichtung von Beschäftigungsgesellschaften, Planungs-, Koordinations- und Beratungsstellen u.ä.; vgl. KGSt, 1988) vornehmen und/oder eigene Förderprogramme auflegen müssen. Ähnliches gilt für "Hilfe zur Arbeit" nach § 19 BSHG (vgl. Hubert Heinelt, 1989b). Im Bereich der Maßnahmen gegen Jugendarbeitslosigkeit sind

---

1) Selektive Leistungsverbesserungen in Form einer sukzessiven Verlängerung des potentiellen Arbeitslosengeldanspruchs für ältere Arbeitslose waren zum einen den zwischenzeitlich bei der Bundesanstalt für Arbeit anfallenden Haushaltsüberschüssen und zum anderen der Tatsache geschuldet, daß sich der Bund von Arbeitslosenhilfeleistungen für diesen Personenkreis entledigen konnte, der besonders von Langzeitarbeitslosigkeit betroffen ist.

Kommunen vor die Aufgabe gestellt worden, in Kooperation mit Maßnahmeträgern unterschiedliche überörtliche Förderprogramme auf örtliche Gegebenheiten zuzuschneiden, ggf. mit kommunalen Mitteln zu ergänzen und sich auch selbst als Maßnahmeträger zu engagieren (vgl. Heidrun Kunert-Schroth et al., 1987). Und schließlich haben sich kommunale Bildungseinrichtungen (z.b. Volkshochschulen) mit Anforderungen konfrontiert gesehen, Angebote im Bereich beruflicher Weiterbildung machen oder ausweiten zu müssen (vgl. Hubert Heinelt, 1989d, 106 ff). Traditionelle beschäftigungspolitische Orientierungen von Kommunen sind dadurch insofern erweitert (bzw. sogar gesprengt) worden, als diese arbeitsmarktpolitischen Aktivitäten nicht nur *direkt* (im Unterschied zur indirekt ansetzenden Beschäftigungspolitik; vgl. Friedhart Hegner, 1986, 120) auf die Verbesserung von Beschäftigungschancen oder die Schaffung von Beschäftigungsverhältnissen für bestimmte Personen resp. Personengruppen zielen, sondern aufgrund eines "Zielgruppenbezugs" immer auch sozialpolitische Imperative verfolgt werden.

1.2. Arbeitslosigkeit - Problementwicklung, Politikprozesse und lokale Politikforschung.

Parallel zur politischen Thematisierung von besonderen lokalen Handlungsanforderungen im Bereich der Arbeitsmarkt- und Sozialpolitik, partiell aber auch schon bevor diese auf der lokalen Ebene wahrgenommen wurden, erfolgte in der sozialwissenschaftlichen Diskussion ein Wechsel von Forschungspektiven, ja auch von Paradigmen.

1.2.1. Zur Besonderung lokaler Sozialpolitik in der sozialwissenschaftlichen Diskussion

Bereits seit Mitte der 70er Jahre wandte sich die sozialwissenschaftliche Diskussion von der bis dahin vorherrschenden Konzentration auf zentralisierte, staatlich vermittelte soziale Sicherungsformen der Umverteilung ab. Der "Grundgedanke der älteren deutschen Sozialwissenschaft (, daß) Sozialpolitik (...) es mit der 'Vermittlung' von 'Staat' und 'Gesellschaft' zu tun (habe)" (Franz-Xaver Kaufmann, 1987b, 11) wurde neu thematisiert. In diesem Prozeß gewannen intermediäre Instanzen und Selbsthilfe sowie die örtliche Ebene als Bereich der Leistungserbringung, der Überschneidung bzw. dem Zusammenwirken von Leistungen sowie der Wirkungen von Leistungen auf und ihre Perzeption durch die betroffenen Bürger an Bedeutung. Diese Entwicklung war bezogen auf die politische Diskussion um "innere Reformen", innerhalb derer "Sozialpolitik (...) zunehmend nicht mehr nur als Einkommensumverteilungspolitik, sondern als politische Gestaltung von Lebenslagen verstanden" wurde (Franz-Xaver Kaufmann, 1987b, 16).

Diese Umorientierung der sozialwissenschaftlichen Diskussion sozialpolitischer Fragen erfolgte nicht zuletzt im Zusammenhang der Konstituierung der Sektion "Sozialpolitik" in der Deutschen Gesellschaft für Soziologie im Jahr 1976 und durch die hiermit forcierte Theorieproduktion und empirische Forschung (vgl. Franz-Xaver Kaufmann 1987b, 12 ff). Prägend wirkten dabei Diskussions- und Arbeitszusammenhänge bzw. Forschungsprojekte

- des Forschungsverbundes "Bürgernahe Gestaltung der sozialen Umwelt", der von 1975 bis 1979 vom Bundesministerium für Forschung und Technologie gefördert wurde (vgl. Franz-Xaver Kaufmann, 1979),

- des DFG-Schwerpunktprogramms "Gesellschaftliche Bedingungen sozialpolitischer Interventionen: Staat, intermediäre Instanzen und Selbsthilfe" (vgl. Franz-Xaver Kaufmann, 1987a) und

- der Studiengruppe "Kommunale Sozialpolitik" der Sektion "Sozialpolitik" der Deutschen Gesellschaft für Soziologie (vgl. Jürgen Krüger und Eckart Pankoke, 1985).

Die kritische Abgrenzung von der vorherigen sozialpolitischen Debatte um Fragen der Einkommensumverteilung und die Hinwendung zu Fragen der Gestaltung von Lebenlagen entwickeltem sich in Diskursen über wohlfahrtsstaatliche Krisentendenzen (vgl. dazu zusammenfassend Jürgen Krüger, 1985, 14 ff). Diese wurden zum einen in der ökonomischen Krise und der staatlichen Finanzkrise als "äußere" Expansionsgrenzen des Wohlfahrtsstaats verortet. Zum anderen erfolgte eine Auseinandersetzungen mit "inneren Rationalitätsgrenzen" wohlfahrtsstaatlicher Interventionen, die in den begrenzten Wirkungsmöglichkeiten der Steuerungsmedien Recht und Geld sowie in Besonderheiten der immer bedeutsamer gewordenen sozialen Dienstleistungen gesehen wurden (vgl. Franz-Xaver Kaufmann, 1979, 25 ff). In diesem Zusammenhang sind "unerwünschte Effekte der herkömmlichen Sozialpolitik" als Verrechtlichung, Bürokratisierung, Ökonomisierung und Professionalisierung herausgearbeitet worden[2]. Gleichzeitig begründeten die diagnostizierten bzw. prognostizierten Krisenerscheinungen der Arbeitsgesellschaft Diskussionen über Alternativen zur Lohnarbeit und Entwicklungsmöglichkeiten des informellen Sektors - jenseits von "Markt" und "Staat" (vgl. Frank Benseler et al., 1982 und dort besonders den Beitrag von Rolf Heinze und Thmoas Olk <1982>). Diese, in den Kontext der gerade in Großstädten relevant gewordenen neuen so-

---

[2] Hinweise auf die einschlägige Literatur finden sich bei Franz-Xaver Kaufmann, 1987b, 13 f (Fußnote 9) und bei Franz-Xaver Kaufmann, 1979, 36 ff.

zialen Bewegungen gestellte Diskussion (vgl. Peter Grottian und Wilfried Nelles, 1983) beeinflußte die sozialwissenschaftliche Debatte insofern, als die Benennung historisch-spezifische Entwicklungspotentiale und sozialer Träger von Selbsthilfe möglich erschien.

Die Auseinandersetzung mit unterschiedlichen Formen sozialpolitischer Interventionen führte zu einer Unterscheidung zwischen spezifischen Wirkungsmöglichkeiten und -grenzen rechtlicher, ökonomischer, ökologischer und pädagogischer Interventionen (vgl. Franz-Xaver Kaufmann, 1982a). Konzeptionell konnte dadurch verdeutlicht werden, daß (und wie) "rechtlich garantierte Handlungsmöglichkeiten, Geldmittel, infrastrukturelle Angebote (und) personenbezogene Dienstleistungen (...) in den Handlungsbereich bestimmter Personen(-gruppen) (gelangen,) Elemente ihre Lebenslage (werden) und (...) die Struktur sozialer Lebenschancen (beeinflussen)" (Franz-Xaver Kaufmann, 1987b, 14 f) und wie Prozesse der Wohlfahrtsproduktion sich aus spezifischen Leistungen eines breiten Spektrums von Institutionen und Akteuren ergeben[3].

Über die spezifische Rethematisierung des Spannungsverhältnisses von "Politik" und "Ökonomie", von "Staat" und "Gesellschaft" im Rahmen sozialwissenschaftlicher Auseinandersetzungen um lokale Sozialpolitik[4] und die Einbeziehungen steuerungstheoretischer Konzepte (Franz-Xaver Kaufmann, 1982b) wurde konkret Problemen der Politiksegmentierung und der Verwaltungsfragmentierung, der "sektoralen Versäulung" lokaler Sozialpolitik nachgegangen, die gerade bei der institutionellen Bearbeitung von "Problemsydromen" manifest werden. Dabei wurde einerseits die besondere Leistungsfähigkeit para-administrativer und semi-institutioneller Einrichtungen sowie von Selbsthilfe im Hinblick auf eine "ganzheitliche(re)" Problembearbeitung herausgearbeitet. Andererseits waren aber auch Tendenzen der Formalisierung, Professionalisierung und Institutionalisierung ihrer Leistungserbringung aufzuzeigen. Und schließlich wurde mit Versuchen einer begrifflichen Klärung von Selbsthilfe (vgl. dazu zusammenfassend Hans-Jürgen Franz, 1987) und unter Bezugnahme auf

---

3) Dieses Konzept "erwies sich zudem als anschlußfähig sowohl an die steuerungstheoretische und ordnungspolitische Fragestellung der Wirtschaftswissenschaft als auch an die jüngste, von Konzepten der Selbstorganisation und der Autopoiesis geprägte systemtheoretische Entwicklung in der Soziologie sowie an die stark praxisbezogene Forschung zu Prävention und Intervention im Bereich von Sozialmedizin, Kriminologie, Sozialpädagogik und Psychologie" (Franz-Xaver Kaufmann, 1987b, 15). - Eine bemerkenswerte Mittlerfunktion zwischen diesbezüglichen theoretischen Auseinandersetzungen und emprischen Forschungen sowie praxisbezogenen Kontroversen ist der Zeitschrift "Neue Praxis" beizumessen. Vgl. dazu besonders die Sonderhefte der Zeitschrift "Neue Praxis".

4) Bezugspunkte existieren dabei in jüngster Zeit (vgl. Adalbert Evers, 1988) zur angelsächsischen Diskussion zum "Public/ Private Interplay in Social Protection" (Martin Rein und Lee Rainwater, 1986).

steuerungstheoretische Konzepte (vgl. Franz-Xaver Kaufmann, 1986) auf Besonderheiten und nicht zuletzt die begrenzte Leistungsfähigkeit von Selbsthilfe hingewiesen.

Bemerkenswert ist, daß bei der sozialwissenschaftlichen Diskussion um lokale Sozialpolitik Interventionen gegen Arbeitslosigkeit bzw. die mit Arbeitslosigkeit (potentiell) verbundenen sozialen Folgeprobleme bis Anfang der 80er Jahre keine besondere Aufmerksamkeit fanden und auch danach - etwa im Vergleich zum Gesundheitsbereich - nur ein "randständiges" Thema dargestellt haben[5]. Breiter thematisiert worden sind allerdings (wie erwähnt) Entwicklungsmöglichkeiten von Fremd-/Selbsthilfe, die im Kontext der diagnostizierten bzw. prognostizierten Krise der Arbeitsgesellschaft und einer Stärkung des informellen Sektors gesehen wurden. Aufgegriffen worden sind zwar auch Einsatzmöglichkeiten arbeitsmarktpolitischer Maßnahmen (besonders von ABM). Dies jedoch überwiegend unter dem Gesichtspunkt, wie durch sie Selbsthilfeeinrichtungen, Wohlfahrtsverbände u.ä gefördert werden können, um damit die soziale Infrastruktur (allgemein) zu entwickeln und Beschäftigungsmöglichkeiten zu schaffen (informelle Tätigkeiten in formelle Erwerbsarbeit zu transformieren). Bei Untersuchungen, die darüber hinausgingen und die institutionelle Bearbeitung des Problemsyndroms Arbeitslosigkeit analysierten bzw. auf die Frage bezogen waren, wie durch sozialpolitische Interventionen Lebenslagen von Arbeitslosen beeinflußt werden, sind jedoch einige markante Besonderheiten hervorgetreten bzw. hervorzuheben, die dem konkreten Untersuchungsgegenstand geschuldet sind:

1. Im Bereich Arbeitslosigkeit ist *soziale Selbsthilfe* zwar in besonderer Weise durch den "Doppelcharakter" einer sozialen Bewegung (Hans-Jürgen Franz, 1987, 339) geprägt: sie bezieht sich sowohl auf Auseinandersetzungen "um die Einrichtung und Veränderung von Maßnahmen auf der politischen Ebene, also (auf) Interessenartikulation, Einflußnahme und politische Entscheidung" als auch auf "die Leistungsbereitstellung und die Erbringung der vielfältigen Endleistungen" (Franz-Xaver Kaufmann, 1987b, 19). Damit ist sie sowohl auf der Ebene der "Politics" als auch auf der der "Policies" angesiedelt (vgl. Hubert Heinelt und Carl-Wilhelm Macke, 1987, 222 ff). Arbeitslosigkeit zeichnet sich jedoch dadurch aus, daß sie im Regelfall ein transitorisches Problem darstellt bzw. von den Betroffenen als solches begriffen werden kann. Dies hat zur Folge, daß Betroffene sich überwiegend nicht in der Weise auf die Problemlage einlassen, daß sie sie zum Ausgangs- und Bezugspunkt politischer Aktivitäten

---

5) So wurde im Rahmen des DFG-Schwerpunktprogramms "Gesellschaftliche Bedingungen sozialpolitischer Interventionen: Staat, intermediäre Instanzen und Selbsthilfe" kein Forschungsprojekt zum Themenbereich Arbeitslosigkeit gefördert (vgl. Franz-Xaver Kaufmann, 1987a, 24 ff).

und eines langfristigen, verbindlichen Engagements in selbstorganisierten Hilfs- und Unterstützungseinrichtungen werden lassen. Bei der überwiegenden Zahl von Betroffenen, bei denen dies dennoch geschieht, sind Kompetenzen der Eigen- und solidarischen Hilfe aufgrund von anhaltender Langzeitarbeitslosigkeit und gleichzeitig sinkenden und defizient werdenden persönlichen sowie sozialen Handlungspotentialen so begrenzt, daß sie auf Fremdhilfe angewiesen sind. Bei einer kleinen Gruppe engagierter Betroffener erfolgt eine Professionalisierung, zu der die Notwendigkeit von Fremdhilfe anderer Betroffener geradezu zwingt. Arbeitsloseninitiativen und Arbeitslosentreffs u.ä. unterliegen vor diesem Hintergrund einem besonderen Institutionalisierungsdruck (zu ähnlichen, wenn auch nur abgeschwächt wirksamen Entwicklungstendenzen in anderen Bereichen von Selbsthilfe vgl. Franz-Xaver Kaufmann, 1979, 139 ff und zusammenfassend Hans-Jürgen Franz, 1987, 335 ff). Er führt dazu, daß sie sich an Wohlfahrtsverbände oder kirchliche Einrichtungen anlagern oder sogar nur innerhalb intermediärer Strukturen entstehen konnten (vgl. Hubert Heinelt und Carl-Wilhelm Macke, 1987, 232 ff; dies., 1986).

2. Zu Beginn der 80er Jahre in politischen und sozialwissenschaftlichen Diskussionen verhandene Hoffnungen, daß sich mit der Krise des Beschäftigungssystems (der Arbeitsgesellschaft) Veränderungen in Richtung einer Erosion des Erwerbsverhaltens und ein Bedeutungszuwachs informeller Tätigkeiten ergeben würde, haben sich nicht erfüllt. Dazu sind finanzielle und psycho-soziale Belastungen infolge einer Ausgrenzung aus dem Erwerbssystem überwiegend zu groß (vgl. dazu im Überblick Harald Welzer et al., 1988). Es ließen sich aber auch politische Strategien nicht im erforderlichen Maße durchsetzen, die eine solche Umorientierung durch (Erwerbs-)Arbeits- und Einkommensumverteilung sowie die Förderung von informellen Aktivitäten ermöglichen oder zumindest stimulieren könnten. Das, was sich an *erwerbswirtschaftlich orientierten Selbsthilfeinitiativen* von Arbeitslosen bzw. gegen Arbeitslosigkeit in den letzten Jahren entwickelt hat, läßt örtlich zwar teilweise markante Ansätze erkennen, weist aber insgesamt einen quantitativ marginalen und meist auch sozial prekären Status auf (vgl. MAGS 1986; Henrik Kreutz et al., 1984; Henrik Kreutz und Gerhard Fröhlich, 1987).

3. Die aktuelle Krise des Beschäftigungssystems bedingt in besonderer Weise *ein Problemsyndrom, bei dem rechtliche, ökonomische, ökologische und pädagogische Interventionen jeweils an Grenzen gestoßen* sind. Dies ergibt sich zunächst daraus, daß Wirkungen sozialpolitischer Interventionen bei Arbeitslosigkeit - selbst wenn unter sie auch arbeitsmarktpolitische Interventionen subsumiert werden - dadurch begrenzt sind, daß sie die aktuell problemverursachenden strukturellen Ungleichgewichte am Arbeitsmarkt nicht beheben können. Ferner ist manifest geworden, wie

die Wirkungen sozialpolitischer Interventionen bei Arbeitslosigkeit dadurch eingeschränkt sind, daß sie institutionell fragmentiert erfolgen und unterschiedlichen Imperativen unterliegen (vgl. Blanke et al., 1984, bes. 307 ff und dies., 1987 sowie Dieter Grunow und Norbert Wohlfahrt, 1985, 160 ff und Dieter Grunow et al., 1985, bes. 168 ff). Dies gilt insbesondere für finanzielle Unterstützungsleistungen (Arbeitslosengeld, Arbeitslosenhilfe, Sozialhilfe, Wohngeld), aber auch für rechtlich fixierte Ansprüche auf die Förderung von Beschäftigungsmöglichkeiten oder Bildungsmaßnahmen. Deutlich wird dies jedoch auch an persönlichen Hilfen, bei denen Arbeitslosigkeit im Prinzip (immer noch) "als persönlichkeitsbedingtes defizitäres Lern- und Arbeitsvermögen einer Randgruppe" wahrgenommen und als Instrumente auf "pädagogisch-therapeutische Überbrückungshilfen für Problemgruppen" (Peter Trenk-Hinterberger, 1986, 65) gesetzt wird. "Da Arbeitslosigkeit aktuell aber kein 'Randgruppenschicksal' mehr ist (...), greifen pädagogisch-therapeutische Instrumente sozialer Arbeit zu kurz, wenn sie nicht eingebettet werden können in eine Strategie, die den Hilfesuchenden Perspektiven einer (Re-)Integration ins Erwerbssystem eröffnen" (Hubert Heinelt, 1986, 412). Gesetzliche Veränderungen der Zugangsvoraussetzungen zu Leistungen haben aber auch anschaulich werden lassen, welche zentrale Bedeutung rechtliche und ökonomische Interventionen für die Lebenslage und die Handlungsmöglichkeiten der von Arbeitslosigkeit Betroffenen haben.

1.2.2. Zur lokalen Arbeitsmarktpolitik in der sozialwissenschaftlichen Diskussion

Nicht zu übersehen sind unterschiedliche lokale Lösungsansätze der Schwierigkeiten, die sich hinsichtlich der institutionellen Bearbeitung des Problemsyndroms Arbeitslosigkeit aus Politiksegmentation und Verwaltungsfragmentierung ergeben. Solche Lösungsansätze haben in der sozialwissenschaftlichen Diskussion der letzten zehn Jahre zunehmend an Aufmerksamkeit gewonnen und waren auch Gegenstand von Tagungen des Arbeitskreises "Lokale Politikforschung" der Deutschen Vereinigung für Politische Wissenschaft (vgl. Hans E. Maier und Hellmut Wollmann, 1986 sowie Bernhard Blanke et al., 1986). Sie sind - so läßt sich der Forschungsstand resümieren - an Überschneidungs-/Bruchstellen traditioneller Problemlösungen zu finden, die als Politikfelder wie Arbeitsmarkt-, Sozial-, Jugendhilfepolitik usw. institutionalisiert sind. Untersuchungen haben auf lokaler Ebene die Herausbildung von Arbeitsgemeinschaften, Arbeitsgruppen, Kommissionen, Stabstellen, Beschäftigungsgesellschaften u.ä. beschrieben, deren Aufgabe die Koordinierung und der Informationsaustausch von und zwischen Akteuren und Aktivitäten im Problemfeld Arbeitslosigkeit ist (vgl. dazu ferner Udo Bullmann et al., 1986 sowie Werner Fricke et al., 1986). Beobachtbar sind das Zusammenwirken bislang nebeneinander (und z.T. gegeneinander) arbeitender Akteure und "neue Mixturen" (Friedhart Hegner 1986) von Instrumenten. Dies verdeutlicht, daß Lösungsversuche des Problemsyndroms Arbeitslosigkeit die "Bündelung von Einzelpolitiken" (Joachim J. Hesse 1986, 14) erzwingen.

Die faktische Relevanz solcher Lösungsansätze in lokalen Politikprozessen sowie ihre Beachtung in sozialwissenschaftlichen Forschungen ist eingebettet gewesen in einen Anfang der 80er Jahre einsetzen Wechsel von Forschungsperspektiven (und lokalen Politikstrategien). Dieser setzte einerseits an der Unzulänglichkeit traditioneller kommunaler Gewerbeförderung und regionaler Wirtschaftsförderung an (vgl. u.a. Joachim J. Hesse 1983, 17 ff sowie Werner Väth 1983, 227 ff). Andererseits konnte die Relevanz lokaler Implementationsbedingungen und -strategien von überörtlichen Arbeitsmarktprogrammen bzw. - instrumenten herausgestellt werden (vgl. Fritz W. Scharpf et al., 1982a; Fritz W. Scharpf et al., 1983; Dieter Garlichs et al., 1983; Gerhard Bosch et al., 1987; Peter Hurler und Martin Pfaff, 1987 sowie Friederike Maier 1988). Dies bedingte geradezu einen Perspektivwechsel von der bis Ende der 70er Jahre vorherrschenden globalen Wirkungsanalyse Arbeitsmarktprogramme bzw. -instrumente hin zu einer lokalen Implementationsforschung (vgl. Michael Hübner et al., 1990, 6 ff). Dafür waren - neben der seinerzeit geführten allgemeinen Implementationsdebatte (vgl. dazu den Aufsatz von Hellmut Wollmann in diesem Band) - für den konkreten Gegenstandsbereich Ergebnisse aus der Begleituntersuchung zum "500-Millionen-Programm" der sozial-liberalen Bundesregierung aus dem Jahr 1979 bedeutsam (vgl. Fritz W. Scharpf et al., 1982b; Günther Schmid, 1983).

Ein herausgehobenes Interesse zogen Arbeitsbeschaffungsmaßnahmen auf sich, weil sie es örtlichen Akteuren ermöglichten, mittels beachtlicher Finanzmittel der Bundesanstalt für Arbeit (sowie Fördermittel des Bundes und der Länder) weitgehend selbständig gesetzte Ziele zu verfolgen. So wurden in Untersuchungen Handlungsmöglichkeiten (und -restriktionen) von örtlichen Arbeitsämtern, Kommunen und freien Trägern bestimmt (vgl. u.a. Eugen Spitznagel, 1982; Christine Sellin und Eugen Spitznagel, 1988; Friederike Maier, 1988; Hubert Heinelt, 1989a) und auf Chancen hingewiesen, mit Hilfe von ABM strukturverbessernde Wirkungen zu erzielen (vgl. Hans E. Maier, 1982a sowie Hartmut Seifert, 1988) oder innovative (Sozial-)Projekte zu fördern und z.T. mittelfristig von einer arbeitsmarktpolitisch motivierten Förderung unabhängig zu machen (vgl. Hans E. Maier 1982b sowie Friedhart Hegner und Cordia Schlegelmilch, 1983). Gerade bei innovativen (Sozial-)Projekten wurden

Verknüpfungsmöglichkeiten von arbeitsmarkt- und sozialpolitischen Aspekten sowie die Förderung von Selbsthilfe und (bislang) informellen Tätigkeiten hervorgekehrt (vgl. Adalbert Evers, 1986).

2. Grenzen und Möglichkeiten lokaler Politik gegen Arbeitslosigkeit

2.1. What makes the difference? Zum Problem, politikwissenschaftlich lokal unterschiedliche Aktivitäten gegen Arbeitslosigkeit zu erklären

Angesichts der vorliegenden Einzeluntersuchungen stellt sich die Frage, wie Handlungszwänge und -spielräume systematisch so zu erfassen sind, daß der lokal unterschiedliche, im Detail oftmals frappierende "policy-mix" der Aktivitäten gegen Arbeitslosigkeit erklärbar wird und empirische Forschungen nicht nur die Funktion haben, auf den Modellcharakter der einen und der anderen örtlichen Innovation hinzuweisen und kurzfristig die Aufmerksamkeit von Praktikern wie interessierten Forschern auf den einen oder anderen Ort zu lenken.

Hier liegt sicherlich ein zentrales Desiderat lokaler Politikforschung und - so muß wohl hinzugefügt werden - vergleichender Politikforschung überhaupt (vgl. Manfred G. Schmidt, 1988); denn angesprochen ist die Frage, was den Unterschied macht bzw. bedingt.

Dabei dürfte sich die lokale Politikforschung besonders schwer tun, *quantitativ angelegte "Output"-Studien bzw. die Untersuchung von Bestimmungsfaktoren mit Hilfe quantitativer Methoden* vorzunehmen, wie es in der international vergleichende Forschung üblich geworden ist. Denn die lokale Politikforschung hat in unterschiedlicher Weise herausarbeiten können, daß zwischen einzelnen isolierbaren Faktoren *konkrete,* von Einzelfällen abhängige Wechselwirkungen und Vermittelheiten bestehen. Dies schützt vor einer Vorgehensweise, die quantitative Aggregat-Daten bevorzugt, selektiv Variablen auswählt und operationalisiert, einzelne Politikfelder in der Betrachtung "privilegiert" und damit spezifische politisch-administrative Bedingungen, Effekte des Agierens politischer Eliten und politisch-kulturelle Selbstverständlichkeiten vernachlässigt (zur einer entsprechenden Kritik an der international vergleichenden Forschung vgl. Manfred G. Schmidt, 1988, 18 ff)[6].

---

6) Ein Beispiel, das Möglichkeiten und Grenzen quantitativ angelegter "Output"-Analysen in der lokalen Politikforschung verdeutlicht, stellt die Untersuchung von Hans Grüner et al. (1988) zu Bestimmungsfaktoren wohnungspolitischer Aktivitäten bundesdeutscher Großstädte dar.

Im Rahmen *vergleichender Fallstudien* kann zwar die Benennung und Gewichtung von Bestimmungsfaktoren abweichender Politikinhalte und -ergebnisse offen gehalten werden, es ergibt sich jedoch die Notwendigkeit eines Analysekonzepts, mit dessen Hilfe die Untersuchung einheitlich strukturiert und Einzelbefunde komparativ interpretiert werden können.

Die gängigen Pfade der Policy-Analyse führen dabei nicht weiter. Zum einen ist die Policy-Forschung zu sehr von ihrem Gegenstand geprägt, wenn Policies als nominelle Politikfelder, "wie beispielsweise Sozialpolitik, Verkehrspolitik, Bildungspolitik etc." (Windhoff-Héritier 1987, 17) klassifiziert werden, "deren Grenzen durch bestimmte institutionelle Zuständigkeiten und eine sachliche Zusammengehörigkeit gezogen werden" (Adrienne Windhoff-Héritier, 1987, 22). Insofern wird üblichweise die Segmentation verdoppelt und die gerade beim vorliegenden Untersuchungsbereich relevante konzeptionelle Verbindung einzelner Policies erschwert. Zum anderen werden traditionell Elemente des Policy-Netzes - wie institutionelle Faktoren u.ä. - als unabhängige Variablen in ihren Wirkungen auf Politikprozesse (im Policy-Zyklus) untersucht. Daß Wirkungen institutioneller Faktoren z.B. auch von Konflikt- und Konsensbildungsprozessen abhängen oder gebrochen werden können, bleibt hingegen weitgehend unterbelichtet (vgl. Renate Mayntz, 1982, 74). Dies macht sich nicht zuletzt insofern geltend, als lokale Institutionen überörtlich definierte Programme/Maßnahmen nicht nur im Sinne "programmierten Entscheidens" implementieren, sondern diese auch jenseits zentraler Problemdefinitionen und Politikformulierungen *eigenständig* entsprechend örtlicher Politikprozesse der Problemlage anpassen und dabei auch Politikinhalte verändern. Dies ergibt sich letztlich daraus, daß lokale Politikprozesse über einzelne Politikfelder hinausgreifen und sich nicht nur zwischen Akteuren abspielen können, die *unmittelbar* mit der Durchführung einer Maßnahme befaßt sind.

Ohne daß in Anspruch genommen werden soll, zur Behebung der aufgeworfenen Probleme ein endgültiges Konzept an dieser Stelle präsentieren zu können, sei auf die Bedeutung örtlich spezifischer Konflikt- und Konsensbildungsprozesse hingewiesen, die mit dem Begriff der Politikarena zu erfassen wären (vgl. Bernhard Blanke et al., 1989)[7]. Der Begriff der Politikarena stammt aus dem kategorialen Apparat der Policy-Analyse. Zusammen mit dem analytischen Begriff des Policy-Netzes kommt ihm eine Schlüsselrolle zu, wenn nicht nur Politikinhalte beschrieben und erfaßt, sondern auch Zusammenhänge zwischen Policies und politischem Verhal-

---

7) Vgl. dazu die (Vor-)Überlegungen in Bernhard Blanke et al., 1987, 471 ff; Bernhard Blanke und Hubert Heinelt, 1987, 647 ff; Hubert Heinelt, 1989c, 76 ff. - Ähnliche Überlegungen finden sich hinsichtlich international vergleichender Forschung bei Jürgen Feick und Werner Jann (1988).

ten, zwischen Policies und politischen Institutionen ergründet werden sollen[8]. Diese Begrifflichkeiten sind für Untersuchungen insofern bedeutsam, weil durch sie "objektive" und "subjektive" Elemente des Policy-Begriffes analytisch unterschieden und gleichzeitig verkoppelbar werden (vgl. Adrienne Windhoff-Héritier, 1987, 61 ff). Allerdings muß dieser Ansatz für Untersuchungen, die es mit Politik in einem Problemfeld zu tun haben, das mehrere Politikfelder erfaßt, d.h. auch in mehreren segmentierten Politiksektoren wirkt, bearbeitet und Lösungen zugeführt wird (werden muß), erweitert werden, da üblicherweise der Begriff der Arena letztlich doch je einer Policy zugeschrieben wird: Es kommt darauf an zu betonen, daß lokale Konflikt- und Konsensbildungsprozesse eine Arena formieren, in der Elemente einzelner Policies verknüpft werden und ein neues Politikfeld konstituiert wird[9].

Die Erkärung, daß Policies durch neu entstehende Arenen konstituiert werden, würde eine Verbindung herstellen zwischen gesellschaftlichen Problemen, die einer Lösung zugeführt werden müssen, und der Entstehung von Lösungsansätzen und ihrer Institutionalisierung. In systemtheoretischer Begrifflichkeit ausgedrückt: dem Policy-Begriff fehlt der Bezug von Politisch-Administrativen System und Umwelt, sowohl von der Entstehungsseite her wie von Seiten der Wirkungen von Politik (die sehr stark reduziert in den Erwartungen und der Perzeption von Betroffenen gesehen wird). Um einen Umweltbezug herzustellen, muß herausgearbeitet werden, wie in Politikfeldern Probleme thematisiert, wie für Probleme Lösungen entwickelt und institutionalisiert werden, die nicht eindeutig "Zuständigkeiten" von Politikfeldern zuzuordnen sind. Der Inhalt einer Maßnahme dürfte also nicht reduziert werden auf politische Programme und ihre Formulierung, sondern müßte stärker als Resultat von Problementwicklungen und ihrer Artikulation interpretiert werden.

---

8) "Während sich der Begriff Policy-Netz auf die Akteure und institutionellen Beziehungen zwischen Akteuren in einem Politikfeld bezieht, hebt der Begriff der Politikarena auf den politischen Prozeß, Konflikt und Konsensus während Entstehung und Durchführung einer Policy ab" (Adrienne Windhoff-Héritier, 1987, 43). Oder anders ausgedrückt: "Während der Begriff 'Policy-Netz' relativ einfach Akteure, die an der Entstehung und Durchführung einer Policy beteiligt sind und deren Beziehungen umfaßt, (... ist) der Arenabegriff (...) daraus ab(ge)leitet, wie Betroffene die Wirkungen öffentlicher Maßnahmen betrachten und darauf reagieren. Er schließt damit dynamische Konflikt- und Konsensusprobleme ein" (Adrienne Windhoff-Héritier, 1987, 44).
9) Zwar liegt dem Begriff prinzipell, da er nicht an die "objektive Struktur" einer Policy gebunden ist (wie der des Policy Netzes), die Möglichkeit der Überlappung zugrunde (Akteure und auch Wahrnehmungen können über sektorale Grenzen, die durch Programme und Regelungsstrukturen gesetzt sind, hinausreichen - die Arena wechseln; vgl. Adrienne Windhoff-Héritier, 1987, 59 ff), aber der Gedanke, daß eine Arena auch erst eine Policy konstituiert, ist nur rudimentär formuliert (vgl. Adrienne Windhoff-Héritier, 1987, 57).

Faktoren der Arenafärbung

	längerfristig bestehende Bedingungen, unter denen lokale Politik handelt	örtlich spezifische politische Bedingungen und Reaktionen
Problem	**Problemdruck** - Arbeitslosenquote - Haushaltssituation - Sozialhilfe-Zahlungen **Problemstruktur** - besondere Problemgruppen - Armut/SH-Empfänger Kontext/politische	**Problemdefinition, abhängig von:** - Akteurskonstellation/ Akteursgewichtung - soziokultureller Kultur
finanzielle Möglichkeiten	**verfügbare Ressourcen** - des Arbeitsamts - Länderprogramme - Bundesprogramme - EG-Programme	**eigene/neue Programme** - Kombination verfügbarer Ressourcen - kommunal und lokal verfügbare Eigenmittel
administrative/ strukturelle Möglichkeiten	**institutionelle örtliche Gegebenheiten** - Kommunalverfassung - Kompetenz-/Finanzverteilungsmuster - Zuständigkeitsverteilung	**innerinstitutionelle Kompetenz- und Zuständigkeitsänderungen** **Vernetzung von Akteuren (innerinstit. und nach außen)** - informelle Kooperation - formalisierte Kooperation - neu geschaffene Einrichtungen - Förderung Dritter

Da es die zentrale Besonderheit einer Arena "Maßnahmen gegen Arbeitslosigkeit" ist, daß sie als Feld der auf Politikinhalte bezogenen Konflikt- und Konsensbildungsprozesse nicht eindeutig bestimmten Policy-Netzen, aber auch bestimmten institutionellen Strukturen (Polity) und politischen Prozessen (Politics) zuzuordnen ist, sondern sich jeweils konkret aus örtlichen Konflikt- und Konsensbildungsprozesse ergibt, ist entscheidend, welche Akteure hegemonialen Einfluß ausüben können und welche Problemaspekte und institutionellen Strukturen dominierend sind. Daraus ergibt sich das, was als *Arenafärbung* bezeichnet werden kann, nämlich eine spezifische (Vor-) Entscheidung über Lösungsperspektiven.

Was bedingt nun aber eine örtlich unterschiedliche "Arenafärbung"? Das obige Schaubild soll eine Übersicht über die (möglichen) bei der Bildung einer Arena zum Problemkomplex Arbeitslosigkeit entscheidenden Bedingungen und Aktivitäten geben (vgl. dazu die mit Beispielen versehene Darstellung bei Bernhard Blanke et al. 1989, 537 ff).

Die Tabelle ist grob unterteilt nach Bedingungen, die zunächst außerhalb der örtlich handelnden Akteure gesetzt sind sowie Bedingungen, die örtlich spezifisch und - zumindest teilweise - von lokalen Akteuren zu gestalten sind (rechte Seite). Die jeweilige Arena erhält ihre spezifische Färbung nur durch eine Kombination **aller** Elemente, d.h. einer Vermittlung der aufgeführten verschiedenen *Struktur*aspekte. Die Vermittlung erfolgt durch Konfikt- und Konsensbildungs*prozesse*, die auf drei Ebenen oder in drei Teilarenen anzusiedeln sind.

In der einen Teilarena, die als *Implementationsarena* bezeichnet werden kann, gehen Akteure innerhalb von Verwaltungen, bei Maßnahmeträgern usw. mit gegebenen Instrumenten auf die Problemlagen ein, versuchen die Instrumente anzupassen und vernetzen sich dabei in Kooperationsbeziehungen. Dies kann unzulänglich sein und auch entsprechend politisch kritisiert werden. Im alltäglichen Agieren können sich jedoch auch wirkungsvolle Kooperationsmuster herausbilden und Zuständigkeiten verteilt werden, die bislang institutionell nicht festgelegt waren. Die Handlungsmöglichkeiten der Akteure in der Implementationsarena sind jedoch begrenzt. Zum einen sind sie auf den Einsatz der gegebenen Instrumente verwiesen - und zwar sowohl im Hinblick auf den rechtlich fixierten, wenn auch situativ interpretierbaren Einsatzbereich als auch auf die politisch zugewiesenen Finanzmittel. Zum anderen sind Sanktionsmöglichkeiten beschränkt, um Kooperation und Zuständigkeiten jenseits der gegebenen rechtlichen Festlegungen verbindlich zu regeln. Deshalb erfordern Konflikt- und Konsensbildungsprozesse in den Implementationsarenen in bestimmten Entwicklungsstadien und in unterschiedlicher Form politische Entscheidungen: Es sind
a) neue Instrumente zu schaffen und vorhandene mit neuen Inhalten/Zielen zu versehen,
b) Kooperation und Zuständigkeiten verbindlich durchzusetzen und/oder
c) der der Problemlage faktisch bereits angepaßte Einsatz von Instrumenten mit den u.U. dabei entstandenen Kooperationsbeziehungen und ausgehandelten Zuständigkeiten zu "legalisieren".

Dies verweist auf eine zweite Teilarena, die als *Entscheidungsarena* bezeichnet werden kann. In ihr sind von politischen Entscheidungsträgern im Gemeinderat, in der "Spitze" der Kommunalverwaltung sowie zwischen ihnen und externen Institutionen und Organisationen (Verbänden, Maßnahmeträgern, dem Arbeitsamt u.ä) Problemlagen als politische Handlungsprobleme zu definieren und auf die "Tagesordnung" der politisch zu bearbeitenden Anforderungen zu setzen, sowie Politikinhalte zu formulieren und diese zur Implementation zu bringen.

Die Unterscheidung zwischen Implementations- und Entscheidungsarena trennt analytisch politische Prozesse (auf lokaler Ebene), die im politikwissenschaftlichen Konzept des Policy-Zyklus von Problemdefinition, Agenda-Gestaltung, Politikformulierung, Politikimplementation und Policy-Reaktion/politischer Verarbeitung in eine Abfolge gebracht werden. Die vorgenommene Trennung erscheint jedoch sinnvoll, weil Prozesse in der Entscheidungsarena wohl so zu erfassen sind, wie sie mit dem Policy-Zyklus konzeptualisiert sind, nicht aber autonome Anpassungsprozesse bei der Problembearbeitung selbst[10].

Von den bislang angesprochenen zwei Arenen läßt sich eine weitere abgrenzen, die als *"Öffentlichkeits-"* oder *Diskussionsarena* bezeichnet werden kann. In ihr können auch Akteure agieren, die nicht unmittelbar auf Prozesse in Entscheidungs- und Implementationsarenen einwirken. Gleichwohl können diese durch Konflikt- und Konsensprozesse in der Diskussionsarena beeinflußt werden, indem die ihr angehörigen Akteure als "Auditorium" Programmformulierung und -durchführung akklamierend verfolgen. Auf Prozesse der Problemdefinitionen und Progammbewertung können sie sogar als Betroffene unmittelbar prägend wirken[11].

Wie Prozesse in diesen Teilarenen zusammenspielen und ein neues Politikfeld begründen und örtlich spezifisch prägen, müßte Gegenstand empirischer Untersuchungen sein. Dabei wären im Rahmen vergleichender Fallstudien nicht zuletzt auch Typologisierungen zu erwarten. Wie Typologisierungen vorzunehmen wären, kann an dieser Stelle nur angedeutet werden[12]: Zum einen wäre - unter Bezugnahme auf die im Schaubild ge-

---

10) Wobei es - mit Rückgriff auf Luhmann - beim "Begriff der Autonomie um die Selbstbestimmung, um die Fähigkeit (geht), die selektiven Kriterien für den Verkehr mit der Umwelt selbst zu setzen und nach Bedarf zu ändern'. 'Autonomie' steht damit im gegensatz zu 'Autarkie', denn sie setzt Interdependenzen, Austauschbeziehungen mit der Umwelt voraus" (Joachim J. Savelsberg, 1982, 158).

11) "Von Konflikt- und Konsensbildungsprozessen in der Diskussionsarena ist es entscheidend abhängig, ob und inwieweit dynamische Momente der Fortentwicklung von Politikinhalten vorhanden sind, d.h. ob und inwieweit ein politisches Potential wirksam ist, das auf eine Fortentwicklung (situativ) gefundener Problemlösungen dringt. In den Konflikt- und Konsensbildungsprozessen von Diskussionsarenen können auch am deutlichsten politische Orientierungen präsent sein, die über gegebene Lösungsansätze hin-

nannten Faktoren - zwischen spezifischen Politikinhalten zu unterscheiden. Zum anderen ließen sich Unterscheidungen zwischen "Färbungen" örtlicher Arenen in der Weise vornehmen, daß die jeweilige Gewichtung der genannten drei Teilarenen, d.h. Unterschiede in den Konflikt- und Konsensbildungsprozessen, herausgearbeitet wird. Dabei wäre auch zu beachten, daß einzelne örtliche Arenen ihre diesbezügliche "Färbung" wechseln können, weil in zeitlicher Abfolge die genannten Teilarenen bedeutsam sein können.

2.2. Partikularisierung von Problemlagen und Konfliktabsorption? Lokale Auseinandersetzungen und vertikale Politikprozesse

Wenn auch "vor Ort" die politische Organisierung und Interessenartikulation von Arbeitslosen selbst gering ist, haben sich doch gerade im Bereich von Arbeitsmarkt- und Sozialpolitik politische Auseinandersetzungen auf lokaler Ebene angesiedelt, weil örtliche Partei- und Gewerkschaftsgliederungen, Akteure innerhalb örtlicher Verwaltungen sowie Sozial-Advokaten in Wohlfahrtsverbänden, Kirchen und Vereinen sich der Problemlage angenommen haben. Dadurch sind gerade Kommunen, deren Aktivitäten am ehesten von örtlichen Entscheidungen beeinflußbar sind, zum Adressaten politischer Forderungen geworden. Dennoch kann davon ausgegangen werden, daß allen Beteiligten an diesen Auseinandersetzungen die Begrenztheit lokaler resp. kommunaler Strategien bewußt ist, denn sowohl das Ausmaß der politisch zu bearbeitenden Probleme, wie die Kommunalisierung der Problembearbeitung als Entlastungsstrategie übergeordneter Politikebenen haben manifest werden lassen, daß kommunale Politik in den genannten Politikfeldern überfordert ist. Allerdings werden in Ermangelung greifbarer Alternativen lokale und kommunale Handlungsspielräume gesucht. Dadurch werden zwar Problemlagen partikularisiert, dies jedoch nicht mit dem Effekt, daß "die Entstehung eines Problems mit den besonderen örtlichen Gegebenheiten bzw. mit den Mängeln der spezifischen örtlichen Verwaltung in Zusammenhang" gebracht wird (Claus Offe, 1975, 308), da Verantwortlichkeiten "genereller Strukturprämissen von Ökonomie und Politik der gesamten Gesellschaft" (ebd.) nicht zu übersehen sind. Insofern taugt die lokale Ebene inzwischen - zumindest bei dem vorliegenden Problemfeld - nicht mehr zur Konfliktabsorption, wie Offe (1975) noch Mitte der 70er Jahre allgemein betonte. Allerdings kann sich ein ähnlicher Effekt daraus ergeben, daß zwar der Verursachungszusammenhang der örtlich bearbeiteten Problemlagen mit

---

ausweisen" (Bernhard Blanke et al., 1989, 550).
12) Vgl. dazu Susanne Benzler und Hubert Heinelt, 1990 (Kapitel IV).

"generellen Strukturprämissen" in lokalen Politikprozessen präsent ist bzw. gehalten wird, jedoch in virulenten (und z.T. auch turbulenten) Auseinandersetzungen um "zweitbeste Lösungen" in den Hintergrund tritt.

Vor diesem Hintergrund stellt sich aber die Frage, wie die Dezentralisierung und Re-Kommunalisierung der Problembearbeitung von Arbeitslosigkeit (und von Sozialstaatsfunktionen überhaupt) sich in vertikalen Politikprozessen niedergeschlagen hat. Dies nicht zuletzt auch deswegen, weil gleichzeitig die finanziellen Handlungsmöglichkeiten der kommunalen Ebene immer weiter eingeschränkt worden sind. Konkret: es ist frappierend, daß sich aus kommunaler Politik heraus keine "Gegenmacht" (vgl. Udo Bullmann und Peter Gitschmann, 1985) formiert hat, die einer Problemabwälzung durch (zentral-)staatliche Politik Einhalt geboten hätte.

Die neueren Untersuchungen von Wollmann u.a. (vgl. Wolfgang Jaedicke et al., 1989) "zur Bestimmungsmacht und -ohnmacht der Kommunen bei der Formulierung und Implemetation von Sozialpolitik im Bundesstaat" weisen anschaulich nach, wie schwer es den Kommunen fällt, konsensfähige Positionen gegenüber staatlicher Politik (etwa über die kommunalen Spitzenverbände) zu formulieren und gegenüber Bund und Ländern durchzusetzen. Was jedoch noch näher zu untersuchen wäre, ist die Frage, warum angesichts der Problementwicklung und ihrer örtlichen Thematisierung sich in den Parteien Kommunalpolitiker (von Schmalstieg bis Rommel) mit ihren Anliegen nicht durchsetzen können. Zunächst ist es naheliegend, daß Loyalitätsverpflichtungen gegenüber den in Bundes- und Länderregierungen von den verschiedenen Parteien verfolgten unterschiedlichen Politikkonzepten (z.B. angebots- versus nachfrageorientierte Politik) ein parteiübergreifendes Bündnis der Kommunalpolitiker verhindern. Überdies ist bedeutsam, daß sich offenbar - quer zu verbreiteten Problemdefinitionen, bei denen Arbeitslosigkeit ein hoher Stellenwert beigemessen wird - beim innerparteilichen "Agenda-Setting" eine Dominanz *aktuellerer Themen* ergibt (Deutschlandpolitik, Strukturreformen der Rentenversicherung und im Gesundheitswesen, Steuerpolitik, Sicherheitspolitik, Umweltschutz, Technologieförderung).

2.3. Lokale Arbeitsmarkt- und Sozialpolitik im Kontext aktueller und künftiger gesellschaftlicher Entwicklungen

Die Bedeutung örtlicher politischer Strategien und Aktivitäten gegen Arbeitslosigkeit wird in der aktuellen (wissenschaftlichen) Diskussion darin gesehen, daß lokale Arbeitsmarkt- und Sozialpolitik einen *Beitrag* zur Bekämpfung der Arbeitslosigkeit und ihrer potentiellen Folgeprobleme leisten kann und daß dieser Beitrag spezifische Qualitäten hat. Da die Akzentuierung eines besonderen Beitrags lokaler Aktivitäten gegen Arbeitslosigkeit nicht (nur) im Kontext eines Wechsels von Forschungsperspektiven zu sehen ist, sondern im Zusammenhang besonderer, aktuell veränderter Problemstrukturen, Politikprozessen und -inhalten, stellt sich die Frage, worin der historisch-spezifische Beitrag lokaler Aktivitäten gegen Arbeitslosigkeit zu sehen ist. Oder anders formuliert: Zeichnet sich aktuell eine *neue* Etappe der konfliktorischen Positionierung von sozialen Sicherungsformen ab, die auf das Risiko von Arbeitskraftanbietern bezogen sind, infolge eines Ungleichgewichts am Arbeitsmarkt ihre materielle Reproduktion nicht mehr selbständig sichern zu können? Eine Etappe, die sich *historisch* an Prozesse der Herausbildung der öffentlichen Fürsorge, der Konstituierung der Arbeitslosenversicherung und der Durchsetzung des keynesianischen Modells staatlicher Beschäftigungspolitik anschließt und die durch eine Ergänzung der gemeindlichen Gewerbeförderung um beschäftigungsbezogene Aspekte bzw. die Aufwertung lokaler/kommunaler Arbeitsmarkt- und Sozialpolitik zu charakterisieren wäre?

In diesem Kontext erscheinen Positionen interessant zu sein, nach denen - unter Bezugnahme auf Ansätze der Regulationstheorie (vgl. dazu den Beitrag von Margit Mayer in diesem Band) - mit den neuen Basistechnologien, mit dem Zusammenbruch der "alten Industrien" und dem Entstehen "flexibler Produktionssysteme" sich nicht nur ein neues "Beschäftigungsprofil" herausbildet, in dem das mittlere Stratum gut bezahlter Beschäftigter, das bislang quantitativ bedeutsam war, relativ unrelevant wird, sondern auch der lokalen Ebene für gesellschaftliche Reproduktionsprozesse spezifisch neue Funktionen zukommen.

Dies ist im Zusammenhang damit zusehen, daß lokale Politik mit neuerlichen horizontalen und vertikalen Desintegrationsprozessen von Unternehmen konfrontiert werden (vgl. A.J. Scott, 1988, 175 ff). Dabei verlieren Betriebe traditionelle örtliche Verbindungen und Abhängigkeiten (untereinander), neue örtliche Verbindungen und Abhängigkeiten (im Rahmen von Sub-Contracting) entstehen und überörtliche Interdependenzen werden verstärkt. Die Folge ist zum einen eine fragmentierte "local economy" (vgl. John Lowering, 1988), in der einzelne Betriebe oder Branchen prosperieren können, ohne daß sich dies für die Situation anderer Betriebe oder Branchen in der Region auswirken muß. Und auch für die Bewohner muß sich das Prosperieren der "local economy" im Hinblick auf verbesserte Beschäftigungschancen nicht auswirken, weil - gerade für hochqualifizierte Arbeitskräfte - der Arbeitsmarkt nicht lokal begrenzt, sondern überregional ist.[13] Auswirkungen von prosperierenden Betrieben oder

---

13) Vgl. dazu die aktuellen Untersuchungen von Adrienne Windhoff-Héritier (1988) zu

Branchen auf den örtlichen Arbeitsmarkt stellen sich höchstens über "consumption linkages", über eine gestiegene Konsumnachfrage her. Zum anderen bewirkt die verstärkt verfolgte Unternehmsstrategie, bei zunehmender "just-in-time"-Produktion betriebliche Anpassungserfordernisse/-lasten auf Zulieferer abzuwälzen, eine hohe Krisenanfälligkeit von Zuliefererbetrieben. Dies hat Folgen für die Arbeitsplatzsicherheit der in ihnen Beschäftigten und wirkt sich auf die Form der Beschäftigungsverhältnisse aus: Teilzeitarbeit und befristete Arbeitsverhältnisse nehmen zu - was nicht ohne Auswirkungen auf die soziale Struktur der Beschäftigten bleibt (vgl. A.J. Scott, 1988, 177).

Bei den zwar schon lange beschriebenen (und politisch thematisierten) Prozessen der Dualisierung des Arbeitsmarktes, der Aufspaltung von Kern- und Randbelegschaften (vgl. Wolfgang Brandes und Peter Weise, 1980, 56 ff), die nun aber fortschreitet und auch noch formell zunehmend in der Unterteilung von Belegschaften der Endproduzenten und Zulieferer auftritt, sind Zweifel an der Existenz *eines* lokalen Arbeitsmarkt (endgültig) angebracht.

Doch damit wird die Bedeutung selektiver lokaler politischer Interventionen - und damit die Frage, wie sich Wirkungen ökonomischer Prozesse räumlich niederschlagen können (vgl. Simon Duncan et al., 1987 sowie Margit Mayer in diesem Band) - eher hervorgehoben. Denn thematisiert ist damit, welche Personengruppen örtlich in welchem Maße durch sozioökonomische Veränderungen "gewinnen" und "verlieren". Lokale politische Interventionen können für bestimmte Personengruppen insofern bedeutsam sein, als soziale Marginalisierungsprozesse zu blockieren oder zu begrenzen wären. Leistungen lokaler Arbeitsmarkt- und Sozialpolitik wären dann darin zu sehen, auf der kleinräumigen örtlichen Ebene Integrationschancen für Menschen zu schaffen, die aufgrund sozialer Selektionsprozesse des Arbeitsmarkt nicht nur nicht bzw. nur prekär in den Arbeitsmarkt eingegliedert werden, sondern auch andere Zugänge zum gesellschaftlichen Leben verlieren (z.B. Armut infolge institutionell bedingter Ausgrenzung aus dem Leistungsbezug beim Arbeitsamt). Auch wenn *unmittelbar* beschäftigungswirksame Effekte einer solchen Politik als begrenzt einzuschätzen sind, so liegt die Bedeutung einer *lokalen Politik gegen Marginalisierung* darin, daß sie Möglichkeiten einer sozialen Reintegration erhält oder schafft. Sie bildet damit die Basis für eine ökonomische Reintegration der von der Beschäftigungskrise dauerhaft Betroffenen - unabhängig davon, wie diese Reintegration letztlich bewirkt werden könnte (vgl. Bernhard Blanke et al., 1987, S. 321; Hubert Heinelt, 1989c,

---

New York sowie von Ingrid Breckner und Klaus Schmals (1989) zu München.

S. 74 ff <vgl. dort auch die Benennung konkreter lokaler Handlungsmöglichkeiten>).

Als solche kann lokale Arbeitsmarkt- und Sozialpolitik im Rahmen gesellschaftlicher "Modernisierungsprozesse" die Funktion haben, deren negativen Folgen zu begrenzen und auch Inklusionserfordernisse funktional differenzierter Gesellschaften (vgl. Niklas Luhmann, 1981, 25 ff) zu gewährleisten. Ohne eine Bestimmung konkreter, örtlich differierender Inhalte lokaler Arbeitsmarkt- und Sozialpolitik und der für ihre Herausbildung maßgeblichen lokal-spezifischen Politikprozessen bliebe allerdings eine solche Funktionsbeschreibung farblos. Euphemistisch würde die Funktionsbeschreibung werden, wenn nicht betont würde, daß sie nur komplementär zu zentralen staatlich gesetzten Sicherungsleistungen erfüllt werden kann.

Literatur:

Balsen, Werner/Nagielski, Hans/Rössel, Karl/Winkel, Rolf, 1984: Die neue Armut, Ausgrenzung von Arbeitslosen aus der Arbeitslosenunterstützung, Köln
Benzler, Susanne/Heinelt, Hubert, 1990: Stadt und Arbeitslosigkeit, Opladen (im Erscheinen)
Benseler, Frank/Heinze, Rolf G./Klönne, Arno (Hrsg.), 1982: Zukunft der Arbeit, Eigenarbeit, Alternativökonomie? Hamburg
Blanke, Bernhard/Heinelt, Hubert/Macke, Carl-Wilhelm, 1984: Arbeitslosigkeit und kommunale Sozialpolitik, in: Bonß, Wolfgang/Heinze, Rolf G. (Hrsg.): Arbeitslosigkeit in der Arbeitsgesellschaft, Frankfurt, S. 299-330
Blanke, Bernhard/Evers, Adalbert/Wollmann, Hellmut (Hrsg.), 1986: Die Zweite Stadt, Neue Formen lokaler Arbeits- und Sozialpolitik (Leviathan-Sonderheft 7), Opladen
Blanke, Bernhard/Heinelt, Hubert/Macke, Carl-Wilhelm, 1987: Großstadt und Arbeitslosigkeit. Ein Problemsyndrom im Netz lokaler Sozialpolitik (Studien zur Sozialwissenschaft 73), Opladen
Blanke, Bernhard/Heinelt, Hubert, 1987: Arbeitslosigkeit und lokale Politik, in: Zeitschrift für Sozialreform 10-11/1987, S. 642-655
Blanke, Bernhard/Benzler, Susanne/Heinelt, Hubert, 1989: Arbeitslosigkeit im Kreislauf der Politik. Eine konzeptionell erweiterte Policy-Analyse zur Erklärung unterschiedlicher Aktivitäten gegen Arbeitslosigkeit auf lokaler Ebene, in: Gegenwartskunde 4/1989, S. 529-560
Bosch, Gerhard/Gabriel, Hans/Seifert, Hartmut/Welsch, Joachim, 1987: Beschäftigungspolitik in der Region (WSI-Sudie zur Wirtschafts- und Sozialforschung 61), Köln
Brandes, Wolfgang/Weise, Peter, 1980: Arbeitsmarkt und Arbeitslosigkeit, Würzburg/Wien
Breckner, Ingrid/Schmals, Klaus M., 1989: Armut im Schatten der Moderne, in: Soziale Differenzierungsprozesse in der Luxusmetropole München, in: Ingrid Breckner et al., 1989, S. 111-230
Breckner, Ingrid/Heinelt, Hubert/Krummacher, Michael/Oelschläger, Dieter/Rommelspacher, Thomas/Schmals, Klaus M. (Hrsg.), 1989: Armut im Reichtum, Erschei-

nungsformen, Ursachen und Handlungsstrategien in ausgewählten Großstädten der Bundesrepublik, Bochum
Bruche, Gert/Reissert, Bernd, 1985: Die Finanzierung der Arbeitsmarktpolitik, System - Effektivität - Reformansätze, Frankfurt/New York
Bullmann, Udo/Gitschmann, Peter (Hrsg.), 1985: Kommune als Gegenmacht, Alternative Politik in Städten und Gemeinden, Hamburg
Bullmann, Udo/Cooley, Mike/Einemann, Edgar (Hrsg.), 1986: Lokale Beschäftigungsinitiativen, Konzepte - Praxis - Probleme, Marburg
Duncan, Simon/Goodwin, Mark/Halford, Susan, 1987: Politikmuster im lokalen Staat, Ungleiche Entwicklung und lokale soziale Verhältnisse, in: Prokla 68, S. 8-29
Evers, Adalbert, 1986: Zwischen Arbeitsamt und Ehrenamt. Unkonventionelle lokale Initiativen im Schnittpunkt von Arbeit und sozialen Diensten, in: Bernhard Blanke et al., 1986, S. 15-50
Evers, Adalbert, 1988: Shifts in the Welfare Mix. Introducing a New Approach for the Study of Transformations in Welfare and Social Policy, in: Adalbert Evers/ Helmut Wintersberger (Hrsg.): Shifts in the Welfare Mix, Their Impact on Work, Social Services and Welfare Policies - Contibutions from Nine European Countries in a Comparative Perspective, Wien, S. 7-30
Feick, Jürgen/Jann, Werner, 1988: "Nations matter" - Vom Eklektizismus zur Integration in der vergleichenden Policy-Forschung, in: Schmidt, Manfred G. (Hrsg.): Staatstätigkeit. International und historisch vergleichende Analysen (PVS-Sonderheft 19), Opladen, S. 196-220
Franz, Hans-Jürgen, 1987: Selbsthilfe zwischen sozialer Bewegung und spezifischer Organisationsform sozialpolitischer Leistungserbringung, in: Kaufmann, Franz-Xaver, 1987a, S. 307-342
Fricke, Werner/Seifert, Hartmut/Welsch, Johann (Hrsg.), 1986: Mehr Arbeit in der Region. Chancen für regionale Beschäftigungsinitiativen, Bonn
Garlichs, Dieter/Maier, Friederike/Semlinger, Klaus (Hrsg.), 1983: Regionalisierte Arbeitsmarkt- und Beschäftigungspolitik, Frankfurt/New York
Grottian, Peter/Nelles, Wilfried (Hrsg.), 1983: Großstadt und neue soziale Bewegungen (Stadtforschung aktuell 1), Basel/Boston/Stuttgart
Grüner, Hans/Jaedicke, Wolfgang/Ruhland, Kurt, 1988: Rote Politik im schwarzen Rathaus? Bestimmungsfaktoren der wohnungspolitischen Ausgaben bundesdeutscher Großstädte, in: PVS 1/1988, S. 42-57
Grunow, Dieter/Wohlfahrt, Norbert 1985: Politikkoordination oder Politiksegmentation? Zur Handlungsrationalität kommunaler Sozialpolitik, in: Krüger, Jürgen/Pankoke, Eckart, 1985, S. 156-173
Grunow, Dieter/Wohlfahrt, Norbert/Nothbaum-Leiding, Birgit, 1985: Die Bedeutung örtlicher Interorganisationsbeziehungen für die Umsetzung des Bundessozialhilfegesetzes, in: Bürgernähe der Sozialhilfeverwaltung (Schriftenreihe des Bundesministers für Jugend, Familie und Gesundheit 174), Stuttgart/Berlin/Köln/ Mainz, S. 97-219
Heinelt, Hubert, 1986: Handlungsanforderungen an die Sozialhilfe in der aktuellen Beschäftigungskrise, in: Neue Praxis 5/1986, S. 401-417
Heinelt, Hubert 1989a: Chancen und Bedingungen arbeitsmarktpolitischer Regulierung am Beispiel ausgewählter Arbeitsmarktbezirke, Bedeutung für Kommunen beim Einsatz von Arbeitsbeschaffungsmaßnahmen (ABM). MittAB 2/1989, S. 294-311
Heinelt, Hubert 1989b: "Hilfe zur Arbeit", Ergebnisse einer schriftlichen Befragung von Kommunen. Sozialer Fortschritt 5-6/1989, S. 113-118
Heinelt, Hubert 1989c: Arbeitslosigkeit und Sozialhilfebezug als Indikatoren für Armut, in: Ingrid Breckner et al., 1989, S. 47-92
Heinelt, Hubert 1989d: Kommunale Arbeitsmarkt- und Beschäftigungspolitik, Ergebnisse einer schriftlichen Befragung, in: Archiv für Kommunalwissenschaften 1/1989, S. 86-109

Heinelt, Hubert/Macke, Carl-Wilhelm, 1986: Das Arbeitslosenzentrum Hannover, Eine Einrichtung zwischen Selbsthilfe und Institutionalisierung, in: Blanke, Bernhard et al., 1986, S. 213-231

Heinelt, Hubert/Macke, Carl-Wilhelm, 1987: Arbeitsloseninitiativen und Arbeitslosenzentren, Selbsthilfe und Prozesse ihrer Institutionalisierung im Bereich Arbeitslosigkeit, in: Kaufmann, Franz- Xaver, 1987a, S. 221-236

Heinelt, Hubert/Wacker, Ali/Welzer, Harald, 1987: Arbeitslosigkeit in den 70er und 80er Jahren - Beschäftigungskrise und soziale Folgen, in: Archiv für Sozialgeschichte 27, S. 259-317

Hegner, Friedhart, 1986: Handlungsfelder und Instrumente kommunaler Beschäftigungs- und Arbeitsmarktpolitik, in: Blanke, Bernhard et al., 1986, S. 119-153

Hegner, Friedhart/Schlegelmilch, Cordia, 1983: Formen und Entwicklungschancen unkonventioneller Beschäftigungsinitiativen (WZB-Diskussionspapier IIM/LMP 83-19), Berlin

Heinze, Rolf G./Olk, Thomas, 1982: Selbsthilfe, Eigenarbeit, Schattenwirtschaft, Entwicklungstendenzen des informellen Sektors, in: Frank Benseler et al., S. 13-29

Hesse, Joachim Jens, 1983: Stadt und Staat - Veränderungen der Stellung und Funktion der Gemeinden im Bundesstaat, in: Hesse, Joachim Jens/Wollmann, Hellmut Hesse, 1983, S. 6-32

Hesse, Joachim Jens, 1986: Erneuerung der Politik "von unten"? Stadtpolitik und kommunale Selbstverwaltung im Umbruch, in: ders. (Hrsg.): Erneuerung der Politik "von unten"?. Opladen, S. 11 - 25

Joachim Jens/Wollmann, Hellmut (Hrsg.), 1983: Probleme der Stadtpolitik in den 80er Jahren, Frankfurt/New York

Hübner, Michael/Krafft, Alexander/Thormeyer, Heiner/Ulrich, Günter/Zelder, Klaus, 1990: Macht und Interesse. Zur Implementation lokaler ABM-Politik, Oldenburg (unveröffentl. Endbericht eines Forschungsprojekts)

Hurler, Peter/Pfaff, Martin (Hrsg.), 1987: Lokale Arbeitsmarktpolitik, Berlin

Jaedicke, Wolfgang/Ruhland, Kurt/Wachendorfer, Uta/Wollmann, Hellmut/Wonneberg, Holger, 1989: Stadt und Sozialstaat. Zur Bestimmungsmacht und -ohnmacht der Kommunen bei der Formulierung und Implementation von Sozialpolitik im Bundesstaat, Berlin (unveröffentl. Endbericht eines Forschungsprojekts)

Kaufmann, Franz-Xaver (Hrsg.), 1979: Bürgernahe Sozialpolitik, Planung, Organisation und Vermittlung sozialer Leistungen auf der lokalen Ebene, Frankfurt/New York

Kaufmann, Franz-Xaver, 1982a: Elemente einer soziologischen Theorie sozialpolitischer Interventionen, in: ders. (Hrsg.): Staatliche Sozialpolitik und Familie, München/Wien, S. 49-86

Kaufmann, Franz-Xaver, 1982b: Steuerungsprobleme im Wohlfahrtsstaat, in: Matthes, Joachim (Hrsg.): Krise der Arbeitsgesellschaft. Verhandlungen des 21. Deutschen Soziologentages in Bamberg 1982, Frankfurt/New York, S. 474-490

Kaufmann, Franz-Xaver, 1986: Steuerungsprobleme der Sozialpolitik, in: Heinze, Rolf G. (Hrsg.): Neue Subsidiarität, Leitidee für eine zukünftige Sozialpolitik (Beiträge zur Sozialwissenschaftlichen Forschung 81), Opladen, S. 39-63

Kaufmann, Franz-Xaver (Hrsg.), 1987a: Staat, intermediäre Instanzen und Selbsthilfe, Bedingungsanalysen sozialpolitischer Intervention, München

Kaufmann, Franz-Xaver 1987b: Zur Einführung: Ein sozialpolitisches Schwerpunktprogramm der DFG - und was daraus wurde, in: ders., 1987a, S. 9-40

KGSt (Kommunale Gemeinschaftsstelle für Verwaltungsvereinfachung), 1988: Organisation der kommunalen Beschäftigungsförderung - Aktivitäten gegen Arbeitslosigkeit (KGSt-Bericht 6/1988), Köln

Kreutz, Henrik/Fröhlich, Gerhard/Maly, Dieter, 1984: Alternative Projekte, Realistische Alternativen zur Arbeitslosigkeit, in: MittAB 2/1984, S. 267-273

Kreutz, Henrik/Fröhlich, Gerhard, 1987: Von der alternativen Bewegung zum selbstverwalteten Objekt, Ergebnisse einer empirischen Längsschnittuntersuchung über die Entwicklung "alternativer Projekte" im Zeitraum von 3 Jahren, in: MittAB 4/1987, S. 553-563

Krüger, Jürgen/Pankoke, Eckart (Hrsg.) 1985: Kommunale Sozialpolitik, München/Wien

Krüger, Jürgen, 1985: Kommunale Sozialpolitik und die Krise des Wohlfahrtsstaates. Zur Verortung der sozialpolitischen Dezentralisierungsdebatte, in: Krüger, Jürgen/Pankoke, Eckart, 1985, S. 11-45

Kunert-Schroth, Heidrun/Rauch, Nizan/Siewert, H.-Jörg, 1987: Jugendarbeitslosigkeit - lokale Ausprägungen und kommunale Strategien. Eine empirische Untersuchung in zehn Städten, Berlin

Lampert, Heinz, 1989: 20 Jahre Arbeitsförderungsgesetz, in: MittAB 2/1989, S. 173-186

Lovering, John, 1988: The Local Economy and Local Economic Strategies, in: Policy and Politics 3/1988, S. 145-157

Luhmann, Niklas, 1981: Politische Theorie im Wohlfahrtsstaat, München

MAGS (Ministeriuum für Arbeit, Gesundheit und Soziales des Landes Nordrhein-Westfalen), 1986: Örtliche Beschäftigungsinitiativen, Möglichkeiten - Förderungskonzept der Landesregierung - Hilfen, Düsseldorf

Maier, Friederike, 1988: Beschäftigungspolitik vor Ort, Die Politik der kleinen Schritte, Berlin

Maier, Hans E., 1982a: Arbeitsbeschaffungsmaßnahmen als Instrument aktiver Arbeitsmarktpolitik, in: Scharpf, Fritz W./ Brockmann, Marlene/Groser, Manfred/Hegner, Friedhart/Schmid, Günther (Hrsg.): Aktive Arbeitsmarktpolitik, Erfahrungen und neue Wege, Frankfurt/M., S. 119-140

Maier, Hans E., 1982b: Experimentelle Arbeitsbeschaffungsmaßnahmen. Fallstudien zum Einsatz von Arbeitsbeschaffungsmaßnahmen bei kleinen freien Trägern (WZB-Diskussionspapier IIM/LMP 82-20), Berlin

Maier, Hans E./Wollmann, Hellmut (Hrsg.), 1986: Lokale Beschäftigungspolitik (Stadtforschung aktuell 10), Basel/Boston/Stuttgart

Mayntz, Renate, 1982: Problemverarbeitung durch das politisch-administrative System. Zum Stand der Forschung, in: Politikwissenschaft und Verwaltungswissenschaft (PVS-Sonderheft 13), Opladen, S. 74-89

Offe, Claus, 1975: Zur Frage der Identität der lokalen Ebene, in: Rolf Richard Grauhan (Hrsg.): Lokale Politikforschung 2, Frankfurt/New York

Rein, Martin/Rainwater, Lee, (Hrsg.) 1986: Public/Private Interplay in Social Protection, A Comparative Study. London/New York

Savelsberg, Joachim J., 1982: Macht in Gemeinden oder Macht über Gemeinden? - Zur Relevanz lokaler Autonomie für kommunale Machtstrukturen und Entscheidungsprozesse, in: Schmals, Klaus M./Siewert, Hans-Jörg (Hrsg.): Kommunale Macht- und Entscheidungsstrukturen (Beiträge zur Kommunalwissenschaft 3), München, S. 153-184

Scharpf, Fritz W./Brockmann, Marlene/Groser, Manfred/Hegner, Friedhart/Schmid, Günther (Hrsg.), 1882a: Aktive Arbeitsmarktpolitik, Erfahrungen und neue Wege, Frankfurt/New York

Scharpf, Fritz W./Garlichs, Dieter/Maier, Friederike/Maier, Hans E., 1982b: Implementationsprobleme offensiver Arbeitsmarktpolitik. Das Sonderprogramm der Bundesregierung für Regionen mit besonderen Beschäftigungsproblemen. Frankfurt/New York

Scharpf, Fritz W./Brokmann, Marlene (Hrsg.), 1983: Institutionelle Bedingungen der Arbeitsmarkt- und Beschäftigungspolitik, Frankfurt/New York

Schmid, Günther, 1983: Evaluierung beschäftigungspolitischer Programme. Erfahrungen am Beispiel des arbeitsmarktpolitischen Programms der Bundesregierung für Regionen mit besonderen Beschäftigungsproblemen, in: Hans-Hermann Hartwich (Hrsg.): Gesellschaftliche Probleme als Anstoß und Folge von Politik, Opladen, S. 46-56

Schmid, Günther, 1985: Finanzierung der Arbeitsmarktpolitik. Plädoyer für einen regelgebundenen Bundeszuschuß an die Bundesanstalt für Arbeit (WZB-Diskussionspapier IIM/LMP 85-15 WZB), Berlin

Schmidt, Manfred G., 1988: Einführung, in: ders. (Hrsg.): Staatstätigkeit. International und historisch vergleichende Analysen (PVS-Sonderheft 19), Opladen, S. 1-35

Scott, A.J., 1988: Flexible Production Systems and Regional Development. The Rise of New Industrial Spaces in North America and Western Europe, in: International Journal of Urban and Regional Research 2/1988, S. 171-186

Seifert, Hartmut, 1988: Arbeitsbeschaffungsmaßnahmen - Beschäftigungspolitische Lückenbüßer für Krisenregionen? in: Sozialer Fortschritt 6/1988, S. 121-128

Sellin, Christine/Spitznagel, Eugen, 1988: Chancen, Risiken, Probleme und Expansionspotentiale von Allgemeinen Maßnahmen zur Arbeitsbeschaffung (ABM) aus der Sicht von Maßnahmeträgern, Ergebnisse einer Befragung in: MittAB 4/1988, S. 483-497

Spitznagel, Eugen, 1982: Arbeitsbeschaffungsmaßnahmen (ABM), Beschäftigungswirkung, Zielgruppenorientierung und gesamtfiskalischer Kostenvergleich, in: Dieter Mertens (Hrsg.): Konzepte der Arbeitsmarkt- und Berufsforschung, Nürnberg, S. 278-285

Trenk-Hinterberger, Peter, 1986: Arbeitslosigkeit als Herausforderung für die soziale Arbeit, in: Nachrichtendienst des deutschen Vereins für öffentliche und private Fürsorge 1/1986, S. 65-69

Väth, Werner, 1983: Kommunale Arbeitsmarktpolitik und kommunale Wirtschaftsförderung, in: Hesse, Joachim Jens/Wollmann, Hellmut, 1983, S. 227-233

Welzer, Harald/Wacker, Ali/Heinelt, Hubert, 1988: Leben mit der Arbeitslosigkeit, Zur Situation einiger benachteiligter Gruppen auf dem Arbeitsmarkt, in: Aus Politik und Zeitgeschichte 38/1988, S. 16-28

Windhoff-Héritier, Adrienne, 1987: Policy-Analyse. Eine Einführung, Frankfurt/New York

Windhoff-Héritier, Adrienne, 1988: Stadt der Reichen, Stadt der Armen. Sozialpolitik in New York City, in: PVS 3/1988, S. 407-43

Autor

PD Dr. Hubert Heinelt, Forschungsschwerpunkt Sozialpolitik des Instituts für Politische Wissenschaft der Universität Hannover, Schneiderberg 50, 3000 Hannover 1

Adrienne Windhoff-Héritier

Policy-analytische Konzeptionen und Hypothesen im Licht lokaler Arbeitsmarktpolitik. Ein Kommentar

In seinem vorstehenden Beitrag wirft Hubert Heinelt grundsätzliche Fragen der Policy Analyse auf, da der besondere Charakter der lokalen Arbeitsmarktpolitik geeignet ist, Licht auf einige Schwachstellen der policyanalytischen Konzeptionen und Hypothesen zu werfen. Heinelts Kritik richtet sich auf zwei Punkte:

1) Die lokale Beschäftigungspolitik befindet sich im Schnittpunkt verschiedener sektoraler Policies und macht damit deutlich, daß die Policy Analyse mit einem relativ engen Programm- und Arenafokus die Interdependenz von Policies nicht erfassen kann.

2) In Reaktion auf dieses Defizit, das für eine schmale programmorientierte Policy Analyse typisch ist, schlägt Heinelt vor, gerade aus den "Linkages" zwischen Policies, den Prozessen und den neu entstehenden Strukturen politikfeldübergreifender Auseinandersetzungen, wie sie lokale Beschäftigungspolitik darstellt, den Neuanfang einer Policy zu sehen: Im Schnittpunkt verschiedener Policies entsteht eine neue Arena und eine neue Policy. Damit - so Heinelt - würde einem zweiten Defizit der Policy Analyse begegnet: dem Unvermögen, die Genese neuer Policy Probleme aus Umweltanforderungen zu erklären.

Mit dem Hinweis, daß Interdependenzen verschiedener Policies durch Begrifflichkeit und Hypothesen der Policy Analyse unzureichend erfaßt werden, rührt H.Heinelt an einen wunden Punkt. Die These allerdings, daß die Policy Analyse mit ihrem Zyklusmodell keinen "Anschluß" an Umwelt-Probleme und deren politisch-sozialem Unterbau, damit die Entstehung neuer Policies und deren Wirkung bietet, ist nicht zutreffend, hat doch Wildavsky beispielsweise (1979) den Policy-Prozeß definiert als "an activity finding or defining problems than can be solved" und sieht das Phasenmodell der Policy-Analyse doch schon lange eine Phase der Problemdefinition vor, die sich aus dem Zusammenspiel gesellschaftlicher und politischer Kräfte ergibt, sowie den "Feedback-Loop", der die Reaktion politisch-sozialer Gruppen auf die spezifische Policy Problemlösung erfaßt.

Die Perspektive, daß gerade aus den turbulenten Entscheidungsprozessen im Fadenkreuz sektoraler Politiken neue Arenas und neue Policies sich herausbilden können, ist hingegen sehr hilfreich.

Wie steht es denn nun mit dem von Heinelt angesprochenen "Hauptproblem" der mangelnden analytischen und konzeptionellen Fähigkeit der Policy Analyse, Policy-Verflechtungen zu erfassen. Es ist zutreffend, daß die "klassische" Policy-Analyse mit ihrem Phasen-Sequenz-Modell zu schmal programmorientiert ist und der Interdependenz von Policies nicht Rechnung trägt. Insbesondere in ihrer klassischen ursprünglichen Fragestellung nach dem Schicksal eines relativ präzise formulierten Programmes wird diese Begrenzung deutlich.

Nun zeigen jedoch Entwicklungen in der jüngeren Policy-Analyse, daß der schmale Policy-Fokus ebenso wie die strenge Phasen-Sequenzabfolge (Problemdefinition, Politikformulierung, Implementation, "Feedback-Loop" <Evaluation, Termination>, Problemdefinition ... etc.) als unzureichend beurteilt werden und unter dem Einfluß des neuen Institutionalismus und der Netzwerkanalyse das begriffliche und analytische Instrumentariums entsprechend weiterentwickelt wurden. Damit verbreiterte sich der analytische Ansatz und Möglichkeiten der Erfassung von Interdependenzen bieten sich. So ist der alte "Textbook Approach" (Robert T. Nakamura, 1987), der von einer konkret definierbaren Policy und einer funktionalen Differenzierung der Phasen ausgeht, zwar Gemeingut geworden, jedoch lassen sich in der Policy-Wirklichkeit nur selten präzise Programme und klare funktional abgegrenzte Phasen von politischem und administrativem Handeln erkennen. Die Programm-Fokussierung setzt zwei Bedingungen voraus, die es nur selten gibt: eine klares Politikziel und eine konsistente politische Unterstützung dafür (Robert T. Nakamura, 1987, S. 152). Sogar die überzeugten Vertreter der sog. Top-Down-Modells, der Steuerung von oben nach unten, die die Implementationsprozesse von Policies analysieren, indem sie von einem klar und präzis formulierten Politikziel ausgehen, räumen ein, daß die meisten Policies nicht klar abgrenzbar sind und in der Regel eine Vielzahl von zum Teil konfligierenden Zielen umfassen (Paul Sabatier, 1985). Entsprechend wird dann die Entwicklung der Policy eher als etwas begriffen, das sich während eines längeren Prozesses im Spannungsfeld des Handelns einer Vielzahl widerstreitender Akteure entwickelt (Robert T. Nakamura, 1987, S. 148).

Damit verbindet sich die Einsicht, daß eine Policy fließende Grenzen hat, und ein "Moving Target" ist, sich im Verlaufe ihrer Gestaltung verändert. Sie ist nicht stabil über die Zeit und verändert sich je nach situativem Kontext und dessen besonderen Bedingungen. So sind die politisch-sozialen Gruppierungen, die eine Policy bei ihrer Verabschiedung getragen haben, keine Einrichtungen für die Ewigkeit, verändern sich, entziehen der Policy u.U. ihre Unterstützung. Ist der Zweck der Koalition in der Politikformulierung erfüllt, löst sie sich auf oder Konflikte brechen darüber aus, wie die einmal getragene Entscheidung interpretiert werden soll

(Adrienne Windhoff-Héritier, 1987).

Diese neueren Einsichten der Policy-Forschung sind stark durch den Umstand beeinflußt, daß die neoinstitutionalistische Politikwissenschaft und die Organisationstheorie in der Policy-Analyse rezipiert wurden. Insbesondere Weiss (1982) und Kingdon (1984) haben - abweichend von dem ordentlich-rationalen Politikmodell der Policy-Analyse die "messy policy reality" mithilfe des "garbage can model (Michael Cohen et al., 1987) stärker berücksichtigt. Eine Policy wird nicht klar abgegrenzt, klar zweckorientiert konzipiert und ordentlich sequentiell abgearbeitet. Sie entsteht und entwickelt sich nicht als relativ rationale Gestaltung und Durchführung gesellschaftlicher Entwicklungen, wie dies die frühe - durch die Planungsdiskussion beeinflußte Policy-Forschung - sagte. Vielmehr bewegen sich Probleme, Policy-Lösungsmöglichkeiten, Wahlmöglichkeiten und Akteure in getrennten Strömen nebeneinander und konvergieren zu bestimmtem Zeitpunkten unter spezifischen Bedingungen. "Lösungen" werden mit Problemen verbunden, wenn sie von begünstigenden politischen Kräften getragen werden. Die beteiligten Akteure improvisieren, passen sich wechselseitig an, verhandeln miteinander, warten auf günstige Situationen, auf "Policy" und "Political Windows", um zu handeln (John W. Kingdon, 1984, S. 204).

Es werden nicht notwendig zuerst die Probleme identifiziert, und dann die Lösungen für diese gesucht."Often solutions precede the highlighting of problems to which they become attached" (John W. Kingdon, 1984, S. 215). Teilnehmer im Policy-Netzwerk kommen und gehen. Die Mischung der jeweils vorhandenen Präferenzen können wegen der wechselnden Teilnehmerzahl und weil die Präferenzen jedes Beteiligten sich verändern können, nicht vorausgesagt werden. (Robert T. Nakamura, 1987, S. 146). Die Akteure selbst verfügen häufig über keine klaren Zielsetzungen und keine deutlich entwickelten Kriterien, um Policy-Alternativen zu entwickeln und zwischen ihnen zu unterscheiden. "Participants grope in this environment, they operate by trial and error, by experience, and by invention" (Robert T. Nakamura, 1987, S. 146).

Neben der Einführung des Garbage Can Modells in die Analyse von Policy Prozessen, die die deutliche Abgrenzbarkeit einer Policy und das ordentlich-logische und sequentielle Handeln von Politikern und Administratoren radikal in Frage stellt, diente vor allem die zunehmende Verwendung des Netzwerk-Konstrukts in der Policy-Analyse (Adrienne Windhoff-Héritier, 1987) dazu, die Komplexität und Turbulenz, das Kommen und Gehen in Politikfeldern zu erfassen. Trotz dieser "Unstetigkeit" weisen Policy-Netzwerke eine gewisse Kohärenz und Stabilität auf, weil alle Akteure die Anliegen der anderen beteiligten Akteure ins Kalkül ziehen müssen, weil sie von deren Handlungen - mehr oder minder - betroffen werden (Edward O. Laumann und David Knoke, 1987, S.10). Der Netzwerk-Begriff ist geeignet durch die Überlappung verschiedener Issue-Netzwerke die Verflechtung sektoraler Politiken zu erfassen und damit dieses Defizit zu füllen, das Heinelt zu Recht moniert. Paradoxerweise zieht gerade die zunehmende institutionelle und häufig problematische Spezialisierung und Abschottung von staatlichen Aktivitäten in einzelnen Netzwerken, die Segmentierung von Politik, die mit der steigenden gesellschaftlichen Arbeitsteilung und dem politischem und administrativem Expertentum einhergeht, gleichzeitig eine zunehmende Vernetzung und positive und negative Spillovers zwischen einzelnen Policies nach sich.

Die Sektoralisierung oder Segmentierung in verschiedene Politikfelder und die Herausbildung von negative links schafft Nebeneffekte, die in einem Prozess der fortdauernden Selbstkorrektur staatlicher Aktivitäten behoben werden müssen. Policies generieren Policies. Damit entsteht ein immer weiter und dichter gespanntes Netz staatlich-gesellschaftlichen Zusammenwirkens, dessen einzelne Felder sich wechselseitig überlappen und beeinflussen. So überschneidet sich ein relativ abgeschottetes Politiknetzwerk wie die Agrarpolitik zunehmend mit anderen Netzwerken wie der Umweltpolitik und diese wiederum mit der Verkehrspolitik und stellen wechselseitig ihre Problemlösungen und -strategien in Frage (Gerhard Lehmbruch, 1990).

Was bedeutet dies nun für die Anwendung der Policy Analyse? Es bedeutet, daß der "Bounded Policy Ansatz" und das Sequenzmodell nur noch als Folie dienen können, vor deren Hintergrund die Unordentlichkeit der wirklichen Policy-Prozesse erfaßt werden. In den verschiedenen Phasen, die sich nicht in der bekannten Folge aneinanderreihen müssen, sondern parallel verlaufen oder sich verkehren können, verändern sich die Netze mit ihrer Vielfalt kommender und gehender Akteure. Sie sind nur unscharf abgegrenzt, überlappen sich durch die Zugehörigkeit einzelner Akteure zu mehreren Netzen, konvergieren in ihren Zielen oder stoßen sich und konfligieren. Die Policy Entscheidungen im Netzwerk werden durch rationale Tausch-Interessen der einzelnen Akteure, seien es Organisationen oder Einzelpersonen bewegt, aber stoßen auf Grenzen in Form institutioneller Strukturen, seien es formale organisatorische Strukturen, Entscheidungsregeln oder Gesetzesvorgaben, die ihrerseits wiederum Ziel strategischer Beeinflussung durch die Netzwerk-Akteure sind. Das ganze Netzwerk wird schließlich auch durch ein gemeinsames Problemlösungsbewußtsein der Netzwerk-Akteure, durch das geltende "social rule system" (Tom R. Burns und Hellen Flam, 1987) überwölbt.

Die stärkere Entfaltung der institutionellen Fragestellung und der (inter-)

organisationstheoretischen Netzwerkanalyse erlauben es, Schwachstellen der Policy-Analyse zu beseitigen. Dabei geht allerdings das ursprüngliche, einfache "Politikbild" für immer verloren.

Literatur

Burns, Tom R./Flam, Helen, 1987: The Shaping of Social Organizations, Beverly Hills/London
Cohen, Michael/March, James G./Johan P. Olsen, 1972: A Garbage Can Model of Organization Choice, in: Administrative Science Quarterly 1972, S. 1-18
Kingdon, John W., 1984: Agendas, Alternatives, and Public Policies, Glenview (Illinois)/London
Lauman, Edward O./Knoke, David, 1987: The Organizational State, Madison (Wisconsin)
Lehmbruch, Gerhard, 1990: The Corporate Organization of Society, Administration Stategies, and the Configuration of Policy Networks. Elements of a Development Theory of Interest Systems, in: Roland Czada/Adrienne Windhoff-Héritier: Political Choice, Institutions, Rules and the Limits of Rationality, Frankfurt/New York
Nakamura, Robert T., 1987: The Textbook Policy Process and Implementation Research, in: Policy Studies Review 1/1987, S.142-154
Sabatier, Paul, 1985: The Top Down and Bottom Up Approaches to Implementation Research, Ms. IPSA Congress
Weiss, Carol, 1982: Policy Research in the Context of Diffuse Decision Making, in: Policy Studies Review 6
Wildavsky, Aaron, 1979: Speaking Truth to Power, Boston/Little/Brown
Windhoff-Héritier, Adrienne, 1980: Politikimplementation. Ziel und Wirklichkeit politischer Entscheidungen, Königstein/Taunus
Windhoff-Héritier, Adrienne, 1987: Policy-Analyse. Eine Einführung, Frankfurt/New York

Autorin

Prof. Dr. Adrienne Windhoff-Héritier, Universität Bielefeld, Fakultät für Soziologie, Lehr- und Forschungsgebiet Politikwissenschaft, Postfach 8640, 4800 Bielefeld 1

Wolfgang Jaedicke

Kommunen und Arbeitslosigkeit. Ein Kommentar

Daß sich in den letzten fünfzehn Jahren ein Wechsel der Forschungsperspektive hin zur lokalen Ebene vollzogen hat, ist wohl offenkundig[1]. Zu weiten Teilen kann das neue sozialwissenschaftliche Interesse an den kommunalen Angelegenheiten als angemessene Reaktion auf die vorhergehende Überbetonung von Zentralisierungstendenzen erklärt werden, wie sie auch in der Frühzeit des "Arbeitskreises Lokale Politikforschung" zu beobachten waren. Heute stellt sich jedoch die Frage, ob nicht in den achtziger Jahre über das Ziel hinaus geschossen worden ist. Viele der sozialwissenschaftlichen Arbeiten stehen jedenfalls meiner Ansicht nach in einem Mißverhältnis zu den Möglichkeiten lokaler Politik, vor allem aber zum aktuellen kommunalpolitischen Handeln. Oftmals sind enttäuschte Reformhoffnungen nur auf ein anderes Subjekt projiziert worden. Die kommunale Sozialpolitik scheint mir für eine solche These kein schlechter Beleg zu sein.

Vor diesem Hintergrund versteht sich mein Kommentar zu Hubert Heinelt. Bevor ich mich mit der kommunalen Sozialstaatlichkeit selbst befasse, möchte ich allerdings in einer ersten Anmerkung auf forschungskonzeptionelle Fragen eingehen.

1. Die zum Teil erheblichen Unterschiede in der Arbeitsmarkt- und Beschäftigungspolitik bundesdeutscher Städte veranlassen Heinelt zu allgemeineren Überlegungen, wie die Erklärungsfaktoren für verschiedene Ausprägungen kommunaler Politik analytisch in den Griff zu bekommen sind. Den Beitrag, den quantitative Ansätze hierbei leisten können, unterschätzt er freilich.

Tatsächlich spielen "Output"-Studien in der bundesdeutschen Forschung zur lokalen Politik eine untergeordnete Rolle. Dem Gegenstand kann dies nicht geschuldet sein. Eher im Gegenteil: Vergleichbare Daten lassen sich innerhalb eines politischen System weitaus leichter beschaffen als bei einer staatenübergreifenden Untersuchung. Im angelsächsischen Raum sind denn auch quantitativ arbeitende Vergleiche kommunalen Handelns fest etabliert (vgl. zum Beispiel Lawrence Sharpe und Ken Newton, 1984).

Die Probleme solcher quantitativen Ansätze sind wohlbekannt: Korrela-

---

[1] Siehe zu den Themenkonjunkturen sozialwissenschaftlicher Kommunalforschung Jürgen Krüger, 1985; Wolfgang Jaedicke et al., 1990.

tion bedeutet noch nicht Kausalität, vielfältige intervenierende Variablen sind zu berücksichtigen, einige wichtige Politikresultate sind überhaupt nicht zu quantifizieren. Berücksichtigt man dies aber von Anfang an im Forschungsprozeß, so dürften, das zeigen auch die bisher vorliegenden Arbeiten (Robert Fried, 1976; Robert Rickards 1985; Hans Grüner et al., 1988), "Output"-Studien der deutschen lokalen Politikforschung noch zu wichtigen Erkenntnissen verhelfen.

Letztlich erfordert die Suche nach den Ursachen verschiedener Politikausprägungen aber auch für die kommunale Ebene, quantitative mit qualitativen Ansätzen zu verbinden. Die Leistungsfähigkeit solcher intelligenten Kombinationen ist vor allem durch Analysen des Wohlfahrtsstaats (vgl. z.B. Manfred Schmidt, 1988; Jens Alber, 1989) nachgewiesen worden. Das von Heinelt vorgestellte "Arenen-Konzept" bleibt zunächst einmal ein Versprechen, dessen besonderer analytischer Ertrag für die Frage "What makes the difference" sich erst noch zu erweisen hat.

2. Daß die bundesdeutschen Gemeinden in den achtziger Jahren mit einer Vielzahl von arbeitsmarktpolitischen Initiativen hervorgetreten sind, macht Heinelt deutlich. Die Beschäftigungswirkungen dieser Aktivitäten bezeichnet er als begrenzt. Er trifft sich in dieser Einschätzung mit den Beiträgen von Friedhart Hegner und Olaf Sund. Die qualitativen Effekte der Arbeitsmarkt- und Beschäftigungspolitik schätzt er dagegen als gewichtig ein, sieht er doch die "Möglichkeit einer sozialen Reintegration" der Arbeitslosen. Daß, um aus einer anderen Veröffentlichung zu zitieren, in den Kommunen "das Problem Arbeitslosigkeit grundsätzlicher diskutiert und bearbeitet" wird (Bernhard Blanke et al., 1989, S. 532) erscheint mir jedoch fraglich. Ich würde dieser Charakterisierung jedenfalls dann widersprechen, wenn nicht von einzelnen lokalen Aktivitäten die Rede sein soll, sondern ein Gesamturteil zu bundesdeutschen Kommunalpolitik beabsichtigt ist. Meine eigene Wertung kommunaler Arbeitsmarktpolitik fällt nüchterner aus.

3. Soll eine Bilanz kommunaler Maßnahmen gegen die Arbeitslosigkeit in den achtziger Jahren gezogen werden, so ist zunächst daran zu erinnern, daß es sich für die Gemeinden keineswegs um ein gänzlich neues Politikfeld handelt. Entsprechende Aktivitäten reichen - vor allem in der Form der öffentlichen Arbeiten - bis in das vorige Jahrhundert zurück. Mit der während der Weimarer Republik erfolgten Bildung einer speziellen Arbeitsverwaltung außerhalb der Gemeinden und erst recht mit dem "Wirtschaftswunder" der Jahrzehnte nach dem Zweiten Weltkrieg zogen sich Kommunalpolitik und Kommunalverwaltung aus diesem Handlungsfeld aber immer weiter zurück.

Die aktuelle Arbeitsmarktpolitik der Gemeinden beschränkt sich, sieht man vom Bereich der Aus- und Fortbildung ab, in ihrem Kern auf Arbeitsbeschaffungsmaßnahmen (ABM). Die von sehr vielen Gemeinden durchgeführte "Hilfe zur Arbeit" in der Variante sozialversicherungspflichtiger Beschäftigungsverhältnisse läuft letztlich auf eine Art von ABM für in der Regel nicht ABM-berechtigte Personen hinaus. Überlegungen, die verschiedenen Politiken zu bündeln und so - z. B. über das Instrument einer Beschäftigungsgesellschaft - einen weitaus umfangreicheren und dauerhafteren kommunalpolitischen Beitrag zur Lösung von Beschäftigungsproblemen zu leisten, wurden nur in Ansätzen realisiert. Neue Beschäftigungsfelder, die sich auf mittlere oder längere Sicht ohne öffentliche Subventionen tragen, konnten kaum erschlossen werden. Was auf kommunaler Ebene stattfindet, ist im besten Falle eine wirklich aktive Arbeitsmarktpolitik, die aber stets damit konfrontiert ist, mit ihrem Instrumentarium zu wenige Antworten auf die Probleme einer sich verfestigenden Dauerarbeitslosigkeit geben zu können.

4. Wenn der kommunale Beitrag zur Bekämpfung der Arbeitslosigkeit hinter den Erwartungen zurückgeblieben ist, die allerdings weniger von den Gemeinden selbst als von der Wissenschaft vorgebracht wurden, so liegt dies nicht nur an der notorischen Fragmentierung und Segmentierung des Sozialsektors. Eine wichtige Rolle spielt auch die Kommunalpolitik selbst. Die Annahme, daß die Gemeinden aufgrund ihrer "örtlichen Nähe" sensibler auf Arbeitslosigkeit reagieren, ist auf den ersten Blick plausibel, hält einer kritischen Überprüfung aber kaum stand. Hohe Arbeitslosigkeit wird nicht automatisch auch zu einem wichtigen Thema auf der kommunalpolitischen Tagesordnung. Der Stellenwert sozialpolitischen Fragen im allgemeinen und von Arbeitslosigkeit und Armut im besonderen entspricht nicht den für diesen Bereich (vor allem im Rahmen der Hilfe zum Lebensunterhalt) getätigten Aufwendungen der Kommunen. Zu Recht verweist Heinelt auf die geringe Organisations- und Konfliktfähigkeit der Betroffenen. Aber auch ihre Advokaten in der Kommunalpolitik sind nicht sonderlich stark. Mit sozialpolitischen Themen werden Kommunalwahlen kaum gewonnen. Die Aussagen, die über die Schwäche des Sozialsektors in den siebziger Jahren herausgearbeitet worden sind, haben auch heute noch ihre Gültigkeit.

5. Diese Beobachtungen gelten auch für die besonders betroffenen Gemeinden. Gerade deren Kommunalpolitiker bemühen sich, nicht als bloße Verwalter von Arbeitslosigkeit und Armutskultur zu erscheinen, sondern die Attraktivität ihrer Gemeinden mit Investitionen, mit Wirtschafts- und Technologieförderung zu steigern. Wer einmal das Dortmunder "Entwicklungszentrum Östliches Ruhrgebiet", eine mit besonders hohem konzeptionellen und publizistischen Aufwand "verkaufte" lokale Beschäftigungsinitiative (vgl. Bernhard Pollmeyer, 1986), mit dem Technologiezentrum

derselben Stadt vergleicht, wer den unterschiedlichen Stellenwert kennt, den beide Einrichtungen bei den "Stadtvätern" genießen, weiß, wovon ich rede.

6. Die Diskussion, die auf (nicht selten nur vermeintlich) neue Aktivitäten gegen die Arbeitslosigkeit fixiert ist, läßt leicht übersehen, daß viele Kommunen zu selben Zeit ihren Ermessensspielraum bei der Sozialhilfe restriktiver als in der Vergangenheit auslegten und freiwillige Leistungen reduzierten (vgl. auch die Beiträge von Grunow und Häußermann in diesem Band).

7. Eine solche nüchterne Bilanz der kommunalen Reaktionen auf die Arbeitslosigkeit der achtziger Jahre erleichtert es auch, die Politik der Gemeinden gegenüber dem Bund zu verstehen. Untersucht man die Sozialpolitik der kommunalen Spitzenverbände (vgl. Wolfgang Jaedicke et al., 1990), so zeigen sich die von Heinelt hervorgehobenen Probleme der Konsensfindung im kommunalen Lager eigentlich nur in wenigen Ausnahmefällen. Die Empfehlungen und Forderungen der Gemeinden waren in den achtziger Jahren gerade auch in Fragen der Sozialpolitik eindeutig von finanziellen Interessen dominiert. So wandten sich die kommunalen Spitzenverbände in weitgehender Übereinstimmung der Kommunalpolitiker aus Union und SPD gegen Einschnitte des Bundes in die Arbeitsmarktpolitik, verfolgten aber zugleich in Fragen der überwiegend von ihren Mitgliedern zu finanzierenden Sozialhilfe einen restriktiven Kurs. Vor allem sie waren dafür verantwortlich, daß die Bemühungen, die Hilfe zum Lebensunterhalt auf eine neue Bemessungsgrundlage zu stellen, seit Ende der siebziger Jahre immer wieder scheiterten und sich 1989 schließlich nur eine "Sparvariante" durchsetzen ließ. Es ist insofern verfehlt, in den Gemeinden Advokaten zu sehen, die gegenüber dem Bund konsequent für mehr "Sozialstaatlichkeit" eintraten.

8. Meine Anmerkungen zielten darauf, überzogene Erwartungen an die kommunale Arbeitsmarkt- und Beschäftigungspolitik zurechtzurücken und zugleich der Vorstellung entgegenzutreten, die kommunale Ebene zeichne sich per se durch ein höheres sozialpolitisches Engagement aus. Damit soll aber keineswegs der Stab über Maßnahmen der Gemeinden gegen die Arbeitslosigkeit gebrochen werden. Sie haben in einer nicht unbeachtlichen Zahl von Einzelfällen tatsächlich geholfen und sind unabdingbar notwendig, um das Problem überhaupt in den Griff zu bekommen. Zumindest in Ansätzen wurden sie in den achtziger Jahren als weiteres Feld kommunaler Politik (re)etabliert. Sozialwissenschaftliche Arbeiten trugen mit den von ihnen aufgezeigten Handlungsoptionen und mit ihren Empfehlungen in erheblichem Maße zur Ausbreitung einer solchen "unemployment industry" (Jeremy Moon und Jeremy Richardson, 1984)

gerade auf kommunaler Ebene bei. Daß Mengeneffekte erst in dem Maße entstehen, wie auch Bund und Länder solche Ansätze aufgreifen und (vor allem finanziell) stützen, entspricht dem bisherigen allgemeinen Entwicklungszyklus deutscher Sozialpolitik.

Literatur

Alber, Jens, 1989: Der Sozialstaat in der Bundesrepublik 1950 bis 1983, Frankfurt am Main
Blanke, Berhard/Benzler, Susanne/Heinelt, Hubert, 1989: Arbeitslosigkeit im Kreislauf der Politik. Eine konzeptionell erweiterte Policy-Analyse zur Erklärung unterschiedlicher Aktivitäten gegen Arbeitslosigkeit auf lokaler Ebene, in: Gegenwartskunde 4/1989, S. 529-560
Fried, Robert C., 1976: Party and Policy in West German Cities, in: American Political Science Review 1/1976, S. 11-24
Grüner, Hans/Jaedicke, Wolfgang/Ruhland, Kurt, 1988: Rote Politik im Schwarzen Rathaus? Bestimmungsfaktoren der wohnungspolitischen Ausgaben bundesdeutscher Großstädte, in: Politische Vierteljahresschrift 1/1988, S. 42-57
Jaedicke, Wolfgang/Ruhland, Kurt/Wachendorfer, Ute/Wollmann, Hellmut/Wonneberg, Holger, 1990: Lokale Politik im Wohlfahrtsstaat, Opladen
Krüger, Jürgen, 1985: Kommunale Sozialpolitik und die Krise des Wohlfahrtsstaats. Zur Verortung der Dezentralisierungsdebatte, in: Jürgen Krüger/Eckart Pankoke (Hrsg.): Kommunale Sozialpolitik, München, S. 11-45
Moon, Jeremy/Richardson, Jeremy J., 1984: The Unemployment Industry, in: Policy and Politics 4/1984, S. 392-411
Pollmeyer, Bernhard, 1986: Lokale Beschäftigungspolitik und gewerkschaftliche Interessenvertretung am Beispiel Dortmund, in: Werner Fricke/Hartmut Seifert/Johann Welsch (Hrsg.): Mehr Arbeit in die Region, Bonn, S. 106-127
Rickards, Robert C., 1985: Ursachen für die nichtinkrementale Bildung von Haushaltsprioritäten in bundesdeutschen Städten, in: Archiv für Kommunalwissenschaften, 2/1985, S. 295-309
Sharpe, Lawrence J./Newton, Ken, 1984: Does politics matter? Oxford
Schmidt, Manfred, 1988: Sozialpolitik. Eine Einführung, Opladen

Autor

Wolfgang Jaedicke, Dipl.-Pol., FU Berlin, Zentralinstitut für sozialwissenschaftliche Forschung, Sarrazinstr. 11-15, 1000 Berlin 41

Friedhart Hegner

Notwendige Parallelität von Beschäftigungs- und Arbeitsmarktpolitik in Ost- und Westdeutschland.
Zur Bewältigung des Gegensatzes zwischen hohem Beschäftigungsniveau und anhaltend hoher Arbeitslosigkeit

1. Die Wiederbelebung lokaler Politik- und Verwaltungsmaßnahmen gegen Arbeitslosigkeit seit den frühen 80er Jahren

Nicht nur auf Bundes- und Landesebene, sondern auch auf der regionalen und lokalen Ebene sind die auf einzelne gesellschaftliche Problemfelder bezogenen Politiken segmentiert und die Verwaltungen fragmentiert, wie mehrere empirische Untersuchungen seit den 70er Jahren für die Bundesrepublik Deutschland gezeigt haben (z.B. F.W. Scharpf et al., 1976; F. Hegner und E.-H. Schmidt, 1979; A. Baestlein und M. Konukiewitz, 1980). Das trifft auch auf die politischen und administrativen Maßnahmen gegen die Arbeitslosigkeit zu, wie empirisch zum einen am Beispiel der lokalen Bezüge zwischen Sozial- und Arbeitsverwaltung, zum zweiten am Beispiel der Bezüge zwischen beschäftigungs- und arbeitsmarktpolitischen Maßnahmen auf Bundes-, Landes- und Kommunalebene sowie zum dritten am Beispiel der Abschottung von Arbeitszeitpolitik und Sozialversicherungspolitik gezeigt worden ist (z.B. D. Grunow et al., 1984; F.W. Scharpf et al., 1982; F. Hegner und M. Landenberger, 1988). Dabei sind sowohl die interorganisatorische Abschottung einzelner Politik- und Verwaltungsakteure innerhalb sogenannter "Policy-Netze" als auch die prozedurale Abschottung einzelner Politik- und Verwaltungsprogramme und -maßnahmen innerhalb sogenannter "Policy-Arenen" zu berücksichtigen (A. Windhoff-Héritier, 1987, S.44). Beide Dimensionen der Abschottung haben Auswirkungen auf die Art und Weise, wie gesellschaftliche Probleme - beispielsweise anhaltend hohe Arbeitslosigkeit - von Politik und Verwaltung perzipiert, rezipiert oder mit Hinweis auf die Nichtzuständigkeit zurückgewiesen sowie systemintern bearbeitet und in Form von Entscheidungen und Maßnahmen angegriffen werden. Das verdeutlicht der Beitrag von Hubert Heinelt (in diesem Sammelband).

Die wissenschaftlich und praktisch spannende Frage lautet: Welche Art und welches Ausmaß an Abschottung sind angesichts verschiedenartiger Formen und Intensitäten des gesellschaftlichen Problemdrucks und der mehr oder weniger wirkungsvoll organisierten Problemartikulation einerseits zweckmäßig und andererseits konsensfähig? Oder anders formuliert: Wo liegt die 'Schmerzschwelle', von der ab die bis dahin für zweckmäßig und konsensfähig gehaltenen Muster der Abschottung und der damit verbundenen Problemzerstückelung aufgegeben werden müssen, damit neuartige Formen der Koordination oder gar der projektspezifischen Überlappung und Integration von Akteuren und Maßnahmen zustandekommen können?

Abb. 1: Maßnahmen gegen die Arbeitslosigkeit - verteilt auf "Policy-Netze" und "Policy-Arenen"[1]

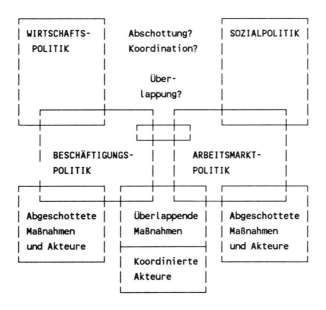

Diese Frage soll anschließend am Beispiel der wirtschafts- und beschäftigungspolitischen sowie der sozial- und arbeitsmarktpolitischen Maßnahmen ansatzweise beantwortet werden. Zu diesen Abgrenzungen siehe Abbildung 1. Dabei wird zunächst skizzenhaft in Erinnerung gerufen, weshalb seit Anfang der 80er Jahre 1. die etablierte Abschottung von Beschäftigung- und Arbeitsmarktpolitik sowie 2. die etablierte Arbeitsteilung

---

1) Zur Abgrenzung von Akteurs-Geflechten ("Policy-Netzen") und Maßnahme- oder Programm-Bündeln ("Policy-Arenen") siehe A. Windhoff-Héritier, 1987; zur Abgrenzung von Beschäftigungs- und Arbeitsmarktpolitik siehe F. Hegner, 1986.

zwischen staatlicher und kommunaler Ebene in Frage gestellt worden sind.

Mit Bezug auf die Periode wachsenden Wohlstands und eines fast permanent hohen Beschäftigungsniveaus in den Jahren von 1960 bis 1974 hat B. Lutz von einem "kurzen Traum immerwährender Prosperität" gesprochen (B. Lutz, 1984). Dieser Traum endete im Anschluß an die weltweiten wirtschaftlichen Folgen der Ölkrisen in den 70er Jahren (zum folgenden siehe IAB, 1990; Datenreport, 1989, S.88). Von 1973 auf 1974 wuchs das Bruttoinlandsprodukt (BIP) nur noch um 0,3 % und von 1974 auf 1975 schrumpfte es sogar um 1,6 %. Gleichzeitig stiegen die Arbeitslosenzahlen deutlich an, und zwar auf 583 Tausend im Jahr 1974 und sodann auf jeweils mehr als eine Million in den Jahren 1975 bis 1977. Auch der konjunkturelle Aufschwung von 1976 bis 1979 mit BIP-Wachstumsraten von jährlich mindestens 3 % brachte lediglich ein Absinken der Arbeitslosenzahlen auf Werte zwischen 876 Tausend und 993 Tausend in den Jahren 1978 bis 1980. Anschließend sank die Arbeitslosigkeit in keinem Jahr mehr unter eine Million und lag seit 1983 sogar ständig über zwei Millionen im Jahresdurchschnitt.

Bis zum Ende der 70er Jahre war die Mehrzahl der Arbeitsmarktexperten davon überzeugt, daß sowohl die generelle Arbeitslosigkeit als auch die hohe Zahl der Langzeitarbeitslosen mit den herkömmlichen Instrumenten beseitigt werden könne (G. Schmidt, 1980; F.W. Scharpf et al. 1982a, 1982b). Dazu gehören beispielsweise - je nach politischem Standpunkt unterschiedlich bewertet - eine primär angebots- oder nachfrageorientierte Wirtschaftspolitik, staatliche Investitionsprogramme, Maßnahmen nach dem Arbeitsförderungsgesetz wie etwa Lohnkostenzuschüsse, Eingliederungshilfen, ABM usw. sowie tariflich vereinbarte Arbeitszeitverkürzungen.

Erst Anfang der 80er Jahre wuchs die Einsicht, daß diese herkömmlichen Instrumente nicht ausreichen, um die Arbeitslosigkeit - vor allem die Langzeitarbeitslosigkeit - erfolgreich zu beseitigen (F. Hegner, 1981, 1983). Gleichzeitig enstanden im Umfeld einiger Wohlfahrtsverbände und Kirchengemeinden, aber auch in den Stadtstaaten Hamburg und Berlin neben den Arbeitsloseninitiativen - zwecks Erfahrungsaustausch, Beratung, Therapie usw. - eine allmählich wachsende Zahl von unkonventionellen Ausbildungs- und Beschäftigungsinitiativen auf lokaler Ebene (siehe dazu die Beiträge von Grottian/Kück, Hutter, Macke, Fiedler/Schroedter in: M. Bolle und P. Grottian, 1983). Dabei handelte es sich teils um alternativ-ökonomische Projekte, teils um ausbildungsfremd tätige "neue Selbständige" und teils um fremd- oder selbstorganisierte Ausbildungs- und Beschäftigungsprojekte, die meist auf staatliche, kommunale oder wohlfahrtsverbandliche Unterstützung zurückgriffen. Vor allem der letztgenannte Typ von - öffentlich subventionierten - Initiativen bildet den sogenannten "Zweiten Arbeitsmarkt". Die große Vielfalt der lokalen Beschäftigungsinitiativen wurde seit den frühen 80er Jahren durch mehrere empirische Untersuchungen dokumentiert (J. Huber, 1980; F. Hegner und C. Schlegelmilch, 1983, 1984; W. Beywl und H. Brombach, 1984; H. Kreutz et al., 1984; H. Kreutz und G. Fröhlich, 1986; M. Kaiser 1985, 1988).

Diese unkonventionellen Formen der Schaffung von Arbeitsplätzen wurden durch das Zusammentreffen zweier gesellschaftlicher Entwicklungen und den dadurch kumulierten Problemdruck ausgelöst (F. Hegner und C. Schlegelmilch, 1983, 1984):

- zum einen durch die materiellen und psychosozialen Folgeprobleme der anhaltend hohen Arbeitslosigkeit - vor allem auch bei Jugendlichen - sowie

- zum zweiten durch veränderte Einstellungen gegenüber der Erwerbsarbeit, und zwar insbesondere durch die Abneigung eines Teils der jüngeren und formal höher qualifizierten Erwerbspersonen gegen monotone Formen der abhängigen und fremdbestimmten Beschäftigung in hierarchisch organisierten Behörden, Betrieben oder Wohlfahrtsverbänden.

Im Laufe der Zeit kam als dritter Auslöser das Problem der Langzeitarbeitslosigkeit (ein Jahr oder länger arbeitslos gemeldet) immer deutlicher zum Bewußtsein: Vor allem die gesundheitlich Beeinträchtigten, Behinderten, psychisch Gestörten, Älteren, sozial Gefährdeten sind nicht in der Lage, bei anhaltend hoher genereller Arbeitslosigkeit dauerhaft einen Arbeitsplatz in herkömmlich organisierten Betrieben oder Behörden zu finden. Das hängt teils mit den dort herrschenden Leistungsnormen und Verhaltenserwartungen sowie teils mit der verschärften Konkurrenz um die Arbeitsplätze im Falle lang anhaltender hoher Arbeitslosigkeit zusammen. Angesichts dieser Erfahrungen wuchs die Zahl der sozialen Beschäftigungsinitiativen (siehe dazu die Beiträge von Evers, Blanke/Heinelt/Macke, Pugliese und Heinelt/Macke in: B. Blanke et al., 1986; M. Kaiser 1985, 1988).

Seit Anfang der 80er Jahre lautet meine These, daß keiner der drei Auslöser alleine dazu geführt hätte, die etablierten Muster der Abschottung von "Policy-Netzen" und "Policy-Arenen" nachhaltig in Frage zu stellen (F. Hegner und C. Schlegelmilch, 1983; F. Hegner 1985, 1986). Lediglich das Zusammentreffen von hoher Arbeitslosigkeit (vor allem auch bei jungen Menschen), veränderten Ansprüchen an die Erwerbsarbeit (vor allem bei formal höher Qualifizierten) und Langzeitarbeitslosigkeit konnte im wissenschaftlichen Bereich und in der Praxis dazu führen,

- daß die Bekämpfung der Arbeitslosigkeit nicht mehr ausschließlich der staatlichen Ebene (vor allem der Bundesanstalt für Arbeit und den ihr nachgeordneten Stellen), sondern auch der kommunalen Ebene (vor allem den Wirtschaftsförderungs-, Sozial- und Jugendämtern) als Aufgabe zugewiesen wurde und

- daß mit Bezug auf alle Ebenen, vor allem jedoch auf die lokale Ebene, gefordert wurde, die etablierte Abschottung von Wirtschafts- und Beschäftigungspolitik einerseits (beispielsweise in Form der Programmvorbereitung und -implementation durch die kommunalen Ämter für Wirtschaftsförderung, Wohnungswesen, Hoch- und Tiefbau, Grünflächen, Verkehr etc.) sowie Sozial- und Arbeitsmarktpolitik andererseits (beispielsweise in Form der Kooperation zwischen Jugend-, Sozial- und Arbeitsämtern, Wohlfahrtsverbänden, Kirchen) zu durchbrechen.

Vor diesem Hintergrund nahm seit Beginn der 80er Jahre tatsächlich die Zahl der Koordinationsbemühungen in einigen Regionen und Kommunen deutlich zu (F. Hegner, 1986; M. Kaiser, 1988; H. Wollmann et al., 1989, Kap. 2.3). Die aktuell spannende Frage lautet: Reichen zu Beginn der 90er Jahre der gesellschaftliche Problemdruck und die Artikulationschancen der von Arbeitslosigkeit besonders Betroffenen und Gefährdeten noch aus, um die erkennbaren Ansätze zur Koordination und projektspezifischen Überlappung von "Policy-Arenen" aufrechtzuerhalten oder gar auszubauen? Ich befürchte, daß die Antwort "nein" lauten muß, weil das Zusammentreffen der drei auslösenden Faktoren in der für die frühen 80er Jahre typischen Form nicht mehr gegeben ist. Die Gründe für meine Skepsis sollen im folgenden skizziert werden. Erst im übernächsten Abschnitt 3 wird mit Blick auf die DDR eine weniger pessimistische Beurteilung gegeben.

2. Das hohe Beschäftigungsniveau und die nachlassende Sensibilität für die anhaltend hohe Arbeitslosigkeit

Bei entsprechend geschickter Öffentlichkeitsarbeit, die ein Teil der "symbolischen Politik" ist, kann es bekanntlich gelingen, durch ständige Meldungen über - vermeintliche und tatsächliche - Erfolge sowohl von fortbestehenden gesellschaftlichen Problemen - wie hoher Arbeitslosigkeit - als auch von deren Ursachen abzulenken. Unverkennbare bundesdeutsche Erfolge - in Verbindung mit der fast weltweiten Belebung des Wirtschaftswachstums in den Industrieländern - sind: a) der seit 1985 durch demographische Entwicklungen erleichterte Abbau der Arbeitslosigkeit bei den unter 25jährigen (K. Schober, 1986); b) die im Jahr 1989 erstmals seit 1980 wieder deutlich abnehmende Zahl der Langzeitarbeitslosen - auf unter 700 Tausend Betroffene im Jahresdurchschnitt 1989 und auf unter 600 Tausend im September 1989 (BMA 5/1990); sowie c) das Erreichen eines äußerst hohen Beschäftigungsniveaus mit 27,6 Millionen Erwerbstätigen im Jahresdurchschnitt 1989, verglichen etwa mit 26,1 Millionen im Jahresdurchschnitt 1983 (BMA 5/1990). Es kann hier nicht entschieden werden, welchen Beitrag die bundesdeutsche Wirtschafts- und Beschäftigungspolitik dazu geleistet hat, die unverkennbare Dynamik der (Welt-) Wirtschaft anzukurbeln und aufrechtzuerhalten. Auf jeden Fall haben die politischen Erfolgsmeldungen dazu beigetragen, 1. die anhaltend hohe Zahl von über 2 Millionen registrierten Arbeitslosen in den Hintergrund der politischen Diskussionen in der BR Deutschland treten zu lassen sowie 2. eine der wichtigsten Ursachen für die fortdauernde Massenarbeitslosigkeit aus dem Blickfeld zu drängen, nämlich die Schrumpfung des gesellschaftlichen Arbeits(zeit)volumens trotz steigendem Bruttoinlandsprodukts (BIP).

Tabelle 1 zeigt mit Bezug auf die Jahre ab 1983, wie einerseits der reale Wert der im Inland erbrachten Dienstleistungen und Sachgüter, also das BIP, sowie die bereinigte Zahl der Erwerbstätigen ansteigen, während andererseits die Zahl der tatsächlich geleisteten Arbeitsstunden, also das effektive gesellschaftliche Arbeitsvolumen oder der gesellschaftliche Bedarf an bezahlter Arbeit, zunächst sinkt und dann nur unwesentlich ansteigt.

Von 1982 auf 1983 sank die bereinigte Zahl der Erwerbstätigen als Folge der vorangehenden Konjunkturflaute um 1,5 %, während das Wirtschaftswachstum von 1982 auf 1983 bereits real um 1,5 % zulegte. In allen nachfolgenden Jahren wuchsen sowohl das Bruttoinlandsprodukt (BIP) als auch die Erwerbstätigenzahlen. Nach 1987 lag das Beschäftigungsniveau mit jahresdurchschnittlich über 26 Millionen Erwerbstätigen wieder annähernd ähnlich hoch wie zwischen 1960 und 1974. Allerdings stieg die Zahl der Erwerbstätigen in allen Jahren deutlich schwächer an als das BIP. Noch schwächer ausgeprägt war der Anstieg des Arbeits(zeit)volumens - unter Berücksichtigung des Arbeitstageeffektes, d.h. der unterschiedlichen Zahl der Arbeitstage in den einzelnen Kalenderjahren.

Tab. 1: Bruttoinlandsprodukt, Erwerbstätige und Arbeitsvolumen in der BR Deutschland 1983 - 1990

Jahres-werte	Bruttoinlandsprodukt Mio. DM real in Preisen von 1980	Ver-ände-rung in %	Erwerbstätige Personen in Tsd.	Ver-ände-rung in %	Arbeitsvolumen Mio Ar-beits-stunden	Ver-ände-rung in %
1983	1.493.920	+1,5	25.262	-1,5	43.766.4	-1,9
1984	1.535.990	+1,5	25.262	-1,5	43.630.9	-0,3
1985	1.566.480	+2,0	25.452	+0,7	43.329.5	-0,7
1986	1.603.210	+2,3	25.710	+1,0	43.473.0	+0,3
1987	1.632.680	+1,8	25.911	+0,8	43.514.9	+0,1
1988	1.692.930	+3,7	26.079	+0,6	43.854.4	+0,8
1989	1.750.730	+3,4	26.417	+1,3	43.979.0	+0,3
1990	1.803.252	+3,0	26.760	+1,3	44.060.3	+0,2

Quelle: IAB 1990 (Werte für 1988 vorläufig; Werte für 1989/90 geschätzt).

Wie ist es zu erklären, daß bei guter Konjunktur über acht Jahre hinweg (1983 - 1990) zwar das Beschäftigungsniveau deutlich ansteigt, und zwar um rund 1,5 Millionen Erwerbstätige, jedoch das Niveau des gesellschaftlichen Arbeits(zeit)volumens teils sinkt und teils nur wenig höher liegt? Die Antwort lautet: Zum einen haben sich die tariflichen AZ-Verringerungen nach 1984 ausgewirkt; zum zweiten ist die Zahl der Teilzeitbeschäftigten angestiegen; und zum dritten nahm die Arbeitsproduktivität deutlich zu (W. Klauder, 1988; IAB, 1990; F. Hegner, 1990).

ad 1) Die Zahl der pro Jahr von jedem Erwerbstätigen durchschnittlich geleisteten Arbeitsstunden ist bereits vor dem Inkrafttreten der tariflichen Arbeitszeit-Verringerungen in der Metall- und Druckindustrie im Jahr 1985 leicht gesunken (unter Berücksichtigung des Arbeitstageeffektes gemäß IAB, 1990). Eine sehr deutliche Abnahme um 1,4 % ist für das Jahr 1985 zu verzeichnen, in dem jeder Erwerbstätige durchschnittlich nur noch 1.702 Arbeitsstunden pro Jahr leistete. Zugleich wurden zwischen März 1985 und April 1986 in der Metallindustrie etwa 50 Tausend gewerbliche Arbeitnehmer als Reaktion auf die tarifliche Arbeitszeit-Verringerung zusätzlich eingestellt, wobei hier die Neueinstellungen aufgrund der guten Konjunktur nicht mitgerechnet sind (DIW, 1987). Das trug zur Erhöhung des Beschäftigungsniveaus bei. Trotz der Zunahme der Überstunden und Sonderschichten, die von 1987 auf 1988 zu einer Erhöhung der jährlichen individuellen Arbeitszeit um 0,1 % führte, sank die Zahl der tatsächlich geleisteten Arbeitsstunden je Erwerbstätigen auf schätzungsweise 1.665 im Jahr 1989 (gegenüber 1.733 Stunden im Jahr 1983). Die tariflichen Arbeitszeit-Verringerungen wirken sich also auf das

Beschäftigungsniveau aus - neben der guten Konjunktur.

ad 2) Zunächst ging die Zahl der abhängig erwerbstätigen Teilzeitkräfte von rund 3 Millionen im Jahr 1983 auf annähernd 2,9 Millionen in den Jahren 1984 bis 1986 zurück. Danach stieg sie ständig an, und zwar bis auf rund 3,3 Millionen im Jahr 1989 (IAB, 1989). Das sind etwas mehr als 14 % aller Arbeitnehmer. Zum Vergleich: Im Jahr 1960 waren von rund 20 Millionen Arbeitnehmern lediglich 781 Tausend teilzeitbeschäftigt, also rund 4 % (IAB, 1989). Das verdeutlicht die gestiegene Bedeutung der Teilzeitarbeit für das Erreichen eines hohen Beschäftigungsniveaus. Von den 1,5 Millionen zusätzlichen Arbeitsplätzen, die nach 1983 geschaffen wurden, entfallen 300 Tausend auf Teilzeitplätze, d.h. ein Fünftel.

ad 3) Daß es möglich war, ein deutlich größeres BIP mit weniger Arbeitsstunden je Erwerbstätigen und einer steigenden Zahl von Teilzeitbeschäftigten zu erwirtschaften, hängt mit folgendem Faktor zusammen: Die Arbeitsproduktivität je Erwerbstätigenstunde stieg nach 1982 stärker an als das BIP. Betrug die Produktivitätssteigerung in den Jahren 1980 bis 1982 jährlich stets weniger als 2 %, so belief sie sich in den Jahren von 1983 bis 1985 auf jährlich ständig mehr als 2,5 %; in den Jahren 1988 und 1989 lag sie sogar bei rund 3 % (IAB, 1990).

Soweit die wichtigsten Daten zur kurzfristigen Entwicklung seit 1983. Die weitergehende Frage lautet, ob es sich bei der Schrumpfung des gesellschaftlichen Arbeits(zeit)volumens um eine längerfristige Entwicklung handelt. Diese Frage muß eindeutig bejaht werden (Datenreport 1989: 78ff, 230 ff; IAB 1990):

- Im Jahr 1960 erwirtschafteten bei guter Konjunktur rund 26 Millionen Erwerbstätige, d.h. abhängig und selbständig Beschäftigte sowie mithelfende Familienangehörige, ein reales BIP im Wert von nahezu 729 Milliarden DM (gerechnet in Preisen von 1980). Dafür waren etwas mehr als 56 Milliarden jährliche Arbeitsstunden erforderlich.

- Im Konjunkturhoch des Jahres 1970 mit einem BIP-Wachstum von 5,1 % erbrachten annähernd 26,6 Millionen Erwerbstätige Sachgüter und Dienstleistungen mit einem realen Wert von 1.133 Milliarden DM. Dafürgenügte ein gesellschaftliches Arbeitsvolumen von 51,8 Milliarden Stunden.

- Im schlechten Konjunkturjahr 1982 sank der Wert des BIP gegenüber dem Vorjahr um 0,6 %, betrug jedoch real immerhin 1.472 Milliarden DM. Die Zahl der Erwerbstätigen lag bei annähernd 25,7 Millionen und das gesellschaftliche Arbeitsvolumen belief sich auf 44,6 Milliarden Stunden.

Abb. 2: Entwicklung des Bruttoinlandsprodukts (BIP) in der Bundesrepublik Deutschland im Zeitraum 1960 bis 1987

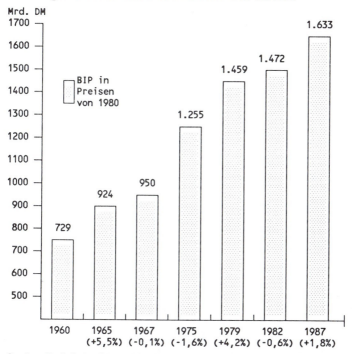

Quellen: Statistisches Jahrbuch 1989; IAB 1990.

- Keiner dieser Werte des gesellschaftlichen Arbeitsvolumens wurde in den guten Konjunkturjahren seit 1983 auch nur annähernd erreicht. Die Zahl der pro Jahr geleisteten Arbeitsstunden lag stets zwischen dem Tiefstwert von 43,3 Milliarden (1985) und dem geschätzten vorläufigen Höchstwert von rund 44 Milliarden in den Jahren 1989 und 1990.

Die Abbildung 2 zeigt am Beispiel ausgewählter Jahre mit schlechter und guter Konjunktur, wie zwischen 1960 und 1987 bei steigendem BIP das gesellschaftliche Arbeits(zeit)volumen geschrumpft ist.

Zwar wird im Jahr 1990 voraussichtlich ein noch höheres Beschäftigungsniveau als in den Spitzenjahren 1965 und 1973 erreicht (mit jahresdurchschnittlich jeweils rund 26,8 Millionen Erwerbstätigen); jedoch liegt das gesellschaftliche Arbeitsvolumen deutlich niedriger und die Zahl der registrierten Erwerbslosen ist mit jahresdurchschnittlich 2 Millionen deutlich höher. Des weiteren belegen die Fakten unmißverständlich das große Gewicht sowohl der generellen tariflichen Verringerung des individuellen

Arbeitszeitumfangs als auch der Expansion der individuell gewählten Teilzeit für ein hohes Beschäftigungsniveau (L. Reyher et al., 1983).

Abb. 3: Entwicklung des effektiven Arbeitsvolumens in der Bundesrepublik Deutschland im Zeitraum 1960 bis 1987

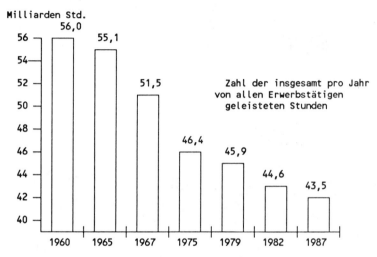

Quellen: Statistisches Jahrbuch 1989; IAB 1990.

Wieso werden diese Fakten in der Öffentlichkeit weit weniger aufmerksam zur Kenntnis genommen als die sich abwechselnden Hiobsbotschaften und Erfolgsmeldungen aus Nürnberg und Bonn? Meine anfangs heftig bestrittene Antwort seit 1980 lautet (F. Hegner, 1981, 1983): Der Einsicht in die Notwendigkeit einer grundlegenden, wenn auch abgestuft und flexibel zu realisierenden Neuverteilung des geschrumpften Arbeits(zeit)volumens stehen hartnäckige psychosoziale und soziokulturelle Barrieren entgegen; sie resultieren aus dem hohen Stellenwert der Erwerbsarbeit für die große Mehrzahl der Gesellschaftsangehörigen sowie aus dem starren Festhalten an dem herkömmlichen Verständnis von Voll- und Teilzeitbeschäftigung. Solange nicht der Erwerbsarbeit ein gesellschaftlich akzeptierter und infrastrukturell abgestützter Gegenpol in Form der Gebrauchs- und Eigenarbeit zur Seite gestellt wird, kann der Weg in eine "Zweibahnstraßen-Gesellschaft" nicht gelingen, in der auch die heute Erwerbslosen im Anschluß an massive Qualifizierungsmaßnahmen an dem schrumpfenden Arbeitsvolumen teilhaben können, weil die heute Vollzeiterwerbstätigen auf einen Teil ihrer Arbeitszeit - und ggf. auch ihres Einkommens - verzichten (F. Hegner, 1986; F. Hegner, 1988, 1990).

3. Die Veränderungen in der DDR und ihre Rückwirkungen auf den bundesdeutschen Arbeitsmarkt

Es ist zu befürchten, daß die Veränderungen in Osteuropa und in der DDR in den 90er Jahren dazu führen werden, daß die Arbeitslosigkeit in der BR Deutschland ebenso an den Rand der gesellschaftspolitischen Diskussionen gedrängt wird wie die Bemühungen um eine koordinierte Beschäftigungs- und Arbeitsmarktpolitik in den bundesdeutschen Kommunen.

Möglicherweise werden angesichts der Größenordnungen, die die Schwierigkeiten der europäischen Integration und des sozioökonomischen Auf- und Umbaus in der DDR mit sich bringen, besonders die lokalen - also kleinräumigen - Initiativen gegen die Arbeitslosigkeit auch an verstärkter Mittelknappheit leiden, was sich übrigens bereits seit 1988 abgezeichnet hat (H. Wollmann et al., 1989, Kap. 2.3.). - Auch die am Ende des vorangehenden Abschnitts angedeutete Entwicklung in Richtung auf eine "Zweibahnstraßen-Gesellschaft" wird vermutlich deutlich verzögert werden, womit zugleich die soziokulturellen und sozialökonomischen Rahmenbedingungen für unkonventionelle Beschäftigungsinitiativen in Westdeutschland in den nächsten fünf bis zehn Jahren ungünstiger sein werden.

Allerdings ist keineswegs auszuschließen, daß die erwartbare Massenarbeitslosigkeit in der DDR ebenso wie die nach Überwindung der momentanen Identitätskrise möglicherweise wieder erstarkende Reformbewegung (z. B. "Neues Forum", "Bewegung 90") dort dazu führen werden, daß - auch auf lokaler Ebene - neue Formen der Kombination von Beschäftigungs- und Arbeitsmarktpolitik erprobt werden (F. Haffner, 1990, S.40 ff; G. Gutmann und und W. Klein, 1990, S.31 ff, 67 ff). Es ist angesichts des voraussehbaren massiven Problemdrucks in der Auf- und Umbauphase durchaus mit neuartigen Mixturen sowohl der "Policy-Netze" als auch der "Policy-Arenen" zu rechnen. - Darüber möchte ich an dieser Stelle - noch - nicht spekulieren. Stattdessen sollen holzschnittartig einige Aspekte der Auswirkungen auf die BR Deutschland angesprochen werden. Sie werden ausschlaggebend für die weitere Entwicklung lokaler Arbeitsmarkt- und Beschäftigungspolitik in Westdeutschland sein.

Seit dem 9. November 1989 richten sich die Wachstums- und Beschäftigungshoffnungen in der Bundesrepublik - angesichts von weiterhin rund 2 Millionen Arbeitslosen - zunehmend stärker auf den ökonomischen Aufbau in Ostdeutschland und Osteuropa. Nach dem Zusammenbruch der staatssozialistischen Planwirtschaft eröffnet das starke Wohlstandsgefälle zwischen den west- und osteuropäischen Staaten erhebliche Möglichkeiten für eine Expansion der sozialen Marktwirtschaft und für die Erschließung neuer Märkte. Dabei liegt es - aus dem Blickwinkel der kurz- und längerfristigen Wachstumsimpulse für Westdeutschland - nahe, ähnliche Entwicklungsmuster zu erwarten, wie sie sich in der Vergangenheit bereits im Verhältnis zwischen hochindustrialisierten und ökonomisch weniger entwickelten Ländern abzeichneten. Dazu einige Stichworte (I. Wallerstein, 1984): Die Industriestaaten haben - zum Teil seit dem Beginn der Industrialisierung - ihr hohes Beschäftigungs-, Produktions- und Konsumniveau nicht zuletzt dadurch gesichert oder zu sichern versucht, daß sie sowohl ihre Produkte (Sachgüter, Know-how etc.) als auch ihren Lebensstil in ökonomisch weniger entwickelte Länder exportiert haben. Seit den späten 60er Jahren konnten in der Bundesrepublik zahlreiche Arbeitsplätze dadurch erhalten oder geschaffen werden, daß beispielsweise Maschinen und Industrieanlagen für den Export in technisch weniger entwickelte Länder produziert wurden (Jahresgutachten, 1983/84). Allerdings sind die Wirtschaftsbeziehungen zwischen den hochindustrialisierten und den ökonomisch weniger entwickelten Ländern bei längerfristiger Betrachtung keineswegs dadurch gekennzeichnet, daß die von den weniger entwickelten Ländern ausgehenden Wachstumsimpulse permanent zu einer Erhöhung des Beschäftigungsniveaus in den Industrienationen führen. Erst recht haben sie nicht verhindern können, daß in der BR Deutschland das gesellschaftliche Arbeitsvolumen tendenziell ständig schrumpfte. Vielmehr ist es in zahlreichen Branchen zu einem Abbau von Arbeitsplätzen aufgrund der Konkurrenz von seiten der 'Nachrücker' oder 'Aufholer' gekommen (z.B. in großen Teilen der Werft-, Stahl-, Textil- und Bekleidungsindustrie).

Nun kann die DDR selbstverständlich keineswegs ohne weiteres mit den ökonomisch weniger entwickelten Ländern in der Dritten Welt sowie in Süd- und Osteuropa verglichen werden. Immerhin gehört sie trotz einer - verglichen mit Japan, Frankreich, den USA oder der BR Deutschland - enorm niedrigen Produktivität und einer teilweise völlig veralteten baulichen und technischen Infrastruktur zu den zehn führenden Industrienationen der Welt (D. Voigt et al., 1987, S. 183 ff, 212 ff; Datenreport, 1989, S. 361 ff; F. Haffner, 1990, S. 14 ff). Allerdings ist ein Vergleich insofern zulässig, als die DDR im Westen unmittelbar angrenzt an eines der Länder mit dem höchsten materiellen Lebensstandard der Welt (BR Deutschland). Dadurch wird der als enorm empfundene Nachholbedarf sowohl im Investitions- als auch im Konsumgüterbereich in der DDR mit Bezug auf die BR Deutschland stärker gespürt als im Vergleich mit räumlich weiter entfernten Ländern. Daraus werden ohne Zweifel bereits kurzfristig nennenswerte Nachfrage- und Wachstumsimpulse für die westdeutsche Wirtschaft resultieren. Allerdings darf zweierlei nicht übersehen werden (Wirt schaftswoche, 7/1990, S. 14-46; Wirtschaftswoche, 12/1990, S. 14-27; F. Haffner, 1990, S. 62 ff):

- Die notwendige westdeutsche Unterstützung für den ökonomischen Aufbau in Ostdeutschland wird in der BR Deutschland zu Belastungen führen, deren Ausmaß gegenwärtig noch nicht genau erkennbar ist. Dabei geht es entweder um Steuererhöhungen, wodurch in Westdeutschland private Kaufkraft abgeschöpft würde, oder um eine stärkere Staatsverschuldung, wodurch die Zinsen auf den Kapitalmärkten steigen und die fremdfinanzierte Investitionstätigkeit der Unternehmen erschwert würde. Zu den Aufwendungen für den ökonomischen Aufbau kommen hinzu die Folgekosten der militärischen Abrüstung in beiden Ländern sowie die erforderliche "Anschubfinanzierung" für die Umstrukturierung der sozialen Sicherung in der DDR.

- Aufgrund der sehr niedrigen Arbeitsproduktivität werden für den ökonomischen Aufbau in der DDR - nach einer Phase mit hoher Arbeitslosigkeit - mittelfristig viele Arbeitskräfte benötigt. Ein deutlicher Anstieg des dortigen BIP läßt sich in den nächsten Jahren keineswegs mit einem ähnlich geringen gesellschaftlichen Arbeits(zeit)volumen bewerkstelligen, wie es gegenwärtig in der BR Deutschland möglich ist. Jedoch ist gleichzeitig wegen der geringen Produktivität ein niedriges Lohnniveau erforderlich, um die Wettbewerbsposition der ostdeutschen Wirtschaft auf dem Weltmarkt zu stärken. Das verhindert einen raschen und drastischen Anstieg der Massenkaufkraft. Zugleich wird es aufgrund der Qualifikationsstruktur der dortigen Beschäftigten sowie der notwendigen Gewichtsverlagerungen zwischen den Wirtschaftssektoren und Branchen einen deutlichen Anstieg der Arbeitslosigkeit geben, was die Konsumgüternachfrage kurzfristig ebenfalls negativ beeinflußt.

Vor dem Hintergrund dieser teilweise gegenläufigen Entwicklungen sind zwar durchaus kurz- und mittelfristige Nachfrage- und Wachstumsimpulse für die BR Deutschland zu erwarten; jedoch werden sie auf absehbare Zeit nicht dazu führen, daß in Westdeutschland das gesellschaftliche Arbeits(zeit)volumen stark expandiert und die Arbeitslosigkeit deutlich sinkt. Langfristig werden die ostdeutschen Regionen - ähnlich wie zuvor am Beispiel der 'Schwellenländer' skizziert - in Konkurrenz zu den westdeutschen Regionen treten. Das zwingt die Gesamtheit der deutschen Unternehmen dazu, die Produktivität zu erhöhen. Dadurch wird das gesellschaftliche Arbeitsvolumen nach einer Zwischenphase mit möglicherweise steigenden Stundenvolumenwerten (bis etwa zum Jahr 2000) langfristig höchstwahrscheinlich weiter sinken. - Vor dem Hintergrund dieses Szenarios gibt es keinerlei Gründe dafür, in der BR Deutschland darauf zu verzichten, unkonventionelle Beschäftigungsinitiativen - vor allem für Langzeitarbeitslose - weiterhin zu fördern sowie neue Formen der Kombination von Beschäftigungs- und Arbeitsmarktpolitik - vor allem auf lokaler Ebene - zu erproben.

Für die Fortsetzung derartiger Innovationen sprechen nicht nur die skizzierten Entwicklungen auf seiten der Arbeitsplätze oder Beschäftigungsmöglichkeiten. Vielmehr legt es auch die voraussehbare Entwicklung auf seiten der Erwerbspersonen oder Arbeitskräfte nahe, nicht ausschließlich auf die herkömmlichen Instrumente der Beschäftigungs- und Arbeitsmarktpolitik zu vertrauen.

Nach 1985 wuchs zunächst langsam und ab 1988 beschleunigt die Zahl der deutsch-stämmigen Aussiedler aus der Sowjetunion und den osteuropäischen Ländern. Sie wurden zunächst - mit deutschnationalem Pathos - als eine Art 'Heimkehrer' sowie - mit wirtschaftspolitischer Berechnung - als willige Arbeitskräfte und (potentiell) belebende Nachfragekräfte begrüßt (N. Walter, 1989). Seit Ende 1988 zeichnete sich als Folge innenpolitischer Veränderungen in der DDR ein ständiger Zustrom von Übersiedlern ab, der ab Mitte 1989 zunächst langsam und nach dem 9. November 1989 sodann sprunghaft anstieg. Auch sie wurden - zunächst - als willkommener Beitrag zur Verringerung der Fachkräftelücke auf dem Arbeitsmarkt bewertet (N. Walter, 1989). Demgegenüber ist festzuhalten, daß solche - übertriebenen - Hoffnungen ebenso unbegründet sind wie parallele Befürchtungen hinsichtlich gravierender Verschiebungen auf dem Arbeitsmarkt. Die Aus- und Übersiedler werden das Arbeitskraftangebot keineswegs annähernd so erheblich ausweiten, wie das in den 60er und frühen 70er Jahren geschah, als die Zahl der ausländischen Arbeitnehmer von 80 Tausend im Jahr 1955 auf 1,2 Millionen im Jahr 1965 und sodann auf die vorläufigen Höchstwerte von 2 Millionen in den Jahren 1975 und 1980 anstieg (IW, 1989, S.13).

Bei nüchterner Betrachtung sowohl der Größenordnungen als auch der sozialen Zusammensetzung des Kreises der Aus- und Übersiedler wird vielmehr deutlich, daß sie aufgrund ihrer Altersstruktur (N. Walter, 1989; F. Haffner, 1990, S.6) höchstens einen graduell maßvollen Beitrag zur Verringerung der absehbaren westdeutschen Nachwuchslücke leisten können. Das setzt allerdings voraus, daß sie in die Qualifizierungsoffensive zügig und gezielt einbezogen werden. Zu bedenken ist dabei, daß ostdeutsche Fachkräfte, die in die BR Deutschland integriert werden, drüben bei der notwendigen raschen Umstrukturierung fehlen, was dort die sozialen Probleme verschärft.

Sehr bedenklich, ja geradezu unredlich wäre es, wenn man die Aus- und Übersiedler als eine gewichtige Ursache für die anhaltend hohe Arbeitslosigkeit in Westdeutschland heranziehen würde. Das wäre lediglich ein weiteres fadenscheiniges Manöver, um davon abzulenken, daß das gesellschaftliche Arbeits(zeit)volumen trotz hohen Wirtschaftswachstums langfristig aufgrund steigender Produktivität schrumpft und daß eine Neuverteilung der Erwerbsarbeit erforderlich ist. Abbildung 3 zeigt, wie sich die demographischen Größenordnungen entwickelt haben, wobei zum Vergleich zusätzlich die Asylanten und die Ausländer, die im Bundesgebiet leben, herangezogen werden.

Abb. 4: Bevölkerungszustrom von Außen. Zahl der Ausländer, Asylanten, Aussiedler und Übersiedler in der Bundesrepublik Deutschland 1960-1990*

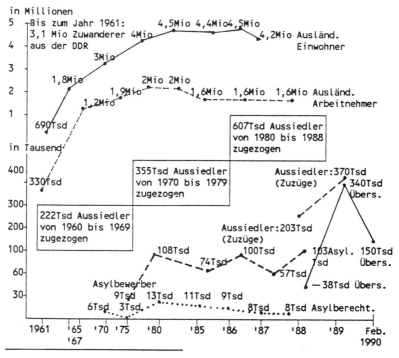

* Quellen: Marschalck 1984: 154f; Datenreport 1989: 34,47; IW 1989: 13; BMA 1/1990: 2; Der Spiegel 8/1990: 29f.; auf- oder abgerundete Zahlen.
Anmerkungen: a) Bei den Ausländern und ausländischen Arbeitnehmern han-delt es sich um Bestandszahlen für einzelne Jahre am jeweiligen Stichtag; b) bei den Asylberechtigten und Asylbewerbern handelt es sich ebenfalls um Bestandszahlen, bezogen auf das jeweilige gesamte Jahr; c) bei den Aussiedlern aus den osteuropäischen Ländern handelt es sich von 1961 bis 1988 um kumulierte Bestandszahlen sowie um die Zahlen der Zuzüge in den Einzeljahren 1988 und 1989; d) bei den Übersiedlern aus der DDR ist für 1961 (Jahr des Mauerbaus) eine kumulierte Bestandszahl für den Gesamtzeitraum von 1950 bis 1961 eingetragen; die Übersiedlerzahlen für 1988, 1989 und 1990 (bis einschließlich Februar) sind jährliche Zuzugszahlen.

Lediglich näherungsweise läßt sich angeben, wieviele der insgesamt rund 2,2 Millionen Menschen, die zwischen Januar 1980 und Dezember 1989 als Asylbewerber, Aussiedler und Übersiedler zugewandert sind (BMA 1/1990, S.2), als Erwerbspersonen anzusehen sind, d.h. als Erwerbstätige, arbeitslos Gemeldete und Arbeitssuchende ohne Meldung bei den Arbeitsämtern. Hierzu einige Anhaltspunkte (Frankfurter Rundschau, 24.10.1989, S.5; BMA 5/1990, S.1 ff): Im gesamten Jahre 1989 konnten rund 215 Tausend Aus- und Übersiedler in das Erwerbsleben integriert werden. Nahezu 13 Tausend Aussiedler und schätzungsweise annähernd zwei Tausend Übersiedler nahmen im September 1989 an den Fortbildungs- und Umschulungskursen der Arbeitsverwaltung teil. Rund 112 Tausend Aussiedler und etwa 45 Tausend Übersiedler waren im September 1989 arbeitslos gemeldet. Addiert man die registrierten Arbeitslosen und die Teilnehmer an den Umschulungs- und Fortbildungskursen, so ergab sich im Herbst 1989 ein Potential von insgesamt rund 170 Tausend Arbeitsuchenden. Aufgrund der sehr starken Zuwanderung seit dem Herbst 1989 stieg die Zahl der arbeitslos gemeldeten Aus- und Übersiedler Ende Januar 1990 auf rund 270 Tausend an; das waren 170 Tausend mehr als im Januar 1989 (Deutsche Bundesbank, 2/1990, S.29).

Auch wenn der Zustrom von Aus- und Übersiedlern in ein Land mit der Wirtschaftsdynamik und dem Lebensstandard der BR Deutschland zahlenmäßig als undramatisch anzusehen ist, können die damit verbundenen sozialen Probleme keineswegs als gering eingeschätzt werden (F. Haffner, 1990, S.62 ff; Der Spiegel, 8/1990, S.29 ff). Eines dieser Probleme ist die Integration der zugewanderten Erwerbspersonen in dem Arbeitsmarkt. Nur ein Teil der 270 Tausend arbeitslos gemeldeten Aus- und Übersiedler (Ende Januar 1990) dürfte ohne vorausgehende und begleitende Qualifizierungsmaßnahmen, d.h. Umschulung, Fortbildung und Arbeitseinübung, zu vermitteln sein. Viele werden sich erst schrittweise an die Qualifikationsanforderungen und Leistungsstandards bundesdeutscher Arbeitsstätten gewöhnen können. Das erfordert begleitende psychologische und soziale Maßnahmen. Erforderlich ist also eine Kombination sowohl sozial- und arbeitsmarktpolitischer als auch wirtschafts- und beschäftigungspolitischer Instrumente. Sie läßt sich bei der Integration von Gruppen mit vielfältigen Eingliederungsschwierigkeiten durch lokale Initiativen leichter bewerkstelligen als durch bloße Bundes- oder Landesprogramme, die allerdings teilweise die rechtlichen und finanziellen Voraussetzungen schaffen müssen (F. Hegner, 1985, 1986).

Schließlich spricht aber auch noch eine andere Überlegung für die Fortsetzung der lokalen Beschäftigungs- und Arbeitsmarktpolitik. Die dabei gesammelten Erfahrungen können beim Umbau des zentralstaatlich-planwirtschaftlichen Systems in der DDR und beim Aufbau einer handlungsfähigen Kommunalebene nutzbar gemacht werden (vgl. allgemein G. Gutmann und W. Klein, 1990, S.38 ff, 67 ff). Ein Vorteil lokaler Beschäftigungsinitiativen besteht dabei darin, daß sie die vielfältigen psychosozialen und beschäftigungsbezogenen Probleme in überschaubaren Nahräumen angehen können, die weniger angsterzeugend sind als anonyme und schematische Globalprogramme. Das könnte dazu beitragen, daß ein Teil der Übersiedler wieder in die DDR zurückkehrt und daß die Abwanderung qualifizierter und qualifizierbarer Arbeitskräfte ohne Zwangsmaßnahmen gebremst werden kann.

4. Zusammenfassung

Thesenartig sei zusammengefaßt: 1. Die gesellschaftliche Problemkonstellation, die zu Beginn der 80er Jahre auslösend wirkte (Massenarbeitslosigkeit, hohe Jugendarbeitslosigkeit, Versuche zur Realisierung veränderter Ansprüche an die Erwerbsarbeit, verfestigte Langzeitarbeitslosigkeit), ist in dieser Form zu Beginn der 90er Jahre in der BR Deutschland nicht mehr deutlich genug ausgeprägt, um unkonventionelle Beschäftigungsinitiativen sowie die Koordination innovativer Beschäftigungs- und Arbeitsmarktpolitik auf lokaler Ebene genügend durchsetzungsfähig zu machen. 2. Geblieben sind von der ursprünglichen Problemkonstellation lediglich die - jüngst leicht gesunkene - Langzeitarbeitslosigkeit bei den Randgruppen des Arbeitsmarkts, die sich als primär sozialpolitisch definiertes Problem auf einen abgesonderten "Zweiten Arbeitsmarkt" abschieben läßt, sowie ein Rest von sozialer Sensibilität gegenüber rund 2 Millionen arbeitslos Gemeldeten und gegenüber Versuchen zur Erprobung andersartiger Formen der Arbeitsorganisation (z.B. Genossenschaften, alternativökonomische Projekte, selbstverwaltete Betriebe). 3. Als eine Art 'Rettungsanker' für neue Mixturen der Beschäftigungs- und Arbeitsmarktpolitik auf lokaler Ebene tragen die Entwicklungen in Osteuropa und der DDR zur Entstehung einer neuen Problemkonstellation bei. Das heißt: Zum einen bleiben in Westdeutschland trotz eines hohen Beschäftigungsniveaus die hohe Arbeitslosigkeit sowie insbesondere die Langzeitarbeitslosigkeit aufgrund der Zuwanderung von Aus- und Übersiedlern weiterhin bestehen. Zum zweiten gelingt die Integration eines Großteils der jüngst Zugewanderten in den westdeutschen Arbeitsmarkt voraussichtlich nur dann, wenn die beschäftigungspolitischen Instrumente durch sozial- und arbeitsmarktpolitische Maßnahmen flankiert werden und beides auf lokaler Ebene koordiniert wird. Zum dritten sind die in der BR Deutschland gesammelten - positiven und negativen - Erfahrungen mit der lokalen Koordination von Wirtschafts- und Sozialpolitik ein wichtiges 'Lernmaterial', um in der DDR die Folgen der voraussehbaren hohen Arbeitslosigkeit schrittweise bewältigen zu können. Denn dort kommt es darauf an, möglichst rasch sowohl die kommunale Politik- und Verwaltungsebene auszubauen als auch deren Zusammenarbeit mit anderen lokalen Akteuren von Anfang an erfolgreich zu verankern (z.b. mit Bankfilialen, Betrieben, Gewerkschaften, Kammern, den Wohlfahrtseinrichtungen wie etwa "Volkssolidarität", den Jugendorganisationen und Kirchen).

Literatur

Baestlein, A./Konukiewitz, M., 1980: Implementation der Raumordnungspolitik. Die Schwierigkeiten der Koordination, in: R. Mayntz (Hrsg.): Implementation politischer Programme, Königstein/Ts.: Athenäum u.a. 1980, S. 36-58
Beywl, W./Brombach, H., 1984: Neue Selbstorganisationen, in: Aus Politik und Zeitgeschichte 11/1984, S. 15-29
Blanke, B./Evers, A./Wollmann, H. (Hrsg.), 1986: Die Zweite Stadt (Leviathan Sonderheft 7), Opladen 1986
BMA 1/1990: Sozialpolitische Informationen, hrsg. vom Bundesminister f. Arbeit und Sozialordnung 1/1990
BMA 5/1990: Sozialpolitische Informationen, hrsg. vom Bundesminister f. Arbeit und Sozialordnung (Hrsg.), 5/1990
Bolle, M./Grottian, P. (Hrsg.), 1983: Arbeit schaffen - jetzt! Reinbek 1983
Datenreport 1989. Zahlen und Fakten über die Bundesrepublik Deutschland, hrsg. vom Statistischen Bundesamt, Bonn 1989
Deutsche Bundesbank 1990: Monatsbericht der Deutschen Bundesbank 2/1990, S. 5-42
DIW 1987: Beschäftigungswirkungen der Arbeitszeitverkürzung von 1985 in der Metallindustrie, in: DIW-Wochenbericht 20/1987
Frankfurter Rundschau, 1989: Übersiedler kommen am Arbeitsmarkt leicht unter, in: FR vom 24.10.1989, S. 5
Grunow, D./Nothbaum-Leiding, B./Wohlfahrt, N., 1984: Ämterbeziehungen im Rahmen der BSH6-Implementation, Schriftenreihe des BMJFFG, Bonn 1984
Gutmann, G./Klein, W., 1990: Skizzen zu Reformen des Wirtschaftssystems in der DDR, Jakob-Kaiser-Stiftung e.V. (Hrsg.), Königswinter 1990
Haffner, F., 1990: Wirtschaftliche Probleme, Neuansätze und Perspektiven der Reformen in der DDR, Jakob-Kaiser-Stiftung e.V. (Hrsg.), Königswinter 1990
Hegner, F., 1981: Abkehr von der Einbahnstraßen-Gesellschaft - Aufbruch in die Zweibahnstraßen-Gesellschaft, in: Sociologia Internationalis 19 (1981), S. 83-137
Hegner, F., 1983: Einseitigkeiten der Arbeitsmarkt- und Sozialpolitik als Hintergrund aktueller sozialer Probleme, in: J. Matthes (Hrsg.): Arbeitsgesellschaft in der Krise? (Verhandlungen des 21. Deutschen Soziologentages 1982) Frankfurt a.M./New York 1983, S. 604-621
Hegner, F., 1985: Kommunale Initiativen zur Verwirklichung einer neuen Form der Vollbeschäftigung, in: J. Krüger/E. Pankoke (Hrsg.): Kommunale Sozialpolitik, München/Wien 1985
Hegner, F., 1986a: Zukunftswege der Industriegesellschaft: Ausbau der 'Einbahnstraße' oder Umbau zur 'Zweibahnstraße'? in: R.G. Heinze (Hrsg.): Neue Subsidiarität: Leitidee für eine zukünftige Sozialpolitik? Opladen 1986, S. 303-338
Hegner, F., 1986b: Handlungsfelder und Instrumente kommunaler Beschäftigungs- und Arbeitsmarktpolitik, in: B. Blanke/A. Evers/H. Wollmann (Hrsg.): Die Zweite Stadt. Neue Formen lokaler Arbeits- und Sozialpolitik, Opladen 1986, S. 119-153 (zuerst erschienen als IIM/LMP 85-13, Wissenschaftszentrum Berlin 1985)

Hegner, F., 1988: Die absehbare Arbeitsmarktentwicklung und das sozial-ökonomische Gewicht der Bedarfs- und Haushaltswirtschaft, in: P. Gross/P. Friedrich (Hrsg.): Positive Wirkungen der Schattenwirtschaft? Baden-Baden 1988, S. 51-86

Hegner, F., 1990: Zu wenig Erwerbsarbeit und nicht genug Fachkräfte, in: Schriftenreihe des Elisabeth-Selbert-Kollegs der Friedrich-Ebert-Stiftung, Saarbrücken 1990

Hegner, F./Landenberger, M., 1988: Arbeitszeit, Arbeitsmarkt und soziale Sicherung. Ein Rückblick auf die Arbeitszeitdiskussion in der Bundesrepublik Deutschland nach 1950, Opladen 1988

Hegner, F./Schlegelmilch, C., 1983: Formen und Entwicklungschancen unkonventioneller Beschäftigungsinitiativen, IIM/LMP 83-19, Wissenschaftszentrum Berlin 1983

Hegner, F./Schlegelmilch, C., 1984: Formen und Entwicklungschancen unkonventioneller Beschäftigungsinitiativen: Empirische Bestandsaufnahme und Vorschlag für eine Typologie, in: Zeitschrift für Sozialreform 8/1984, S. 465-493 (Teil 1) und 9/1984, S. 540-552 (Teil 2)

Hegner, F./Schmidt, E.H., 1979: Organisatorische Probleme der horizontalen Politiksegmentierung und Verwaltungsfragmentierung, in: F.X. Kaufmann (Hrsg.): Bürgernahe Sozialpolitik, Frankfurt 1979

Huber, J., 1980: Wer soll das alles ändern? Berlin 1980

IAB (Institut für Arbeitsmarkt- und Berufsforschung) 1989: Arbeitsvolumenrechnung (AVR) des IAB für die Bundesrepublik Deutschland, Nürnberg 1989

IAB (Institut für Arbeitsmarkt- und Berufsforschung) 1990: Arbeitsvolumenrechnung (AVR) des IAB für die Bundesrepublik Deutschland. (Vorabauszüge aus MittAB 4/1989), Nürnberg 1990

IW 1989: Zahlen zur wirtschaftlichen Entwicklung der Bundesrepublik Deutschland, Ausgabe 1989, Institut der deutschen Wirtschaft (Hrsg.), Köln 1989

Jahresgutachten 1983/84: Ein Schritt voran. Jahresgutachten des Sachverständigenrats zur Begutachtung der gesamtwirtschaftlichen Entwicklung, Stuttgart 1984

Kaiser, M., 1985: Alternativ-ökonomische Beschäftigungsexperimente - quantitative und qualitative Aspekte, in: MittAB 1/1985, S. 92-104

Kaiser, M., 1988: Qualifizierungs- und Beschäftigungsinitiativen in der Bundesrepublik Deutschland, in: Informationen für die Vermittlungs- und Beratungsdienste der Bundesanstalt für Arbeit, 2/1988, S. 33-82

Klauder, W., 1988: Langfristige Arbeitsmarktperspektiven, in: Arbeit und Sozialpolitik 6-7/1988, S. 196-202

Kreutz, H./Fröhlich, G./Maly, H.D., 1984: Alternative Projekte, in: MittAB 2/1984, S. 267-273

Kreutz, H./Fröhlich, G., 1986: Von der alternativen Bewegung zum selbstverwalteten Projekt, in: MittAB 4/1986, S. 553-564

Lutz, B., 1984: Der kurze Traum immerwährender Prosperität. Eine Neuinterpretation der industriell-kapitalistischen Entwicklung im Europa des 20. Jahrhunderts, Frankfurt a.M. 1984

Reyher, L. u.a., 1983: Arbeitszeit und Arbeitsmarkt, in: Th. Kutsch/F. Vilmar (Hrsg.): Arbeitszeitverkürzung, Opladen, S. 87-127

Scharpf, F.W./Reissert, B./Schnabel, F., 1976: Politikverflechtung. Theorie und Empirie des kooperativen Föderalismus in der Bundesrepublik, Kronberg/Ts. 1976

Scharpf, F.W. u.a., 1982: Implementationsprobleme offensiver Arbeitsmarktpolitik, Frankfurt a.M./New York 1982

Schmid, G., 1980: Strukturierte Arbeitslosigkeit und Arbeitsmarktpolitik, Königstein/Ts. 1980

Schober, K., 1986: Aktuelle Trends und Strukturen auf dem Teilarbeitsmarkt für Jugendliche, in: MittAB 3/1986, S. 365-370

Spiegel 8/1990: Wieso kommen die noch? in: DER SPIEGEL 8/1990, S. 29-50

Voigt, D./Voß, W./Meck, S., 1987: Sozialstruktur der DDR, Darmstadt 1987

Wallerstein, I., 1984: Historical capitalism, 2. Aufl. London 1984

Walter, N., 1989: Aussiedler sind keine Kostgänger, in: FAZ vom 5.8.1989, S.11
Windhoff-Héritier, A., 1987: Policy-Analyse, Frankfurt a.M./New York 1987
Wirtschaftswoche 12/1990: vom 09. Februar 1990, S. 14-38
Wirtschaftswoche 7/1990: vom 16. März 1990, S. 14-27
Wollman, H. u.a., 1989: Stadt und Sozialstaat. Endbericht eines von der Stiftung VW geförderten Forschungsberichts, Vervielfältigtes Mskr., Freie Universität Berlin 1989

Autor

Dr. Friedhard Hegner, Inhaber und Geschäftsführer des Dr. Hegner ISMV (Institut für Sozialplanung, Management und Verwaltung) mit Sitz in Berlin und Bielefeld (Kurfürstendamm 237, 1000 Berlin 15).

Olaf Sund

Chancen und Grenzen lokaler Beschäftigungspolitik. Ein Kommentar

1. Lokale Wirtschafts-, Beschäftigungs- und Arbeitsmarktpolitik im Wandel - Ziele und Restriktionen

Die Kommunen mußten bei Hinwendung zur lokalen Beschäftigungspolitik erfahren, daß die traditionelle Ansiedlungspolitik, die Arbeitsplätze brachte oder bringen sollte, die entscheidenden beschäftigungspolitischen Verbesserungen nicht oder nicht ausreichend bewirkte. Es kam Zug um Zug zu einer Angleichung der Konditionen für Ansiedlungen. Gewerbepolitik, die der Ansiedlung diente, mußte neue Facetten erhalten, wenn sie neue Standortvorteile begründen wollte. Entwicklung und Pflege von Humankapital gehörte dazu.

Der sozialpolitische Druck auf die Kommunen, der von den Folgen anhaltender Massenarbeitslosigkeit ausging, hat das Interesse an lokaler Beschäftigungspolitik vielerorts aktiviert. Bezahlte Arbeit anstelle von Finanzierung passiver Arbeitslosigkeit leuchtet als Zielsetzung ein. Allerdings ist nur ausnahmsweise der Leistungsträger oder der Bereich, der einen Nutzen davon hat auch mit dem Bereich identisch, der die Finanzmittel aufbringen muß. Der Durchbruch zu einer ganzheitlichen Betrachtungsweise im Sinn eines Sozialbudgets ist noch lange nicht gelungen.

Vorrang behielt durchgängig der Versuch, private Investoren zur Ansiedlung oder zum Verbleib und damit zur Schaffung von Arbeitsplätzen zu veranlassen, und Nachrang behielt der Ansatz, als kommunaler Arbeitgeber zusätzliche Beschäftigung unmittelbar zu schaffen oder zu veranlassen. Das hing nicht nur mit den eingeschränkten Finanzierungsspielräumen zusammen, sondern auch mit der Sorge, auf Dauer zusätzliche Personalbelastungen der öffentlichen Hand zu veranlassen; selbst bei günstigen Finanzierungsmöglichkeiten durch Dritte, z.B. bei Arbeitsbeschaffungsmaßnahmen, gab es eine unübersehbare Zurückhaltung, vor allem bei einer an die Förderung anschließenden Anstellungszusage.

Der Idealfall, Menschen zu beschäftigen, zugleich kommunale Dienstleistungskraft zu stärken, potentielle Steuereinnahmen zu sichern und kommunale Sozialausgaben zu mindern, trat selten ein. Die Kombination beschränkte sich oft auf den Versuch, durch die befristete Beschäftigung seitheriger Sozialhilfeempfänger diesen zur Leistungsberechtigung in der

Arbeitslosenversicherung zu verhelfen und sie damit in die Verantwortung eines anderen Sozialleistungsträgers zu stellen. Die Vermittlung von neuen oder anderen Qualifikationen, die die Chance für eine dauerhafte Eingliederung in den Arbeitsmarkt bedeutet hätte, trat dahinter noch allzuoft zurück.

2. Abhängigkeit lokaler Arbeitsmarktpolitik von zentralen Vorgaben - am Beispiel der Hilfen für Langzeitarbeitslose

Die Konkurrenzmechanismen des Arbeitsmarktes haben Leistungsschwächere nur selten in Dauerbeschäftigung münden lassen. Das ist bei der Verbesserung der Beschäftigungssituation in den letzten Jahren besonders deutlich geworden. Im Wettbewerb setzen sich die Besserqualifizierten, die Jüngeren, die Mobileren, die Leistungsstärkeren durch. Insofern befassen sich die Arbeits- und Beschäftigungsmöglichkciten, die kommunal oder lokal als "Zweite Arbeitsmärkte" entwickelt worden sind, zumeist mit Leistungsschwächeren oder solchen Frauen oder Männern, die aufgrund ihrer Ausbildung am bestehenden Arbeitsmarkt nicht reüssieren.

Die uneinheitliche Entwicklung ist durch den Bundesgesetzgeber und seine arbeitsmarktpolitischen Entscheidungen zudem in besonderer Weise geprägt worden. Insbesondere mit der 8. und der 9. Novelle zum Arbeitsförderungsgesetz sind Leistungen, auf die sich traditionell Ansätze lokaler Arbeitsmarktpolitik stützten, in der Absicht gekürzt worden, fiskalische Entlastungen des Bundes zu Lasten der Träger von arbeitsmarktlichen Aktivitäten zu bewirken. Die Interessenlage der Kommunen und anderer Träger von Maßnahmen im Bereich lokaler Beschäftigungspolitik wurde so eingeschätzt, daß man auf deren höhere finanzielle Leistungsbereitschaft setzte. Es trat jedoch ein Rückgang des Angebots bisheriger Beschäftigungspositionen ein, der noch anhält. Die Bereitschaft und die Fähigkeit der Kommunen und anderer Träger, sich finanziell stärker zu engagieren, ist falsch eingeschätzt worden. Entweder war das Eigeninteresse nicht stark genug oder das finanzielle Leistungsvermögen reichte nicht aus, vor allem im Lichte unterschiedlicher Prioritätensetzung in den kommunalen Haushalten.

Sicherlich hat auch die Tatsache eine Rolle gespielt, daß gelegentlich Beschäftigungsprojekte nicht mehr zustande kamen, weil bei veränderten Möglichkeiten am Arbeitsmarkt, förderungsfähige arbeitslose Leistungsstärkere regional nicht mehr ausreichend zur Verfügung standen, deren Mitarbeit Voraussetzung für das Gelingen von Beschäftigungs- und Qualifizierungsprozessen ist. Eine Ausfallfinanzierung durch Dritte ist in ausreichendem Umfang nicht zustande gekommen.

Auch die Einführung neuer Förderungsmöglichkeiten für Langzeitarbeitslose durch Beschäftigungshilfen (Lohnkostenzuschüsse gestaffelt nach der Dauer der Arbeitslosigkeit bei Übernahme in unbefristete Beschäftigung) hat die Verschlechterung der Förderkonditionen bei Arbeitsbeschaffungsmaßnahmen beispielsweise arbeitsmarktlich bisher nicht zu kompensieren vermocht. So wurden in Nordrhein-Westfalen von Juli bis Dezember 1989 mit erheblichem Einsatz der Arbeitsvermittlung rd. 7.000 Langzeitarbeitslose in unbefristete Beschäftigung vermittelt, die durch Bewilligung von Beschäftigungshilfen gefördert wurde. Gleichzeitig ging die Zahl der in Arbeitsbeschaffungsmaßnahmen Vermittelten um 4.700 zurück, die Genehmigung von Lohnkostenzuschüssen um 1.550, bei Eingliederungsbeihilfen um 4.100. Der ganz überwiegende Teil dieser über 10.000 Beschäftigungspositionen war vorher ebenfalls mit Langzeitarbeitslosen besetzt. Wenn man in Rechnung stellt, daß ein Teil mit Beschäftigungshilfen in unbefristete Beschäftigung vermittelten Langzeitarbeitslosen relativt kurzfristig aus unterschiedlichen Gründen wieder ausgeschieden ist, ergibt sich noch nicht einmal ein arbeitsmarktpolitisches Nullsummenspiel, es zeigt sich zumindest für die beschriebene Zeit ein arbeitsmarktpolitischer Negativsaldo, auch wenn der Wert unbefristeter regulärer Beschäftigungsverhältnisse im Vergleich etwa zu ABM nicht gering eingeschätzt werden darf. In dem Maße, in dem Langzeitarbeitslose nicht mehr ausreichend an den Förderungsmöglichkeiten von arbeitsmarktpolitischen Instrumenten teilhaben, laufen wir Gefahr, sie ausschließlich als Zielgruppe der Sozialpolitik anzusehen.

3. Lokale Arbeitsmarkt- und Beschäftigungspolitik ist vor allem eine Koordinationsleistung

Nun werden durch die Zielrichtungen des Programms der Beschäftigungshilfen für Langzeitarbeitslose (sogenanntes 1,5 Milliarden-Programm) der Bundesregierung indirekt die arbeitsmarktpolitischen Handlungsmöglichkeiten der Kommunen eher reduziert. De facto wird von ABM mit öffentlichen Trägern auf Lohnkostenzuschüsse für Private und öffentliche Arbeitgeber verlagert. Die direkte Zusammenarbeit zwischen Arbeitsamt und Arbeitgeber schiebt sich bei der Plazierung dieses Instruments vor die Kooperation mehrerer, die typisch für den Einsatz von ABM ist.

Dabei geht es nicht allein um die Verlagerung von Finanzierungsmöglichkeiten. Es geht auch darum, daß die mit ABM immerhin verbundenen lokalen und regionalen Innovationsmöglichkeiten eingeschränkt werden. Allerdings ist zu berücksichtigen, daß der Personenkreis, der durch lange Arbeitslosigkeit besondere Probleme mit der Eingliederung oder Wiedereingliederung in den Arbeitsmarkt hat, besondere Hilfen erhalten muß.

Dies sieht das ergänzende sogenannte 250-Millionen-Programm vor, das der Stabilisierung und Beratung der bisher Langzeitarbeitslosen durch sozialpädagogische Angebote ebenso dient, wie der Kombination mit Qualifizierungsangeboten. Zusätzlich wurden eine Reihe von Arbeitsämtern als Modellarbeitsämter bestimmt, in denen der Handlungsrahmen für die Anwendung der Förderungsprogramme für Langzeitarbeitslose flexibler gestaltet werden kann.

Hier soll nun in den Modellen in Nordrhein-Westfalen versucht werden, Langzeitarbeitslose in arbeitsmarktlich aussichtsreiche Berufe zu qualifizieren und Bedingungen zu schaffen, unter denen der Personenkreis die Qualifizierungsmaßnahme auch durchhalten kann. Dazu wird die Finanzierung des Tariflohns gehören, der durch Unternehmen der Bauwirtschaft erfolgt, die an Fachkräften interessiert sind und die auch vor Ort Qualifizierungskapazitäten anbieten. Der Tariflohn wird aus Lohnkostenzuschüssen refinanziert und tritt an die Stelle des sonst für die Dauer der Umschulung gezahlten Unterhaltsgeldes. Ebenso werden Langzeitarbeitslose in Pflegeberufen qualifiziert und das Arbeitsentgelt in ähnlicher Form bezuschußt, so daß ein besonderer Anreiz zur Teilnahme und zum Durchhalten bis zur Abschlußprüfung geboten wird. Daneben gibt es individuelle Unterstützung für das Lernen und etwa für eine Schuldenberatung und Schuldenhilfe, die erfahrungsgemäß bei vielen lange Arbeitslosen zu einem besonderen Problem geworden sind.

Hier ist beispielsweise die Mitwirkung von Banken und Sparkassen von erheblicher Bedeutung für das Gelingen eines Qualifizierungsansatzes, der dann in unbefristete Beschäftigung einmünden kann, die wiederum mit Lohnkostenzuschüssen unterstützt wird. Und es handelt sich auch hier wieder um einen lokalen Kooperationszusammenhang.

3.1. Koordinierung im lokalen Bereich und im Verhältnis zu Bund und EG

Nun sind die Handlungsspielräume lokaler Beschäftigungspolitik auch in der Zeit vor den Einschränkungen der finanziellen Komplementärmöglichkeiten sehr unterschiedlich genutzt worden. Eine wirkliche Konzentration der lokalen oder regionalen Möglichkeiten auf das Ziel der Bekämpfung von Arbeitslosigkeit ist jenseits der Proklamationen zur Gemeinschaftsaufgabe aller öffentlichen und privaten Hände nur an wenigen Stellen erfolgt. Lediglich im Ausbau des lokalen Angebots von Qualifizierungsmöglichkeiten sind breitere Anstrengungen unternommen und Erfolge erzielt worden. Der systematische Aufbau von Beschäftigungsgesellschaften, Beschäftigungsinitiativen und deren Vernetzung ist als Ziel und Ergebnis lokaler Beschäftigungspolitik eher die Ausnahme geblieben. Dabei haben noch anhaltende Auseinandersetzungen über die mangelnde Vereinbarkeit von 1. und 2. Arbeitsmarkt eine Rolle gespielt - mit zum Teil an den Haaren herbeigezogenen Unterstellungen von Wettbewerbsbeeinträchtigungen, der Vorwurf einer Substitution von notwendigen festen BeschäftigungsPositionen durch nur zeitweilige, aber durch andere finanzierte, das Unvermögen, finanzielle Ressourcen zu bündeln und anderes mehr. Gerade der letztgenannte Grund hat eine Ursache, die in den Zielkonkurrenzen oder Zieldivergenzen der verschiedenen Träger einer Beschäftigungspolitik liegt.

Ob das Ziel einer Vollbeschäftigungspolitik inzischen stillschweigend aufgegeben wird oder nicht, kann dahingestellt bleiben. In dem Bündel wirtschaftspolitischer Ziele ist jeweils das Ziel Vollbeschäftigung in den letzten Jahren nicht erreicht worden und wird auch voraussichtlich in den nächsten Jahren nicht erreicht. Im Zuge der Bemühungen um Haushaltskonsolidierung und Dämpfung von Sozialkosten als Lohnnebenkosten hat jedenfalls der Bund mit der 8. und 9. Novelle zum Arbeitsförderungsgesetz die Bereitstellung von Finanzmitteln und Instrumenten eingeschränkt. Die Länder konnten oder wollten den Ausfall nicht einfach mit Komplementärmitteln aus ihren Haushalten ersetzen. Die Neuorganisation der EG-Strukturfonds, hier des EG-Sozialfonds, erwies sich in vielen Fällen als eine Möglichkeit, das eigene finanzielle Engagement zu entlasten. Wo sie sich engagiert haben, haben Länder den Mitteleinsatz an eigene Zielvorgaben oder Leistungsvoraussetzungen gebunden oder mußten sich den EG-Zielvorgaben anpassen. Ähnliches gilt für die Kommunen und Trägern von Beschäftigungsmaßnahmen, die in der Regel durch Länder und Gemeinden refinanziert werden. Unterschiedliche Zielvorgaben behindern aber eine einheitliche Arbeitsmarktpolitik. Es kommt zu Reibungen, Verzögerungen, zu unterschiedlichen Einzelentwicklungen, zu neuen Ungleichheiten, auch zu politischen Gegensätzen im konkreten Einzelfall. Objektiv entsteht dadurch ein neuer Zwang oder eine Notwendigkeit zu lokalen und regionalen Abstimmungen der Akteure, tatsächlich wird diese schwieriger.

3.2. Bekämpfung von "Berufsnot" und Jugendarbeitslosigkeit - alles in allem ein positives Beispiel

Unter dem Druck der lokalen Probleme und als Lernprozeß ist es in den letzten Jahren aber vielfach zu Formen einer produktiven Zusammenarbeit gekommen. Dabei hat vor allem der Mangel an Ausbildungsplätzen und die Jugendarbeitslosigkeit eine Rolle gespielt. Hier waren meistens zuerst institutionelle Einseitigkeiten zu bewegen und abgestimmte, kombinierte Angebote zustande zu bringen. In relativ kurzer Zeit wurde "Arbeiten und Lernen" ein Angebotstyp, in dem der Hauptschulabschluß nachgeholt und gleichzeitig bezahlte Arbeit geleistet werden konnte. Dabei kam es auch zu pädagogisch interessanten inhaltlichen Erfahrungen und Entwicklungen. Wegen der Umkehr von Angebots- und Nachfrageüberhängen am Ausbildungsmarkt tritt dieser mobilisierende Sachverhalt jetzt in den Hintergrund; andere soziale Problem- und Zielgruppen bestimmen die Szene, die meist nicht die gleiche Zugwirkung auf Kooperation und Verständigung am Arbeitsmarkt hin zu erzeugen vermögen: Langzeitarbeitslose, Berufsrückkehrerinnen, Ausländer, Menschen mit gesundheitlichen Einschränkungen zum Beispiel. Es geht also darum, Ansätze für einen lokalen Handlungskonsens zu erhalten, zu befestigen, auch neu zu organisieren.

3.3. Organisiation der Kooperation: Bedarf es neuer Gremien?

Schwierigkeiten treten nun bei der Frage auf, wie solche Organisationsformen am zweckmäßigsten hergestellt werden. In den letzten Jahren geschah dies regelmäßig durch sogenannte Arbeitsmarktkonferenzen, meist unter Vorsitz der Bürgermeister oder Oberbürgermeister. Dabei wurden alle lokalen oder regionalen Akteure am Arbeitsmarkt zusammengebeten, die über Zuständigkeit und Ressourcen verfügten.

Erweiterungen durch Regionalkonferenzen unterschiedlichen Zuschnitts waren ebenfalls zu beobachten. Gleichzeitig entstanden aber auch andere lokale und regionale Gremien, die anderen Abstimmungs- und Kooperationsbedarf zu befriedigen hatten, vor allem in den strukturschwachen Regionen. Der Grundsatz, den vor Ort vorhandenen Sachverstand und die örtlichen Interessen zu mobilisieren, zu bündeln und zur Antriebskraft für den ökonomischen, ökologischen und sozialen Umbau einer Region zu machen, wurde zum Schlüssel für Landesprogramme wie die "Zukunftsinitiative Montanregion (ZIM)" in Nordrhein-Westfalen, das anschließende Programm "Zukunftsinitiative NRW (ZIN)". Es gab vielfältige und zum Teil in dichter Reihenfolge tagende Ausbildungsplatzkonferenzen, regionale Qualifizierungskonferenzen und vieles mehr.

Kommunalparlamente, Planungsräte oder auch Verwaltungsausschüsse der Arbeitsämter, die ja die Arbeitnehmer, Arbeitgeber und die öffentlichen Hände der Arbeitsmarktregionen repräsentieren, mußten erleben, daß sich neben ihnen und vor ihnen Dinge entwickelten, die sie oft nur nachvollziehen konnten, und die Verwaltungen mußten von einer Veranstaltung in die andere ziehen und zusehen, wie andere über Zuständigkeiten befanden oder zu befinden versuchten, die ihnen zukamen. Zu Recht ist in diesem Zusammenhang auch vor einem inszenierten Korporalismus gewarnt worden, der neue soziale Prozesse nicht wirklich aufnehmen und verarbeiten kann. Er würde bestenfalls steril bleiben.

Es bedarf keiner neuen Gremien, um Innovationen auszulösen, wenn die gleichen Personen nur in wechselnder Zusammensetzung zusammenkommen, solange jede oder jeder Beteiligte entsprechende Ideen, Vorhaben oder Kooperationsanstöße in die Gremien einbringt, in denen sie oder er sitzen.

Dabei spielten dann auch zunehmend sachfremde Aktivitäten eine Rolle, die der öffentlichen Selbstdarstellung dienten und am Ende über die realen Zuständigkeiten und Leistungen ein undeutliches oder sogar falsches Bild zeichneten. "Runde Tische" versammeln dann oft nicht nur guten Willen, Kompetenz, Sachverstand und reale Möglichkeiten, sie übersehen auch notwendige Balancen von Interessen und Zuständigkeiten, die in den befestigten Institutionen beachtet und verfaßt sind.

Vor allem gibt es eine Tendenz (bei der Vielzahl von Beteiligten), die Gewerkschaften nicht ausreichend zu repräsentieren. Dies geschieht dann ausgerechnet in dem Bereich, nämlich in der Struktur- und Regionalpolitik, in dem Gewerkschaften es ohnehin besonders schwer haben, die Interessen der Arbeitnehmerschaft wirksam zu vertreten.

Hinter der Bereitschaft zur Beteiligung von nichtstaatlichen Stellen stehen weiterhin handfeste politische und gesellschaftliche Interessen: Wird auf dem Wege von geregelter Zusammenarbeit ein neues System von Strukturräten geschaffen oder zumindest vorbereitet? Strukturräte geben ja keinen Sinn, wenn sie keine geregelten Zuständigkeiten haben, wenn sie zusätzliche Konstrukte wären, fünftes Rad am Wagen gewissermaßen. Sie sind politisch umstritten. Daher muß auch eine Entscheidung über sie politisch ausgetragen werden. Eine solche Auseinandersetzung müßte mit einer Reform von beteiligten Gremien verbunden sein.

Auch andere Fragen stellen sich: Wird der notwendige Erfolg einer zuständigen Institution durch andere "enteignet" und damit die Arbeit dieser Institution infrage gestellt? Werden Aufgaben von Selbstverwaltungsgremien noch weiter ausgezehrt und sind am Ende dann Verwaltungen gegenüber ihren Selbstverwaltungsorganen noch weiter gestärkt als bisher schon? Solche Fragen und Bedenklichkeiten sind nicht gering zu schätzen. Sie werden um so bestimmter gestellt, wenn etwa neue Koordinierungsstellen als Büros, wie die geplanten "Regionalsekretariate" in den Regionen von Nordrhein-Westfalen, entstehen sollen, deren Aufgabe die Unterstützung von regionaler Zusammenarbeit in der Beschäftigungspolitik ist, für die aber Arbeitsämter und ihre Selbstverwaltungen bereits eine Zuständigkeit haben und diese auch ausüben.

Die Erfahrung zeigt dabei, daß zu einer erfolgreichen Koordinierungsrolle nur solche Institutionen fähig sind, die selber über nennenswerte finanzielle Ressourcen zur Durchsetzung ihrer Politikzuständigkeit verfügen und dafür eine Legitimation durch Zuständigkeit und über Gremien haben, die ihr Handeln kontrollieren und steuern.

Es kommt darauf an, die bisher entwickelten Ansätze lokaler und regionaler Kooperation nicht in absehbaren Kompetenzproblemen sich zerspleißen zu lassen. Daher sollte die Inflation von Kooperationsgremien ebenso vermieden werden, wie das Entstehen und Befestigen neuer Schein-Verwaltungen, die nicht in authentische Zuständigkeit eingebunden sind. "Über Parteien in der Luft steht niemand. Zwischen den Kämpfern lauft ihr Narren umher, sichere Opfer der Schlacht" (Adolf Glaßbrenner).

4. Lokale Arbeitsmarkt- und Beschäftigungspolitik zwischen Sozialpolitik und Wirtschaftspolitik

Kommunale Arbeitsmarktpolitik ist unter den Bedingungen hoher und dauerhafter Arbeitslosigkeit einerseits und einer prosperierenden Wirtschaft andererseits vor allem Sozialpolitik.

Sie muß sich um jene kümmern, die die üblicherweise geforderten Standards an fachlicher und außerfachlicher Qualifikation nicht erreichen oder noch nicht erreichen und dauerhaft arbeitslos sind oder immer wieder arbeitslos werden. Solche Standards sind allerdings beweglich, sie hängen auch von gegebenen Knappheitsverhältnissen am Arbeitsmarkt ab. Das ist bei anhaltender Arbeitskräftenachfrage 1988/89 in Nordrhein-Westfalen ebenso deutlich geworden, wie dies schon vorher in süddeutschen Bezirken zu beobachten war.

Die starke Prägung der kommunalen Arbeitsmarktpolitik als Sozialpolitik zeigt, wie schwierig tatsächlich eine Verknüpfung solcher Strategien mit Konzepten der kommunalen Wirtschaftspolitik ist. Schon die Verknüpfung mit Qualifizierung ist nicht einfach, allerdings ist sie unverzichtbar. Dabei darf es allerdings auch nicht zu einer Überbewertung von Wirtschaftspolitik kommen, als sei diese nachgerade ausschließlich auf reine high-tech-Branchen konzentriert. Sie muß sicherlich auf alle Branchen bezogen werden, auch auf die traditionellen und die Dienstleistungsbranchen und wird auch von Umschichtungs- und Umstiegsprozessen begleitet sein, in denen einfachere Arbeitsplätze durch diejenigen, die auf anspruchsvollere wechseln können, freigemacht werden und im Idealfall von neu eingestellten Leistungsschwächeren wieder besetzt werden.

Bei der Verknüpfung mit der Wirtschaftspolitik zeigen sich auch andere

Begrenzungen. So sind trotz des in Nordrhein-Westfalen besonders eindrucksvollen Angebots von spezieller Beratung bei Beschäftigungsinitiativen (Gemeinnützige Gesellschaft zur Information und Beratung örtlicher Beschäftigungsinitiativen und Selbsthilfegruppen mbH - GIB -, sowie zusätzlicher Beratungsstellen in den Montanregionen) oder der bundesweiten Aktivitäten des Vereins zur Förderung kultureller und beruflicher Bildung von Jugendlichen und jungen Erwachsenen e.V. (bbj-consult Berlin) nur begrenzt Erfolge in der Öffnung und Erschließung neuer Beschäftigungsfelder sichtbar geworden.

Die Hypothese: "Es gibt genug Arbeit" reicht nicht aus und ist in ihrer Einfachheit auch falsch. Arbeitsmöglichkeiten, deren Ergebnisse am Markt verkauft werden können, sind rar. Arbeitsmöglichkeiten, die auf Dauer öffentlicher Subventionen bedürfen oder für die die öffentlichen Hände in der Regel die einzigen Käufer und Weiterverteiler sind, stoßen auf die finanziellen Probleme der Kommunen. Das ist auch häufige Ursache für das Steckenbleiben mancher interessanter Dienstleistungs- oder Ökologieprojekte, die nach gelungener Anlauffinanzierung - vor allem durch ABM - keine Fortsetzung fanden, weil eine Dauerfinanzierung nicht möglich wurde. Diese Erfahrung erstickt manches interessante Projekt, bevor es überhaupt in die Welt kommt und sich beweisen kann.

5. Zukunftsperspektiven trotz beschränkter Handlungsspielräume

Lokale Beschäftigungspolitik hat erwartungsgemäß die Misere einer globalen Beschäftigungs- und Arbeitsmarktpolitik nicht beheben können, indem sie sie gewissermaßen vom Kopf auf die Füße gestellt hätte. Das konnte auch nicht erwartet werden. Sie hat jedoch Möglichkeiten und Zusammenhänge von Sozial-, Qualifizierungs-, Wirtschafts- und Beschäftigungspolitik erkennbar gemacht und zum Teil auch nutzen können. Sie ist auch noch nicht an ihren Grenzen. Allerdings hat sie auch noch keine optimalen Ausformungen gefunden. Diese gilt es, im Versuch weiterzuentwickeln.

Beiträge zu einem ökologischen Umbau des Wirtschaftens in den Regionen sind nur punktuell geleistet worden. Ob sie über den Rahmen einzelner Projekte hinaus prägend und stilbildend wirken können, muß ebenfalls offenbleiben, sollte aber eher skeptisch beurteilt werden. Eine Chance dürfte nach wie vor in der Verbesserung sozialer Dienstleistungen lie gen, die allerdings von der finanziellen Ausstattung der Kommunen, der Träger und Verbände bestimmt wird. Aber auch vor einen solchen möglichen Erfolg ist die notwendige Qualifizierung gesetzt.

Autor

Olaf Sund. Diplom-Volkswirt. Von 1977 bis 1981 Senator für Arbeit und Soziales in Berlin. 1982 Präsident des Landesarbeitsamtes in Nordrhein-Westfalen in Düsseldorf.

4. Kommunale Ebene und lokale Politikforschung in der DDR

Helmut Melzer

Lokale Politikforschung in der DDR zwischen Zentralismus und kommunaler Selbstverwaltung

1. Zur Situation der lokalen Politikforschung in der DDR zu Anfang des Jahres 1990

In der DDR waren die politischen Verhältnisse jahrzehntelang von der Führung und der Herrschaft einer Partei bestimmt, die sich zunehmend schärfer ausprägten. Die SED nahm für sich in Anspruch, ihre Politik nach einer wissenschaftlichen Weltanschauung als theoretischer und methodologischer Grundlage des politischen Handelns zu betreiben. Da die Partei sich damit selbst zur Verkörperung höchster Wissenschaftlichkeit und Wahrheit und zu derem einzigen Kriterium erklärte, war kein Platz für eine unabhängige Wissenschaft von der Politik. Politologie war bereits als Begriff suspekt und wurde entschieden und bis in jüngste Zeit behindert, soweit es sich um die Politik im eigenen und den anderen damals sozialistischen Ländern des Ostens handelte. Sie wurde als Ausnahmefall und nur insoweit zugelassen, als sie sich mit den politischen Systemen der westlichen Welt und dies vorwiegend kritisch und somit ideologie- und systemkonform befaßte. Der damit vorgegebene und gewollte Niedergang wissenschaftlichen Politikdenkens unter der Ägide eines dogmatischen Marxismus förderte zugleich in den politischen Einzelwissenschaften, vor allem auch in der Rechtswissenschaft, deren positivistisch-etatistische Orientierung. Bediente man sich in früheren Jahren noch der Sozialwissenschaft für Konsultation und Politikberatung, wurde sie später immer mehr an den Rand politischer Entscheidungen und politischen Geschehens gedrängt. Notwendige Folge dieser Vorgänge war eine jahrzehntelange Abgrenzung vom wissenschaftlichen Politikdenken in den Ländern des Westens gerade in den Jahrzehnten, in denen sich in den USA und in Westeuropa ein bedeutender Aufschwung der Politologie und ihre Methodologie vollzog. Heute, in den Monaten seit der Wende, haben wir in der Konsequenz eine völlig neue Politik und geänderte politische Verhältnisse, jedoch keine neue politische Wissenschaft. Auch wenn es hierzulande eine wahre Hausse von Neupolitologen gibt, die entstandenen Rückstände aufzuarbeiten bedarf es Zeit - für eine neue Politologie und in den politischen Einzelwissenschaften.

Angesichts der allgemeinen Situation der Politologie wurden naturgemäß auch die lokalen (kommunalen) und regionalen Felder der Politik aus politologischer Sicht kaum bearbeitet. Versuche, von den Einzelwissenschaften her, so von der Verfassungs- und Verwaltungsrechtswissenschaft, von der Städtebauwissenschaft, der politischen Geographie oder in jüngster Zeit von der Soziologie her in diese Lücken hineinzugehen, erwiesen sich unter den gegebenen politischen Verhältnissen als wenig erfolgreich. Hinzu kam, daß unter dem alten bürokratisch-zentralistischen System mit seiner "einheitlichen zentralen Leitung und Planung" auf diesen Feldern eigenständige Politik kaum stattfinden konnte, sondern politisches Handeln und Verwalten weitgehend auf bloße Durchführung zentraler Weisungen einer "Partei- und Staatsführung" beschränkt waren. Soweit ein eigenverantwortliches Handeln der politischen Institute im regionalen oder lokalen Bereich, die im übrigen ja nach den gleichen Grundmustern wie die zentralen funktionierten, überhaupt möglich war, so war es vorwiegend darauf gerichtet, die schlimmsten Auswirkungen dieser zentralistischen Leitung und Planung im unmittelbaren Lebensbereich der Menschen zu begrenzen und in geringem Maße auch auszugleichen. Besonders negativ wirkte sich hier weiterhin aus, daß eine komplexe Erforschung dieser Politikfelder aus synthetischer Sicht aller beteiligten Einzelwissenschaften, etwa im Sinne einer Urbanistik, nicht zustandekam, da wiederum diese Einzelwissenschaften von den zentralen Politikressorts abhängig waren und deren heterogenen Interessen zu folgen hatten. Durch die jahrzehntelange Behinderung soziologischer Forschung und die Tatsache, daß diese sich bei ihrem Entstehen vor allem der Betriebs- und Arbeitssoziologie zuwandte und die Felder der territorialen und der Verwaltungsforschung zunächst unbearbeitet ließ, fehlten für solche komplexen Forschungen wesentliche Komponenten. Was blieb, war auch auf diesen Feldern eine notwendig fragmentarisch bleibende einzelwissenschaftliche Forschung, die gerade die Kernpunkte lokaler Politik umgehen mußte, die allesamt mit dem Mechanismus verbunden waren, über den die führende Partei und deren Bündnispartner bis in jede Stadt und jedes Dorf die Macht ausübten. Es mag deshalb hoffnungsvoll stimmen, daß sich Fachspezialisten verschiedener Disziplinen bald nach der Wende zusammenfanden und gemeinsam begannen, Forschungsresultate auszutauschen und die Arbeit zu koordinieren. So fanden sich, koordiniert von P. Marcuse (Politologe), F. Staufenbiel (Stadtsoziologe) und H. Wollmann (Politologe), Städtebauwissenschaftler (H. Hunger u. a.), Soziologen (K. Lüders u.a.), Kommunalrechtler (H. Melzer u.a.) und Vertreter anderer Einzeldisziplinen in einem Arbeitskreis zusammen, der auf einem Symposium im Mai 1990 erste Ergebnisse bei der Vorbereitung eines gemeinsamen Buches "Aufbruch der Städte" der Öffentlichkeit vorstellte. Auf einem gemeinsamen Symposium zur Wiedereinführung der kommunalen Selbstverwaltung in der DDR fanden sich bereits Anfang Mai Vertreter verschiedener Wissenschaftsdisziplinen aus der DDR und der BRD mit Vertretern der kommunalen Praxis und der kommunalen Spitzenverbände zur gemeinsamen Beratung zusammen, um die anstehenden Gesetzgebungsarbeiten zu besprechen, die für das inzwischen ergangene Gesetz über die Selbstverwaltung der Gemeinden und Landkreise in der DDR (Kommunalverfassung) vom 17. Mai 1990[1] zu leisten waren[2]. Mögen diese Beispiele genügen, um zu belegen, wie die Wissenschaft in der DDR nach der Wende auch kommunalwissenschaftlich und kommunalpolitisch neue Ufer ansteuert und somit realer Boden dafür entsteht, fußend auf Erfahrungen und Erkenntnissen der lokalen Politikforschung in der BRD und anderen westlichen Ländern, dieses Feld der Politikforschung neu zu erschließen. Ein neues lokales politisches System wird sich jedoch erst nach und nach mit der Einführung der kommunalen Selbstverwaltung und um diese herausbilden und stabilisieren. Deshalb wird sich lokale Politikforschung in der DDR zunächst vor allem als kommunalpolitische Forschung entwickeln.

2. Das Schicksal kommunalpolitischer Forschung in über 40 Jahren DDR

Wie der Geschichte der Kommunalpolitik selbst, ähnelt rückblickend auch die Geschichte der kommunalpolitischen Forschung in der DDR über die letzten Jahrzehnte einem wellenförmigen Auf und Ab mit wenigen Höhepunkten und langen, jahrzehntelangen Talsohlen.

2.1. Die ersten Nachkriegsjahre

In den ersten Nachkriegsjahren könnte man aus der Sicht ihrer späteren Misere fast von einer Sternstunde der Kommunalpolitik sprechen, wäre diese nicht in den vom Kriege schwer gezeichneten Städte und Gemeinden eine wahre Sisyphusarbeit für die damals angetretene Generation von Kommunalpolitikern gewesen. Denn damals waren gerade die Kommunen das erste und Hauptfeld für Neubeginn und Neuaufbau. In diesen ersten Nachkriegsjahren erwies sich auch

---

1) Gesetz über die Selbstverwaltung der Gemeinden und Landkreise in der DDR (Kommunalverfassung) vom 17.Mai 1990, Gesetzblatt der DDR I, S. 255 ff.
2) Die Referate sowie eine Übersicht über die Diskussion auf diesem Symposium sind abgedruckt in F.-L. Knemeyer, 1990

hierzulande die kreative Kraft kommunaler Selbstverwaltung, um das Leben wieder in Gang zu bringen und erste Schritte zu einer neuen antifaschistischen und demokratischen Gesellschaft zu gehen. Da zu dieser Zeit einfachste Daseinsvorsorge im Vordergrund stand und deutsche staatliche Autoritäten noch nahezu fehlten, kam es zu einer weitgehenden Kommunalisierung in Verwaltung, Wirtschaft und im gesamten Sozialbereich, weit über kommunale Funktionen im eigentlichen Sinne hinaus.

Die demokratische Gemeindeverfassung von 1946 (vgl. F.-L. Knemeyer, 1990, S. 99 ff) war das erste Verfassungsdokument beim Aufbau eines neuen Staates. Sie war noch ganz vom Geist der deutschen kommunalen Selbstverwaltungstradition getragen. Sie fixierte demokratische Strukturen in Politik und Verwaltung sowie ein funktional weitgestecktes Wirkungsfeld kommunaler Selbstverwaltung. Obwohl diese demokratische Gemeindeverfassung von 1946 - nach Bildung von Ländern und Annahme von Landesverfassungen 1947 in demokratische Gemeindeordnung umbenannt - formell in Gestalt eines Befehls der damaligen sowjetischen Militärverwaltung (SMAD) erging, war sie doch von sozialdemokratischen, kommunistischen und liberalen Kommunalpolitikern aus der Zeit der Weimarer Republik ausgearbeitet worden. Sie hätte in dieser Tradition stehend, ihrem Inhalt nach eine durchaus tragfähige Grundlage für ein konsensfähiges gemeinsames Handeln aller demokratischen und antifaschistischen Kräfte sein können, um vom Wiederaufbau der vom Krieg verwüsteten Städte und Gemeinden aus über kommunale Selbstverwaltung einen demokratischen Neuaufbau des gesamten Landes in Gang zu bringen. Doch das Abbrechen dieser Tradition, die sich zumindest verfassungsrechtlich noch bis zur ersten Verfassung der DDR von 1949 fortsetzte, durch die dann folgende und fortschreitende Errichtung eines bürokratisch-zentralistischen Regimes unter Führung nur einer Partei zerstörte diese Chance einer auf der Gemeinsamkeit der Demokraten aufbauenden demokratischen Selbst- und Staatsverwaltung.

Aus dieser Zeit kurzer Blüte einer kommunalen Selbstverwaltung haben wir kaum literarische Zeugnisse. Die Wissenschaft hatte sich damals noch nicht neu konstituiert. Universitäten waren gerade wieder eröffnet worden. Auch die Hochschule für Städtebau und Architektur, von vornherein mehr bautechnisch als urbanistisch orientiert, war in Weimar gerade erst im Entstehen. Es fehlten jüngere wissenschaftliche Kräfte. Zudem waren die Kräfte der erfahrenen Kommunalpolitiker von der Erfüllung der drängenden Tagesaufgaben völlig gebunden. Heute, da an diesen Traditionen und Erfahrungen kommunaler Selbstverwaltung anzuknüpfen wäre, die der jüngeren Generation nahezu unbekannt sind, sind diese Lücken schmerzlich fühlbar. So mag heute manchem die Wiedereinführung der kommunalen Selbstverwaltung als im eigenen Lande traditionsloser Import aus den Ländern der BRD erscheinen.

2.2. Politikwissenschaft in den Gründungsjahren der DDR

Auch als in den Jahren 1947/48 staatswissenschaftliche Forschung, vor allem auf verfassungsrechtlichem Gebiet, wieder auflebte und gesetzgeberisch in die erste Verfassung der DDR vom 1949 einmündete, die noch vieles aus der demokratischen Tradition der Weimarer Reichsverfassung bewahrte, waren diese wissenschaftlichen Arbeiten (K. Polak, P. A. Steiniger, K. Schultas u.a.)[3] zu sehr von der Idee der Errichtung eines demokratischen deutschen Einheitsstaates beherrscht, als daß sie dezentralen Strukturen und dem demokratischen Potential der Selbstverwaltung den gebührenden Raum gegeben hätten. In ihnen deutete sich vielmehr die spätere Hinwendung zum sog. "demokratischen Zentralismus" bereits an. Denn zu dieser Zeit setzten sich in der Staatspraxis über den Ausbau der Regierungen der Länder, später verstärkt mit dem Entstehen des zentralen Regierungsapparats der DDR und dem Aufbau des Zentralplanungssystems in Wirtschaft und Finanzwesen bereits zentralistische Tendenzen durch, die in sich selbst verwaltenden Kommunen und anderen Selbstverwaltungsstrukturen in der Wirtschaft, der Landwirtschaft und im Gewerbe, bald auch bereits im Föderalismus der Länder nur Hindernisse für eine angestrebte "Einheit der Macht" und eine entsprechende "einheitliche staatliche Verwaltung" sahen. Parallel zum Verfall der kommunalen Selbstverwaltung und zum Abbau ihrer Funktionen, zum Aufgehen des kommunalen Vermögens im sog. "einheitlichen Volkseigentum" und zur Verwandlung der kommunalen Haushalte in eine untergeordnete Rubrik des sog. "einheitlichen Staatshaushalts" sowie zum Abbau föderativer Länderstrukturen, verlor auch die junge, gerade entstehende Staatswissenschaft der DDR schon früh das Interesse an der kommunalen und damit der lokalpolitischen Thematik.

---

3) Hier ist vor allem auf Arbeiten für den damaligen Verfassungsausschuß des Deutschen Volkes aus den Jahren 1947/48 zu verweisen (vgl. K. Polak 1968a; ders. 1968b; ders. 1968c; P.A. Steininger 1948; K. Schultes, 1947). Ferner ist die von Steininger später unter politischem Druck aus den Bibliotheken zurückgezogene Arbeit "Das Blocksystem" anzuführen, in der er den Versuch einer antifaschistisch-demokratischen Staatskonstruktion jenseits der sog. Diktatur des Proletariats unternahm. Aus dem politischen Bereich ist zu verweisen auf O. Grotewohl, 1947.

2.3. Zentralismus contra Demokratie - Wissenschaft und Praxis

In den Mittelpunkt der Aufmerksamkeit der an der politischen Thematik interessierten Wissenschafter trat - es mag dahingestellt bleiben, ob aus wissenschaftlichem Interesse oder aus Gründen bloßer Apologetik - der Zentralisierungsprozeß in Staatsaufbau und Verwaltung und insbesondere das sog. Prinzip des demokratischen Zentralismus mit seinen verschiedenartigen staatsstrukturellen und funktionalen Wirkungen und Konsequenzen. Bekanntlich sprach Jahre später die noch bis in jüngste Zeit gültige DDR-Verfassung[4] in ihrem Artikel 47 dann sogar von der "Souveränität des werktätigen Volkes, verwirklicht auf der Grundage des demokratischen Zentralismus" als dem tragenden Prinzip des Staatsaufbaus der DDR und ordnete damit auch verfassungsrechtlich die Demokratie dem Zentralismus völlig ein und unter. Sie markierte mit diesem Artikel einen Höhepunkt dieses die Demokratie negierenden Zentralisierungsprozesses, zu dem auch die Wissenschaft durch ihre Apologie zunehmend beigetragen hat. Heute ist allgemein bekannt, daß sich hinter der Formel vom demokratischen Zentralismus als dem verfassungsrechtlichen Mäntelchen nichts anderes als der immer weitere Ausbau der Allgewalt der selbsternannten "Partei- und Staatsführung" und deren bürokratischer Herrschaftsstrukturen verbarg. Wenn man jedoch aus heutiger Sicht die Widerspiegelung dieser Vorgänge in den Veröffentlichungen der Wissenschaft zum Zentralisierungsprozeß in Politik, Staatsaufbau und der Verwaltung objektiv beurteilen will, sollte man nicht übersehen, daß sich in ihnen bereits seit den fünfziger Jahren ein Richtungskampf abspielte zwischen denjenigen Arbeiten und Autoren, die eine einfache Apologie der Zentralisierung oder bloße Norminterpretation der darauf gerichteten Gesetze oder anderer Rechtsvorschriften betrieben und jenen anderen, die um eine demokratische Interpretation und Fundierung des Zentralismus bemüht waren. Da der Begriff des demokratischen Zentralismus selbst den Widerspruch zwischen Demokratie und Zentralismus (der Leitung) in sich enthielt, war es auch möglich, sich je nach wissenschaftlichem Standort der einen oder anderen Seite zuzuneigen. Die erstere Richtung dominierte vor allem in den aufeinanderfolgenden Ausgaben der Hochschullehrbücher zum Staatsrecht (vgl. Staatsrecht der DDR, 1977) und zum Verwaltungsrecht (vgl. Verwaltungsrecht der DDR, 1988) der DDR. Analoges findet sich in der Wirtschaftswissenschaft jener Jahre in den Lehrbüchern zur politischen Ökonomie des Sozialismus und zum Planungssystem. Hierher gehören auch monographische Arbeiten zum demokratischen Zentralismus (vgl. z.B. R. Rost 1959; W. Becher et al.,

---

4) Verfassung der DDR vom 6. April 1968. Zuletzt gültig in der Fassung des Gesetzes zur

1970), zur führenden Rolle der SED im Staat (vgl. z.B. R. Rost 1961), zum Leitungssystem der DDR in der Staats- und Rechtswissenschaft und zum Neuen Ökonomischen System der Planung und Leitung oder einfach zum ökonomischen System der DDR in der Wirtschaftswissenschaft und deren Einzeldisziplinen aus den sechziger und siebziger Jahren. Auch die in dieser Zeit veröffentlichten Lehrbücher und Monographien zur Territorialökonomie behandelten aus der Sicht der zentralen Kommandowirtschaft die territoriale und lokale Problematik fast nur als ein Standortproblem der zentralgeleiteten Großbetriebe.

Der zweiten Gruppe sollte man in der Staats- und Rechtswissenschaft solche Arbeiten und Autoren zuzählen, die - ohne die Zentralisierung insgesamt in Frage zu stellen, denn solche Arbeiten wären von keinem Verlag, keiner Redaktion angenommen worden - sich darum bemühten, im Interesse des Status der gewählten Volksvertretungen und ihrer Abgeordneten oder auch zur Sicherung des Verfassungsstatus der Städte und Gemeinden und der Verteidigung der Bürgerrechte den schlimmsten Auswirkungen der bürokratischen Zentralisierung entgegenzuwirken. Signifikant waren dafür schon in den frühen fünfziger Jahren und bis in die sechziger Arbeiten des damals bedeutendsten Staatswissenschaftlers der DDR, Karl Polak, der sich für Demokratisierung der Verwaltung einsetzte und in der Gesetzgebungsarbeit dafür eintrat, den Status der Volksvertretungen in den Städten, Gemeinden und Kreisen gegenüber der Zentralgewalt und den regionalen Autoritäten zu stärken und festzuschreiben[5]. Die demokratisch orientierte Grundtendenz dieser Richtung wurde später von einigen seiner Schüler fortgesetzt, die im Bereich der lokalen Politikforschung mit Arbeiten zu den örtlichen Vertretungsorganen, ihren Funktionen und ihrer Kompetenz[6] und zu den Funktionen und dem Status der Städte auftraten. Es läßt sich jedoch nicht verkennen, daß auch die aus dieser Schule stammenden und für Vertretungs- wie unmittelbare Demokratie eintretenden Arbeiten letztlich ebenfalls dem herrschenden Regime als Alibi dienen konnten, da sie nicht offen und eindeutig gegen die Auswirkungen der führenden Rolle der Partei im Staat und dessen bürokratisch-zentralistische Entwicklung und gegen die stalinistischen Praktiken Front machten. Erst in den siebziger und achtziger Jahren wagten es einige aus der politischen Praxis kommende Autoren, sich mit in der BRD erschienenen Büchern offen mit der SED-Herrschaft generell auseinanderzusetzen. Sie wurden dafür gemaßregelt (Henrich) oder ausgebürgert (Bahro). Auf dem Gebiet der lokalen Politikforschung ist diese Abrechnung bisher

---

Ergänzung und Änderung der Verfassung der DDR vom 7. Oktober 1974.
5) das aus heutiger Sicht widersprüchliche Werk Polaks fand seinen wohl wichtigsten Ausdruck in seinem zusammenfassenden Buch Polak 1963.
6) Nur beispielhaft wäre hierzu auf die noch ganz im Sinne der Rätedemokratie verfaßte

kaum erfolgt und bei einigen wenigen Autoren heute direkt mit der positiven Orientierung auf die Einführung kommunaler Selbstverwaltung verbunden. In den Wirtschaftswissenschaften traten kritische Autoren bereits Mitte der fünfziger Jahre mit Forderungen auf, die sich gegen überspitzte Planwirtschaft wandten und für mehr marktorientiertes Wirtschaften einsetzten. Sie wurden damals von der SED-Führung hart gerügt, ausgegrenzt und mußten (Behrens, Benary u.a.) in der Wissenschaft den Platz für regimetreuere Personen frei machen.

2.4. Rezeption sowjetischen Staatsrechts

Eine spezifische Rolle beim Abbruch der kommunalpolitischen Tradition der Geburtsjahre der DDR spielte in Wissenschaft und Gesetzgebung die Rezeption der Grundkategorien des sowjetischen Staatsrechts. Diese waren in jenen Jahren noch vollständig von der sog. Stalinschen Verfassung der UdSSR von 1936 und deren Interpretation durch Wyschinski und anderen sowjetische Theoretiker der Stalinära geprägt. Neben dem Konzept des demokratischen Zentralismus und der sog. doppelten Unterstellung der örtlichen Exekutiv- und Verwaltungsorgane unter die übergeordneten war es besonders die Kategorie der "örtlichen Organe der Staatsmacht und -verwaltung", die lange Zeit und in gewisser Hinsicht mit Wirkungen bis heute einem demokratischen kommunalpolitischen Denken im Wege stand[7]. Dieser im deutschen Verfassungsrecht traditionslose Begriff tauchte zuerst mit der Gesetzgebung vom Sommer 1952 (dem sog. Gesetz über die weitere Demokratisierung des Aufbaus und der Arbeitsweise der staatlichen Organe in den Ländern der DDR vom 23.7.1952, Gesetzblatt S. 613 und den auf ihm fußenden Ordnungen für die Staatsorgane in den Städten und Stadtbezirken, den Bezirken und Kreisen) auf, die im Grunde direkt sowjetische Regelungen in die Gesetzessprache der DDR übernahm und wirkt bis in die zumindest in Teilen noch geltende Verfassung (Abschnitt III, Kapitel 4) und in das noch bis zum Mai 1990 geltende Gesetz über die örtlichen Volksvertretungen in der DDR vom 4.7.1985. Mit Hilfe dieses Begriffes des "Örtlichen", der nach alter russischer Staatstradition alles das unterschiedslos meint, das unterhalb der Zentrale (bzw. der Unionsrepublikzentrale) existiert, wurde in das Staatsrecht der DDR eine zentralistische Hierarchie eingebaut, die von der Zentralverwaltung über die Bezirke und Kreise bis in die Städte und Gemeinden reicht. Deren kommunale Strukturen erschienen in dieser Sicht als das unterste und am wenigsten bedeutsame Glied dieser Hierarchie, als das Objekt der über ihnen tätigen "höheren" Instanzen und Interessen. Ein Verfassungsrechtler der BRD würde das wohl als eine Form anstaltlicher Verwaltung

---

Arbeit von W. Weidelt et al., 1970 verwiesen. Ferner auf W. Weidelt und H. Melzer

der Städte und Gemeinden bezeichnen. Und in der Tat wurden die Kommunen so politisch und rechtlich zu jederzeit verfügbaren und manipulierbaren Staatsanstalten umgewandelt.

2.5. Auf und Ab "sozialistischer Kommunalpolitik"

Mitte der sechziger Jahre begann sich nach und nach auch für die Wissenschaft eine neue Situation herauszubilden. Mit der Kollektivierung der Landwirtschaft und der späteren Umwandlung kleinerer Privat- und Handwerksunternehmen in staatliche Betriebe war das von der Sowjetunion übernommene Grundmodell sozialistischer Umgestaltung im Grunde ausgelaufen. Politisch waren die von einer Diktatur des Proletariats angeblich zu unterdrückenden "Ausbeuterklassen" verschwunden. Alle Bürger waren "Werktätige", die an der Demokratie Anteil haben sollten. Nun hätte nach der von der Partei aufgestellten Theorie die nunmehr "entwickelte sozialistische Gesellschaft" durch höhere Produkivität, zivilisatorische Leistungskraft und demokratischen Humanismus ihre Überlegenheit über den Kapitalismus unter Beweis stellen müssen. Stattdessen mehrten sich Anzeichen von Stagnation und Krise, vor allem im Sozialbereich. Die Unzufriedenheit der Bürger wuchs. Das damals regierende Ulbrichtregime sah unter diesen Bedingungen neben der Zunahme der Repressivgewalt des Staates, Mauerbau und Sperrzonen für die Bürger einen bestimmten Ausweg auch in der Zulassung einer begrenzten Form von Kommunalpolitik. Es kam zu entsprechenden Beschlußerklärungen der SED und des Staatsrates der DDR und in die zweite Verfassung der DDR vom April 1968 wurde ein Abschnitt über die Bürger und ihre Gemeinschaften aufgenommen, der in den Artikeln 41 und 43 auch Bestimmungen über die Städte und Gemeinden als eigenverantwortliche Gemeinschaften ihrer Bürger und zumindest verbal Aussagen über einen relativ weitgefaßten funktionalen Rahmen dieser Eigenverantwortung enthielt. Der Möglichkeit, diese Verfassungsartikel im Sinne einer Wiederherstellung kommunaler Selbstverwaltung auszulegen, wozu die Kategorie der Eigenverantwortung ja direkt einlud, wurde jedoch in der Verfassung sofort Grenzen gesetzt, indem diese Eigenverantwortung nur im Rahmen "der zentralen staatlichen Leitung und Planung" (nicht der Gesetze, wie dies zum Wesen der Selbstverwaltung gehört) Geltung haben sollte. Damit war volle Verantwortlichkeit nach oben und jederzeitiges Eingriffsrecht der Zentrale gesichert und der Rahmen eigenverantwortlichen kommunalen Handelns hing davon ab, wie eng oder weiter er von der Zentrale und der regionalen Verwaltung gezogen wurde. Noch unter Vor-

---

1978; H. Melzer und H.-J. Warliczek 1985.
7) Vgl. dazu aus heutiger Sicht diese Kategorien kritisch wertend Melzer 1990a.

sitz von Ulbricht hatte der Staatsrat einen Beschluß "über sozialistische Kommunalpolitik" und gleichzeitig einen Beschluß über die "Förderung einer komplexen, interdisziplinären Stadt- bzw. Kommunalforschung" gefaßt. Doch diese Entscheidungen kamen durch den kurze Zeit später erfolgten Machtantritt der Honeckergruppe nicht mehr zum Tragen. Sie ermöglichten jedoch, wenn auch nur kurzzeitig, einige wissenschaftliche Arbeiten und Veranstaltungen, in denen der Versuch unternommen wurde, die genannten Verfassungsartikel 41 und 43 im Sinne stärkerer kommunaler Rechte zu interpretieren. Dazu gehörten neben einigen Aufsätzen zu "sozialistischer Kommunalpolitik" (Zeitschrift "Staat und Recht") und zum "gesellschaftspolitischen Status der Städte" (in Publikationen der Städtebauwissenschaft) insbesondere eine von der damaligen "Akademie für Staats- und Rechtswissenschaft" in Potsdam-Babelsberg veranstaltete wissenschaftliche Konferenz, deren Hauptinhalt in einem Sammelband ("Gesellschaftliche Funktion der Stadt und Aufgaben der Stadtverordnetenversammlung", Bd. 1 und 2, Berlin 1969) veröffentlicht wurde. Auch wenn diese Bemühungen aus heutiger Sicht eine differenzierte Bewertung erforderten, war ihnen das Anliegen gemeinsam, der kommunalen (lokalen) Sphäre im politischen System und im politischen Leben jener Jahre einen würdigeren Platz zu verschaffen.

Für das Regime Honeckers war dagegen die Kommunalpolitik stets ohne größeres Interesse. Es versuchte eine Stabilisierung des angeschlagenen Systems, das in der Bevölkerung immer weniger Rückhalt fand, neben einer maßlosen Aufblähung des Sicherheitsapparates vor allem über die Realisierung gesamtstaatlicher Sozialprogramme, über die Privilegierung bestimmter Schichten und über die Veranstaltung monströser Manifestationen, was insgesamt die Wirtschaftskraft des Landes bei weitem überschritt und letztlich die Krise des Systems nur vertiefte. Signifikant für diesen einer Kommunalpolitik feindlichen Kurs war neben der Aufhebung o.g. Beschlüsse des Staatsrates die Abschaffung des Städte- und Gemeindetages und der Zeitschrift "Stadt und Gemeinde", der letzten Zeitschrift zu kommunalen Themen, wenn diese Zeitschrift in ihrer letzten Zeit auch nur noch der Selbstdarstellung des Regimes in der Auslandspropaganda gedient hatte. Nicht zuletzt wurde in der von Honecker vorgenommenen Novellierung der Verfassung der DDR am 7.10.1974 in derem neugefaßten Artikel 9, der alle Bereiche des gesellschaftlichen Lebens beherrschende Status der zentralen Leitung und Planung noch stärker garantiert, neben der regionale und lokale Autoritäten nur noch als Beiwerk und die Bürger, die "Werktätigen" nur noch als Träger von "Initiativen" zur Umsetzung zentraler Weisungen erschienen.

Erst als in der Mitte der siebziger und zu Beginn der achtziger Jahre die Misere der Städte und Gemeinden - trotz und teilweise auch wegen des großen Wohnungsbauprogramms mit seinen Schlafstädten am Rande der Großstädte und dem Verfall der Zentren und Altgebiete und der Masse der mittleren und kleineren Städte - die Schmerzgrenze überschritt und die zentrale Planwirtschaft sich außerstande sah, auch nur das Minimum an kommunaler Daseinsvorsorge, Infrastruktur, Werterhaltung und Reparatur der Bausubstanz zu garantieren, besann man sich wieder einmal auf die von der Verfassung verkündete Eigenverantwortung der Städte und Gemeinden. Es war ja recht bequem, die durch verfehlte Politik von Partei und Regierung entstandenen Probleme der Städte und vieler Gemeinden unter Verweis auf deren Eigenverantwortung, auf deren Vertretungs- und Verwaltungsorgane abzuwälzen. Am restriktiven Charakter der zentralen Leitung änderte sich nichts. Den "örtlichen Organen" wurde zwar Verantwortung, aber keine finanziellen und materiellen Fonds zugewiesen. Die unter dem Einfluß der Wissenschaft in der Gesetzgebung über die örtlichen Volksvertretungen von 1973 wie von 1985 festgeschriebenen Vorbehaltsrechte der örtlichen Vertretungsorgane (ausschließliche Kompetenz) wurden von der übergeordneten Staatsadministration weiter mißachtet und der Vorsitzende des Ministerrates der DDR erließ sogar Anweisung, daß die geringen Finanzmittel, über die ausschließlich die Vertretungsorgane der Städte und Gemeinden nach dem Gesetz zu verfügen hatten (Volksvertreterfonds) auch noch zur Finanzierung von Jugend- oder Sporttreffen wie des Berliner Stadtjubiläums heranzuziehen waren.

2.6. Ersatzlösungen und Reformbestrebungen

Da der auch von einer Reihe von Staatswissenschaftlern unternommene Versuch, über die Gesetzgebung Auswirkungen der bürokratischen Zentralisierung Grenzen zu setzen, an den sich über jedes, auch das eigene Gesetz hinwegsetzenden Praktiken der Partei- und Staatsführung scheiterte, entstand seit den siebziger Jahren eine neue Art kommunalpolitischer Aktivität, die auch von der Wissenschaft intensiv gefördert wurde. Man bezeichnete sie vor allem mit den Schlagworten "territoriale Rationalisierung" oder "territoriale Gemeinschaftsarbeit". Ihr Sinn bestand, wie dies ein erfahrener Oberbürgermeister einmal kommentierte, darin, Kommunalpolitik nicht mit eigenen Mitteln (die die Stadt nicht hatte) sondern mit fremden zu betreiben. Man erschloß dabei in breitem Umfang die Kooperationseffekte der Zusammenarbeit benachbarter Gemeinden und Städte in Gemeinde- und Zweckverbände, vor allem aber die Möglichkeiten von größeren und kleineren Betrieben und Einrichtungen für die Lösung kommunaler Aufgaben. Da die Direktoren der Betriebe mit dem Niedergang der territorialen Reproduktionsbedingungen in ihrem Betrieb die Auswirkungen des kommunalen Desasters sehr unmittelbar zu spüren bekamen, nutzten sie die Lücken und bürokratischen Nischen des planwirtschaftlichen Systems aus, um Geld, materielle Fonds und Arbeitskräfte zur Unterstützung der Kommunen territorial einsetzbar zu machen. Im Gegenzug förderten wiederum vor allem die Verwaltungsorgane in den Stadt- und Landkreisen die territoriale Kooperation benachbarter Betriebe, um den mit der Planwirtschaft verbundenen Lücken und Problemen in den Produktionsabläufen in gegenseitiger Hilfe mit Konstruktions- und anderen Kapazitäten, durch Austausch von Fachkräften, Materialien oder Maschinen und durch gemeinsame Einrichtungen und Anlagen leichter zu begegnen. Da diese von der Praxis hervorgebrachten Formen der Zusammenarbeit, die auch in zahlreichen wissenschaftlichen Arbeiten gefördert und propagiert wurden, jedoch immer nur Notlösungen in der allgemeinen Misere des Zentralwirtschaftssystems und seiner bürokratischen Regierung blieben, war auch der literarische Ertrag in der Staats- und Wirtschaftswissenschaft entsprechend begrenzt. Er beschränkte sich vor allem auf die Kommentierung entsprechender Rechtsvorschriften und praktischer Erfahrungen und auf Aufsätze und Broschüren, die einzelne bewährte Formen der kommunalpolitischen Praxis verallgemeinerten[8]. Der von einzelnen Autoren unternommene Versuch, unter Verweis auf diese Erfahrungen und belegt durch Rechtsvergleich mit anderen Ländern die Notwendigkeit einer komplexen Leitung und Planung in den Territorien zu begründen, führte zwar zur Aufnahme derartiger Forderungen in zentrale Beschlüsse und Gesetze, änderte jedoch nichts an den Realitäten der kommunalen Praxis. Einige Wissenschaftler vor allem der Akademie der Wissenschaften wandten sich deshalb in den letzten Jahren vor dem November 1989 mit analytischen Materialien und Studien direkt an die Partei- und Staatsführung und begründeten und forderten darin grundsätzliche Veränderungen der Staats-, Wirtschafts-, Sozial- und auch der Kommunalpolitik. Das Schicksal solcher und anderer in der Öffentlichkeit kaum publik gewordener Reformbestrebungen ist bekannt. Erst die Volksbewegung auf den Straßen und Plätzen der großen Städte des Landes, wie in Berlin, Leipzig oder in Dresden, erzwang die Wende. Viele der von Wissenschaftlern vorgedachten Ideen zu Veränderung und Reform wurden mit ihr zur Wirklichkeit. Zugleich jedoch läßt der reale Gang der Ereignisse seit der friedlichen Revolution in den Monaten der Wende mit ihrer breiten Entfaltung der Bürgerbewegung und der unmittelbaren Demokratie über die Bildung neuer, durch Wahlen legitimierter staatlicher wie kommunaler Autoritäten bis zu dem über Währungs-, Wirtschafts- und Sozialunion immer schneller vor sich gehenden Einigungsprozeß, das bisher Erreichte zunehmend nur als ein Vorübergehendes und Provisorisches erscheinen.

---

8) Hier sei auf die in jenen jahren vom Staatsverlag der DDR (Berlin) besorgten Broschüren "der sozialistische Staat- Theorie, Leitung und Planung" sowie zur "Sozialistischen Kommunalpolitik" verwiesen. Zu erwähnen ist auch der von S. Petzold (Hrsg.) besorgte

3. Möglichkeiten lokalpolitischer Forschungen heute

In den politischen und sozialökonomischen Veränderungen im Lande selbst und dem Einigunsprozeß der beiden deutschen Staaten liegt objektiv auch die Chance für eine neue unabhängige Politologie, auch eine lokale Politikforschung. Der ohne gewaltsame Erschütterungen, gleichsam "sanft" vollzogene Veränderungsprozeß mit seinen neuen politischen Bewegungen und Institutionen, deren anstehende Ablösung durch aus Wahlen hervorgegangenen und in Wahlen legitimierten parlamentarisch-demokratischen Institutionen und deren rechtliche und institutionelle Angleichung an das politische System der Bundesrepublik im deutschen Einigungsprozeß stellt für die politische Wissenschaft neben allem Engagement von Wissenschaft und Wissenschaftlern in diesen politischen Prozessen selbst ein ungeheures historisches empirisches Material dar, das wissenschaftlicher Bearbeitung und Verallgemeinerung harrt. Dies schließt auch die im Zuge der Verwaltungsreform und der Wiedereinführung der kommunalen Selbstverwaltung sich verändernden lokalen politischen Verhältnisse in sich ein (vgl. H. Melzer 1990b). Eine diesen Prozeß begleitende politikwissenschaftliche Forschung, die im schnellen Fluß der Ereignisse Fakten, aber auch Motive und Handlungen und deren reale Ergebnisse festmacht und versucht, verallgemeinernd die gemachten Erfahrungen wissenschaftlich aufzuarbeiten, wäre sicher nicht nur national im deutschen Einigungsprozeß gesehen eine interessante Aufgabe der Politologie. Sie könnte am Modellfall der DDR sicher auch Nützliches für jene analogen Prozesse in den anderen, früher sozialistischen Ländern erforschen, was für den begonnenen europäischen Einigungsprozeß von Interesse sein könnte. Aber natürlich hängt eine solche neue politikwissenschaftliche Forschung in erster Linie von dem heute mehr als ungewissen Schicksal der Sozialwissenschaft, darunter auch der politischen Wissenschaft in der DDR selbst ab.

Betrachtet man die Möglichkeiten der lokalen Politikforschung näher, so ergibt sich vor allem, daß die mit der Verwaltungsreform bevorstehende Neubildung der Länder und die Einführung der kommunalen Selbstverwaltung eigene, relativ selbständige Politikfelder entstehen lassen, die wissenschaftlicher Forschung bedürfen. Gesetzgebung und Verwaltung sind bestrebt, die frühere Überzentralisation Schritt um Schritt abzubauen und der Forderung, "soviel Selbstverwaltung wie möglich und nur soviel staatliche Einwirkung wie unbedingt nötig" Geltung zu verschaffen. Vor allem jene Angelegenheiten, die die Bürger und ihre kommunalen Gemeinschaften in eigener Verantwortung selbst zu regeln und zu entscheiden vermögen, sollten nicht länger Aufgabe einer zentralistischen staatlichen Verwaltung sein. In diese Richtung gehen heute auf dem Wege der Politikberatung und der direkten Mitarbeit in politischen Beratungs- und Entscheidungsgremien von der Wissenschaft - der Staatswissenschaft, der Soziologie, der Geographie, der Städtebau- und Architekturwissenschaft u.a. - Empfehlungen und Vorschläge aus. So wurde insbesondere die Gesetzgebungsarbeit zur Einführung der kommunalen Selbstverwaltung und zur Länderbildung von der Wissenschaft (Staatswissenschaft, Soziologie, politischer Geographie u.a.) sehr unterstützt. Heute arbeiten Wissenschaftler verschiedener Universitäten und Hochschulen in den künftigen Ländern sehr aktiv an der Vorbereitung der Konstituierung ihres Landes und der Vorbereitung neuer demokratischer Landesverfassungen mit. Dabei befinden sich viele engagierte Wissenschaftler heute fast in der Lage jener Kommunalpolitiker der Nachkriegszeit, von denen eingangs die Rede war: wegen der Arbeit in Politik und Gesetzgebung kommen sie kaum zum Schreiben und Publizieren. Wie weit es gelingt, beides miteinander zu verbinden, sowohl am politischen Prozeß teilzunehmen als auch zugleich die gemachten Erfahrungen wissenschaftlich zu verarbeiten, wird die Zukunft lehren. Vieles wird jedoch auch davon abhängen, wie sich vor allem junge Wissenschaftler aus der DDR in die deutsche Politikwissenschaft integieren und wie diese die neuentstehende Politologie in der DDR in ihre Reihen aufnimmt und fördert.

Literatur

Becher, W./Luft, H./Schulze, G., 1970: Lenin und der demokratische Zentralismus unseres Staates, Berlin
Grotewohl, O., 1947: Deutsche verfassungspläne, Berlin
Knemeyer, F.-L. (Hrsg.), 1990: Aufbau kommunaler Selbstverwaltung in der DDR, Baden-Baden
Melzer, H., 1990a: Staatsreform und Kommunalverfassung, in: Für eine neue Verfassung und reale Bürgerrechts, Berlin, S. 64 ff
Melzer, H., 1990b: Die Verwaltungsreform in der DDR. Probleme und Diskussionen, in: Deutsches Verwaltungsblatt und Verwaltungsarchiv 8/1990, S. 404 ff
Melzer, H./Warliczek, H.-J., 1985: Örtliche Volksvertretungen und territoriale Entwicklung, Berlin
Polak, K., 1963: Zur Dialektik in der Staatslehre, Berlin
Polak, K., 1968a: Die Weimarer Verfassung - ihre Errungenschaften und Mängel, in: K. Polak: Reden und Aufsätze, Berlin
Polak, K., 1968b: Volk und Verfassung, in: K. Polak: Reden und Aufsätze, Berlin
Polak, K., 1968c: Das Verfassungsproblem in der geschichtlichen Entwicklung Deutschlands, in: K. Polak: Reden und Aufsätze, Berlin
Rost, R., 1959: Der demokratische Zentralismus unseres Staates, Berlin
Rost, R., 1961: Die führende Rolle der Partei im sozialistischen Staat, Berlin
Schultes, K., 1947: Der Aufbau der Länderverfassung in der Sowjetischen Besatzungszone Deutschlands, Berlin
Staatsrecht der DDR, 1977: Lehrbuch, Berlin (1. Auflage 1977)

Steininger, P.A., 1948: Hat das deutsche Volk ein Recht auf Selbstbestimmung seiner Verfassung? (hrsg. vom Kongreß-Verlag im Auftrag des Verfassungsausschusses des Deutschen Volkes), Berlin
Verwaltungsrecht der DDR, 1988: Lehrbuch, Berlin (2., überarbeitete Auflage 1988)
Weidelt, W./Melzer, H., 1978: Die örtlichen Organe der Staatsmacht, Berlin
Weidelt, W./Melzer, H./Warliczek, H.-J., 1970: Lenins Lehre von den Sowjets und die Volksvertretungen in der DDR, Berlin

Autor

Dr. Helmut Melzer, Institut für Staat und Recht der Akademie der Wissenschaften der DRR, Otto-Nuske-Str. 11, Berlin

Klaus Lüders

Zur sozialpolitischen Funktion der kommunalen Ebene in der DDR

Die Aufabe, die sozialpolitische Funktion der kommunalen Ebene in der DDR vor dem November 1989 darzustellen, stößt auf zwei gravierende Schwierigkeiten:

Erstens war die *kommunale Ebene* im Gesellschafts- und Staatssystem der DDR wohl diejenige Ebene, der zwar die meisten Lasten aufgebürdet wurden, die aber über die geringsten eigenen Gestaltungs- und Entscheidungsmöglichkeiten verfügte; sie hatte die größte Zahl von Ebenen und Machtorganen über sich und war noch dazu in ihrem Wohl und Wehe weitgehend von den ortsansässigen Kombinaten und Betrieben abhängig.

Die *zweite* Schwierigkeit besteht darin, daß *Sozialpolitik* in hohem Maße etwas anderes war, als das, was der Bürger der Bundesrepublik unter diesem Begriff kennt - sie war vollinhaltlich eingeordnet in ein System von Staats- und Parteipolitik, das sich von den vorgegebenen Zielen einer sozialistischen Entwicklung im Interesse der "Werktätigen" immer mehr löste und zur bloßen Existenzsicherung eines überlebten Herrschaftssystems verkam.

1. Die lokale Ebene im Rahmen einer zentralistischen Sozialpolitik

Das zentralistische, von der SED geführte Herrschaftssystem hatte die Rolle der Kommune eindeutig festgelegt. Die kommunale Selbstverwaltung, die nach 1945 durchaus auch im Osten Deutschlands wieder im Entstehen war, wurde bereits zu Beginn der 50er Jahre in Zusammenhang mit dem Übergang zum forcierten Aufbau des Sozialimus und der Beseitigung der Länder rigoros abgeschafft. Statt dessen regulierte nunmehr die "führende Rolle der Partei" und das Prinzip des "demokratischen Zentralismus" die Einordnung der Kommunen in das Herrschaftssystem. Die "örtlichen Organe" verfügten trotz aller schönen Worte in Wahrheit über keine Eigenständigkeit und Eigenverantwortung, sondern waren nichts anderes als die letzten Verästelungen der zentralen Staatsmacht (siehe dazu den Beitrag von Melzer in diesem Band). Dies fand ihren Niederschlag in der Haushalts-, Finanz- und Planungspolitik.

- So etwa dadurch, daß im Rahmen der Brutto- Haushaltsführung so gut wie sämtliche am Ort erwirtschafteten Mittel in den zentralen Staatshaushalt eingingen und erst nachträglich wieder auf die gesellschaftlichen Bereiche und die Territorien verteilt wurden, noch dazu mit enger Zweckbindung. Über eigene Einnahmen verfügten die Kommunen nur in minimalem Umfang.

- Oder dadurch, daß im Rahmen des Staatsplansystems auch Betriebe von örtlicher Bedeutung weitestgehend dem Einfluß der Kommunen entzogen waren (z.B. wurden selbst örtliche Baubetriebe zu Leistungen in der Hauptstadt Berlin verpflichtet, während dringendster Bau- und Reparaturbedarf in deren Heimatort nicht befriedigt werden konnte).

Dies alles bestimmte natürlich auch den Inhalt und die Organisation der Sozialpolitik auf der Ebene der Kommunen. Es war eine *zentralistische* Sozialpolitik; alle "sozialpolitischen Maßnahmen" wurden auf höchster Ebene festgelegt und quasi als Gottesgeschenk über die Untertanen ausgegossen. Die Funktion der Kommunen ging dabei in den Augen der Bürger immer mehr verloren, ebenso wie der Zusammenhang zur eigenen Leistung.

Es blieb kaum Platz für eine eigene sozialpolitische Rolle der Kommunen, im Gegenteil: Der geringe noch verbleibende sozialpolitische Spielraum wurde den *Kombinaten und Betrieben* reserviert, die gewissermaßen zum ausführenden Organ der zentralistischen Sozialpolitik wurden. Eine Vielzahl von - durchaus im Interesse der Menschen liegenden - sozialen Leistungen wurde in den Betrieben und über die Betriebe abgewickelt: Kindergärten und Polikliniken, Kulturhäuser und Kinderferienlager, Urlaubsreisen und Sporteinrichtungen, Vergünstigungen für junge Mütter und Altenbetreuung, Einkaufsmöglichkeiten für Mangelwaren und Berufsverkehr. Kurz: der Reduzierung der sozialen Funktion der Kommunen stand eine Aufblähung der sozialen Funktion der Betriebe gegenüber.

Im Rahmen dieser betrieblichen Sozialpolitik wurden beträchtliche Mittel aufgewandt; insgesamt pro Jahr etwa 6 Milliarden Mark aus dem sog. Kultur- und Sozialfonds. Einen Eindruck vom Umfang dieser sozialen Dienste der Betriebe sollen folgende Angaben über aufgewandte Mittel der Betriebe und Einrichtungen vermitteln (nach Angaben des DDR-Gewerkschaftsbundes FDGB): Pro Jahr wurden ca. verausgabt für

- Ferien- und Erholungswesen der Betriebe	50 Mill.
- Kinderbetreuung (Subventionen für Betriebskindergärten, Betriebsferienlager usw.)	600 Mill.
- Betriebsgesundheitswesen	300 Mill.

- kulturelle Leistungen (Kulturhäuser, Klubs,
  Laienkunst usw.) 560 Mill.
- Sport 300 Mill.

Heute beeilen sich viele Betriebsleitungen, von diesen sozialen Leistungen so viele wie möglich so rasch wie möglich unter Hinweis auf die Marktwirtschaft - deren Attribut "sozial" sie dann gern weglassen - abzubauen. Dabei wird verschwiegen, daß betriebliche Sozialleistungen auch in der kapitalistischen Bundesrepubikl gang und gäbe sind, oft sogar in einem noch unvergleichlich höheren Maße. Die Kommunen der Noch-DDR waren dabei oft nicht genügend in der Lage, diesem Abbau entgegenzuwirken oder ihn durch kommunale Leistungen auszugleichen. Das wirkte sich nicht nur für arbeitslos gewordene Betriebsangehörige verhängnisvoll aus, die natürlich ihr Recht auf die betrieblichen Sozialleistungen verloren, sondern auch für die Bürger im Territorium, die bisher in gewissem Maße an den Sozialleistungen der Betriebe teilhatten (z.b. an Kulturhäusern, Jugendklubs, den Betriebspolikliniken und an der Altenbetreuung).

Welche Struktur, welche Organisationsformen hatte nun in der DDR Sozialpolitik auf der örtlichen Ebene?

Kommunale Organe und Einrichtungen der Sozialpolitik: Träger der kommunalen Sozialpolitik im engeren Sinne waren die Räte der örtlichen Volksvertretungen, also die Räte der Bezirke, kreisfreien Städte, Stadtbezirke, kreisangehörigen Städte und Gemeinden. Innerhalb der Räte hatten verschiedene Aufgabenbereiche sozialpolitische Aufgaben zu erfüllen. Insbesondere waren das:

- Die *Abteilungen Gesundheit- und Sozialwesen*; ihnen unterstanden auf der Ebene des jeweiligen Rates das (staatliche) stationäre und ambulante Gesundheitswesen (z.B. die Bezirkskrankenhäuser den Abt. Gesundheits- und Sozialwesen des Rate des Bezirks), die (staatlichen) Feierabend- und Pflegeheime.

- Die *Abteilungen Volksbildung*; ihnen unterstanden die (staatlichen) Kindergärten - die Kinderkrippen waren dem Gesundheitswesen zugeordnet - und die Jugendhilfe/Heimerziehung.

- Die *Abteilungen Inneres*, die sich mit der Wiedereingliederung Straffälliger, mit kriminell Gefährdeten, Asozialen usw. zu beschäftigen hatten.

- Die *Abteilungen Wohnungspolitik*, die sich mit den verschiedenen Gebieten des Wohnungswesens - von der Wohnraumlenkung bis zur Aufsicht über die kommunalen Wohnungsverwaltungen (KWV) zu befassen hatten.

Auf den angegebenen Gebieten der Sozialpolitik auf kommunaler Ebene bestand ein starkes Übergewicht der staatlichen sozialen Einrichtungen und Leistungen. Es herrschte gewissermaßen ein umgekehrtes Subsidiaritätsprinzip: andere, nichtstaatliche Träger von Sozialpolitik konnten *ergänzend* tätig werden, um den Staat zu entlasten! Trotzdem darf man die Bedeutung nichtstaatlicher Sozialpolitik auf der lokalen Ebene keinesfalls unterschätzen, zumal ihr Gewicht im Rahmen des gegenwärtig stattfindenden Systemswechsels zweifellos enorm zunehmen muß und zunehmen wird.

Unter den nichtstaatlichen Trägern von Sozialpolitik auf lokaler Ebene sind aus qualitativen und quantitativen Gründen zuerst die *Kirchen* zu nennen. Diakonie und Caritas haben in den 40 Jahren DDR nie aufgehört, eine Sozialarbeit von hoher Bedeutung zu leisten - trotz beschränkter Mittel, trotz fehlender Förderung durch den Staat. Neben der alltäglichen caritativen Arbeit in den Gemeinden, an denen sich Tausende beteiligten - allein im Bereich der katholischen Kirche bestanden im Jahr 1988 461 Caritashelfergruppen mit 5.489 Helferinnen und Helfern - sind an kirchlichen Sozialeinrichtungen zu nenen (vgl. G. Winkler, 1990, S. 311 ff): Krankenhäuser, Kindergärten, Kinderhorte, Kinderheime, Wohnheime für Jugendliche, Erholungs- und Kurheime, Alters- und Altenpflegeheime, Einrichtungen für Behinderte (dabei besonders für Schwer- und Mehrfachbehinderte).

Ein weiterer wichtiger Träger von Sozialpolitik auf lokaler Ebene ist die *"Volkssolidarität"*, die sich als gesellschaftliche Organisation unter dem Motto "Tätig sein - Geselligkeit - Fürsorge" vor allem um die älteren Bürger bemüht. Sie verfügte 1989 über 942 Klubs und Treffpunkte. In ca. 15.000 Ortsgruppen bestehen über 7.000 Zirkel, Chöre und Interessengemeinschaften. Zu ihren wichtigsten Leistungen für ältere Bürger gehört die (staatlich gestützte) Hauswirtschaftspflege (1989 in einem Umfang von 32,6 Millionen Stunden) und die (vom Staat und den Betrieben unterstützte) Mittagessenversorgung (1989 ca. 21.400 Teilnehmer; vgl. G. Winkler, 1990, S. 347). Die finanzielle Absicherung dieser Leistungen ist heute im hohen Maße gefährdet.

Auch andere gesellschaftliche Organisationen waren in gewissem Maße an der Erfüllung sozialpolitischer Funktionen auf lokaler Ebene beteiligt:

- Das Deutsche Rote Kreuz der DDR (DRK), das eng mit dem (staatlichen) Gesundheitswesen zusammenarbeitete;

- gesellschaftliche Organisationen, die vor allem für ihre Mitgliedschaft bzw. die entsprechenden sozial-demografischen Gruppen soziale Kontakte in der Freizeit organisierten, wie Freie Deutsche Jugend (FDJ), Demokratischer Frauenbund (DFD), die Sportgemeinschaften u.a.

2. Bisherige sozialpolitische Sicherungsleistungen in der DDR

Es ist hier nicht der Platz, eine allumfassende Bilanz der Sozialpolitik der bisherigen DDR zu ziehen. Zu den Eckpunkten einer solchen Bilanz würde sicher folgendes gehören:

- In der DDR herrschte vor dem November 1989 in hohem Maße soziale Sicherheit für alle, wenn auch für bestimmte soziale Gruppen auf einem relativ niedrigen Niveau.

- Zu dieser sozialen Sicherheit gehörte vor allem die Sicherheit des Arbeitsplatzes. Das Recht und die Pflicht zur Arbeit für alle konnte in Anbetracht des herrschenden Arbeitskräftemangels (der sich nun allerdings als ein vom bürokratisch-zentralistischen Wirtschaftssystem hervorgerufener Scheinmangel herausstellte) ohne Schwierigkeiten garantiert werden. Wichtiger Aspekt dieser Sicherheit des Arbeitsplatzes war die Arbeitsplatzgarantie für junge Mütter, für Behinderte und die Einbindung sozial und kriminell Gefährdeter in den Arbeitsprozeß.

- Das Recht auf Wohnraum war - bis auf junge Familien und junge Alleinstehende - im großen und ganzen gewährleistet. Der umfangreiche Wohnungsbau hatte zu einem nominell hohen Bestand an Wohnunge geführt (ca. 7,05 Mill. Wohnungen bei ca. ca. 6,6 - 6,7 Millionen Haushalten; vgl. G. Winkler, 1990, 157), der sich jedoch zu einem großenTeil in schlechtem Zustand befindet und/oder schlecht ausgestattet ist. Sozialverträgliche Mieten waren infole der hohen Subventionierung kein Thema, aber vernachlässigte Reparaturen, hohe Baufälligkeit usw. bringen enorme Zukunftslasten, die auch starke Mietsteigerungen erwarten lassen.

- Ein großer Vorzug der DDR-Sozialpolitik war die Förderung der Familie, der Frauen, der Kinder und Jugendlichen. Natürlich kann kein Zweifel daran bestehen, daß die Motive dafür vor allem in der Förderung der Frauenerwerbstätigkeit (49,9 % der Berufstätigen waren am 30.9.1989 Frauen; vgl. G. Winkler, 1990, S. 78) und in der Förderung der Geburtenhäufigkeit lagen, aber selbstverständlich läge eine Bewahrung dieser Förderungen zugleich im Interesse der Betroffenen selbst.

- Es gab andere soziale bzw. demografische Gruppen, die sich bei weitem nicht der gleichen Förderung erfreuen konnten: Die Rentner konnten lediglich über ein Einkommen verfügen, das zwischen 330,- M (Mindestrente) und 470,- M (ohne "Freiwillige Zusatzrente") lag; die Durchschnittsrente ohne "Freiwillige Zusatzrente" betrug im Jahre 1988 375,99 M. Das sind 38,6 % der durchschnittlichen Nettolöhne und -gehälter (vgl. G. Winkler, 1990, S. 335 f). Zu den Gruppen, die nur eine geringe soziale

Betreuung und Förderung erhielten, zählten im übrigen auch die Behinderten - deutlich gesagt: es waren all diejenigen Gruppen, von denen sich die Führung keinen ökonomischen Effekt versprach - was nicht gerade ein Zeichen für einen besonderen sozialen Charakter dieses Herrschaftssystems war (die einzige bemerkenswerte Förderung der Behinderten war die Sicherung ihres Arbeitsplatzes!)

3. Künftige Anforderungen an eine lokale Sozialpolitik

Aus dieser skizzenhaften Darstellung werden bereits die sozialpolitischen Probleme deutlich, vor denen heute und in der nächsten Zukunft die kommunale Ebene steht. Zu den wichtigsten dieser Probleme sind die folgenden zu zählen:

1. Die sozialpolitische Funktion der kommunalen Ebene steht und fällt mit der Einführung und Festigung der *kommunalen Selbstverwaltung*. Nur mit ihrer Hilfe ist der soziale Funktionsverlust der Kommunen, ihr Defizit als soziale Gemeinschaften zu überwinden. Die Wege dazu sind durch die Kommunalwahlen vom 6. Mai 1990, durch die Kommunalverfassung vom 17. Mai 1990 und die Bildung der Länder geebnet. Was noch weitgehend aussteht, ist die Sicherung einer stabilen finanziellen Grundlage für die kommunale Selbstverwaltung und der allmähliche Übergang zu einem wachsenden Anteil der Eigenfinanzierung, zu der die Kommunen in die Lage versetzt werden müssen.

2. Ein wesentlicher Bestandteil von Sozialpolitik auf der lokalen Ebene muß und wird die *kommunale Sozialpolitik* selbst sein, d.h. die Sozialpolitik, die im Rahmen kommunaler Selbstverwaltung von kommunalen Trägern und kommunalen Einrichtungen praktiziert wird. Das setzt voraus, daß

a) die sozialpolitische Kompetenz und deren finanzielle Absicherung zwischen Bund, Ländern und Kommunen verfassungs- und sozialrechtlich klar geregelt ist, und zwar im Interesse der Bürger,

b) in den Kommunen eine komplexe soziale Kommunalpolitik entwickelt wird, die solche, für die Lebensbedingungen der Bürger wesentlichen Bereiche zusammenfaßt wie kommunale Arbeitsmarkt- und Beschäftigungspolitik, kommunale Wohnungspolitik und kommunale Sozialarbeit und

c) zur langfristigen Sicherung der Lebenbedingungen der Bürger eine komplexe kommunale Sozialplanung geschaffen wird.

3. In den Kommunen muß eine Sozialarbeit entwickelt werden, in der eine den Bürgern dienende sozialpolitische Zusammenarbeit zwischen *öffentlichen* Trägern und deren sozialen Einrichtungen, den *freien* Trägern

und deren Einrichtungen und *Selbsthilfegruppen* gesichert ist. Unter den Bedingungen der Kommunen der bisherigen DDR bedeutet das, eine Form der Verwirklichung des Subsidiaritätsprinzips zu finden, die

a) die Betriebe nicht unkontrolliert aus ihrer bisherigen sozialen Verantwortung entläßt, sondern sie sinnvoll nach Maßgabe ihrer Möglichkeiten in die Sozialpolitik am Ort einbindet,

b) der freien Wohlfahrtspflege die notwendigen Bedingungen für ihre Tätigkeit schafft (das betrifft sowohl solche Träger, die bereits bisher in der DDR tätig waren, wie die Kirchen, die Volkssolidarität, das DRK, als auch sich neu in den Kommunen etablierende Träger wie Arbeiterwohlfahrt, Deutscher Paritätischer Wohlfahrtsverband, Zentralwohlfahrtstelle der Juden in Deutschland) und

c) den Selbsthilfegruppen die gebührende Unterstützung zukommen läßt.

4. Die Bürger in der Kommune dürfen nicht lediglich Objekt von Sozialpolitik sein. Sie sollten selbst darauf achten, daß eine *Sozialarbeit demokratischen Charakters* entsteht, sowohl in der kommunalen Sozialarbeit als auch in der Sozialarbeit der freien Träger und in der Tätigkeit der Selbsthilfegruppen. Die jüngste Vergangenheit in der DDR hat gezeigt, daß der Wunsch nach Selbstbestimmung und Demokratie auch in 40 Jahren Herrschaft eines autoritären Regimes nicht verschüttet werden konnte. Das sollte eine gute Basis für eine demokratische Sozialpolitik auf der lokalen Ebene sein.

Literatur

Winkler, G. (Hrsg.), 1990: Sozialreport '90 - Daten und Fakten zur sozialen Lage in der DDR, Berlin

Autor

Prof. Dr. Klaus Lüders, Institut für Soziologie und Sozialpolitik der Akademie der wissenschaften der DDR, Otto-Nuske-Str. 11, Berlin

5. Zu Perspektiven städtischer Entwicklung

Dietrich Thränhardt

Die "eine Welt" und die Kommunen.
Die Universalisierung von Wirtschaft und Gesellschaft als Herausforderung lokalen Handelns

1. Ökonomische Weltintegration und räumliche Hierarchisierung

Die "eine Welt", seit der Antike von universalistischen Philosophen erdacht und im Zweiten Weltkrieg von Roosevelt als friedensstiftendes Prinzip proklamiert, wird heute immer mehr zur wirtschaftlichen, sozialen, kulturellen und politischen Realität. Aufgrund verbesserter und entscheidend kostengünstiger gewordenen Verkehrsverbindungen und der schrittweisen Öffnung der Märkte der wichtigen Industrieländer zeigen sich immer stärkere Tendenzen zu einer integrierten Weltwirtschaft, in die sich auch die staatssozialistischen Systeme inzwischen schrittweise einfügen - bei Strafe ihres Untergangs als konkurrenzfähige Mächte und Gesellschaften. Eine immer größere Zahl von Produkten wird einheitlich für den gesamten Weltmarkt hergestellt. Dadurch ergeben sich bedeutende Kostenvorteile bei Produktentwicklung und -herstellung, für den Vertrieb und die Bekanntheit des Produkts und seines Herstellers - eine weltweite corporate identity, die sich wiederum durch weltumspannende Reklame optimal vermarkten läßt, etwa bei den Olympischen Spielen. Träger und Promotoren dieser Entwicklung sind Großfirmen, die in steigendem Maße weltweit operieren, gegenüber lokalen Konkurrenten ihre Marktmacht ausspielen können und sie deshalb gerade in den letzten Jahren immer stärker niederkonkurrieren oder aufkaufen. Der offene EG-Markt wird in dieser Hinsicht einen weiteren Meilenstein setzen.

Jedes in einer Gemeinde erzeugte Produkt, jeder Steuern zahlende und Arbeitsplätze sichernde Betrieb muß sich dieser Konkurrenz stellen. Er kann von ihr profitieren, unter ihr leiden oder ihr auch zum Opfer fallen. Den Gemeinden selbst stehen dabei nur beschränkt Einwirkungsmöglichkeiten zur Verfügung, vor allem nicht bei kurzfristigen Schwierigkeiten.

Obwohl es einen "overwhelming scholarly consensus" über die Unwirksamkeit kommunaler Finanzanreize für Investitionsentscheidungen gibt (vgl. Dennis R. Judd, 1988, S. 407, mit weiteren Verweisen), verwenden Kommunen unter dem Eindruck der Konkurrenz gleichwohl einen großen Teil ihrer politischen Energie und ihrer Finanzmittel entsprechend.

Die internationale Wirtschaftsentwicklung fährt über die Bildung immer größerer Unternehmungen und die Zentralisierung der Entscheidung über Produktion und Distribution in immer mehr Bereichen - bei Investitions- und Konsumgütern ebensowie bei Dienstleistungen - zu einer Hierarchisierung zwischen Kommunen und innerhalb von Großstädten. Städte, die Zentralen beherbergen, erreichen Leitfunktionen und eine gehobene Einkommensstruktur, andere verlieren mit den Unternehmenszentralen Selbständigkeit, Entscheidungsfähigkeit und Einfluß, werden zu abhängigen verlängerten Werkbänken.[1]

Unternehmer und Unternehmungen verhalten sich vielfach unterschiedlich einerseits gegenüber Kommunen, in denen sich ihre Zentralen befinden und sie selbst leben und andererseits gegenüber Kommunen, in denen sie nur sekundäre oder tertiäre Produktionsstandorte unterhalten. In ersten Fall sind sie Akteure im sozialen und kulturellen Leben, auch wenn Unternehmer selbst nur noch selten politische Ämter übernehmen. Sie haben ein Bedürfnis nach positiver Selbstdarstellung, insbesondere in den USA wurden im Zusammenhang damit eine Vielzahl von Stiftungen begründet. Wie weit derartige kommunale Sensibilität auch in einer Großstadt noch gehen kann, zeigt das Eingreifen des "Hauses Siemens" in den Streit um die Errichtung des Neubaus der Bayerischen Staatskanzlei in München 1987/88. Um die städtebaulich katastrophale Planung der Bayerischen Staatsregierung mit der Errichtung eines Bürohauses am Residenzgarten abzuwenden, bot Siemens ein Ersatzgrundstück an und zeigte damit mehr kommunale Sensibilität als die Bayerische Staatsregierung. In Kommunen, in denen keine Zentralfunktionen existieren, finden derartige Akte kaum statt.

Die unterschiedliche Verteilung derartiger Generositäten bildet aber nur den Zuckerguß auf der Schichttorte. Wesentlicher ist die räumliche Gliederung in Reichtumsklassen, die sich aus der geographischen Verteilung von Wirtschafts- und Staatsfunktionen ergibt. Geld bleibt da hängen, wo es verwaltet wird. In den Entscheidungszentren ergeben sich mit der Verfügung über die Finanzen auch hohe Einkommens- und Konsumniveaus, die sich wiederum in vollen Gemeindekassen niederschlagen. Wenn die

---

1) "Currently, corporations possess hierarchical forms of organization, bureaucratic modes of decision making, and a complex, functional division of labor, all of which are deployed differentially across space so that separate functions are located inseparate places" (A.

Tendenz zur Zentralisierung der Entscheidungsstrukturen nicht nur einzelne Unternehmen betrifft, sondern staatliche und privatwirtschaftliche Zentralfunktionen systematisch zusammengezogen werden, entstehen scharf ausgeprägte räumliche Disparitäten. In Gesellschaften mit egalitären Normen werden sie nicht als solche ausgedrückt, sondern assoziativ mit positiven oder negativen Wertungen von Städten verbunden.[2]

In vielen Ländern haben sich staatliche und private Großstrukturen in starkem Maße in der jeweiligen Hauptstadt verdichtet. Dies gilt für Tokyo, wohin in den letzten Jahren auch die Unternehmenszentralen verlegt wurden, die bis dahin noch in der Kanto-Region oder im Raum Nagoya zu Hause waren. Die Konzentration vervollkommnet sich auf diese Weise, dies mag auch die Koordination der Großfirmen mit den staatlichen Lenkungseinrichtungen erleichtern. In ähnlicher Weise trifft es für die Zentralfunktionen von Paris und London zu. In den USA hat nach einer Krise in den siebziger Jahren wieder ein ungeheurer Ausbau der beiden eng umgrenzten Bürozonen in Manhattan eingesetzt, von denen aus ein großer Teil der amerikanischen Wirtschaft geführt wird.

In der Bundesrepublik (ebenso wie in der Schweiz) konnte diese hegemoniale Überzentralisierung bisher vermieden werden - vor 1945 war sie in Berlin angelegt. Bis heute arbeiten die Spitzen von Weltfirmen in kleinen Städten wie Wolfsburg oder Vevey, die chemische Industrie hat ihre Sitze an Produktionsstätten wie Frankfurt-Höchst, Ludwigshafen, Leverkusen oder Basel (in Deutschland ist dies ein Ergebnis der alliierten Zerschlagung der IG Farben). Trotzdem bilden sich auch in diesen Ländern verstärkt international bedeutende Geschäftszentren heraus, vor allem Zürich bzw. Frankfurt als Bankenzentren - im einen Falle eingefügt in eine intakte Stadtstruktur, im anderen Falle als monströses "Mainhattan", wo die Konkurrenz der großen Banken in der Höhe ihrer Hochhäuser widergespiegelt wird und die Kommune an der Zerstörung hochwertiger Stadtstrukturen aus dem 19. Jahrhundert aktiv mitgewirkt hat.

Insgesamt haben sich in Deutschland ebenso wie in der Schweiz eine ganze Reihe wichtiger Städte mit erstrangiger Zentralbedeutung erhalten können. Bonn/Köln hat sich zur Hauptstadtregion entwickelt, Frankfurt zur Metropole der Banken und des Linienflugverkehrs, Düsseldorf zum Zentrum der Versicherungen und des Charterverkehrs, Hamburg zum Sitz wichtiger überregionaler Medien. In Stuttgart und München residie-

---

Chandler, 1977).
2) In staatsbürokratischen Systemen wie denen Osteuropas und Chinas sind derartige Abgrenzungen im übrigen noch rigider und schärfer, da die Möglichkeit der Konkurrenz und Innovation von außen und von der Peripherie her entfällt, die in Marktsystemen immer gegeben ist, auch wenn sie in oligopolistischen Strukturen immer schwerer verwirklicht werden kann.

ren die Vorstände der größten Firmen des Landes. Alle diese Großstädte und einige weitere haben zugleich regionale Relevanz, was durch politische und ökonomische Faktoren unterstrichen wird - zu denken ist vor allem an die Landeshauptstädte mit ihren Bürokratien und Landesbanken[3]. In der Schweiz gilt dies in ähnlicher Weise für Zürich (Banken, Flughafen), Basel (Chemie), Bern (Hauptstadt), Genf (internationale Institutionen). Auch dort haben daneben weitere Städte zentrale Bedeutung in anderen Teilbereichen.

Insgesamt hat sich deshalb keine derart starke Hierarchisierung herausgebildet, wie sie in Japan, den USA, Frankreich oder Großbritannien zu beobachten ist.[4] Stärker als in diesen Ländern sind Unternehmen mit Weltbedeutung auch in einer ganzen Reihe von Städten zu Hause und mit deren Wohlergehen durch ihren Standort verbunden. Auch innerhalb der Städte sind die Disparitäten nicht so krass, wie es in den USA zu beobachten ist, wo sich die höchstentwickeltsten Weltfunktionen mit der größten Konzentration organisierten Reichtums in unmittelbarer Nachbarschaft mit stabiler Armut befinden, die bis auf das Niveau der Dritten Welt herunterreicht. Bemerkenswert in dieser Hinsicht ist es, daß die Banken New York 1975 durch organisierten Entzug der Kreditlinien in eine Abhängigkeit gebracht haben, die seitdem kaum mehr Chancen für eine ausgewogene Sozial- und Wirtschaftspolitik läßt. Zusehen ist dies auch optisch an der veränderten Qualität der Stadtsilhouette, der ein "everything goes" für die Kapitalkräftigen zugrundeliegt (vgl. Adrienne Windhoff-Héritier, 1988a und Adrienne Windhoff-Héritier, 1988b).

Bekanntlich hat sich aber auch in der Bundesrepublik in den letzten Jahren ein Wohlstands- und Entwicklungsgefälle herausgebildet, in dem die drei Stadtregionen Frankfurt, Stuttgart und München in besonderer Weise wirtschaftliche Dynamik zeigen. Wie die bayerische Staatsregierung während der Diskussion um die Albrecht-Initiative zum kommunalen Finanzausgleich zu Recht hervorgehoben hat, erstrecken sich diese Wohlstandsbereiche nicht auf ganze Bundesländer, sondern nur auf die genannten Kernregionen. Im Gegensatz dazu bleiben weite Gebieten Bayerns und Hessens strukturschwach, vor allem an der Grenze zur CFSR und DDR. Die wirtschaftliche Dynamik der drei starken Räume beruht vor allem auf der Entwicklungskraft prägender Großunternehmen (einschließlich der

---

3) Zur Diskussion der Pläne zur Neugliederung des Bundesgebietes vor dem Hintergrund der regionalen Schwerpunkte vgl. Dietrich Thränhardt, 1978.
4) Zur Hierarchisierung von Städten vgl. Joe R. Feagin und Michael Peter Smith, 1987, S. 3 ff. Die dort angegebenen Daten scheinen mir allerdings in bezug auf die Gewichtung zwischen den USA und Japan (zugrundeliegen Zahlen von 1984) und zwischen den europäischen Städten noch sehr diskussionswürdig zu sein. Dies betrifft auch die dabei ausgewiesene Ausklammerung des Bankensektors, anscheinend aber auch des Versicherungsbereichs.

Banken und anderer Dienstleistungsbetriebe), die um sich ein Netz kleinerer Zuliefererbetriebe gebildet haben. Im Fall Frankfurt ist darüber hinaus der Flughafen ein zentraler Standortfaktor und zwar in einem breiten Wirkungsbereich vom direkten Arbeitsplatzeffekt bis zur Ansiedlung der Europa- oder Deutschlandzentralen von Weltunternehmen wie Procter & Gamble oder Volvo. Im Fall München ist das staatsinduzierte Wachstum besonders wichtig geworden, das vom Aufbau von Rüstungsbetrieben im Ersten Weltkrieg bis zur Ansammlung von Rüstungs- und Flugzeugbau in der Bundesrepublik reicht. Hier ist es seit der Zeit von Franz Josef Strauß als Verteidigungsminister gelungen, eine derartige Konzentration von Bundesaufträgen und -garantien zu erreichen, daß daraus eine sich selbsttragende Struktur geworden ist.

Die von der Bundesregierung 1989 in der Antwort auf eine Anfrage der SPD-Fraktion veröffentlichten Daten (Bundestags-Drucksache 11/6195) zeigen für die Forschungsausgaben immer noch ein entsprechendes Bild. Danach fließen jeweils etwa 5 % mehr Forschungsausgaben nach Bayern und Baden-Württemberg, als es dem Bevölkerungsanteil entsprechen würde. Andererseits sind die Ausgaben in Nordrhein-Westfalen, Hessen, Rheinland-Pfalz und dem Saarland wesentlich geringer. Die Ausgabenproportionen der Länder bleiben demgegenüber sehr viel näher an den jeweiligen Bevölkerungszahlen orientiert. Dabei gibt Bayern etwas weniger, Nordrhein-Westfalen etwas mehr aus als es seiner Bevölkerungszahl entsprechen würde. Dies wirft ein kritisches Licht auf das von der Bundesregierung angeführte Argument, nach dem standortunabhängige Faktoren hier relevant sind. Interessanterweise zeigt sich die Bundesregierung in ihrer Stellungnahme sehr auskunftsunfreudig und gibt nur wenige Daten bekannt. Ein ähnliches Bild zeigt sich anscheinend für die EG-Ausgaben, hier liegen allerdings keinerlei Daten vor.

Die Einflußmöglichkeiten lokaler und regionaler Wirtschaftsförderung sind gegenüber derartigen Trends relativ gering. Ein interessanter Hinweis in dieser Richtung ist die Tatsache, daß trotz aller Subventionen für Kohle und Stahl auch in Nordrhein-Westfalen die Chemieindustrie sich inzwischen zur wichtigsten Branche entwickelt hat. Einflußmöglichkeiten sind zudem offensichtlich eher in Zeiten dynamischen Wirtschaftswachstums gegeben als in Zeiten vorsichtigen Ausbaus oder stagnierender Entwicklung. In bezug auf Nordrhein-Westfalen, das jahrzehntelang ärmere Bundesländer wie Bayern subventioniert hat, sind für die Vergangenheit drei Unterlassungssünden identifizierbar: zu große Opferbereitschaft für nationale Aufgaben im Vergleich zu Bundesländern wie Bayern, erkennbar vor allem an der Beteiligung des Landes an der Kohle- und Stahlfinanzierung im Unterschied zur Landwirtschafts- und zur sonstigen Industriesubventionierung (Airbus, Rüstungsentwicklung) durch den Bund,

Ansiedlungshemmnisse im Ruhrgebiet aufgrund der blockierenden Bodenpolitik der Kohle- und Stahlindustrie und schließlich die Nichtdurchsetzung einer großräumigen Flughafenpolitik, der zum einen die Eifersucht zwischen Köln und Düsseldorf, zum andern die Rücksichtnahme der Landesregierung auf militärische Erfordernisse bei der abgebrochenen Planung eines Flughafens im Raum nördlich des Ruhrgebiets zugrundeliegt. Dies steht in scharfem Gegensatz zur dynamischen Flughafenpolitik in Frankfurt und München, wo die Eröffnung des neuen Flughafens anscheinend einen neuen Investitionsstoß auslösen wird.

Schon hier kann ein Zwischenresümee gezogen werden. Die Handlungsfähigkeit der Kommunen in industriepolitischer Hinsicht ist offensichtlich begrenzt. Institutionelle Reformen sind demgemäß keine Zaubermittel, schon gar nicht kurzfristig. Eine erfolgreiche Kommunalpolitik ist nicht einfach Folge zielgerichteter Wirtschaftspolitik, sondern muß einer komplexen Vielfalt ökonomischer, sozialer und kultureller Schwerpunkte setzen. Die Vertretung kommunaler Interessen nach außen, die kommunale "Außenpolitik" (Pehle) ist nötiger denn je, sie muß aber auf einer reflektierten und kompetenten Gesamtsicht beruhen. Dabei kann es nicht um "einfache Lösungen" gehen, denn lokale Lebensqualität beruht auf Initiativenreichtum, auf kommunalen Ensembles.

2. Zur Gestalt der Stadtregionen

In allen Industrieländern haben sich rings um die wichtigen Städte suburbane Regionen gebildet, die mit den Zentralstädten einen intensiv verflochtenen und im Inneren hochdifferenzierten Komplex bilden. Diese Agglomerationen dehnen sich immer weiter in die umliegende Landschaft aus, angetrieben von den hohen metropolitanen Grundstückskosten und dem Wunsch, natürliche und unbelastete Lebensbedingungen mit der Zentralität der Metropolen zu verbinden. Nach den kommunalen Gebietsreformen wachsen in der Bundesrepublik die Gebiete außerhalb der neukonzipierten Großstädte am schnellsten. In den USA entsteht jenseits von "suburbia" inzwischen "exurbia", ein immer weniger strukturierter Siedlungsbrei entlang der Autobahnen, der nicht mehr auf die Arbeitsplätze der Zentren bezogen ist.

Triebkräfte dieses Prozesses sind in den USA die ökonomischen und rassistischen Segregationstendenzen, die durch das Kommunal- und Steuersystem verstärkt werden. Die chaotische Gemengelage (so schon Jane Jacobs, 1965, S. 440) einer großen Zahl von Kommunalregierungen in jedem Ballungsraum - im Raum Chicago sind es über tausend - und die Abhängigkeit von der Einkommensteuer prämieren reiche Kommunen, Inseln der Seeligen, die ihren Einwohnern bei relativ mäßigen Steuern bessere Lebensbedingungen bieten können und gleichzeitig ohne besondere Anstrengung Kosten auf die Zentralstädte abschieben, die unter finanziellem Streß stehen. Abschottungsmaßnahmen schützen die privilegierten Orte gegen den Nachzug ärmerer Schichten. Wo sie nicht funktionieren, setzt ein neuer Prozeß der Abwanderung hin zu einem neuen Elysium ein. Am anderen Ende stehen die Kommunen, die zu Ballungszentren der Benachteiligten werden, dementsprechend bei geringer Steuerkraft mit einem Maximum an sozialen Belastungen zu tun haben und ihren Bürgern bei hoher Steuerbelastung wenig Lebensqualität bieten können, ablesbar beispielsweise an den Lehrer-Schüler-Relationen oder den Pro-Kopf-Ausgaben für die Schüler. Ergebnis ist eine extreme räumliche Abbildung ökonomischer Niveaudifferenzierung.[5]

Staatliche Maßnahmen haben diesen Prozeß eher angereizt. In vielen US-Bundesstaaten besteht eine formelle oder informelle Koalition ländlicher und suburbaner Interessen, die Umverteilungsmaßnahmen zugunsten der Innenstädte verhindern. Die Bundespolitik begünstigt steuerlich die Eigenheime, die ganz überwiegend außerhalb der Stadtkerne entstehen. In der Bundesrepublik Deutschland hat der Rückzug des Bundes aus der Finanzierung des Mietwohnungsbaus und die Beschränkung auf die Eigenheimförderung in ähnlicher Richtung gewirkt.

Der Verzicht auf eine Instanz zur Gesamtsteuerung der Großstadtregionen in den USA und der fehlende finanzielle Ausgleich zwischen einkommensstarken und -schwachen Kleinkommunen, Städten, Regionen und Staaten - entsprechende Bundesprogramme aus der Kennedy-Johnson-Zeit sind in den letzten Jahren im Zeichen des "new federalism" zurückgenommen worden - führen zu einer systematischen Fehlsteuerung. Wie dramatisch die Einkommensdisparitäten sind, ergibt sich aus Angaben des Census Bureau. Ein Vergleich der Einkommen im Jahr 1987 nach Postleitzahlbezirken zeigt folgende Verteilung:[6]

Vier der fünf ärmsten Bezirke sind Großstädte.[7] Nimmt man hinzu, daß innerhalb dieser Großstädte nochmals wesentliche Disparitäten bestehen, wird die ganze Dramatik der Unterschiede deutlich. Entsprechend gravie-

---

5) Eine übersicht über die entsprechende amerikanische Literatur bei Dennis R. Judd, 1988, S. 145-197, mit Belegen zu den verschiedenen Aspekten.
6) USA Today, 1.9.1988. Die Zeitung berichtet dazu aus Birmingham: "Not everyone is unhappy. James Edwards, 55, remembers Birmingham before the civil rights movement. 'I like living here', says Edwards, who is black. 'I can go downtown at the counter and buy me a Coke now', he says. 'I couldn't do that previously'."
7) Wissenschaftler haben in einem "Central City Hardship Index" anhand der sechs Faktoren Arbeitslosigkeit, Hilfeabhängigkeit, Niedrigeinkommen und schlechte Ausbildung, überfüllte Wohnungen und Armut systematisch die Schlechterstellung der Kernstädte

rend sind die Folgen in der unterschiedlichen Qualität kommunaler Leistungserbringung (vgl. auch Dietrich Thränhardt, 1977). Die Mißstände in den Armutsvierteln der Großstädte, von denen überwiegend schwarze und spanischsprechende Amerikaner betroffen sind, haben negative Wirkungen auch auf die ganze amerikanische Gesellschaft. Dies zeigt ein Blick auf die hohen Kriminalitätsraten, den Rauschgiftkonsum, den mehr als in anderen Industrieländern verbreiteten Analphabetismus und den schlechten Ausbildungsstand vieler Jugendlicher. Eine Gefährdung der Funktionsfähigkeit der zentralen Städte ist auch eine Gefährdung der Funktionsfähigkeit der Gesamtgesellschaft.

ZIP Code Bezirk	Durchschnittl. Haushaltseinkommen
Beverly Hills, Calif.	$ 154.776
Rancho Santa Fe, Calif.	$ 148.055
Great Neck, New York	$ 142.371
Roslyn, New York	$ 131.028
Short Hills, New Jersey	$ 128.413
Detroit	$ 11.268
Tchula, Mississippi	$ 10.834
El Paso, Texas	$ 9.989
Memphis, Tennessee	$ 9.798
Birmingham, Alabama	$ 9.667

Auch in der Bundesrepublik existieren gravierende Unterschiede in der Leistungsfähigkeit der Kommunen, die durch die Probleme bei Kohle, Stahl und Werften und insbesondere durch Reduktionen bundesstaatlicher Sozialleistungen zu Lasten der Kommunen gravierender geworden sind. Aufgrund der egalisierenden Wirkungen des Länderfinanzausgleichs und der Gemeindefinanzierungssysteme sind diese Disparitäten aber hier weniger weitreichend. Die bundesdeutschen Kommunalfinanzierungssysteme machen schließlich Gemeinden mit vermögenden Einwohnern nicht automatisch auch steuerstark. Auch die Größe der Städte und Kreise, die mit wenigen Ausnahmen nicht als Reichtumsinseln oder Armutstaschen bezeichnet werden können, haben ausgleichende Wirkungen. Die kommunale Gebietsreform hat solche Ausgleichseffekte begünstigt.

Mit wachsender wirtschaftlicher Verflechtung und entsprechender räumlicher Vermögensdifferenzierung wird es aber nötig werden, diese egalisierenden Systemwirkungen weiter zu verstärken. Um kontraproduktive Pla-

---

gegenüber den umgebenden Vororten berechnet. Vgl. Richard P. Nathan und Paul R.Dommel, S. 3. Zum Kontext vgl. Adrienne Windhoff-Héritier, 1988b, S. 31.

nungskonkurrenzen und Zersiedlung zu verhindern, sollten die Agglomerationsräume in bezug auf die Rahmenplanung, die Erfüllung übergreifender Funktionen und den internen Ressourcenausgleich mit einer handlungsfähigen Gesamtautorität versehen werden. Dies ist wachsender staatlicher Regelungsdichte vorzuziehen.

Als ein Hauptkriterium der Funktionsfähigkeit des kommunalen Systems kann somit die Vermeidung gravierender räumlicher Disparitäten und generell die Minimierung von Externalisierungsprozessen beschrieben werden. Dies bedeutet nicht die Aufhebung ökonomischer und kultureller Konkurrenz zwischenden Gemeinden, die ein Element der Innovation ist. Es bedeutet aber die möglichst weitgehende Ausschaltung staatlich und insbesondere steuerlich bedingter Externalisierung und dynamischer Disparitätenprozesse zwischen den Kommunen. Als Leitformel für die Abgrenzung der Befugnisse räumlicher Gebietseinheiten kann eben diese Ausschaltung systemwidriger Externalisierungsprozesse dienen.

3. Nachbemerkung: Die Städte und die Einheit Deutschlands

Seit dem Herbst 1989 ist etwas geschehen, was noch im Sommer 1989 nur wenige für möglich gehalten hätten: die DDR hat sich geöffnet und damit selbst zur Disposition gestellt (vgl. Dietrich Thränhardt, 1989 und Dietrich Thränhardt, 1990). Auch auf kommunaler Ebene scheint die Bundesrepublik inzwischen eine übermächtige Vorbildfunktion für die DDR zu bekommen. Interessant wird sein, wie weit die anderen Prägungen durch eine vierzigjährige Geschichte sichtbar bleiben, wieweit etwa in der Sozialpolitik das bundesdeutsche Verbändesystem sich durchsetzen wird und wieweit Fehlentwicklungen, etwa die automobile Selbsterstickung, vermieden werden können.

Trotz aller Pro-Bonn-Vorbehalte wird Berlin auf mittlere Sicht wieder die Hauptstadt der deutschen Politik werden. Die wirtschaftlichen Schwergewichte aber werden im Süden und Westen der Bundesrepublik bleiben, so daß die Dezentralisierung gewahrt bleibt. Berlin kann ökonomisch und kulturell Funktionen im Ost-West-Austausch übernehmen, es liegt ja heute weniger als hundert Kilometer von der polnischen Grenze entfernt. Wegen der Sogkraft der starken europäischen Mitte wird es aber auch in Zukunft weit entfernt von den EG-Ballungsräumen liegen, die sich immer enger verflechten. Wenn die Hauptstadtentwicklung und die damit zusammenhängenden Investitionen einen wichtigen Schub für die Region Berlin/Brandenburg bedeuten, so ist andererseits nicht zu erwarten, daß Berlin je wieder eine so übermächtige Hauptstadt wird, wie in den berühmten zwanziger Jahren. Vielleicht wird die gesamtdeutsche Situation dann eher der italienischen ähneln: eine Hauptstadt, in der sich die politischen Funktionen ballen und ein näher am Zentrum der EG gelegener Städtegürtel, der ökonomisch entscheidend ist.

Literatur

Chandler, A., 1977: The Visible Hand, Cambridge Mass. 1977
Feagin, Joe R./Smith, Michael Peter, 1987: Cities and the New International Division of Labor: An Overview, in: dies. (Hrsg.): The Capitalist City. Global Restructuring and Community Politics, Oxford, S. 3-34
Jacobs, Jane, 1965: The Death and Life of American Cities, Harmondsworth
Judd, Dennis R., 1988: The Politics of American Cities. Private Power and Public Policy, Glenview etc.
Nathan, Richard P./Dommel, Paul R., 1987: Needed - A Federal Net for Communities. Statement for U.S.-Senate Commitee on Governmental Affairs, Subcommitee on Intergovernmental Relations, Juni 1987
Thränhardt, Dietrich, 1977: Kontaktökonomie oder kommunale Politik? in: Paul Kevenhörster (Hrsg.): Lokale Politik unter exekutiver Führerschaft, Meisenheim, S. 215-230.
Thränhardt, Dietrich, 1978: Länder und Regionen. Zur funktionalen Neubestimmung des bundesdeutschen Föderalismus, in: ders. (Hrsg.): Funktionalreform. Zielperspektiven und Probleme einer Verwaltungsreform, Meisenheim, S. 131-176
Thränhardt, Dietrich, 1989: Deutschland - ein Wintermärchen? in: Volker Gerhardt/Dieter Kinkelbuhr (Hrsg.): Wie finden wir die Zukunft? Wissenschaftler diskutieren das neue Grundsatzprogramm der SPD, Münster
Thränhardt, Dietrich, 1990: Ein deutscher Nationalstaat zwischen europäischer Integration und Eigenständigkeit der Länder, in: Ulrich von Alemann/Rolf Heinze/Bodo Hombach (Hrsg.): Die Stärke der Region. Nordrhein-Westfalen und Europa, Bonn/Bad Godesberg, S. 133-155
Windhoff-Héritier, Adrienne, 1988a: Stadt der Reichen - Stadt der Armen. Sozialpolitik in New York City, in: PVS 3/1988, S. 407-437
Windhoff-Héritier, Adrienne, 1988b: Sozialpolitik unter der Reagan-Administration, in: Aus Politik und Zeitgeschichte B 44/1988, S. 24-35

Autor

Prof. Dr. Dietrich Thränhardt, Westfälische Wilhelms-Universität Münster, Institut für Politikwissenschaft, Platz der Weißen Rose, 4400 Münster

Hartmut Häußermann/Walter Siebel

Polarisierung der Städte und Politisierung der Kultur.
Einige Vermutungen zur Zukunft der Stadtpolitik

Die Städte in der Bundesrepublik - aber nicht nur hier - durchzieht eine doppelte Spaltung: erstens zwischen prosperierenden und stagnierenden Regionen, zweitens zwischen integrierten und an den Rand der Gesellschaft gedrängten sozialen Gruppen. Es sind Spaltungen, die vorrangig aber doch nicht ausschließlich entlang den Linien sozialer Schicht verlaufen, und - dies ist das zweite und bedeutsamere Charakteristikum - deren soziale Sprengkraft politisch oder zur Not polizeilich beherrschbar zu sein scheint. Im ersten Teil dieses Beitrags versuchen wir die These zu begründen, daß eine Überwindung dieser Spaltung eine kulturelle Politisierung voraussetzt. Diese politische Aktualisierung von Kultur beruht auf der Annahme dauerhafter politischer Entschärfung der Konflikte im Produktionsbereich. Wir fragen deshalb im zweiten Teil danach, ob diese Thesen auch in der möglichen Zukunft der Dienstleistungsgesellschaft Bestand haben[1].

1. Polarisierungsprozesse zwischen und in den Städten

Die Entwicklung der großen Städte ist von vier Faktoren geprägt: In erster Linie einer tieferwerdenden Kluft auf dem Arbeitsmarkt zwischen Beschäftigten auf sicheren Arbeitsplätzen und dauerhaft Arbeitslosen. Zweitens verlagert sich die wirtschaftliche Dynamik zugunsten einiger weniger, vorwiegend süddeutscher Regionen. Drittens verlieren einige Regionen und fast alle Kernstädte auch heute noch Einwohner, und schließlich verschlechtert sich als Konsequenz dieser Entwicklungen die finanzielle Situation gerade jener Städte, die besonders hart von diesen Entwicklungen betroffen sind. D.h.: jene Städte, die der Entwicklung gegensteuern müßten, verlieren eben aufgrund dieser Entwicklung die Mittel, um so gegensteuern zu können, daß Schrumpfen in Wachstum umgekehrt wird.

Diese Faktoren werden sich auf absehbare Zeit nicht abschwächen. Der Bevölkerungsrückgang, der sich erst ab 2000 bemerkbar machen wird, ist durch die gegenwärtige Zuwanderung nicht umzukehren. Dazu müßten

---

1) Das Vorbereitungspapier zur Tagung des Arbeitskreises 'Lokale Politikforschung' hat "die Bereitschaft zu gegebenenfalls ungeschützten Aussagen" ermutigt. Dieser Versuchung wird hier nachgegeben.

während der nächsten 10 bis 15 Jahre jährlich so viele Menschen zuwandern wie 1989. Außerdem müßte sich diese Zuwanderung anders verteilen als gegenwärtig, wo sie überdurchschnittlich auf die prosperierenden Regionen gerichtet ist. Schließlich müßte ein zahlenmäßiger Ausgleich des Rückgangs der deutschen Bevölkerung mit verschärften Problemen bei der Finanzierung des sozialen Netzes und bei der sozialen Integration der Zuwanderer erkauft werden, was eine Politik des Bremsens gegenüber der Zuwanderung sehr wahrscheinlich macht.

Auch die Spaltung des Arbeitsmarkts wird anhalten. Trotz der längsten Hochkonjunktur seit dem Ende des Zweiten Weltkriegs leben 6 Mio. Menschen in der Bundesrepublik unterhalb der Armutsgrenze und hat sich die Zahl der dauerhaft Arbeitslosen seit 1981 verfünffacht auf heute 700.000. Die Umstrukturierung der DDR wird diese beiden Gruppen beträchtlich vergrößern. Und was wird erst geschehen, wenn eine Rezession eintritt?

Dem Süd-Nord-Gefälle schließlich liegen tiefgreifende Veränderungen der Produktion zugrunde, die sich in Zukunft ebenfalls wahrscheinlich nicht abschwächen werden. Es wird allerdings überlagert werden durch ein Gefälle zwischen West und Ost. Dadurch dürfte sich zwar die Geographie des Gefälles verändern, nicht aber notwendig die Hierarchie abgeschwächt werden.

Zusammengenommen laufen diese Entwicklungen auf eine doppelte Spaltung zwischen den großen Städten hinaus: Auf der einen Seite Städte wie München, Stuttgart und Frankfurt und zukünftig Berlin, die weiterhin von Wachstum geprägt sein werden, auf der anderen solche, die von Stagnation oder gar Schrumpfungsprozessen dominiert sind wie etwa die Städte des nördlichen Ruhrgebiets.

Unterhalb dieser großräumigen Spaltung zwischen wachsenden und schrumpfenden Stadtregionen vollzieht sich eine weitere Spaltung innerhalb der Großstadtregionen, die wir etwas plakativ als Entwicklung zur dreigeteilten Stadt bezeichnet haben (Hartmut Häußermann und Walter Siebel, 1987):

- Die erste, die international wettbewerbsfähige Stadt, der Sitz bedeutender Konzernzentralen, wissenschaftlicher Einrichtungen und Regierungsstellen. Hier hat sich eine Enklave des internationalen Arbeitsmarkts gebildet, in der hochqualifizierte Mitarbeiter international tätiger Konzerne wohnen und arbeiten. Ihre Gehälter richten sich nach den Gehältern eines internationalen Arbeitsmarktes. Auch die Immobilienpreise in diesen Enklaven orientieren sich zunehmend an den Immobilienpreisen von London, Tokio, Paris und New York, weniger an denen der Region. In Nordrhein-Westfalen sind es die Städte der Rheinschiene von Bonn bis Düsseldorf, die hoffen können, in der internationalen Konkurrenz mitzuhalten.

- Die zweite Stadt ist die der oberzentralen Funktionen und der sozial integrierten deutschen Mittelschicht, in Nordrhein-Westfalen die Städte der Hellweg-Zone von Duisburg bis Dortmund, Städte mit alter Tradition, mit Universitäten als typischen oberzentralen Funktionen, mit funktionierenden Stadtkernen und einer qualifizierten Bevölkerung.

- Schließlich die dritte Stadt, die Stadt der Ausgegrenzten, der an den Rand der Gesellschaft gedrängten Armen, der dauerhaft Arbeitslosen und der diskriminierten Ausländer. Diese Stadt gibt es auch in Frankfurt, in München oder in Stuttgart, sie findet sich erst recht im nördlichen Ruhrgebiet, der Stadt der schrumpfenden, alten Industrien, der vernutzten Räume, der Industriebrachen und der Altlasten (vgl. Ingrid Breckner et al., 1989).

Die These von der doppelten Spaltung ist eine Stilisierung. Die Polarität von Wachstum und Schrumpfen bildet sich erst allmählich heraus. Die Prozesse des Wachstums und des Schrumpfens überlagern und mischen sich. Auch in prosperierenden Städten gibt es schrumpfende Branchen und eine beträchtliche Zahl dauerhaft Arbeitsloser, auch in schrumpfenden Städten existieren Inseln der Prosperität.

Ähnlich überlagert sich die international wettbewerbsfähige Stadt mit der der oberzentralen Funktionen und der, in die die marginalisierten Gruppen abgedrängt werden. Nimmt man Rhein/Ruhr als eine großstädtische Agglomeration, so läßt sich allenfalls sagen, daß international wettbewerbsfähige Strukturen in der Rheinschiene, oberzentrale Funktionen in der Hellweg-Zone, Marginalisierungsprozesse in der Emscher-Zone am ehesten beobachtet werden können.

2. Entschärfung politischer Konflikte

Die Tendenzen in Richtung auf eine doppelte Spaltung zwischen den Städten und innerhalb jeder einzelnen Stadt könnten als eine Art Normalisierung des westdeutschen Stadtsystems im Sinne seiner Annäherung an die städtischen Strukturen anderer westlicher Industriestaaten aufgefaßt werden. Im Vergleich etwa zu den USA und Großbritannien war das westdeutsche Stadtsystem bislang wenig hierarchisiert und weniger von sozialer Segregation geprägt.

Diese geringe Parallelität der Prozesse sozialer und räumlicher Strukturierung, z.B. von Ausgrenzung aus dem Kernarbeitsmarkt und Ghettobildung in der Stadt, hat ihre Ursachen in vielfältigen Filtern und Netzen, die das Durchschlagen sozialer in räumliche Strukturen in der Bundesrepublik verzögern und die Muster verzerren.

1. *Zeit*: Soziale Prozesse der Ausgrenzung benötigen längere Zeiträume, um sich in räumlichen Strukturen durchzusetzen, etwa in Slumbildung. Einerseits ist Langzeitarbeitslosigkeit noch ein relativ junges Phänomen in der Bundesrepublik. Andererseits haben Kriegszerstörungen, Wiederaufbau, Stadterweiterung, Aus- und Umbau der (Verkehrs-)Infrastruktur, Sanierung und Modernisierung die sozialräumlichen Strukturen bundesrepublikanischer Städte häufig umgewälzt. Dadurch änderten sich hier im Unterschied zu den USA und England die Stadtquartiere schneller als sozial und ökonomisch ausgegrenzte Gruppen in diese einwandern konnten.

2. *Soziales Netz*: Arbeitslosen- und Rentenversicherung, Wohngeld und Sozialhilfe zusammen mit privaten Ersparnissen, auf dem Land vorwiegend in Form von Hauseigentum, haben ein Netz geschaffen, das bislang Marginalisierung soweit aufgefangen hat, daß diese noch wenig in räumliche Strukturen durchschlagen konnte.

3. *Arbeitsmarkt/Wohnungsmarkt*: Der Mieterschutz, die enorme Differenzierung der Wohnungsmieten nach Region und Wohndauer, der Bestand an Sozialwohnungen sowie der hohe Anteil kleiner z.T. selbstnutzender Eigentümer schaffen eine gegenüber dem Arbeitsmarkt eigenständige Struktur des Wohnungsmarkts. Sie bewirken teilweise auch, daß Wohnungen dann noch instand gehalten werden, wenn dies nach Gesichtspunkten rein ökonomischer Rationalität sich nicht mehr auszahlt. Auch das verwischt oder verzögert Verslumung. Schließlich verhindert ein struktureller Filter, daß Arbeitslosigkeit unmittelbar auf die Wohnsituation durchschlägt: Auf dem Arbeitsmarkt agiert das einzelne Individuum, auf dem Wohnungsmarkt aber der Haushalt. Einem Haushalt gehören häufig noch andere Erwerbstätige an. Etwa zwei Drittel der Arbeitslosen wohnen in Haushalten, in denen noch andere Erwerbstätige leben. Die Einkommensverluste durch Arbeitslosigkeit schlagen sich also nicht in allen Fällen in einer ähnlich starken Reduktion der Mietzahlungsfähigkeit nieder.

4. *Berufliche Arbeit/außerberufliches Leben*: Die politischen Konflikte in den Städten spielen auf anderen Bühnen und nach anderen Texten als die, die im Bereich gesellschaftlich organisierter Arbeit entstehen. Sie strukturieren sich nach sehr unterschiedlichen Lebenssituationen und entlang von Interessen, die Themen des außerbetrieblichen Lebensbereichs betreffen. Einkommensarmut erklärt dabei zwar meistens, daß überhaupt bestimmte Gruppen ihre Interessen verletzt sehen. Sie erklärt aber nur unzureichend, welche Interessen verletzt werden und in welcher Schärfe:

Einmal, weil die Ursachen der Interessenverletzung außerhalb des Produktionsbereichs zu suchen sind, beispielsweise im politisch-administrativen System, wie vor längerer Zeit schon von Offe mit der Disparitätenthese behauptet (vgl. Claus Offe, 1969). Stadtpolitik hat dazu beigetragen, die Städte herzurichten für den gesunden, wohlhabenden, geschäftsfähigen, deutschen, männlichen Erwachsenen. Behinderte, Arme, Kinder, alte Menschen, Ausländer und immer noch die Frauen bleiben oder werden sogar zunehmend an den Rand gedrängt. Damit verteilen sich die Lebenschancen in einer Stadt nicht nur entlang den Trennlinien sozialer Schichtung. Die Chancenverteilung gemäß den traditionellen, berufsarbeitsbezogenen Merkmalen sozialer Schichtung wird vielmehr überlagert durch eine Chancenverteilung gemäß Geschlecht, Alter, Familienstand, Gesundheit und anderer, gar nicht oder zumindest nicht primär aus der Stellung im Produktionsprozeß herleitbarer Merkmale der Lebenssituation.

Zum anderen, weil die Art und Weise, wie man in den Verteilungsmechanismen des außerbetrieblichen Lebensbereichs besteht, nicht allein vom ökonomischen Kapital, über das ein Haushalt verfügt, abhängt, sondern auch von seinem kulturellen und sozialen "Kapital". Nicht das Individuum und seine Stellung auf dem Arbeitsmarkt, sondern der Haushalt, und nicht allein seine Marktlage, sondern auch das ihm verfügbare soziale und kulturelle "Kapital" entscheiden über soziale Mobilität und Schichtstruktur. Um Pahl's Beispiel zu wiederholen: Ein Haushalt, der über mindestens ein Mitglied im Kernarbeitsbereich, weitere arbeitsfähige Mitglieder, ein weitverzweigtes soziales Netz und Hauseigentum verfügt, kann die Ressourcen der formellen und der informellen Arbeit so kombinieren, daß er in der sozialen Stufenleiter aufsteigt, während ein Haushalt, der über Teile dieser Ressourcen nicht verfügt, abwärtsmobil ist (vgl. Ray E. Pahl, 1988). Auch wenn die damit behauptete Relevanz sozialen und kulturellen "Kapitals" für soziale Mobilität nur innerhalb einer, allerdings sehr breiten Mittelschicht Geltung haben sollte, berührt dies nicht die grundsätzliche These, wonach sozialstrukturelle Differenzierungsprozesse zunehmend auch nach eigenständigen Merkmalen der außerbetrieblichen Lebenssituation verlaufen.

Treffen diese Behauptungen zu, so hat dies weitreichende Konsequenzen für die politische Sprengkraft städtischer Konflikte.

1. Die Geschwindigkeit, mit der städtische Strukturen umgewälzt werden, die Tragfähigkeit des sozialstaatlichen Netzes und die Eigenständigkeit, mit der der Wohnungsmarkt soziale Lebenslagen strukturiert, bilden ein System von Filtern, das ein Durchschlagen des Arbeitsmarktschicksals auf die Lebenssituation stark behindert, zumindest verzögert. Die im Ver-

gleich zu Großbritannien und den USA geringere Parallelität von sozialer und räumlicher Strukturierung in der Bundesrepublik könnte eine generelle Entschärfung politischer Konflikte beinhalten. Wenn sich Raumstruktur und Sozialstruktur nur partiell überlagern, so werden soziale Konfliktpotentiale durch räumliche Prozesse diffundiert, kleingearbeitet und desorganisiert.

2. Die doppelte Spaltung zwischen und innerhalb der Großstadtregionen reproduziert in den Strukturen des Süd-Nord-Gefälles und der dreigeteilten Stadt mehr als nur das Muster der sozialen Schichtung der Gesellschaft. Es überlagern sich Merkmale sozialer Schichtung wie Einkommen, Bildung und berufliche Stellung mit demographischen wie Alter, Haushaltsgröße und Geschlecht. Diese Diffusion von Lebenssituationen führt zu einer Überlagerung und Zersplitterung verschiedener Muster der Privilegierung und Benachteiligung. Dadurch vermehren sich die Arenen potentieller kommunalpolitischer Konflikte - z.B. durch die Frauenbewegung oder die Grauen Panther - andererseits wird eben dadurch ihre Sprengkraft auch eingedämmt. Je heterogener die Lebenssituationen, desto weniger lassen sich verallgemeinerbare Interessen formulieren, auf die hin sich große und durchsetzungsfähige politische Gruppen organisieren könnten.

3. Schließlich beinhaltet die sog. neue soziale Frage eine prinzipielle Entschärfung der Sprengkraft sozialer Probleme. Die Arbeiterbewegung hatte - und mit guten Gründen - von sich behauptet, die Interessen der überwiegenden Mehrheit der Bevölkerung zu vertreten. Die sog. neue soziale Frage bestimmt soziale Probleme als solche der Marginalisierung kleiner Situationsgruppen. Selbst wenn man die These von der Zweitdrittel-Gesellschaft wörtlich nimmt, so sind diese Probleme im Unterschied zur klassischen sozialen Frage die Probleme nur einer Minderheit. Zudem ist diese Minderheit politisch schwach. Marginalisierte, an den Rand des Arbeitsmarktes und darüber hinaus gedrängte soziale Gruppen können weder glaubhaft mit Streik drohen noch verfügen sie über politische Vetomacht, ihre Artikulationsfähigkeit ist gering und ebenso ihre Organisationsfähigkeit aufgrund der Heterogenität ihrer Lebenssituationen.

Fazit: Die konfliktträchtigen Probleme der Stadtpolitik haben sich vermehrt und teilweise sogar verschärft. Aber ihre politische Sprengkraft hat keineswegs im gleichen Maße zugenommen.

3. Die neue Bedeutung von Kultur

Wenn man dies nicht nur als Stabilität des politischen Systems begrüßt, sondern auch als Verhärtung von Ausgrenzungsprozessen beklagt, dann ist zu fragen, wie unter den gegebenen gesellschaftlichen Bedingungen eine Politik der Überwindung der doppelten Spaltung der Städte möglich sein könnte. Der Appell ans sog. endogene Potential der schrumpfenden Regionen und an die Selbsthilfefähigkeiten der marginalisierten Gruppen ist hilflos wenn nicht gar zynisch. Ohne beträchtliche Umverteilung gesellschaftlicher Ressourcen werden diese Spaltungen weiter bestehen bleiben. Wie aber ist eine solche Umverteilung politisch durchsetzbar? Anders gesagt, wie kann unter demokratischen Bedingungen eine Politik mehrheitsfähig werden, die Arbeit und Geld zugunsten der an den Rand der Entwicklung gedrängten Regionen und zugunsten der marginalisierten Minderheiten umverteilt?

Das entscheidende Problem liegt darin, daß eine Politik zur Überwindung regionaler und sozialer Marginalisierung heute nicht mehr hoffen kann, die materiellen Interessen der überwiegenden Mehrheit zu vertreten.

Die These von der Zweidrittel-Gesellschaft behauptet, daß nur noch die Minderheit der Ausgegrenzten, der ökonomisch und politisch Schwachen an grundlegendem Wandel interessiert sei. Was aber könnte die Mehrheit der sozial Integrierten dazu bewegen, zugunsten dieser Minderheit auf Arbeit, Karrierechancen und Einkommen zu verzichten? Und weshalb sollen Bürgermeister und Regierungschefs in prosperierenden süddeutschen Regionen einer Umverteilung öffentlicher Gelder zugunsten des nördlichen Ruhrgebiets zustimmen? Eigene materielle Interessen können es wohl kaum sein. Der Appell ans soziale Gewissen dürfte in Zukunft ebenso wenig verfangen wie in der Vergangenheit. Wo anders also als im Bereich der Kultur sind jene Interessen noch zu formulieren, an die eine Politik der Umverteilung von Steuergeldern, Arbeit und Einkommen positiv anknüpfen könnte und zwar gerade auch bei jenen, die materiell gesehen negativ von solcher Umverteilung betroffen wären? Anders gesagt: Es hat den Anschein, als ließen sich nur in der kulturellen Dimension eines anderen Bilds vom richtigen Leben verallgemeinerbare Interessen formulieren, auf die hin sich eine neue, reformerische Majorität organisieren könnte.

Es sind nicht mehr allein materielle Interessen, die diese Gesellschaft bewegen können, es sind auch kulturelle. Oder etwas pessimistischer formuliert: Wenn es nicht gelingt, eine andere Kultur, ein anderes Bild vom richtigen Leben zu formulieren, das nicht mehr so eindeutig dominiert ist von Konkurrenz, beruflicher Leistung und wachsenden Konsumchancen, dann werden sich die Spaltungen in dieser Gesellschaft weiter vertiefen.

Diese Argumentation könnte als Rückfall auf Positionen des Idealismus und der Frühsozialisten charakterisiert werden: kulturelle und materielle Interessen entwickeln sich unabhängig voneinander, teilweise sogar gegenläufig, und gesellschaftliche Veränderungen werden weniger durch objektive gesellschaftliche Notwendigkeiten vorangetrieben als durch die subjektiven Vorstellungen vom besseren Leben. Sie steht und fällt mit der Annahme der ökonomischen und politischen Stabilität des gegenwärtigen gesellschaftlichen Systems, und zwar in einem dreifachen Sinne:

1. Die sozialen Probleme bleiben wirklich Probleme ökonomisch und politisch schwacher Minderheiten. Die Filter und Netze behalten ihre Effektivität des Verzögerns und Kleinarbeitens von Benachteiligung. Die Risiken etwa der Arbeitslosigkeit werden in der Tat individualisiert erfahren. Kurz: es entstehen keine politisch wirksamen Massenorganisationen mehr aus ökonomischen Krisen.

2. Erst auf der Basis einer dauerhaft oberhalb des Existenzminimums gesicherten ökonomischen Existenz können das soziale und moralische "Kapital" eine eigenständige sozialstrukturierende Wirkung entfalten. Um es am Beispiel der informellen Arbeit von Arbeiterhaushalten zu erläutern: Um 1900 mußten Arbeiterhaushalte 100 % ihres Einkommens für das Lebensnotwendige ausgeben, heute sind es weniger als 50 % (vgl. Erich Wiegand, 1982). Dieser objektiv gewachsene ökonomische Spielraum eröffnet erst dem Haushalt die Alternative, sein Einkommen konsumtiv oder investiv zu nutzen. Erst jetzt kann der Haushalt, statt sein Geld für den Warenkonsum und sein informelles Arbeitsvermögen für noterzwungene Subsistenzproduktion verausgaben zu müssen, Helfer, Material und Werkzeug einkaufen und mit dem ihm verfügbaren informellen Arbeitsvermögen zu größeren Projekten der informellen Ökonomie kombinieren, so daß er zum Beispiel aus dem Mietwohnungs- in den Eigentumswohnungsmarkt überwechselt. Den privaten Haushalt als eine produktive Einheit zu begreifen, die ihre Lebensumstände in einer Weise umarbeiten kann, welche über die Summe von eingespartem Geld und verausgabter Muskelkraft ebenso hinausweist wie über die Erfordernisse der einfachen Reproduktion, ist erst unter heutigen Bedingungen möglich: hohes und stabiles Reallohnniveau, das investive Ausgaben überhaupt zuläßt, und langfristige Sicherheit des Arbeitsplatzes als den zentralen Voraussetzungen für grössere, die Ressourcen längerfristig beanspruchende Projekte der Haushaltsproduktion. Kurz: erst unter Bedingungen langfristiger ökonomischer Existenzsicherung auf hohem Niveau macht es mehr als nur ideologischen Sinn, den Haushalt als eine produktive Einheit zu begreifen, die über ökonomisches, soziales und kulturelles "Kapital" verfügt und durch deren Einsatz ihr Leben aktiv gestalten kann (vgl. Johann Jessen, 1987).

3. Mit Individualisierung, experimenteller Lebenshaltung, der Willkürbarkeit Gestaltbarkeit von Biographien, der Vorstellung vom Haushalt als produktiver Einheit ist die positive Seite der Gestaltbarkeit von Lebens-

weisen auf der Basis einer auf hohem Niveau gesicherten ökonomischen Existenz gemeint. Inszenierung von Urbanität als die Freiheit des Konsumenten und warenförmige Organisation von Lebensstilen kennzeichnen dieselbe Erweiterung der Spielräume negativ als Erweiterung der Dimension des politisch Machbaren in die Abläufe des Alltagslebens hinein. Das hat bereits in den 70iger Jahren mit der Umorientierung der Sozialpolitik fort von der zentralstaatlichen Umverteilung von Geld hin zur dezentral organisierten Gestaltung von Lebenslagen begonnen. Es setzt sich fort, differenziert und intensiviert sich in den für die 90er Jahre vorausgesagten Sozialkampagnen, in denen es nicht mehr nur um den Absatz von Produkten, sondern um die Propagierung sozialer, ethischer und politischer Ideen gehen soll, wie bei der gegenwärtigen Kampagne für mehr Kinder. Diese und ähnliche Entwicklungen indizieren eine wachsende Verfügbarkeit von Lebensstilen. Die Art und Weise, wie Menschen Leben, wird selber politisch formbar, da die Prägekraft der objektiven Verhältnisse für das Alltagsleben zurückgegangen ist. Kurz: erst auf der Basis gesicherter ökonomischer Existenz wird Kultur als Lebensstil auch zu einer Dimension von Politik jenseits der Kultur als Wirtschaftsfaktor.

4. Perspektiven der Dienstleistungsgesellschaft

Wenn man diese Thesen für die Gegenwart akzeptiert: Verhärtung sozialer Probleme bei Stabilisierung des politischen Systems und Verlagerung der politisch relevanten Auseinandersetzungen in die kulturelle Dimension der Normen und Werte, so ist zu fragen, ob diese Behauptungen auch in Zukunft Bestand haben werden. Wir beziehen uns dabei auf die Diskussionen zur Dienstleistungsgesellschaft:

1. Ist die Dienstleistungsgesellschaft ökonomisch, insbesondere für den Arbeitsmarkt "die große Hoffnung des 20. (21.) Jahrhunderts"; und ist sie das insbesondere für deindustrialisierende Städte und für die an den Rand der Gesellschaft gedrängten Gruppen?

2. Vollzieht sich diese Entwicklung als naturwüchsiger Prozeß oder ist sie politisch steuerbar?

3. Falls das so sein sollte: Vor welche Alternativen sähe sich Politik dann gestellt? Werden es auch in der Dienstleistungsgesellschaft vorwiegend kulturelle Alternativen sein?

4.1. Die Dienstleistungsgesellschaft als Hoffnung?

Hinter dem "Trend" zur "Dienstleistungsgesellschaft" verbergen sich zwei verschiedene Prozesse: zum einen der strukturelle Wandel der Beschäftigung innerhalb der Warenproduktion. Durch Rationalisierungstechniken sinkt der Anteil von Tätigkeiten in der Fertigung, dagegen expandieren die "produktionsorientierten" Dienstleistungen: Tätigkeiten, die der Produktion vor- oder nachgelagert sind, die der Organisation und Finanzierung sowie der Vermarktung dienen. Diese "Tertiärisierung der Produktion" erhöht nicht notwendig die Zahl der Beschäftigten. Außerdem bieten die produktionsorientierten Dienstleistungen wenig Hoffnung für die sog. altindustriellen Regionen, da ihre Expansion eng mit einem Wachstum der Güterproduktion verknüpft ist.

Bleibt also der zweite Prozeß, der die Entwicklung zur Dienstleistungsgesellschaft trägt, die Expansion der "verbraucherorientierten" Dienstleistungen (VDL). Verbraucherorientierte Dienstleistungen sind solche Tätigkeiten, die von den privaten Haushalten für die Organisation ihrer Lebensführung in Anspruch genommen werden müssen oder können. Die Bandbreite dieser Dienste reicht von Bildung und Erziehung, Gesundheit und sozialen Diensten bis zu Restaurants, Hotels und sonstigen Freizeiteinrichtungen.

Die VDL entwickeln sich - so das Grundmuster aller Argumentationen für ein Wachstum der VDL - aufgrund dreier Faktoren (vgl. Horst Albach, 1989, Bert Rürup, 1989):

1. Die Natur der VDL widersetzt sich der Rationalisierung. Aufgrund des für viele VDL charakteristischen Uno-Actu-Prinzips sind Produktivitätssteigerungen durch technische und organisatorische Rationalisierung enge Grenzen gezogen. Mit uno actu ist gemeint, daß Produktion und Konsum räumlich und zeitlich zusammenfallen. Das Produkt der Dienstleistung ist weder lager- noch transportfähig.

2. Mit zunehmender Sättigung der Nachfrage nach industriell produzierten Gütern wächst der Hunger der Verbraucher nach Dienstleistungen. Mit wachsendem Einkommen der privaten Haushalte verschiebt sich daher die kaufkräftige Nachfrage zugunsten des Konsums von Dienstleistungen (Engelsches Gesetz, Maslow's Bedürfnishierarchie).

3. Die steigende Nachfrage nach Dienstleistungen ist auch eine Funktion des zunehmenden Reichtums der privaten Haushalte: zur Erleichterung der alltäglichen Lebensführung werden bestimmte Tätigkeiten (wie z.B. Waschen, Kochen) nicht mehr selbst im Haushalt erledigt, sondern als Dienstleistungen (in der Wäscherei, im Restaurant) eingekauft.

Die wachsende Nachfrage nach Dienstleistungen bei gleichzeitig starker Steigerung der Produktivität im industriellen Bereich führt zu einer Verlagerung der Beschäftigung in den Bereich der Dienstleistungen. Denn durch beständige Rationalisierung werden in der Produktion Arbeitskräfte freigesetzt, während bei den Dienstleistungen eine steigende Nachfrage und eine geringere Produktivitätsentwicklung kumulativ in Richtung Expansion der Beschäftigung wirken. Die Entwicklung zur Dienstleistungsgesellschaft ist in dieser Sicht ein objektiver Prozeß, dessen Notwendigkeit in der Natur des Menschen (Wandel der Bedürfnisse hin zu Dienstleistungen) sowie der Natur der Sache (Resistenz der Dienstleistungen gegen Rationalisierung) begründet ist.

An diesen in arbeitsmarktpolitischer Sicht optimistischen Thesen wurde mit der Behauptung einer "Kostenkrankheit" (William J. Baumol, 1967) der Dienstleistungen grundsätzliche Kritik geübt. Diese Kostenkrankheit ergibt sich aus der Tatsache, daß sich zwar die Löhne in der industriellen Produktion und im Dienstleistungsbereich in etwa gleich entwickeln, aber nicht die Produktivität der Arbeit. Dadurch werden Dienstleistungen permanent relativ teurer, bis sie an ihrer Kostenkrankheit sterben - also vom Markt verschwinden - oder aber substituiert werden durch eine Kombination von industriell produzierten Maschinen und Do-it-Yourself (Jonathan Gershuny, 1981).

Substitution oder Verschwinden der VDL sind aber keine zwingenden Konsequenzen. Die Kostenkrankheit von Dienstleistungen kann nämlich auch umgangen werden, und zwar auf zwei Wegen:

a) Staatliche Umverteilung: Der Staat kann die Produktivitätsgewinne aus der Produktion abschöpfen und zugunsten von Dienstleistungen umverteilen, wie es in der Bundesrepublik schon in Form von Subventionen (Theater/Kultur) oder in Form staatlicher Organisation (soziale Dienstleistungen) geschieht.

b) Die Lohnentwicklung zwischen den verschiedenen Bereichen kann entkoppelt werden. Dienstleistungen werden dann billiger, weil die dort Beschäftigten weniger verdienen. Die Kostenkrankheit der verbrauchsorientierten Dienstleistungen tritt ja nur unter der Voraussetzung eines relativen Gleichschritts der Einkommensentwicklung im industriellen und im Dienstleistungsbereich auf. Will man diese Homogenität auflösen, dann müssen kollektive Regelungen flexibilisiert werden: Tarifrecht, Arbeitsschutz, Arbeitszeit, sozialstaatliche Sicherungen. Auch könnte die Einwanderung billiger Arbeitskräfte aus der "Dritten Welt" gefördert werden. Schließlich wäre die Steuerbelastung hoher Einkommen zu senken. Dann würde eine kaufkräftige Nachfrage auf ein billiges Angebot an Arbeitskräften für verbrauchsorientierte Dienstleistungen treffen.

4.2. Unterschiedliche Entwicklungspfade und die Bedeutung von Politik

Beide Auswege werden in der Realität tatsächlich beschritten, was ein Vergleich der Beschäftigungsstruktur zwischen den drei Ländern USA, Schweden und Bundesrepublik zeigt (Tab. 1).

Tab. 1: **Vergleich BR Deutschland/USA/Schweden (1987)[2]. Geschlechtsspezifische Erwerbsquoten und %-Anteile der Bevölkerung im Alter von 15 bis 64 Jahren, die im produktionsorientierten Bereich[3] und im verbrauchsorientierten Dienstleistungsbereich[4] beschäftigt sind**

Land	Erw. quote	prod. Ber.	Verbr. DLen	Erw.quote Frau	Mann	Arb.lose[5]
BR Deutschl.	65,5	34,8	24,2	51,0	80,0	7,8
USA	75,5	32,4	37,1	66,0	85,3	6,1
Schweden	81,7	38,9	41,3	79,4	83,9	2,6

In allen drei Ländern ist rund ein Drittel der Bevölkerung im erwerbsfähigen Alter mit der Planung, Herstellung und Verteilung von Waren beschäftigt. Die Unterschiede zwischen den Ländern sind im Vergleich zur Beschäftigung bei den verbrauchsorientierten Dienstleistungen gering. Dort aber werden erhebliche Unterschiede sichtbar: in den USA sind von der erwerbsfähigen Bevölkerung 12 % und in Schweden sogar 16 % mehr Personen auf Arbeitsplätzen im Bereich verbrauchsorientierter Dienstleistungen beschäftigt als in der Bundesrepublik Deutschland.

Die Unterschiede zwischen den drei Ländern können schematisch (vgl. Fritz W. Scharpf, 1986) so erklärt werden:

- In den *USA* sorgt eine polarisierte und sich verschärfende Ungleichheit der Einkommensstruktur für eine märktförmige Expansion von verbrauchsorientierten Dienstleistungen. Unqualifizierte und arme Immigranten sowie Frauen stellen ein billiges Arbeitskräftereservoir für Dienstleistungsunternehmen dar, deren preisgünstiges Angebot von den einkommensstärkeren Schichten in Anspruch genommen wird. Durch die geringe

---

2) BR Deutschland: 1986.
3) Produzierendes Gewerbe und produktionsorientierte Dienstleistungen (ISIC-Kategorien 1-5, 7,8).
4) Soziale Dienste, öffentliche Verwaltung, Hotels, Restaurants, Wäschereien usw., persönliche Dienstleistungen (ISIC-Kategorien 6 + 9). Quelle: OECD, 1989.
5) Anteil der als arbeitslos Gemeldeten an der Erwerbsbevölkerung.

Entlohnung in solchen Dienstleistungsberufen und eine geringe Steuerprogression wird die Einkommensverteilung immer ungleicher. Voraussetzung und Folge der Expansion von Dienstleistungsbeschäftigung ist also eine soziale Polarisierung. Man kann - im Gegensatz zur "Selbstbedienungsgesellschaft" (Gershuny) - von einer "Dienstbotengesellschaft" sprechen.

- In *Schweden* sorgt die Ausweitung der staatlichen Beschäftigung finanziert über hohe und progressive Besteuerung für eine Expansion von verbrauchsorientierten Dienstleistungen, vor allem in den sozialen Diensten. Der Wohlfahrtsstaat schafft Beschäftigungsmöglichkeiten vor allem für Frauen, die Produktivitätsgewinne des industriellen Sektors werden also staatlich zugunsten von verbrauchsorientierten Dienstleistungen umverteilt. Anders gesagt: es ist politisch steuerbar, ob die Dienstleistungsgesellschaft eine Gesellschaft der Vanishing-Middle-Class sein wird, also mit einer sozialen Polarisierung einher geht, die die politische Sprengkraft von vorwiegend im Arbeitsmarkt entstehender sozialer Schichtung wieder verschärfen könnte, oder eine politisch-administrativ kontrollierte, verregelte Gesellschaft der nivellierten Mittelschicht.

- Die *Bundesrepublik* stellt einen dritten Weg dar: Einer geringen Expansion von verbrauchsorientierten Dienstleistungen entspricht eine niedrige Frauenerwerbsquote. Offensichtlich werden noch(?) viele Dienstleistungen (als unbezahlte Arbeit) im Haushalt von Frauen erledigt - oder im Bereich des Grauen Arbeitsmarkts bzw. der informellen Ökonomie, der in der Statistik nicht erscheint.

5. Politische Handlungsoptionen

Das bisher Gesagte bedeutet zweierlei: Die Entwicklung zur Dienstleistungsgesellschaft rechtfertigt in der Tat arbeitsmarktpolitischen Optimismus und sie ist keineswegs ein naturwüchsiger Prozeß, an den die Politik sich bloß anzupassen hätte. Im Gegenteil, unter welchen Bedingungen und mit welchen negativen Folgen der Weg in die Dienstleistungsgesellschaft gegangen wird, ist wesentlich durch Politik bestimmt. Stimmt auch die dritte These, wonach die Richtung, in der die Politik in Zukunft steuert, sich im wesentlichen entscheiden wird an den kulturellen Fragen? Vor welche Alternativen wird sich die Politik in Zukunft gestellt sehen, wenn die Arbeitsmarktproblematik wirklich beherrschbar sein sollte? Werden es wesentlich auch kulturelle Alternativen sein, die sich als unterschiedliche Vorstellungen vom richtigen Leben konkretisieren lassen?

Das folgende Schema (nach Gösta Esping-Andersen, 1989) charakterisiert die drei Wege in die Dienstleistungsgesellschaft:

Land	Form d. Erbringung	Form der Finanzierung	Negative Nebenfolgen
BR Deutschl.	inform. Arbeit, Grauzonenbesch.	un(ter)bezahlte Frauenarbeit	Rolle der Frau
USA	marktförmig	private Einkommen	soziale Polarisierung
Schweden	staatlich	Steuern	soziale Kontrolle, nivellierende Besteuerung

Die Nachteile des deutschen Weges liegen im Unterlaufen arbeitsrechtlicher und tarifrechtlicher Sicherungen in der Grauzonen-Beschäftigung und im Festgehalten-Werden von Frauen in ihrer traditionellen Rolle. Die Nachteile des schwedischen Modells liegen in Bürokratisierung und Verregelung der Dienstleistungen, nivellierender Besteuerung und einem hohen Potential sozialer Kontrollen durch den Staat. Beim US-amerikanischen Modell ist es dagegen wachsende soziale Ungleichheit durch Polarisierung der Einkommensstruktur und der Qualität beruflicher Arbeit.

Der internationale Vergleich zwischen Schweden, USA und der Bundesrepublik macht aber noch ein Drittes deutlich, was auf den ersten Blick verblüffen muß:

Die Länder mit den höchsten Quoten bei den verbrauchsorientierten Dienstleistungen haben eine vergleichsweise niedrige Arbeitslosigkeit: in den USA lag die Quote (berechnet als Prozentanteil an den Beschäftigten insgesamt) im Jahre 1988 bei 6 %, in Schweden bei 3 %, in der Bundesrepublik dagegen bei 8 % - und dies, obwohl die Erwerbsquote hier insgesamt die niedrigste ist! Es erscheint paradox: je höher die Frauenerwerbstätigkeit ist, desto niedriger ist die Gesamtarbeitslosigkeit. Berufstätigkeit der Frauen geht also nicht zu Lasten des für Männer verfügbaren Arbeitsvolumens. Im Gegenteil: Je mehr Frauen dem Arbeitsmarkt zur Verfügung stehen, desto mehr Arbeit gibt es.

Der Zusammenhang zwischen niedriger Arbeitslosenquote und hoher Quote von Frauenerwerbstätigkeit kann zum einen aus den bekannten Wachstumswirkungen zunehmender Erwerbstätigkeit erklärt werden: Erwerbstätigkeit führt zu höherem Einkommen, dies erhöht die Nachfrage nach Konsumgütern, dadurch wird der Absatz der Industrie gesteigert, dadurch werden mehr Arbeitskräfte nachgefragt. Zum anderen aber führt die Frauenerwerbstätigkeit auch zu einer kaufkräftigen Nachfrage nach verbrauchsorientierten Dienstleistungen, denn Haushaltsfunktionen (Putzen, Kochen, Kindererziehung), für die die berufstätige Frau nicht mehr die Zeit (und Lust) hat, müssen nun (von anderen Frauen) in Form von Berufstätigkeit erledigt werden.

Das führt zu einer weiteren These: Die Entwicklung zur Dienstleistungsgesellschaft ist vor allem mit dem Eintritt der Frauen in den Arbeitsmarkt verbunden. Ihre Erwerbstätigkeit schafft mehr Nachfrage nach Konsumgütern und nach verbrauchsorientierten Dienstleistungen, und sie selbst sind ein billiges Arbeitskräftereservoir.

Die Bundesrepublik Deutschland ist also im Vergleich zu anderen entwickelten Gesellschaften nicht überindustrialisiert. Sie hinkt nur bei der Integration der Frauen und verbrauchsorientierten Dienstleistungen in Markt und Staat hinter anderen Gesellschaften her. Das aber ist zugleich die Ursache für die vergleichsweise hohe Arbeitslosigkeit in der BRD. Eine gezielte Förderung der Frauenbeschäftigung wäre demnach besonders geeignet, Arbeitslosigkeit zu verringern. Sie würde nämlich den Prozeß der Überführung von informellen Arbeiten in den formellen Arbeitsmarkt beschleunigen und dadurch zusätzliche Arbeitsplätze im Bereich der VDL schaffen.

Wenn diese Behauptung zutrifft, dann steht die Politik allerdings vor grundsätzlicheren Fragen als sie die Entscheidung zwischen dem amerikanischen und dem schwedischen Modell beinhaltet, nämlich vor den kulturellen Fragen des "richtigen" Lebens. Der Weg in die vollbeschäftigte Dienstleistungsgesellschaft impliziert mehr als die Wahl zwischen sozialer Ungleichheit und Bürokratisierung. Er bedeutet einen Wandel insbesondere in der Rolle der Frau durch ihre Integration in das Berufsleben und zugleich einen Wandel in der Qualität der Lebensweise.

Die verbrauchsorientierten Dienstleistungen umfassen vor allem zwei Bereiche: zum einen solche, die Haushaltsarbeit ersetzen (das Essen im Restaurant ersetzt das Kochen zu Hause), zum anderen solche, die die Freizeit ausfüllen und Abwechslung bringen sollen (Unterhaltung, Tourismus, Hotellerie). Diese beiden Bereiche von verbrauchsorientierten Dienstleistungen haben eine sehr unterschiedliche gesellschaftliche Qualität (André Gorz, 1989):

Dienstleistungen, die Haushaltsarbeit ersetzen, hatten in der Vergangenheit die Funktion, die Arbeitskraft der Frau freizusetzen für produktiver organisierte und insofern gesellschaftlich sinnvolle Arbeiten, weil sie den Reichtum der Gesellschaft vermehren halfen. Die Auslagerung von Tätigkeiten aus dem Haushalt war in der Regel mit einer rationelleren Organisation dieser Arbeiten verbunden. Gesamtgesellschaftlich gesehen wurde dadurch also Arbeitszeit eingespart, die anders verwendet werden konnte: entweder für eigene Erwerbstätigkeit oder für selbstbestimmte Freizeit.

Die freizeitorientierten Dienstleistungen haben aber einen anderen Sinn: Ihr Zweck ist es, Zeit zu verbrauchen. Es geht nicht mehr primär darum, Zeit durch Rationalisierung zu sparen, sondern "überflüssige" Zeit zu verbrauchen. Dieser Verbrauch wird marktförmig oder staatlich organisiert in Form von "neuen Dienstleistungen".

In beiden Fällen wird die Erweiterung der individuellen Wahlmöglichkeiten durch eine zunehmende politisch-administrative oder warenförmige Organisation des Freizeitverhaltens, aber auch der Pflege und Betreuung von Menschen (Kinder, Alte) erreicht. Mit der Vergesellschaftung solcher Tätigkeiten ändert sich auch die Qualität dieser Tätigkeiten. Der Alltag wird immer professioneller, immer bürokratischer oder immer marktförmiger organisiert und verwaltet.

Die Förderung der Expansion von Dienstleistungen bedeutet zugleich einen Wandel in der Lebensweise. Die Expansion der verbrauchsorientierten Dienstleistungen impliziert weitreichende soziokulturelle Veränderungen, die gegenwärtig allerdings sehr stark durch den Wandel im Rollenverhalten der Frauen unterstützt werden.

Wenn die vorstehenden Überlegungen richtig sind, dann wird sich mit der Entwicklung einer "post-industriellen" Ökonomie entweder eine stärkere soziale Spaltung oder eine bürokratischere Organisation des gesellschaftlichen Lebens herausbilden, beides keine besonders beseligenden Aussichten. Beide Pfade in die Dienstleistungsgesellschaft aber beinhalten einen weiteren Schritt in der Vergesellschaftung des menschlichen Arbeitsvermögens und der alltäglichen Lebensweise. Da diese Entwicklung eng mit der Forderung der Frauen verbunden ist, über eine Gleichberechtigung auf dem Arbeitsmarkt ihre soziale Diskriminierung zu überwinden, können vernünftige und gerechte Alternative nicht darin gesucht werden, den Frauen das Streben nach Gleichheit auch auf dem Arbeitsmarkt verbieten zu wollen. Diese konservative Lösung des Festhaltens der Frau in ihrer traditionellen Rolle charakterisiert gegenwärtig noch die Situation der Bundesrepublik im Vergleich zu Schweden und den USA (Gösta Esping-Andersen, 1989).

Ein humaner Ausweg aus diesem Dilemma könnte nur darin bestehen, die Arbeitszeiten generell so zu verkürzen und auf die Geschlechter zu verteilen, daß Männer und Frauen sowohl in der formellen Ökonomie wie in der Haushaltsarbeit die gleiche Menge von Arbeit leisten. Eine Aufhebung der geschlechtsspezifischen Arbeitsteilung aber verlangt weit mehr als rationale Einsicht. Sie setzt bei Männern wie bei Frauen eine Abkehr von Leistungs-, Karriere- und Konkurrenzprinzipien voraus. Diese aber sind im System der beruflichen Arbeit ebenso fest verankert wie in den Identitäten der meisten Menschen - trotz allen Wertewandels. Beruflicher Erfolg ist für die meisten Männer und zunehmend für die Frauen ein zentraler Bestandteil des Selbstwertgefühls. Leistungssteigerung durch Konkurrenz ist mehr und mehr einer der zentralen Gesichtspunkte der Organisation beruflicher Arbeit. Das rechnerisch so einfache Modell der Umverteilung formeller und informeller Arbeit ist unter den gegebenen gesellschaftlichen Bedingungen unrealistisch. Es verlangt eine andere Organisation der Produktion und der Identität, also einen grundsätzlichen Wandel der Kultur.

In der Diskussion über die Perspektive der "Dienstleistungsgesellschaft" geht es um fundamentale gesellschaftspolitische Probleme, in die die städtische Politik unweigerlich verwickelt ist, wenn in der Expansion von verbrauchsorientierten Dienstleistungen eine Strategie zum Abbau von Arbeitslosigkeit gesehen wird. Grundsätzlich stehen dabei die Fragen, wie eine Gesellschaft mit ihren Produktivitätsgewinnen umgeht, und wie sie ihren gesamtgesellschaftlichen Reproduktionsprozeß organisiert, zur Diskussion: in Form einer vollkommen durchgesetzten Arbeitsmarktgesellschaft, in Form einer staatlichen Großbürokratie oder in Form einer stärkeren Selbstorganisation unterhalb der Ebene von Markt und Staat und jenseits von Konkurrenz, Warenform und tradierten Geschlechtsrollen. Eine Politik der Kultur ist also nicht nur gleichsam die letzte Hoffnung auf einen gesellschaftlichen Wandel, der die Spaltung der Gesellschaft und der Städte behebt, weil ökonomische Krisen keinen entsprechenden politischen Druck mehr mobilisieren, sie könnte auch von sich aus zu der Dimension werden, in der sich zukünftig die entscheidenden politischen Alternativen stellen.

Literatur

Albach, Horst, 1989: Dienstleistungen in der modernen Industriegesellschaft, München
Baumol, William J., 1967: Macroeconomics of Unbalanced Growth. The Anatomy of Urban Crisis, in: American Economic Review 57, S. 416-426
Breckner, Ingrid/Heinelt, Hubert/ Krummacher, Michael/Oelschlägel, Dieter/Rommelspacher, Thomas/ Schmals, Klaus M., 1989: Armut im Reichtum, Bochum
Esping-Andersen, Gôsta, 1989: The Three Worlds of Welfare, London
Fourastié, Jean, 1954: Die große Hoffnung des 20. Jahrhunderts, Köln
Gershuny, Jonathan I., 1981: Die Ökonomie der nachindustriellen Gesellschaft. Produktion und Verbrauch von Dienstleistungen, Frankfurt/New York
Gorz, André, 1989: Kritik der ökonomischen Vernunft, Berlin
Häußermann, Hartmut/Siebel, Walter, 1987: Neue Urbanität, Frankfurt/M.

Jessen, Johann, 1987: Die Zukunft der Großsiedlungen in schrumpfenden Stadtregionen, in: Archiv für Kommunalwissenschaften 1/1987, S. 52-65

OECD, 1989: Labour Force Statistics 1967 - 1987, Paris

Offe, Claus, 1969: Politische Herrschaft und Klassenstrukturen. Zur Analyse spätkapitalistischer Gesellschaftssysteme, in: G. Kress, D. Senghaas (Hrsg.): Politikwissenschaft. Eine Einführung in ihre Probleme, Frankfurt, S. 155-189

Pahl, Ray E., 1988: Some remarks on informal work, social polarization and the social structure, in: International Journal of Urban und Regional Research 1/1988, S. 247-267

Rürup, Bert, 1989: Wirtschaftliche und gesellschaftliche Perspektiven der Bundesrepublik Deutschland, München

Scharpf, Fritz W., 1986: Strukturen der postindustriellen Gesellschaft, oder: Verschwindet die Massenarbeitslosigkeit in der Dienstleistungs- und Informations-Ökonomie? in: Soziale Welt 1/1986, S. 3-25

Wiegand, Erich, 1982: Die Entwicklung der Einnahmen- und Ausgabenstrukturen Privater Haushalte seit der Jahrhundertwende, in: E. Wiegand/W. Zapf (Hrsg.): Wandel der Lebensbedingungen in Deutschland. Wohlfahrtsenttwicklung seit der Industrialisierung (Schriftenreihe des SfB 3 "Mikroanalytische Grundlagen der Gesellschaftspolitik", 10), Frankfurt/New York

Autoren

Prof. Dr. Hartmut Häußermann, Wissenschaftliche Einheit Stadt- und Sozialforschung, Universität Bremen, Postfach 330440, 2800 Bremen 33

Prof. Dr. Walter Siebel, Arbeitsgruppe Stadtforschung, Universität Oldenburg, Postfach 2503, 2900 Oldenburg

STADTFORSCHUNG AKTUELL

Herausgegeben von
Hellmut Wollmann
Gerd-Michael Hellstern

Band 14
H.E. Fuchs/H. Wollmann (Hrsg.)
Hilfen für ausländische Kinder
und Jugendliche.
Wege aus dem gesellschaftlichen
Abseits
1986. 496 S., Broschur
ISBN 3-7643-1844-9

Band 15
H. Nassmacher
Wirtschaftspolitik "von unten".
Ansätze und Praxis der
kommunalen Gewerbebestandpflege
und Wirtschaftsförderung
1987. 416 S., Broschur
ISBN 3-7643-1852-X

Band 16
A. Falke
Grossstadtpolitik und Stadtteilbewegung in den USA.
Die Wirksamkeit politischer
Strategien gegen den Verfall
1987. 515 S., Broschur
ISBN 3-7643-1916-X

Band 17
W. Prigge
Die Materialität des
Städtischen.
Stadtteilentwicklung und
Urbanität im gesellschaftlichen
Umbruch
1987. 255 S., Broschur
ISBN 3-7643-1917-8

Band 18
M. Zimmermann
Umweltberatung in Theorie
und Praxis.
1988. 384 S., Broschur
ISBN 3-7643-1975-5

Band 19
P. Kleinmann
Energie(spar)politik im
ländlichen Raum.
Bericht über Implementationsversuche in Wadern (Saarland)
1988. 225 S., Broschur
ISBN 3-7643-2244-6

Band 20
J. Hucke/H. Wollmann (Hrsg.)
Dezentrale Technologiepolitik?
Technikförderung durch Bundesländer und Kommunen
1989. 673 S., Broschur
ISBN 3-7643-2245-4

Band 21
P. Franz
Stadtteilentwicklung von unten.
Zur Dynamik und Beeinflussbarkeit ungeplanter Veränderungsprozesse auf Stadtteilebene
1989. 388 S., Broschur
ISBN 3-7643-2296-9

Band 22
M. Dase/J. Lüdtke/H. Wollmann
(Hrsg.)
Stadterneuerung im Wandel-
Erfahrungen aus Ost und West
1989, 160 S., Broschur
ISBN 3-7643-2305-1

Band 23
D. Schimanke (Hrsg.)
Stadtdirektor oder Bürgermeister.
Beiträge zu einer aktuellen
Kontroverse
1989. 240 S., Broschur
ISBN 3-7643-2291-8

Band 24
J. Hucke/H. Wollmann
Altlasten im Gewirr
administrativer
(Un-)Zuständigkeiten.
Analyse zweier Altlastenfälle
in Berlin (West)
1989, 272 S., Broschur
ISBN 3-7643-2361-2

Band 26
A.L. Norton/K. Novy (Hrsg.)
Soziale Wohnpolitik der 90er
Jahre. Probleme und Handlungs-
ansätze aus britisch-deutscher
Sicht
1990. 308 S., Broschur
ISBN 3-7643-2398-1

Band 28
D. Šimko
Einwohner und Umweltbelastung
in Tōkyō. Fallstudie: Die
Nachbarstadt Ōjima in Kōtō-ku
1990. 160 S., Broschur
ISBN 3-7643-2539-9

Band 30
H. Müller/H. Wollmann (Hrsg.)
Gewerbebetriebe und Mietrecht.
Standortsicherung oder Ver-
drängung?
1990. 220 S., Broschur
ISBN 3-7643-2549-6

Band 25
C.-C. Wiegandt
Altlasten und Stadtentwicklung.
Eine Herausforderung für eine
kommunale Umwelt-und Planungs-
politik.
1989. 328 S., Broschur
ISBN 3-7643-2362-0

Band 27
H. Riese
Mieterorganisation und
Wohnungsnot. Geschichte einer
sozialen Bewegung
1990. 320 S., Broschur
ISBN 3-7643-2406-6

Band 29
R. Borst, S. Krätke, M. Mayer
R. Roth, F. Schmoll (Hrsg.)
Das neue Gesicht der Städte.
Theoretische Ansätze und
empirische Befunde aus der
internationalen Debatte
1990, 324 S., Broschur
ISBN 3-7643-2540-2

Bde. 1,2,4,5,8, sind
vergriffen.

Ausführlicher Prospekt bei:
Birkhäuser Verlag AG
Postfach 133
4010 Basel/Schweiz